Andrea Porcarelli   Marco Tibaldi

La Sabbia e le Stelle

per le scuole secondarie di secondo grado

eBook+

Questo volume è disponibile anche in versione digitale.
Per attivarlo segui le istruzioni presenti sul sito internet
www.seieditrice.com/libri-digitali

Il relativo accesso è regolato dalle condizioni generali di licenza di SEI S.p.A., disponibili allo stesso indirizzo

SOCIETÀ EDITRICE INTERNAZIONALE - TORINO

Coordinamento editoriale: Lia Ferrara
Progetto editoriale e redazione: Giuliana Bertolo
Coordinamento tecnico: Michele Pomponio
Progetto grafico: Mizar
Impaginazione: Bluedit, Torino
Coordinamento multimediale: Nicola Prinetti
Redazione multimediale: Roberta Ricca
Copertina: Piergiuseppe Anselmo
Foto in copertina: © Ocean/Corbis

07079

Le immagini provengono dall'archivio SEI.
I brani biblici sono tratti dalla versione ufficiale a cura della CEI © 2008
Fondazione di Religione Santi Francesco d'Assisi e Caterina da Siena per gentile concessione.

A. Porcarelli – M. Tibaldi
La sabbia e le stelle
Volume unico
Testo per l'IRC nella Scuola Secondaria di secondo grado
Società Editrice Internazionale

Nulla osta della Conferenza Episcopale Italiana (Prot. N. 67/2014)
Roma, 27 gennaio 2014

✠ Angelo Card. Bagnasco
Presidente

Imprimatur (Prot. N. 11/14)

Torino, 6 febbraio 2014

CURIA METROPOLITANA – ARCIDIOCESI DI TORINO

mons. Valter Danna
Vicario Generale

AZIENDA CON SISTEMA
DI GESTIONE QUALITÀ
CERTIFICATO DA DNV GL
= ISO 9001 =

www.seieditrice.com

Prima edizione: 2014

Ristampa

5 6 7 8 9 10
2017 2018

Stampa: Sograte S.r.l. – Città di Castello (PG)

Indice

eBook+

Questo libro è anche un **eBook+**.
Puoi scaricarlo seguendo le istruzioni che trovi sul sito della casa editrice, alla pagina www.seieditrice.com/libri-digitali

Quando sul testo compare un'indicazione come questa **documento... o scheda di lavoro...** potrai trovare sul tuo ebook+ un documento di approfondimento o una scheda,

mentre all'indicazione **carta...** corrisponde una carta interattiva.

Il simbolo identifica un approfondimento più ampio, corredato da immagini.

L'indicazione corrisponde a un documento filmato.

Il simbolo segnala una galleria di immagini, oppure un'immagine che puoi ingrandire.

Il simbolo indica che alla pagina in cui compare sono collegati diversi materiali digitali.

Presentazione

Il **volume** si articola in tre aree **di competenza**:

- **Alla ricerca di un senso** (dimensione antropologico-esistenziale)
- **Il mistero della salvezza** (dimensione biblico-teologica)
- **Per le vie del mondo** (dimensione storico-fenomenologica e dialogo interreligioso)

Ogni area di competenza è articolata in **sezioni tematiche**:

Il breve testo introduttivo propone l'obiettivo formativo della sezione.

Qui trovi una mappa che ti fornisce uno "sguardo panoramico" sulle questioni che verranno trattate e su come si collegano tra loro.

Nella pagina successiva potrai entrare "dentro l'immagine" artistica che abbiamo scelto per illustrare la sezione, per capire meglio i significati dell'opera e il loro rapporto con i temi proposti.

Ogni sezione è suddivisa in **Unità di lavoro**.

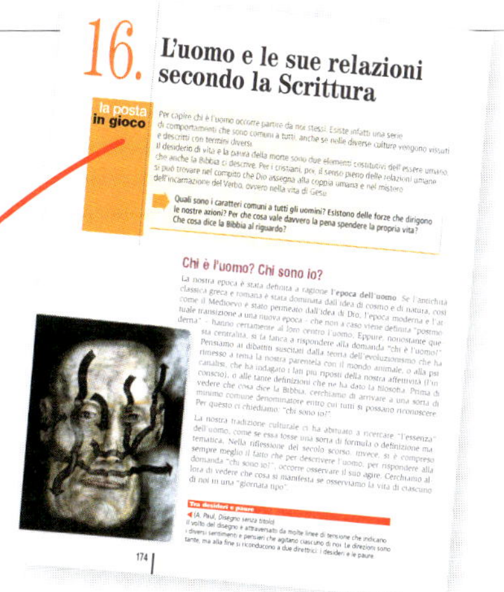
16. L'uomo e le sue relazioni secondo la Scrittura

la posta in gioco

Chi è l'uomo? Chi sono io?

La **posta in gioco** mette in luce i contenuti essenziali dell'Unità e suggerisce alcune domande che possono guidare la tua riflessione.

Alla ricerca di un orizzonte di senso

La trattazione è corredata da brevi **documenti** di vario genere, che puntualizzano ed esemplificano quanto espresso nel testo.

Scheda di lavoro

Ogni Unità si conclude con una "**Scheda di lavoro**", una o più piste "aperte" che ti suggeriranno spesso di lavorare con i tuoi compagni.

Queste schede contengono inoltre dei **suggerimenti bibliografici e cinematografici** per approfondire gli argomenti trattati.

dossier

Viaggio nella bioetica

Una chiave per leggere la contemporaneità

Una tematica dalle radici lontane

Il testo è completato da quattro **dossier** che sviluppano in modo più diffuso alcuni temi che necessitano di particolare approfondimento:

- Le grandi religioni
- Le sette e le gnosi
- Viaggio nella bioetica
- Il volto di Gesù nell'arte (in formato digitale)

Indice dei lemmi

Alla ricerca di un senso

Ogni persona che cresce è alla ricerca della propria identità e, mentre si confronta con gli altri e con la cultura di cui si nutre, matura un sempre più ricco senso di sé ed elabora progressivamente un progetto di vita teso al raggiungimento della felicità. Talvolta questo processo avviene in modo implicito, mentre altre volte ci sono dei momenti di crisi che quasi ci "costringono" a porci tali interrogativi in modo esplicito. Una più accurata esplorazione delle nostre domande di senso e il confronto con la logica delle "risposte religiose" a tali domande può aiutarci a comprendere meglio noi stessi. L'attitudine a farci domande di senso e confrontarci con il nostro progetto di vita ci accompagnerà per tutto il percorso culturale e dovrà riemergere anche rispetto ai temi trattati nelle altre parti del testo.

1

Area di competenza

1. I grandi interrogativi dell'uomo

la posta in gioco

In un mondo che corre in modo frenetico sembra difficile dire a noi stessi "fermati e pensa", ma è molto importante provarci. Tra le molte domande che ci possiamo porre, nel corso della nostra vita ve ne sono alcune essenziali, in cui si gioca il senso della nostra esistenza o da cui dipendono le nostre scelte fondamentali. Aprire la mente e il cuore alle domande di senso è il primo passo per poter cercare risposte sensate, ma per far questo bisogna aprirsi alla meraviglia, alla capacità di lasciarci stupire da ciò che vediamo tutti i giorni, per cercarvi dentro qualcosa che ci spinga ad andare più in là.

Perché esiste il mondo? Da dove vengono l'ordine e l'armonia del cosmo? Si possono trovare delle "ragioni invisibili" che spiegano ciò che vediamo?

Guardare oltre l'orizzonte

▲ (G. Caillebotte, *L'uomo alla finestra*, 1876, collezione privata) Ogni persona è alla ricerca dei propri orizzonti di senso, spalanca le finestre del proprio cuore e guarda lontano, alla ricerca di risposte che gli permettano di guardare ancora più lontano.

Fin da quando si affaccia sulla scena della vita, **l'uomo ha degli interrogativi da porre**. Si comincia con gli insistenti "perché" con cui i bambini si rivolgono agli adulti, si prosegue con gli interrogativi accorati degli adolescenti, ma non si finisce di "interrogarsi" nemmeno in età adulta – di fronte alle grandi scelte della vita – o in età anziana, in cui emergono ripensamenti e rimpianti per ciò che si è fatto, ma anche domande sul senso della sofferenza, della vecchiaia stessa, della morte.

Piccole e grandi domande

Dobbiamo prima di tutto distinguere **diversi modi di farci delle domande**. Ci sono le "piccole domande" di tutti i giorni, che riguardano le vicende concrete della nostra vita: a che ora si mangia? Dove porta quel bus? Il treno è in ritardo? Ci sono compiti per domani? Che tipo è la nuova prof?... e l'elenco potrebbe continuare a lungo. Non facciamo certo fatica a immaginare tutte le problematiche, piccole e grandi, che si affacciano nella nostra vita quotidiana.

Poi ci sono anche i progetti di "medio periodo", che riguardano – ad esempio – un viaggio, una vacanza, un'iniziativa in cui siamo stati coinvolti. Con il passare del tempo arriveranno anche le preoccupazioni che si legano al lavoro, alla famiglia, alla necessità di far "quadrare i conti".

A questo punto ci restano due possibilità: pensare che tutta la nostra capacità di interrogarci si esaurisca in interrogativi di questo tipo, oppure comprendere che **vi sono delle "grandi domande" che ci aiutano a dare un senso ai piccoli interrogativi** di tutti i giorni. Anche i filosofi antichi avevano visto questo "bivio" e avevano descritto in termini molto suggestivi la condizione di colui che non è totalmente assorbito dalle cure pratiche della vita quotidiana, cioè il filosofo. **Platone**, nel *Teeteto*, ce ne fa una presentazione a dir poco curiosa (**1**).

Dove volgere lo sguardo della mente?

◀ (Clouet, *Uomo con testa in mano*)
Ogni persona può decidere dove orientare lo sguardo della mente, verso le piccole beghe di tutti i giorni, oppure verso domande più profonde.

Platone

(428 [o 427] a.C.-348 [o 347] a.C.)
Filosofo ateniese, di natali aristocratici. Nel 387 a.C. fondò la propria scuola che chiamò Accademia. Compì numerosi viaggi, tra cui tre in Sicilia, nella speranza di poter iniziare alla filosofia prima Dionigi il Vecchio, poi Dionigi il Giovane e incidere così sulla saggezza delle loro scelte politiche, secondo le dottrine espresse nella *Repubblica*. Nessuna delle missioni fu coronata da successo; durante il terzo viaggio fu addirittura imprigionato.

1 Il filosofo si disinteressa delle cure quotidiane

«Anzitutto i veri filosofi, fino da giovanetti, non conoscono la via che mena al foro; non sanno dov'è il tribunale, dov'è il consiglio, o altro luogo di adunanze pubbliche della città; leggi e decreti, o recitati o scritti, non leggono né ascoltano. Brighe di consorterie per acquistar cariche pubbliche, e convegni e banchetti e festini in compagnia di auletridi[1], sono tutte cose che nemmeno in sogno vien loro in mente di fare».

(Platone, *Teeteto*, 173d)

Scena di banchetto, particolare di fronte di sarcofago, marmo bianco, metà del II secolo d.C. (Torino, Museo di Antichità).

1. **aleutridi**: il termine indica, letteralmente, le suonatrici di flauto. Si trattava di donne che, nella Grecia antica, venivano invitate per i banchetti, affinché li allietassero con la musica e con la loro compagnia.

(documento 1.1)

La descrizione del filosofo offerta da Platone è decisamente provocatoria, tanto è vero che il testo prosegue narrando l'episodio di Talete, che – talmente assorto a contemplare i cieli – non si rese conto di una buca che stava davanti a lui e ci cadde dentro rovinosamente. Simpatico anche, sempre nel seguito della narrazione platonica, l'atteggiamento della "servetta tracia", che assiste alla scena e si mette a deridere il povero Talete: la servetta tracia rappresenta, in qualche misura, l'uomo della strada, che pensa alle "cose serie" (la vita di tutti i giorni) e non ha certo il tempo o il gusto di levare lo sguardo verso il cielo.

Aristotele

(384 [o 383] a.C.-322 a.C.) Filosofo greco, discepolo di Platone, è uno dei pensatori più innovativi e importanti del mondo antico, il cui influsso è stato straordinario anche nelle epoche successive. I suoi interessi spaziano in tutti i campi, tanto della filosofia (metafisica, logica, etica, politica, psicologia), come delle scienze (si occupò in modo sistematico di scienze naturali) o della cultura (retorica, poetica).

Al di là della provocazione, si vuole sottolineare come chi si dedica alla filosofia non può lasciarsi assorbire totalmente dalle preoccupazioni quotidiane, che rischierebbero di travolgerlo. Sulla stessa linea si colloca la riflessione di **Aristotele** che, nella *Metafisica*, paragona l'esercizio della conoscenza orientato a risolvere problemi pratici all'attività di uno schiavo (che ha un fine fuori di lui), mentre **la sola conoscenza "libera" è quella che viene ricercata per se stessa** (**2**).

2 Il sapere disinteressato è più "libero"

«Noi ci dedichiamo a tale indagine senza mirare ad alcun bisogno che a essa sia estraneo, ma, come noi chiamiamo libero un uomo che vive per sé e non per un altro, così anche consideriamo tale scienza come la sola che sia libera, giacché essa soltanto esiste di per sé».

(Aristotele, *Metafisica*, 982b)

Ma che cosa può darci la possibilità di alzare lo sguardo oltre i ristretti orizzonti delle piccole domande di tutti i giorni?

Alla scuola della meraviglia

(documento 1.2)

Seguendo il filo della riflessione dei pensatori che abbiamo citato (e di molti altri), troviamo anche la risposta alla domanda che abbiamo posto qui sopra: la "molla" che ci spinge a non lasciarci assorbire dalle preoccupazioni della vita quotidiana e a porci interrogativi più profondi si trova proprio dentro di noi. Tanto Platone quanto Aristotele sono molto chiari: l'attività del **filosofo, come quella del poeta, ha origine dalla meraviglia** (**3**).

3 La filosofia, come la poesia, nasce dalla meraviglia

«...infatti gli uomini, sia nel nostro tempo sia dapprincipio, hanno preso dalla meraviglia lo spunto per filosofare, poiché dapprincipio essi si stupivano dei fenomeni che erano a portata di mano e di cui essi non sapevano rendersi conto, e in un secondo momento, a poco a poco, procedendo in questo stesso modo, si trovarono di fronte a maggiori difficoltà, quali le affezioni della luna e del sole e delle stelle e l'origine dell'universo. Chi è nell'incertezza e nella meraviglia crede di essere nell'ignoranza (perciò anche chi ha propensione per le leggende è, in un certo qual modo, filosofo, giacché il mito è un insieme di cose meravigliose); e quindi, se è vero che gli uomini si diedero a filosofare con lo scopo di sfuggire all'ignoranza, è evidente che essi perseguivano la scienza col puro scopo di sapere e non per qualche bisogno pratico».

(Aristotele, *Metafisica*, 982b)

Potremmo dire che esistono tanti tipi di meraviglia quante sono le più alte e nobili attività dello spirito umano, e del resto recenti studi psicologici affermano addirittura che la meraviglia attenui l'ansia per il tempo che fugge. Proviamo a chiederci quale tipo di meraviglia possa generare l'esperienza artistica, il che vale non solo per il poeta, di cui ci parla Aristotele, ma anche per il pittore, lo scultore, il musicista.

(documento 1.3)

Il primo passo, probabilmente, è quello di **essere sensibili alla bellezza**, a partire dalla bellezza della natura, cogliendone il carattere "straordinario" e quindi provandone meraviglia. Non ci riferiamo solo a spettacoli straordinari, come un tramonto o l'esplosione della primavera, ma anche alla straordinaria bellezza di ciò che abitualmente sta sotto i nostri occhi. Questo primo passo è comune ai diversi sentieri della meraviglia, ma è molto importante, perché esiste invece la possibilità di essere "chiusi" al fascino della bellezza, dell'ordine, dell'armonia... di trovare tutto ovvio. Uno dei principali ostacoli alla meraviglia è proprio il fatto di trovare tutto *ovvio*, di avere bisogno di emozioni forti, sensazionali, per provare stupore, di non riuscire a cogliere ciò che di bello e mirabile incontriamo nella nostra esperienza di tutti i giorni.

(documento 1.4)

Il secondo passo è quello di **assumere un atteggiamento attivo nei confronti di ciò che desta meraviglia**. Nel caso della poesia o dell'arte forse è il fatto di scoprire che qualche frammento di quella mirabile bellezza siamo in grado di crearla anche noi, secondo il nostro stile e dentro al nostro immaginario di riferimento. A tale sentimento fa riscontro lo stupore che le nostre opere possono destare negli altri: si viene a creare una sintonia tra persone sensibili alla meraviglia, che rafforza la comunicazione e la condivisione delle attività proprie dello spirito umano. Nel caso della filosofia ciò che desta stupore, che "smuove", è l'ignoranza, ovvero percepire una sorta di disagio interiore per ciò che si ignora, e attivare la propria intelligenza, finché i "perché" non trovino risposta.

Il fascino e la meraviglia

▶ (E. Hopper, *Ragazzo e luna*, 1906-1907. Whitney Museum of American Art, New York)
I fenomeni naturali e gli spettacoli grandiosi della natura sono le prime cose per cui si prova meraviglia, in modo quasi spontaneo. Progressivamente si diventa sensibili al meraviglioso a tutto campo, alla ricerca delle cause prime di ciò che suscita stupore.

Rudolph Otto

(1869-1937) Pastore luterano, insegnante di teologia, molto attento alla nascente storia delle religioni, pubblicò la sua opera fondamentale (*Il sacro*) nel 1917.

Fascinans / Tremendum

Si tratta di una coppia di termini latini. Il *fascinans* esprime l'attrattiva che l'animo umano percepisce per ciò che lo supera, in un clima denso di stupore e di meraviglia. Il *tremendum* indica il sentimento che si genera di fronte alla "maestà", alla grandezza del divino, che in quanto tale incute timore.

Si può parlare di una "meraviglia religiosa"?

Anche l'esperienza religiosa appare in qualche modo collegata al sentimento della meraviglia, a una meraviglia pervasiva, che riguarda allo stesso tempo il mistero dell'universo, il mistero dell'uomo e il mistero della vita di ciascuno di noi. L'uomo religioso collega insieme tutti questi elementi e si apre – sul piano relazionale – a un rapporto con la fonte o *principio* di tutta la realtà. **Rudolph Otto** identifica due elementi attorno a cui si struttura l'atteggiamento interiore dell'uomo religioso e che dunque caratterizzano l'esperienza del sacro: il ***fascinans*** e il ***tremendum***.

A questa categoria dell'esperienza umana, l'**esperienza del sacro**, Otto propone di dare un nome, quello di *numinoso* (dal latino *numen*, che indica la divinità, per cui letteralmente sarebbe il "divino" come oggetto d'esperienza umana). È interessante il modo in cui egli stesso descrive le articolazioni di tale esperienza (**4**).

4 Il numinoso e l'esperienza religiosa

«Il *contenuto* qualitativo del numinoso (su cui il misterioso imprime la *forma*) è da un punto di vista il momento già analizzato del tremendo che repelle, ricco di *majestas*. Ma da un altro, è chiaro che è qualcosa in pari tempo di tipicamente *attraente*, captivante, *affascinante*, il quale si intreccia in una strana forma di armonia contrastante con il momento repellente del *tremendum*. (...) A questa intimamente contrastante armonia, a questo duplice carattere del numinoso, offre testimonianza tutta la storia religiosa (...) E la creatura, la quale trema al suo cospetto in uno smarrimento disperato, sperimenta in pari tempo il bisogno di appressarsi ad esso, di farlo anzi in qualche modo proprio. Il mistero non è per essa solamente qualcosa di meraviglioso, ma qualcosa di meravigliosamente splendido. E di fianco all'elemento che confonde, sorge quello che ammalia, rapisce stranamente, spesso crescendo in intensità fino all'ebbrezza e allo smarrimento: è l'elemento dionisiaco nell'efficacia del *numen*. Vogliamo chiamare questo momento il "momento *fascinans*" del nume».

S. Köder, *La sera del giorno di Pasqua.*

(R. Otto, *Il sacro. L'irrazionale nell'idea del divino e la sua relazione al razionale*, 1917, tr. it. Feltrinelli, 1987)

Il testo di Otto tiene sullo sfondo una pluralità di descrizioni dell'esperienza religiosa, in tutti i contesti (da quello biblico alle esperienze mistiche delle grandi religioni orientali), ma ci si può fare un'idea della tipologia di esperienza che egli ha in mente rileggendo il brano che introduce la "chiamata" di Mosè, ovvero la manifestazione di Dio nel roveto ardente (Es 3,1-6), in cui si ritrovano facilmente tutti gli elementi dell'esperienza religiosa descritta da Otto e progressivamente ripresa e rielaborata nel corso del tempo da altri studiosi, come **Van der Leeuw**.

Gerardus Van der Leeuw

(1890-1950)
È autore della *Fenomenologia della religione* (1933) che si colloca sulla linea di pensiero per cui l'esperienza religiosa deve essere studiata innanzitutto alla luce di se stessa, senza venire "ridotta" a eventuali suoi aspetti di tipo storico, psicologico, sociologico.

È facile così ritrovare un collegamento stretto tra i due elementi (il *fascinans* e il *tremendum*), che nell'esperienza religiosa si intrecciano in modo profondo e si rafforzano a vicenda. L'elemento della meraviglia (il *fascinans*) è inizialmente lo stupore per un fenomeno incomprensibile (il roveto che arde ma non si consuma), ma una volta acquisita la consapevolezza del manifestarsi del divino diventa meraviglia per la presenza del sacro. Allo stesso modo l'elemento del timore reverente di fronte alla straordinaria grandezza (*tremenda majestas*) del divino, è rafforzato dal fatto (stupefacente) che è "qui presente", non nel più alto dei cieli, ma davanti a noi, sulla terra. Si tratta, in altri termini, di coltivare in noi l'apertura al **senso del mistero**.

(documento 1.5)

(documento 1.6)

In ogni esperienza religiosa si ritrovano – in modo più o meno marcato – gli elementi sopra descritti, per cui in ogni esperienza autenticamente religiosa (quale che sia la cultura di riferimento) troviamo nuovamente la **meraviglia** tra gli elementi che stanno all'origine, in cui si genera tale esperienza.

Nel cuore del mistero la propria missione

▲ (M. Chagall, *Mosè e il roveto ardente*, Nizza, Musée National Message Biblique)
Mosè viene raffigurato mentre nel riconoscere Dio che si rivela coglie anche, attraverso tale mistero, il mistero che lo riguarda in prima persona, cioè la sua missione, quella di liberare il popolo di Israele dalla prigionia d'Egitto. Chagall rappresenta questa rivelazione attraverso un angelo che galleggia in mezzo al cerchio colorato, mentre sulla sinistra si intravede la scena della traversata del Mar Rosso.

Scheda di lavoro

Osserva e confronta

Domande a confronto

Identifica nel testo riportato di seguito e nell'immagine che proponiamo a corredo spunti di riflessione che si possono ricondurre alle suggestioni esplicitate nel presente capitolo, sulle grandi domande dell'uomo di fronte al mondo e su se stesso. Non ti chiediamo di fare una "critica" letteraria o artistica, ma solo di cercare di mettere in luce il modo in cui i due autori si pongono di fronte a tali interrogativi e le piste di riflessione che ci fanno intravedere.

Il mare
(J.L. Borges)

Prima che il sogno (o il terrore) tramassero
mitologie e cosmogonie,
prima che il tempo si coniasse in giorni,
il mare, il sempre mare, già c'era ed era.
Chi era il mare? Chi è quel violento
e antico essere che rode i pilastri
della terra ed è uno e molti mari
e abisso e riflessi e caso e vento?
Chi lo guarda lo vede per la prima volta,
sempre. Con lo stupore che le cose
elementari lasciano, i pomeriggi
belli, la luna, il fuoco di un falò.

Chi è il mare, chi sono? Lo saprò l'ulteriore
giorno che viene dopo l'agonia.

C. Stanfield, *On the dogger bank* (barca nella tempesta), particolare.

- Quali emozioni suscita in te l'immagine che abbiamo scelto?
- Quali caratteristiche hanno le domande che si pone il poeta sulla realtà?
- Che ruolo giocano, rispetto a tali interrogativi, gli scenari, gli spazi, gli orizzonti?
- Ci sono rapporti con alcune esperienze concrete? Quali?
- E tu hai esperienze concrete che puoi associare ai versi del poeta e all'immagine dipinta?
- Pensi che esistano delle risposte a tali domande? Riesci a formularne qualcuna?
- Qual è la situazione in cui hai provato più intensamente l'emozione della meraviglia?

Consigli di lettura

A. Porcarelli, *Sui sentieri della meraviglia. Lezioni di introduzione alla filosofia alla luce della riflessione di Tommaso d'Aquino*, Il Giardino dei Pensieri, Bologna 2012.
A. Porcarelli, *Cammini del conoscere*, Giunti, Firenze 2008.

Indicazioni cinematografiche

"The tree of life", di Terrence Malick, con Brad Pitt e Sean Penn, USA 2011. Ottimo per introdurre le domande sul senso della vita partire dalla natura e delle relazioni famigliari.

2. La ricerca della felicità

la posta in gioco

Tutti desideriamo essere felici, ma se qualcuno ci interroga su che cosa sia la felicità spesso non sappiamo che cosa dire, o comunque ne abbiamo delle rappresentazioni differenti. La felicità va oltre la pura gioia momentanea, ma si estende a un orizzonte più ampio, capace di dare senso alla propria vita, coinvolge le scelte fondamentali della propria esistenza e, in quanto tale, si innesta nella dimensione religiosa.

Che differenza c'è tra contentezza, gioia, felicità? È possibile essere "pienamente felici", oppure la felicità dura solo un attimo? Dio c'entra qualcosa con la felicità umana?

Si può parlare della felicità?

Se chiediamo a una persona, in un certo momento e in una certa situazione, se si trova a suo agio, riceveremo facilmente una risposta chiara, spesso data con un sì o con un no. Provate a pensare a un uomo che inizia un viaggio che da tempo desiderava compiere, giunge alla prima meta, in riva al mare, in una terra lontana e si ferma a guardare il sole al tramonto. Probabilmente ci dirà che sta bene, che è contento di essere lì, che sta proprio gustando quello spettacolo, che si sente euforico, o altre espressioni simili.

Sentire l'infinito

(D.C. Friedrich, *Donna al sorgere del sole*, 1818. Essen, Museum Folkwang) Contemplare un'alba può essere fonte di gioia intensa, ma anche di profonda inquietudine, come nel caso del pittore romantico che nella contemplazione di ciò che evoca l'infinito mette in luce il senso di smarrimento delle figure umane che, di fronte a esso, si sentono piccole e fragili.

La questione si fa più complessa se, alla stessa persona, chiedessimo se pensa di essere felice o di dire che cosa la potrebbe rendere tale. A quel punto, se anche stesse vivendo un momento "magico", avrebbe probabilmente delle incertezze, perché la domanda si è fatta più impegnativa. Il termine *felicità*, se preso sul serio, è difficile da pronunciare.

Eudaimonia

Parola greca che letteralmente significa "avere avuto in sorte un demone favorevole", cioè un intermediario tra gli dei e gli uomini tendenzialmente benevolo. Di qui il significato corrente di "felicità", nel senso che se una persona ha una specie di "santo protettore" che gli dispensa più gioie che dolori, potrebbe essere considerata felice.

In generale si potrebbe distinguere tra i sentimenti di gioia, soddisfazione, benessere che sono legati alle singole situazioni, specifiche e particolari, **e quella che chiamiamo felicità**, che si potrebbe applicare all'esistenza umana nel suo complesso. I greci utilizzavano, in questo secondo senso, un termine suggestivo, **eudaimonia**, che fa riferimento al demone avuto in sorte. Teniamo presente che nella cultura greca i demoni non erano spiriti malvagi, ma esseri semi-divini, che fungevano anche da intermediari tra gli dei e gli uomini. Gli dei, oltre a essere definiti "beati" per eccellenza, erano coloro che potevano dispensare i beni o i mali, i "demoni intermediari" potevano essere immaginati come gli esecutori finali delle loro disposizioni (forse con la possibilità di operare qualche piccolo "aggiustamento").

(documento 2.1)

Mai fidarsi dei doni degli dei (Greci)

(D.G. Rossetti, *Pandora*, 1869. Collezione Farmington) Secondo il poeta Esiodo la creazione della donna sarebbe collegata alle cause di tutti i mali dell'umanità. Questa donna è il dono degli dei per gli uomini laboriosi, ma ella di sua mano aprì il grande vaso che conteneva tutti i mali che – da allora – vanno errando tra gli uomini.

Si tratta di una visione che abbiamo preso a prestito dalla cultura greca, ma che è ancora molto attuale e si potrebbe tranquillamente applicare a tutti coloro che **ritengono che la felicità dipenda dalle "cose" che ci capitano**. Chi è convinto che sarebbe certamente felice se vincesse una grandissima somma al Superenalotto, in fondo sta augurandosi di avere un demone benevolo, che vada a pescare la "schedina giusta" in una sorta di recipiente divino (quello della "dea bendata").

Il problema è che **una felicità così concepita è decisamente fragile**, esposta a ogni mutamento, sempre a rischio, perché dipende da circostanze mutevoli rispetto alle quali non vi possono essere garanzie.

In fondo gli stessi greci presentavano questa visione della felicità in modo disincantato, quasi "brutale". Se la felicità dipende da circostanze mutevoli o – che è lo stesso – dal variabile e capriccioso favore degli dei... allora gli uomini non possono essere felici (**1**).

1 L'infelicità nella cultura greca antica

«nulla nutre la terra più meschino dell'uomo,
fra tutto ciò che respira e cammina sopra la terra.
Pure mai pensa che un giorno potrà vincerlo un male,
fin che gli dèi gli dàn forza e le ginocchia son agili;
quando, poi, lutti gli dèi beati gli dànno,
anche questi sopporta, sia pure a malgrado, con cuore costante:
perché così è la mente degli uomini sopra la terra,
come l'ispira di giorno il padre dei numi e degli uomini.
Anch'io una volta dovevo tra gli uomini esser beato,
ma poi molti eccessi commisi, cedendo alla violenza e al potere,
e fidando nel padre mio e nei fratelli.
Ah no! mai uomo dovrebb'essere ingiusto,
ma in silenzio tenersi il dono dei numi, quello che dànno».

(*Odissea*, libro XVIII, vv. 130-142; tr. it. di R. Calzecchi Onesti, Einaudi, 1963)

«Come stirpi di foglie, così le stirpi degli uomini;
le foglie, alcune ne getta il vento a terra, altre la selva
fiorente le nutre al tempo di primavera;
così le stirpi degli uomini: nasce una, l'altra si dilegua».

(*Iliade*, libro VI, vv. 146-149; tr. it. Einaudi, 1974)

Un guerriero greco sosta accanto a una tomba, dipinto su vaso.

Socrate

(470 [o 469] a.C.-399 a.C.) Filosofo ateniese, il suo metodo di indagine filosofica consisteva nel dialogo, che mirava a "tirar fuori" (come fa un'ostetrica), le consapevolezze fondamentali che ogni uomo porta dentro di sé. Per questo non scrisse nulla. Il suo discepolo più famoso – Platone – scrisse opere in forma di dialogo, che ci restituiscono i capisaldi del suo pensiero. Processato ad Atene con l'accusa di corrompere i giovani e di non credere negli dei della città, si difese da solo, ma fu condannato e affrontò la morte con grande dignità.

Dare un senso alla vita a partire dalle proprie azioni

A fronte di un esito così disastroso dell'idea che la felicità dipenda da quello che "ci capita" nella vita, prende progressivamente forma – specialmente in ambito filosofico – l'**idea che la felicità abbia una radice diversa, che rimanda all'interiorità dell'uomo**.

L'invito di **Socrate** a "conoscere se stessi" è chiaramente orientato alla ricerca di un nuovo equilibrio interiore, in cui dare spazio a ciò che conta per davvero, fino a poter affrontare persino la morte in modo sereno, se si è consapevoli di avere fatto il proprio dovere.

(documento 2.2)

Sulla stessa linea si colloca il pensiero di Aristotele, che collega molto strettamente **la ricerca della felicità con la cura della dimensione etica della propria esistenza** e delle proprie azioni. Ogni azione, infatti, è compiuta in vista di un fine, di un motivo per cui vale la pena di darsi da fare. Ci possono

Seneca

(4 a.C.-65 d.C.) Lucio Anneo Seneca era figlio di Seneca il Vecchio, intellettuale spagnolo di rango equestre, che si trasferì a Roma dove il figlio poté avere la migliore formazione, entrando in contatto con lo stoicismo romano di cui divenne un importante esponente. Entrò a far parte del Senato, godette di notevole fama, al punto da far ingelosire l'imperatore Caligola, mentre l'imperatore Claudio lo esiliò. Rientrò a Roma quando Agrippina lo scelse come precettore del figlio Nerone, lo accompagnò fino all'ascesa al potere e nei primi anni di governo. Ritiratosi a vita privata, fu accusato da Nerone di avere preso parte alla congiura dei Pisoni e ricevette l'ordine di togliersi la vita.

essere dei fini o motivi che sono "ordinati" o coordinati tra di loro, ma in ultima analisi si deve arrivare a individuare un **fine ultimo**, un **bene supremo**, che è quello che solitamente prende il nome di **felicità** (**2**).

2 Il senso delle azioni e il "fine ultimo"

«Ogni arte e ogni ricerca e similmente ogni azione e ogni proposito sembrano mirare a qualche bene: perciò a ragione il bene è stato definito: *ciò a cui ogni cosa tende*... se poi vi è un fine delle nostre azioni che noi vogliamo di per se stesso, mentre gli altri li vogliamo solo in vista di quello, e non desideriamo ogni cosa in vista di un'altra cosa singola (così, infatti, si andrebbe all'infinito, cosicché la nostra tendenza sarebbe vuota e inutile), in tal caso è chiaro che questo dev'essere il bene e il *bene supremo*... quanto al nome d'esso, la maggior parte è pressoché d'accordo: *felicità lo chiamano sia la moltitudine sia le persone raffinate*».

(Aristotele, *Etica Nicomachea*, Laterza, 1979)

Naturalmente il vero problema è quello di **identificare correttamente il fine ultimo**, di non "sbagliare la mira". Lo afferma **Seneca**, all'inizio di un dialogo che dedica espressamente al tema della vita felice, il *De vita beata* (**3**).

3 Individuare la meta del cammino verso la felicità

«Gallione, fratello mio, tutti aspiriamo alla felicità, ma, quanto a conoscerne la via, brancoliamo come nelle tenebre. È infatti così difficile raggiungerla che più ci affanniamo a cercarla, più ce ne allontaniamo, se prendiamo una strada sbagliata; e se questa, poi, conduce addirittura in una direzione contraria, la velocità con cui procediamo rende sempre più distante la nostra meta. Perciò dobbiamo avere innanzitutto ben chiaro quel che vogliamo, dopodiché cercheremo la via per arrivarci, e lungo il viaggio stesso, se sarà quello giusto, dovremo misurare giorno per giorno la strada che ci lasciamo indietro e quanto si fa più vicino quel traguardo a cui il nostro impulso naturale ci porta».

(Seneca, *La felicità* (*De vita beata*), tr. it. Newton Compton, 1992)

P. Picasso, *I due saltimbanchi*, 1901 (Mosca, Museo Puskin).

Lo stesso Aristotele osserva come i pareri siano molto discordanti proprio sul tipo di bene che si possa considerare adeguato a orientare una vita intera, osservando come – in generale – vi sia chi identifica la felicità con il piacere, chi con la ricchezza, chi con l'onore... niente di nuovo sotto il sole. In fondo anche maghi, fattucchiere e cartomanti, che pretendono di "vendere" sogni o frammenti di felicità, parlano di amore (inteso nel senso di "possesso"), denaro, fortuna. Ancora una volta **la differenza fondamentale si può esprimere con due avverbi di luogo: *fuori* e *dentro***. Chi pensa che la felicità si trovi "fuori" di lui, nelle cose che può possedere o nelle situazioni (più o meno fortunate) che gli possono capitare deve solo sperare nella fortuna o – per fare eco a ciò che abbiamo ricordato di Omero – di avere avuto in sorte un demone benevolo. Se invece pensiamo che la fonte più autentica della felicità sia "dentro" di noi, allora dobbiamo rientrare in noi stessi, evitare di "disperderci" nel mondo delle cose e andare alla ricerca di questo centro interiore da cui possa scaturire – se ben coltivato – un'esistenza felice.

(documento 2.3)

La virtù giova alla città

▼ (A. Lorenzetti, *Effetti del buon governo in città*, 1340 circa. Palazzo Pubblico, Siena)
Lorenzetti, che attraverso san Tommaso riprende le dottrine di Aristotele e Platone, mostra come le cause del buon governo sono le virtù (che non si vedono in questo particolare), mentre gli effetti sono rappresentati da una vita ordinata e armoniosa.

Si può essere felici da soli?

La visione materialistica della felicità induce a pensarla anche in termini individualisti. Se la felicità consistesse, per esempio, nel possesso di beni materiali (come le ricchezze) sarebbe evidente che essi non possono crescere all'infinito per tutti, quindi la ricchezza di uno è "in concorrenza" con quella degli altri... e quindi anche la felicità di qualcuno (intesa in quel senso) avrebbe come "prezzo" la minore felicità (o anche l'infelicità) di altri. Se invece si pone il proprio tesoro in beni immateriali, tra i quali ad esempio l'amicizia, ecco che allora diventa possibile (anzi necessario) essere felici insieme.

Anche dal punto di vista psicologico è stato osservato come la felicità consista nella capacità di donarsi, di entrare in contatto profondo con gli altri, mentre l'egoismo narcisistico, per cui ciascuno si chiude in se stesso, rappresenta una fonte di sicura infelicità (**4**).

Claudio Risé

(1939)
Claudio Risé, psicoterapeuta di formazione junghiana, scrittore, giornalista e saggista, ha pubblicato numerosi testi su tematiche psicologiche e relazionali.

4 Felicità è donarsi

«Felicità è donarsi, e accogliere i doni della vita. Il dono è il grande fabbricante di felicità: perché senza dono non c'è amore, né dato né ricevuto. E se l'essere umano non ama gli altri, i suoi compagni di avventura nel mondo, nella vita, non può essere felice. Sarà magari ricco, potente, "di successo", ma gli mancherà sempre quella lucentezza nello sguardo, quell'allegra amicizia tra corpo e anima che accompagna la felicità. E che nasce dall'amicizia tra il suo corpo e anima, e quello degli altri».

(C. Risé, *Felicità è donarsi. Contro la cultura del narcisismo e per la scoperta dell'altro*, Sperling & Kupfer, 2004)

Non si può essere pienamente felici da soli, specialmente se gli altri, coloro che ci stanno intorno, si trovano nell'infelicità.

Più in generale potremmo dire che è possibile concepire una visione del mondo, della vita e dell'umanità per cui ciascuno si sente "appartenente" a una realtà più grande, di cui anche gli altri fanno parte. Questa idea è stata espressa in termini molto suggestivi da un poeta inglese del XVII secolo, John Donne (1572-1631) (5).

5 Nessun uomo è un'isola

«Nessun uomo è un'isola, intero in se stesso.
Ogni uomo è un pezzo del continente,
una parte della terra.
Se una zolla viene portata via dall'onda del mare,
la terra ne è diminuita,
come se un promontorio fosse stato al suo posto,
o una magione amica o la tua stessa casa.
Ogni morte d'uomo mi diminuisce,
perché io partecipo all'umanità.
E così non mandare mai a chiedere per chi suona la campana:
essa suona per te».

Si tratta di una suggestione poetica che, come spesso accade, suppone un orizzonte di senso. In questo caso si coglie l'importanza del senso di appartenenza all'umanità, che risulta un elemento strutturante per l'identità della persona e la sua ricerca della felicità.

Amando gli altri si ritrova se stessi

▶ (O. Zadkine, *I fratelli Van Gogh*, 1963. Collezione dell'artista, Parigi)
La scultura rappresenta il pittore Vincent van Gogh, con il suo amato fratello Theo.

Alla ricerca di un orizzonte di senso

«*Noli foras ire, rede in te ipsum*» (non uscire, non disperderti fuori di te, ritorna in te stesso), esorta **Agostino**, che aveva ben sperimentato, soprattutto nel corso della sua vita giovanile, un modello e uno stile di vita orientato alla ricerca di quei beni esteriori che anche Aristotele riteneva inadeguati a saziare la nostra sete di felicità. **Rousseau** descrive in modo molto concreto e partecipato l'esperienza del "perdersi" nella frastornante moltitudine di tentazioni che si possono trovare, specialmente in una grande città (6).

Aurelio Agostino

(354-430)
Figura di straordinaria grandezza tra i Padri e i Dottori della Chiesa, è considerato il massimo pensatore cristiano del primo millennio, il cui influsso si è esteso fino ai giorni nostri. La sua opera più celebre sono le *Confessioni*, un'autobiografia spirituale in cui narra il proprio itinerario spirituale e la propria conversione al cristianesimo.

Jean Jacques Rousseau

(1712-1778)
Filosofo, scrittore, pedagogista svizzero di lingua francese. Nato da una famiglia calvinista di Ginevra, rimasto presto orfano di madre, ebbe una gioventù difficile, in cui viaggiò molto. Trasferitosi a Parigi ne respirò il clima illuminista. Collaborò con gli Enciclopedisti, assumendo però una posizione autonoma. Tra le sue opere più importanti: *Il contratto sociale*, *Emilio o dell'educazione*, le *Confessioni*, *Giulia o La nuova Eloisa*, *Emilio e Sofia o I solitari*, *Le fantasticherie del passeggiatore solitario*.

6 Disperdersi nei divertimenti

«Logorato a poco a poco in questi divertimenti frivoli, il mio cuore perdeva senza accorgersene la sua primitiva energia e diveniva incapace di calore e di forza; vagavo con inquietudine da un piacere all'altro, cercavo tutto e mi stancavo di tutto; non mi divertivo che nei luoghi dove non mi trovavo in quel momento, e mi stordivo per divertirmi. Avvertivo in me un cambiamento di cui non volevo convincermi; non mi davo il tempo di rientrare in me stesso, per paura di non ritrovarmici più. Tutti i miei legami si erano affievoliti, tutti i miei affetti si erano intiepiditi: avevo sostituito la realtà con confuse parole di sentimento (...) mi sembrava di distaccarmi da me stesso e non restava nel mio animo ormai prostrato che una sensazione importuna di vuoto e di annientamento. Infine non amavo più o non credevo più di amare».

(J.J. Rousseau, *Emilio e Sofia o I solitari*, tr. it. La Nuova Italia, 1992)

Il testo di Rousseau immagina Emilio e Sofia che si trasferiscono nella grande città, piena di stimoli e di tentazioni, dove smarriscono le buone abitudini (virtù) che avevano acquisito in una vita morigerata, ma si tratta di suggestioni che potrebbero valere in ogni tempo e in ogni luogo. L'insegnamento di uomini saggi di diverse epoche e di diverse culture converge sull'idea che **i beni più importanti e più preziosi sono quelli che possiamo trovare dentro di noi**, scavando nelle profondità della nostra anima.

Del resto capita spesso, nel corso dell'esistenza umana, di sentire il bisogno di "fermarsi", riflettere, fare il punto sulla direzione che stiamo – giorno dopo giorno – imprimendo alla nostra vita. Riflettere sulla propria esistenza non è semplice, ma ci possono essere molti modi per farlo: se ne può parlare con qualche persona di fiducia, ma si può anche cercare di attivare un "dialogo con se stessi", per cercare di far parlare la parte più intima di noi. A tal fine ti proponiamo un semplice esercizio, che puoi fare da solo o in gruppo con amici o compagni di classe, per avviare un percorso di riflessione.

(scheda di lavoro 2.4)

Spesso il bisogno di riflettere si fa più evidente quando qualcosa va storto, quando i sogni si infrangono o i progetti non si realizzano, ma talvolta tale bisogno emerge in modo spontaneo, dalla nostra interiorità, senza bisogno di spinte esterne. Si tratta dei momenti più fecondi e creativi nella vita morale di una persona, quelli in cui si ripensa al proprio **progetto di vita**, si cerca di mettere ordine tra le proprie scelte importanti.

Non si può vivere senza desideri, passioni, sogni, progetti, alcuni di breve respiro, altri di respiro più lungo, fino ad arrivare a quel progetto di vita per disegnare il quale ci confrontiamo con i vari *sistemi di significato*.

Per quanto riguarda i **personali orizzonti di senso**, scrive Viktor E. Frankl (1905-1997), psicologo viennese padre della Logoterapia, che

"la nostra tesi è che c'è sempre un significato della vita: un significato alla cui ricerca va l'uomo. Sta nel potere dell'uomo intraprendere la realizzazione di tale significato".

(V.E. Frankl, *Senso e valori per l'esistenza. La risposta della Logoterapia*, tr. it. Città Nuova, 1998)

Progetto di vita

L'espressione ha un valore metaforico: la vita non è oggetto di una progettazione di tipo "ingegneristico", ma nella vita è importante avere sogni, progetti, ideali. Man mano che questi sogni e questi ideali si raccordano insieme in modo unitario, assumono una direzione principale, possiamo parlare – in senso traslato – di un progetto di vita, i cui dettagli si scopriranno giorno dopo giorno.

Si tratta di una delle più evidenti differenze tra l'uomo e l'animale, come sottolinea lo stesso Frankl (7).

7 | La domanda di senso è tipicamente "umana"

«Il porre in dubbio che la propria vita abbia un senso non dev'essere considerato di per se stesso come qualcosa di morboso: è invece espressione dell'esser-uomo, di ciò che nell'uomo vi è di più umano. Giacché, se ci è possibile e persino facile immaginare degli animali a sviluppo psichico anche molto elevato – come, per esempio, sono le api e le formiche – possedenti magari un'organizzazione sociale e una forma di governo per certi versi più esemplari delle nostre, ci è al contrario impossibile immaginare un animale che si ponga una domanda sul senso della propria vita e che ne dubiti. La problematicità dell'esistenza è dunque una prerogativa essenzialmente nostra. Il momento in cui l'uomo pone in dubbio il suo stesso essere, che la sua vita abbia un significato, è più importante a differenziarlo dagli altri animali del fatto di poter parlare, di poter pensare, di camminare eretto, ecc. La questione del senso della vita è così importante e radicale che talora può sopraffarci. Ciò accade sovente all'epoca della pubertà, nel periodo in cui più viva si presenta all'adolescente la problematicità dell'esistenza, mentre matura spiritualmente e spiritualmente si tortura».

(V.E. Frankl, *Logoterapia e analisi esistenziale*, tr. it. Morcelliana, 1972)

O. Ghiglia, *Pensieri*, 1935 circa (Collezione privata).

I **sistemi di significato** sono anche costruzioni culturali con cui ciascuno è chiamato a confrontarsi, a partire da quello in cui nasce e viene educato. Un sistema di significato si struttura a diversi livelli. Alla base vi sono le convinzioni profonde, quelle che sono in grado di misurarsi con le grandi domande di senso. Esse includono una visione della felicità, della vita, ma anche della società, delle ragioni per cui vivere insieme e i fondamenti delle consuetudini o delle leggi. A un secondo livello vi sono gli usi, i costumi, le tradizioni che costituiscono l'elemento più visibile di un sistema di significato. A un terzo livello vi sono le abitudini, i riti della quotidianità (altra cosa, lo vedremo, sono i riti religiosi), i modi di dire, ma anche di cucinare, di trascorrere il tempo, di divertirsi.

Oggi ci si interroga sulla disgregazione dei sistemi di significato non tanto perché manchino usi, costumi e riti del quotidiano o modi di divertirsi (anzi), ma perché i diversi livelli che abbiamo sopra indicato non comunicano più tra di loro, con il rischio di appiattirsi esclusivamente sul terzo livello, perdendo il contatto con le "radici" dei vari sistemi di significato.

L'identità personale si forma, e in questo ha un ruolo essenziale l'educazione, **in un dialogo costante tra i sistemi di significato con cui ciascuno ha modo di confrontarsi e il bisogno di tracciare un personale orizzonte di senso** che, a un certo punto, consenta di elaborare un progetto di vita. Il confronto con la dimensione religiosa si colloca nel cuore di questo dinamismo.

Quali orizzonti di senso?

▲ (R. Magritte, *Le Grand Siecle*, 1954. Museo Nazionale, Gelsenkirchen) In un mondo in cui non esistono spazi illimitati, ma solo orizzonti delimitati da forme geometriche, si ha l'impressione di una realtà razionale, in cui tutto sembra comprensibile e misurabile... ma siamo sicuri che è questo il solo modo di tracciare un orizzonte di senso? O forse i nostri orizzonti di senso assomigliano di più alla linea di un orizzonte naturale, che si amplia man mano che ci avviciniamo a essa?

Scheda di lavoro

Cerca e rifletti

L'immagine della felicità nella pubblicità

Abbiamo visto come Aristotele identifichi tre stili di vita ampiamente diffusi tra gli uomini del suo tempo. Essi pongono il fine ultimo della vita umana (ovvero le aspettative più profonde in ordine alla felicità) in tre tipologie di beni:

1. Il piacere
2. La ricchezza
3. La fama e l'onore

A questi tre stili egli ne aggiunge un quarto (quello che consiglia), che consiste nella vita contemplativa dell'uomo virtuoso. Da soli o in piccoli gruppi provate a individuare da diverse fonti – riviste, TV, radio, internet – alcune pubblicità che ritenete significative in ordine al nostro tema e, per ciascuna di esse, provate a rispondere alle seguenti domande:

Pubblicità:	Fonte: ....
Su che cosa si punta per vendere o promuovere il prodotto: quali **leve** si vorrebbero muovere?	....
Tali leve vengono presentate come portatrici di una **gioia momentanea** o promettono qualcosa di più **profondo e duraturo**?	....
Quale **immagine della felicità** emerge in questa pubblicità? Emerge in modo esplicito o rimane implicita?	....
Se emerge un'immagine di felicità, si può ricondurre a qualcuno degli **stili di vita** identificati da Aristotele?	....
Tue **impressioni personali**: ti riconosci in quella immagine di felicità? Ritieni le "leve" utilizzate adeguate ed efficaci per te? Secondo te lo sono per le persone che incontri o frequenti?	....

- Ai modelli di vita indicati da Aristotele, ne aggiungeresti anche degli altri?
- In quale (tra quelli aristotelici e quelli che hai aggiunto) ti riconosci maggiormente?

Indicazioni cinematografiche

"Quasi amici" (*Intouchables*), di Olivier Nakache e Éric Toledano, Francia 2011.
Tratto da una storia vera, mostra come il segreto della felicità sia nelle relazioni personali, che fanno superare ogni genere di difficoltà.

L'uomo alla
ricerca di Dio:
**il senso
religioso**

L'uomo alla ricerca di Dio: **il senso religioso**

Agostino scriveva che l'uomo è stato creato per Dio e il suo cuore è inquieto finché in lui non riposa. Le molteplici espressioni dell'esperienza religiosa dell'umanità ci mandano segnali che convergono in quella direzione: i segni e simboli della vita religiosa, i riti, i miti e i sacrifici rivelano un elemento comune, ovvero un "senso religioso" che – pur assumendo varie forme – è universalmente diffuso nell'esperienza umana.

dentro l'immagine

Il quadro che apre questa sezione è *Viandante sul mare di nebbia,* 1818 (Amburgo, Kunsthalle) del pittore tedesco Caspar David Friedrich (Greifswald, 1774-Dresda, 1840), esponente del primo Romanticismo. La sua pittura ha come contenuto pressoché unico il rapporto tra l'uomo e la natura. Il senso religioso nasce infatti dall'osservazione stupita di ciò che ci sta intorno. La natura, con la sua maestosità e varietà, è un'occasione privilegiata per lasciar emergere la domanda sul significato della nostra vita. Ci ricorda infatti che siamo parte di una realtà che ci supera e ci invita a guardare lontano, proprio come fa il protagonista del quadro. L'artista basava la sua pittura su un'attenta osservazione dei paesaggi della Germania e soprattutto dei loro effetti di luce. Egli considerava il paesaggio naturale come opera divina e le sue raffigurazioni ritraevano sempre momenti particolari come l'alba, il tramonto o le onde di una tempesta.

La nebbia è ciò che impedisce di vedere che cosa si trova dentro a essa. È considerata pericolosa per chi deve viaggiare sia per mare, non consentendo di vedere gli scogli, sia per terra, perché non fa vedere la via. È simbolo delle difficoltà che gli uomini trovano nel decifrare la realtà in cui vivono.

Il viandante, nell'iconologia cristiana, ricorda il fatto che la vita è intesa come un pellegrinaggio, che ha la propria destinazione nell'aldilà. Il personaggio è di spalle, come per invitare chi lo osserva a unirsi alla sua silenziosa meditazione.

Secondo una testimonianza, la figura del viandante rappresenterebbe uno scomparso amico del pittore, tale van den Brinken, e pertanto il dipinto vorrebbe esserne la commemorazione. Nello sfondo sarebbero rappresentati i monti Rosenberg e Zirkelstein, in Sassonia.

Le rocce e le montagne rappresentano in tutte le culture il desiderio di ascendere verso il divino, verso l'alto. Nel cristianesimo sono simbolo della solidità che dà la fede.

3. Segni e simboli della vita religiosa

la posta in gioco

L'esperienza religiosa degli uomini, dagli albori della storia umana fino a oggi, si esprime soprattutto attraverso segni e simboli, che in qualche modo alludono a ciò che non si può vedere né rappresentare. Ci servono strumenti culturali per "decodificare" i simboli, che talvolta hanno preso forma in ambienti culturali molto distanti dal nostro, ma è importante anche la sensibilità culturale per leggerli come segni e simboli della vita religiosa, in quanto tale.

I simboli religiosi che si trovano in culture molto antiche a che cosa rimandano? Quale immagine del divino ci restituiscono? Vi sono oggi dei simboli che hanno la stessa forza? Si può dire che i simboli rinviano a una vera e propria esperienza: l'esperienza del sacro?

Nelle culture di tutti i tempi e di tutti i popoli si ritrovano **segni e simboli della vita religiosa**. Del resto non si ha notizia di un "popolo ateo", cioè di una popolazione e di una cultura che siano totalmente privi di riferimenti alla dimensione religiosa. Talvolta i segni e i simboli sono abbastanza facilmente "leggibili", intuitivi, altre volte si collegano a sensibilità e culture molto differenti, che ci rende più difficile capirli. In tutti i casi essi rinviano a un'esperienza religiosa in cui prendono forma, che li genera, e in cui trovano il loro orizzonte di senso.

Il corpo fatto "segno"

Fedele induista con il petto attraversato dal tradizionale cordone sacro, di colore bianco, simbolo dell'appartenenza alla casta più elevata (*brāhmaṇa*) del sistema castale indiano. Il bianco è il colore della purezza, per questo indica la casta più elevata.

L'esperienza religiosa e il senso religioso

Prima di addentrarci nel tentativo di definire che cosa sia una religione e quale ruolo giochino in essa segni, simboli, miti e credenze, è essenziale **prendere coscienza di questa "esperienza primaria", che chiamiamo religiosa**, utilizzando, per ora, il termine nel suo significato intuitivo. Ci può aiutare in tal senso una riflessione di **Romano Guardini** (**1**).

1 L'esperienza religiosa

«Nell'esperienza religiosa acquista coscienza qualcosa che, pur assurgendo a dato di fatto per quanto attiene alle cose del mondo e ai processi vitali, tuttavia si caratterizza immediatamente come elemento distinto da questi. E ciò non solo come una realtà del mondo empirico si differenzia da un'altra realtà – come ad esempio una pianta si differenzia da un cristallo – ma in modo diverso in rapporto alla dimensione del mondo in quanto tale. (...) Ciò che si compie è una presa di contatto, una percezione e un riconoscimento, un essere compresi e un divenire compartecipi. L'elemento di cui stiamo parlando è contraddistinto da una caratteristica fondamentale, per la quale Otto[1] propone la definizione di sacro».

(R. Guardini, *Il linguaggio religioso*, tr. it. in Id., *Linguaggio, poesia, interpretazione*, Morcelliana, 2000)

S. Köder, *Elia presso l'Oreb.*

1. **Otto**: il riferimento è all'opera di R. Otto, *Il sacro* (1917).

Prendere sul serio l'idea di confrontarsi con l'esperienza religiosa è essenziale per ragionare sulle espressioni storiche e culturali che le religioni elaborano. Scrive **Eliade** che

> "un **fenomeno religioso** risulterà tale soltanto a condizione di essere inteso nel proprio modo di essere, vale a dire studiato su scala religiosa. Girare intorno al fenomeno religioso per mezzo della fisiologia, la psicologia, la sociologia, l'economia, la linguistica, l'arte, ecc., significa tradirlo e lasciarsi sfuggire appunto il *quid* unico e irriducibile che contiene: il suo carattere sacro".
>
> (M. Eliade, *Trattato di storia delle religioni*, tr. it. Boringhieri, 1976)

Romano Guardini

(1885 - 1968) Filosofo e teologo, nacque a Verona nel 1885; la sua famiglia si trasferì l'anno successivo a Magonza. Si occupò in particolare di filosofia della religione e teologia della cultura. Ridotto al silenzio dal regime nazista, riprese l'attività pubblica nel 1945, insegnando a Tubinga e a Monaco di Baviera. È ricordato anche come teologo di riferimento di Joseph Ratzinger (papa Benedetto XVI).

Mircea Eliade

(1907 - 1986) Scrittore rumeno e grande storico delle religioni. La sua produzione nell'ambito della fenomenologia e storia delle religioni è amplissima. Tra le opere ricordiamo: *Il mito dell'eterno ritorno* (1949), *Trattato di storia delle religioni* (1949-1964), *La nascita mistica, riti e simboli d'iniziazione* (1959), vari volumi della *Enciclopedia delle religioni* (17 volumi) da lui diretta.

Fenomeno religioso

Espressione utilizzata nell'ambito delle scienze delle religioni, per indicare una situazione o un'espressione culturale che manifesta i caratteri di un'esperienza religiosa e – pertanto – rientra nel campo di studio delle scienze delle religioni.

In altri termini si tratta di superare tutti gli approcci di carattere *riduzionistico*, che tendono cioè a *ridurre* l'esperienza religiosa ad altre sfere dell'esperienza umana, magari facendone una sorta di "risposta simbolica" (che alcuni ritengono anche illusoria) a bisogni di altro tipo (psicologico, economico, sociale, ecc.). Va detto che l'approccio riduzionista è a sua volta figlio di un pregiudizio che assume come un dato di partenza l'idea che non esista un'esperienza religiosa come esperienza autonoma e primaria. Il nostro percorso, invece, muove esattamente dall'idea opposta, cioè **che vi sia un'esperienza religiosa, che si ricollega a un *senso religioso*** che si ritrova nel fondo del vissuto personale, con cui confrontarsi per leggere "religiosamente" i fenomeni religiosi.

(documento 3.1)

Marco Tullio Cicerone

(106 a.C.-43 a.C.)
Retore, uomo politico e autore di opere la cui bellezza sul piano linguistico ne ha fatto quasi un "canone" della lingua latina classica, si caratterizza per un approccio eclettico (nel senso che non segue una singola scuola di pensiero, ma coglie spunti da molti autori), con una predilezione per le questioni che riguardano l'umana saggezza.

Che cos'è la religione?

Il termine italiano *religione* deriva dal latino *religio*, anche se il concetto espresso dal termine ha origini molto più antiche, che si perdono agli inizi della storia umana. L'etimologia latina del termine *religio* può collegarsi a diverse radici e, pertanto, manifestare diverse sfumature di significato. Riportiamo qui schematicamente alcune delle radici etimologiche che furono indicate da autori che si esprimevano in latino e che – per comodità di lettura – distingueremo tra autori pagani (che si riferivano alla religione tradizionale romana) e autori cristiani (che parlavano, in latino, dell'esperienza religiosa cristiana).

Definizioni etimologiche "pagane"	Definizioni etimologiche "cristiane"
In **Cicerone** il termine viene fatto derivare da *re-legere*, nei due significati che il verbo può assumere: a) = *rileggere*, cioè conoscere ed eseguire meticolosamente gli atti del culto (di cui probabilmente si conservava traccia scritta), b) = *raccogliere*, *osservare* i segni della comunicazione divina (cioè trarre gli auspici). **Macrobio** riferisce una definizione per cui il termine viene fatto derivare da *re-linquere*, ossia *lasciare*. Il mondo viene distinto in *sacro* e *profano*, per cui la sfera del religioso è rigorosamente distinta da quella del non-religioso che deve essere "lasciata", abbandonata.	In **Lattanzio** il termine viene fatto derivare da *re-ligare*, ossia *legare con forza*, con chiaro riferimento al vincolo di pietà che ci unisce a Dio. L'autore prende esplicitamente le distanze da Cicerone e sarà questa la definizione più comunemente usata in ambito cristiano. **Agostino** certamente conosce l'etimologia lattanziana ormai divenuta "classica", ma arricchisce il termine di una coloritura tutta personale, collegandolo al verbo *re-eligere*, cioè *scegliere di nuovo*, con evidente riferimento al bisogno di conversione continua in risposta all'amore di Dio.

Lucio Cecilio Firmiano Lattanzio

(250 d.C.-327 d.C. circa)
Celebre scrittore e retore cristiano, si distinse soprattutto nel campo della apologetica, cioè della difesa della fede cristiana dalle critiche e dalle denigrazioni degli intellettuali pagani.

Ambrogio Teodosio Macrobio

Filosofo, scrittore e funzionario romano, vissuto nell'età del tardo Impero, di cui non si conoscono con certezza la data di nascita e di morte, ma che ebbe la sua fioritura all'inizio del V sec. d.C. La sua opera più famosa è un dialogo erudito che si svolge in tre giorni, durante le festività dedicate al dio Saturno (di qui il nome dell'opera, *Saturnalia*).

(documento 3.2)

In generale potremmo dire che **il termine religione richiama una dimensione soggettiva e una dimensione oggettiva**. La **dimensione soggettiva** è l'insieme delle disposizioni interiori e degli atteggiamenti che caratterizzano il rapporto dell'uomo con Dio, per quanto gli è stato dato di conoscerlo e nella misura in cui aderisce in modo autentico a ciò che tale rapporto richiede. In tale prospettiva **Tommaso d'Aquino** (riprendendo esplicitamente Agostino) afferma che la religione è una **virtù** e precisamente una parte della virtù della giustizia (*Summa Theologiae*, Secunda Secundae, q. 81), perché essa consiste nel rendere nel modo debito, al Dio vero, l'onore e il culto che gli sono dovuti e comportarsi di conseguenza.

La **dimensione oggettiva** della religione è data dall'insieme delle credenze, dei culti, dei miti, dei riti e dei simboli che risultano di fatto condivisi in un dato tempo e in una data cultura, quali espressione sociale e pubblica di quel culto interiore che ne costituisce la base soggettiva e che dà unità esistenziale all'insieme delle sue espressioni culturalmente determinate (**2**).

Tommaso d'Aquino

(1225-1274)
Fu frate domenicano, grande filosofo, teologo e Dottore della Chiesa, tanto da essere soprannominato *Dottore angelico* (*doctor angelicus*), per il tono elevato e sublime delle sue dottrine. Nato da nobile famiglia, essendo il figlio più piccolo era stato affidato come oblato nella vicina Abbazia di Monte Cassino (di cui era abate suo zio); inviato a Napoli per gli studi conobbe i domenicani ed entrò a far parte del loro ordine. Tale scelta contrastava con i piani dei familiari (che lo volevano abate di Monte Cassino), per cui lo fecero rapire e lo condussero al Castello di Monte San Giovanni Campano, dove tentarono di fargli cambiare idea, ma senza esito. Tornato coi domenicani approfondì i propri studi a Parigi e a Colonia (dove fu allievo di sant'Alberto Magno). A partire dal 1252 inizia la sua attività di insegnante (a Parigi), che continuerà in Italia e nuovamente a Parigi, dove scrisse le sue opere più importanti. Nel 1274 venne invitato a partecipare al Concilio di Lione, ma morì durante il viaggio, nell'abbazia di Fossanova.

2 La religione sul piano esistenziale e culturale

«Una religione non è un pulviscolo di miti, riti e pratiche. Essa è soprattutto un pensiero articolato che spiega il divino e il cosmo e che comporta una **Weltanschauung**. Inoltre, grazie a questa visione, l'uomo religioso si situa nel cosmo, nella società e precisa le sue relazioni con la divinità. Infine, questo pensiero e questa presa di posizione sfociano in un comportamento (...). Così, ogni religione è un fenomeno storico, vissuto da alcuni uomini e alcune donne in un contesto sociale, culturale, storico, economico, linguistico».

(J. Ries, *Il sacro nella storia religiosa dell'umanità*, 1978, tr. it. Jaca Book, 1990)

F. Jodler, *Adorazione II*, 1894 (Lugano, Museo cantonale d'Arte).

Weltanschauung

Termine tedesco non direttamente traducibile con un termine corrispondente in italiano, perché è parola composita che indica una *visione del mondo* o *concezione del mondo.*

L'esperienza religiosa si manifesta, nelle diverse culture, nei modi più disparati, per cui non è semplice tentarne una classificazione esaustiva.

Una prima distinzione si potrebbe fare tra le *religioni della natura* (naturali) e le *religioni del soprannaturale* (rivelate), secondo il tipo di comprensione che esse hanno del divino, nel rapporto con il quale consiste la vita religiosa:

a) le **religioni della natura** si caratterizzano per il fatto che l'uomo riconosce qualcosa o qualcuno a lui superiore e ritiene di incontrarlo nelle forze della natura. In tal senso attribuisce caratteri divini ad animali, vegetali, persone "sacre" (compresi gli antenati), fenomeni naturali;

b) le **religioni del soprannaturale** identificano la divinità con un essere superiore alla natura, che ha un potere su di essa (Creatore) e sugli uomini (Padre e Giudice). I fenomeni naturali possono essere al più segni o simboli di una dimensione divina che totalmente li trascende e che sarebbe del tutto inconoscibile agli uomini se non avesse *rivelato* qualche cosa di Sé.

Altre distinzioni si potrebbero fare sulla base della concezione della divinità. In tal senso si parla di **monoteismo** (quando si crede in un unico dio), **politeismo** (quando si crede nell'esistenza di una pluralità di divinità), **enoteismo** (quando si crede in una pluralità di dei, ma si riconosce tra loro la priorità di uno in particolare), **monolatria** (pur riconoscendo una pluralità di dei si offre venerazione e culto a uno soltanto), **panteismo** (comporta una concezione impersonale del divino di cui tutto l'universo è pervaso: esso non trascende la natura, ma è dentro di essa).

Julien Ries

(1920-2013) Grande storico delle religioni, belga, fu anche arcivescovo e cardinale. È particolarmente attento ai temi dell'antropologia del sacro, in cui riconosce un ruolo specifico per l'esperienza religiosa. Autore di oltre 650 lavori, pubblicati in più di dieci lingue, le sue opere complete sono in corso di stampa in lingua italiana per i tipi di Jaca Book. Tra i primi volumi quelli che offrono una chiave di lettura: *L'uomo e il sacro nella storia dell'umanità*; *L'uomo religioso e la sua esperienza del sacro*.

Segni e simboli della vita religiosa

Il segno – in generale – **è una realtà (naturale o artificiale) che rimanda a un'altra che costituisce il suo significato**. Il fumo è un segno che indica la presenza di un fuoco, una parola scritta è un segno che rinvia alla corrispondente parola pronunciata, la quale a sua volta rinvia a un concetto o a un oggetto che, in una lingua determinata, viene espresso tramite quella parola. Nell'ambito dell'esperienza religiosa vi sono segni che esprimono concetti, anche complessi, a cui rimandano in modo univoco. Per esempio il segno *ankh*, nella cultura dell'antico Egitto, si configura come una "croce ansata"; è costituito da una T sormontata da un cerchio allungato e il suo significato rimanda all'idea della *vita*.

La vita, dono degli dei

◀ (Egitto, XIII secolo a.C., affresco rinvenuto nella tomba di Nefertari)
Nella sezione del ciclo pittorico rappresentata, la dea Iside porge all'imperatrice defunta l'*ankh*, simbolo di vita.
La vita è prerogativa degli dei ed essi possono farne dono agli uomini. I colori, rispondenti alla simbologia sacra egiziana, sono vivaci, accostati per contrasto e bilanciati tra caldi e freddi, luminosi e profondi. Il riferimento simbolico complessivo è quello del *Libro dei morti* e ogni ambiente rappresentato ne costituisce un passaggio.

Simbolo

Termine che deriva dal verbo greco *sum-ballo*, che letteralmente vuol dire "mettere insieme", cioè raccogliere e collegare elementi distinti.

(documento 3.3)
(documento 3.4)

Il **simbolo**, nell'esperienza religiosa, è un **segno concreto che rinvia a qualcosa di assente o impossibile da percepire**. Si potrebbe tentare di dare una lettura naturalistica dei simboli, leggendoli come elementi suggestivi che possono, ad esempio, stimolare la creazione poetica. Se invece ci poniamo nell'orizzonte dell'esperienza religiosa il simbolo diviene come un ponte che ci proietta nella dimensione del sacro.

Tutta l'esperienza religiosa è pervasa di elementi simbolici. Fin dalle religioni più antiche l'acqua è simbolo della vita, ma anche della purificazione, così come il fumo (meglio se profumato, come quello che si ottiene bruciando l'incenso) rappresenta la preghiera o l'offerta che sale verso Dio (3).

L'acqua, fonte della vita

(P. Gaugain, *Pape moe (acqua misteriosa)*, 1895. Collezione privata, Parigi)
Tra gli elementi simbolici più diffusi, un ruolo particolare è giocato dall'acqua, simbolo di vita, di rigenerazione e di purificazione. Il dipinto di Gaugain rappresenta una donna tahitiana che beve a una fonte, ma – chinandosi con rispetto e reverenza – probabilmente rende omaggio alla divinità naturale che in essa risiede.

3 La dimensione simbolica dell'esperienza religiosa

«Tutte le manifestazioni del sacro presuppongono l'esistenza di una via simbolica, poiché il sacro non si manifesta mai allo stato puro. Il simbolo è colto come una "cifra" della sacralità grazie alla quale l'uomo può accedere al soprannaturale. Il simbolo è uno strumento di rivelazione e lo stesso atto rituale è legato a una struttura simbolica».

(J. Ries, *Il sacro nella storia religiosa dell'umanità*, 1978, tr. it. Jaca Book, 1990)

Vi sono delle rappresentazioni simboliche molto complesse, in cui si intrecciano diversi livelli di significato e in cui possono anche realizzarsi dei processi di ri-significazione di orizzonti simbolici. In altri termini, **vi sono simboli che sono propri di alcune religioni che vengono assunti con un diverso significato in altri contesti religiosi**.

Un esempio può essere dato dal processo di rielaborazione di significato di alcuni simboli della religione romana che si è avuto nei primi secoli del cristianesimo. Nelle religioni naturalistiche il simbolismo della luce e del sole ha sempre avuto un ruolo importante, il che si traduceva in una serie di culti e festività collegati al ciclo solare. Tra queste era molto diffusa nel mondo romano, soprattutto nelle province orientali, quella della *rinascita del sole vittorioso* (l'espressione latina è: *Dies natalis solis invicti*), corrispondente al solstizio d'inverno (che all'epoca era fissato per il 25 dicembre), cioè al momento dell'anno in cui le giornate ricominciano ad allungarsi, il che – sul piano simbolico – indica la vittoria della luce che inizia a "riconquistare terreno" sulle tenebre.

In tale simbolismo luminoso e solare il cristianesimo si inserisce, collocando proprio in quella giornata il giorno in cui celebrare la nascita (il *Natale*) di Gesù, che rappresenta la "luce vera" che illumina ogni uomo e aggiunge un ulteriore livello simbolico, cioè la vittoria della salvezza e della grazia (luce) sul peccato (tenebre).

Ancora una volta è l'esperienza religiosa, in questo caso quella cristiana, che – incontrando rappresentazioni simboliche dal forte potere suggestivo – ha la forza di metabolizzarle e attribuire loro un nuovo significato, che – di riflesso – trova un'espressione sul piano culturale e, in questo caso, anche cultuale (la festa del Natale).

La luce vince sulla tenebra

▲ (Piccolo altare, ritrovato a Roma, dedicato al *Sole Invitto*, età antoniana. Roma, Musei Vaticani)

Il sole vittorioso indica, sul piano naturale, il fatto che le giornate tornano ad allungarsi, ma questo fatto si incontra con una paura quasi archetipa: quella del "buio eterno". Per questo l'idea del sole vittorioso è rassicurante sul piano psicologico e può essere trasposta sul piano simbolico, a indicare che le tenebre (anche le tenebre del male, della sofferenza, della morte) non sono l'ultima parola, non prevarranno. A questo punto l'ulteriore trasposizione simbolica per indicare la Luce di Cristo è ancora più comprensibile.

▼ (Gentile da Fabriano, *Natività*, 1423. Firenze, Galleria degli Uffizi)

Scheda di lavoro

Confronta e ricerca

Immagini e simboli "solari" a confronto

Ti proponiamo alcune immagini che riprendono il simbolo luminoso e solare di cui abbiamo parlato. Per ciascuna di esse ti chiediamo di identificare a quale tradizione culturale e religiosa si riferisce (puoi effettuare una ricerca nel web, o utilizzare i testi di una biblioteca) e qual è il significato simbolico che suggeriscono a te.

Immagine			
Tradizione culturale	....	....	....
Che cosa mi dice questo simbolo?	....	....	....

Eventuali annotazioni complessive: ....

....

....

A questo punto puoi essere tu stesso a cercare i principali simboli religiosi che incontri nella realtà che ti circonda. Ti suggeriamo di individuarne alcuni che appartengono alla tradizione cristiana (quali sono i primi che ti vengono in mente?) e altri che appartengono ad altre tradizioni religiose presenti sul territorio in cui vivi (es. ebrei, islamici, buddhisti, ecc.). Per ciascuna delle immagini che troverai sarà possibile fare un'analisi simile a quella della scheda sopra riportata e discuterne in classe con i compagni.

Consigli di lettura

J. Ries, *Il sacro nella storia religiosa dell'umanità*, 1978, tr. it. Jaca Book, Milano 1990.

Indicazioni cinematografiche

"Il grande silenzio", di Philip Gröning, Germania 2005. Descrive la vita all'interno di un monastero, la Grande Chartreuse, sulle Alpi francesi; protagonisti sono il silenzio e la vita religiosa.

4. Il linguaggio religioso e i miti

la posta in gioco

Il linguaggio religioso ha una sua specificità che deriva dalla specificità dell'esperienza religiosa. Per questo è importante, oltre alla precisione nell'uso del lessico, che è necessaria in tutti i campi della cultura, aprire la mente ad altre forme di linguaggio: quello allusivo che tenta di esprimere ciò che supera l'esperienza mondana, quello del mito che attinge la sfera dell'invisibile attraverso narrazioni che si collocano fuori dal tempo e dallo spazio ordinari. Saper leggere religiosamente le varie forme del linguaggio religioso esige una specifica sensibilità culturale.

Hai mai avuto l'impressione che chi fa parte di una comunità religiosa usi talvolta un linguaggio "speciale"? Lo usa solo per parlare di Dio? Ti è mai capitato di sentire qualcuno che – parlando di questioni religiose – usasse un linguaggio improprio? O tale da sminuire il valore dell'esperienza religiosa?

Esprimere ciò che siamo dentro

▼ Un fedele in preghiera al sorgere del sole a Benares (India).

L'uomo si distingue dall'animale per la sua capacità di comprendere e descrivere il mondo in cui vive e l'universo delle sue relazioni **attraverso il linguaggio**. Ogni aspetto della realtà e ogni tipologia di esperienza vengono descritte e comunicate attraverso il linguaggio. Il linguaggio religioso ha caratteristiche proprie, perché si collega a un'esperienza particolare, che è l'esperienza religiosa.

Dall'esperienza religiosa al linguaggio religioso

Abbiamo già parlato dell'esperienza religiosa, facendo appello a una bella descrizione che ne fa Romano Guardini (cfr. pag. 22). Vogliamo ora riprendere il discorso per affrontare il tema del linguaggio religioso. Si può parlare di un linguaggio autenticamente religioso nella misura in cui esso si collega in modo vitale all'esperienza religiosa: altrimenti avremmo una sorta di "chiacchiera" su tematiche che ricordano la religione, ma non un vero linguaggio religioso. Il problema, come sottolinea ancora Guardini, è che tale esperienza ci proietta nel mondo dell'**ineffabile**, di ciò che sfugge al tentativo di "rinchiuderlo" entro le categorie di pensiero e di linguaggio che invece funzionano benissimo con il mondo delle realtà visibili e tangibili. Di qui la profondità e la difficoltà del linguaggio religioso, se adeguatamente inteso (**1**).

Ineffabile

Termine che deriva dal greco e letteralmente significa "ciò che non può essere detto". Si usa in ambito religioso per parlare di realtà sovrumane e misteriose, per le quali le parole umane non sono sufficienti.

1 Il linguaggio dell'ineffabile

«L'enunciazione religiosa è quella che esprime questa esperienza o il suo contenuto, e viene intesa in quanto tale da chi ascolta. Ma come può realizzarsi tutto questo se (...) ciò che è pensato è diverso da ogni sperimentabilità materiale, mentre le parole impiegate derivano dalla materialità del mondo, dal momento che non disponiamo di null'altro? (...) La realtà religiosa ha la possibilità di esprimersi in quella mondana, ma in pari tempo di differenziarsi da essa; di approfondirla, ma anche, in pari tempo, di inquietarla; di portarla a un'ultima pienezza di significato, ponendola però, proprio per questo, in dubbio. L'enunciazione religiosa diviene così particolarmente complessa».

(R. Guardini, *Il linguaggio religioso*, tr. it. in Id., *Linguaggio, poesia, interpretazione*, Morcelliana, 2000)

Un superuomo che viene da un altro mondo

▼ Superman è un personaggio dei fumetti, creato da Jerry Siegel e Joe Shuster negli anni '30. Oltre alla forza straordinaria e ad altri superpoteri (capacità di volare, vista a raggi x, ecc.) ha un innato senso della giustizia e si impegna a difesa dei deboli. Incarna il mito tipico di una certa cultura americana, in cui la forza (anche militare) si collega all'idea di essere i portatori della libertà e della giustizia. A ogni tempo e ogni luogo i suoi miti.

Il linguaggio religioso si nutre di *simboli* (di cui abbiamo parlato nella precedente Unità), si accompagna ad azioni simboliche nei *riti* (di cui parleremo nella prossima) e trova la sua espressione più ricca e articolata nei *miti*.

Il mito

In generale il **mito** si può definire come una **narrazione esplicativo/interpretativa di tipo simbolico-fantastico che tende a spiegare o rappresentare in modo allusivo ma globale un elemento della realtà umana e naturale**. Di norma un mito unisce in una narrazione coerente varie figure in rapporto fra loro. L'intreccio narrativo – oltre ad avere un significato letterale che viene espresso dal racconto – evoca altri livelli di significato impliciti, che vengono percepiti da chi condivide l'orizzonte culturale della narrazione. Esso appare come una funzione originaria del pensiero simbolico-narrativo e non si lega necessariamente o esclusivamente all'esperienza religiosa. Basti pensare, ad esempio, ad alcune narrazioni consolidate nelle culture popolari, talvolta legate a luoghi specifici, come un casolare abbandonato, o la stanza murata di un vecchio castello, attorno a cui fioriscono storie che con il tempo si sedimentano.

Nella cultura di oggi vi sono dei *miti* costruiti ad arte, che riguardano le vicende di personaggi famosi, come sportivi o uomini dello spettacolo. Vi sono persino dei "nuovi miti" costruiti a livello di immaginario, *fiction* o fumetti; prendiamo ad esempio il mito di *Superman*. Non si tratta certo di narrazioni paragonabili a quelle dei grandi poemi epici dell'antichità, ma costituiscono – seppur su temi più futili – trame di pensiero narrativo che hanno una certa diffusione culturale, almeno per un tempo breve.

(documento 4.1)

Se vogliamo comprendere meglio la funzione del mito in chiave religiosa, dobbiamo ricondurlo all'*esperienza religiosa* in cui prende forma e in cui si ritrovano le sue chiavi di lettura (**2**).

2 Identità del mito in chiave religiosa

«Il mito è un racconto che riporta la storia delle origini, del tempo primordiale. Narra come, grazie alle imprese di esseri soprannaturali, è venuta alla luce una realtà. Si tratta di una storia sacra, con attori e avvenimenti. È un racconto che riguarda realtà esistenti, e questo dà un aspetto di verità al mito. (...) L'esperienza del mito è legata al sacro, perché mette l'uomo religioso in rapporto col mondo soprannaturale».

(J. Ries, *L'uomo religioso e il sacro alla luce del nuovo spirito antropologico*, in: E. Anati (et alii), *Le origini e il problema dell'homo religiosus*, Jaca Book-Massimo, 1989)

Nu Wa creatrice del genere umano e Fu Xi fondatore della civiltà cinese, eroi mitologici con busto umano e corpo di serpente, dinastia Tang (618-907).

Sarebbe interessante osservare come i grandi miti, soprattutto nel mondo antico, si richiamano e si "contaminano" a vicenda, attraverso un processo di ri-significazione (cioè di attribuzione di nuovi significati) delle narrazioni mitiche, che dipende dal loro inserirsi in diverse forme di esperienza religiosa. Possiamo distinguere almeno **quattro tipologie di miti che hanno una significativa valenza religiosa**, sulla base dei diversi oggetti della narrazione.

(documento 4.2)

1. I **miti cosmogonici**, che narrano le origini del cosmo (l'universo ordinato e armonioso che noi conosciamo), in genere a partire da una situazione disordinata e caotica, in cui sono alcuni agenti divini a mettere ordine, spesso dopo uno o più conflitti.

Cosmogonico

Termine che deriva dal greco e significa "dell'origine del cosmo".

Un mondo che rinasce dalle acque

(*Arca di Noè*, particolare di mosaico bizantino, XI secolo. Venezia, Basilica di San Marco) L'idea che il mondo nasca o rinasca dalle acque è molto antica e diffusa, specialmente nelle culture del Medio Oriente. Anche il racconto biblico del patriarca Noè rielabora materiali narrativi preesistenti, nella logica di un patto irrevocabile di Dio con l'umanità: mai più le acque ricopriranno la terra.

2. I **miti delle origini**, che raccontano e giustificano una situazione, come la presa di potere di una nuova stirpe regale, di cui – in genere – rintracciano mitici progenitori. In questa categoria possiamo far rientrare anche i miti di caduta, presenti in tutte le tradizioni religiose, che spiegano la tragica condizione attuale dell'umanità (sottoposta al dolore, alla sofferenza, alla morte) con un "incidente primordiale" che ne avrebbe turbato l'ordine e l'armonia.
3. I **miti di rigenerazione**, che si legano anche ai cicli vitali (l'anno, le stagioni) e sono particolarmente importanti nelle civiltà contadine.
4. I **miti escatologici**, che narrano la fine del mondo, la distruzione dell'umanità o anche solo grandi catastrofi annunciate (terremoti, diluvi e inondazioni) che in qualche modo potrebbero preludere a un nuovo inizio.

Escatologico

Termine che deriva dal sostantivo greco *escaton* che significa "fine, esito ultimo", unito a *logos* (discorso) = discorso sulla fine.

I miti delle origini

L'esistenza di un cosmo ordinato e armonioso desta uno stupore che possiamo collegare a qualsiasi esperienza religiosa, a cui fa seguito la **credenza in divinità custodi e garanti dell'ordine cosmico**. I miti delle origini, in realtà, anche se parlano dell'origine del "tutto" (e quindi del cosmo) non hanno primariamente la funzione di "spiegare" le ragioni e le radici dell'ordine cosmico stesso, anche se in alcuni casi – Eliade cita in tal senso il mito cosmogonico dei daiachi del Borneo – tale funzione può essere prevalente.

(documento 4.3)

Prendiamo come esempio, anche per il suo importantissimo influsso culturale, il **mito narrato nel poema babilonese *Enuma elish***, risalente probabilmente al periodo di Hammurabi (1792-1750 a.C.) e avente come motivo occasionale quello di esaltare il dio Marduk (una divinità locale), elevandolo al rango di sovrano del mondo divino. In questo si coglie un'altra funzione dei miti delle origini: quella di riportare le vicende del tempo umano a una dimensione superiore, un "tempo divino" che abbraccia tutte le vicende del cosmo.

Il poema prende il nome dalle due parole con cui inizia «quando in alto (*enuma elish*) il Cielo non aveva ancora un nome e la Terra, in basso, non era ancora stata chiamata con il suo nome», a cui probabilmente si collegano altri famosi inizi di testi contenenti racconti delle origini. In origine era una sorta di caos, personificato dagli dei Apsu (l'antico) e Tiamat (la grande madre); essi generano una prima coppia divina, poi un'altra da cui nasce Anu (il dio del cielo) che genera Ea. Disturbato dai giovani dei, Apsu vuole sopprimerli, ma è lui a venire ucciso da Ea, che poi genera Marduk. Per vendicare lo sposo e uccidere gli dei ribelli Tiamat crea mostri orribili, a capo dei quali pone

Un dio guerriero che plasma gli uomini

◀ Il dio Marduk viene raffigurato con le sembianze di un guerriero accadico e le insegne del potere sovrano. Spesso nella mitologia antica i grandi guerrieri sono stati elevati al rango di divinità e le divinità sono state immaginate come guerrieri. Come per i greci, anche per gli accadi gli dei sono i "più forti"... e gli uomini devono sottostare al loro volere.

Kingu, ma Marduk affronta Tiamat e uccide tanto lei come Kingu, dopo di che spacca il suo corpo in due parti e con esse crea il cielo e la terra, in essi ordina il mondo terrestre e gli astri. Infine plasma il genere umano, con argilla impastata con il sangue di Kingu, ucciso. Gli uomini risultano così composti di un elemento materiale (l'argilla) e un elemento divino (il sangue di Kingu) che è anche ciò che dà loro vita. Agli uomini spetterà il compito di lavorare la terra per conto degli dei e offrire loro i frutti del proprio lavoro.

Si possono facilmente cogliere – oltre alla profonda differenza di sensibilità – alcune analogie tra il mito babilonese e il secondo racconto della creazione che troviamo nella Bibbia (Gen 2,1-25), in cui gli elementi più simili subiscono un processo di "ri-significazione", ovvero di rielaborazione culturale che li rende adatti alla differente esperienza religiosa del popolo ebraico, rispetto ai popoli mesopotamici, con cui pure il popolo ebraico aveva significativi contatti.

Si potrebbe osservare, in particolare, come il Creatore biblico – oltre a essere l'unico interlocutore dell'umanità – crei il genere umano non per avere degli schiavi, ma perché possa dimorare nel giardino (in Eden) che Lui stesso aveva piantato e coltivato. Interessante anche notare come da un lato vi sia un comune elemento simbolico che consiste nel fatto che l'uomo viene plasmato con polvere della terra, ma dall'altro lato subisce una rielaborazione significativa la modalità con cui riceve la "scintilla di vita", che è anche scintilla divina, che viene infusa attraverso l'alito divino.

Un grande sovrano alla ricerca della vita

▼ (Rilievo raffigurante *Gilgamesh che strozza un leone*, VIII secolo a.C.)
Gilgamesh è un semi-dio, un sovrano di straordinaria forza e potenza, che a un certo punto compie un viaggio alla ricerca di imprese da compiere, che è soprattutto un pellegrinaggio interiore, alla ricerca di se stesso e delle verità profonde, anche se amare, sulla condizione umana. Torna sconfitto, sul piano degli obiettivi che si era prefisso, ma più saggio.

L'epopea di Gilgamesh come percorso spirituale

Una sintesi di diversi elementi mitici, all'interno di un percorso di rigenerazione spirituale, ci è offerta dall'***epopea di Gilgamesh*, poema sumero-babilonese** di cui si conoscono almeno sei versioni, redatto per la prima volta attorno al XXII secolo a.C. e ambientato circa tre secoli prima (attorno al 2500 a.C.).

Gilgamesh, figlio della dea Ninsun e del dio Lugalbanda, era sovrano della città di Uruk, su cui spadroneggiava con violenza, fidando sulla sua forza. Gli abitanti, esasperati, invocarono la dea Aruru, che – in risposta – inviò un potente guerriero, Enkidu, plasmato con argilla, selvaggio nell'aspetto e nei comportamenti, dotato di una forza straordinaria. Lo scontro tra i due si concluse senza vincitori né vinti ed essi divennero amici, decidendo di andare insieme al Monte dei Cedri, in un viaggio avventuroso.

Sconfitto il gigante Chumbaba, entra in scena la dea Inanna (o Isthar: dea della fecondità, ma anche della guerra e della distruzione) che si innamora di Gilgamesh, il quale però la respinge. La dea, offesa, pregò il padre Anu di punire la popolazione di Uruk con una pestilenza, che si manifestò nella forma di un toro gigantesco, di colore blu, e che i due eroi affrontarono e uccisero. A quel punto Inanna fece morire Enkidu di una terribile malattia.

Gilgamesh, afflitto per la morte dell'amico, decise di recarsi presso il saggio Utnapishtim, l'uomo sopravvissuto al diluvio, che conosceva il segreto dell'immortalità. Raggiunta dopo mille peripezie la sua remota dimora, apprese così che il segreto dell'immortalità consisteva in una pianta che cresceva sul fondo del mare. Gilgamesh si immerse per raccogliere il prezioso vegetale, poi decise di riposarsi sulla riva di un ruscello, ma al suo risveglio scoprì che la pianta era stata mangiata da un serpente, quindi dovette tornarsene a Uruk, sconfitto, e avendo compreso che il privilegio dell'immortalità gli dei hanno voluto tenerlo per sé, per cui non resta che vivere la vita che ci è data, come gli conferma anche l'amico Enkidu, da lui evocato in conclusione del poema, e che peraltro gli presenta una visione triste e cupa di un aldilà senza gioia.

La ricchezza di tale narrazione è straordinaria e molti sono gli elementi simbolici che il mito ci presenta, nello scenario della grande **figura narrativa del viaggio**. Ciò che ci colpisce è l'esito ultimo del viaggio simbolico, in cui emerge il disincantato pessimismo che caratterizza la cultura mesopotamica e che ritroveremo anche in quella greca. Gli dei sono immortali e beati, mentre agli uomini è riservato un destino di sofferenza, di cui devono semplicemente prendere coscienza, per vivere con rassegnata saggezza. Il contesto dell'esperienza religiosa di riferimento è quello di un rapporto con le divinità che genera questo senso di disincantata amarezza.

(documento 4.4)

Si potrebbe in tal senso confrontare il viaggio di Gilgamesh con quello degli eroi biblici, **Abramo** (Gen 12,1-9) e subito dopo **Mosè** (Es 3,7-12), che affrontano un viaggio molto differente. Da un lato infatti ricevono una missione

Una missione che viene da Dio

▶ (*Abramo capostipite del popolo ebraico*, litografia, 1908)
Abramo si mette in viaggio, ma non alla ricerca di se stesso, anzi deve abbandonare tutto ciò che aveva, i suoi beni, la sua terra, le sue certezze. Nei viaggi di "esodo o fondazione" l'eroe (pensiamo ad Abramo, ma anche a Enea) realizza una missione superiore, per gli altri, per un popolo che lui stesso va a costituire. Così anche quel popolo ritrova la sua "genealogia divina" in un eroe generoso e coraggioso.

che non riguarda solo loro, ma tutto il loro popolo: ad Abramo è affidato il compito di fondare una nuova nazione, a Mosè di liberare il popolo dalla schiavitù in Egitto. In entrambi i casi alla missione corrisponde una promessa: la promessa di una discendenza molto numerosa, la promessa di una terra da abitare. Queste due narrazioni si innestano a loro volta in un'esperienza religiosa di segno diametralmente opposto a quella dell'epopea di Gilgamesh: l'iniziativa del viaggio non è dell'uomo ma di Dio, è Lui stesso a stabilirne la meta. Il suo ruolo non sarà quello di ostacolare, ma di facilitare il percorso e – soprattutto – la promessa di una vita migliore è "affidabile", perché colui che promette si prende cura della felicità del suo popolo.

Scheda di lavoro

Ricerca e rifletti

Un glossario religioso

Per orientarsi in qualsiasi tipo di linguaggio è essenziale conoscere il significato delle parole, senza accontentarsi di una comprensione approssimativa. Obiettivo di questa attività è quello di aiutarti a costruire un tuo personale *Glossario religioso*, ovvero una specie di piccolo vocabolario, in cui si trovano tutti i termini di tipo religioso che hai incontrato sul tuo cammino. Sarà un compagno di viaggio, che si arricchirà sempre di più e ti aiuterà a non perdere traccia del significato delle parole che man mano si inseriranno nella tua cultura religiosa.
Possiamo distinguere tre fasi di lavoro.

Fase 1: diamo la caccia alle parole

Innanzitutto dobbiamo identificare un certo numero di parole che in qualche modo esprimono concetti importanti da un punto di vista religioso. Puoi iniziare fissando su un foglio (o in un file) quelle che ti vengono spontaneamente alla mente e continuare segnando man mano quelle che incontri in qualsiasi libro di testo, negli articoli di giornale, nei dibattiti televisivi, durante lezioni o conferenze... e chi più ne ha più ne metta. In breve avrai un primo "scheletro" del tuo glossario, con le parole di cui cercare il significato.

Fase 2: alla ricerca dei significati

A questo punto puoi costruire il tuo "contenitore" (potrà essere una rubrica cartacea, un insieme di fogli mobili o un file con la possibilità di gestire delle schede di lavoro), in cui metti le parole che hai trovato – e quelle che man mano ancora troverai – in ordine alfabetico e scrivi per ciascuna di esse il significato che viene riportato in qualsiasi dizionario o enciclopedia. In alcuni casi, oltre alla pura e semplice definizione della parola, sarà utile scrivere se essa si usa solo in senso religioso, oppure anche in altri contesti e qual è il significato prevalente.

Fase 3: alla ricerca di un senso

Tra le parole che hai trovato ve ne saranno alcune che per te saranno semplicemente dei termini "tecnici" di cui ti è utile conoscere il significato, mentre ve ne saranno altre che ti diranno qualcosa di più profondo, di più personale. Lascia parlare anche queste risonanze e, man mano che incontri una parola che richiama qualcosa che è importante per te, una tua esperienza, le sagge riflessioni di una persona che stimi, prendi nota anche di quello: sarà questa la parte più "personale" del tuo glossario, ciò che lo renderà diverso da ogni altro.

Consigli di lettura

M.T. Moscato, R. Gatti, M. Caputo, *Crescere tra vecchi e nuovi dei. L'esperienza religiosa in prospettiva multidisciplinare*, Armando, Roma 2012.

5. Riti e sacrifici

la posta in gioco

In ogni contesto religioso vi sono riti che possono essere molto diversi tra loro e – a uno sguardo superficiale – apparire anche curiosi o bizzarri. In realtà i riti si inseriscono in una determinata cultura del cui immaginario si nutrono e in cui si alimentano, ma – soprattutto – si legano a una ben precisa esperienza religiosa, a cui bisogna avere accesso per cogliere il loro senso. Ancora una volta si tratta di avere la sensibilità culturale per leggere "religiosamente" i riti e le azioni sacre.

Qual è il primo rito religioso che ti viene in mente? Hai mai assistito a qualche rito o sacrificio, anche al di fuori di un contesto cattolico? Ci sono dei "riti laici" o civili che ti vengono in mente? Tu hai i tuoi "riti" personali?

Il **rito** è un **insieme di azioni e parole che si svolgono secondo una precisa sequenza e possono essere ripetuti**; essi rappresentano la **forma principale con cui si manifestano le azioni religiose**.

Dimensione rituale dell'esperienza religiosa

La parola *ritu* è una parola arcaica, di origine indoeuropea, che indica l'ordine del cosmo che si realizza in modo necessario e regolare. Dal significato cosmico arcaico è derivato il significato religioso che, nelle culture indoeuropee, indica la necessità, la rettitudine e anche la verità, sempre con riferimento a un ordine oggettivo, che in questo caso è il cosmo religioso. Da tale significato è derivato quello moderno, in cui lo utilizziamo anche noi, di una **pratica regolata**, in cui le regole da seguire con scrupolo sono concepite come il riflesso di una regolarità più profonda, che è quella del cosmo religioso con cui il rito intende mettere in contatto.

Il rito, in senso religioso, mira a mettere in contatto con un **archetipo**, con i fondamenti di una realtà religiosa che stanno al centro dell'esperienza religiosa vissuta dal singolo e dalla comunità.

Vivere insieme la gioia della festa

◀ L'esperienza religiosa non è un'esperienza "solitaria" che si vive solo nel silenzio della propria stanza, anche se talvolta può servire un po' di silenzio. I riti ci consentono di vivere i momenti fondamentali di un'esperienza religiosa in termini comunitari, assieme a tutte le altre persone che, oltre alla stessa fede, condividono gli stessi riti.

Vi sono anche dei "riti civili", cioè delle pratiche regolate che le diverse società stabiliscono per alcune azioni socialmente importanti; in molti casi – in realtà – tali riti civili hanno anche un significato religioso. Nel linguaggio popolare si parla anche di "riti" per indicare azioni regolari delle persone, come ad esempio quella di prendere il caffè prima di farsi la barba (o viceversa), o addirittura si parla di riti nel caso di alcuni comportamenti collettivi strutturati, anche se a livello informale. È il caso – ad esempio – dello shopping, che qualcuno ha identificato come un vero e proprio "rito" della civiltà consumista. In ogni caso il significato essenziale del termine rito, a cui gli altri si ricollegano per una analogia o similitudine più o meno forte, resta quello religioso. Risulta dunque essenziale saper leggere la dimensione rituale all'interno dell'esperienza religiosa e in riferimento a essa (**1**).

(documento 5.1)

I riti del consumismo

▲ (A. Macke, *Negozio di cappelli*, 1914. Essen, Museum Folkwang)
Tra i *riti consumisti* e i *riti religiosi* vi è una differenza abissale. I riti consumisti servono a sentirsi accettati in una società di massa, in cui se non indossi il "cappellino alla moda" o non hai l'ultimo modello di telefonino, rischi di essere emarginato. Il rito religioso esprime comunitariamente una realtà (esperienza religiosa) che già esiste interiormente, mentre il rito consumista pretende di creare la realtà che esprime (essere alla moda, o atteggiarsi in un certo modo).

Archetipo

Parola che deriva dal greco antico e letteralmente significa: "immagine originale". Jung e altri psicanalisti usano il termine per indicare *costrutti profondi e originari dell'inconscio collettivo umano*, da cui derivano molte delle nostre immagini coscienti. In mitologia e scienze delle religioni si usa questo termine per indicare le forme primitive e originarie alla base delle espressioni mitico-religiose dell'uomo, per cui si parla anche di "avvenimenti archetipici", con riferimento ai racconti che narrano alcuni eventi che hanno dato origine a una determinata religione.

1 Il rito nell'esperienza religiosa

«Nel trattato di antropologia religiosa, il rito viene considerato nel quadro dell'esperienza esistenziale dell'uomo. Si colloca all'interno di una espressione simbolica che cerca un contatto vitale con la Realtà trascendente, col divino, con Dio. Il rito viene espresso mediante gesti e parole. È legato a una struttura simbolica tramite la quale si opera il passaggio verso la realtà ontologica, il passaggio dal segno all'essere. Le azioni rituali sono mezzi coi quali l'*homo religiosus* cerca di collegarsi con l'archetipo che è fuori del mondo naturale. Il rito si trova a livello del comportamento dell'uomo e si pone nella linea del sacro vissuto. In tutte le religioni, l'uomo che compie un rito fa un gesto significativo per la propria vita, se ne attende efficacia e benefici. Il rito si compie per mezzo di elementi presi dal cosmo: acqua, luce, sale, olio. Nei rituali, l'uomo organizza il tempo con riferimento al tempo archetipico, all'*illud tempus*: rituali festivi, di celebrazione, sacrificali, d'iniziazione. Grazie al rituale, l'*homo religiosus* si ricollega a un tempo primordiale o a un avvenimento archetipico».

(J. Ries, *L'uomo religioso e il sacro alla luce del nuovo spirito antropologico*, in: E. Anati (et alii), *Le origini e il problema dell'homo religiosus*, Jaca Book-Massimo, 1989)

Rito tradizionale del tè, praticato anche nelle famiglie indiane più povere.

Tradizionalmente, in ambito religioso, si distinguono **quattro tipologie di azioni rituali**, secondo i diversi tipi di realtà che vengono chiamate a far parte dell'esperienza religiosa e riportate alla dimensione primordiale (o archetipica) di essa: la **sacralizzazione del tempo**, la **sacralizzazione dello spazio**, la **sacralizzazione delle persone** (il che può avvenire in due modi: con i **riti di iniziazione** e con i **pellegrinaggi**).

I riti di sacralizzazione del tempo

Solenne

Termine derivato dal latino che significa "che si verifica una volta all'anno" o anche "che si verifica tutti gli anni". In senso derivato si usa per indicare un evento importante, a cui si dà rilievo, che si celebra in modo aulico. In senso religioso le solennità sono le feste che ritornano una sola volta ogni anno.

Il rapporto con il tempo rappresenta una delle dimensioni essenziali dell'esperienza umana, sia perché siamo costantemente immersi in una realtà che ha delle dimensioni temporali (dal tempo cosmico, al ritmo delle stagioni, ma vi è anche il tempo umano, la storia, le generazioni che si susseguono), sia perché la nostra stessa vita è scandita dal tempo che scorre. L'esperienza religiosa si confronta con la dimensione temporale dell'esistenza cercando di inserirsi in essa, con una sacralizzazione del tempo che si caratterizza, in primo luogo, con l'istituzione di un **tempo festivo**. Nel fare questo, però, si lega a un altro tempo, un tempo primordiale o originario (archetipo) in cui si collocano gli eventi di cui si fa memoria nel tempo festivo. La celebrazione della Pasqua, per gli ebrei – ad esempio – è istituzione di un tempo festivo (una festa **solenne**), che sacralizza una festività stagionale (il plenilunio di primavera) ricordando un evento passato, che è centrale per la storia del popolo ebraico: il passaggio del Mar Rosso, cioè la liberazione dalla schiavitù d'Egitto. Il fatto che per i cristiani la stessa festa richiami in prima istanza un altro evento (la risurrezione di Gesù Cristo), non cancella il riferimento all'evento pasquale ricordato dagli ebrei, ma lo carica di un secondo livello di significato, collegando la liberazione antica dalla schiavitù egiziana alla liberazione – operata da Cristo – dalla schiavitù del peccato.

Bruciare le impurità

▶ La sera che precede la Pasqua, al cader della notte, gli ebrei di Gerusalemme bruciano lo *hames*, la pasta lievitata, di cui si è appena ripulita ogni casa. Tale gesto vuole ridurre a polvere della terra la stessa realtà del lievito (vecchio). Si tratta di un gesto simbolico, che rappresenta il desiderio di estirpare l'impurità che si annida in ogni cuore, per vivere in pienezza il rinnovamento pasquale.

In altri casi il riferimento al tempo primordiale non richiama un evento determinato, ma una situazione di carattere più generale. È il caso, ad esempio, dei *Saturnali*, le feste romane in onore di Saturno, che avevano inizio il 17 dicembre ed erano il tempo festivo più importante della Roma antica. In esse si evocava la mitica età dell'oro (il "regno di Saturno"), ormai perduta per sempre, ma che poteva essere resa presente attraverso le azioni rituali, e anche gli eccessi e le trasgressioni che in quei giorni festivi erano consentiti.

La festa babilonese dell'inizio del nuovo anno richiamava – in forma rituale – gli eventi narrati in *Enuma elish*, con la vittoria di Marduk su Tiamat.

(documento 5.2)

In tutte le religioni attuali vi sono riti di sacralizzazione del tempo, come può essere il digiuno del Ramadan per i fedeli islamici (vedi p. 74) o le numerose festività che costellano il calendario ebraico (vedi p. 62), che trovi ampiamente illustrate nel Dossier *Le grandi religioni*.

I riti di sacralizzazione dello spazio

Come il tempo, **anche lo spazio rappresenta una delle dimensioni fondamentali dell'esperienza umana, in cui si sperimenta il passaggio da uno spazio disorganizzato e senza limiti, a uno spazio limitato e organizzato** in modo tale da poterci vivere: un passaggio dal *caos* al *cosmo*. Ciò vale sia per le culture nomadi, sia per le culture contadine o – più ancora – con il costituirsi delle città. Ricordiamo a tale proposito il mitico racconto della fondazione di Roma, secondo una delle cui versioni Remo (non convinto della legittimità della sovranità del fratello), avrebbe scavalcato il "solco sacro" della città che stava per essere costruita, compiendo un atto sacrilego per il quale Romolo lo avrebbe ucciso. Il concetto di sacralizzazione dello spazio (**2**) è comunque più ampio di quello della costruzione di una città o di un tempio: vi sono in tutto il mondo boschi sacri, fiumi sacri, montagne sacre.

2 La sacralizzazione dello spazio

«È un fatto patente che in tutte le società tradizionali l'organizzazione dello spazio si basa su riti religiosi: si tratti di riti sacrificali che intervengono al momento della scoperta, o della fondazione, del sito occupato dall'uomo allo scopo di attirarvi la benedizione divina; oppure, più precisamente, della delimitazione di una porzione di spazio che l'uomo dichiara sacro perché luogo in cui si stabiliscono particolari relazioni col divino. Questo spazio sacro che s'inserisce nello spazio socializzato, può avere molteplici origini: sia che in tale luogo si sia manifestata in qualche modo una potenza divina, e allora la sacralizzazione è soltanto il ricordo di una teofania (...); sia che per mezzo di riti appropriati l'uomo chiami la potenza divina a fondare con lui e a garantire per sempre questo nuovo spazio; sia infine che l'uomo decida volontariamente di riservare al dio tale porzione del proprio spazio, per farne un luogo di adorazione che egli gli consacra e gli offre, trasformando così il luogo in un santuario».

(M. Meslin, *L'esperienza umana del divino. Fondamenti di un'antropologia religiosa*, tr. it. Borla, 1991)

Michel Meslin

(1926-2010) Storico delle religioni e antropologo francese, ha fondato e diretto l'IRER (*Institut de recherche pour l'étude des religions*).

I riti di iniziazione

Ogni iniziazione rappresenta un fenomeno complesso e ambivalente, costituito da un insieme di riti simbolici e insegnamenti etico-pratici. Tali riti mirano a far acquisire all'individuo che viene iniziato un potere e una saggezza che modificano il suo statuto sociale o religioso. Possiamo distinguere, con Eliade, **tre grandi categorie di riti di iniziazione**: i **riti di pubertà**, i **riti di ingresso in una società o confraternita**, i **riti legati a una vocazione mistica**.

(documento 5.3)

Antropogonia

Termine derivato dal greco che significa "origine dell'uomo". Si riferisce ai miti delle origini in cui si narra della creazione dell'uomo.

La forma più diffusa di riti di iniziazione sono i **riti di pubertà** che segnano – separatamente per i ragazzi e le ragazze e con rituali nettamente distinti – il passaggio dall'adolescenza all'età adulta. In genere essi comportano prove di tipo fisico e psicologico da superare (per dimostrare di essere "degni" del nuovo status che si va ad acquisire), ma anche forme rituali che riprendono elementi significativi della cosmogonia o dell'**antropogonia**: ogni iniziazione è anche una "nuova nascita". L'aspetto interessante di tali riti è che si collocano in un tempo di crisi e di passaggio che caratterizza l'età evolutiva e rispondono anche a un profondo bisogno umano e pedagogico: l'educazione è un processo a termine, che si conclude con la conquista della propria *maturità personale*, a cui fa riscontro il riconoscimento di una comunità che ti ammette a far parte della società adulta. Tra gli elementi ricorrenti nei riti di iniziazione vi è l'abbandono della madre, la "morte rituale" del fanciullo, l'iniziazione o un riferimento rituale (es. l'asportazione del prepuzio) alla vita sessuale, delle prove da superare, il riconoscimento "visibile" del passaggio di status (**3**).

Rito di iniziazione all'età adulta

▲ La tribù krobo vive nel sud del Ghana, e il rito femminile di passaggio all'età adulta rappresenta una delle tradizioni ancora oggi più vive e sentite. Il cappello a cilindro è simbolo della purezza, ma un ruolo importante avranno anche le perle colorate, simbolo del candore del colore e della luce. Dopo tale rito di iniziazione le ragazze sono considerate adulte e possono sposarsi.

3 L'iniziazione di pubertà

«L'iniziazione costituisce uno dei fenomeni spirituali più significativi della storia dell'umanità: è un atto che impegna non solo la vita religiosa dell'individuo (...), ma la sua vita intera. Nelle società primitive e arcaiche attraverso l'iniziazione l'uomo diventa ciò che deve essere: un'esistenza aperta alla vita dello spirito, e quindi partecipe della cultura. Poiché l'iniziazione di pubertà comporta soprattutto la rivelazione del sacro; il che significa, per il mondo primitivo, tutto ciò che noi intendiamo oggi per religioso, ma anche l'insieme delle tradizioni mitologiche e culturali della tribù. In moltissimi casi, i riti di pubertà implicano, in un modo o nell'altro, la rivelazione della sessualità; ma anche questa (...) partecipa alla sfera del sacro. In una parola: con l'iniziazione si supera il modo naturale di esistere, quello del fanciullo, e si accede al modo culturale, vale a dire si è introdotti ai valori spirituali».

(M. Eliade, *La nascita mistica. Riti e simboli d'iniziazione*, Morcelliana, 1988)

I **riti di ingresso in una società o confraternita** differiscono dai precedenti per due ragioni fondamentali: riguardano persone adulte che liberamente prendono la decisione (o percepiscono la vocazione) di entrare in una confraternita, e non coinvolgono necessariamente tutti i membri di una società, ma sono in genere riservati ad alcuni. I riti di iniziazione al culto del dio Mitra, per esempio, prevedevano una serie di abluzioni rituali e il fatto che gli iniziati venissero segnati in fronte con il segno del dio. Lo stesso rito del battesimo cristiano, che un tempo era riservato agli adulti che liberamente decidevano di farsi cristiani, si configura come un rito di iniziazione (più precisamente come un *sacramento* di iniziazione) di altissimo contenuto simbolico: l'uomo vecchio si immerge nell'acqua, per "morire" alla vita del peccato e vi rinasce come "uomo nuovo", che vive di nuova vita in Cristo. Interessante in questo caso il triplice valore simbolico del segno dell'acqua, che opera prima come simbolo di morte, poi come simbolo di vita e – insieme – come simbolo di purificazione.

I **riti legati a una vocazione mistica**, o all'ingresso nello status di sciamano o uomo della medicina, comportano – prima dell'iniziazione – un lungo periodo di istruzione, in cui si mette anche alla prova l'autenticità della vocazione. Per gli sciamani dell'America settentrionale si prevede sia un'istruzione di tipo tradizionale (tecniche sciamaniche, nomi e funzione degli spiriti, mitologia e genealogia del clan, linguaggio segreto, rimedi naturali e cure che si tramandano di generazione in generazione, ecc.), sia un'istruzione di tipo estatico-mistico (sogni, visioni, trance anche procurate con tecniche specifiche o sostanze allucinogene), a cui possono corrispondere comportamenti insoliti, che vengono però accolti con grande rispetto dalla comunità. Particolarmente dure sono le **prove iniziatiche**, al superamento delle quali segue il rito di iniziazione vero e proprio.

Rinascere a vita nuova

▲ Nel battesimo cristiano, l'acqua è simbolo di morte e di vita: morte dell'uomo vecchio, delle impurità, del peccato che vengono "lavati via" (nel battesimo per immersione vi è anche il senso di una "sepoltura"), e vita nuova in Cristo, irrorati dall'acqua del battesimo.

I pellegrinaggi

L'esperienza del pellegrinaggio è universale nella fenomenologia religiosa, tanto che è attestato fin da tempi molto antichi. Nel Libro dei Giudici si dà notizia di visite ad antichi santuari semitici del XII secolo a.C., ma i pellegrinaggi erano molto diffusi in Grecia, nel mondo romano, in Tibet, per tutto il Medioevo e nel mondo cristiano fino ai nostri giorni.

Per i fedeli islamici quello del pellegrinaggio è uno degli obblighi inderogabili del pio musulmano.

Professione di fede dei pellegrini

▶ Il pellegrinaggio alla Mecca è uno dei doveri fondamentali (*pilastri*) del fedele islamico, che deve compierlo almeno una volta in vita. Durante il pellegrinaggio si compie la professione di fede (nella foto), che è il primo pilastro dell'islam.

Sacrifici

Termine derivato dal latino che significa "rendere sacro", con riferimento a qualcosa o qualcuno che viene tolto dalla sfera del profano e consegnato a quella del sacro.

Il pellegrinaggio è un'esperienza strettamente personale, così come sono personali le ragioni per cui ciascuno decide di mettersi in cammino, pur in un quadro di riferimento (culturale e religioso) che prevede la possibilità del pellegrinaggio e anche un'"offerta" di luoghi di pellegrinaggio più o meno ricca. Due sono gli elementi che caratterizzano il pellegrinaggio come esperienza religiosa e dunque anche come "rituale" nel senso ampio: il **coinvolgimento totale della persona del pellegrino** che si mette in viaggio "con tutto se stesso" e si immerge completamente in questa esperienza, e **il carattere sacro del luogo che costituisce la meta** e che rappresenta la possibilità di un incontro più diretto con il divino).

(documento 5.4)

In molte religioni, compresa quella cristiana, il pellegrinaggio è anche **metafora dell'esistenza terrena**: tutta la vita terrena può essere concepita come un cammino dotato di una meta, un pellegrinaggio, il cui punto d'arrivo è la Patria celeste.

I sacrifici

La forma più nota di ritualità religiosa sono certamente i **sacrifici**. Con tale termine si copre un'ampia categoria di azioni che va dalla **consacrazione di un luogo** (vedi sopra, *riti di sacralizzazione dello spazio*), alla **consacrazione di una persona** (vedi sopra, *riti di iniziazione*), fino a quegli atti in cui si sacrificano oggetti (talvolta anche esseri umani), che vengono tolti dalla condizione profana e consegnati a quella sacra. Si tratta di un atto propiziatorio, o di venerazione o di espiazione, con cui si cerca di stabilire un contatto diretto con il divino, secondo le modalità che sono proprie delle diverse esperienze religiose.

Nella cultura cristiana i sacrifici vengono concepiti propriamente come **sacramenti**, ovvero segni sensibili ed efficaci della grazia di Dio, meritata da Cristo, che viene elargita secondo modalità particolari da ciascuno di essi. In ciascuno sono presenti tre elementi: il **memoriale** (cioè il rivivere un evento compiuto da Cristo, che li ha istituiti), il **sacrificio** (cioè l'azione che "rende sacra" una determinata realtà e con ciò la rende segno efficace della grazia che produce), la **profezia** (cioè il riferimento alla condizione di pienezza che ciascuno di essi prefigura e che sarà interamente realizzata nella vita eterna).

(documento 5.5)

Sacrificio espiatorio

◀ L'immagine è relativa a un momento del rito ebraico di Yom Kippur (festa dell'espiazione), che dura circa 25-26 ore e comporta digiuno, preghiera, astensione dai rapporti sessuali. Chi ha ragioni di inimicizia con altre persone è invitato a riconciliarsi prima della festa. La tradizione veterotestamentaria (Levitico 16,8-10) parla anche dell'offerta del "capro espiatorio". Nell'immagine viene ritratto il sacrificio del gallo.

Scheda di lavoro

Ricerca e analizza

Riti e sacrifici

I riti e i sacrifici accompagnano l'esperienza dell'uomo religioso dall'antichità fino ai giorni nostri, per cui è possibile reperirne altri, rifacendosi anche a diverse tradizioni religiose, soprattutto se – nel territorio dove vivi – sono presenti diverse comunità. Il lavoro che ti suggeriamo si divide in tre fasi e può essere ripetuto anche diverse volte, individuando altri riti o sacrifici; lo puoi svolgere da solo o in gruppo.

Fase 1: cerca un rito che ti incuriosisce

Se tu frequenti una comunità religiosa puoi semplicemente scegliere, tra i riti che fanno parte della tua esperienza, quello a cui sei più affezionato. Se non frequenti una comunità religiosa puoi basarti su informazioni reperite attraverso i media o tue letture personali, o anche "intervistare" un fedele di una comunità con cui sei in contatto.

Fase 2: analizza alcuni elementi della struttura del rito

Analizzare in termini esaustivi e pertinenti la struttura di un rito religioso è un'operazione complessa e richiede una buona cultura teologica, riferita alla tradizione religiosa di cui si analizza il rito; è però possibile effettuare una "prima analisi", senza pretese di essere esaustivi, che ti permette di mettere in luce alcuni degli elementi più significativi. In questa fase del lavoro è importante che tu assuma il ruolo di "osservatore" e cerchi di osservare il rito dal punto di vista di coloro che lo vivono. Puoi servirti della scheda che ti proponiamo di seguito:

Elementi per l'analisi di un rito	
Descrivi le fasi del rito	....
Quali elementi simbolici vengono utilizzati?	....
Quali sono le parole pronunciate nei momenti più solenni?	....
Qual è il significato complessivo del rito?	....
Ci sono impressioni o commenti delle persone che vi hanno partecipato che ritieni utile appuntarti?	....

Fase 3: rifletti sul senso di quel rito

A questo punto, sulla base di ciò che hai osservato, esprimi le tue impressioni personali e poniti ulteriori interrogativi:

- quale immagine di Dio emerge dal rito?
- quale immagine dell'uomo ti sembra di cogliere?
- il significato di questo rito ti interpella o dice qualcosa di specifico a te?

Consigli di lettura

M. Eliade, *Il sacro e il profano*, tr. it. Bollati Boringhieri, Torino 2013.

Indicazioni cinematografiche

"Il cammino per Santiago" (*The Way*), di Emilio Estevez, con Martin Shee, USA 2010. Tratta del valore del pellegrinaggio come cammino interiore.

6. La vita oltre la vita nelle religioni antiche

la posta in gioco

Molte sono le domande che sorgono spontaneamente nella vita di ogni giorno e ci proiettano verso il momento "supremo" della nostra esistenza. Prendere contatto con le risposte che sono state date nelle culture e nelle religioni del mondo antico a interrogativi di tale portata può aiutare ciascuno di noi a riflettere in termini pacati, "decentrandoci" dal pur comprensibile turbamento emotivo e affettivo che possiamo provare di fronte alla perdita di una persona cara o a una morte improvvisa. Il confronto con il messaggio cristiano sulla vita eterna si può dunque collocare in un dialogo fecondo con le più profonde aspettative dell'uomo espresse fin dai tempi più antichi e, in tale dialogo, cogliere analogie e specificità.

Perché si soffre? Perché si muore? Che cosa c'è "dietro l'angolo"? I giusti saranno premiati e gli ingiusti puniti? Dopo la morte ci attende una vita migliore?

Siamo come le foglie?

▲ Molti poeti hanno paragonato la vita dell'uomo a quella delle foglie: germogliano fresche e piene di vigore, giungono alla pienezza della loro maturità e svolgono la loro funzione, poi – pian piano – si seccano e cadono. Siamo sicuri che la vita dell'uomo sia solo questo? Il corso della vita fisica si può descrivere in questo modo... ma da sempre gli uomini si chiedono se vi sia comunque qualcosa che va oltre il corso della vita fisica.

La sofferenza e la morte sono dimensioni della vita, un destino a cui – prima o poi – sono chiamati tutti gli esseri che vivono sotto il sole. Quindi potremmo considerare "normale" il soffrire e il morire, come è normale che le foglie cadano in autunno e germoglino a primavera, ma – se ci interroghiamo in profondità – scopriamo che non è così: qualcosa dentro di noi si ribella! Tutti rimaniamo profondamente colpiti di fronte alla morte di una persona cara, specialmente se la sua vita finisce in giovane età. Talvolta si reagisce abbattendosi, talvolta arrabbiandosi: "se Dio è buono, come può permettere tutto questo?".

In ogni caso ci si chiede quale possa mai essere il destino che ci attende dopo la morte, se potremo incontrare le persone che ci sono state care, o quale peso avranno le nostre e le altrui azioni: se il bene sarà premiato e il male sarà punito. Dedicheremo uno spazio per ragionare sulle risposte proprie della fede cristiana, di cui si può trovare una sintesi anche nel testo del Catechismo, ma ciò che vogliamo qui sottolineare è che non siamo i primi e non saremo gli ultimi a farci tali domande! E le risposte che esse hanno trovato nelle religioni e nelle sapienze antiche sono decisamente suggestive.

(documento 6.1)

Agli albori dell'umanità

Le testimonianze più antiche e numerose per ricostruire alcuni frammenti della mentalità dei primitivi sono le ossa. A partire dal periodo musteriano (70 000-50 000 anni fa, circa) abbiamo testimonianze certe di sepolture rituali, ma sono stati ritrovati crani e mandibole in strati di terreno databili in epoche molto più antiche. Il noto studioso Mircea Eliade osserva che «la credenza in una sopravvivenza *post mortem* sembra dimostrata, fin dai tempi più antichi, dall'uso dell'ocra rossa, sostitutivo rituale del sangue, dunque "simbolo" della vita. Il costume di cospargere i cadaveri d'ocra è diffuso universalmente, nel tempo e nello spazio» (*Storia delle credenze e delle idee religiose*, Sansoni, 1979).

Homo neoliticus

Espressione latina, indica gli uomini che vivevano in età neolitica. Il neolitico rappresenta l'ultima stagione dell'età della pietra, caratterizzata dalla tecnica per cui la pietra veniva levigata e si colloca tra il X e il IV millennio a.C.

Nel paleolitico superiore notiamo una generale diffusione della **pratica dell'inumazione**, cioè della sepoltura rituale dei corpi, cosparsi di ocra rossa e circondati da numerosi oggetti ornamentali, testimonianza evidente non solo della credenza in una sopravvivenza ultraterrena, ma anche della convinzione che il defunto continuerà a svolgere la propria attività in un altro mondo. In età neolitica i culti funerari si sviluppano e si perfezionano, sia con la costruzione di appositi templi, sia con pratiche di inumazione domestica, tombe megalitiche, culto degli antenati, riti della fertilità.

La morte come inizio di una nuova vita

◀ Il corredo funebre di una tomba del V millennio a.C. (Varna, Mar Nero, Bulgaria) si caratterizza per la presenza di piccole asce di pietra, bracciali, perline e monili. Il fatto di seppellire i morti con i loro ornamenti personali e alcuni strumenti (come le armi per un guerriero), oltre a rappresentare un modo per onorare il defunto, ha probabilmente altri significati simbolici. Nei popoli di cui – oltre a ricostruire i riti funebri – possediamo i miti più significativi, vediamo come ci sia una sintonia tra ciò che i miti narrano sulla vita ultraterrena e ciò che i riti celebrano al momento della sepoltura.

Scrive Julien Ries: «la ricchissima documentazione di statuette della "Dea-madre" ritrovate tanto in Egitto quanto nel Vicino Oriente, esprime una delle idee-forza dell'**homo neoliticus**: la vita è sacra, viene dalla divinità, è posta sotto la protezione della divinità. La fecondità è un mistero religioso proprio perché presiede alla origine della vita, governa l'esistenza e la morte dell'uomo» (*Il rapporto uomo-Dio nelle grandi religioni precristiane*, Jaca Book, 1983).

In queste testimonianze non troviamo una dottrina precisa su come potrebbe essere la vita oltre la vita, ma troviamo un'idea ricorrente: quella che **il ciclo che inizia con la nascita e finisce con la morte, può anche continuare** in una sorta di danza in cui il nascere, il morire, il "rinascere" sono tutti momenti del ciclo della vita, come avviene per le piante nel susseguirsi delle stagioni. Non è facile "mettersi nei panni" di chi poteva vivere in quella cultura e con quella mentalità, ma possiamo pensare ad atteggiamenti oscillanti tra il fatalismo di chi accetta un destino a cui non si può sfuggire e la segreta speranza in una rinascita migliore.

Uno sguardo sull'antico Egitto

Spostiamoci adesso di qualche millennio, nell'antico Egitto. Inizialmente la sorte ultraterrena si considerava legata all'appartenenza alla stirpe regale o alla possibilità di far eseguire determinati riti funebri sul proprio cadavere. Col tempo si inserisce anche un elemento di tipo etico, legato al comportamento del defunto in vita. Nel *Libro dei morti* leggiamo che al momento della morte il cuore verrà posto su una grande bilancia a due piatti: sull'altro piatto sta una piuma o un occhio (simboli della dea Mâet, la Verità). L'anima dev'essere "pesata" di fronte a un'assemblea di quarantadue divinità, presieduta da Osiride: quivi dovrà parlare con "retta voce", ossia dichiarare di non avere commesso peccato (1). In caso di menzogna la bilancia lo indicherebbe e il cuore sarebbe dato in pasto a una belva infernale, con il conseguente totale annientamento.

La morte e il grande mistero della vita

▲ (Figurina femminile che rappresenta la Dea-madre, IV millenio. Parigi, Museo del Louvre)
Il collegamento, presente in molte culture antiche, tra le divinità della vita, come la Dea-madre, e i riti funebri ci segnala almeno due consapevolezze. La morte si collega al grande mistero della vita, di cui costituisce l'epilogo. La morte è probabilmente l'inizio di una vita nuova, si spera migliore.

Ti accolga il custode dei morti

▶ (Papiro egizio. Londra, British Museum)
Nella religione egizia il dio Anubi (qui raffigurato mentre "pesa" l'anima di un defunto), con corpo di uomo e testa di sciacallo, è il protettore della sacra necropoli. Egli aveva il compito di accompagnare l'anima (il Ba) del defunto al cospetto degli dei, per il giudizio (come narrato nel *Libro dei morti*), illuminando il cammino grazie alla luna, tenuta nel palmo di una mano.

1 L'apologia di sé dell'anima defunta

«Io vengo presso di voi, o grande tribunale che è in cielo, in terra e nella necropoli (...) Salve o tu che presiedi agli Occidentali... io vengo a te e il mio cuore porta la verità. Non c'è colpa nel mio corpo. Io non ho detto menzogna consciamente. Io non ho commesso cattive azioni. Voglia tu darmi i pani (...) e che io possa entrare e uscire nella necropoli senza che la mia anima sia impedita di vedere il disco solare e di contemplare la luna in perpetuo».

(dal *Libro dei morti*, cap. 18; in L. Moraldi, *L'aldilà dell'uomo. Nella civiltà babilonese, egizia, greca, latina, ebraica, cristiana e musulmana*, Mondadori, 1985)

Papiro che contiene il *Libro dei morti*.

La tradizione religiosa egizia registra **due tipi di destino oltremondano**: il destino "osiriaco", riservato ai fedeli del dio Osiride, e il destino "solare"; oltre alla triste possibilità di un annientamento totale.

Il defunto fedele a Osiride, dopo aver ricevuto gli stessi riti funebri che il mito narra per il dio, va sottoterra, dove lo attendono fertili e splendide campagne che felicemente coltiverà, sotto il regno di Osiride. Di notte il carro del sole visita i "mondi di sotto", compiendo il suo viaggio da Occidente a Oriente, per risorgere al mattino, da Oriente, nel nostro mondo. Aspetti forse punitivi potrebbero essere rappresentati dall'ipotesi di venire chiamati a svolgere lavori umili o faticosi; per questo si mettevano spesso delle statuette simboleggianti un bracciante, che avrebbe dovuto lavorare al posto del defunto e, in ogni modo, si continuava a rifornire il defunto di viveri e bevande, affinché non avesse a patire alcuna privazione.

Un destino decisamente più luminoso è rappresentato da quello che gli egizi chiamano "destino solare". Il defunto, se sono state eseguite le opportune cerimonie di purificazione, potrebbe entrare nella barca su cui viaggia il sole, farebbe parte del seguito di quest'ultimo viaggiando con lui o – divenuto una stella – splenderebbe nel cielo notturno. La barca del sole può visitare anche i paradisi osiriaci e fermarcisi quanto desidera, portando in essi ulteriore gioia e luce. La fede in questa "solarizzazione" è il motivo per cui il *Libro dei morti* assicura che nello splendido sole dell'Egitto c'è un posto per ogni fedele.

L'uomo greco alle soglie dell'Ade

Nell'antica Grecia, le vicende degli uomini si collocano nel contesto di un ordine (*cosmo*) più ampio e sono sottoposte a un **fato** a cui nulla e nessuno può sfuggire; empio e stolto è colui che spera di opporsi al proprio destino che – per gli uomini – prevede come termine inevitabile la morte:

> "Come stirpi di foglie, così le stirpi degli uomini; le foglie, alcune ne getta il vento a terra, altre la selva fiorente le nutre al tempo di primavera; così le stirpi degli uomini: nasce una, l'altra si dilegua".
>
> (*Iliade*, libro VI, vv. 146-149; tr. it. di R. Calzecchi Onesti, Einaudi, 1974)

Psyché

Termine greco dal chiaro valore onomatopeico, che indica – letteralmente – il respiro, il "soffio vitale" e quindi l'anima o il principio vitale. Nella mitologia greca Psiche è una fanciulla di straordinaria bellezza di cui si innamora Eros (figlio di Venere); secondo il racconto delle *Metamorfosi* di Apuleio, dopo varie vicissitudini, riusciranno a sposarsi e Psiche verrà accolta tra gli immortali.

La sorte ultraterrena riguarda esclusivamente la **psyché**, cioè il principio vitale, e viene immaginata in modi diversi. Talora le anime dei morti vengono descritte in atteggiamenti che ricalcano le azioni fisiche dell'uomo vivente, come parlare e muoversi, anche se le loro funzioni non sono così "autonome" come negli esseri viventi. Più spesso, però, si sottolinea il **carattere umbratile ed evanescente delle anime dei defunti**, come emerge, ad esempio, nello struggente brano dell'*Odissea* (**2**) in cui Ulisse tenta invano di abbracciare l'ombra della madre defunta, dopo avere evocato i morti. Questa rappresentazione delle ombre, oltre a richiamare l'immaginario di un mondo buio dove si può pensare che si trovino coloro che non sono più sotto la luce del sole, ricalca il tipo di ricordo che i vivi hanno di coloro che sono defunti. Il ricordo del volto e della voce di quanti ci hanno lasciati si imprime per un certo tempo nella memoria, ma anche i ricordi delle persone più care si fanno sempre più sbiaditi.

2 Ulisse abbraccia le ombre

«Così parlava: e io volevo – e in cuore l'andavo agitando – stringere l'anima della madre mia morta. E mi slanciai tre volte, il cuore mi obbligava ad abbracciarla; tre volte dalle mie mani, all'ombra simile o al sogno, volò via: strazio acuto mi scese più in fondo, e a lei rivolto parole fugaci dicevo: "Madre mia, perché fuggi mentre voglio abbracciarti, che anche nell'Ade, buttandoci al collo le braccia, tutti e due ci saziamo di gelido pianto? o questo è un fantasma (*eidolon*) che la lucente Persefone manda perché io soffra e singhiozzi di più?" Così dicevo e subito mi rispondeva la madre sovrana: "Ahi figlio mio, fra gli uomini tutti il più misero... non t'inganna Persefone figlia di Zeus; questa è la sorte degli uomini, quando uno muore: i nervi non reggono più l'ossa e la carne, ma la forza gagliarda del fuoco fiammante li annienta, dopo che l'ossa bianche ha lasciato la vita; e l'anima (*psyché*), come un sogno fuggendone, vaga volando"».

(*Odissea*, libro XI, vv. 204-222; tr. it. di R. Calzecchi Onesti, Einaudi, 1963)

Discesa di Ulisse agli inferi, fine del I secolo a.C., pannello dipinto di una casa sull'Esquilino (Roma).

Culti misterici

Si trattava di culti segreti, su cui era necessario mantenere un rigoroso silenzio (il termine misterico deriva dal verbo greco *myo*, che vuol dire "tacere"), in genere riferiti a culti della fertilità (Demetra, la Dea-madre) o di carattere orgiastico (come i *misteri dionisiaci*, in onore di Dioniso).

All'Ade oscuro e tenebroso, da cui non si torna indietro, però, dobbiamo affiancare un'altra ipotesi di **destino oltremondano, riservata a pochi eletti**, le anime di alcuni eroi come Menelao che, nell'*Odissea* (libro IV, vv. 561-569), viene collocato nei Campi Elisi o Ercole la cui ombra curiosamente si trova tra i defunti nella casa dell'Ade, mentre "lui" se ne starebbe beato tra gli dèi immortali (*Odissea*, libro XI, vv. 601-604). Si tratta, però, di un privilegio che non spetta agli uomini per natura, ma viene loro conferito dagli dei o a motivo di una "parentela", o come premio per una vita eroica. Su questa linea si collocheranno le credenze – legate ai **culti misterici** – nella possibilità di una progressiva divinizzazione dell'uomo, o meglio di una progressiva esaltazione dell'elemento divino che giacerebbe sopito in ogni uomo e che attende solo di essere "risvegliato", mediante le pratiche dei culti misterici. In questo stesso solco si inserisce quella parte della tradizione filosofica greca (ad esempio Pitagora e Platone) che darà solide basi filosofiche alla credenza nella sopravvivenza dell'anima, collegandone il destino al grado di evoluzione della parte spirituale. In altri termini se solo gli dei possono essere immortali e felici, allora l'uomo può aspirare a una vita felice e immortale, a patto di pensare che vi è in lui qualcosa di "divino".

Un mondo di luce e di gioia

◀ (Scena dell'Elisio con Mercurio, tomba degli Octavi. Roma, Museo Nazionale delle Terme) La funzione che nel mondo egizio era svolta da Anubi, nel mondo greco è affidata a Ermes (per i latini Mercurio), che – proprio in virtù di tale funzione – ha anche l'appellativo di *Psicopompo* (colui che conduce le anime). A lui compete infatti di accompagnare le anime alle soglie dell'Ade, dove – come precisa Virgilio nell'*Eneide* – potranno prendere la via dell'oscuro Tartaro o dei Campi Elisi, riservati ai giusti, ai virtuosi, ai saggi e agli eroi, dove essi possono vivere sereni, in luoghi pieni di luce e di fiori.

La morte non è nulla per l'uomo

Tra i vari modi con cui gli uomini si sono accostati al mistero della morte, si registra il tentativo di **considerare rassicurante la fine di ogni cosa**. Il filosofo **Epicuro**, specialmente nella *lettera a Meneceo* (**3**), teorizza in modo esplicito l'idea che la morte non sia da temere, perché - posto che il gioire e il soffrire siano collegati alla sensazione di piacere e dolore - con la fine della vita fisica finiscono anche il gioire e il soffrire.

Le argomentazioni del filosofo vanno lette nel quadro della cultura greca e della visione greca dell'aldilà di cui abbiamo appena parlato: se le gioie della vita sono principalmente legate alle percezioni dei sensi e il destino che attende l'uomo dopo la morte è un'esistenza umbratile, in un luogo tenebroso dimenticato dagli uomini e dagli dei... allora può essere rassicurante il pensiero che tutto finisca con la morte.

Anche oggi, tutte le volte che l'uomo perde la fiducia in un essere divino che garantisca la propria felicità ultraterrena, riaffiora il pensiero formulato da Epicuro: se le gioie della vita terrena sono l'unico conforto e finiscono con la morte, perché preoccuparsi della morte? Quando ci siamo noi lei non c'è, quando c'è lei noi non ci siamo più! Si tratta di un modo amaro di leggere la

Epicuro

(341 a.C. - 271 a.C.) Filosofo greco, di età ellenistica, è fondatore di una scuola filosofica che porta il suo nome (epicureismo) che si diffuse tanto nel mondo greco, come in quello romano (tra i suoi discepoli latini più famosi è il poeta Lucrezio). A una fisica di carattere "atomistico" (tutto l'universo è materia, fatto di atomi che si aggregano e si disgregano) corrisponde un'etica che mira soprattutto a liberare l'uomo dai vani timori. Tra questi i più significativi sono il timore degli dei, il timore del dolore e quello della morte.

Pensiero laico

Il termine *laico*, di per sé, si riferisce al fatto di appartenere al popolo (*laos*). A livello ecclesiale si definiscono laici i membri del popolo di Dio (della Chiesa) che non sono né sacerdoti, né religiosi o religiose (frati o suore). A partire da tale significato ne è derivato un altro – che è quello culturalmente più diffuso – per cui quando si parla di pensiero laico o di **cultura laica** si intende una prospettiva ideale che prende le distanze in modo netto, esplicito (e non di rado polemico) dalla prospettiva religiosa e dalle posizioni di chi rappresenta tale prospettiva. In Italia, in genere, si sottintende una presa di distanze rispetto alla Chiesa cattolica e ai suoi pubblici pronunciamenti, soprattutto in ambito morale.

vita, molto orientato a evitare illusioni per il timore di rimanere disillusi, ma riemergerà nel **pensiero "laico"** di ogni epoca, talvolta in forma pessimistica e sconsolata (si pensi a Leopardi), talvolta in forme più combattive come una sorta di estremo atto di sfida.

3 La morte non è nulla per l'uomo!

«Abituati a pensare che nulla è per noi la morte: in quanto ogni bene e male è nel senso, laddove la morte è privazione del senso. Perciò la retta conoscenza che la morte è nulla per noi, rende gioibile la mortalità della vita: non che vi aggiunga interminato tempo, ma sgombra l'immedicato rimpianto dell'immortalità. Nulla infatti nella vita è temibile, per chi sinceramente è persuaso che nulla di temibile ha il non viver più. È perciò stolto chi dice di temer la morte non perché venuta gli dorrà, ma perché preveduta l'addolora: infatti quello che presente non ci turba, stoltamente, atteso, ci angustia. Il più orribile dei mali, la morte, non è dunque nulla per noi; poiché quando noi siamo, la morte non c'è e quando la morte c'è, allora noi non siamo più».

(Epicuro, *Lettera a Meneceo*, 125-126)

Statua piangente sul sepolcro di Richelieu, particolare (Parigi, Chapelle de la Sorbonne).

Vivere nel ricordo

Gli interrogativi che abbiamo colto nei versi dei poeti e filosofi antichi percorrono tutta la storia dell'umanità e riemergono in diverse forme in ogni epoca. Un tema caro ai poeti greci, per esempio, era quello delle **modalità con cui i grandi uomini sopravvivono nel ricordo** di quanti hanno avuto modo di conoscerli e di coloro che ne narreranno le gesta. Un poeta di cultura profondamente "laica", come Ugo Foscolo, riprende a distanza di secoli tali suggestioni e le restituisce con versi di struggente bellezza nel carme

Dei sepolcri, in cui pur non lasciando trasparire speranze esplicite di una vita ultraterrena («anche la *Speme* [termine poetico per "speranza"], ultima dea, fugge i sepolcri») ci si sofferma a meditare sulla grandezza della sopravvivenza nel ricordo.

(documento 6.2)

In primo luogo vi è il **ricordo dei nostri cari**, in cui – paradossalmente – il dolore per la scomparsa di chi ha varcato le soglie della morte rappresenta la sua "eredità di affetti", nel senso che la sofferenza è tanto più forte, quanto più forte era il legame e quanto più si ritiene che sia stata grande la "perdita" per la persona che non è più tra i vivi. Le stesse sepolture, oltre che segno di civiltà (insieme a "nozze, tribunali e are") rappresentano il luogo fisico in cui la "corrispondenza d'amorosi sensi", tra chi ha concluso questa vita e chi è ancora in essa pellegrino possono incontrarsi, quasi sfiorarsi con vivacità maggiore di quella che le ombre da lui evocate concedevano a Ulisse nel mito omerico. Più ancora gli spiriti degli uomini che hanno fatto grande un popolo, una nazione, vivono nella misura in cui rappresentano la **gloria di quella nazione**, un esempio da imitare per le generazioni future, uno stimolo per chi è vivo, affinché possa dare il meglio della propria umanità.

Il dolore per la morte non è l'ultima parola

▲ (M. Chagall, *Intorno a lei*, 1945. Parigi, Musée National d'Art Moderne)
Nel 1944, quando la famiglia Chagall già si preparava per il ritorno in Francia dopo l'esilio americano, improvvisamente la moglie del pittore, Bella, si ammala e muore. Dopo diversi mesi di inattività, Chagall riesce a esprimere in questa tela lo struggente ricordo dell'amore e della felicità coniugale. Il pittore si ritrae con la moglie. La terza figura, che giunge dall'alto, è forse la figlia Ida, che ebbe una parte fondamentale nella ripresa dell'attività pittorica del padre dopo tragica perdita della moglie. La vita che continua, alla fine, prevale sul dolore.

L'idea che l'uomo abbia una sopravvivenza nell'eredità culturale e spirituale che potrà lasciare dopo il termine della sua vita è presente in molti autori e, in qualche misura, anche nella saggezza popolare, quando – prima di compiere una determinata azione – si ribadisce la volontà di agire in quel modo "fosse l'ultima cosa che faccio". Ovvero, potremmo dire che stiamo parlando di ciò per cui verremo ricordati. La sopravvivenza nel ricordo rappresenta una modalità "debole" di sopravvivenza sul piano esistenziale, ma ci sembra particolarmente suggestiva sul piano simbolico. Il ricordo delle persone care, infatti, ha una forte carica emotiva e genera suggestioni che possono coesistere anche con una speranza più solida e aumentare la ricchezza delle ragioni che portano a vivere in modo degno di un destino pienamente umano: tanto sul piano esistenziale, come sul piano simbolico o anche del ricordo dell'umanità.

Ai giorni nostri l'immaginario che riguarda la vita ultraterrena si è fatto decisamente più povero e confuso, spesso inquinato da rappresentazioni banalizzanti come quelle che si ritrovano in molte finzioni cinematografiche o in alcune pubblicità, in cui alcune volte si rappresenta un aldilà troppo simile alla vita terrena, altre volte si enfatizza la possibilità di "comunicare" con i defunti o ci si lancia in rappresentazioni di vampiri, zombie e tutto quello che si può trovare nel vasto campionario "horror" e che può lasciare tracce importanti nell'immaginario delle persone.

(documento 6.3)

Scheda di lavoro

Ricerca e analizza

Rappresentare la morte

Obiettivo di questo lavoro è quello di aiutarti a esplorare alcuni degli elementi che concretamente sono presenti, anche in modo implicito, nella tua rappresentazione complessiva della morte e dell'aldilà.

Fase 1: alla ricerca di espressioni suggestive

Ti chiediamo di cercare alcune testimonianze della sensibilità moderna e contemporanea, in uno degli ambiti culturali che ritieni più vicino alla tua sensibilità, in cui si parli della morte, dell'attesa della fine o della vita ultraterrena. Puoi scegliere con assoluta libertà un libro, una canzone, un'opera d'arte, un film, una poesia o una qualsiasi forma di espressione umana che ti abbia colpito in modo particolare.

Fase 2: analizza le rappresentazioni che ne emergono

Non ti chiediamo di fare una "critica letteraria" (se hai scelto una poesia) o cinematografica (se si tratta di un film), ma di provare a esplicitare sia il modo in cui l'oggetto culturale che hai scelto si propone di veicolare un'idea o un'immagine rispetto al nostro tema, sia la risonanza soggettiva che ha su di te. Ti proponiamo per questo alcune domande per riflettere.

- Quale immagine emerge della vita?
- Quale immagine della morte?
- Si parla dell'attesa della morte, da parte del diretto interessato o di chi gli sta vicino?
- Vi sono riferimenti alla condizione di chi "rimane", alla elaborazione del lutto?
- Ci sono riferimenti a un destino ultraterreno? Viene esplicitamente escluso?
- Cogli un senso di speranza? Di angoscia? Di disperazione?
- Che cosa ti ha colpito, in modo particolare?
- L'immagine complessiva della vita e della morte che emergono sono vicine o distanti rispetto alla tua?

Fase 3: discuti con i tuoi compagni

Una volta che avrai completato il lavoro di analisi e riflessione, sarà possibile – se lo riterrete opportuno – condividere le riflessioni con i compagni. In primo luogo sarà interessante vedere se più di una persona ha scelto lo stesso oggetto culturale e, in tal caso, se le analisi sono risultate tendenzialmente convergenti, oppure no. In ogni modo si potranno mettere a confronto le rappresentazioni personali che ciascuno ha elaborato, purché lo si faccia in un clima di grande rispetto e reciproca accoglienza.

(documenti 6.4 e 6.5)

P. Picasso, *La morte di Arlecchino*, 1906 (Collezione privata).

Consigli di lettura M. Eliade, *Storia delle credenze e delle idee religiose*, Rizzoli (BUR), Milano 2006.

Indicazioni cinematografiche "Al di là dei sogni", di Vincent Ward, USA 1998. Genere fantasy, è utile per una rilettura critica dei miti e dell'immaginario collettivo sull'aldilà.

Le grandi religioni

Nello scenario del dialogo interreligioso

Perché la Chiesa si interessa delle altre religioni?
Da sempre essa è attenta agli uomini e alle loro culture; già i Padri della Chiesa – nel confrontarsi con il mondo pagano – cercavano in esso gli elementi di una cultura che potesse aiutarli ad esprimere e annunciare il Vangelo di Cristo. Nel corso dei secoli, le ragioni di incontro, e talora anche di scontro, con i fedeli di altre religioni sono state numerose e alcune di esse si trovano nelle parti di questo testo dedicate alla storia della Chiesa (Unità 35-41).
Lo scenario in cui si collocano le nostre riflessioni è quello del dialogo interreligioso, secondo le linee impostate nella dichiarazione conciliare *Nostra Aetate*, in cui si afferma che tutti gli uomini appartengono a un'unica famiglia, perché unica è l'origine del genere umano – creato da Dio e chiamato ad abitare tutta la terra – e in tale grande famiglia è importante valorizzare la diffusa sensibilità alla dimensione religiosa.
Si tratta di un testo importantissimo, che ha avuto – come immediata conseguenza – l'erezione del *Segretariato per i non cristiani* (17 maggio 1964), che dal 1988 prende il nome di *Pontificio Consiglio per il Dialogo Interreligioso*, con il compito di promuovere la mutua comprensione, il rispetto e la collaborazione tra i cattolici e i seguaci di altre religioni, incoraggiare lo studio delle religioni, promuovere la formazione di persone votate al dialogo. La dichiarazione conciliare di cui sopra, e anche i successivi documenti del magistero ▶**(documento digitale Le grandi religioni 1)** in cui si pongono le basi per una vera e propria *Teologia delle religioni*, aiutano a impostare la logica con cui la Chiesa cattolica si accosta allo studio delle altre religioni e anche la chiave di lettura da tenere, come in filigrana, in questo Dossier:

- tutta l'umana famiglia deriva da Dio ed è chiamata, in diverse forme e in diversi modi, a vivere in comunione con lui;
- comune a tutti gli uomini è un intimo senso religioso, una sorta di "inquietudine interiore", che in qualche modo esprime il bisogno di un rapporto con Dio;
- le diverse religioni storicamente presenti vanno lette nell'ottica di un'espressione, storicamente e culturalmente determinata, di questa dimensione dell'umano (il senso religioso), non senza una tensione a superare i propri limiti e aprirsi a una rivelazione sempre più piena e a un rapporto con Dio sempre più profondo;
- la Chiesa nulla rigetta di quanto vi è di vero e santo in queste religioni e si dispone a dialogare con i loro seguaci, nella speranza fondata di costruire insieme un mondo migliore;
- ciò non toglie che alla Chiesa resta il dovere di fare ciò per cui è nata, ovvero annunciare il Vangelo di Gesù, ritenendolo una "buona notizia" per tutti gli uomini, nessuno escluso.

Questo Dossier è largamente debitore a G. Mocellin, "Religioni universali e religioni locali", in *Il villaggio globale*, Alice edizioni, 2004.

Lo studio delle credenze, dei riti e delle tradizioni delle altre religioni, dunque, non risponde a un mero desiderio di appagare una curiosità di tipo intellettuale (che pure è importante), ma fa riferimento soprattutto al desiderio di capire meglio le diverse forme e i diversi modi con cui gli uomini si rapportano a Dio, per favorire un dialogo autentico, in vista di un mondo migliore **1**.

1 | La ricchezza dell'apertura a Dio nelle varie religioni

«Dai tempi più antichi fino a oggi presso i vari popoli si trova una certa sensibilità a quella forza arcana che è presente al corso delle cose e agli avvenimenti della vita umana, e anzi talvolta vi riconosce la Divinità suprema o il Padre. Questa sensibilità e questa conoscenza compenetrano la vita in un intimo senso religioso.

Quanto alle religioni legate al progresso della cultura, esse si sforzano di rispondere alle stesse questioni con nozioni più raffinate e con un linguaggio più elaborato. Così, nell'induismo gli uomini scrutano il mistero divino e lo esprimono con la inesauribile fecondità dei miti e con i penetranti tentativi della filosofia; cercano la liberazione dalle angosce della nostra condizione sia attraverso forme di vita ascetica, sia nella meditazione profonda, sia nel rifugio in Dio con amore e confidenza. Nel buddismo, secondo le sue varie scuole, viene riconosciuta la radicale insufficienza di questo mondo mutevole e si insegna una via per la quale gli uomini, con cuore devoto e confidente, siano capaci di acquistare lo stato di liberazione perfetta o di pervenire allo stato di illuminazione suprema per mezzo dei propri sforzi o con l'aiuto venuto dall'alto. Ugualmente anche le altre religioni che si trovano nel mondo intero si sforzano di superare, in vari modi, l'inquietudine del cuore umano proponendo delle vie, cioè dottrine, precetti di vita e riti sacri.

La Chiesa cattolica nulla rigetta di quanto è vero e santo in queste religioni. Essa considera con sincero rispetto quei modi di agire e di vivere, quei precetti e quelle dottrine che, quantunque in molti punti differiscano da quanto essa stessa crede e propone, tuttavia non raramente riflettono un raggio di quella verità che illumina tutti gli uomini.

Tuttavia essa annuncia, ed è tenuta ad annunciare, il Cristo che è "via, verità e vita" (Gv 14,6), in cui gli uomini devono trovare la pienezza della vita religiosa e in cui Dio ha riconciliato con se stesso tutte le cose. Essa perciò esorta i suoi figli affinché, con prudenza e carità, per mezzo del dialogo e della collaborazione con i seguaci delle altre religioni, sempre rendendo testimonianza alla fede e alla vita cristiana, riconoscano, conservino e facciano progredire i valori spirituali, morali e socio-culturali che si trovano in essi».

(*Nostra Aetate*, n. 2)

Monaco buddhista legge un testo sacro.

I luoghi e i numeri

Per orientarci in un panorama tanto ampio possiamo provare a dare un primo sguardo alle principali religioni presenti nel mondo contemporaneo.
Tra le tante presenti, solo il **cristianesimo**, l'islam e il buddhismo hanno una vocazione universalista che va al di là dei confini delle nazioni in cui sono comparsi. Tutte le altre religioni difficilmente sarebbero praticabili al di fuori delle zone in cui sono nate, fatto salvo il fenomeno dell'emigrazione, che è sempre più globalizzato e fisiologicamente comporta un incontro di persone di tutte le culture e di tutte le fedi.
Il **cristianesimo** è la religione più diffusa al mondo (circa 2000 milioni di fedeli); è presente in forma maggioritaria in Europa e in tutto il continente americano (Nord, Centro e Sud), anche se con notevoli divisioni interne.
Inoltre i dati sull'appartenenza religiosa sono necessariamente frutto di elaborazioni statistiche che devono tener conto anche della differenza tra ciò che uno dichiara di essere e ciò che è effettivamente.
Ad esempio, in Italia, la stragrande maggioranza della popolazione si dichiara cattolica, però la frequenza ai sacramenti, come la messa domenicale, o l'osservanza dei precetti morali che la Chiesa indica ai suoi fedeli sono di molto inferiori all'appartenenza dichiarata.
Tra i gruppi in cui è suddiviso il cristianesimo, gli **ortodossi** prevalgono nell'Europa orientale, nei Balcani e in Grecia, i **cattolici** nell'Europa occidentale e meridionale e nell'America centrale e meridionale e i **protestanti** nell'Europa centrale e settentrionale, mentre il Nordamerica è condiviso tra cattolici e protestanti.
I **cristiani** sono numerosi anche in Africa: circa il 50% della popolazione, con una più alta penetrazione

DIFFUSIONE NEL MONDO DELLE GRANDI RELIGIONI

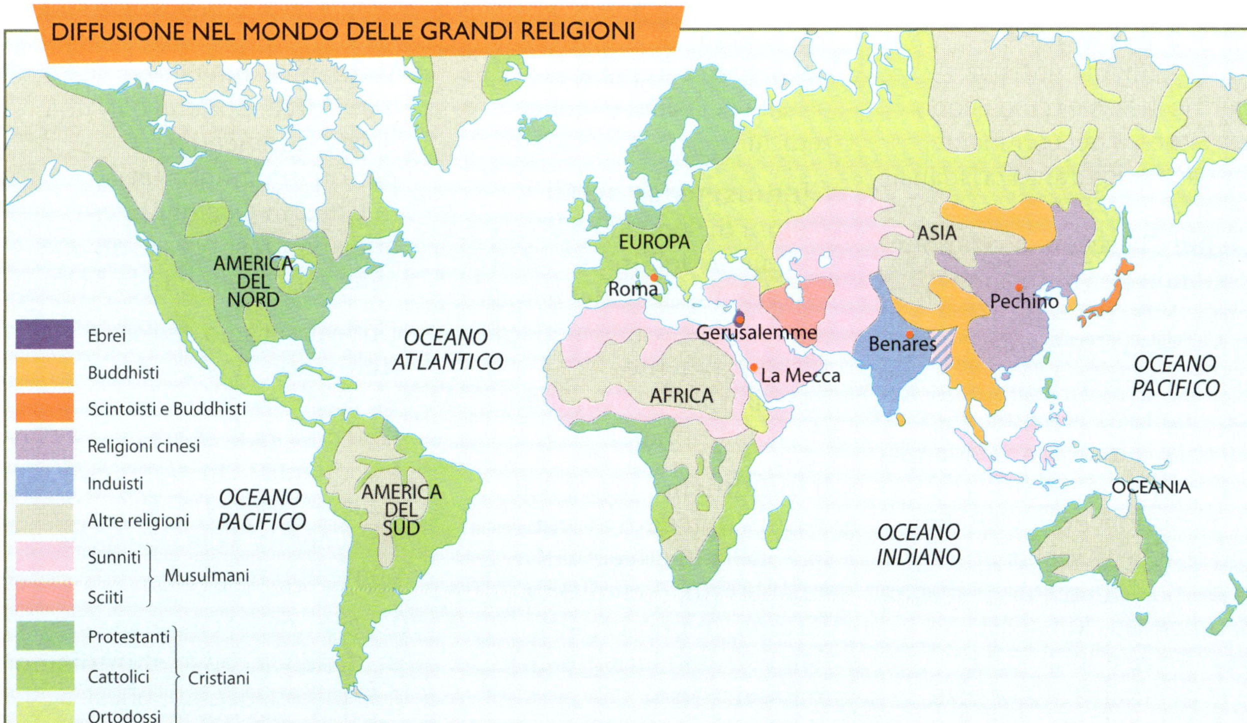

Fedeli induisti in preghiera.

nella parte subsahariana. Ad esempio, il Sudafrica e la Repubblica democratica del Congo, due paesi potenzialmente decisivi (per ricchezze e dimensioni) per il futuro del continente, sono a maggioranza cristiana.

L'**islam**, la seconda religione al mondo per diffusione (circa 1200 milioni di credenti) è maggioritario nel Nordafrica, in tutta la regione mediorientale e in Turchia, e di qui, procedendo verso Oriente, nelle ex-Repubbliche sovietiche caucasiche (Kazakistan), in Iran, Afghanistan, Pakistan, Bangladesh, Malaysia, Singapore e Indonesia; vi sono inoltre minoranze significative nella Russia asiatica, in India e nelle Filippine. Anche nell'Africa "nera", particolarmente nella fascia immediatamente a sud del Sahara e lungo la costa orientale, l'islam è molto radicato.

L'**induismo** (circa 900 milioni di seguaci) è la "religione dell'India": al di fuori dell'India e del Nepal, le presenze indù sono legate, sostanzialmente, alle migrazioni di indiani in altri continenti.

Il **buddhismo** (circa 350 milioni di fedeli) invece, dall'India in cui è nato, è penetrato, con diversa fortuna, in buona parte dell'Estremo Oriente: è maggioritario nel Sud-Est asiatico (Myanmar [ex Birmania], Thailandia, Laos e Cambogia) e nello Sri Lanka, ed è molto presente in Giappone e Vietnam, a Taiwan e in Corea, nonché con una quota significativa, per quanto minoritaria, in Cina. In Occidente va affermandosi presso alcune *élites*, specie negli Stati Uniti.

L'universalismo cinese (**taoismo**) conserva in Cina un radicamento significativo (250 milioni di seguaci), per quanto la maggioranza della popolazione sia considerata dalle statistiche come non religiosa.

La cultura del Giappone si identifica con lo **shintoismo**: 120 milioni di giapponesi vi si riconoscono.

Le **religioni tradizionali indigene** sono ancora vive soprattutto in Africa, dove coinvolgono ancora il 10% della popolazione (ma in alcuni paesi, come ad esempio lo Zimbabwe, le percentuali salgono fino al 40%). La loro presenza è invece residuale in America e in Oceania, ma complessivamente arrivano a raccogliere 120 milioni di adepti.

I paesi del Sud e del Sud-Est, ampiamente colonizzati dalle potenze europee, sono rimasti legati all'induismo, al buddhismo o all'islam praticati prima della colonizzazione. L'unica vera eccezione dell'area riguarda le Filippine, le quali, per effetto dell'antica colonizzazione spagnola, sono un paese a maggioranza cattolica.

Infine i grandi paesi dell'Oceania ripetono in certo modo, nel loro profilo religioso, la situazione dell'America: anche alle loro religioni, assimilabili a quelle tradizionali amerinde e africane, sono subentrate quelle dei coloni provenienti da Occidente, per cui oggi il 70% degli australiani e il 55% dei neozelandesi è cristiano (equamente ripartito tra cattolici, anglicani e altri protestanti).

Questo primo sguardo riguarda solo le religioni, o le famiglie religiose, che numericamente superano la soglia dei 100 milioni di persone. Molte altre famiglie religiose, alcune di tradizione antichissima, altre di recente fondazione, arricchiscono la vita e la cultura dell'umanità: tra queste l'ebraismo (che presenta uno statuto unico nel panorama religioso universale), il parsismo, il giainismo, il sikhismo, la religione baha'i.

Maschera in legno che rappresenta il volto di un antenato venerato come divinità dalla popolazione dan (Costa d'Avorio).

Ebraismo

Dal punto di vista storico, con l'affermarsi dell'ebraismo abbiamo un passaggio fondamentale nella storia delle religioni antiche. Compare, infatti, nell'esperienza del popolo di Abramo l'affermazione, assolutamente nuova nel panorama delle religioni antiche, dell'unicità di Dio, il **monoteismo**.
Tale affermazione, pur con opportune diversificazioni, è comune anche al cristianesimo e all'islam, che si rifanno all'esperienza originaria di Abramo.
L'importanza dell'ebraismo non si esaurisce però in questa sorta di antichità storica, poiché esso è diffuso e praticato anche oggi in tutto il mondo. Nello stesso modo esso non può essere considerato "assorbito" dal cristianesimo o superato dall'islam.

La *Menorah*, uno dei simboli più antichi dell'ebraismo, in un bassorilievo del VI-VII secolo (Gerusalemme, Israel Museum).

Ebraismo o giudaismo?

Con questi due termini vengono in genere intesi due momenti fondamentali e distinti dell'esperienza religiosa del popolo ebraico. Essi non vanno quindi confusi, anche se spesso questo accade. Nella Genesi Abramo è definito "ebreo" (Gen 14,13), però egli non può essere definito giudeo. Invece la religione in cui è cresciuto Gesù si può definire indifferentemente "ebraismo" o "giudaismo", così come nello stesso modo si può definire la fede degli ebrei di oggi. Come mai?
Per comprenderlo occorre richiamare alcuni passaggi importanti della storia del popolo ebraico.
Secondo un'etimologia popolare, Abramo sarebbe definito "ebreo" dal nome di un suo antenato, Eber o Ever, e tale identificazione è valida finora. Però occorre ricordare che Israele, dopo l'epoca del re Salomone (970-931 a.C.), si era diviso in due regni, il regno di Israele al Nord e il regno di Giuda al Sud, con capitale Gerusalemme. Il regno di Israele fu spazzato via dagli assiri nel 722 che dispersero o assimilarono gli ebrei lì residenti. Il regno di Giuda invece subì la deportazione in Babilonia a opera del re Nabucodonosor nel 587 a.C. Fu durante questa esperienza che maturò un approfondimento decisivo dell'ebraismo. In esilio, infatti, l'ebraismo si riorganizzò non più attorno al tempio, che era stato distrutto, ma attorno alla parola di Dio letta e studiata e al culto sinagogale. Nasce così la **redazione scritta delle**

tradizioni bibliche che erano state trasmesse oralmente, il canone delle scritture ebraiche, nonché la sinagoga che, non essendo considerata sacra come il tempio, poteva essere costruita e "moltiplicata" ovunque. È quindi solo a partire dall'epoca dell'esilio che si può parlare di **giudaismo**. In questa epoca si ha anche il passaggio dell'organizzazione religiosa ebraica dalle mani delle famiglie sacerdotali, che a partire da Aronne avevano in gestione il culto nel tempio, a quella degli scribi, i dottori esperti della Legge, da cui deriverà il gruppo dei farisei.

I principi fondamentali

Il comandamento fondamentale dell'ebraismo è racchiuso in un testo del libro del Deuteronomio, che il pio ebreo recita nella sua preghiera del mattino e della sera e nel culto sinagogale. È il cosiddetto *Shemà Israel*, dalla prima parola del testo che significa "ascolta Israele" **2**.
In questo testo, viene affermata l'**assoluta unicità di Dio**, dedotta non tanto da motivazioni filosofiche, quanto come **frutto dell'esperienza storica** che ha avuto nella liberazione dall'Egitto il suo episodio culminante. È infatti nell'aver sperimentato Dio come colui che ha rivolto e mantenuto le promesse fatte ad Abramo, Isacco e Giacobbe, che Israele ha maturato la sua fede. Per essere in comunione con Dio, occorre **seguire i suoi comandamenti**, riassunti efficacemente nel non avere altri dei all'infuori di Lui. Da ciò deriva la **condanna di ogni forma di idolatria**, tra cui anche quella della raffigurazione di Dio, che è irrappresentabile. Nemmeno il nome di Dio rivelato a Mosè nell'esperienza del roveto può essere pronunciato. Per questo motivo nella tradizione ebraica, al posto del sacro tetragramma,

2 | Ascolta Israele

«Ascolta, Israele: il Signore è il nostro Dio, unico è il Signore. Tu amerai il Signore, tuo Dio, con tutto il cuore, con tutta l'anima e con tutte le forze. Questi precetti che oggi ti do, ti stiano fissi nel cuore. Li ripeterai ai tuoi figli, ne parlerai quando ti troverai in casa tua, quando camminerai per via, quando ti coricherai e quando ti alzerai. Te li legherai alla mano come un segno, ti saranno come un pendaglio tra gli occhi e li scriverai sugli stipiti della tua casa e sulle tue porte.
Quando il Signore, tuo Dio, ti avrà fatto entrare nella terra che ai tuoi padri Abramo, Isacco e Giacobbe aveva giurato di darti, con città grandi e belle che tu non hai edificato, case piene di ogni bene che tu non hai riempito, cisterne scavate ma non da te, vigne e oliveti che tu non hai piantato, quando avrai mangiato e ti sarai saziato, guàrdati dal dimenticare il Signore, che ti ha fatto uscire dalla terra d'Egitto, dalla condizione servile. Temerai il Signore, tuo Dio, lo servirai e giurerai per il suo nome».

(Dt 6,4-9)

Un ebreo recita il primo versetto dello *Shemà*.

YHWH, veniva usato il termine *Adonaj* (tradotto normalmente con *Signore*). L'unico che poteva pronunciare il nome di Dio era il sommo sacerdote durante la liturgia dell'espiazione nel luogo più importante del tempio, il cosiddetto "Santo dei santi", ove, secondo la tradizione, veniva custodita l'arca dell'alleanza con i resti della manna e del bastone di Mosè. L'ingiunzione, contenuta nel testo del Deuteronomio, di legare questi precetti alla mano, di considerarli come pendaglio in mezzo agli occhi e di averli scritti sugli stipiti delle porte, ha generato la pratica di utilizzare piccole capsule, contenenti rotoli di pergamena con scritte le suddette frasi (*tefillim*), che vengono legate al braccio sinistro e sulla fronte durante la preghiera. Per lo stesso motivo se ne trovano altre nello stipite destro delle porte di casa (*mezuzah*).

Una *mezuzah* moderna, 1993, ceramica dipinta a mano (Los Angeles, Skirball Museum).

Popolo, Terra, Parola

L'esperienza di Dio fatta dall'ebraismo si concretizza in **tre elementi fondamentali**: il **dono della terra promessa**, l'**elezione del popolo ebraico** e la **legge** (*Torah*). Il popolo ebraico, infatti, ha maturato la persuasione di essere stato scelto, eletto da Dio, tra tutti i popoli, senza averne alcun merito, per una missione universale: «in te si diranno benedette tutte le famiglie della terra» (Gen 12,3), dice Dio ad Abramo.

Israele ricopre quindi un ruolo insostituibile nella rivelazione biblica. A esso viene affidato il compito di **mettere in pratica per primo la legge di Dio nella terra che questi gli ha donato**, per insegnare a fare altrettanto agli altri popoli. Si legge in un commento rabbinico al libro del Levitico che «quando Israele pratica la volontà di Dio, allora il nome di Dio è glorificato nel mondo; ma quando Israele non pratica la volontà di Dio, allora il nome di Dio è profanato» (S. Lev 19,2) (cit. in G. Fohrer, *Vita e fede nel giudaismo*, Paideia, 1984). L'elezione non comporta né alcun privilegio particolare per Israele né l'esclusione degli altri popoli dal rapporto con Dio. Anche questi, infatti, possono appartenere agli "eletti" anche senza seguire i precetti rituali di Israele, poiché ciò che conta è vivere secondo la volontà di Dio fatta conoscere nei comandamenti della sua legge. Ciò non cancella però il fatto che Israele ha una **vocazione particolare** che gli è stata affidata da Dio per il servizio divino e per il bene dell'umanità. Di questa e dei suoi tradimenti egli dovrà

A. Funi, *Mosè riceve le tavole della Legge*, particolare, 1939 (Milano, Palazzo di Giustizia).

rispondere al giudice divino. Secondo la Scrittura, la legge di Dio deve essere applicata nella terra che questi ha dato al suo popolo, come mostra il seguente brano: «Questi sono i comandi, le leggi e le norme che il Signore, vostro Dio, ha ordinato di insegnarvi, perché li mettiate in pratica nella terra in cui state per entrare per prenderne possesso» (Dt 6,1). Per questo motivo, per ogni israelita è fondamentale il **rapporto con la terra promessa**, poiché solo in essa la legge può essere adempiuta pienamente. Ciò si è mantenuto desto nella coscienza del popolo ebraico nonostante che, per quasi duemila anni dalla *diaspora* (dispersione) a opera dei romani nel 70 e nel 135 d.C. fino alla ricostituzione dello Stato ebraico nel 1948, la maggior parte degli ebrei sia vissuta e viva tuttora lontano dalla terra.

La *Torah*

Un'altra caratteristica fondamentale dell'ebraismo è il suo legame con la *Torah*, ciò che impropriamente viene tradotto con "legge". La parola *torah* infatti deriva da un verbo che significa "insegnare, ammaestrare", quindi la **Torah** è l'**insieme degli ammaestramenti** che un fedele ebreo deve seguire per essere giusto di fronte a Dio, ovvero per essere in comunione con Lui.

M. Chagall, *Ebreo con la Torah*, 1925 (Tel Aviv, Tel Aviv Museum of Art).

Con questo termine si indica un insieme vario, anche se collegato, di insegnamenti. Innanzitutto essa designa i primi cinque libri delle Scritture, il **Pentateuco**, più specificamente le sue parti legislative, ma anche in senso generale tutto il corpo delle scritture ebraiche. È questa la cosiddetta **Torah scritta** che ha come suo autore principale Mosè.
Con lo svilupparsi del giudaismo, e quindi con il crescere della tradizione, si considera parte della Torah anche quell'insieme di insegnamenti orali che sono l'**interpretazione** della Torah scritta. Tali insegnamenti sono stati anch'essi messi per scritto, anche se hanno avuto origine dalle discussioni dei vari maestri (rabbini).
Questo insieme di scritti e discussioni è per l'ebraismo **la rivelazione della volontà di Dio** che viene esplicitata nel tempo dai maestri commentatori. Rifarsi a una precedente tradizione sia della Torah scritta sia di quella orale è il criterio per poter proporre nuove interpretazioni della Torah stessa.
Si racconta a tal proposito che quando comparve in Palestina il grande maestro babilonese Hillel questi cercò di dimostrare per tutto il giorno una certa dottrina in base a conclusioni dedotte dalla logica e dai testi, ma inutilmente; «quando però dichiarò: "l'ho udita da Semaja e Abtaljon" – suoi maestri –, il suo parere fu accettato» (Fohrer, op. cit.) 3.

3 La Torah orale

I più importanti insegnamenti sono raccolti nel **Talmud** (*studio*) in cui si trovano la **Mishnah** (*ripetizione*) e la **Gemarah** (*completamento*), che costituiscono le prime due raccolte di interpretazioni orali della *Torah scritta*.
Esistono due versioni del Talmud: una **palestinese** o gerosolimitana, elaborata dal III secolo d.C. al V, e una babilonese, molto più ampia, che fu scritta tra il III secolo d.C. e la fine del VI. Nel Talmud sono contenuti anche tutti gli insegnamenti vincolanti per la vita del fedele ebreo che compongono la **halakhah** (il termine deriva da un verbo che significa *camminare*). Vi sono poi molte parti narrative, la cosiddetta **haggadhah** (dal verbo *narrare*), che hanno lo scopo di condurre il lettore a una vita ideale, ma non sono vincolanti.

Lettura della Bibbia in una sinagoga (Djerba, Tunisia).

I riti nella religione ebraica

Lo spazio sacro in questa religione è organizzato attraverso i santuari, mentre il tempo sacro viene scandito dalle feste. Le quattro **festività** più importanti che vengono nominate nella Bibbia sono: la Pasqua e la festa degli Azzimi, quella delle Settimane (o Pentecoste), il Capodanno e la Festa delle Capanne. Per questi momenti festivi, era prescritta la visita del santuario a Gerusalemme.
Sono **feste legate al ritmo annuale dell'economia agricola**: Pasqua è una festa primaverile, che celebra la ricchezza del gregge in espansione, Pentecoste è la festa delle primizie della terra, mentre si svolgono in autunno il Capodanno e la Festa delle Capanne (festa del raccolto). Si tratta di feste che si svolgono in più giorni e che prevedono l'astensione dal lavoro e dalle pratiche del sacrificio. Nella Bibbia si può riconoscere il tentativo di rileggere le antiche feste tradizionali in funzione di collegamento agli episodi più significativi della **storia del popolo ebraico**, anche se solo la Pasqua è legata in modo esplicito alla fuga dall'Egitto.

Il sabato: *shabbat*

Il termine *shabbat* significa "cessare". Il sabato ebraico, infatti, implica la cessazione di qualsiasi attività lavorativa. Tra i numerosi precetti che l'ebraismo prescrive, lo shabbat ha sempre occupato un posto fondamentale nel cuore dell'ebreo osservante. È la più importante delle ricorrenze del calendario ebraico e si sussegue di settimana in settimana scandendo il ritmo dell'anno nella vita individuale, familiare e in quella della comunità.

Il Capodanno: *Ro'sh ha-shanah*

Ro'sh ha-shanah cade i primi due giorni del mese di Tishrì ed è il Capodanno per la numerazione degli anni, per il computo dei giubilei e per la validità dei documenti. Ha un carattere e un'atmosfera assai diversi da quella normalmente vigente nel Capodanno "civile" in Italia. Infatti è considerato giorno di riflessione, di

introspezione, di autoesame e di rinnovamento spirituale. È il giorno in cui, secondo la tradizione, il Signore esamina tutti gli uomini e tiene conto delle azioni buone o malvagie che hanno compiuto nel corso dell'anno precedente. Nel Talmud infatti è scritto «A Ro'sh ha-shanah tutte le creature sono esaminate davanti al Signore». Non a caso tale giorno nella tradizione ebraica è chiamato anche "il giorno del giudizio".
Ro'sh ha-shanah riguarda il singolo individuo, il rapporto che ha con il suo prossimo e con Dio, le sue intenzioni di miglioramento.

M.D. Oppenheim, *Il pomeriggio del shabbat*, 1866 (Gerusalemme, Israel Museum).

Yom Kippur, il giorno dell'espiazione

Il dieci del mese di Tishrì cade lo *Yom Kippur*, giorno considerato come il più sacro e solenne del calendario ebraico. È un giorno totalmente dedicato alla preghiera e alla penitenza perché l'ebreo, consapevole dei propri peccati, chieda perdono al Signore. È il giorno in cui secondo la tradizione Dio suggella il suo giudizio verso il singolo. È un giorno di digiuno totale, in cui ci si astiene dal mangiare, dal bere e da qualsiasi lavoro o divertimento e ci si dedica solo al raccoglimento e alla preghiera; il digiuno che affligge il corpo ha lo scopo di rendere la mente libera da pensieri e di indicare la strada della meditazione e della preghiera.
Prima di Kippur si devono essere saldati i debiti morali e materiali che si hanno verso gli altri uomini. Si deve chiedere personalmente perdono a coloro che si è offesi: a Dio per le trasgressioni compiute verso di Lui, mentre quelle compiute verso gli altri uomini vanno personalmente risarcite e sanate. Ci si deve avvicinare a questo giorno con animo sereno e fiduciosi che la richiesta di essere iscritti da Dio nel "Libro della vita" sarà esaudita.
La purezza con cui ci si avvicina a questa giornata da alcuni è sottolineata dall'uso di vestire di bianco.

Un ebreo suona lo shofar durante il rito dell'anno nuovo.

È chiamato anche "Sabato dei sabati", ed è l'unico tra i digiuni a non essere posticipato se cade di sabato.
L'assunzione della responsabilità collettiva è un'altra delle caratteristiche di questo giorno: in uno dei passi più importanti della liturgia si chiede perdono dicendo «abbiamo peccato, abbiamo trasgredito...».

Sukkoth, la Festa delle Capanne

La festa di *Sukkoth* inizia il 15 del mese di Tishrì. *Sukkoth* in ebraico significa "capanne" e sono appunto le capanne a caratterizzare questa festa gioiosa che ricorda la permanenza degli ebrei nel deserto dopo la liberazione dalla schiavitù dall'Egitto: quarant'anni in cui abitarono in dimore precarie, accompagnati però, secondo la tradizione, da «nubi di gloria».
Nella Torah (Levitico, 23,41-43) infatti troviamo scritto: «E celebrerete questa ricorrenza come festa in onore del Signore per sette giorni all'anno; legge per tutti i tempi, per tutte le vostre generazioni: la festeggerete nel settimo mese. Nelle capanne risiederete per sette giorni; ogni cittadino in Israele risieda nelle capanne, affinché sappiano le vostre generazioni che in capanne ho fatto stare i figli di Israele quando li ho tratti dalla terra d'Egitto».
La Festa delle Capanne è una delle tre feste di pellegrinaggio prescritte nella Torah, feste durante le quali gli ebrei dovevano recarsi al santuario a Gerusalemme, fino a quando esso non fu distrutto. Altri nomi della festa sono "festa del raccolto" e anche "festa della nostra gioia", poiché cade proprio in coincidenza con la fine del raccolto, quando si svolgevano grandi manifestazioni di gioia. È detta anche "festa dei tabernacoli" e il precetto che la caratterizza è proprio quello di abitare in capanne durante tutti i giorni della festa. Se a causa del clima o di altri motivi non si può dimorare nelle capanne, vi si devono almeno consumare i pasti principali.

La benedizione della vigilia della festa ebraica Yom Kippur,
cromolitografia russa del 1902 (Gerusalemme, Israel Museum).

Chanukkah, la Festa delle Luci

La festa di *Chanukkah*, tra tutte le antiche ricorrenze ebraiche, è l'unica che non affondi in qualche modo le sue radici nella Bibbia e nei suoi racconti; è una festa stabilita dai Maestri del Talmud e ricorda un avvenimento accaduto in terra di Israele, nel 168 a.C.
Antioco Epifane di Siria, ottavo re della dinastia dei Seleucidi, voleva imporre la religione greca alla Giudea. Le mire di ellenizzazione furono contrastate e impedite da

Mattatià, un sacerdote della famiglia degli Asmonei, che insieme ai suoi sette figli diede avvio alla rivolta.
Chanukkah è conosciuta anche come la festa del miracolo dell'olio: quando, grazie a una strenua battaglia, tre anni dopo il Tempio fu riconquistato, si doveva procedere alla riconsacrazione. Nel Tempio però fu trovata una sola ampolla di olio puro recante il sigillo del Sommo Sacerdote. Per la preparazione di olio puro (quello raccolto dalle prime gocce della spremitura delle olive) occorrevano otto giorni, ma avvenne un grande miracolo: l'olio che poteva bastare per un solo giorno, fu sufficiente per otto giorni, dando così la possibilità ai Sacerdoti di prepararne dell'altro nuovo. In ricordo di quel miracolo, i Saggi del Talmud istituirono una festa di lode e di ringraziamento al Signore che dura appunto otto giorni: Chanukkha, che letteralmente significa "inaugurazione".
La prima sera della festa si accende un lume su un candelabro speciale a nove bracci, e ogni sera, per otto giorni, se ne aggiunge uno in più, fino a che l'ottava sera si accendono otto lumi. Questo candelabro si chiama Chanukkià e può avere diverse forme. L'indicazione è che gli otto contenitori per le candele siano tutti allineati alla stessa altezza e che il nono – lo *shammash*, il servitore, quello che serve per accendere gli altri lumi – sia in una posizione diversa. I bambini ricevono regali, in particolare delle trottoline.

Bambini ebrei accendono il calendario a nove bracci per festeggiare Chanukkha.

Purim, la Festa delle Sorti

Purim, la più gioiosa tra le festività ebraiche, è la festa più amata dai bambini. Cade a metà del mese ebraico di Adar e ricorda il sovvertimento delle sorti e il conseguente scampato pericolo per il popolo ebraico. La storia di Purim (in ebraico *Purim* significa "sorti"), accaduta circa 2500 anni fa, ci viene raccontata nella *Meghillàth Estèr*, il Libro di Ester, libro che fa parte del canone biblico e che in questa occasione si legge pubblicamente.
La storia che viene narrata in breve è la seguente: Assuero, re di Persia e di Media, regnava su 127 province, era un sovrano molto potente e aveva accanto a sé una moglie che però (essendosi rifiutata di partecipare a un banchetto fatto preparare dal re e a cui erano state invitate le persone più importanti del regno) venne ripudiata. Vennero quindi convocate le più belle ragazze del paese e fra queste fu scelta una ragazza ebrea, Ester, che andò così in sposa ad Assuero. Ester divenne la nuova regina e nella storia avrà un importante ruolo: un giorno infatti Hamàn, primo ministro del re Assuero, chiese e ottenne dal re che tutti gli ebrei del regno fossero uccisi, in un giorno che sarebbe stato tirato a sorte (*pur*). Fu così tirato a sorte il 13 di Adar. Quando Mordekhài, zio della regina, lo seppe, si rivolse a Ester perché intercedesse. Ester

Vetro dipinto con scene della festività ebraica di Purim, Safed, Eretz-Israel, 1893 (Gerusalemme, Israel Museum).

informò il re sulle malvagie macchinazioni e supplicò di salvare il suo popolo e lei stessa, in quanto ebrea. Per merito della regina gli ebrei, con l'aiuto del Signore, riuscirono a salvarsi.
Assistere alla lettura del Libro di Ester è uno dei precetti della festa. In questo giorno si devono anche fare doni ai bisognosi, inviare dei cibi a due persone diverse, partecipare a un banchetto festivo.

Pesah, la Festa delle Azzime

Pesah, la Pasqua, è la prima delle tre grandi ricorrenze liete della tradizione ebraica. La festa commemora la liberazione dalla schiavitù d'Egitto, evento che diede origine alla vita indipendente del popolo d'Israele e che fu il primo passo verso la promulgazione della Legge divina.
Inizia il 15 del mese ebraico di Nissàn, nella stagione nella quale, in terra d'Israele, maturano i primi cereali; segna quindi l'inizio del raccolto dei principali prodotti agricoli. È anche nota come Festa delle Azzime. In terra d'Israele Pesah dura sette giorni, dei quali il primo e l'ultimo di festa solenne, gli altri di mezza festa. Fuori d'Israele – nella diaspora – la durata di Pesah è di otto giorni, dei quali i primi e gli ultimi due sono di festa solenne. In ricordo del fatto che quando furono liberati dalla schiavitù gli ebrei lasciarono l'Egitto tanto in fretta da non avere il tempo di far lievitare il pane, per tutta la durata della ricorrenza è assolutamente vietato cibarsi di qualsiasi alimento lievitato o anche solo possederlo. Si deve invece far uso di *matzah*, il pane azzimo, un pane non lievitato e scondito, che è anche un simbolo della durezza della schiavitù.
I giorni precedenti la festa di Pesah sono dedicati a una scrupolosa e radicale pulizia di ogni più riposto angolo della casa per eliminare anche i piccoli residui di sostanze lievitate, usanza mutuata anche dalla lingua italiana, nella quale ricorre spesso l'espressione "pulizie di Pasqua", sinonimo anche delle "pulizie di primavera".
La prima sera viene celebrato il *Seder*, in ebraico "ordine", suggestiva cena nel corso della quale vengono rievocate e discusse secondo un ordine prestabilito le fasi dell'Esodo, rileggendo l'antico testo della *Haggadhah*. Si consumano vino, azzime ed erba amara in ricordo dei dolori e delle

gioie degli ebrei liberati dalla schiavitù. Si inizia con l'invito ai bisognosi a entrare e a partecipare alla cena e si prosegue con le tradizionali domande rivolte al padre di famiglia dal più piccolo dei commensali; la prima di queste è volta a sapere «in che cosa si distingue questa notte dalle altre?». Tali quesiti consentono a tutti i presenti di spiegare, commentare, analizzare i significati dell'esodo e della miracolosa liberazione dall'Egitto, le implicazioni di ogni schiavitù e di ogni redenzione.

Shavuot, la Festa delle Settimane

Shavuot cade esattamente sette settimane dopo Pesah. È chiamata anche "Tempo del dono della nostra Torah". La Torah è per gli ebrei il dono più grande fatto da Dio all'uomo, il legame con essa è fortissimo e ha un valore di sacralità. Questo spiega anche perché la data precisa non avesse troppa importanza: la cosa fondamentale è la rivelazione della Torah, il legame con una data storica riveste una importanza secondaria. Gli ebrei, dopo essere rimasti schiavi in Egitto, finalmente liberi, trascorsero 40 anni nel deserto; quando furono ai piedi del Monte Sinai Mosè, loro capo, salì sul monte dove ricevette in dono da Dio la Torah da consegnare al popolo d'Israele. Le leggi contenute nella Torah sono ancora oggi la base e il cemento del popolo ebraico. Così come Pesah rappresenta il raggiungimento della libertà materiale, questa festa rappresenta il raggiungimento della libertà spirituale, la libertà di scegliere di accettare la legge morale, di accettare il giogo divino.
Shavuot è una delle tre feste di pellegrinaggio, cioè una festa durante la quale ci si doveva recare al santuario a Gerusalemme (ai tempi in cui ancora esisteva) e portare un'offerta, secondo il dettato che si trova in Esodo 23,16: «Conterete cinquanta giorni fino all'indomani della settima settimana ed allora presenterete al Signore un'offerta farinacea nuova (di frumento nuovo)».
A Shavuot ci si reca alla sinagoga, dove vengono utilizzati degli addobbi particolarmente sontuosi e il profumo dei fiori che vengono portati per l'occasione rende particolarmente gradevole l'atmosfera.
Le piante e i fiori che si usano per addobbare le case e le sinagoghe probabilmente rimandano al luogo lussureggiante nel deserto in cui fu ricevuta la Torah.

(liberamente tratto da www.ucei.it)

D. Bouts, *Festa di Pasqua*,1464-1467 (Lovanio, Chiesa di San Pietro).

Scheda di lavoro — Leggi e confronta

Elementi per un confronto tra ebraismo e cristianesimo

Prendiamo come testo di riferimento il documento del Concilio Vaticano II *Nostra Aetate*.

«Scrutando il mistero della Chiesa, questo sacro Concilio ricorda il vincolo con cui il popolo del Nuovo Testamento è spiritualmente legato con la stirpe di Abramo.
La Chiesa di Cristo infatti riconosce che gli inizi della sua fede e della sua elezione si trovano già, secondo il mistero divino della salvezza, nei patriarchi, in Mosè e nei profeti. Essa afferma che tutti i **fedeli di Cristo, figli di Abramo secondo la fede**, sono inclusi nella vocazione di questo patriarca e che la salvezza della Chiesa è misteriosamente prefigurata nell'esodo del popolo eletto dalla terra di schiavitù. **Per questo la Chiesa non può dimenticare che ha ricevuto la rivelazione dell'Antico Testamento per mezzo di quel popolo con cui Dio nella sua ineffabile misericordia, si è degnato di stringere l'antica alleanza, e che essa si nutre della radice dell'ulivo buono su cui sono stati innestati i rami dell'ulivo selvatico che sono i popoli pagani (Rm 11,17-24)**. La Chiesa crede infatti che Cristo, la nostra pace, ha riconciliato gli ebrei e i popoli pagani per mezzo della sua croce e dei due ha fatto uno solo in se stesso (Ef 2,14-16). La Chiesa ha pure sempre davanti agli occhi le parole dell'apostolo Paolo riguardo agli uomini della sua stirpe, "ai quali appartengono l'adozione filiale, la gloria, i patti di alleanza, la legge, il culto e le promesse, essi che sono i discendenti dei patriarchi e dai quali è nato Cristo secondo la carne" (Rm 9,4-5), figlio di Maria vergine. Essa ricorda anche che dal popolo ebraico sono nati gli apostoli, fondamenta e colonne della Chiesa e quei moltissimi primi discepoli che hanno annunciato al mondo il Vangelo di Cristo. Come attesta la Sacra Scrittura, Gerusalemme non ha conosciuto il tempo quando è stata visitata; gli ebrei, in gran parte, non hanno accettato il Vangelo, e anzi non pochi si sono opposti alla sua diffusione. Tuttavia, secondo l'apostolo, gli ebrei, in grazia dei padri, rimangono ancora carissimi a Dio, i cui doni e la cui chiamata sono senza pentimento (Rm 11,28-29) (...) E se le autorità ebraiche con i propri seguaci si sono adoperate per la morte di Cristo, tuttavia quanto è stato commesso durante la sua passione non può essere imputato né indistintamente a tutti gli ebrei allora viventi né agli ebrei del nostro tempo. **E se è vero che la Chiesa è il nuovo popolo di Dio, gli ebrei tuttavia non devono essere presentati né come rigettati da Dio, né come maledetti, come se ciò scaturisse dalla Sacra Scrittura. Pertanto tutti nella catechesi e nella predicazione della parola di Dio facciano attenzione a non insegnare alcunché che non sia conforme alla verità del Vangelo e dello spirito di Cristo.**
La Chiesa inoltre, che esecra tutte le persecuzioni contro qualsiasi uomo, memore del patrimonio che essa ha in comune con gli ebrei e spinta non da motivi politici ma da religiosa carità evangelica, deplora gli odi, le persecuzioni e tutte le manifestazioni dell'antisemitismo dirette contro gli ebrei in ogni tempo e da chiunque».

(*Nostra Aetate*, n. 4)

(documento digitale Le grandi religioni 2)

Il papa emerito Benedetto XVI e il rabbino capo Riccardo Di Segni, il 17 dicembre 2010 a Roma.

Elenca alla luce del documento *Nostra Aetate* i principali punti di convergenza tra cristianesimo ed ebraismo.

Consigli di lettura

G. Fohrer, *Fede e vita nel giudaismo*, Paideia, Brescia 1984.

Islam

L'esperienza di Dio nella tradizione musulmana

Negli ultimi decenni, abbiamo assistito all'aumento della presenza di immigrati musulmani anche nel nostro paese. Ciò ha fatto sì che la religione musulmana, per un numero crescente di italiani, non sia più solo un argomento di studio dei libri di storia, ma rappresenti anche un elemento che ci consente di conoscere meglio i propri vicini di casa o di banco.
Non è nemmeno raro il caso di cristiani che si convertono all'islam.

Cerchiamo allora di capire gli elementi fondamentali di questa che è la **seconda religione più diffusa nel mondo** 4 (nonché la seconda religione per numero di seguaci del nostro paese), cercando di vedere poi come l'islam viene valutato dalla Chiesa cattolica.

Lineamenti essenziali dell'islam

Un primo dato che occorre considerare è che la definizione stessa di religione applicata all'islam è riduttiva, poiché l'islam non si concepisce come una religione, se per religione intendiamo un complesso di riti, norme, credenze che siano separate o separabili dalla vita politica, sociale ed economica. L'islam infatti è una realtà onnicomprensiva, in cui non c'è distinzione tra scienza e fede, o stato e religione.

4 Il risveglio dell'islam

Uno dei fenomeni più significativi degli ultimi decenni è senz'altro il cosiddetto "risveglio dell'islam". Una serie di eventi hanno posto l'Europa e varie altre parti del mondo di fronte a una rinnovata epoca di diffusione **(▶ documento digitale Le grandi religioni 3)** di questa antica religione che, assieme al cristianesimo e all'ebraismo, ha nella **comune discendenza da Abramo** e nel **monoteismo** alcuni dei suoi tratti distintivi.
Tutta una serie di eventi hanno posto l'Occidente e anche il nostro paese di fronte a questa religione. Alcuni dei più famosi sono purtroppo legati a conflitti che coinvolgono paesi islamici. Tra quelli più recenti, ricordiamo la proclamazione della Repubblica islamica in Iran nel 1979 con a capo l'imam Khomeini, la guerra con l'Iraq, altro paese musulmano (anche se di diversa tradizione), la guerra del Golfo, il conflitto che oppone arabi e israeliani, l'esplosiva situazione dell'Algeria e dell'Afghanistan, le tragiche vicende in cui sono stati coinvolti i musulmani nei Balcani.
Accanto a questi fatti dolorosi, però, vi sono anche altri elementi più legati al costume e alla vita quotidiana, che stanno spingendo sempre di più l'Occidente a fare i conti con questa religione. Da un lato, basti pensare al grande numero di immigrati provenienti da paesi extracomunitari, che sono in gran parte di religione musulmana, nonché al fascino che l'islam stesso sta suscitando, tanto da annoverare tra i suoi convertiti numerosi personaggi famosi, come l'ex campione del mondo Cassius Clay, o il filosofo francese Roger Garaudy o il coreografo Maurice Bejart.

Miniatura raffigurante Khadigia che vede il giovane Maometto di ritorno da un viaggio.

Il fondatore

L'islam compare nella penisola arabica nella metà del VI secolo grazie all'attività di Maometto. Questi nasce alla Mecca verso il 570, nella tribù dei Quràish. Rimasto orfano assai giovane, fu educato da suo zio alla professione del mercante. Nei suoi frequenti viaggi, conobbe la situazione economica e religiosa della penisola araba dei suoi tempi, segnata dal politeismo, che aveva nella città della Mecca uno dei suoi principali santuari (lì si venerava la "pietra nera", probabilmente un meteorite). Maometto conobbe inoltre il giudaismo e il cristianesimo, che si erano diffusi anche nella penisola arabica.

Dopo aver sposato una ricca vedova, Khadigia, insoddisfatto del politeismo della sua tribù, si ritirò secondo la tradizione musulmana presso una grotta, dove ebbe una visione dell'angelo Gabriele, che gli comunicò la rivelazione di Dio contenuta nel libro sacro: il **Corano**. Da quell'esperienza egli trasse la conoscenza dell'**esistenza di un unico Dio** (*Allah*) a cui ci si doveva sottomettere in atteggiamento di assoluta devozione, e da cui discendeva anche l'obbligo di combattere il paganesimo e il politeismo. E questo è ciò che fece Maometto che, dopo essere fuggito dalla Mecca a causa dell'opposizione nata dal diffondersi del suo nuovo credo, si rifugiò a Yathrib (poi chiamata Medina, cioè "La città del profeta"). È qui che ebbe inizio l'islam, che conta da questo momento (Egira = 16 luglio 622) il proprio calendario.

A Medina, Maometto stabilì che l'islam non sarebbe stata una religione tribale, ma l'**unità di tutti coloro che avrebbero riconosciuto la supremazia di *Allah***. In quest'epoca, durata dieci anni, egli fissò anche l'**insieme di norme** che dovevano caratterizzare la vita del fedele e della comunità islamica. Qui matura anche il distacco radicale dall'ebraismo e dal cristianesimo, di cui Maometto si considera il perfezionatore e il vero interprete. Dopo il soggiorno a Medina, egli riuscì a conquistare la Mecca nel 630 e da lì a diffondere in tutta la penisola arabica la nuova religione. Morì a Medina nel 632 senza lasciare eredi maschi.

Carta: L'Arabia nel VI secolo.

Cupola della moschea sciita dell'Imam (Isfahan, Iran).

Sunniti e sciiti

Le prime divisioni all'interno dell'unica comunità dei fedeli musulmani (*umma*) cominciarono proprio per decidere chi dovesse essere il legittimo successore di Maometto. Per il gruppo definitosi dei **sunniti** (fedeli alla *Sunnah* = tradizione) esso doveva essere Abu Bakr, il più fedele compagno di Maometto, mentre per gli **sciiti** (*Shi At* = partito) esso doveva essere uno dei componenti della famiglia stessa del profeta, ovvero Alì, marito di sua figlia Fatima. Appartengono a questo gruppo ancora oggi i musulmani dell'Iran.
Gli sciiti si caratterizzano per una forte radicalizzazione dell'obbligo di diffondere l'islam e dell'obbedienza dovuta al capo supremo politico-religioso del popolo, l'*imam*. Essi credono, infatti, che gli *imam* discendenti della famiglia di Alì siano stati dodici. Ritengono che siano dotati di una scienza sovrumana, che siano impeccabili e infallibili.
A essi solo, poi, spetta la retta interpretazione della legge. L'ultimo dei dodici imam, Muhàmmad ibn al-Hàsan al Askari, nato nel 869 d.C, non sarebbe mai morto, ma si sarebbe occultato per poi apparire come messia e preparare l'avvento del giudizio finale. Durante la sua assenza e in attesa del suo ritorno, la comunità è retta da suoi inviati, gli *ayatollah*, che si devono assicurare che lo stato segua in tutto i principi dell'islam, tra i quali spicca il dovere di diffonderlo in ogni parte del mondo e di combattere la dispersione provocata dal colonialismo del mondo occidentale.

Il Corano

Il Corano è il testo fondamentale della religione musulmana. La parola significa "recitazione", poiché essenzialmente va letto e proclamato ad alta voce.
A differenza della Bibbia, non è considerato "ispirato", bensì "dettato" direttamente da Dio, parola per parola, al suo profeta. In quanto il Corano appartiene all'essenza stessa di Dio, è coeterno come tutti i suoi attributi. Si potrebbe dire che – in qualche misura – il ruolo che nel cristianesimo è assegnato al Verbo, la seconda persona della Trinità, nell'islam è ricoperto dal Corano.
Per questo, esso non è soggetto ad alcuna opera di interpretazione o di traduzione, ma deve essere solo diffuso.
È questo il motivo per cui l'islam, anziché tradurre il Corano in altre lingue, preferisce diffondere la conoscenza dell'arabo.

Fedele assorto nella lettura del Corano ad Ajmer, nella moschea di Shah Jahan (Rajasthan).

È un testo considerato infallibile e l'uomo non lo può alterare. Il Corano rappresenta quindi la rivelazione definitiva che Dio ha fatto all'uomo a cominciare da Abramo fino a Maometto. È diviso in 114 capitoli (*surah*) collocate in ordine di grandezza decrescente, dopo una prima breve *surah* iniziale **5**. Le prime, più lunghe, sono quelle del periodo medinese, mentre al termine troviamo quelle più corte, anche se più antiche, del periodo del soggiorno alla Mecca.

5 | La prima *surah* del Corano

La prima *surah* del Corano è detta anche "Madre del Corano", "Tesoro", "Guaritrice". Fu composta attorno al 612 d.C, durante il soggiorno alla Mecca di Maometto. Essa è ripetuta non meno di venti volte al giorno nelle preghiere rituali e nei momenti più importanti della vita privata e pubblica del fedele musulmano.

«Nel nome di Dio, clemente, misericordioso!
Lode a Dio, Signore dell'universo,
clemente, misericordioso,
re del giorno del giudizio!
Te solo adoriamo, te solo invochiamo in aiuto.
Guidaci sul retto sentiero:
il sentiero di coloro che hai colmato dei tuoi favori,
contro i quali non sei adirato,
e che non vagano nell'errore».

La formula «in nome di Dio misericordioso e clemente», raffigurata nella foto, apre tutte le 114 sure del Corano, eccetto la nona. È una formula che i musulmani pronunciano spesso in occasione di atti civili o religiosi importanti.

I principi fondamentali

Islam significa "sottomissione" a Dio percepito come l'unico e l'assoluto. Tale atteggiamento si concretizza innanzitutto nella **fede**, che il musulmano deve avere nei confronti del profeta di Allah e di ciò che egli ha detto e insegnato. Il suo atto di fede è rivolto quindi non tanto a Dio, che resta inaccessibile, quanto piuttosto **alla sua Parola rivelata nel Corano**. Tale fede costituisce il **primo dei cinque pilastri su cui si regge l'islam**. Gli altri quattro sono la **preghiera**, l'**elemosina rituale**, il **digiuno** nel mese di *Ramadàn* e il **pellegrinaggio**.

La **preghiera** è sia comunitaria sia personale. Entrambe sono minuziosamente regolate. Ogni giorno il fedele musulmano prega cinque volte, seguendo il ritmo del sole, e quindi all'alba, a mezzogiorno, a metà pomeriggio, al tramonto e a notte avanzata. Per gli uomini è poi obbligatoria anche la preghiera comunitaria del venerdì nella moschea. Per compiere la preghiera, il fedele deve essere in stato di purità, quindi è necessario premettere alla preghiera delle abluzioni. Durante la preghiera, che deve esser fatta rivolta a oriente in direzione della Mecca, vengono recitate alcune formule accompagnate da gesti del corpo che hanno importanti significati spirituali, come la prostrazione che esprime un atteggiamento di umiltà nei confronti della maestà di Allah.

L'**elemosina** è divenuta con il tempo un'imposta legale e obbligatoria, anche se viene raccomandata al pio musulmano come pratica volontaria.

Nel mese di **Ramadan** (nono mese del calendario lunare), in cui si ricorda il dono del Corano, viene osservato uno **stretto digiuno**, che comprende l'astensione da ogni tipo di cibo e bevanda lungo tutto l'arco della giornata, nonché dall'uso di tabacco, profumi e dai rapporti sessuali.

Infine il **pellegrinaggio alla Mecca**, almeno una volta nella vita, è considerato un obbligo per tutti i musulmani adulti e sani.

Donna musulmana prostrata in preghiera.

Un momento del pellegrinaggio alla Mecca.

La "guerra santa" (*gihad*)

Uno dei concetti che frequentemente vengono associati all'islam è quello di "**guerra santa**", che per alcuni interpreti deve essere inserito tra i suoi stessi principi fondamentali. Nella tradizione musulmana sciita, si distinguono due *gihad*: la "**grande *gihad***", equivalente al **combattimento spirituale**, allo "sforzo" (significato letterale del termine *gihad*), che ciascun fedele deve fare contro se stesso per cercare di essere il più possibile fedele ai principi dell'islam e la "**piccola *gihad***", che implica invece l'**impegno di diffusione dell'islam** attraverso l'invito alla conversione, invito che se respinto può essere propugnato anche con le armi. Da ciò, secondo l'islamologo Félix Pareja:

> "nei riguardi del mondo esterno all'islàm e di coloro che vi si oppongono, il mondo musulmano è in stato di gihad: «Combatterli fino a che la religione sia quella di Dio» (Corano, s.2, 193). Per quanto riguarda i nemici contro i quali bisogna combattere, il Corano stabilisce la distinzione tra i politeisti e la «Gente del libro», cioè quelli che professano religioni rivelate, come cristiani ed ebrei. Ai primi bisogna intimare, prima che la parola passi alle armi, l'alternativa fra l'islàm e la spada; per i secondi, la scelta è fra l'islàm, il sottomettersi pacificamente alla protezione e alla tolleranza dei musulmani in cambio del pagamento di un tributo, o combattere... La pratica primitiva soleva essere quella di passare a fil di spada i combattenti e di condannare gli altri alla schiavitù con la perdita di tutti i beni".
>
> (F.M. Pareja, *Islamologia*, Orbis Catholicus, 1951)

Feste e riti nell'islam

Il calendario islamico
I musulmani cominciano a contare gli anni dalla data dell'egira, l'anno cioè in cui Maometto e i suoi seguaci lasciarono la Mecca per stabilirsi nella città di Yathrib, l'odierna Medina. Per i cristiani, era il 622 d.C. L'islam segue, inoltre, un calendario lunare: l'anno è suddiviso in undici mesi che durano alternativamente ventinove o trenta giorni. Siccome l'anno lunare è più corto di undici giorni rispetto a quello solare, non esiste corrispondenza fissa tra le stagioni e i mesi: si ritiene che sia entrato il nuovo mese quando, dopo il tramonto del sole del ventinovesimo giorno, appare in cielo la luna nuova: altrimenti, il mese continua finché è "pieno" e cioè di trenta giorni. Secondo alcune scuole di diritto, l'apparizione della luna nuova non deve essere fissata per calcolo ma constatata a vista. E questo è il motivo per cui il Ramadàn e le festività successive cominciano a volte anche con uno-due giorni di differenza a seconda che ci si trovi nei paesi arabi, in Oriente o in Europa.

Le principali festività
Muharram: primo mese dell'anno, in cui si celebra il Capodanno islamico.

Ramadàn: il mese del digiuno. Cade durante il nono mese del calendario islamico. Il digiuno, *sawan* in arabo, è prescritto obbligatoriamente per ogni musulmano, tranne che per i bambini piccoli, le donne incinte, i viaggiatori, gli anziani e gli ammalati. Digiunare significa astenersi completamente non solo

Corteo per la fine del Ramadàn, miniatura araba dai Maqamat di Hariri, Baghdad, 1237 (Parigi, Bibliothèque Nationale).

dal cibo, ma anche dai rapporti sessuali, dal fumo di tabacco e da qualunque altra cosa che sia in grado di dare piacere o nutrimento al corpo. L'astensione deve essere mantenuta dall'alba al tramonto. Secondo la legge, infatti, vale come azione meritoria rompere il digiuno subito dopo il tramonto del sole, e il pasto con cui si "rompe" il digiuno si chiama *fatur*. Il pasto che si consuma subito prima dell'alba, invece, per avere le forze sufficienti durante la giornata, si chiama *sahur*.
Durante le giornate di Ramadàn bisogna, inoltre, evitare di litigare e di rimproverare, di calunniare, di mentire o di concepire desideri non in linea con i precetti del Corano. Le opere buone, in questo mese, vengono considerate doppiamente meritorie.

Laylat al-qadr: la "notte del destino". Cade nel ventiseiesimo giorno del Ramàdan e commemora la notte in cui l'arcangelo Gabriele ispirò a Maometto i primi versetti del Corano.

Eid ul-fitr: la festa della "rottura del digiuno" che si celebra alla fine del Ramadàn. Dura tre giorni e comprende anche Aid ed Saghir, la "piccola festa".

Al Mawlid al nabawiyy: è la festa che commemora la nascita del Profeta. Si eseguono vari rituali in memoria di Maometto. Le celebrazioni variano molto da paese a paese.

Hajj: il rituale pellegrinaggio nei luoghi sacri all'islam che tutti i musulmani sono obbligati a compiere nel mese di Zul Heggia, il decimo del calendario islamico. Comprende una visita alla Ka'ba, la moschea della Mecca che custodisce al suo interno la famosa Pietra nera, alla fonte di Zamzam e al monte Arafat.

Eid ul Azha o Bakr-Id: la "festa del sacrificio" o festa dell'agnello, che segna la fine dello Hajj. È la solennità massima dell'islam, e cade nel decimo giorno del mese di Zul Heggia. Ricorda Ismaele, miracolosamente scampato al sacrificio per mano di suo padre Abramo a cui era stato destinato dal volere di Dio.
Nel racconto islamico, Ismaele è sostituito da un agnello o da un montone.
Nel medesimo racconto biblico, si tratta di Isacco sostituito da una pecora. In ricordo del sacrificio dell'agnello, ogni capofamiglia musulmano sacrifica un animale e distribuisce ai poveri parte della carne.

Scheda di lavoro

Leggi e confronta

Elementi per un confronto tra islam e cristianesimo

Il documento del Concilio Vaticano II *Nostra Aetate* offre alcuni interessanti punti di riflessione sul modo con cui il cattolicesimo vede l'islam.

«La Chiesa guarda anche con stima i musulmani, i quali adorano l'unico Dio, vivente e sussistente, misericordioso e onnipotente, creatore del cielo e della terra, che ha parlato agli uomini. Essi cercano di sottomettersi con tutta l'anima ai decreti di Dio anche nascosti, come a Dio si sottomise anche Abramo, a cui la fede islamica volentieri si riferisce. Benché essi non riconoscano Gesù come Dio, lo venerano tuttavia come profeta, e onorano la sua madre vergine, Maria, e talvolta anche la invocano con devozione. Inoltre, aspettano il giorno del giudizio quando Dio retribuirà tutti gli uomini risuscitati. Così essi pure stimano la vita morale, e rendono culto a Dio con la preghiera, le elemosine e il digiuno.
Se, nel corso dei secoli, non pochi dissensi e inimicizie sono sorti tra cristiani e musulmani, il sacro Concilio esorta tutti a dimenticare il passato e a esercitare sinceramente la mutua comprensione, nonché a difendere e promuovere insieme, per tutti gli uomini, la giustizia sociale, i valori morali, la pace e la libertà».

(*Nostra Aetate*, n. 3)

Ricapitoliamo sinteticamente alcune delle principali differenze tra religione cattolica e islam.

Cattolicesimo	Islam
Secondo la Rivelazione biblica e la tradizione ecclesiale Dio è uno e trino, comunione di tre persone divine, il Padre, il Figlio e lo Spirito Santo, che si sono fatte conoscere all'uomo mediante la rivelazione nella storia.	Per l'islam, Dio è uno ed è assolutamente trascendente e inconoscibile nella sua identità. A causa della trinità, l'islam accusa il cristianesimo di essere idolatra, pur riconoscendogli per altro verso di appartenere ai "popoli del libro" (assieme agli ebrei) e quindi di non essere assimilabile ai pagani.
Nella tradizione biblica, Dio si lega all'uomo attraverso l'alleanza con il popolo di Israele.	Dio resta assolutamente libero e svincolato da ogni legame con l'uomo.
Il vertice della Rivelazione si ha nell'incarnazione della seconda persona della Trinità, in Gesù di Nazareth, che quindi è vero Dio e vero uomo.	Il Corano riconosce a Gesù il titolo di profeta, ma non lo considera né Dio né figlio di Dio, quindi Maria, che pure è molto onorata in virtù del suo parto verginale, è considerata solo la madre di Isa (Gesù in arabo) e non anche madre di Dio.
Momento decisivo della vita di Gesù sono la sua passione, morte e risurrezione.	Gesù non è morto in croce e i passi in cui lui ne parla si riferiscono per il Corano alla fine dei tempi.
Sull'esempio di Gesù, il cristiano si rivolge a Dio con il nome di Padre.	Nei 99 nomi che la tradizione musulmana ha desunto dal Corano non compare mai, e viene esplicitamente escluso, il termine di Padre riferito a Dio.
La Chiesa è il corpo di Cristo e si fonda sulla fede comune, sui sacramenti e sulla gerarchia.	La comunità dei fedeli si chiama *umma* ed è accomunata dalla professione di fede nell'unico Dio e nel riconoscimento di Maometto come suo profeta. Non ci sono sacramenti, né sacerdoti.
La Chiesa cattolica accetta il principio della laicità dello stato per cui riconosce a questi un suo legittimo campo di autonomia.	L'islam è religione e Stato, nel senso che non è pensabile una sfera di azione autonoma dello Stato dalla religione, che deve informare tutti i suoi aspetti. Esistono dei tentativi di separazione tra le due sfere, come è avvenuto in Turchia, anche se le resistenze interne al cambiamento sono molto forti. Per questo in molti paesi islamici non è ammessa la libertà di culto.

Dopo aver preso visione delle differenze sopra riportate, prova a vedere quali sono a tuo giudizio i principali punti di contatto e di divergenza tra cattolicesimo e islam.

Consigli di lettura

Il Corano, a cura di C.M. Guazzetti, Elle Di Ci, Torino 1989.
Conferenza episcopale dell'Emilia Romagna, *Islam e Cristianesimo*, EDB, Bologna 2000.

LE RELIGIONI DELL'ESTREMO ORIENTE ANTICO E DI OGGI

Antiche tradizioni e nuovi sincretismi

Le religioni dell'Asia sono affascinanti per molti giovani della nostra epoca. A ciò hanno contribuito in varia misura i contatti, sempre più frequenti, tra le varie parti del mondo, nonché il fatto che all'India si sono volte intere generazioni di giovani occidentali che, ormai delusi dal rapporto con le proprie tradizioni, hanno cercato nelle millenarie esperienze religiose di quei paesi una risposta alle loro domande profonde. Basti ricordare l'influsso che complessi come i Beatles hanno avuto nel pubblicizzare il fascino dell'Oriente, o il successo tra le letture giovanili del *Siddharta* di Hermann Hesse. Inoltre si è sviluppato negli ultimi anni anche un movimento missionario di vari gruppi religiosi nati all'interno di quelle tradizioni, come gli *Hare Krishna*, gli arancioni, che hanno fatto, con crescente successo, buona opera di proselitismo anche nelle nostre disincantate terre. Inoltrarsi in questo affascinante mondo non è sempre agevole, sia per la complessità delle tradizioni che si sono sviluppate, sia per la loro lontananza dai nostri abituali modelli culturali di riferimento. Lo sforzo merita però di essere fatto.

Tempio scavato nella roccia, tipico dell'architettura dravidica (Mahabalipuram).

Induismo

La storia

Sotto il nome di induismo vengono raccolte numerose tradizioni religiose, spesso contrastanti tra loro, che hanno avuto come comune origine quella di essere comparse e cresciute nella vasta **penisola indiana**.
In India lo sviluppo della civiltà ha origini antichissime. Gli scavi compiuti a Moenjo-Daro nel Sindh e ad Harappa nel Panjab, che distano tra loro ben 700 chilometri, hanno dimostrato che già prima dell'invasione degli indo-ariani, avvenuta nella seconda metà del secondo millennio a.C., esisteva nella penisola indiana una fiorente e organizzata civiltà a struttura agricola, con città, mercati, strade, sistemi di fognatura, bagni pubblici. Tale civiltà, chiamata **dravidica**, è databile attorno al terzo millennio a.C. e deve il suo declino all'arrivo dei combattivi arii, che imposero con la forza il loro dominio e i loro usi e costumi.

La società

Una delle caratteristiche apportate dagli arii è stata la **divisione della società in caste** che, nonostante sia stata ufficialmente abolita una volta raggiunta l'indipendenza (1947), segna ancora profondamente la mentalità dell'India contemporanea.
Le caste (*varna*) sono quattro. *Varna* significa "colore" e per alcuni studiosi inizialmente indicava il diverso colore della pelle degli arii, di carnagione chiara, rispetto agli autoctoni dravidici di carnagione più scura.
La prima casta è quella dei **sacerdoti** (*brahmana*) che studiano e trasmettono i testi sacri, i *Veda*, e sono responsabili dei sacrifici.
La seconda è quella dei **guerrieri** (*kshatriya*) che difendono e amministrano la società. La terza è quella dei **commercianti** e degli **artigiani** (*vaishya*). La quarta è quella dei **lavoratori manuali** e degli **schiavi** (*shudra*), a cui probabilmente furono costrette le popolazioni locali sottomesse. Le prime tre caste sono considerate nobili e superiori e a esse è sottomessa la quarta casta, che ha l'unico scopo di servire le precedenti.
Al di fuori della società indù ci sono poi i **fuori casta** (*paria*).
I rappresentanti delle tre caste nobili possono studiare i testi sacri, Veda, dopo una **cerimonia di iniziazione**, il rito della corda, che avviene a otto anni se il piccolo è un brahmano, a dieci se è un kshatriya e a dodici se è un vaishya. In questo rito il bambino viene affidato alle cure di un precettore, che ne guiderà la formazione: «Durante la cerimonia, maestro e allievo, si mettono entrambi dietro il fuoco e qui il maestro dà al bambino un bastone e gli impone tre volte la corda posandola sulla spalla sinistra e sotto l'ascella destra.
Poi lo prende per mano, gli fa fare un giro attorno al fuoco a destra e fra i due si snoda il dialogo di accettazione.
Allora, il maestro, poste le mani sulle spalle dell'allievo, lo prende per la mano destra, gli tocca il cuore e l'ombelico e dategli delle istruzioni lo raccomanda agli dei. Così il bambino, che è ora nato la seconda volta, può consumare i resti delle offerte; ogni giorno sia la mattina che la sera andrà nella foresta per cercare legna da mettere sul fuoco, elemosinerà il cibo per sé e per il maestro, dormirà a terra e apprenderà le preghiere» (A. Pezzali, *La cultura dell'India ieri ed oggi*, EMI, 1981).
La **divisione in caste** della società, che comporta il fatto che ognuno deve rimanere per tutta la vita legato al tipo di lavoro e posizione sociale che riceve dalla nascita, è **considerata di fondazione divina e quindi immodificabile**:
«Per la prosperità dei mondi, egli (l'Ente supremo) fece procedere il brahmana dalla sua bocca, lo kshatriya

Sacerdote con il torso nudo attraversato da un cordino, che ne indica l'appartenenza alla casta brahmanica.

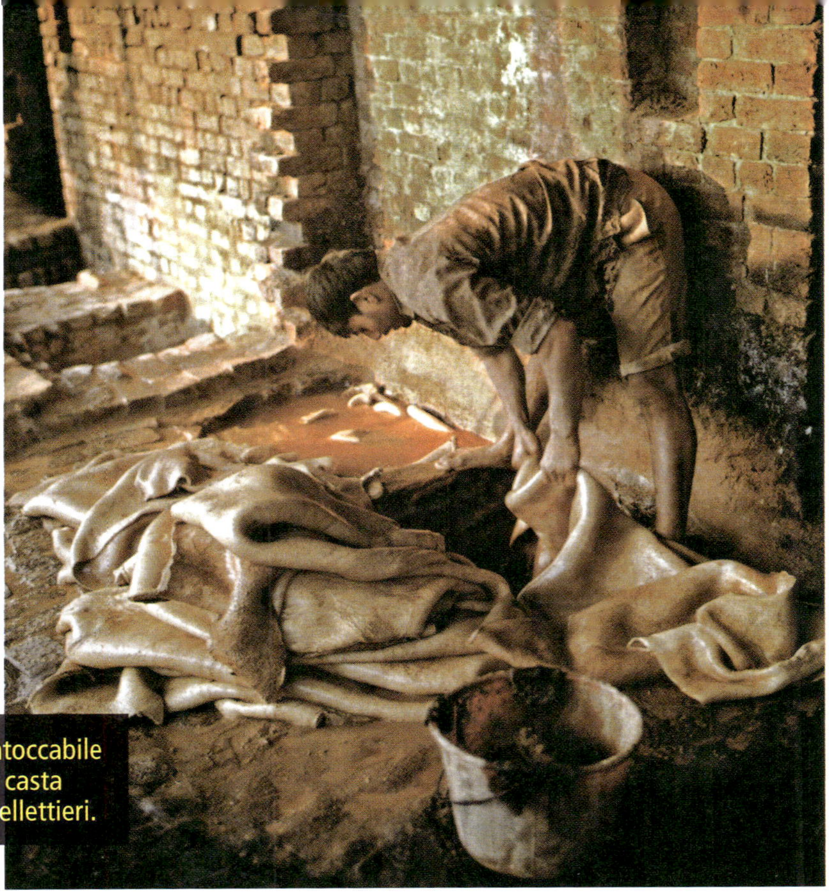

Un intoccabile della casta dei pellettieri.

della natura come *Varuna*, il sostenitore dell'universo, *Surya*, il sole, che è l'occhio di *Varuna*, *Ushas* la dea dell'aurora, *Indra*, il dio della tempesta, *Agni*, il dio del fuoco. In quest'epoca non è ancora molto ben definita la distinzione tra il bene e il male, anche se si ammette l'**esistenza di un ordine cosmico** che non va turbato. Da tali riflessioni emergerà il concetto di *dharma*, legge, ordine cosmico e individuale, che segna ancora oggi in profondità la coscienza di ogni indiano ▶(documento digitale Le grandi religioni 4).

dalle sue braccia, il vaishya dalle sue cosce e lo shudra dai suoi piedi» (*Manusmriti*, I, 31, cit. in G. De Rosa, *Cristianesimo e religioni a confronto*, Città Nuova, 1989).

L'epoca dei *Veda*

La prima fase di sviluppo dell'induismo è caratterizzato dalla **stesura dei Veda**, i libri che contengono il sapere per eccellenza, che gli antichi veggenti riuscirono, tramite la forza delle loro meditazioni, a carpire all'Assoluto (*Brahman*). Il più antico, databile attorno al 2500 a.C., è il *Rgveda* (il Veda degli inni), cui fanno seguito il *Samaveda* (il Veda delle melodie), poi lo *Yajurveda* (il Veda delle formule sacrificali) e infine l'*Atharvaveda*.
La conoscenza dei Veda è indispensabile per poter svolgere sia i sacrifici domestici che quelli pubblici. I loro contenuti sono considerati come una **rivelazione** (*shruti*). Di essa fanno parte anche i *Brahmana*, testi liturgici riguardanti i riti e i sacrifici, gli *Aranyaka* (*aranya* = foresta), testi che venivano recitati nelle foreste e le *Upanishad*.
Nel periodo vedico, prevale l'influenza della casta sacerdotale nonostante gli arii fossero un popolo guerriero. È una religiosità molto incentrata sulla **pratica dei sacrifici**. Per questo tale pratica si qualifica come **via dell'azione**. Gli dei vedici sono spesso **deificazioni delle forze**

Il dio Indra, pittura murale del tempio di Punthenchira (Bradakal, India).

Le *Upanishad*

Le concezioni espresse nei Veda vengono completate dalle **teorie delle Upanishad**, che sono chiamate anche *Vedanta* (complemento, fine, termine, dei Veda).
Le Upanishad canoniche sono 14 e sono state composte in un periodo che va dall'800 al 330 a.C. In esse viene messa in secondo piano l'attenzione per i riti e i sacrifici che avevamo visto nei Veda ed emerge una **visione più interiore e spirituale** del rapporto tra l'individuo e il tutto. Nelle Upanishad si dà maggiore importanza alla **via della conoscenza**, che culmina nell'affermazione della coincidenza profonda dell'anima individuale (*atman*) con il fondamento di tutta la realtà (*brahman*). È divenuta tipica la frase che dimostra che *atman* e *brahman* non sono diversi: *tat twam asi* "tu sei quello".
Altre due teorie importanti contenute nelle Upanishad sono quella della **trasmigrazione** (*samsara*), il ciclo delle rinascite, che può essere interrotto da una liberazione (*moksa*, *mukti*), e la **teoria del *karma***, la legge della retribuzione degli atti personali. Ogni azione umana produce dei frutti, ha delle conseguenze, buone o cattive. Chi compie azioni cattive è condannato a reincarnarsi in esistenze diverse da quella dell'uomo (animali o dei), che è l'unico essere che può raggiungere la liberazione dalla catena delle reincarnazioni. Liberarsi dal ciclo delle esistenze, significa far ricongiungere l'anima individuale, che è eterna, con il tutto, significa liberarsi definitivamente da quell'oceano di sofferenza che comporta ogni esistenza umana, e raggiungere così una condizione di felicità perenne. Per raggiungere questo obiettivo è importante conoscere in profondità se stessi e il mondo. Per questo diviene sempre più importante lo studio e soprattutto la pratica della meditazione personale, che può portare l'uomo a essere illuminato, a scoprire il segreto che lo lega alla terra e che gli impedisce di raggiungere la felicità definitiva. Tale problema è sempre più al centro della ricerca religiosa indiana al termine del periodo delle Upanishad ▶**(documento digitale Le grandi religioni 5)**.

La via della devozione

Alle due vie (*marga*) che si erano evidenziate fino ad allora per raggiungere la liberazione – quella dell'azione (*karma-marga*) elogiata nei Veda, e quella della conoscenza (*jina-marga*) suggerita dalle Upanishad – se ne affianca in seguito una terza, la **via della devozione** (*bhakti-marga*), contenuta soprattutto nel poema epico più caro agli indiani, la *Bhagavad-Gita* (Il canto del beato). Esso si trova all'interno di un opera più vasta, il *Mahabharata*

Offerta rituale di petali di fiori (India).

(la grande battaglia dei *Bharata*), una sorta di enciclopedia della cultura brahamanica, che racconta la guerra tra due rami dei discendenti di Bharata, i Kaurava e i loro cugini, i Pandava.
Nella *Bhagavad-Gita*, composta tra il V e il II secolo a.C. è riportato l'insegnamento che il Dio Krishna impartisce ad Arjuna, uno dei fratelli Pandava. Krishna, che si manifesta nei panni di un auriga, è in realtà un'incarnazione (*avatara*) del dio Vishnu, che si è schierato dalla parte dei buoni (i Pandava) e cerca di dissipare i dubbi del guerriero Arjuna alla vigilia dello scontro finale.
È qui che viene introdotta la *via della devozione*, che consiste nel compiere le azioni con profondo distacco, non cercando la gloria o il successo personale, ma per rendere lode a Dio **6**.
Nonostante la Bhagavad-Gita non faccia parte della rivelazione, la via della devozione è considerata salvifica per tutti gli indiani. Infatti tramite essa si possono affrancare dal ciclo delle rinascite anche gli appartenenti all'ultima casta (*shudra*).
La via della devozione è indice della **contaminazione tra la religione importata dagli arii e i precedenti culti locali** in cui si veneravano molto la natura, gli alberi, gli animali, i fiori e l'acqua, tutti elementi delle antiche popolazioni preariane.
Appartiene a questo genere di testi anche la letteratura dei *Purana* (recitazione antica), le cui vicende mitologiche e storiche costituiscono una sorta di "Veda inferiore" per la salvezza delle donne e degli appartenenti alla quarta casta. ▶(documento digitale Le grandi religioni 6).

Lo yoga

Un'altra via per raggiungere la salvezza dalle rinascite e dal dolore del mondo è costituito dalle **scuole filosofiche** come lo yoga. La filosofia indiana ha uno scopo eminentemente pratico, e integra costantemente la teoria con la pratica. Così è per lo yoga, che come tecnica di rilassamento e di integrazione tra l'anima e il corpo si è molto diffuso anche in Occidente, anche se è oggettivamente difficile separare del tutto le pratiche yoga dal loro contesto religioso e spirituale induista.

Dipinto raffigurante uno yogin.

6 | Il discorso di Krishna ad Arjuna

«Fissa la tua mente su di me, sii a me devoto (*bhakta*), sacrifica a me, inchinati davanti a me, e dopo esserti così esercitato, dedito a me, tu mi raggiungerai».

«Poco importa se mi si offra con devozione una foglia, un fiore, un frutto o dell'acqua. Tutto quello che mi offre devotamente una creatura zelante, io volentieri l'accetto. Qualunque cosa tu faccia, qualunque cosa tu mangi, qualunque cosa tu offra in sacrificio, qualunque cosa tu dia in elemosina, qualunque penitenza tu pratichi, fallo come un'offerta a me. In tal modo, tu sarai liberato dai legami dell'azione (*karma*) fonte di frutti buoni o cattivi. Unito con lo yoga della rinuncia, tu mi raggiungerai, liberato. Io sono lo stesso per tutti gli esseri: nessuno mi è odioso, nessuno può dirsi il favorito. Ma coloro che mi venerano con devozione, essi sono in me e io in loro. Per quanto uno sia peccatore, basta che sia a me e a nessun altro devoto, ed ecco che può essere considerato un saggio, perché ha scelto la strada giusta. Rapidamente egli diventa pio e raggiunge la pace eterna. Io asserisco che chi è a me devoto non perisce mai.»

(*Bhagavad-Gita*, IX, 34; 26-31)

Yoga significa “unire, congiungere” e tramite esso il discepolo, sotto la guida di un maestro (*guru*), potrà riuscire, tramite una tecnica sempre più raffinata di meditazione, a **liberarsi dal condizionamento del corpo e del mondo per raggiungere la profonda conoscenza** ovvero che l’anima e il corpo sono separabili tra loro sì che l’anima, una volta raggiunta questa consapevolezza, possa vivere senza più dipendere dalla schiavitù del corpo.

Le tre principali correnti religiose

Le correnti religiose del mondo induista sono generalmente **monoteiste** nel senso che, pur ammettendo l’esistenza di molte divinità, ritengono che **solo uno abbia in modo supremo e unico tutte le caratteristiche divine**. Le tre principali divinità che si “contendono” questo primato sono Brahma, Vishnu e Shiva, che per i teologi induisti formano la Trimurti. Questa non è da confondere con la Trinità cristiana, poiché essa nasce dalla riflessione dei teologi che hanno tentato di presentare in modo unitario il legame tra queste tre divinità, affermando che Brahma è il Creatore dell’universo, Vishnu ne è il Conservatore e Shiva il Distruttore. In realtà è molto scarsa la devozione a Brahma, mentre le tre religioni più importanti – il vishnuismo, lo shivaismo, e lo shaktismo – fanno riferimento a Vishnu e Shiva.

Vishnu disteso sull’oceano primordiale sogna il mondo, miniatura indiana del XVIII secolo (Collezione privata). Dall’ombelico di Vishnu nasce un loto su cui troneggia Brahma, il dio della creazione.

Vishnuismo

Il vishnuismo venera **Vishnu** come la divinità suprema. Nei testi antichi come i Veda, Vishnu non ha questa posizione di preminenza, che emerge solo a partire dal VI secolo d.C. Nel *Bhagavata Purana* viene presentato come la «Suprema Persona Cosmica» che include in sé l’universo ed è identificato con il sole.
Vishnu è considerato un **dio benevolo** in quanto lotta contro le ingiustizie nel mondo ed è teso a proteggere i deboli. Per questo egli discende in esso in varie forme a seconda delle situazioni.
Le sue più famose **discese** (*avatara*) sono la settima, quando prese le sembianze di Rama, e l’ottava quando assunse quelle di Krishna.
La vita religiosa nel vishnuismo implica la **devozione (*bhakti*) a Vishnu e alle sue discese**, poiché è questa che avvicina e rende partecipe il fedele alla sua divinità. La devozione

concretamente consiste nella ripetizione di formule sacre dette **mantra**, che il guru comunica al proprio adepto nella cerimonia di iniziazione. Esse devono essere ripetute almeno 108 volte al giorno e vengono contate tramite un apposito rosario di legno. Nel vishnuismo anche le immagini, che sono state consacrate con particolari riti, vengono considerate come discese di Vishnu e quindi vengono particolarmente adorate nel culto domestico. Il segno distintivo di questa religione è una linea perpendicolare rossa che attraversa la fronte fino al naso e due linee bianche che si congiungono alla base della rossa. Questa religione ha avuto molto successo in India, poiché evidenzia particolarmente la **vicinanza di Dio agli uomini**, che quindi sono più portati a vivere con devozione.

Fedele vishnuita (Uttar Pradesh, India).

Shivaismo

Lo shivaismo è la religione che adora invece **Shiva** come Dio supremo. Shiva è un dio molto diverso da Vishnu, infatti è terrificante, signore degli spiriti malvagi e **distruttore del mondo**. A esso però si associano anche altri elementi benefici, infatti oltre a essere distruttore del mondo è anche **colui che lo ricostruisce**, colui che porta la vita a rigenerarsi. È anche il dio degli asceti, che vivono nelle foreste.

Per questi suoi aspetti è **raffigurato in molteplici modi**. Il suo aspetto distruttore viene rappresentato dalla danza, mentre l'aspetto della rigenerazione è raffigurato da alcuni simboli fallici. L'aspetto ascetico è raffigurato invece dal saggio in meditazione che, privo di vestiti, ha il corpo coperto di cenere con al collo una collana di teschi e come unico possesso la tazza del mendicante. Shiva, a differenza di Vishnu non si contamina con il mondo, per evitare di essere soggiogato dalle sue terribili leggi; è quindi più lontano dai

Shiva Nataraja, o Shiva danzante, bronzo dell'XI-XII secolo (Art Gallery, Tanjore).

suoi devoti. In lui la presenza di tendenze opposte è prova della sua **assoluta trascendenza**. Essendo dio degli asceti ha ispirato molti gruppi di *yogin*, poiché è tramite lo yoga che l'anima del fedele si può ricongiungere con quella della divinità.
Il segno distintivo dello shivaismo sono tre linee orizzontali bianche, fatte con la cenere, mentre il rosario consta di 32 grani per contare i *mantra*.

Asceta shivaita a Benares (Varanasi), India.

Shaktismo

Dal culto di Shiva prende origine anche la corrente dello shaktismo. Shakti significa "potenza" o "energia", ed è raffigurata come la **moglie di Shiva**. In essa ritroviamo al femminile quella duplicità di caratteri che abbiamo visto in Shiva. Shakti è infatti la **grande madre, protettrice e datrice di vita**, ma è anche la **dea del terrore, della morte e della vendetta**.
Una delle sue più celebri raffigurazioni è quella sotto forma di *Kali* (la nera), che danza interamente nuda sopra un cadavere, con quattro o più braccia e con la lingua fuori grondante sangue. Spesso cavalca poi un leone ed è considerata, come Shiva, simbolo del **tempo distruttore**.
A questa religione è legato il *tantrismo* (*tantra* significa "mezzi tramite cui si diffonde la salvezza"), che comprende un insieme variegato di riti iniziatici e spesso occulti, in cui si fa ricorso anche a pratiche magiche.
Shakti è spesso raffigurata sotto le sembianze di un serpente attorcigliato (*kundalini*) che sta alla base della colonna vertebrale e deve essere risvegliato dagli esercizi che il maestro fa fare al suo allievo, per risalire le varie parti del corpo fino a giungere alla sommità del cranio, ove può unirsi al principio maschile. Per raggiungere questo scopo si recitano molti mantra, si praticano molti esercizi che talvolta comprendono anche il compimento di pratiche sessuali, che hanno lo scopo di vincere l'attrazione sessuale tramite il suo stesso uso.

Per una sintesi: Dio, mondo e uomo nella teologia induista

Tentando un bilancio conclusivo, possiamo notare che, per quanto concerne **Dio**, nell'induismo troviamo le più diverse affermazioni. Esso è concepito **sia in termini personali** (*Ishvara*) e allora a esso si attribuiscono "esistenza", "intelligenza", "beatitudine" eterne e perfette, **sia in termini impersonali** come semplice assoluto (*Brahman*), e di conseguenza indescrivibile, motore nascosto e invisibile della realtà.
Abbiamo poi visto la **varietà di concezioni teiste** rappresentate nelle varie religioni popolari, che sono fondamentalmente politeiste, anche se poi nella pratica si privilegia il culto alle divinità locali. A proposito di questa particolare visione religiosa, è stata coniata l'espressione di «monoteismo alternativo» (G. Deleury), che esprime la mentalità indu secondo la quale ogni divinità «individuata dai suoi attributi, dal suo modo di manifestarsi nel mondo, dagli aspetti originali della sua mitologia, è capace di rappresentare solo una delle sfaccettature di un

Un rito sacro indù: un'offerta di latte al fiume Gange, al canto dei mantra.

divino infinitamente ricco di contenuti» (M. Hulin - L. Kapani, «L'Induismo», in *Il fatto religioso*, a cura di J. Delumeau, SEI, 1997).
La visione del **mondo** è anch'essa varia.
Per alcune correnti religiose è **periodicamente distrutto e ricreato**. Ogni ciclo consta di migliaia di anni e attualmente saremmo nell'ultima epoca di un ciclo (*kali-yuga*), che è la peggiore di tutte. Si attende per quest'epoca finale un'ultima discesa di Vishnu che apparirà su un cavallo con la spada per punire i malvagi, ricompensare i buoni e dar vita a una nuova epoca.
Generalmente viene rifiutata l'origine del mondo dal nulla, anche se però non sempre viene identificato Dio con il mondo (panteismo).
L'**uomo** è considerato l'unione di due **principi antitetici**, il **corpo** e l'**anima**. Quest'ultima è eterna ed è unita al corpo solo occasionalmente: quando infatti questo muore essa trasmigra in un altro corpo, in attesa di essere liberata dalla catena delle reincarnazioni. Tale catena è sorretta dalla **legge del *karma***, secondo la quale le nostre azioni portano frutti buoni o cattivi nella prossima vita: per questo una situazione di malattia o di povertà è legata al *karma* che l'ha preceduta. Se si è stati buoni si rinascerà in un corpo umano, altrimenti si viene degradati a corpo animale.
Tale ciclo può essere spezzato tramite le **tre vie di liberazione** di cui abbiamo parlato: la **via dell'azione disinteressata**, la **via della conoscenza** e la **via della devozione**.
Oltre alla ricerca della liberazione dal ciclo delle rinascite (*moksha*), che costituisce il suo principale scopo, un fedele indù deve cercare di **vivere in consonanza con il *dharma*, la legge universale** che regge il tutto (*sadharana dharma*) e che si specifica in un *dharma* particolare per ogni individuo. Per questo, ogni casta ha delle sue norme particolari che devono essere seguite con grande scrupolosità.

Un brahmino prepara delle offerte votive in onore di Shiva.

Una cerimonia funebre sul Gange. Le ceneri del defunto vengono abbandonate nell'acqua del fiume sacro con offerte floreali.

I gradi di crescita spirituale

I **gradi di crescita spirituale** sono quattro: nel primo ci si dedica allo **studio dei testi sacri**, nel secondo ci si sposa e ci si attiene ai **doveri legati alla famiglia**, il terzo è quello degli **asceti** che si ritirano nelle foreste e il quarto è quello di chi si dà alla **rinunzia completa del mondo** (*sannyasin*), stadio che prelude alla piena liberazione. Ogni fedele si adegua alla pratica religiosa che intende seguire, non essendovi un'unica linea di comportamento.
Non esistono riti collettivi, essendo la **ricerca della salvezza un fenomeno strettamente individuale**, anche quando questi riti vengono compiuti nei templi pubblici. Ogni fedele indù pratica la **preghiera quotidiana** sia all'alba che al tramonto, sia come recita dei mantra; inoltre vengono fatti numerosi sacrifici alle immagini domestiche e ai propri defunti.

Movimenti induisti contemporanei

Nella seconda metà del Novecento, sono nati diversi movimenti neo indù che si propongono di diffonderne il pensiero nel mondo.
Il più famoso è sicuramente quello degli **Hare Krishna** fondato in California da un maestro spirituale di nome Prabhupada (morto nel 1978), che appartiene all'ordine del grande brahmano bengalese Caitanya (1458-1534). Questi considerò Krishna non più come una semplice discesa di Vishnu, ma come il Dio supremo.
Egli percorse instancabilmente le strade dell'India per diffondere a tutti, anche agli appartenenti alle classi inferiori e alle donne, questa devozione per Krishna, ripetendo la formula che i suoi seguaci recitano tutt'oggi: *Hare Krishna, Hare Krishna, Krishna Krishna, Hare Hare*. Con tale formula si risveglia nel fedele la coscienza di Krishna e se ne può diventare così discepoli.
Il loro abito caratteristico è di colore arancione.

Krishna che suona il flauto, pittura murale del XVI secolo (Palazzo di Padmanabhapuram, Kerala).

Scheda di lavoro

Leggi e confronta

Elementi per un confronto tra induismo e cristianesimo

Il primo incontro tra induismo e cristianesimo si ha già a partire dal IV secolo quando, a causa della persecuzione del re di Persia Sapore II, alcuni cristiani di rito siro-caldeo si rifugiarono nella regione del Malabar, nel sud dell'India. Questi cristiani chiamati di san Tommaso, poiché la loro missione era ricondotta alla presunta predicazione dell'apostolo Tommaso in India, vissero sostanzialmente come una loro casta autonoma senza influssi di rilievo.
I veri contatti cominciarono nel XV secolo con l'arrivo dei portoghesi e la conseguente opera di apostolato missionario da parte di francescani, domenicani e gesuiti. Tale missione ebbe successo soprattutto tra le classi più povere, mentre provocò il netto rifiuto da parte dei brahmani, che si chiusero decisamente ai nuovi venuti. Le fatiche all'inizio erano determinate anche dalla non conoscenza della lingua e da un clima di reciproca diffidenza.

Un diverso atteggiamento traspare invece dalle affermazioni del documento conciliare *Nostra Aetate* che si occupa del dialogo con le religioni non cristiane:

«Nell'induismo gli uomini scrutano il mistero divino e lo esprimono con la inesauribile fecondità dei miti e con i loro penetranti tentativi della filosofia; essi cercano la liberazione dalle angosce della nostra condizione sia attraverso forme di vita ascetica, sia nella meditazione profonda, sia nel rifugio in Dio con amore e confidenza».

(*Nostra Aetate*, n. 2)

Punti di contatto

Un punto di contatto è sicuramente nel primato che l'induismo riserva alla **vita spirituale** rispetto a quella materiale. Un secondo è l'incessante sforzo per conseguire **la salvezza** tramite le tre vie che abbiamo visto. In terzo luogo c'è da considerare la stima e l'onore assoluti che vengono attribuiti all'Essere Supremo, sia che esso sia concepito in termini personali che impersonali. In quarto luogo è da notare l'importanza nella vita concreta dell'indù dell'osservanza della **legge del dharma**, sia cosmica che personale. In particolare sono degne di grande attenzione la sottolineatura delle **virtù** dell'onestà, della pazienza, del rispetto per ogni forma di vita, della tolleranza, della pace.

Punti di diversità

Di fronte a questi aspetti che vanno riconosciuti ce ne sono però altri che, di fatto, allontanano l'induismo dal cristianesimo. Innanzitutto ci sono da tenere presenti il **pericolo dell'idolatria**, diffusa soprattutto a livello popolare, così come il rischio del panteismo in tutte quelle correnti che identificano il sé individuale con l'assoluto e con la realtà. L'induismo poi **rifiuta il concetto di creazione del mondo**, e ciò comporta il pericolo di non riuscire a evidenziare sufficientemente la trascendenza di Dio, nonché il suo rapporto di provvidenza amorevole verso l'uomo che, se non è una sua creatura, è affidato a se stesso. Inoltre **manca nell'induismo il concetto di peccato** come scelta volontaria dell'uomo di staccarsi da Dio. Il peccato è concepito o come ignoranza della legge, o come un'azione malvagia, che però in quanto tale è dipendente dalla catena del *karma* e quindi non è imputabile direttamente alla persona. Dio quindi non perdona i peccati, che si possono cancellare o con la conoscenza o con atti rituali, come la recita di determinate formule o l'immersione nel Gange.
Per l'induismo poi **la salvezza è un fenomeno altamente individuale** in cui non rientra come costitutivo il rapporto caritatevole con i fratelli. Ognuno ha il suo destino (*karma*) e ciascuno può raggiungere da solo la salvezza. Ciò spiega perché resista ancora oggi la divisione in caste della società, che tanto ripugna alla coscienza cristiana. Per questo spesso gli asceti e i mistici indù non hanno quel senso di umiltà che ritroviamo nei santi cristiani, che riconoscono che la loro santità è un dono di Dio e non una loro conquista.
Non viene, poi, accettata la natura divina di Gesù, intesa come incarnazione dell'unico Dio tripersonale. Gesù viene accettato come una delle tante "discese" (*avatara*) di Dio, ma non nel senso esclusivo e unico con cui lo presenta il cristianesimo. A maggior ragione non viene riconosciuta una possibilità di redenzione attraverso la sofferenza, essendo altre le vie per ottenerla.

Alla luce del confronto sviluppato, prova a illustrare quali sono i punti dell'induismo che ti hanno maggiormente colpito e scrivi una lettera a un ipotetico "amico induista" per parlargli di Gesù, da un punto di vista cristiano, ma tenendo conto della sua cultura e visione del mondo.

Buddhismo

Il fondatore

Contrariamente all'induismo, il buddhismo ha avuto **origine da un personaggio storico**. Si tratta del principe Siddharta Gautama, del clan di guerrieri dei Shakya (da qui deriva il suo soprannome di Shakyamuni, che significa "asceta dei Shakya") che nacque verso il 560 a.C. nel villaggio di Kapilavastu presso la frontiera sud con il Nepal, nel regno indiano di Kosala.
La tradizione riferisce che si sposò a sedici anni ed ebbe un figlio. Poco dopo però abbandonò la famiglia, dopo aver fatto la **scoperta della sofferenza dell'uomo** emblematicamente rappresentata da tre incontri (con un vecchio, con un malato e con un funerale), per recarsi nella foresta mettendosi sotto la guida di un brahmano.
Dopo un lungo periodo di intensa ascesi e macerazione, concentrò i suoi sforzi sulla meditazione per **cercare di raggiungere la liberazione dal dolore**.
Nel 531, sotto un albero di Pippal, raggiunse l'illuminazione e ottenne "il risveglio" (*bodhi*), divenendo così il "risvegliato" (*buddha*), colui che aveva compreso che la **radice del dolore nel mondo è il desiderio** e la via per liberarsene consiste quindi nell'**estinguere alla sua stessa radice quel desiderio** e le passioni che a esso si legano, causando la schiavitù dell'uomo.
Da quel momento iniziò un'intensa attività di predicazione, che si propose di diffondere le Quattro nobili verità, proclamate per la prima volta nel Parco delle Gazzelle vicino a Benares, mettendo così in moto la "Ruota della verità".
Tale predicazione proseguì per cinque anni, ottenne numerose conversioni e contribuì alla costruzione del *Sangha*, la comunità dei monaci buddhisti. La morte, al culmine del successo, lo colse nel 480 a.C. a Kushinagari.
Subito dopo la morte di Buddha, fiorirono numerosi racconti tendenti a mitizzare la sua figura, considerandola alla stregua di una divinità e anche raccontando numerosi miracoli accaduti durante la sua vita.

Scene di vita del giovane Siddharta: l'incontro con il vecchio e con l'ammalato, da un dipinto su seta, VIII-IX secolo (Cina).

La dottrina

Una delle dottrine fondamentali del buddhismo, da cui discende l'interpretazione delle *Quattro verità*, è quella dell'**inconsistenza del sé**. A differenza delle scuole di pensiero induiste che ritenevano il principio individuale (*atman*) eterno, Buddha scopre che il sé non è altro che una falsa credenza che non ha una vera consistenza reale. È infatti il ritenere che esista un sé individuale, che desidera possedere la realtà,

la radice di ogni male.
Tuttavia le azioni dell'uomo hanno delle conseguenze che seguono la legge del *karma*, la legge della retribuzione degli atti, anche se non esiste "sotto" a esse un io che permanga eternamente. Essere sottoposto alla legge del *karma* significa anche essere sottoposti al **ciclo delle rinascite che può spezzarsi solo una volta raggiunto il risveglio**. Per arrivare a questo occorre conoscere le Quattro verità enunciate nel discorso di Benares **7**.

L'etica

La morale buddhista **integra gli elementi indicati dall'Ottuplice sentiero con le Quattro nobili verità**, che nel loro insieme vengono considerate parte del *dharma* insegnato dal Buddha. Questo insegnamento gli è stato rivelato dalla stessa legge universale che governa l'andamento del mondo. Non c'è però nessun riferimento a un dio personale, per cui tale morale non può definirsi religiosa. Così ad esempio il concetto di atto buono o cattivo è legato solo **al suo scopo**: se esso tende alla liberazione dalla sofferenza è buono, se no è cattivo. Oltre a questo aspetto pragmatico, l'Ottuplice sentiero indica la **via della meditazione come via per la liberazione**. Tramite questa attività dello spirito, l'uomo deve arrivare alla percezione dell'inconsistenza del mondo in cui vive e raggiungere così il Nirvana. In terzo luogo viene perseguita la **saggezza**,

Buddha in meditazione; alla base i discepoli ascoltano il suo primo sermone. Scultura sacra del V secolo d.C.

7 Le Quattro verità

La prima verità è che «la nascita è dolore (*duhkha*), la malattia è dolore, la morte è dolore, essere unito a ciò che non si ama è dolore, essere separato da ciò che si ama è dolore, non avere ciò che si desidera è dolore». La seconda concerne l'origine del dolore che «è la "sete" che produce una nuova esistenza e un nuovo divenire; essa è legata a un'avidità appassionata e trova una nuova gioia ora qui ora là; è cioè la sete dei piaceri dei sensi, la sete dell'esistenza e del divenire e la sete della non-esistenza». L'estinzione di questa sete è l'oggetto della terza verità: «Ecco o monaci, la Nobile verità sulla cessazione del duhkha. È la cessazione di questa sete che si ottiene con l'abbandonarla, col rinunciarvi, con il liberarsene, con il distaccarsene».
Se si riesce a spegnere il desiderio si spegne l'attaccamento al mondo e quindi cessa il dolore. Si spezza anche il ciclo delle reincarnazioni e si raggiunge il Nirvana. La strada per raggiungerlo è descritta nella quarta verità: «Ecco, o monaci, la Nobile Verità sul cammino che conduce alla cessazione del *duhkha*. È il nobile Ottuplice sentiero, cioè: la comprensione giusta, il pensiero giusto, la parola giusta, l'azione giusta, i mezzi d'esistenza giusti, lo sforzo giusto, l'attenzione giusta, la concentrazione giusta».

che consiste nel saper applicare a ogni ambito dell'esistenza la percezione acquisita tramite la meditazione ▶**(documento digitale Le grandi religioni 7)**.

Il buddhismo è una grande comunità unificata attorno all'insegnamento di Buddha, il *dharma*, e al *sangha*, che è la comunità concreta di monaci e laici buddhisti.

Il monachesimo ha una grande importanza, tanto che il buddhismo può essere definito come una **religione monastica** 8.

Infatti è il monaco colui che si pone nella situazione di vita migliore per vivere il pieno distacco da se stesso e dal mondo, che è ingannevole. Per raggiungere il Nirvana il monaco adotterà uno stile di vita povero, per imparare a staccarsi dai beni del mondo, e casto, per liberarsi dall'attaccamento alla vita, e vivrà momenti individuali e collettivi di grande preghiera e ascesi. Per questo motivo, i laici partecipano ai benefici della religione solo tramite l'intercessione dei monaci, che possono "trasferire i loro meriti".

Le prime quattro virtù impediscono al buddhista di richiudersi in se stesso illudendosi di avere un io o dei possessi su cui poter dire "mio". Esse sono chiamate anche "i quattro stati sublimi", poiché chi li sviluppa diviene uguale a Brahma, la divinità che non conosce odio o vendetta.

I tre veicoli

Nel suo sviluppo storico il buddhismo ha assunto **tre forme principali**, chiamate "veicoli" (*yana*), che sono tre sentieri per giungere alla liberazione. Essi sono l'*Hinayana*, il *Mahayana*, e il *Tantrayana*.

L'***Hinayana* o "Piccolo**

8 | Le virtù del monaco

«Le *virtù* che ogni buddhista – ma soprattutto il monaco – deve praticare sono soprattutto: *la sopportazione* (*kshanti*) *delle sofferenze*: freddo e caldo, rigori del clima, morsicature d'insetti, persecuzioni, torture, sacrifici imposti dalla vita monastica, austerità che un asceta deve imporsi per il suo progresso spirituale: *la non violenza* (*ahimsha*), non facendo del male ad alcun essere ed eliminando dal proprio spirito ogni sentimento di aggressività, di risentimento e di odio, e quindi rispettando ogni forma di vita, per quanto bassa e infima sia; *la benevolenza amichevole* (*maitri*), cioè la bontà piena d'amore che abbraccia tutti gli esseri buoni e cattivi, gli spiriti nobili e quelli bassi, sapendo che siamo tutti compagni di viaggio in questo girotondo delle esistenze e siamo tutti sottomessi alla stessa legge della sofferenza; *la compassione* (*karuna*), che fa uscire dall'egoismo che chiude gli occhi sulla sofferenza del mondo e fa abbracciare tutti gli esseri, specialmente quelli più sofferenti e infelici, in un sentimento di pietà profonda e induce a interessarsi di essi affinché possano giungere alla "liberazione" dalle loro sofferenze, e cioè all'"illuminazione" e al Nirvana; *la gioia* (*mudita*), cioè il fatto di trovare la propria gioia nella gioia degli altri; infine, *l'equanimità* (*upeksha*), senza lasciarsi turbar da nulla e mantenendo un perfetto equilibrio e controllo su di sé; quindi, conservando un'assoluta imperturbabilità dinanzi agli avvenimenti esteriori, buoni o tristi, e dinanzi alla sofferenza e alla gioia, al dolore e al piacere».

(G. De Rosa, *Cristianesimo e religioni a confronto*, Città Nuova, 1989)

Monaco buddhista in preghiera.

Giovani monaci buddhisti.

Veicolo" costituisce il modello più antico e puro di buddhismo. Il suo vero nome è *Theravada* (Dottrina degli antichi), poiché la designazione di "Piccolo veicolo" è usata in senso spregiativo dai seguaci del Mahayana.
Si è diffuso soprattutto nel Sud-Est asiatico (Sri Lanka, Birmania, Cambogia, Laos, Vietnam, Thailandia). Esso ha due elementi costitutivi, che sono il **ritenere il mondo e il sé illusori** e che la salvezza può essere ottenuta solo **uscendo radicalmente dal mondo**. Per questo motivo, in questa corrente il vero buddhista è il monaco, che vive incurante di tutto, in una condizione che può consentirgli il pieno distacco dal mondo.
È all'interno del Piccolo veicolo che viene redatto il canone delle scritture buddhiste attorno al 38-32 a.C. Esso comprende tre raccolte di testi chiamati *Tripitaka* (tre canestri) che contengono gli insegnamenti del Buddha, le regole monastiche, e alcuni trattati filosofici.
Il ***Mahayana*** **o "Grande veicolo"** compare all'inizio dell'epoca moderna e si diffonde soprattutto nell'Asia orientale e settentrionale (Cina, Taiwan, Corea, Giappone). Non è tanto incentrato sulla figura del monaco, quanto piuttosto su quella del ***bodhisattva***, di colui che, pur avendo già raggiunto l'illuminazione, non va nel Nirvana per aiutare anche gli altri a entrarvi. È quindi una **spiritualità che tiene in maggior considerazione i laici** ai quali si chiede di sviluppare soprattutto la devozione verso il Buddha e verso i vari *bodhisattva*.
A esso si ispira lo Zen.
Infine il ***Tantrayana*****, detto anche "Veicolo del Diamante"** è una via di salvezza basata sui *mantra*, formule magiche, collegate agli insegnamenti del Buddha. È diffuso particolarmente nel Tibet ove viene chiamato anche **lamaismo**.
Notiamo infine che nessuna di queste correnti è oggi significativamente presente in India, ove hanno avuto origine, poiché l'espansione musulmana dal XII secolo ha dato il colpo definitivo alla crisi della loro diffusione che era già cominciata nel VII secolo.

Manjushri, discepolo del Buddha Shakyamuni e bodhisattva di "meravigliosa virtù e soave dignità"; statua in argento, inizio X secolo (Giacarta, Museo Nazionale).

Scheda di lavoro

Leggi e confronta

Elementi per un confronto tra buddhismo e cristianesimo

Un elemento che allontana buddhismo e cristianesimo è la **diversa valutazione del mondo**. Per il buddhismo esso è una pura apparenza, che non ha reale consistenza, come anche l'io di ogni individuo, e quindi occorre liberarsi da esso cercando il Nirvana. Questa svalutazione del mondo porta a un certo disimpegno nei suoi confronti, cosa che invece non troviamo nel cristianesimo il quale, pur affermando che il mondo passerà, lo vede e valuta positivamente in quanto opera del creatore e dono per l'uomo.

Un ruolo particolare, nel buddhismo, è ricoperto dalla **gioia**, che consiste nel raggiungere il *Nirvana*, la liberazione che porterà all'estinzione del dolore. Il suo messaggio è quindi gioioso, in quanto aiuta gli uomini a raggiungere questa condizione di beatitudine, che però non può essere descritta né tanto meno afferrata dalla mente umana in quanto essa vi si dissolverà.

P. Ranson, *Cristo e Buddha*, particolare, 1980 circa (New York, Collezione privata).

Un elemento di contatto tra le due tradizioni religiose consiste poi nell'avere entrambe alla loro origine un **personaggio storico**, anche se la coscienza della propria identità è molto diversa nei due: Gesù si è presentato non solo come uomo ma anche come Figlio di Dio, mentre Buddha si è sempre presentato solo come uomo, che ha compiuto un cammino che lo ha portato alla "illuminazione". La loro stessa esistenza ha avuto un esito molto diverso: il Buddha ha concluso felicemente la sua vita dopo decenni di predicazioni e di "successi", mentre Gesù ha terminato la sua vita morendo ignominiosamente sulla croce.

Anche la **salvezza** è concepita in modi molto diversi: nel buddhismo è raggiunta tramite gli sforzi e l'impegno del fedele, anche se aiutato dall'intercessione dei *bodhisattva* (dottrina *Mahayana*), mentre nel cristianesimo essa è fondamentalmente un dono che l'uomo riceve immeritatamente da Dio.

Punti in comune sono ancora l'**amore per la meditazione e per la vita monastica**, tant'è che negli ultimi anni si sono intensificate le esperienze di incontri e soggiorni tra monaci buddhisti e cristiani.

Secondo il Concilio Vaticano II:

«Nel buddhismo, secondo le sue varie scuole, viene riconosciuta la radicale insufficienza di questo mondo mutevole e si insegna una via per la quale gli uomini, con cuore devoto e confidente, siano capaci di acquistare lo stato di liberazione perfetta o di pervenire allo stato di illuminazione suprema sia per mezzo dei propri sforzi sia con l'aiuto venuto dall'alto».

(*Nostra Aetate*, n. 2)

Illustra, alla luce delle osservazioni fatte, quali sono i punti di maggior contatto tra il buddhismo e il cristianesimo e immagina un "progetto comune" che potrebbero realizzare i fedeli di queste due religioni, collaborando tra di loro.

Consigli di lettura

G. De Rosa, *Cristianesimo e religioni a confronto*, Città Nuova, Roma 1989.

RELIGIONI «NAZIONALI»

Come è già stato accennato, nella sua diffusione in Asia il buddhismo si incontra, e in qualche modo si confonde, con altri sistemi religiosi fortemente identificati con le rispettive culture nazionali: il **taoismo** (e in parte il **confucianesimo**) in Cina e lo **shintoismo** in Giappone.

Taoismo

Il taoismo e il confucianesimo si possono considerare diversificazioni, avviate più o meno nel VI secolo a.C., della religione antica, l'"universalismo cinese". Centrale è in esso la **considerazione dell'armonia che pervade il cosmo**, la quale dipende da due principi fondamentali, *Yin* (maschile, attivo, procreatore, creativo, luce) e *Yang* (femminile, passivo, ricettivo, pieno di abnegazione, buio), opposti e complementari, che tengono in movimento tutte le cose. Il massimo principio cosmico viene inteso come "signore supremo" (*Shang-ti*), come "cielo" (*T'ien*) o come "via" (*Tao*).

Il taoismo (la cui fondazione si attribuisce a Lao-Tzu) è l'espressione più elevata di questa religione popolare, tuttora viva, con i suoi templi, le sue feste e le sue magnifiche processioni, le sue cinque montagne sacre. Esso vede il *Tao* o *Dao* come potere sacro, origine e forza primordiale di tutti gli esseri e dell'universo, e sostiene un atteggiamento contemplativo, di "inattività creativa" (*Wu-Wei*).

Il *Tao-te-ching* o *Daodejing* è il suo **libro sacro** più noto **9**. Alcune fonti stimano in poco più di 200 milioni gli aderenti al taoismo oggi; ma è evidentemente una valutazione assai problematica da compiere.

I testi fondamentali

Il *Tao-te-ching*, il *Chuang-tzu*, il *Lieh-tzu* sono le tre opere che costituiscono il **canone taoista**. Sono stati scritti intorno al V-IV secolo a.C.

Il ***Chuang-tzu*** si caratterizza per il suo stile letterario particolarmente elegante e brillante.

9 | Il Tao

«Il Tao che può essere nominato
non è il vero Tao,
il nome che può essere pronunciato
non è il vero nome.
Senza nome è il principio
del Cielo e della Terra,
ha un nome considerato come madre
di tutti gli esseri.
Senza desideri
se ne può contemplare il mistero,
chi invece desidera
ne contempla solo la manifestazione.
Entrambi hanno la stessa origine
anche se con nomi diversi
nella loro origine sono chiamati mistero,
mistero nel mistero,
porta del mistero».

(*Tao-te-ching*, cap. 1)

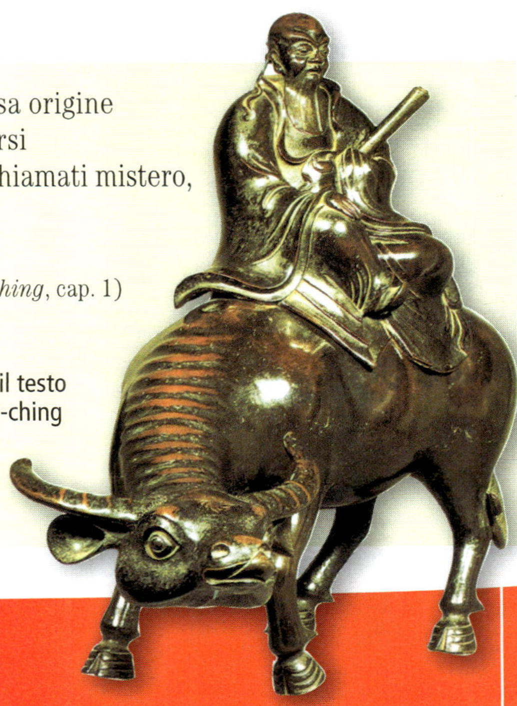

Lao-Tzu mentre scrive il testo della sua opera Tao-te-ching viaggiando sul dorso di un bue.

Il ***Tao-te-ching***, attribuito al saggio Lao-Tzu (il leggendario padre fondatore del taoismo), ha un forte valore poetico all'interno della letteratura cinese e ha uno stile più ermetico e strettamente astratto-metafisico.
Il ***Lieh-tzu*** è invece di poco anteriore al *Chuang-tzu*, del quale non supera il valore letterario, pur restando maggiormente fruibile rispetto al più arduo *Tao-te-ching*.

Un monaco taoista davanti alla porta del monastero dell'Empireo purpureo di Wudang (Cina), su cui sono rappresentati lo Yin e lo Yang.

Confucianesimo

Il confucianesimo (dal fondatore Kong Fuzi, Confucio alla latina), si può definire più come **culto dello Stato**, così che lo Stato cinese, nei secoli, ha finito per "santificare" Confucio e assumere i suoi insegnamenti come dottrina dello Stato e dei suoi funzionari.

Richiede l'**osservanza dei riti e delle tradizioni**, su cui si basano i rapporti familiari e sociali e la collaborazione attiva del singolo per il benessere di tutti. La tolleranza verso le altre religioni è funzionale al rispetto che esse portano all'autorità statale.

Il governo marxista della Cina, instauratosi dalla metà del XX secolo, ha in un certo senso proseguito questa "linea", cercando di controllare le religioni (salvo contrastarne le espressioni popolari in quanto pratiche "superstiziose"); ma negli anni più recenti, accanto alle aperture all'economia di mercato, anche l'atteggiamento verso le religioni si va modificando, forse per una maggiore consapevolezza dello stretto rapporto tra religione e società.

Lao-Tzu e Confucio si prendono cura del futuro Buddha, ritratto ancora infante; dipinto su seta, XIV secolo (Cina).

I testi principali del confucianesimo

Il confucianesimo è il sistema filosofico e religioso che maggiormente ha inciso nella cultura cinese. Due sono i gruppi in cui di solito sono

10 | Il Grande Studio

Preghiera di un seguace del confucianesimo.

«La Via del Grande Studio si fonda nel fare splendere la luminosa virtù, nel perfezionare il popolo, nel mantenersi stabile al livello più alto del bene.
Quando si comprende dove ci si debba mantenere, lo scopo è già individuato. Realizzato lo scopo, si perviene alla quiete. Realizzando la quiete, si ottiene la calma interiore. Con calma interiore è possibile allora prendere decisioni; prendendo decisioni si può raggiungere lo scopo.
In tutti gli esseri vi è ciò che è principale e ciò che è secondario, come in ogni iniziativa c'è una conclusione e un inizio. Capire ciò che è premessa e ciò che è conseguenza, avvicina alla Via.
Gli antichi, volendo far splendere nel mondo la luminosa virtù, ordinavano il loro stato; ma per ordinare il loro stato, prima ordinavano la propria famiglia; per ordinare la propria famiglia, prima ordinavano la propria persona; per perfezionare la propria persona, prima governavano il proprio cuore; per governare il proprio cuore, prima rendevano onesti i propri pensieri; per rendere onesti i propri pensieri, prima aumentavano alla massima misura la loro conoscenza. Aumentare al massimo la propria conoscenza vuol dire indagare approfonditamente le cose.
Quando le cose sono indagate approfonditamente, la conoscenza è al suo massimo livello; giunta la conoscenza al suo massimo livello, i pensieri divengono onesti; divenuti i pensieri onesti, il cuore viene governato; governato il cuore, la persona è perfezionata; perfezionata la persona, la famiglia è ordinata; ordinata la famiglia, lo stato viene ordinato; ordinato lo stato, l'impero è in pace.
Per tutti gli esseri, dal Figlio del Cielo all'ultimo popolano, l'essenziale è perfezionare se stessi. Non è ammissibile che ciò che è principale sia in disordine e ciò che è secondario in ordine, così come non esiste che si consideri con pochezza ciò che è importante e si dia rilevanza a ciò che è insignificante».

(Confucio, *Il Grande Studio*)

suddivisi i testi confuciani: i *Cinque Classici* e i *Quattro Libri*. Questi ultimi costituiscono i **libri canonici** del confucianesimo e sono: ***Il Grande Studio*** **10**, ***L'Invariabile Mezzo***, ***I Dialoghi*** e ***Mencio***. Soprattutto in questi ultimi si concentra l'aspetto filosofico-etico, così importante nel confucianesimo: in essi sono raccolti i detti di Confucio, quelli di Mencio (uno dei maggiori discepoli di Confucio) ▶(documento digitale Le grandi religioni 8) e i commenti dei discepoli al loro insegnamento.

Shintoismo

Lo shintoismo è la **religione nazionale del Giappone**, l'essenza dell'essere giapponese, antica quanto l'arcipelago. Alla sua base si colloca la **venerazione dei *Kami***, che sono l'espressione della presenza del divino e degli spiriti degli antenati nella natura e nella storia giapponese (anche l'imperatore è tuttora venerato in quanto di ascendenza divina).
Il *matzuri*, il culto verso i Kami, si svolge con **pratiche prevalentemente individuali**. Quotidianamente, o in occasione di feste particolari, ci si reca in pellegrinaggio nei numerosissimi templi e santuari, tra i quali si annovera anche il Fujiama.
Si stima che la grande maggioranza della popolazione giapponese vi aderisca: oltre 100 milioni di persone (di cui tuttavia i due terzi si riconoscono anche nel buddhismo).

Alcuni testi fondamentali dello shintoismo

Il ***Kojiki***, è – insieme al ***Nihongi*** – il testo sacro per antonomasia dello shintoismo. L'opera è stata completata nel 712 d.C. e in essa vengono raccontati i **miti** della creazione del mondo, degli dei, delle isole del Giappone. Larga parte del testo viene dedicata anche alla narrazione delle gesta semi-leggendarie dei primi eroi e imperatori del Giappone. Tra l'altro, in esso viene anche "giustificata" la credenza nella discendenza divina da parte dell'imperatore del Giappone. ▶**(documento digitale Le grandi religioni 9)**

Il torii (porta d'accesso) del santuario shintoista di Itsukushima (Miyajima, Giappone).

Amaterasu, la dea del sole, è la divinità femminile centrale della mitologia shintoista; particolare di un dipinto giapponese del XIX secolo.

Le religioni tradizionali africane

Le religioni tradizionali africane, la cui consistenza si stima oggi intorno ai 100 milioni di adepti, per quanto diversificate tra un'etnia e l'altra, hanno molto in comune quanto alla concezione di Dio, degli spiriti, della forza, della natura e dell'uomo.
Dio è visto come **creatore di tutte le cose, origine del cosmo**. Gli si rivolgono preghiere, sacrifici od offerte, e nel suo nome si pronunciano benedizioni e si stipulano accordi solenni. In alcune regioni, il collegamento tra gli uomini e Dio è affidato a "sacerdoti", che custodiscono la saggezza tradizionale, officiano le cerimonie religiose, presiedono riti di guarigione.
La credenza negli **spiriti** esprime la forte coscienza che queste religioni hanno della **presenza del mondo invisibile e del suo impatto sul mondo degli esseri umani**. Possono essere personificazioni di oggetti o fenomeni naturali o, assai più spesso, esseri umani defunti, che vengono chiamati in causa

Maschera dogon a foggia di animale indossata da un danzatore del "dama", rituale funerario eseguito per scacciare gli spiriti dei morti e mandarli a riposare nel mondo degli antenati (Mali).

per problemi di malattie o di insuccessi nella vita sociale. Al riconoscimento dell'esistenza di una **forza** o **potere** nell'universo si collega, nelle religioni tradizionali, la credenza nella magia o stregoneria, intesa come capacità di governare questo potere e/o di servirsene, sia per il bene dell'individuo e del gruppo sociale (guarigioni, divinazioni, influsso sul tempo atmosferico), sia contro di essi. Queste religioni mostrano un vero **culto della natura**, da cui gran parte della vita del popolo dipende. La trattano come un'amica, la proteggono e la rispettano, considerando sacri alcuni luoghi, oggetti e forze naturali: montagne, grotte, alberi... La relazione cercata tra l'uomo e la natura è di tipo armonico, o addirittura mistico. La **vita dell'uomo** è scandita da una **serie di riti**, specialmente al momento della nascita, dell'iniziazione, del matrimonio e della morte ▶(documento digitale Le grandi religioni 10). I riti di iniziazione dei giovani alla vita adulta sono complessi e curati fin nei minimi dettagli; a volte dolorosi o comunque duri da sopportare. L'etica, cioè quello che si deve o non si deve fare, è regolata dalla tradizione. Molto importante per le religioni indigene è la vita comunitaria.

Sacerdote boscimano in trance tenta di liberare una giovane donna, posseduta dagli spiriti maligni.

Scheda di lavoro — Leggi e confronta

Elementi per un confronto tra le altre religioni e il cristianesimo

Ti presentiamo nuovamente il passo del decreto *Nostra Aetate* le cui affermazioni si possono applicare alle religioni che abbiamo descritto in questo paragrafo.
Dopo aver letto il testo prova a rispondere alle domande.

«Ugualmente anche le altre religioni che si trovano nel mondo intero si sforzano di superare, in vari modi, l'inquietudine del cuore umano proponendo delle vie, cioè dottrine, precetti di vita e riti sacri.
La Chiesa cattolica nulla rigetta di quanto è vero e santo in queste religioni. Essa considera con sincero rispetto quei modi di agire e di vivere, quei precetti e quelle dottrine che, quantunque in molti punti differiscano da quanto essa stessa crede e propone, tuttavia non raramente riflettono un raggio di quella verità che illumina tutti gli uomini.
Tuttavia essa annuncia, ed è tenuta ad annunciare, il Cristo che è "via, verità e vita" (Gv 14,6), in cui gli uomini devono trovare la pienezza della vita religiosa e in cui Dio ha riconciliato con se stesso tutte le cose.
Essa perciò esorta i suoi figli affinché, con prudenza e carità, per mezzo del dialogo e della collaborazione con i seguaci delle altre religioni, sempre rendendo testimonianza alla fede e alla vita cristiana, riconoscano, conservino e facciano progredire i valori spirituali, morali e socio-culturali che si trovano in essi».

(*Nostra Aetate*, n. 2)

- Quali "inquietudini del cuore umano" cercano di lenire le "religioni nazionali"?
- Quali aspetti delle teorie proposte sono più vicini al cristianesimo?

La persona alle sorgenti **della relazione**

La persona alle sorgenti **della relazione**

La persona è un essere dotato di una straordinaria dignità, che dipende dal suo modo di essere: un soggetto individuale di natura spirituale. La spiritualità della persona, il fatto che "si possiede" e può disporre di se stessa – cioè la sua libertà – è sia la fonte di interrogativi esistenziali e anche di disagi, sia il fondamento della possibilità di "donarsi" e ricevere il dono dell'amicizia.

dentro l'immagine

Il soggetto di questo quadro di Marc Chagall (Vitebsk, 1887 - Saint-Paul-de-Vence, 1985), dal titolo *La passeggiata* (1917-1918, San Pietroburgo, Museo statale russo), è l'inverosimile passeggiata romantica di due innamorati, il pittore e sua moglie Bella, nel verde delle campagne di Vitebsk, città natale dell'artista, durante un picnic. Al centro della composizione spicca la figura di Chagall, elegantemente vestito, che con la sinistra, lato del cuore, tiene per mano Bella; il suo volto è aperto in un radioso sorriso e lui stesso sembra staccarsi da terra.
È la forza delle relazioni e il potere trasformante dell'amore che viene descritto con efficacia e semplicità. Di fronte alla precarietà dell'esistenza, testimoniata dalle abitazioni addossate le une alle altre, sta la relazione tra i due, in cui si manifesta Dio stesso, come testimonia il legame tra il colore del vestito della donna e quello della chiesa in lontananza.

La donna che tiene per mano il pittore non è né una santa né un fantasma, ma una donna normale, come indicano il suo abbigliamento e il suo sguardo, in cui si evidenzia la consapevolezza di sapere esattamente ciò che sta accadendo e perché.

Il giovane Chagall stringe nella mano un uccellino, che per la sua capacità di volare è simbolo di libertà. Il pittore lo tiene tra le dita, come a dire che nella relazione che sta vivendo è totalmente libero e realizzato.

La casa è simbolo di solidità e tradizione. Nel dipinto, le case sono però affastellate, come se un improvviso terremoto le avesse scosse e collocate in una nuova posizione. È quasi un'allusione al cambiamento radicale che sta avvenendo nel protagonista: l'amore per la sua donna lo sta profondamente trasformando.

7. L'uomo: chi è?

la posta in gioco

Oggi, forse più di un tempo, sembra difficile formarsi un'idea dell'umanità che è in noi come in ogni altro uomo. Sappiamo tante cose sull'uomo, ma corriamo il rischio di non sapere più chi siamo. Il primo passo è quello di rendersi conto della profondità della domanda (non dandola per "scontata"); quindi potremmo cercare di esplorare i tratti che caratterizzano la nostra umanità, in forza dei quali siamo anche capaci di aprirci agli altri (nel rapporto "io-tu") e, di riflesso, di aprirci alla dimensione religiosa e al rapporto con Dio.

C'è qualcosa che distingue l'uomo dagli animali e dagli altri esseri? Ti è mai capitato che fossero gli altri a "svelarti" qualcosa su di te?

Una grande domanda: ieri e oggi

Fin dai tempi più antichi le **domande sull'uomo** hanno rappresentato un interrogativo profondo, in tutte le culture. In molti casi la risposta a tali domande ha preso forma entro i confini simbolici dei miti, in un orizzonte di tipo religioso. Pensiamo ad esempio al racconto babilonese della creazione dell'uomo a opera di Marduk, ai due racconti biblici della creazione del mondo e dell'uomo (Gen 1 e 2), alla stessa epopea di Gilgamesh che apre profondi interrogativi sulla condizione umana, come abbiamo visto nell'Unità 4.

Se ci spostiamo nel mondo greco e interroghiamo i filosofi, che hanno cercato risposte a questa domanda muovendosi entro i confini della ragione umana, troviamo altre suggestioni potenti. Tutti i filosofi collegano, in qualche modo, il cuore profondo dell'identità umana a quello che ciascuno di loro individua come il principio primo, originario e originante, del cosmo stesso. Dall'altro lato colgono un fondo di mistero, una profondità inesplorata, come possiamo leggere in un frammento, giustamente famoso, del filosofo **Eraclito** (**1**).

Eraclito

(535 a.C.-475 a.C.)
Visse a Efeso, sulle coste dell'odierna Turchia, in una di quelle che al tempo erano le cosiddette "colonie ioniche", cioè città fondate dai greci sulla sponda orientale del mar Egeo.
È uno dei più importanti pensatori che hanno operato prima di Socrate (presocratici). La sua opera ci è giunta in modo molto frammentario e gli stessi frammenti hanno uno stile oscuro, quasi oracolare.

1 I confini dell'anima

«Per quanto tu possa camminare, e neppure percorrendo intera la via, tu potresti mai trovare i confini dell'anima: così profondo è il suo **logos**».

(Eraclito, fr. 45)

Logos

Termine greco che indica prima di tutto la parola, di riflesso anche il discorso e quindi il pensiero, ovvero le "ragioni profonde" (ed è in questo senso che è usato nel frammento di Eraclito).

Il mistero dell'anima e, più in generale, quello dell'uomo non si è dissolto con la modernità e nemmeno con il diffondersi della cultura scientifica. In effetti è vero che, rispetto ai tempi di Eraclito, abbiamo conoscenze scientifiche sull'uomo molto più profonde e numerose. La biologia del corpo umano ci offre ormai un quadro molto chiaro della sua fisiologia, le scienze mediche sono

Una rotella fuori posto?

▶ Nella cultura contemporanea si fa fatica a parlare di "anima", viviamo immersi in un immaginario tecnologico, in cui il corpo viene pensato come una macchina. Anche certe espressioni, tipo "mi fuma il cervello" (come un treno a vapore?), oppure "ma tu hai una rotella fuori posto" (come un orologio?) sono indicative di questo immaginario. Ma, come diceva Eraclito, i confini dell'anima sono molto più profondi e non è aprendo la scatola cranica che si può vedere il pensiero.

progredite incredibilmente e siamo in grado di curare malattie che un tempo erano considerate quasi come misteriose punizioni divine. Gli stessi studi di neurologia ci hanno svelato molto (ma molto resta ancora da svelare) sul funzionamento del nostro cervello e quella stessa anima (che in greco si chiama *psiche*) di cui parlava Eraclito è oggetto di studio di discipline (la psicologia e la psichiatria), che ci hanno aiutato a capire molte cose che gli antichi ignoravano. Tutto questo però non basta a esaurire il mistero dell'uomo e nemmeno a trovare quei "confini dell'anima" di cui parlava il filosofo di Efeso, come possiamo leggere nelle parole di un pensatore del XX secolo, **Heidegger** (**2**).

Martin Heidegger

(1889-1976) Filosofo tedesco, nacque nel Baden, in Germania, e morì a Friburgo. È iniziatore di una corrente di pensiero che prende il nome di *Esistenzialismo*.

2 L'emergenza antropologica

«Nessuna epoca ha avuto, come l'attuale, nozioni così numerose e svariate sull'uomo. Nessuna epoca è riuscita come la nostra a presentare il suo sapere intorno all'uomo in modo così efficace ed affascinante, né a comunicarlo in modo tanto rapido e facile. È anche vero però che nessuna epoca ha saputo meno della nostra che cosa sia l'uomo. Mai l'uomo ha assunto un aspetto così problematico come ai nostri giorni».

(M. Heidegger, *Kant e il problema della metafisica*, tr. it. Silva, 1962)

Il problema è che l'uomo, in quanto oggetto di studio delle scienze (e in questo caso ci riferiamo sia alle scienze naturali che alle scienze umane) risulta "frammentato", nel senso che ciascuna di esse ne considera un aspetto (un frammento), ma si perde di vista la cosa più importante, cioè **la totalità dell'umano come tale** (**3**).

Guardare oltre il frammento

◀ (Raffigurazione di Pilade, frammento di affresco, II secolo a.C. Villa di Arianna, Stabiae)
Gli affreschi e i mosaici delle ville romane erano splendidi, maestosi nelle dimensioni e carichi di sentimento per come venivano raffigurati i soggetti... ma spesso, di questi capolavori, non ci restano che piccoli frammenti. Certo potremmo tentare di analizzare, di un piccolo frammento, ogni componente chimico, ogni piccolo pigmento di colore e anche interrogarci sul materiale su cui la pittura poggia... ma se ci fermassimo a questi aspetti perderemmo la cosa più importante: il senso del disegno.

3 Chi è l'uomo... nella sua "totalità"

«L'uomo ci interessa nella sua totalità, non per questo o quello dei suoi aspetti. Le singole scienze specializzate (antropologia, linguistica, fisiologia, medicina, psicologia, sociologia, economia, scienze politiche), malgrado i loro sforzi tendono a limitare la totalità dell'individuo, considerandolo dal punto di vista di una funzione o di un impulso particolare. La nostra conoscenza dell'uomo ne risulta frantumata: troppo spesso cambiamo una parte per il tutto».

(A.J. Heschel, *Chi è l'uomo?*, tr. it. Rusconi, 1971)

M.C. Escher, *Mano con sfera riflettente*, 1935; litografia.

Abraham Joshua Heshchel

(1907 - 1972)
Filosofo e rabbino polacco, fu costretto a lasciare la Germania (dove aveva compiuto i suoi studi e iniziato una brillante carriera universitaria) nel 1938, in seguito al decreto di espulsione degli ebrei. Riparò prima a Londra, poi negli Stati Uniti, dove rimase fino alla morte.

Ancora una volta, come di fronte al mistero del cosmo, bisogna essere disposti a porsi al cospetto del mistero dell'uomo con uno sguardo aperto alla **meraviglia**.

(documento 7.1)

Conosci te stesso

La frase «conosci te stesso» era scolpita sul frontone del tempio di Apollo, a Delfi, e si narra che il filosofo Socrate – leggendola – ne abbia fatto il motto della propria missione e il fine della propria riflessione. Tanto è vero che, proprio a proposito di Socrate, si parla di svolta antropologica, nel senso che i filosofi a lui precedenti (**presocratici**) trovavano motivo di stupore e meraviglia nella contemplazione del cosmo e nella ricerca della sua origine. Per Socrate non vi è nulla di più stupefacente dell'interiorità umana... ma nemmeno nulla di più difficile da esplorare.

Il primo passo è quello di riconoscere che c'è qualcosa di "speciale" nel nostro essere degli **esseri viventi**. Se guardiamo fuori di noi cogliamo certamente la differenza tra un sasso e una pianta e, restando tra le piante, tra un albero vivo, che fiorisce a primavera, e un pezzo di legno secco, da mettere nel fuoco. Al di là delle nostre conoscenze scientifiche sulla vita dal punto di vista biologico, cogliamo che essa rappresenta un modo di essere, una modalità con cui gli esseri possono esistere. Nel caso della nostra vita abbiamo

Presocratici

Con questa espressione, ormai canonica nella manualistica filosofica, anche se oggetto di dibattiti e discussioni, si indicano i filosofi della Grecia antica che hanno operato prima di Socrate. Si intende, in tal modo, tracciare una sorta di linea di demarcazione, proprio per il contributo straordinario portato da Socrate nella riflessione sull'uomo.

anche un osservatorio privilegiato: la possiamo "conoscere dall'interno", cioè non solo osservando noi come esseri viventi, ma "sentendo" tutti i dinamismi vitali che palpitano e pulsano dentro di noi. Nel percepire la nostra vitalità di esseri viventi, cogliamo anche la nostra **capacità di conoscere e di sperimentare emozioni**, che da un lato si legano agli stessi dinamismi vitali (vi sono emozioni che dipendono – per esempio – dal fatto di avere fame o sete), ma dall'altro lato si estendono oltre tali confini: possiamo emozionarci davanti a un'opera d'arte, a un tramonto, alla lettura di un testo (**4**).

(documento 7.2)

Daniel Goleman

(1946)
Psicologo americano, laureato ad Harvard, è scrittore, saggista e giornalista. È noto per i suoi studi sull'intelligenza emotiva, l'empatia, l'intelligenza sociale e quella ecologica.

4 Emozioni e intelligenza emotiva

«Tutte le emozioni sono, essenzialmente, impulsi ad agire; in altre parole, piani d'azione dei quali ci ha dotato l'evoluzione per gestire in tempo reale le emergenze della vita. La radice stessa della parola *emozione* è il verbo latino *moveo*, "muovere", con l'aggiunta del prefisso "e-" ("movimento da"), per indicare che in ogni emozione è implicita una tendenza ad agire. Il fatto che le emozioni spingano all'azione è ovvio soprattutto se si osservano gli animali o i bambini; è solo negli adulti "civili" che troviamo tanto spesso quella che nel regno animale si può considerare una grande anomalia, ossia la separazione delle emozioni – che in origine sono impulsi ad agire – dall'ovvia reazione corrispondente».

(D. Goleman, *Intelligenza emotiva. Che cos'è, perché può renderci felici*, RCS - BUR, 1999)

(documento 7.3)

La consapevolezza di sé, però, non sarebbe completa se "dimenticassimo" di confrontarci con quella **dimensione spirituale** che fin dai tempi antichi è stata identificata come prerogativa essenziale dell'uomo e che lo stesso Golemann di fatto introduce, quando parla della nostra capacità di rapportarci con le nostre emozioni senza esserne schiavi, superando così il dilagante analfabetismo affettivo. Platone pensava all'uomo in termini dualisti, come uno spirito quasi "prigioniero" in una corporeità da cui anelava a liberarsi, mentre per Aristotele le due dimensioni erano concepite in una continuità dinamica, tanto che definiva l'uomo come "animale razionale". Tommaso d'Aquino, riprendendo il pensiero di Aristotele, ha affermato che l'anima umana (ciò che fa sì che l'uomo sia quello che è) si colloca – per così dire – sulla linea di orizzonte e di confine, tra le sostanze corporee e quelle spirituali, ovvero – per dirla con il teologo francese Joseph De Finance – che l'uomo è "cittadino di due mondi".

(documento 7.4)
(documento 7.5)
(documento 7.6)

La meraviglia di fronte alla bellezza

◀ (O. Redon, *Ritratto di Violette Heymann*, 1910, pastello. The Cleveland museum of arts, Cleveland, Ohio)
La pittura di Redon valorizza in modo particolare la dimensione interiore, la fantasia, il sogno; in tutto questo, un ruolo speciale hanno i fiori, con la loro varietà di colori, di fronte alla quale è spontaneo un sentimento di meraviglia.

La persona umana è dunque chiamata a **"conquistare" giorno dopo giorno la propria pienezza di umanità**, sviluppando quella che a che in termini psicologici e pedagogici chiamiamo la sua **personalità**. Dapprima si formano tutte le disposizioni corporee che possono consentire di agire in modo umano, poi – grazie all'educazione – prendono forma in modo progressivo le capacità che sono proprie dell'uomo, cioè la capacità di conoscere in modo astratto e scegliere con piena libertà, fino a giungere a donarsi agli altri in un rapporto di amicizia e di amore.

(documento 7.7)

Il rapporto io-tu

Il fatto di esistere come soggetti di natura spirituale, ovvero come persone, è la condizione necessaria – ma non sufficiente – per trattarsi gli uni gli altri come persone. Questo comporta un passaggio ulteriore, cioè la **"scelta" di considerare gli altri come persone "in atto"**. Forse possiamo capirci meglio a partire da un esempio. Quando saliamo in autobus troviamo delle altre persone... ma in quel momento del loro essere di persona consideriamo soprattutto la dimensione corporea: se l'autobus è molto pieno i corpi si comprimono, si percepisce il disagio per la concentrazione eccessiva, si sta attenti a non urtare o spingere (ma anche a non essere spinti). Fino a questo punto gli altri – che pure sappiamo essere delle persone "in teoria" – non vengono considerati come persone "in pratica"... tutto questo senza che ci siano gravi ingiustizie o mancanze di rispetto.

Nel momento in cui rivolgiamo la parola a uno di quei compagni di viaggio, ecco che lo scenario cambia: l'altro non viene più considerato solo per lo spazio che occupa la sua corporeità, ma lo trattiamo come un "tu", come un altro soggetto e – con lo stesso atto – ci poniamo a nostra volta come un "io" per lui (**5**).

Alla ricerca dello sguardo

▲ (Ch. Toorop, *Raduno di amici*, 1932)
L'amicizia comporta uno sguardo reciproco in cui ci si "vede" come amici. Talvolta questo non accade e gli sguardi non si incontrano, ma sembrano puntare fissi nel vuoto, oppure non vengono ricambiati. L'amicizia è reale quando è reciproca, quando gli sguardi si incontrano e ciascuno scopre nel volto dell'altro il volto di un altro se stesso.

5 Il rapporto "io-tu"

«L'altro diviene un "tu" per me solo allorquando cessa la semplice relazione soggetto-oggetto. Il primo passo verso il "tu" è quel movimento che "ritira le mani" e lascia libero lo spazio in cui può farsi valere il carattere della persona di servire da fine a se stessa. Esso costituisce il primo manifestarsi operativo della "giustizia" e la base di ogni "amore". L'amore personale ha inizio decisivamente non con un movimento che si dirige all'altro, ma che se ne ritrae. Nello stesso momento muta anche il mio atteggiamento proprio. Nella misura in cui io do libertà all'essere, visto dapprima come oggetto, di assumere l'atteggiamento dell'"io" che si presenta movendo dal proprio centro, e gli consento di divenire il mio "tu", trapasso anch'io dall'atteggiamento del soggetto che utilizza o lotta, in quello dell'"io"».

(R. Guardini, *Mondo e persona. Saggio di un'antropologia cristiana*, tr. it. Morcelliana, 2000)

Aperti all'infinito

Tra le caratteristiche che sono state riconosciute, nel corso dei secoli, alla persona umana ve ne è una che ci interessa particolarmente per il nostro tema e che è stata denominata **autotrascendenza**. Con tale espressione si indica la **capacità dell'uomo di superarsi, di andare oltre se stesso**, il che può avvenire in diversi modi. Vi è chi sottolinea come questo si realizzi soprattutto nella relazione interpersonale, vista come occasione per superare i propri limiti, il proprio egoismo, ma si può leggere tale prerogativa anche in termini esistenziali più ampi. Possiamo considerare l'autotrascendenza dell'uomo come la tensione attiva a superare i limiti che egli incontra, soprattutto nell'agire che gli è proprio in quanto persona, in quanto soggetto spirituale (**6**).

Autotrascendenza

Termine di derivazione greca, che letteralmente indica la "capacità di andare oltre se stessi". Viene utilizzato nell'ambito di diverse scuole filosofiche, con significati differenti secondo il tipo di "superamento" che si ritiene umanamente auspicabile.

Battista Mondin

(1926)
Sacerdote saveriano, filosofo e teologo, è autore di numerosissime pubblicazioni di alta divulgazione filosofica e teologica, corsi di filosofia sistematica e di teologia ispirata al pensiero di Tommaso d'Aquino.

6 L'autotrascendenza dell'uomo

«Anzitutto nell'essere dell'uomo c'è un'antinomia profonda tra ciò che è e ciò che dovrebbe essere, un'antinomia insolubile perché non riesce mai a diventare quello che vorrebbe essere; in secondo luogo l'uomo scavalca continuamente l'orizzonte delle conoscenze già acquisite e si protende verso traguardi sempre più alti; infine c'è un profondo squilibrio tra la volontà volente e volontà voluta, perché il risultato dell'azione non riesce mai ad adeguare l'obiettivo che l'uomo si era proposto cominciando ad agire».

(B. Mondin, *L'uomo chi è? Elementi di antropologia filosofica*, Massimo, 1987)

Potremmo dire che vi è nel profondo della natura spirituale dell'uomo una **triplice apertura all'infinito**. Vi è un'apertura all'infinito della nostra **capacità di conoscere**, perché la nostra intelligenza – per quanto possa progredire nella conoscenza – non è mai "sazia" di ciò che ha appreso, ma è sempre pronta a spingersi verso nuovi orizzonti. Vi è un'apertura all'infinito nella nostra **capacità di desiderare**, anche di scegliere, tanto è vero che nessun bene finito è tale da "vincolare" in modo necessario la nostra volontà, che resta pertanto libera di scegliere. Vi è infine un'apertura all'infinito nella nostra **capacità di amare**, perché per quanto siamo in grado di amare in modo profondo le persone a cui vogliamo bene potremmo sempre crescere nell'amore, potremmo sempre amarle "di più" e, soprattutto, meglio.

L'infinito alberga dentro di noi

◀ (S. Cook, *Il giardino dei sogni*. Collezione privata Darcs)
Il mondo intero appare ammantato di grande mistero che sfida la nostra capacità di penetrarlo, ma questa capacità in qualche modo esiste e la nostra intelligenza non è paga, finché le sue domande non trovano risposta. Vi è nell'interiorità dell'uomo un'apertura all'infinito che ci rende capaci di esplorare le meraviglie dell'universo, ma anche di desiderare qualcosa che forse potremmo solo sognare, o di proiettarci verso una capacità di amare che va oltre le nostre miserie.

Scheda di lavoro

Ricerca e rifletti

Quale immagine dell'uomo?

Ti proponiamo due tipologie di attività, che possono anche rappresentare due fasi successive.

Fase 1: analizza alcune immagini

Ti proponiamo alcune immagini di uomo, tratte da varie fonti. Per ciascuna di esse ti chiediamo di svolgere un'analisi che si snoda su due livelli:
1) che cosa rappresenta ogni singola immagine?
2) che idea di uomo ti suggerisce e perché?

Che cosa rappresenta questa immagine?

....

....

Quale idea di uomo ti suggerisce?

....

....

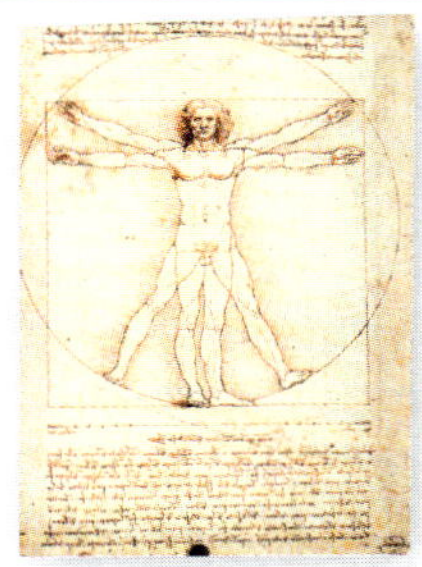

Che cosa rappresenta questa immagine?

....

....

....

....

Quale idea di uomo ti suggerisce?

....

....

Che cosa rappresenta questa immagine?

....

....

....

Quale idea di uomo ti suggerisce?

....

....

....

Che cosa rappresenta questa immagine?

....

....

....

....

Quale idea di uomo ti suggerisce?

....

....

Fase 2: ricerca altre immagini e rifletti su di loro

A questo punto prova a pensare a quali elementi dell'immagine complessiva dell'uomo siano per te più importanti e prova a cercare (oppure, se hai buone attitudini artistiche, a produrre tu stesso) un'immagine che li esprima al meglio. Una volta che l'avrai trovata, analizzala come hai fatto con quelle riportate nella scheda qui sopra. Se vuoi, puoi confrontarti con i tuoi compagni sulle nuove immagini che avrete trovato e ciascuno potrebbe tentare di "indovinare" le ragioni per cui gli altri compagni hanno scelto una determinata immagine e che cosa vi leggono.

Consigli di lettura

A.J. Heschel, *Chi è l'uomo?*, SE, Milano 2005.

Indicazioni cinematografiche

"Re della terra selvaggia" (*Beasts of the Southern Wild*), di Benh Zeitlin, USA 2012. Mostra con gli occhi di una bambina che vive in una terra difficile il mistero e la potenza che c'è in ogni essere umano.

8. I giovani e le loro domande

la posta in gioco

Può sembrare strano proporre, a dei giovani, un percorso sulle domande dei giovani... forse basterebbe chiedere a ciascuno di formulare le proprie. In realtà gli interrogativi che ogni ragazzo si pone si intrecciano con uno scenario culturale in cui siamo immersi, in cui agli adolescenti e ai giovani si propongono modelli, chiedendo implicitamente di "adeguarsi" a essi. Per questo è importante, prima di cercare delle risposte, imparare a porre a noi stessi le domande più profonde, le domande vere, quelle che ci aiutano a crescere, anche prendendo coscienza dell'età che stiamo vivendo, delle sue caratteristiche, del modo in cui ciascuno di noi può "interpretarle", mentre costruisce la propria identità di persona e inizia a porsi mete e obiettivi importanti per il futuro.

Ti sei mai sentito in una "età di mezzo", da cui voler uscire al più presto? Ti riconosci nel modo in cui gli adulti ti "vedono", ti considerano, ti trattano? Ti chiedi mai chi vorresti essere, chi vorresti diventare (e non solo che cosa vorresti fare)?

Si può nascere di nuovo?

«Se torno a nascere...» è una frase ricorrente con cui le persone non più giovani dichiarano i loro rimpianti. Prima o poi tutti sogniamo una sorta di macchina del tempo, capace di riportarci indietro per poter ricominciare da capo. In genere si pronuncia questa frase con un po' di nostalgia e delusione, non senza una certa dose di rassegnazione perché indietro non si può tornare.

Esiste però una stagione unica dell'avventura umana, in cui si torna a nascere: questa stagione straordinariamente ricca e complessa è proprio l'**adolescenza**, che non a caso è stata definita come **una "seconda nascita"**.

Nascere a una pienezza di umanità

(S. Botticelli, *Nascita di Venere*, 1483-1485. Firenze, Galleria degli Uffizi)
L'opera di Botticelli mostra – propriamente – l'approdo di Venere, in tutta la sua divina bellezza, sull'isola di Cipro, dopo la nascita dalla spuma del mare. L'immagine rappresenta l'ideale della bellezza femminile, quindi una pienezza di umanità, quanto meno al livello della grazia e della bellezza. Ogni persona è chiamata, attraverso il cammino della crescita, a sbocciare a una pienezza di umanità, in cui la bellezza più importante è quella interiore.

La nascita è sempre un evento emozionante: ogni bambino che viene alla luce è come un prodigio. È così anche per l'adolescenza, anche se alle volte si fa fatica a riconoscerlo.

La vita di ciascun essere umano è paragonabile a un'opera d'arte. Ogni opera d'arte può essere classificata all'interno di un genere (la Venere di Botticelli, ad esempio, appartiene al Rinascimento italiano), però al tempo stesso è unica e irripetibile. Così è per ciascuno di noi. Siamo maschi o femmine, studenti o professori, o, nel tuo caso, adolescenti. Però a ben guardare, oltre alle caratteristiche comuni, **ognuno è unico e irripetibile**. Ciascun essere umano ha un posto unico che solo lui può occupare.

La stagione che stai vivendo si caratterizza proprio per la ricerca di questo "posto unico", ovvero della nostra individualità, di ciò che ci rende in qualche modo speciali. È un processo lungo, oggi più di ieri, che si gioca all'interno di due poli: la scoperta delle caratteristiche comuni agli altri e di quelle individuali, singolari.

È una ricerca affascinante anche se non priva di difficoltà. Cerchiamo di esplorarne assieme le principali dimensioni.

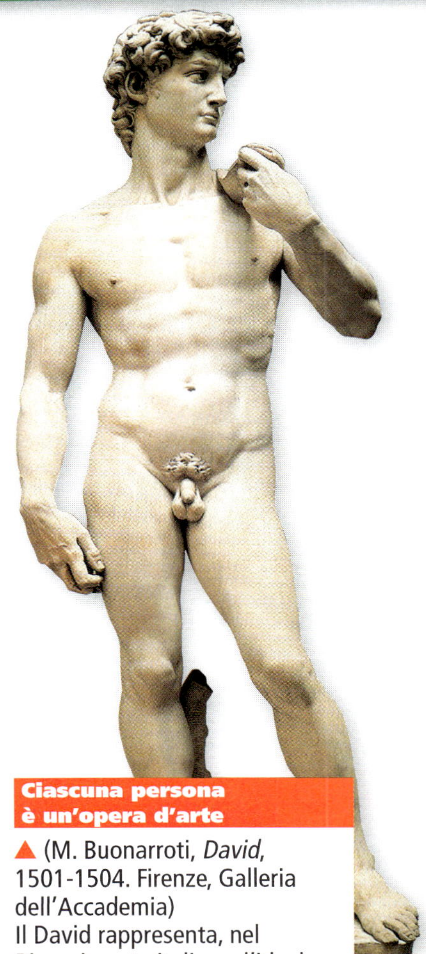

Ciascuna persona è un'opera d'arte

▲ (M. Buonarroti, *David*, 1501-1504. Firenze, Galleria dell'Accademia)
Il David rappresenta, nel Rinascimento italiano, l'ideale della bellezza maschile, come la Venere di Botticelli rappresenta quello della bellezza femminile. Ma qui non ci interessa soffermarci sui modelli ideali, bensì sul senso di bellezza "fuori dai canoni" che ciascuno rappresenta, soprattutto se pensiamo alla sua bellezza interiore.

Una stagione di grandi cambiamenti

La prima realtà che giustifica la definizione di adolescenza come seconda nascita è il **profondo mutamento che subisce il corpo**:

> "I mutamenti corporei interessano soprattutto i caratteri sessuali primari, cioè gli organi riproduttivi esterni e interni, e i caratteri sessuali secondari che distinguono l'uomo adulto dalla donna adulta".
>
> (*Adolescenza*, in *L'enciclopedia di Repubblica I*)

Con le sue trasformazioni il corpo manda una serie di messaggi "chimici" che però hanno un profondo significato antropologico: ci "ricordano" che siamo fatti l'uno per l'altra, e che ci possiamo preparare alla trasmissione della vita. Non a caso, in molte culture antiche e moderne sono proprio questi cambiamenti a segnare il passaggio alla vita adulta (**1**).

1 Esistono ancora gli adolescenti?

Per alcuni storici la giovinezza è un'invenzione delle società moderne e industrializzate. Infatti nelle società antiche, e ancora oggi per moltissimi "giovani" del pianeta, si diventa adulti nel momento in cui si è in grado di riprodursi (13-15 anni). E anche nel mondo occidentale, fino a non molto tempo fa, non era molto diverso. Infatti fin verso gli anni '30 del secolo scorso la giovinezza era contratta: a sette-dieci anni la maggioranza dei giovani italiani veniva avviata al lavoro dei campi, all'artigianato o all'industria per contribuire al sostentamento della famiglia. Dopo i 21 anni, terminato il servizio militare, si era adulti a tutti gli effetti. Ben pochi maschi raggiungevano l'età della pensione (meno del 4% aveva 60 anni).
Oggi si considerano "giovani" tutti i maschi e le femmine che hanno un'età compresa tra i 14 e i 30 anni: «Si tratta (in Italia) di circa 17 milioni di persone, metà delle quali hanno tra i 15 e i 24 anni, e la restante tra i 25 e i 30» (P. Castagnetti, *Il presente come storia*, Clio, 2010). La gran parte di questi prima di entrare nel mondo degli adulti compie un lungo arco di esperienze formative scolastiche, generalmente condotte rimanendo in casa con i genitori, in attesa di un futuro che si presenta generalmente come incerto e nebuloso.

Parallelamente allo sviluppo del corpo **si potenzia la mente**, che sviluppa

> "nuove capacità di astrazione e acquista una maggiore autonomia intellettuale che porta a elaborare convinzioni e valori personali".
>
> (*Adolescenza*, cit.)

Si avverte che si sta "cambiando pelle": non si è più bambini, ma non si è ancora adulti, si è come sul crinale di un'erta salita che spalanca davanti a noi orizzonti impensati, ma che accende anche la paura di "cadere", di non farcela. Sentimenti che prima erano quasi addormentati ora si risvegliano impetuosi: il desiderio, la paura, l'amore e la rabbia.

Il risultato più evidente di tutti questi cambiamenti è la necessità di rivedere tutto il **reticolo delle proprie relazioni**, a cominciare da quella con i genitori. Si trasforma però anche il modo di valutare le amicizie, i gusti, le scelte nel vestire e nell'ascoltare la musica. Muta la relazione con la religione: tutto quello che da bambini si accettava serenamente (quale che fosse la propria esperienza), crescendo viene facilmente considerato "infantile". Comincia a profilarsi all'orizzonte il "che cosa farò da grande", che ha avuto una prima tappa nella scelta della scuola superiore, così come l'orientamento politico, poiché le vicende del mondo non sono più così lontane come nelle stagioni precedenti...

(documento 8.1)

Vediamo allora di capire un po' meglio quali sono le caratteristiche della giovinezza da un punta di vista psicologico, sociologico e filosofico, per poi ascoltare la proposta cristiana.

Le domande dell'*età di mezzo*

A un primo sguardo, come si comportano gli adolescenti? Gli studiosi – particolarmente quelli che si occupano di **psicologia** – parlano di *incostanza*, *esibizionismo*, *depressione*, *ribellione*, *grandi slanci ideali* come tratti psicologici caratteristici di questa età. L'adolescente cambia rapidamente idee, progetti, gusti, è particolarmente sensibile a come gli altri lo vedono e lo

Psicologia

La psicologia è una scienza umana che si occupa dello studio del comportamento delle persone, cercando di metterne in luce le motivazioni. Fondatore della psicologia moderna è considerato il medico viennese Sigmund Freud (1856-1939). Studiando il valore simbolico dei sogni, ha messo in luce la presenza di un'ampia zona della nostra interiorità di cui non siamo consapevoli, l'inconscio. Noi saremmo una sorta di iceberg in cui la parte che emerge è quella di cui ci accorgiamo, il resto è come sott'acqua, non si vede ma c'è e, in parte, condiziona la nostra crescita e la nostra maturazione.

Un mondo di emozioni in movimento

(W. Merritt Chase, *Studio di ragazza*, 1884 circa)
Il mondo emotivo di un adolescente è spesso movimentato, talvolta si tratta di passioni forti, talvolta di passioni tristi e può accadere di sentirsi in balia di alcune di esse. Il cammino educativo e i punti di riferimento che ciascuno riesce a trovare possono aiutare a recuperare un "centro di gravità" interiore.

valutano, per questo è molto attento al *look*, ma altrettanto è soggetto a forti momenti di depressione e sconforto, così come forti sono le sue ribellioni verso la famiglia, la scuola e il mondo degli adulti in genere. È però anche l'epoca in cui si hanno grandi sogni e ideali sul proprio futuro e sul mondo in genere, sogni che spesso vengono giudicati ingenui e irrealizzabili da parte degli adulti.

Come si spiega la presenza di questi **comportamenti nuovi** e **dirompenti**, che tanto preoccupano genitori ed educatori?

Il profilo nascosto

▲ (P. Picasso, *Ragazza allo specchio*, 1932. New York, Museum of Modern Art)
La ragazza (si tratta della giovane Marie Therèse Walter) è ritratta con una tecnica che fa apparire sia il viso pieno, sia il profilo della parte destra del volto, mentre nello specchio si riflette il "profilo nascosto". La figura reale sembra voler abbracciare quella riflessa e potremmo leggere questo slancio come una metafora della ricerca della conoscenza profonda di sé, anche perché l'immagine riflessa non restituisce tutta la bellezza del volto reale: probabilmente riflettendo su di sé la giovane pensa che dovrà invecchiare e il volto riflesso restituisce un'immagine di tristezza.

Tra incostanza ed esibizionismo

Nell'adolescenza il ragazzo e la ragazza, stimolati e provocati dalla crescita del proprio corpo, cominciano a prendere atto di non essere più dei bambini, ma dei soggetti che si avviano a diventare pienamente autonomi e a doversi inserire in un mondo che li attrae e li spaventa. Per questo è fondamentale poter sperimentare diverse vie, non fissarsi subito su di un unico progetto o scelta di vita, per capire in quale modo inserirsi nel "nuovo mondo" che si trova al di fuori delle mura famigliari. L'**incostanza** è quindi un tratto per molti aspetti positivo, che designa la ricerca della propria identità, il **chi sono io**? Non più bambino e non ancora adulto, **che cosa farò "da grande"?**

L'attenzione al *look*, il desiderio, spesso giudicato eccessivo dagli adulti, di mettersi in mostra (**esibizionismo**), la sopravvalutazione del come gli altri mi guardano e mi considerano non è sinonimo di superficialità, ma scoperta di essere gradevoli e piacenti non più solo per mamma e papà, ma anche per i compagni o le compagne di scuola, del gruppo sportivo o della comunità parrocchiale. Come dice efficacemente lo psicologo Giuseppe Cesari:

> “se esco di casa e nessuno «mi fuma», rimango un po' male... lo fate per attirare l'attenzione, perché se una persona mi nota significa che io ci sono, comincio ad avere un'identità che interessa a qualcuno. Perché ci tenete tanto ad avere quel tipo di gonna, quel tipo di maglia? Per esibirvi e non c'è niente di male, è una caratteristica tipica della vostra età".
>
> (G. Cesari, *Narciso è solo un fiore?*, Barghigiani, 1994)

La depressione: apprendistato per la vita adulta

Nell'adolescenza, accanto agli eccessi di entusiasmo, si hanno anche molti momenti bui: sono i tristi momenti della depressione e dello sconforto. Quando infatti ci si accorge che il proprio desiderio di essere notati, riconosciuti e apprezzati non si realizza, allora ci si sente sprofondare e verrebbe voglia di sparire o di ritornare bambini. È importante invece imparare a vivere anche questi mo-

Tra crisi e cambiamento

▼ (E. Bernard, *Madeleine nel Bois d'Amour*, 1888. Parigi, Musée d'Orsay)
Bernard aveva vent'anni quando dipinse questo ritratto della sorella Madeleine che ne aveva 17. Distesa in mezzo agli alberi, quasi immersa in un sogno a occhi aperti mentre ascolta i suoni della natura, ci fa pensare a quanto possa essere bello lasciarsi cullare dai nostri sogni e quanto possa essere difficile, talvolta, tornare alla dura realtà. Ma anche questo fa parte della fatica di crescere.

menti senza subito cercare conforto nel grembo famigliare. Nella vita adulta infatti capiterà molte altre volte di non essere capiti, valutati e apprezzati per come ci si aspetta.

Saper andare avanti anche in questi momenti significa cominciare ad allenarsi a vivere non più solo all'insegna del **principio del piacere** come si faceva da bambini, ma cominciare ad accettare anche quello che **Sigmund Freud**, il fondatore della psicologia moderna, chiamava il **principio di realtà** (**2**)

2 Il principio di realtà

«...quando siamo nati tutti noi abbiamo avuto come metro per misurare la bellezza, la bontà o la cattiveria delle cose... un principio che chiamiamo principio del piacere: giudichiamo giusto, bello e buono ciò che ci fa piacere, giudichiamo ingiusto tutto ciò che ci fa dispiacere. Se avete un bimbo per casa, vedrete che se la mamma gli dà un dolce è buona, se gli dà una sculacciata è cattiva. Il suo criterio morale è appunto il principio del piacere. Quando ragionate da soli con voi stessi, se siete andati male a una interrogazione perché non sapevate niente e prendete 3, la cosa vi secca ma capite che è giusta. Avete abbandonato il principio del piacere e siete entrati nel principio di realtà. È un principio adulto; un adulto vive secondo il principio di realtà e non secondo quello del piacere».

(G. Cesari, cit.)

Sigmund Freud

(1856-1939) Neurologo austriaco, di famiglia ebraica proveniente dalla Galizia, che si trasferì a Vienna per ragioni economiche. Fu il fondatore della *psicoanalisi*.
È noto per la sua teoria scientifica sull'inconscio, che eserciterebbe un influsso determinante sul pensiero e sui comportamenti umani. Base di molti processi interpretativi sono le varie forme che assume l'impulso sessuale nelle diverse stagioni della vita.
Di particolare interesse le sue riflessioni sulle associazioni libere, i lapsus, le interpretazioni dei sogni.

La ribellione: il bisogno di lanciare una sfida

Un'altra caratteristica tipica degli adolescenti è lo **spirito di ribellione** che sembra animare molti loro comportamenti. In particolare si litiga con i genitori, perché si vogliono ottenere i riconoscimenti della nuova condizione in cui ci si trova: si vuole più autonomia sui tempi di uscita e rientro a casa, una "paghetta" più consistente da gestire autonomamente, le vacanze con i propri amici... I genitori non sono più solo coloro che accudiscono e proteggono ma anche coloro che limitano, controllano e che soprattutto "non capiscono". Per questo c'è una contestazione molto accesa dei loro comportamenti e dei loro stessi limiti, spesso visti in modo esagerato e distorto. Anche questi comportamenti, che tanto inquietano genitori ed educatori, sono però indispensabili per poter crescere verso quell'autonomia di cui si sostanzia la vita adulta. La **conquista dell'autonomia** matura passa infatti anche per il momento della sfida. Di fronte a un mondo adulto che li considera ancora bambini, gli adolescenti lanciano il loro grido di protesta per dimostrare che si è già grandi, che si è già in grado di fare e decidere autonomamente, anche se poi il dubbio che non sia ancora vero cova sotterraneo.

Se nelle epoche precedenti alla nostra, gli adulti cercavano di arginare in un qualche modo queste turbolenze, sostanzialmente accettandole, oggi si corre un rischio nuovo e più pericoloso: quello di rimanervi indifferenti per cui

> in mancanza di una controparte adulta contro cui lanciare la loro sfida, sono molti i ragazzi che finiscono per macerare dentro di sé la rabbia, l'aggressività, la voglia di ribellione, aumentando così l'inquietudine e il malessere interiori caratteristici di quest'età".
>
> (S. Vegetti Finzi, A.M. Battistin, *L'età incerta. I nuovi adolescenti*, Mondadori, 2001)

Il mondo che vogliamo

▲ Il primo modo di interrogarci sulla realtà è quello di chiederci che cosa ci va bene e che cosa non ci va bene. Il modo più semplice di dare seguito a tali interrogativi è quello di "gridare", magari insieme ad altri, ciò che non ci va bene.

Per costruire la barca, sogna la meta

Oggi, più che in altre epoche, i giovani sono spesso lasciati a se stessi anche nella **scelta delle grandi mete** su cui orientare la propria vita. Il mondo degli adulti è troppo spesso appiattito su quei "valori" che a parole anch'esso condanna o che a suo tempo aveva criticato. Per questo la psicologa Silvia Vegetti Finzi afferma che:

> anche i ragazzi di oggi sono alla ricerca di un ideale, una passione che orienti la propria vita verso una meta. Con qualche difficoltà in più. È molto raro infatti che abbiano alle spalle genitori che li spingono a *essere* qualcuno, piuttosto che a *fare*, guadagnare e avere successo, come spesso succede oggi. Non solo, ma la stessa società nella quale sono chiamati a *essere* qualcuno e a *fare* qualcosa nel prossimo futuro appare in totale contrasto con i sogni, gli ideali, le passioni di cui si nutre l'adolescenza".
>
> (S. Vegetti Finzi, A.M. Battistin, cit.)

Per questo, oggi più che in altre epoche anche recenti, è forte la ricerca da parte degli adolescenti di un mondo "a parte" inaccessibile agli adulti, in cui poter elaborare un proprio stile di vita caratterizzato da nuovi idoli e nuovi ideali, cercando – se possibile – di sfuggire ai mondi "fatati" proposti dai media che rappresentano una sorta di "specchio elettronico" in cui molte persone vanno a cercare la propria identità.

(documento 8.2)

Cercando un orizzonte di senso

▶ (V. Grubicy de Dragon, *Poema invernale, mattino*, 1897. Milano, Civiche Raccolte d'Arte)
In ogni paesaggio, anche e soprattutto in quelli particolarmente suggestivi, vi è una zona che attira subito lo sguardo: la linea dell'orizzonte. In un'alba d'inverno la linea di orizzonte è il punto di origine di tutte le linee che fanno da sfondo e ci permettono di collocare le figure in primo piano. In fondo può essere lo stesso per la nostra vita: se troviamo un orizzonte di senso per cui valga la pena di spendere la vita sarà quello a "dare luce" a tutte le forme concrete che prenderanno le nostre azioni e i nostri progetti.

Scheda di lavoro

Osserva e confronta

L'autoritratto come ricerca di sé

Fase 1: prova a realizzare un autoritratto

Utilizzando la tecnica espressiva che preferisci (dipinto a colori, con matita o carboncino, scultura, ecc.) realizza un tuo autoritratto, anche stilizzato, in cui provi a esprimere il tratto della tua personalità che ti sembra più importante. Non è essenziale che il lavoro sia particolarmente bello dal punto di vista estetico (fai comunque del tuo meglio), ma è essenziale che sia significativo per te e che tu riesca a "vederci" qualcosa di profondamente "tuo".

Fase 2: osserva alcuni autoritratti di artisti famosi

Ti proponiamo adesso di osservare due autoritratti artistici e riflettere su di essi e su ciò che possono dire a te, specialmente se ti sei cimentato con lo stesso tipo di impresa.

J. Gumpp

N. Rockwell

- Che cosa rappresentano i due dipinti?
- Che cosa ti fanno venire in mente?
- Che cosa hanno in comune?
- C'è qualcuna delle difficoltà che hai incontrato tu che ti torna in mente guardando queste opere?

(documento 8.3)

Fase 3: discuti con un tuo compagno

Questa fase è del tutto "facoltativa", ma se il clima della classe lo consente, l'insegnante lo propone o tu hai un compagno con cui ti trovi particolarmente a tuo agio, potresti condividere con lui il tuo autoritratto (e lui il suo) e prima vedere se – senza dare spiegazioni – l'altro riesce a cogliere ciò che tu volevi esprimere (e viceversa). Successivamente potreste dire in modo esplicito che cosa volevate esprimere e perché per voi è importante.

Consigli di lettura

G. Grandi, *Persona felicità educazione. I legami che aiutano a crescere*, La Scuola, Brescia 2010.

Indicazioni cinematografiche

"L'attimo fuggente", di Peter Weir, USA 1989. Descrive la ricerca del proprio posto nel mondo all'interno di un collegio con la guida di un insegnante.

9. Il disagio giovanile nella società "liquida"

la posta in gioco

Nella cultura di oggi si moltiplicano i discorsi sui giovani, spesso con l'intento di comprendere una situazione che appare complessa. Una delle categorie che ricorrono più spesso è quella del disagio: termine con cui si indicano varie forme di difficoltà e di fatica nella difficile arte di crescere. Da un lato è importante capire quali ostacoli possono derivare dall'ambiente in cui viviamo, ma dall'altro lato è essenziale non limitarsi a un atteggiamento passivo e rinunciatario. Le varie forme di fatica e di disagio sono fatte per essere affrontate, in termini propositivi, cercando dentro di sé e nel confronto con gli altri le risorse per farlo.

Ti sei mai sentito "a disagio" in una situazione specifica? Riesci a immaginare che cosa voglia dire sentirsi a disagio nel proprio ambiente di vita, con i propri cari, con se stessi? Conosci persone che vivono forme di fatica o disagio?

Il **disagio** è uno stato di insoddisfazione, di **non adattamento all'ambiente e alla condizione in cui ci ritrova**. È una condizione di sofferenza che può manifestarsi in forme diverse. Alcune sono meno visibili o eclatanti, come certe forme di depressione, una persistente tristezza o passività nell'affrontare la vita. Altre invece sono più evidenti anche per le conseguenze sociali che generano: i comportamenti violenti a scuola o nella società, la tossicodipendenza, l'abuso di alcol, l'eccessiva velocità e anche inquietanti episodi di cronaca che hanno avuto come protagonisti dei giovani. Sono questi i cosiddetti casi di devianza in cui, al malessere per la propria condizione, si sommano comportamenti che vanno contro le norme del vivere civile... e del codice penale. Possiamo leggere alcune testimonianze di vita vissuta, che ci aiutino a entrare nel problema.

Tifosi violenti

▲ Le persone violente in genere non suscitano compassione. Ma ci si potrebbe chiedere: "perché lo fanno"? La violenza, oltre a creare dolore alle persone che ne sono vittima, è spesso rivelatrice di un disagio profondo da parte di chi la commette.

Dalla fine degli anni '70 in poi, cioè da quando il termine disagio ha cominciato ad affermarsi come chiave di lettura più sfumata, rispetto ad altri termini come *marginalità e devianza*, si è affermata anche la tendenza a ricercare le ragioni di un disagio diffuso in un clima sociale e culturale che sembra rendere la vita difficile. In altri termini, si è affermata l'idea che spesso sia la società a produrre disagio, specialmente nei giovani.

(documento 9.1)

Tra cultura della crisi e crisi della cultura

Positivismo

Movimento di pensiero che prende forma nella prima metà del XIX secolo e si caratterizza per una fiducia sconfinata nella scienza. Vengono di fatto screditate tutte le altre forme di approccio alla realtà, con particolare riferimento alla teologia e alla metafisica.

Guerra fredda

Espressione che indica lo stato di gravissima tensione che ha caratterizzato, dopo la fine della seconda guerra mondiale, i rapporti tra gli ex alleati del cosiddetto blocco occidentale (con a capo gli Stati Uniti) e quelli del blocco orientale (con a capo l'Unione Sovietica). Con l'inizio degli anni '80 inizia un processo di *distensione*, che ha il suo momento più significativo nel 1989, quando viene abbattuto il muro di Berlino, che divideva la città in un settore occidentale, a governo democratico, e un settore orientale, a regime socialista.

In generale si tende a sottolineare che alcune ragioni significative di disagio dipendono dal contesto in cui ci troviamo a vivere, anche se – a onor del vero – **quasi tutto il XX secolo è stato attraversato da una sorta di cultura della crisi**.

Il primo conflitto mondiale – la Grande Guerra – rappresentò un'immane tragedia sul piano umano, ma un dramma ancora più grave sul piano simbolico. Essa rappresentava il crollo delle illusioni del **positivismo**, secondo il quale la fiducia riposta nella scienza avrebbe dovuto condurre a un'epoca di prosperità e di pace. Si moltiplicano le pubblicazioni che parlano di una cultura occidentale ormai avviata sul viale del tramonto e prendono forma vere e proprie **filosofie della crisi**, ovvero sistemi di pensiero che rinunciano in modo programmatico alle rassicuranti certezze offerte dalle teorie filosofiche del XIX secolo. Possiamo dire che da allora il mito di una "umanità in crisi" si rigenera costantemente, traendo sempre nuovo alimento dalle successive vicissitudini storiche e culturali.

Non è difficile immaginare il ruolo che possono aver giocato in tal senso i grandi regimi totalitari del XX secolo, l'incubo della catastrofe nucleare che ha accompagnato gli anni della cosiddetta **guerra fredda**, i nuovi e caotici scenari seguiti al crollo del mondo bipolare, in cui il blocco orientale e quello occidentale erano tra loro contrapposti, ma – sostanzialmente – con modalità "ordinate", in cui almeno si sapeva da che parte guardare per vedere avvicinarsi il "nemico".

Il crescendo delle paure giunge fino ai nostri giorni, con gli incubi contemporanei di un terrorismo globale, che – con la distruzione delle Torri Gemelle di New York, l'11 settembre 2001 – inaugura il XXI secolo, offrendo nuovi elementi all'immaginario delle "paure globali".

Durante ciascuna di queste fasi non sono mancate le pubblicazioni che hanno enfatizzato timori e paure, dipingendo un mondo sull'orlo della rovina e un'umanità sul ciglio di un baratro.

Colpito il cuore dell'Occidente

▶ (Attentato alle Torri Gemelle, 2001, New York)
Con l'attentato alle Torri Gemelle i terroristi vollero colpire un simbolo, o meglio quello che loro ritenevano il simbolo dell'identità profonda dell'Occidente: il capitalismo imperialistico degli Stati Uniti. Ciò ha scatenato grandi paure e generato reazioni più o meno scomposte, sia a livello di politica internazionale, che a livello di comportamenti delle singole persone. Ma siamo sicuri che il vero cuore, dove sta il "tesoro" della nostra civiltà, fosse proprio quello?

Il disagio della società "liquida"

Uno degli elementi di crisi descritti da tempo dai sociologi è la **crisi del legame sociale**, dovuta al crescente individualismo, che tende a rendere sempre più deboli i vincoli di tipo sociale e comunitario, spontaneamente vissuti come tali. A tale crisi si è aggiunto il progressivo **venir meno di punti di riferimento condivisi**, sia a livello sociale sia a livello morale (relativismo etico), fino ad arrivare a quella che **Bauman** identifica come età dell'incertezza, utilizzando la fortunata metafora di una **società liquida** (**1**).

1 L'età dell'incertezza

«Oggi aleggia sul mondo lo spirito di un'incertezza di nuovo tipo, motivata non tanto da una sfiducia nella propria ingegnosità e astuzia, ma dalla perplessità circa la forma futura del mondo, circa l'idea che si avrà domani di una vita ragionevole e dei criteri che dopodomani valuteranno la giustezza delle decisioni vitali. Un nuovo aspetto di questa variante postmoderna dell'insicurezza (...) è anche il fatto di non vederla più come un fastidio momentaneo che, con i giusti interventi, sarà possibile attenuare o addirittura eliminare del tutto. Il mondo postmoderno si sta preparando a convivere stabilmente con l'incertezza, in condizioni minate per sempre da un'insicurezza refrattaria a qualunque tentativo di ridurla».

(Z. Bauman, *Il disagio della postmodernità*, tr. it. Bruno Mondadori, 2002)

Zygmunt Bauman

(1925)
Sociologo e filosofo polacco di origini ebraiche, ha messo in luce le caratteristiche di fluidità e incertezza della società in cui viviamo, per cui ha coniato la fortunata definizione di "società liquida".

Le persone che "abitano" la modernità liquida possono rapportarsi con essa secondo diverse modalità, trovandocisi più o meno a loro agio. Utilizzando la metafora del viaggio è lo stesso Bauman a individuare **due figure fondamentali**: quella del **turista** e quella del **vagabondo**. I **turisti** sembrerebbero gli abitatori "ideali" della liquidità, perfettamente integrati in essa; vivono in una sorta di bolla che li isola dal resto del mondo, si coinvolgono solo quel tanto che basta per spremere i piaceri che la realtà può offrire loro, pronti a cambiare aria non appena questi non siano più interessanti, o se ne profilino altri. I **vagabondi**, invece, si sentono quasi "costretti" a viaggiare, spesso vivono i luoghi in cui abitano come inospitali e si rimettono in viaggio quasi perché si sentono "scacciati" da essi.

(documento 9.2)

Gli uni vivono un disagio di cui non si rendono conto, ma a cui reagiscono attraverso una sorta di fuga continua, gli altri respirano il proprio senso di disagio e non vedono una via d'uscita.

Si tratta di un mondo senza traguardi e senza utopie, in cui – per rimanere all'interno della metafora del viaggiatore – **viene meno la figura tipica di viaggiatore capace di senso**: il "pellegrino" che parte da un luogo che abbandona e cerca di raggiungere un traguardo (anche lontano e difficile), che ha la funzione di una meta sensata, "degna" del viaggio che si compie.

Il pellegrinaggio terreno

▶ (E. Munch, *Morte al timone*, 1893. Oslo, Munch-museet)
Munch è il pittore dell'angoscia e, parlando di sé, ebbe a dire che senza l'angoscia la sua vita sarebbe stata una nave senza timone. In questo dipinto è la morte stessa a fungere da timoniere, in un pellegrinaggio di cui conosciamo in anticipo il punto di approdo. Per altri, invece, la morte è soltanto un passaggio e il vero punto di approdo è oltre quel passaggio.

Dalle "passioni tristi" all'analfabetismo affettivo

Miguel Benasayag

(1953)
Nato in Argentina, vive da molti anni a Parigi. Filosofo e psicoanalista, è autore di molte opere.

Gérard Schmit

Psicoanalista e terapeuta della famiglia, è professore di Psichiatria infantile e dell'adolescenza presso la facoltà di Medicina di Reims.

La situazione di incertezza, che abbiamo sommariamente richiamato con l'aiuto di Bauman, si traduce facilmente in una **difficoltà di costruzione delle identità personali**. Due psichiatri francesi – **Benasayag** e **Schmit** – dedicano a questo tema un saggio molto pertinente, e con un titolo particolarmente suggestivo: *L'epoca delle passioni tristi*. Con tale espressione essi fanno riferimento, in particolare, all'impotenza e alla disgregazione, o comunque alle passioni che generano un senso di impotenza e depotenziano una possibile reazione operativa.

Il dolore dietro la maschera

▶ (E. Munch, *Angoscia*, 1894. Oslo, Munch-museet)
Munch volle introdurre sullo sfondo del celebre "Grido" il motivo della sofferenza che – secondo la sua visione – si nasconde dietro la maschera della normalità che ognuno indossa ogni giorno. Anche oggi, se lasciamo prevalere le "passioni tristi" rischiamo di sprofondare in una noia di vivere, da cui è difficile uscire.

(documento 9.3)

Potremmo considerare questo uno degli "effetti collaterali" della società dell'incertezza in cui siamo chiamati a vivere (**2**). Ciò si ripercuote in modo specifico sulla formazione della personalità e incide particolarmente sugli adolescenti, che sperimentano una difficoltà speciale a compiere il proprio compito evolutivo.

Questo non significa che tutti i giovani siano afflitti da *passioni tristi* o siano in difficoltà a trovare orizzonti di senso, ma semplicemente che il contesto culturale e sociale non offre un aiuto significativo alla persona che deve compiere il difficile mestiere di crescere.

(documento 9.4)

Più in generale si sottolinea il **diffondersi di un certo analfabetismo affettivo**, inteso come scarsa capacità di gestire e comunicare le proprie emozioni. Ciò dipende dalla difficoltà di distinguere le emozioni l'una dall'altra e dagli stati somatici che le accompagnano, ma soprattutto dall'incapacità di "pensare ai sentimenti", in un dialogo con se stessi che si realizzi prima di tutto nel proprio mondo interiore. Tale incapacità si traduce spesso in un rifugiarsi frettoloso nell'azione, in quanto contesto capace di generare nuove emozioni, che a loro volta saranno difficili da gestire, ma soprattutto nella grande difficoltà a servirsi del linguaggio come mezzo di espressione dei sentimenti, sostituendo il parlare con l'azione fisica diretta.

2 Il prolungarsi dell'adolescenza come sintomo di disagio

«In una società stabile, o mediamente stabile, la "crisi dell'adolescenza" finisce quando il giovane raggiunge una certa stabilità e può entrare a pieno titolo nella società – in altri termini, quando si proietta in un futuro insieme personale e collettivo. L'adolescenza e i suoi problemi – che sono, lo sottolineiamo, al centro della nostra riflessione –, questo momento della vita abitualmente designato come momento di crisi e di rottura, non esistono in tutte le culture, tutt'altro: nelle società desacralizzate, l'adolescenza occupa il posto dei riti iniziatici e di passaggio esistenti in altre culture. Senza riti, ma con la medesima intenzione, la società sancisce che il giovane deve entrare ormai a far parte di una comunità, non più come figlio, ma come suo membro, che è tenuto a essere membro e a sentirsi responsabile, a suo modo, di questa stessa comunità. (...) Per questo non possiamo parlare di un semplice "prolungamento" del periodo dell'adolescenza: si tratta, in realtà, di un sintomo della profonda instabilità della nostra società. Si direbbe quasi che chi entra nella crisi adolescenziale non possa uscirne perché la crisi personale si scontra con quella della cultura. L'adolescente che si rivolge ai nostri servizi, lo studente che non riesce a risolvere le sue difficoltà a scuola, il giovane che sfida la polizia nel quartiere non "prolungano" semplicemente la loro adolescenza: ognuno di loro si trova nell'impossibilità di vivere la propria adolescenza, dal momento che la società non è più in grado di offrirgli il contesto protettivo e strutturante che questa fase esige».

(M. Benasayag, G. Schmit, *L'epoca delle passioni tristi*, tr. it. Feltrinelli, 2005)

E. Munch, *Malinconia*, 1894-1895 (Bergen, Collezione Rasmus Meyer).

Bullismo

Si tratta di un "abuso di potere", che può tradursi in comportamenti anche violenti, come molestie verbali, aggressioni fisiche, persecuzioni. Si parla di bullismo quando:
1) si verificano comportamenti di prevaricazione,
2) questi si ripetono nel tempo,
3) sono coinvolti sempre gli stessi soggetti, di cui uno in posizione dominante (bullo), l'altro in difficoltà a difendersi (vittima).

Edmondo De Amicis

(1846 - 1908) Ufficiale e combattente, abbandonò la carriera militare per l'attività letteraria, diventando un importante scrittore. La sua opera più famosa è il romanzo *Cuore* (1886), uno dei testi più popolari della letteratura italiana per ragazzi.

Il fenomeno del bullismo

Una delle situazioni in cui il passaggio all'azione fisica diretta è particolarmente negativo si ritrova nel fenomeno del **bullismo**. Si tratta di un insieme di comportamenti che non si verificano solo ai giorni nostri, tanto è vero che possiamo leggere testimonianze di bullismo a scuola in alcune pagine, molto toccanti, del libro *Cuore*, di **De Amicis**.

(documenti 9.5 e 9.6)

(documento 9.7)

Spesso il punto di partenza può essere una presa in giro, fondata su atteggiamenti discriminatori nei confronti di chi viene percepito come "diverso", ma il fenomeno tende ad autoalimentarsi soprattutto se la vittima manifesta la sua vulnerabilità e la sua incapacità di difendersi. Altrettanto significativo è l'atteggiamento delle altre persone che assistono ai fatti di bullismo (3).

3 I protagonisti del bullismo

«A una prima osservazione i ruoli in gioco si direbbero il bullo e la vittima, ma è già abbastanza chiaro che le cose non sono così semplici.
Tra gli attori di prepotenze si distinguono:
– il *bullo leader*, ideatore delle prepotenze (non sempre perpetratore),
– i *gregari*, che partecipano alle prepotenze sotto la sua guida,
– i *sostenitori*, coloro che assistono senza prendere parte all'azione ma sostenendola attivamente con incitamenti, risolini e via di seguito. (...)
Tra le vittime si parla di:
– *vittima passiva*, che subisce le prepotenze senza riuscire a reagire;
– *vittima provocatrice*, che ingaggia duelli serrati con il bullo, stuzzicandolo, fino a che questo non risponde con un'azione di prepotenza.
Infine gli astanti:
– gli *spettatori neutrali* che non prendono una posizione di fronte alle prepotenze o che non sono mai presenti agli episodi;
– i *difensori della vittima*, gli unici ad assumersi il rischio di andare contro corrente di fronte all'autorità del più forte (...)».

(E. Buccoliero, M. Maggi, *Bullismo, bullismi. Le prepotenze in adolescenza, dall'analisi dei casi agli strumenti d'intervento*, Franco Angeli, 2005)

Lotta per l'identità

▶ (F. Goya, *Duello rusticano*, 1821 circa. Madrid, Museo del Prado)
Talvolta il confronto con gli altri si realizza nella serenità del dialogo, talvolta vi è un conflitto che sorge per una ragione più o meno futile (a questo ci fa pensare il *Duello rusticano* di Goya), talvolta vi è una violenza patologica, come nel caso del bullismo, per affermare la propria identità. In realtà la lotta vera, per la nostra identità, si combatte dentro di noi, mentre cerchiamo di capire chi siamo e chi vorremmo essere.

Al di là della complessità della situazione e della necessità di farsene carico dal punto di vista educativo, gli studi sul bullismo ci aiutano a gettare ulteriore luce sui temi del disagio giovanile. In primo luogo **il punto di**

partenza è una instabilità affettiva (il bullo *ha bisogno* di affermarsi), che trova nell'incapacità di accettare il diverso la sua valvola di sfogo. Particolarmente importante è il **contesto socio-relazionale** in cui si realizzano gli episodi di bullismo, con un ruolo importante sia dei **gregari** (coloro che attivamente cooperano all'azione di tipo persecutorio), sia anche dei cosiddetti **sostenitori**: vengono enumerati tra i soggetti "attivi" dell'atto di bullismo (cioè come bulli anche loro), perché sostenendo e incoraggiando l'azione dei bulli si rendono di fatto complici della stessa azione, che tenderà a ripetersi proprio perché non incontra una presa di distanza da parte degli altri.

Capire per reagire

Prendere coscienza delle varie forme di difficoltà e disagio non basta. Essenziale è chiedersi **dove trovare le forze per reagire in termini positivi e propositivi**. Anche le analisi socio-culturali di tipo eccessivamente "depressivo" non sono di aiuto, perché – in qualunque ambiente e in qualunque contesto – le persone hanno sempre la possibilità di "reagire", andando alla ricerca di punti di riferimento positivi. In ambito scolastico tale linea di riflessione si è affermata in modo progressivo, a partire da una consapevolezza maturata nel corso degli anni '90 attorno a un'iniziativa denominata *Progetto Giovani*, in cui emergevano alcuni slogan centrati sull'idea dello "star bene" (con se stessi, con gli altri, con il mondo).

Più in generale possiamo dire che **la maggiore conoscenza di sé** (a partire dalla sfera emotiva) e la **migliore comunicazione con gli altri** rappresentano il punto di partenza, su cui si innesta la capacità di costruire insieme **beni relazionali**. In altri termini non è sufficiente "stare insieme", ma è essenziale imparare a "costruire insieme", a partire da obiettivi comuni e condivisi e dalla volontà di andare oltre i confini del proprio individualismo, che spesso sono anche i confini che racchiudono le ragioni del proprio disagio.

Cerchiamo di leggere dentro di noi

▶ (P. Picasso, *Grande bagnante con un libro*, 1937. Parigi, Museo Picasso)
Man mano che facciamo chiarezza dentro noi stessi, che riusciamo a "leggerci dentro" e trovare qualche certezza, diviene più facile apprezzare gli altri come un dono. I beni relazionali sono quelli più preziosi, ma per donarli e apprezzarli bisogna essere liberi dentro.

Scheda di lavoro — Impara ad ascoltare

Esprimere i propri bisogni affettivi

Ecco un gioco di gruppo per imparare a esprimere i propri bisogni affettivi.

Ci si siede in cerchio, eliminando i banchi (o spostandosi in un luogo dove non ci siano); prendete con voi carta e penna.

Ciascuno raccoglie le idee e pensa a un desiderio che sente come particolarmente significativo in questo momento della propria vita, un bisogno affettivo particolare, o una dinamica relazionale che vorrebbe veder migliorare e lo scrive sul proprio foglietto in termini sintetici.

Chi vuole – piegato il foglietto – lo porta al centro del cerchio (non è obbligatorio che tutti lo facciano, mentre è importante che tutti lo abbiano scritto). Sarà sempre possibile portare il proprio foglietto anche in un secondo momento.

L'insegnante, dopo avere mescolato i foglietti, inizia a estrarli uno alla volta e li legge ad alta voce. Man mano che viene letto il contenuto di un foglietto chi si sente "colpito" da ciò che vi è scritto (può essere la stessa persona che lo ha scritto, ma non necessariamente) si alza ed esprime con libertà il proprio sentire. Può trattarsi di una semplice condivisione di uno stato d'animo, oppure di una considerazione o riflessione.

Tutti ascoltano in silenzio, dopo che una persona si è espressa possono esprimersi anche le altre, ma non per "discutere" ciò che è stato detto (l'espressione dei bisogni affettivi si "accoglie" e basta), bensì per esprimere a propria volta il proprio stato d'animo, nella certezza che anche la sua espressione sarà accolta senza essere giudicata.

Al termine l'insegnante potrà cercare di tirare le fila sugli elementi più importanti che sono emersi.

(documento 9.8)

M. Amano, *Senza titolo*, 2004.

Consigli di lettura

M. Benasayag, G. Schmit, *L'epoca delle passioni tristi*, tr. it. Feltrinelli, Milano 2005.

Indicazioni cinematografiche

"This is England", di Shane Meadows, Inghilterra 2006. Un ragazzino entra in un gruppo di skinheads per cercare la propria identità.

10. Alla scoperta dell'altro: chi trova un amico trova un tesoro

la posta in gioco

«Chi trova un amico trova un tesoro», dice un proverbio... che guarda caso si trova nella Bibbia! Tanti pensatori si sono confrontati con il tema dell'amicizia e ci hanno lasciato delle perle di saggezza. Nessuno può essere felice senza amici, ma è essenziale che siano amici "veri", mentre spesso ci imbattiamo in rapporti superficiali, che ci illudono o comunque lasciano il tempo che trovano. Di fronte a un termine sempre evocativo, ma talora inflazionato, è importante ritrovare in se stessi le ragioni profonde di un'amicizia autentica, che ciascuno di noi confronterà con la propria propensione nei confronti dell'amicizia di Dio.

Che cos'è per me la vera amicizia? Ci sono dei criteri per riconoscere un vero amico? E, in fondo, chi sono per noi quelli che in Facebook si chiamano "amici"?

Scriveva un uomo molto saggio, **Alcuino di York**, che «un'amicizia che può essere disciolta non è mai stata vera, un vero amico lo si cerca sempre, lo si trova a stento, lo si conserva con difficoltà». Forse la prima parte della sua riflessione potrebbe essere riformulata, perché – in fondo – anche nelle amicizie più profonde è sempre possibile che qualcuno venga meno alle esigenze dell'amicizia stessa. Ma in questo caso non diciamo semplicemente che quell'amicizia è finita, diciamo prima di tutto che è stata "tradita", cioè che uno dei due ha tenuto un comportamento totalmente inatteso e incompatibile con l'amicizia. Resta invece molto intuitivo il fatto che **tutti cercano un vero amico**, che non è facile trovarlo e che comunque ci sono delle difficoltà, perché la vera amicizia è "esigente", anche se – proprio in forza dell'amicizia – tali esigenze non sono vissute come pesanti.

Mano nella mano

(Bassorilievo, I secolo. La Horge au Sablon, Francia) La mano che si protende nel buio della solitudine, per cercare di afferrare qualcosa, trova se stessa quando incontra un'altra mano, pronta a stringerla. Le mani degli amici si stringono, cercano il contatto, ma non il possesso.

Alcuino di York

(735 d.C.-804) Filosofo e teologo, si impegnò intensamente in campo culturale e fu uno dei principali artefici della rinascenza carolingia. Insegnò grammatica e arti liberali. Dopo avere compiuto sessant'anni fu nominato – da Carlo Magno – abate di San Martino a Tours, dove si dedicò alla scuola monastica.

Un termine "inflazionato"

Un tempo il termine amicizia veniva utilizzato con parsimonia: ciascuno facilmente dichiarava di avere molti "conoscenti", ma pochi veri amici. Progressivamente il termine è stato utilizzato in contesti sempre più ampi, applicandolo – per esempio – alla cerchia di coloro con cui si passa abitualmente

Tra reale e virtuale

▲ Nei social network si parla di "amici": sarebbe più corretto parlare di "contatti". Del resto anche nella vita reale spesso si chiamano amici quelli che sono poco più che conoscenti, compagni di qualche impresa o semplicemente compagni di divertimenti. La vera amicizia è qualcosa di molto più profondo.

il tempo libero, fino ad arrivare ai **social network**, dove (pensiamo ad esempio a Facebook) si chiamano *amici* quelli che dovrebbero più propriamente essere chiamati *contatti*. Già a questo livello si creano comunque degli equivoci, perché alcune espressioni, come "concedere" o "rifiutare l'amicizia" vengono investite di una carica emozionale molto diversa da quella che avrebbero se si parlasse di essere o non essere ammessi a far parte della propria rete di contatti.

Ma è soprattutto nelle relazioni reali, con le persone in carne e ossa, che si pongono le questioni più significative dal punto di vista esistenziale. A ciascuno sarà capitato più volte di chiedersi se una persona che ci sta a cuore può essere considerata un *vero amico*. Talvolta ci saremo fatti questa domanda dopo una delusione, un comportamento inaspettato, o – più precisamente – un comportamento che non ci saremmo aspettati da un amico. Altre volte il pensiero può esserci venuto mentre gustavamo la gioia di un rapporto umano intenso, profondo, di cui quasi esclamare quanto sia bella la gioia dell'amicizia.

(documento 10.1)

(scheda di lavoro 10.2)

Social network

L'espressione inglese significa letteralmente "rete sociale" e potrebbe essere applicata a qualsiasi legame complesso tra individui, connessi tra loro da diversi rapporti sociali. Con la diffusione dei nuovi media e del web il termine è stato sempre più utilizzato per indicare i legami sociali che si vengono a creare "in rete", tramite il collegamento di persone che entrano in contatto tra di loro e ciascuno entra a far parte della "rete di contatti" dell'altro. Tra gli esempi più noti di *social network* in rete: Facebook, Twitter, Linkedin, ecc.

Tra i tesori dell'umana saggezza

Molti grandi pensatori, nel corso dei secoli, si sono occupati dell'amicizia, perché in essa hanno riconosciuto un **bene essenziale per l'uomo**. Aristotele dedica una parte consistente del suo trattato sull'etica (*Etica Nicomachea*) proprio a questo tema e parte precisamente dalla constatazione di quanto essa sia importante per essere felici (**1**).

1 | L'importanza dell'amicizia

«Nessuno sceglierebbe di vivere senza amici, anche se avesse tutti gli altri beni (...) e si ritiene che gli amici siano il solo rifugio nella povertà e nelle altre disgrazie; e ai giovani l'amicizia è d'aiuto per non errare, ai vecchi per assistenza e per la loro insufficienza ad agire a causa della loro debolezza, a quelli che sono nel pieno delle forze per le belle azioni».

(Aristotele, *Etica Nicomachea*, 1155a, Laterza, 1979)

Sulla stessa linea si possono collocare le riflessioni di Cicerone, che all'amicizia dedica un dialogo (*Laelius, sull'amicizia*), o di Epicuro che – nella *Lettera a Meneceo* – invita il giovane a meditare sui saggi consigli per essere felice «assieme a chi gli è simile», cioè agli amici che condividono gli stessi valori e la stessa prospettiva di vita. Infatti anche per questi filosofi il problema di scegliere dei buoni amici, in modo da ritrovarsi dei **veri amici**, è probabilmente quello più importante e complesso.

Particolarmente interessante è la riflessione di Aristotele, che distingue tre tipologie di amicizia, secondo le tre possibili tipologie di "ragioni" per cui si può amare qualcosa o qualcuno. Si può amare qualcosa (e forse anche qualcuno) perché la riteniamo *utile*, *piacevole* o perché per noi rappresenta un *bene*. Ne risulterebbero **tre tipologie di amicizia**:

1. Le **amicizie fondate sull'utilità**, che anche oggi chiamiamo **amicizie interessate**, e che di fatto non sono amicizie autentiche e sono certamente precarie, perché una volta terminata la ragione "utilitaristica" che le aveva fatte sorgere, automaticamente finiscono.
2. Le **amicizie fondate sul piacere**, che sembrerebbero più affidabili, perché si sceglie di frequentarsi se si sta bene insieme. Ma in realtà anche tali amicizie (proprie soprattutto dei giovani) sono volubili, perché i gusti cambiano e cambia anche ciò che può darci piacere; così cambiano le condizioni emotive che ci fanno gustare i piaceri... e di riflesso cambia anche il sentimento nei confronti di chi – in altre condizioni – avevamo trovato piacevole.
3. Le **amicizie fondate sul reciproco volersi bene di quanti vogliono il bene**. Aristotele collega insieme una prerogativa generale della persona (essere virtuoso e amante del bene) con la capacità di questa stessa persona di volere anche il bene di un altro, ovvero di amare un amico "come un altro se stesso". Solo queste sono amicizie autentiche e sono anche le sole che possono aspirare a rimanere stabili nel tempo.

L'amicizia risplende

▲ (D. Rivera, *L'abbraccio*, 1923. Città del Messico, Ministero della Pubblica Istruzione)
L'incontro tra due amici rappresenta una luce vivificante, che è in grado di illuminare un paesaggio spoglio, ma anche di dare luce all'aridità che spesso si sperimenta nelle nostre relazioni e nella nostra società.

Andando a leggere il testo aristotelico, che è di straordinaria ricchezza, si coglie una pluralità di spunti, ma vi è un doppio filo conduttore che collega la sua valutazione filosofica delle tre tipologie di amicizia. Da un lato vi è una sorta di "analisi logica" delle ragioni su cui ciascuna di esse si fonda (un'amicizia fondata sull'utile è legata alle dinamiche dell'utilità); dall'altro

(documento 10.3)

Martin Buber

(1878-1965) Filosofo e teologo austriaco, in lui si intreccia una profonda cultura ebraica con un'attenzione significativa ai temi della filosofia moderna. La sua riflessione si caratterizza per una *filosofia della intersoggettività*, o anche del dialogo.

Michel de Montaigne

(1533-1592) Importante filosofo francese, noto anche come scrittore politico e autore di aforismi. Il suo interesse principale riguarda l'uomo; di qui il carattere autobiografico di molti scritti. Filosoficamente si caratterizza per una posizione sostanzialmente scettica.

lato vi è una sorta di appello all'esperienza di chi legge, perché ciascuno ha sperimentato la delusione per un'amicizia che finisce e – probabilmente – di fronte alla fine di un'amicizia, si è reso conto che forse era fondata su un equivoco, ovvero uno dei due non stava cercando il bene dell'altro, ma un proprio interesse o semplicemente una piacevole compagnia.

Martin Buber è ancora più "radicale" nell'affermare che la relazione di amicizia, in cui un "io" si pone in relazione autentica con un "tu", è addirittura "costitutiva" della sua identità (**2**).

2 Il rapporto "Io-Tu"

«L'uomo diventa io a contatto con il tu. Ciò che sta di fronte viene e si dilegua, eventi di relazione si condensano e si disperdono, e in questo scambio, ogni volta accresciuta, si fa chiara la coscienza di quell'elemento che rimane uguale fra i due, la coscienza dell'io. Certo, essa appare ancora solo nella trama del rapporto, nella relazione con il tu, pur prorompendo con sempre più forza, fino al punto in cui il legame si spezza e, per un istante, l'io sta di fronte a se stesso, a quello che è stato separato, come di fronte a un tu, per prendere subito possesso di sé e da allora in poi entrare consapevolmente nelle relazioni».

(M. Buber, *Io e Tu*, in Id., *Il principio dialogico e altri saggi*, San Paolo, 1993)

Arcabas, *La visitazione* (Grenoble, Chiesa di Saint Hugues de Chartreuse).

Le pagine che in letteratura vengono dedicate all'amicizia sono numerose e spesso toccanti. Si può leggere – ad esempio – una pagina di Edmondo De Amicis, in cui si descrive il coinvolgimento emotivo che caratterizza il sorgere e il consolidarsi di un'amicizia. Potremmo dire che vi è una sorta di "innamoramento amicale", nel senso che una persona ci attrae, ci "ispira", quasi ci "seduce" come amico e noi stessi cogliamo di essere altrettanto importanti per quella persona. Possiamo cogliere tale suggestione anche attraverso le parole di **Montaigne** (**3**).

(documento 10.4)

3 | La forza "attrattiva" dell'amicizia

«C'è, al di là di ogni mio ragionamento, e di ciò che io ne posso dire in modo particolare, non so qual forza inesplicabile e fatale, mediatrice di questa unione. Ci cercavamo, prima di esserci veduti, e per quello che sentivamo dire l'uno dell'altro, e che aveva nel nostro affetto più spinta di quanto non comporti, ragionevolmente, ciò che si sente dire, credo per qualche disposizione celeste: noi ci abbracciavamo attraverso i nostri nomi. E al nostro primo incontro (...) ci trovammo così legati, così conosciuti, così uniti fra noi, che da allora niente ci fu così vicino come noi, l'uno all'altro».

(M. de Montaigne, *Dell'amicizia*, in Id., *Saggi*, Adelphi, 1966)

La Bibbia si occupa dell'amicizia in modo profondo

Il tema dell'amicizia è fortemente presente nella Bibbia, fin dall'Antico Testamento, a partire da alcune grandi narrazioni di amicizie profonde, come quella tra Rut e Noemi (Rut 1) o tra Gionata e David (1 Samuele 19-27). Si tratta di racconti di struggente bellezza: nel primo caso è la giovane Rut che – dopo la morte del marito – segue la suocera Noemi, che ritorna dai campi di Moab alla sua terra, Betlemme, nonostante là l'attenda un futuro incerto. Nel secondo caso Gionata, figlio di Saul, aiuta David a salvarsi dalle insidie tese dal re: l'amicizia è più forte dello stesso legame di parentela.

Un vero amico

◀ (G.B. Cima da Conegliano, *David e Gionata*, 1505-1510. Londra, National Gallery)
Gionata e David sono ritratti mentre conversano subito dopo la grande impresa di David, che tiene in mano la testa di Golia. Il testo biblico sottolinea l'intensità dell'amicizia, affermando che «la vita di Giònata s'era legata alla vita di David, e Giònata lo amò come se stesso» (1Sam 18,1).

Vi sono anche dei veri e propri "consigli" su come procurarci e conservare gli amici, che troviamo nella letteratura sapienziale. Possiamo leggere insieme un bel testo del libro del Siracide, in cui si trova il proverbio che abbiamo evocato all'inizio: chi trova un amico, trova un tesoro (**4**).

4 | Consigli sull'amicizia

«Una bocca amabile moltiplica gli amici, una lingua affabile le buone relazioni. Siano molti quelli che vivono in pace con te, ma tuo consigliere uno su mille. Se vuoi farti un amico, mettilo alla prova e non fidarti subito di lui. C'è infatti chi è amico quando gli fa comodo, ma non resiste nel giorno della tua sventura. C'è anche l'amico che si cambia in nemico e scoprirà i vostri litigi a tuo disonore. C'è l'amico compagno di tavola, ma non resiste nel giorno della tua sventura. Nella tua fortuna sarà un altro te stesso e parlerà liberamente con i tuoi servi. Ma se sarai umiliato, si ergerà contro di te e si nasconderà dalla tua presenza. Tieniti lontano dai tuoi nemici e guardati anche dai tuoi amici. Un amico fedele è rifugio sicuro; chi lo trova, trova un tesoro. Per un amico fedele non c'è prezzo, non c'è misura per il suo valore. Un amico fedele è medicina che dà vita: lo troveranno quelli che temono il Signore. Chi teme il Signore sa scegliere gli amici: come è lui, tali saranno i suoi amici».

(Sir 6,5-17)

Dio è un amico fedele

▲ (*Dio appare a Mosè inginocchiato in preghiera*, miniatura lombarda del XV secolo)
Il rapporto di Dio con Mosè è davvero speciale, egli è in contatto diretto con Lui ed è in forza di tale contatto che può parlare a Suo nome a tutto il popolo e guidarlo secondo la volontà di Dio. Il rapporto personale con Dio è la fonte di ogni altra forma di relazione.

Non può non colpire la profonda sintonia che troviamo tra questo testo e la riflessione aristotelica. Anche il testo del Siracide – se lo leggiamo con attenzione soprattutto agli elementi di umana saggezza – parla di veri amici e falsi amici, precisando in particolare come vi è chi ti è amico quando gli fa comodo (amicizie fondate sull'utile), ma non resiste nel giorno della sventura. Vi è il «compagno di tavola» (amicizie fondate sul diletto), ma anche quelle sono amicizie che non resistono nel giorno della sventura. Vi è infine l'amicizia di chi teme il Signore (che corrisponde, in termini aristotelici, a quella dei virtuosi che vogliono il bene dell'amico come tale), che saprà essere fedele (come è fedele il Signore), anche nella sventura. Solo questi sono i veri amici, è difficile trovarli, come trovare un tesoro.

In realtà i messaggi più "forti" in tema di amicizia – nella Bibbia – sono riservati al **rapporto dell'uomo con Dio**, fin dall'Antico Testamento, in cui ritroviamo la figura di Abramo, che Dio stesso identifica come suo amico («ma tu, Israele, mio servo, tu Giacobbe, che ho scelto, discendente di Abramo, mio amico», Is 41,8) e quella di Mosè, con cui il Signore parlava «faccia a faccia» (Es 33,11), come si fa con gli amici.

In entrambi i casi si fa riferimento all'amicizia con il popolo di Israele, il popolo che è stato "scelto" (eletto), così come si fa con gli amici. Nel Nuovo Testamento il tema dell'amicizia con Dio è al centro della predicazione di Gesù, che esplicitamente dichiara ai discepoli che non li chiama "servi", ma "amici" in forza della condivisione totale di ciò che egli ha avuto dal Padre (Gv 15,15). Tra i testi più toccanti possono essere quelli che descrivono l'amicizia di Gesù con Lazzaro (Gv 11), ma possiamo anche rileggere, come testo "speculare" a quello sopra citato del Siracide, l'inno all'amore che troviamo in san Paolo (**5**).

Gesù pianse l'amico Lazzaro

▲ (*La risurrezione di Lazzaro*, tempera su tela, XIV secolo. Città del Vaticano, Pinacoteca Vaticana)
Gesù, giunto a Betania, di fronte al sepolcro dove era sepolto Lazzaro scoppiò in pianto, perché lo amava profondamente.
La risurrezione dell'amico è invece da leggere alla luce di un disegno più alto, quello di rendere testimonianza a Dio perché le persone – credendo – possano trovare il loro "vero bene": la salvezza. Anche questo è proprio dell'amicizia: cercare il vero bene dell'amico e, per i cristiani, non solo degli amici.

5 Inno alla carità

«La carità è magnanima, benevola è la carità; non è invidiosa, non si vanta, non si gonfia d'orgoglio, non manca di rispetto, non cerca il proprio interesse, non si adira, non tiene conto del male ricevuto, non gode dell'ingiustizia ma si rallegra della verità. Tutto scusa, tutto crede, tutto spera, tutto sopporta. La carità non avrà mai fine».

(1Cor 13,4-8)

Incontro tra Pietro e Paolo, mosaico, secolo XII-XIII (Duomo di Monreale).

Scheda di lavoro

Ascolta e discuti

Una "hit parade" dell'amicizia

Quando abbiamo la fortuna di vivere un'esperienza di autentica amicizia spesso non abbiamo parole per descriverla. Per questo può essere utile andare a cercare tali parole in testi suggestivi che ci sembrino rispecchiare la nostra esperienza.

Fase 1: alla ricerca di una canzone

Prova a pensare se, tra le canzoni che conosci, ve ne sia una che ti dice qualcosa di particolarmente significativo sul tema dell'amicizia. Non importa quale sia il genere musicale a cui appartiene o l'epoca (vanno bene anche canzoni "vecchie"), essenziale è che tu ti ritrovi in ciò che dice sull'amicizia o che ti suggerisca almeno uno spunto che ti convince.

Fase 2: confronto in classe

Ciascuno dice qual è la canzone a cui ha pensato e che cosa ci ha trovato di particolare. Se alcune canzoni sono molto "gettonate" e non conosciute da tutti si potrebbero ascoltare insieme e poi discutere su ciò che suggeriscono a ciascuno.

Fase 3: possibili approfondimenti o ulteriori attività

Se questa attività ha stimolato interesse e curiosità è possibile pensare a molti possibili approfondimenti.

(scheda di lavoro 10.5)

Alla ricerca di un film sull'amicizia

In questo caso l'oggetto su cui confrontarsi è più complesso, perché si tratta di individuare – tra i film che ciascuno ha visto e trovato interessanti – uno che possa utilmente attivare un confronto sull'amicizia. Si potrebbe procedere in questo modo:

- dividetevi in gruppi di 5-6 persone, in cui ciascuno propone un film sull'amicizia, che gli abbia detto qualcosa di interessante e significativo. Per ogni proposta si raccoglie un "parere motivato". Se i film proposti sono diversi, si stabilisce quale scegliere come espressione condivisa del sentire del gruppo; se non tutti li hanno visti è possibile darsi un tempo in cui ciascuno può vedere i film che non conosce;
- ciascun gruppo riferisce in classe qual è il film scelto e quali sono le motivazioni per cui gli sembra significativo per il tema;
- al termine dell'attività la classe può decidere di guardare insieme il film che è risultato più "convincente" per i diversi gruppi oppure si potranno vedere solo le sequenze più significative e discutere insieme sull'immagine di amicizia che ne emerge.

Consigli di lettura

F. Uhlman, *L'amico ritrovato*, tr. it. Feltrinelli, Milano 2012.

Indicazioni cinematografiche

"Stand by me" (*Ricordo di un'estate*), di Rob Reiner, USA 1986. Racconta di un gruppo di adolescenti alla scoperta dell'amicizia e della vita.

Il mistero della salvezza

2 Area di competenza

Spesso siamo tentati di "dare per scontato" di conoscere e avere capito i temi fondamentali dell'identità cristiana, della storia della salvezza, della figura di Gesù: ne abbiamo sentito parlare tante volte, fin da bambini!
In realtà, quando si parla di questi temi vi è molta superficialità, imperversano pregiudizi e luoghi comuni.
Per questo è necessario mettere in atto percorsi formativi che consentano di affrontare l'identità cristiana, l'approccio alla Bibbia e il magistero della Chiesa con buoni strumenti critici, in modo che ciascuno possa formarsi un proprio giudizio. Sarà così possibile anche confrontarsi seriamente con le proposte di vita che tali temi suggeriscono e cercare risposte agli interrogativi esistenziali che aprono.

FONTI STORISES SUS GESUS

SCRISES
CRISTIANE
NON CRISTIANE

NON SCRITTE
SISDONE (!?)

QUESTO LIBRO
E' DI GIROLETTI
SILVIA II DI
TESSAGLIA
NON
DI
SVENTONIO
NEMMENO
DI TACITO O
DI PIGNO
IL GIOVG

BUON
JOJ

La Rivelazione **e la Bibbia**

Uno dei concetti chiave del cristianesimo
è il fatto che Dio si è fatto conoscere in molti modi.
È la Rivelazione che si presenta come un ricco processo
di comunicazione, che ha nella Scrittura
il suo testimone privilegiato.

dentro l'immagine

La *Trasfigurazione di Gesù al monte Tabor* dipinta da fra Giovanni da Fiesole, noto come il Beato Angelico (Vicchio di Mugello, 1369 - Roma, 1455), rappresenta bene la relazione che esiste tra la Rivelazione e la Bibbia. Tutta la Scrittura parla di Gesù, e solo considerando la Bibbia nel suo insieme di Antico e Nuovo Testamento è possibile capire chi è Gesù e scoprire il mistero profondo della sua persona. Figlio di Dio e Figlio dell'uomo, di lui hanno parlato le scritture di Israele riassunte nelle figure di Mosè, considerato l'autore del Pentateuco, e di Elia, il rappresentante della profezia. Le braccia aperte a forma di croce indicano che è nel mistero della croce che Gesù rivela pienamente il volto amorevole del Padre. La pittura del Beato Angelico, il quale apparteneva all'ordine dei frati domenicani, è totalmente al servizio della predicazione evangelica; apparentemente semplice, è ricca di simbologie bibliche e teologiche.

Il profeta Elia è tradizionalmente rappresentato calvo. È il profeta degli ultimi tempi perché di lui si dice che non fosse morto, ma rapito in cielo su un carro di fuoco, per ritornare al tempo del Messia. Sotto di lui, in preghiera, san Domenico, fondatore dell'ordine dei domenicani.

La luce a forma di mandorla che avvolge Gesù rappresenta la presenza di Dio. Nel brano della trasfigurazione, infatti, è Dio stesso che parla dicendo: «Questi è il Figlio mio, l'eletto; ascoltatelo!» (Lc 9,35). Al tempo stesso la mandorla è simbolo di interiorità. Gesù manifesta la sua natura divina, che normalmente è velata nelle sembianze umane.

Mosè viene rappresentato con due raggi di luce sul capo, che indicano la luminosità di chi è stato al cospetto di Dio per ricevere da lui la Legge. Appena sotto troviamo Maria in atteggiamento di preghiera e di ascolto.

I tre discepoli che assistono all'episodio rappresentano i tre atteggiamenti dell'uomo di fronte alla rivelazione del mistero di Dio in Gesù. Il primo è Pietro, che resta sbigottito e quasi intimorito da ciò che vede; Giacomo cerca di ripararsi il volto dalla troppa luce e infine Giovanni si mette in preghiera per adorare.

11. Scrittura e Tradizione testimoni della Rivelazione

la posta in gioco

I cristiani, e prima di loro gli ebrei, ritengono che gli elementi costitutivi della loro religione, – ciò che è da credere, ciò che è da fare, com'è organizzata la comunità dei credenti... – siano stati comunicati loro da Dio. Se questo è vero in una certa misura per tutte le religioni, nel cristianesimo assume un'importanza particolare, perché unica tra tutte le religioni ritiene che Dio stesso si sia incarnato per farsi conoscere nel modo più completo possibile. La Scrittura, cioè la Bibbia, e la Tradizione, ovvero la variegata attività della sua trasmissione, sono i due testimoni principali per entrare in contatto con la Rivelazione di Dio.

Come è possibile che Dio si riveli? Quali caratteristiche ha questa rivelazione? In che termini possiamo "verificare" il fatto o i contenuti della Rivelazione?

Il cristianesimo, religione rivelata

Il cristianesimo si considera una **religione rivelata** (**1**) perché ritiene che il patrimonio delle sue convinzioni sia stato **comunicato da Dio agli uomini attraverso una serie di mediatori**. Pur ritenendo che alcuni punti della sua dottrina, come l'esistenza di Dio, siano raggiungibili anche con la sola ragione, i principali contenuti del credo cattolico come la Trinità, l'esistenza in Gesù di due nature, quella umana e quella divina, l'incarnazione di Gesù Figlio di Dio fatto uomo, il significato dei sacramenti, sono frutto di rivelazione. Ma come funziona questo particolare canale di comunicazione tra Dio e gli uomini secondo la tradizione cristiana?

Restare in ascolto

▲ (*San Giovanni teologo nel silenzio*, icona russa dell'inizio del XIX secolo. Collezione privata) L'icona ci presenta l'atteggiamento fondamentale che deve avere l'uomo di fronte alla Rivelazione di Dio: la lettura e la meditazione attenta della sua parola testimoniata dalla Bibbia. In questo modo Dio fa sentire la sua voce, come rappresentato dal messaggero divino che parla all'orecchio di Giovanni. Solo chi ascolta è capace poi di parlare, come sembra suggerire il movimento della mano verso la bocca.

1 | Rivelazione

La parola *rivelazione* deriva dal latino *rivelare* che corrisponde al greco *apokalypsis*. In entrambi i casi le parole etimologicamente significano "rimuovere il velo", però, come nota il teologo Salvador Pié-Nonot (La *teologia fondamentale*, 224), visto che il prefisso "re" (come il greco *apo*) possiede il doppio senso di "ri-petizione" e di "ri-mozione", possono anche intendersi come "velare di nuovo". Da questo doppio significato deriva un'ambiguità, o meglio una certa tensione, tra il fatto che "rivelare" implica, oltre che l'attività di chiarimento, anche una certa oscurità, in quanto ogni "svelare" è nel contempo un "velare di nuovo". Ciò è dovuto alla povertà del linguaggio umano, che di fronte al mistero dell'infinito e dell'assoluto non ha le parole adatte per descriverlo. Allo stesso tempo però, per i credenti, Dio si è servito proprio di questo linguaggio, pur con tutti i suoi limiti, per farsi conoscere dagli uomini.

René Latourelle

(1918)
Nato nel 1918 in Canada, è sacerdote gesuita e teologo. Per molti anni ha insegnato alla Pontificia Università Gregoriana di Roma. È uno dei maggiori esponenti del rinnovamento in campo teologico che ha fatto seguito al Concilio Vaticano II.

Le caratteristiche della Rivelazione nell'Antico Testamento

Nell'Antico Testamento, il concetto che meglio esprime l'idea di rivelazione è "parola di Dio". Analizzando le parti della Bibbia in cui si parla di "parola di Dio" il teologo **Latourelle** ha ricavato le seguenti **caratteristiche della Rivelazione**:

a) è un fenomeno storico, perché il Dio di Israele ha parlato soprattutto con i rappresentanti del popolo eletto, da Abramo fino all'ultimo dei profeti (**2**);
b) è cosmica, poiché il primo intervento della parola di Dio è stata la creazione del mondo (Gen 1);
c) è profetica, poiché caratteristica del profeta è l'intimità con la parola di JHWH che egli deve comunicare anche a prezzo della propria vita:

> "il profeta è l'«uomo della parola» (Ger 18,18). Egli sta in mezzo agli uomini come l'«interprete» autorizzato da Dio, di tutto ciò che avviene nell'universo (tempeste, cataclismi, carestie, prosperità), tra gli uomini (disfatte, successi, successione di imperi)".
>
> (R. Latourelle, *Teologia della rivelazione*, Cittadella, 1991)

2 La parola di Dio guida la storia

Il campo di azione della parola profetica è dunque la storia, al punto che tutte le tappe decisive della storia di Israele sono precedute dalla parola di Dio: creazione (Gen 1,3), diluvio (Gen 6,7), vocazione di Abramo (Gen 12,1), vocazione di Mosè e uscita dall'Egitto (Es 3; 14,30-31), marcia dall'Oreb a Canaan (Dt 1,6; 6,2), vocazione di Samuele (1Sam 3), istituzione della monarchia (1Sam 8,7; 9,17; 10,17-24), elezione di David (1Sam 15,10), alleanza con la dinastia di David per mezzo della profezia di Natan (2Sam 7), divisione del Regno di Israele (1Re 11,31-32), caduta della casa di Acab (1Re 21,17-24), esilio (Ger 25,1-13), rovina di Gerusalemme (Ez 1-23), ritorno dalla cattività di Babilonia (Is 40,2; 43,1-5; 44,21-23). La storia è quindi concepita come un insieme di avvenimenti governati da Dio e che conducono al fine da lui voluto.

Dio crea gli animali, mosaico, XII-XIII secolo (Duomo di Monreale).

L'oggetto della Rivelazione è duplice: da un lato è **Dio stesso che si vuol far conoscere** e dall'altro è **il suo progetto di salvezza**. In relazione al primo punto occorre però notare che più Dio si fa conoscere, più lo si riconosce come una assoluta novità. La particolarità del Dio della Rivelazione è allora quella di entrare nella storia in modo diretto, ma per far conoscere anche il fatto che lui non è un elemento come gli altri di questa storia.

Il piano di salvezza svelato da Dio si qualifica in primo luogo come liberazione dall'Egitto, per confluire nell'alleanza che Dio vuole instaurare. Il suo progetto si concretizza poi nell'appoggiare la monarchia che ha in David e nel suo casato i principali rappresentanti. Dio rimane fedele a Israele nonostante le numerose infedeltà del popolo verso la sua legge. Per questo sarà necessario rinnovare molte volte il patto di alleanza, come ricordano i profeti (Ger 11,3-5; 24,5-7; Ez 11,19-20; Gl 3,1-5; Zac 8,1-17; Is 2,3; 11).

Teofania

Letteralmente significa "manifestazione di Dio". Con questa parola si intende descrivere quelle esperienze in cui la presenza di Dio è stata riconosciuta all'interno di fenomeni naturali come la nube, la tempesta, il fuoco.

Parola

In base ai significati che la linguistica moderna ha messo in luce, nella parola si individua il valore *informativo*, oggettivo, mediante cui essa descrive eventi e realtà, il valore di *espressione*, sintomo, delle realtà interiori che vengono comunicate e infine il valore di *appello* che esige una risposta.

La fede come risposta alla Rivelazione

Se Dio è colui che parla all'uomo, questi è invitato a rispondere con l'obbedienza che nasce dall'ascolto (1Sam 3,10), per cui **Rivelazione e fede sono collegate**.

La Rivelazione è dunque un processo di comunicazione interpersonale, che procede però dall'iniziativa gratuita di Dio e che si serve di molteplici modi di comunicazione (**teofanie**, sogni, consultazioni, visioni, oracoli, estasi, rapimenti), che hanno originato altrettanti generi letterari specifici. Ciò che dà unità a tutto questo materiale è la parola di Dio, che connota l'esperienza singolare di Dio propria del mondo ebraico. A differenza del mondo greco, tale esperienza è giocata soprattutto sul **tema dell'ascolto**, piuttosto che sul "vedere", anche se questo non è escluso. Il peccato dell'uomo consiste nel non voler ascoltare la parola di Dio e nel non rispondere agli appelli che essa gli rivolge.

La **parola** che Dio rivolge all'uomo non è tanto un'informazione, ma un **appello che implica una decisione**.

Lo sguardo verso il Cielo

(*L'evangelista Marco*, miniatura dalla *Bibbia di Vivien*, 846 circa. Parigi, Bibliothèque Nationale)
Il corpo dell'evangelista indica plasticamente l'atteggiamento che il cristianesimo suggerisce all'uomo di fronte alla Rivelazione di Dio. Il collo, lo sguardo sono totalmente rivolti verso l'alto, verso il Cielo, il luogo simbolico considerato la dimora di Dio. Una serie di onde colorate, che rappresentano la parola di Dio, sta per raggiungere il fedele che è pronto ad accoglierle e ad ascoltarle con fede.

Gesù al centro della Rivelazione

▲ (Beato Angelico, *Il discorso della montagna*. Firenze, Convento di San Marco)
Gesù è il centro della Rivelazione. Il paesaggio scarno ed essenziale ci aiuta a cogliere l'importanza della sua figura che domina i discepoli, ponendosi idealmente al loro centro. Gesù è anche seduto più in alto nell'atteggiamento del maestro. Come Mosè sul monte aveva ricevuto la Rivelazione di Dio, ora Gesù, nuovo Mosè e Dio lui stesso, è la fonte diretta della parola e della volontà del Padre.

La Rivelazione nel Nuovo Testamento

Nel Nuovo Testamento, ci sono molti termini che cercano di spiegare il concetto di rivelazione a cominciare dal termine "apocalisse" (*apokalypsis*), che è anche il titolo dell'ultimo libro della Bibbia cattolica. I principali sono alcuni verbi che connotano l'attività rivelatrice di Gesù, tra cui spiccano "proclamare" (*keryssein*), predicare il vangelo (*keryssein ton evangelion*), evangelizzare (*evangelizestai*), insegnare (*didaskein*), rivelare (*apokalyptein*).

L'attività prevalente di Gesù è però di norma descritta con **proclamare** (*keryssein*) e **insegnare** (*didaskein*), che non di rado sono riuniti assieme (Mt 4,23; 11,1; Lc 20,1; At 4,2; 5,42; 15,35; 28,31). Nel primo caso si intende, in modo prevalente, la proclamazione dell'attuazione del Regno di Dio in Gesù, mentre *didaskein* significa "istruire", nel senso di precisare ciò che serve per entrare nei misteri della fede.

Dei Verbum

Costituzione dogmatica del Concilio Vaticano II. Il **Concilio Ecumenico Vaticano II** è stato il ventunesimo e – a oggi – ultimo concilio ecumenico. Un concilio è la riunione di tutti i vescovi del mondo per discutere di argomenti riguardanti la vita della Chiesa cattolica. Il Concilio Vaticano II si svolse in quattro sessioni, dal 1962 al 1965, sotto i pontificati di Giovanni XXIII e Paolo VI. Promulgò quattro Costituzioni, tre Dichiarazioni e nove Decreti. La *Dei Verbum* è la costituzione che descrive la Rivelazione di Dio e la sua trasmissione tramite la Parola e la Tradizione.

(documento 11.1)

La Rivelazione nel Concilio Vaticano II

Alla luce di quanto afferma la Bibbia, per i cristiani **Dio non è misterioso** nel senso che correntemente si attribuisce a questo termine, ovvero una realtà incomprensibile e inaccessibile, ma, al contrario, ha voluto svelare il suo mistero intervenendo nella storia attraverso dei fatti concreti e mediante delle parole che spieghino questi fatti. È questo il senso ultimo della parola *rivelazione* che il Concilio Vaticano II ha messo in luce in un apposito documento dedicato interamente al nostro tema, la ***Dei Verbum***:

"Piacque a Dio nella sua bontà e sapienza **rivelare se stesso e far conoscere il mistero della sua volontà** (cf. Ef 1,9)".

Conoscere il mistero di Dio non significa quindi, in primo luogo, acquisire delle nuove conoscenze, delle nozioni, ma "sperimentare". Nella mentalità ebraica, entro cui sono nate le Scritture, *conoscere* significa infatti "sperimentare", "toccare con mano".

Il centro della Rivelazione è, sempre secondo la *Dei Verbum*, **la persona di Gesù**, il Verbo (la Parola) di Dio fatta carne:

> "La profonda verità, poi, su Dio e sulla salvezza degli uomini, per mezzo di questa rivelazione risplende a noi nel Cristo, il quale è insieme il mediatore e la pienezza di tutta la rivelazione".

Tramite Gesù, Dio si fa riconoscere come colui che «parla agli uomini come ad amici» (DV 2). Come si fa a riconoscerlo così? Occorre, secondo il Concilio, saper riconoscere l'**economia della Rivelazione**, il fatto cioè che Dio **si rivela con un piano** (è questo uno dei significati della parola *economia*) che si dipana lungo la storia degli uomini, attraverso degli eventi, dei fatti.

I fatti però spesso possono essere ambigui, non facili da decifrare; per questo Dio ha voluto comunicare **anche alcune parole**, che sono la Bibbia e la sua trasmissione a opera della tradizione, che diventano una sorta di griglia con cui filtrare i tanti avvenimenti della storia passata e presente per imparare in quali fatti anche oggi Dio si "rivela".

Economia

La parola nel greco ellenistico, dell'epoca cioè in cui sono stati scritti i Vangeli (I sec. d.C.), indica letteralmente l'amministrazione della casa o, più in generale, di uno Stato. Nella Scrittura con questo termine viene indicato il fatto che Dio ha un piano preciso di interventi nella storia, dentro cui vuol farsi riconoscere dagli uomini.

Dalle mani di Dio...

▲ (*Mosè riceve da Dio le tavole della legge*, arazzo del XVI secolo. Milano, Museo del Duomo)
La rivelazione della legge di Dio a Mosè al Sinai si riassume nei dieci comandamenti, scritti sulla pietra dallo stesso dito di Dio (Es 31,18). È il culmine dell'esperienza religiosa del popolo ebraico, avvenuta all'interno di una lunga storia cominciata con Abramo. Mosè ha gli occhi chiusi perché nessun uomo può vedere Dio, fino a quando Dio stesso non si farà uomo in Gesù.

Rivelazione, Scrittura e Tradizione

Il primo testimone della Rivelazione è la Scrittura, la Bibbia nella sua unità di Antico e Nuovo Testamento. La seconda persona della Trinità è il Verbo, la Parola. Con questa espressione si vuole indicare il fatto che Dio, secondo la rivelazione cristiana, è costitutivamente votato alla comunicazione. Ora la Parola si è resa presente in molti modi: con la creazione e nella storia. La Bibbia testimonia e racconta la storia del popolo ebraico e di coloro che si sono relazionati con la Rivelazione di Dio (vedi Unità 12 e 13). La testimonianza non riguarda però solo il passato, ma, per così dire, si rende attuale e necessaria in ogni epoca. È questo quanto fa la Tradizione, attraverso l'annuncio, la spiegazione e l'insegnamento dei temi della Scrittura compiuto dai successori dei primi apostoli di Gesù (**3**).

3 Gli apostoli e i loro successori, araldi del Vangelo

«Dio, con somma benignità, dispose che quanto egli aveva rivelato per la salvezza di tutte le genti, rimanesse per sempre integro e venisse trasmesso a tutte le generazioni. Perciò Cristo Signore, nel quale trova compimento tutta intera la Rivelazione del sommo Dio (cf. 2Cor 1,20 e 3,16; 4,6), ordinò agli apostoli di **predicare a tutti**, comunicando loro i doni divini, come la fonte di ogni verità salutare e di ogni regola morale, il Vangelo che, prima promesso per mezzo dei profeti, egli ha adempiuto e promulgato di sua bocca. Ciò venne fedelmente eseguito, **tanto dagli apostoli**, i quali nella predicazione orale, con gli esempi e le istituzioni trasmisero sia ciò che avevano ricevuto dalla bocca, dal vivere insieme e dalle opere di Cristo, sia ciò che avevano imparato per suggerimento dello Spirito Santo, quanto da quegli apostoli **e uomini della loro cerchia, i quali, sotto l'ispirazione dello Spirito Santo, misero in iscritto l'annunzio della salvezza**. Gli apostoli poi, affinché il Vangelo si conservasse sempre integro e vivo nella Chiesa, lasciarono come successori i vescovi, ad essi "affidando il loro proprio posto di magistero". Questa **sacra tradizione dunque e la sacra scrittura dell'uno e dell'altro testamento** sono come uno specchio nel quale la Chiesa pellegrina in terra contempla Dio, dal quale tutto riceve, finché giunga a vederlo faccia a faccia com'è (cf 1Gv 3,2)».

(*Dei Verbum*, n. 7)

P. Serra, *Predicazione di Pietro*, seconda metà del XIV secolo (Bilbao, Museo de Bellas Artes).

Gli apostoli trasmettono quanto hanno fedelmente ricevuto da Gesù, l'unico maestro. È la Chiesa intera allora che riceve e dona attraverso la tradizione la Rivelazione testimoniata nella Scrittura.

(documento 11.2)

Nei secoli si sono avute non poche tensioni su come interpretare il rapporto tra la Scrittura e la Tradizione in relazione alla Rivelazione. Per questo il Concilio Vaticano II ha ribadito solennemente che «La s. Tradizione dunque e la s. Scrittura sono strettamente tra loro congiunte e comunicanti».

Molto efficacemente sintetizza il teologo e vescovo **Rino Fisichella**:

"Poiché ambedue scaturiscono dalla stessa divina sorgente, esse formano in certo qual modo una cosa sola e tendono allo stesso fine. Infatti la s. Scrittura è parola di Dio in quanto scritta per ispirazione dello Spirito Santo; la s. Tradizione poi trasmette integralmente la parola di Dio affidata da Cristo Signore e dallo Spirito Santo agli apostoli e ai loro successori".

(R. Fisichella, *La rivelazione evento e credibilità*, EDB, 2002)

Per questo motivo

"La parola di Dio è la vera protagonista di *Dei Verbum*; in essa trovano unità profonda sia la Scrittura, sia la Tradizione, sia la vita stessa della Chiesa in quanto vive e si nutre di essa: «La Chiesa attinge la certezza su tutte le cose rivelate non dalla sola Scrittura». «Questo unico deposito della fede» non è privilegio di nessuno, esso appartiene alla Chiesa intera perché, conservandolo, lo trasmetta e lo attualizzi in ogni epoca".

(*ibidem*)

Rino Fisichella

(1951) Teologo e arcivescovo, per anni ha insegnato alla Pontificia Università Gregoriana di Roma raccogliendo l'eredità di René Latourelle. Dal 2010 presiede il Pontificio Consiglio per la Promozione della Nuova Evangelizzazione.

Scheda di lavoro — Leggi e confronta

La Rivelazione: un "processo di comunicazione"

La comunicazione, nella sua rappresentazione più semplice, può essere descritta come un processo di trasmissione di informazioni che ha come elementi costitutivi un **emittente**, la sorgente della comunicazione, il **destinatario**, colui che lo riceve, il **canale**, il mezzo con cui viene trasmesso, e un **messaggio** che è il contenuto della comunicazione.

Paola (**emittente**) → «Vieni al cinema con me?» (**messaggio**) → telefono (**canale**) → Luca (**destinatario**)

Prova a ritrovare questi elementi nei versetti di apertura del libro dell'Apocalisse di Giovanni:
«Rivelazione (*apokalypsis*) di Gesù Cristo, al quale Dio la consegnò per mostrare ai suoi servi le cose che dovranno accadere tra breve. Ed egli la manifestò, inviandola per mezzo del suo angelo al suo servo Giovanni, il quale attesta la parola di Dio e la testimonianza di Gesù Cristo, riferendo ciò che ha visto. Beato chi legge e beati coloro che ascoltano le parole di questa profezia e custodiscono le cose che vi sono scritte: il tempo infatti è vicino» (Ap 1,1-2).

Emittente	
Destinatario	
Canale	
Messaggio	

Consigli di lettura C. Theobald, *La rivelazione*, EDB, Bologna 2006.

12. Com'è fatta la Bibbia

la posta in gioco

La Bibbia, oltre a essere il libro più diffuso nel mondo, è un testo importante dal punto di vista sia religioso sia culturale: è infatti fonte di ispirazione per le più diverse espressioni artistiche, al punto da essere considerata uno dei codici fondamentali per poter interpretare la civiltà occidentale.

La Bibbia è però anche un libro che suscita molte domande e curiosità: chi l'ha scritta? In che epoca? Come mai i cristiani la considerano un testo sacro? Che cosa vuol dire che è ispirata da Dio? Come possiamo accostarci a essa per leggerla?

La Bibbia: non un libro, ma una biblioteca

Una prima, non piccola difficoltà cui si trova di fronte chi desidera accostarsi alla lettura della Bibbia è il fatto che essa non è un unico libro, anche se così si presenta nella sua veste tipografica corrente. In realtà, come dice la parola, è **un insieme di più libri**, o di scritti (*bibbia* deriva infatti dal greco *biblìa* = libri), per l'esattezza 73 (46 dell'Antico Testamento e 27 del Nuovo Testamento), **composti in tre lingue** – ebraico, aramaico e greco – lungo un arco di tempo di circa 1000 anni.

Non un singolo autore, ma un intero popolo

Una seconda difficoltà che si incontra è relativa alla determinazione dell'autore. Quando noi pensiamo all'autore di un libro, pensiamo al lavoro che un singolo scrittore fa nel suo studio o all'interno di una biblioteca. Questo schema non è sufficiente per capire il processo che ha portato alla redazione dei vari libri

Un insieme di libri

◀ (*Lo scriba Esdra classifica i manoscritti dell'Antico Testamento*, miniatura dell'VIII secolo dal *Codex amiatinus*. Firenze, Biblioteca Laurenziana)
La Bibbia è un insieme di libri, come mostra l'armadio (teca) in cui lo scriba ripone i testi che sta ricopiando. Noi oggi la troviamo normalmente redatta in un unico volume per praticità, ma si compone di numerosi testi anche molto diversi tra loro. Questi testi sono stati trasmessi attraverso una lunga tradizione di copiature, traduzioni, spiegazioni, attualizzazioni.

ıpongono la Bibbia. Essi infatti, a monte, per così llla loro redazione finale, hanno la **riflessione che un intero popolo, per molti secoli, ha fatto e tramandato**, prima oralmente poi anche per iscritto, sulle vicende costitutive della propria storia. Quindi accanto, o meglio attorno agli autori che più direttamente sono intervenuti nella stesura della Bibbia, c'è un insieme variegato di persone, i cui sentimenti e valutazioni sono stati registrati e hanno costituito il sottofondo entro cui gli stessi autori hanno maturato le loro persuasioni.

Un libro che va capito

▲ (Maestro Hugo, *Mosè e Aronne spiegano la Legge agli israeliti*, 1130-1140. Miniatura tratta dalla *Bibbia di Bury St Edmunds*. Cambridge, Corpus Christi College)
La Bibbia è un libro che chiede di essere spiegato. Lo si può leggere anche per conto proprio, ma spesso si rischia di non capirne il senso vero. Nella miniatura Mosè e suo fratello Aronne illustrano al loro popolo quanto la Legge prescrive. Capire il significato implica il porre domande, come si vede dalle persone che hanno la mano alzata verso Mosè.

Un filo rosso per la sua interpretazione

Queste poche considerazioni potrebbero essere sufficienti per scoraggiare anche i più ben disposti alla lettura di un'opera che si rivela così complessa. Eppure esiste un filo rosso che collega tra loro le varie parti della Bibbia. Per scoprirlo, cominciamo dal leggere e riflettere su questo racconto scritto da un noto studioso francese della Bibbia, Étienne Charpentier:

"Quando arrivai da loro, erano soli, i figli erano già partiti. Abbiamo passato insieme una serata meravigliosa.
Credevo di conoscere questi vecchi amici di sempre: gente semplice che aveva vissuto mezzo secolo insieme, tra gioie e sofferenze. Ma quella sera li ho scoperti con occhi nuovi perché essi mi hanno aperto il loro «tesoro»: una semplice scatola di cartone dove c'era di tutto. Delle foto, è naturale, dalla fotografia di famiglia del giorno delle nozze fino alle istantanee dei nipotini e dei paesaggi delle vacanze: delle cartoline illustrate, banali e convenzionali, alcune sciupate perché erano state tenute nella divisa durante la guerra. Via via che me le spiegavano, commentavano, questi poveri clichés diventavano i testimoni dolorosi e gioiosi di un momento della loro vita.
Dalle carte di famiglia scaturiva ancora un altro aspetto della loro vita: la genealogia familiare, lista monotona di nomi antiquati, diventava ora fierezza di appartenere a una discendenza, di essere radicati in una terra; un contratto d'affitto non era più un documento pomposo e minuzioso, ma nel contesto di quella sera significava il sogno di una vita di lavoro e di risparmi finalmente realizzato: avere la «propria» casa. Alcune lettere scambiate durante il fidanzamento («Oh non fargli leggere questo...» protestava il vecchio nel timore che io scoprissi la tenerezza del loro amore) e, vicino, ecco delle preghiere composte per i momenti della loro vita. La predica del loro matrimonio stava accanto ad un poema maldestro di un nipotino...
La serata passò come un sogno. Credevo di conoscere i vecchi amici, ma improvvisamente, con loro e insieme a loro, scoprivo *il senso della loro vita*. Tutte queste carte, queste foto, erano banali, senza valore. E tuttavia diventavano per noi senza prezzo: non erano più oggetti, ma un'intera vita ricomposta, interpretata. Ciascuno di questi umili oggetti prendeva posto in una storia, di cui tessevamo il senso".

(E. Charpentier, *Per leggere l'Antico Testamento*, Borla, 1985)

Questo racconto ci invita a **dare rilievo al significato** che i protagonisti di avvenimenti del passato hanno attribuito a essi.

Detto in altro modo, non esistono mai dei fatti nudi che ci stanno davanti come oggetti inerti, ma ogni avvenimento ha sempre anche un determinato significato per la nostra vita. Per questo motivo, anche i fatti apparentemente insignificanti agli occhi dei più possono assumere, invece, ai nostri occhi, un'importanza straordinaria. Ciò che conta, dunque, non è la loro semplice conoscenza, ma soprattutto quella del loro significato.

In conclusione, notiamo che fatti, discorsi, materiali, vicende apparentemente molto diversi e slegati tra loro possono essere collegati, come abbiamo visto nel brano precedente, da un filo rosso, che è il significato unitario di **memorie di famiglia** che attribuiamo a essi.

Esiste analogamente un significato unitario, che leghi la lunga e articolata riflessione che il popolo ebraico ha fatto sulla sua storia? Tale filo rosso esiste anche nella Bibbia? Sì, ed è **la Rivelazione di Dio**. Infatti il senso ultimo che il popolo ebraico ha letto negli avvenimenti della propria storia è che dentro tali avvenimenti Dio si è rivelato, si è fatto conoscere intervenendo concretamente in una storia reale.

(documento 12.1)

La lettura della Bibbia nel mondo ebraico

▲ Il popolo ebraico di oggi è in stretta continuità con quello di cui ci parla la Bibbia. Allora come oggi, al centro della vita del pio ebreo c'è lo studio e l'applicazione della Torah. Per sottolinearne l'importanza, un piccolo rotolo che contiene il comandamento fondamentale, l'«ascolta Israele» (Dt 6,4), è contenuto in una scatolina che viene legata al braccio durante il momento della preghiera.

La Bibbia: libro storico o religioso?

La Bibbia non è **né un libro storico né un libro religioso**, o meglio ha le caratteristiche di entrambi. Vediamo di spiegarci meglio. Abbiamo visto che dietro alla stesura della Bibbia c'è prima la storia di un intero popolo, il popolo ebraico, e poi quella di intere comunità, che costituiscono la Chiesa. Il racconto della loro singolare esperienza non può essere inteso solo come una storia.

La Bibbia non può essere considerata un libro storico, se per storia intendiamo la semplice registrazione neutra, oggettiva, di una serie di fatti accaduti, ricostruiti nella loro esatta dimensione. Tale concezione positivista della storia si è affermata soprattutto nell'Ottocento, ed è ancora, spesso inconsapevolmente, accettata da molti, anche se è stata ormai abbondantemente superata nel Novecento.

Nel XXI secolo si è infatti compreso meglio che fare storia vuol dire non tanto registrare o scoprire in modo neutro dei fatti oggettivi, ma soprattutto **ricostruirne il significato**, in quanto nessun fatto storico ci viene mai consegnato in un modo oggettivo, imparziale, ma sempre filtrato dalla sensibilità, dagli occhi e dalla coscienza di chi lo racconta (**1**).

1 Ricostruire il significato dei fatti

«I fatti sono sempre accompagnati da un'interpretazione individuale o collettiva, senza la quale d'altronde resterebbero incomprensibili. Così, dire che Kennedy è stato "assassinato" a Dallas, è più di un semplice fatto. Se ci si volesse limitare soltanto a un fatto, bisognerebbe dire: "Kennedy, nel corso di una visita a Dallas, è stato ritrovato in un bagno di sangue, con delle pallottole in corpo". Ma dire "assassinato" significa già dare un'interpretazione del fatto e chiamare in ballo una causa intenzionale, da parte di una o più persone. Ogni fatto umano, in pratica, si rivela allo stesso tempo fatto e interpretazione, che si traduce in giudizio. Fuori dello spirito umano, che afferra e giudica, non c'è che un caos di dati. L'obiettività, nei confronti di un fatto storico, consiste quindi nel penetrare dentro l'orizzonte di una coscienza che lo percepisce e lo giudica».

(R. Latourelle, *A Gesù attraverso i vangeli*, Cittadella, 1982)

In questo senso la Bibbia è storica poiché ci offre la **riflessione che un popolo ha fatto sulle vicende che lo hanno segnato**, ed è al tempo stesso un'opera religiosa in quanto **il significato ultimo che tale popolo ha ritrovato dentro la sua storia è la Rivelazione di Dio**.

(documento 12.2)

Duemila anni fa, per una parte del popolo ebraico, in cui poi si sono innestate anche altre popolazioni non di origine ebraica, tale rivelazione ha avuto il suo compimento definitivo nella persona di Gesù di Nazareth, riconosciuto come il messia atteso da secoli, uomo e Dio lui stesso. Per un'altra parte, invece, tale venuta del messia deve ancora verificarsi e viene attesa e sperata tutt'oggi.

In quanto parla della Rivelazione di Dio, la Bibbia è certamente un libro religioso, o meglio il **libro fondamentale della religione ebraica e cristiana**.

Una lingua comune

▲ (*La torre di Babele*, vetrata. Duomo di Milano)
Alle volte leggere i commenti a un testo è un po' come ascoltare le voci degli operai di Babele: ognuno dice la sua e non ci si intende più. È stato così anche per la Bibbia, su cui anche oggi molti vogliono dire la loro senza conoscerla bene.

Il rotolo della Torah

▶ La foto mostra come era confezionato il testo della Bibbia presso gli ebrei nell'antichità e come lo si trova ancora oggi all'interno delle sinagoghe. Il testo viene srotolato e tenuto per i manici, perché è talmente importante che non lo si deve toccare con le dita, in segno di rispetto e venerazione.

I testi della Bibbia

I libri della Bibbia, in particolare l'Antico Testamento, sono una grande rilettura degli avvenimenti della storia ebraica. Essi sono così suddivisi nella tradizione ebraica, che accetta solo i libri scritti originariamente in ebraico e di provata antichità:

1) la Legge (*Torah*)
2) i Profeti (*Neveim*)
3) gli Scritti (*Ketubim*):

- La **Legge** (Torah) comprende:
  Genesi (Gen), Esodo (Es), Levitico (Lv), Numeri (Nm), Deuteronomio (Dt).
- I **Profeti** a loro volta vengono distinti in:
  - **Profeti Anteriori**: Giosuè (Gs), 1 e 2 Giudici (1 e 2 Gdc), 1 e 2 Samuele (1 e 2 Sam), 1 e 2 Re. Sono chiamati profetici poiché in essi compaiono alcuni grandi profeti come Samuele, Natan, Elia, Eliseo.
  - **Profeti Posteriori**: Isaia (Is), Geremia (Ger), Ezechiele (Ez) e i dodici profeti minori che sono considerati nella tradizione ebraica un unico libro: Osea (Os), Gioele (Gl), Amos (Am), Abdia (Abd), Giona (Gio), Michea (Mic), Nahum (Na), Abacuc (Ab), Sofonia (Sof), Aggeo (Ag), Zaccaria (Zc), Malachia (Ml).

Il profeta: uomo della parola

▲ (Il re Ezechia seduto in trono; davanti a lui il profeta Isaia con un cartiglio in mano. Placca smaltata del X secolo. Vienna, Staatsmuseum)
Il profeta Isaia legge la Parola e il re Ezechia ascolta, come mostra la mano tesa dietro all'orecchio. Il profeta non è un mago che sa predire il futuro, ma è l'uomo della parola, colui che la medita giorno e notte. Per questo la sa attualizzare nei vari contesti di vita personali o comunitari. Va dalle persone semplici del popolo ebraico, ma anche dai suoi massimi rappresentanti, come il re.

- Gli **Scritti**:
  Salmi (Sal), Giobbe (Gb), Proverbi (Pr), Daniele (Dn), Esdra (Esd), Neemia (Ne), 1 e 2 Cronache (1 e 2 Cr), Cantico dei Cantici (Ct), Rut (Rut), Lamentazioni (Lam), Ecclesiaste (Qo), Ester (Est).

A questi, i cattolici aggiungono relativamente all'Antico Testamento i libri di Tobia (Tb), Giuditta (Gdt), Baruc (Bar), Sapienza (Sap), Ecclesiastico o Siracide (Sir), 1 e 2 Maccabei (1 e 2 Mac) nonché alcune parti dei libri di Daniele e di Ester rifiutate dal canone ebraico.

I cristiani definiscono questo insieme di libri come **Antico Testamento**. Il termine *testamento* è la traduzione italiana (dal latino) del termine greco *diatzeche* che significa "disposizioni in favore di uno" e quindi anche testamento (vedi ad esempio Eb 9,15-17). Il termine originario ebraico da cui deriva quello greco, è però un altro: *berit*, che significa genericamente "impegno preso tra due" e quindi, a seconda del contesto, anche "promessa giurata", "patto", "alleanza". In certi casi indica soprattutto un impegno unilaterale da parte di Dio (Gen 15,18; Gen 17), mentre in altri anche l'impegno bilaterale (Es 19,3-8).

Con il termine *antico* si intende l'istituzione della prima e mai revocata alleanza tra Dio e il popolo ebraico, cui si aggiunge, in continuità sostanziale, una nuova alleanza che ha nella persona di Gesù di Nazareth il suo centro.

I libri che appartengono a questa seconda serie, denominata **Nuovo Testamento**, sono stati accettati solo dalle comunità cristiane e comprendono:

- Vangeli di Matteo (Mt), Marco (Mc), Luca (Lc), Giovanni (Gv).
- Atti degli Apostoli (At), Lettere di san Paolo ai Romani (Rm), 1 e 2 Corinti (1 e 2 Cor), Galati (Gal), Efesini (Ef), Filippesi (Fil), Colossesi (Col), 1 e 2 Tessalonicesi (1 e 2 Ts), 1 e 2 Timoteo (1 e 2 Tim), Tito (Tt), Filemone (Fm), Ebrei (Eb).
- Le lettere cattoliche: Giacomo (Gc), 1 e 2 Pietro (1 e 2 Pt), 1, 2, 3 Giovanni (1, 2, 3 Gv), Giuda (Gd).
- Apocalisse (Ap).

Le Chiese protestanti non considerano tutti questi libri come ispirati. Dal presente elenco escludono, facendo leva su alcune discussioni sorte nella Chiesa primitiva: Ebrei, 2 e 3 Giovanni, 2 Pietro, Giacomo, Giuda, Apocalisse, che per loro possono essere utilmente letti nella Chiesa, ma non con lo stesso valore dei testi considerati autenticamente ispirati (i cattolici chiamano questi libri **deuterocanonici**, poiché inseriti solo in un secondo momento nel canone, ma li considerano ugualmente ispirati come gli altri).

Esistono poi testi, sia dell'Antico Testamento sia del Nuovo, che **non sono entrati a far parte dei libri considerati canonici**. Tra questi ricordiamo per l'Antico Testamento il libro di Enoch e il Testamento dei dodici patriarchi; per il Nuovo Testamento il Vangelo di Giacomo e gli Atti di Giovanni apostolo. Tali libri vengono chiamati **apocrifi**, che significa "nascosti" (in quanto si presentano con lo stesso stile di quelli ispirati da Dio, ma non sono stati riconosciuti tali né dagli ebrei né dai cattolici). I protestanti li chiamano "pseudoepigrafi" per indicare la loro falsa attribuzione a un autore biblico, mentre essi chiamano apocrifi i libri deuterocanonici dei cattolici.

Un libro ispirato da Dio

▼ (*Giovanni scrive il Vangelo*, miniatura su pergamena dalla *Bibbia di Lambeth*, 1260 circa. Londra, Lambeth Palace Library) Il Vangelo, come tutti i libri della Scrittura, è opera di un autore umano – in questo caso l'evangelista Giovanni – ma è anche opera di Dio perché da lui ispirato. Per questo nella miniatura è stato rappresentato un angelo con l'aureola, segno della sua appartenenza al mondo divino, che suggerisce a Giovanni quanto Dio vuole che sia fatto conoscere di sé.

La Bibbia, testo ispirato da Dio

Accanto al concetto di rivelazione, che è il filo rosso che unifica i vari scritti della Bibbia, compare ben presto anche quello di **ispirazione**: come mai? E, soprattutto, che cosa significa?

Dire che Dio si rivela, implica affermare che **solo lui sa quale sia il modo adeguato per descriversi**. Per questo motivo sia gli ebrei che i cristiani ritengono che Dio non si sia solo comunicato attraverso le vicende della storia, ma che sia intervenuto, in un certo senso, direttamente anche nella stesura del loro racconto, ispirando appunto gli autori della Bibbia, che per questo motivo già anticamente venivano chiamati **agiografi** (= autori sacri).

Nella tradizione ebraica, si distinguono diversi livelli di ispirazione della Scrittura. Una prima distinzione riguarda la *Torah* (i primi cinque libri) che, propriamente parlando, è stata comunicata direttamente da Dio a Mosè sul Sinai, mentre le altre parti, i Profeti e gli Scritti, sono state ispirate da Dio per predicare e meglio insegnare la Torah, che ha quindi un valore superiore a essi. Accanto a questa trasmissione scritta della Torah, l'ebraismo riconosce anche la rivelazione al Sinai di una Torah orale, in cui vengono compresi tutti gli studi di interpretazione della Scrittura a opera dei rabbini.

Per la Chiesa cattolica tutti i libri che compongono l'insieme delle Scritture hanno il medesimo valore in termini di ispirazione. Tale concetto viene ben definito nella *Dei Verbum* del Concilio Vaticano II (**2**).

2 L'ispirazione della Scrittura

«Le cose divinamente rivelate, che nei libri della Sacra Scrittura sono contenute e presentate, furono consegnate sotto l'ispirazione dello Spirito Santo. La santa Madre Chiesa, per fede apostolica, ritiene sacri e canonici tutti interi i libri sia dell'Antico, che del Nuovo Testamento, con tutte le loro parti perché, scritti sotto l'ispirazione dello Spirito Santo (cf. Gv 20,31; 2Tim 3,16; 2Pt 1,19-21; 3,15-16), hanno Dio per autore e come tali sono stati consegnati alla Chiesa. Per la composizione dei Libri Sacri, Dio scelse degli uomini, di cui si servì nel possesso delle loro facoltà e capacità, affinché, agendo egli in essi e per loro mezzo, scrivessero come veri autori tutte e soltanto quelle cose che egli voleva».

(*Dei Verbum*, n. 11)

Un evangelista scrive il suo Vangelo seguendo l'ispirazione dello Spirito Santo, particolare della copertina di un Vangelo rivestita in oro e pietre preziose, XVII secolo (Gerusalemme, Museo del Patriarcato Greco Ortodosso).

Come si è arrivati a definire il canone?

(documento 12.3)

Il **canone**, parola che designa la misura, indica l'**elenco esatto dei libri biblici da considerare ispirati**. Il testo del documento conciliare *Dei Verbum*, che abbiamo sopra riportato, ci riferisce il criterio fondamentale utilizzato per determinarlo: si è seguita la tradizione apostolica, ovvero furono riconosciuti divinamente ispirati dalla Chiesa primitiva quei testi che con certezza potevano essere riferiti a un apostolo o alla sua diretta influenza.

Un primo elenco per quanto riguarda i 27 libri del Nuovo Testamento si trova nella lettera pasquale del vescovo Atanasio del 367, anche se ufficialmente l'elenco completo verrà definito solo durante il Concilio di Trento (1545-1563).

Non ci viene spiegato invece il meccanismo dell'ispirazione (possessione, visione, estasi?), se non ricordando che gli autori umani erano nel pieno possesso delle loro facoltà e **sono da considerare veri autori**, quindi escludendo l'ipotesi della dettatura. Questo elemento è importante, poiché ci fa capire la necessità di comprendere bene che cosa l'autore avesse inteso dire scrivendo le cose che ci ha lasciato, come vedremo meglio nella prossima Unità.

Scheda di lavoro

Leggi e commenta

Un primo approccio alla Bibbia

Una delle prime difficoltà che si incontrano nel prendere in mano la Bibbia è capire come è organizzata. Il testo è infatti un insieme di molti libri con nomi diversi tra loro.
In questa attività, che si può svolgere singolarmente o a gruppi, potrai allenarti a trovare le citazioni bibliche, familiarizzandoti con le sigle che trovi nel paragrafo *I testi della Bibbia*.
Alla luce delle indicazioni date, completa la seguente tabella, trovando sulla Bibbia la citazione corrispondente al versetto riportato nella colonna di sinistra, come nell'esempio.

Mc 1,1	«Inizio del Vangelo di Gesù, Cristo, Figlio di Dio»
Gv 14,6	
2Pt 1,19-21	
Ger 20,7-9	
Gen 12,1-2	
Es 20,1	
2Re 5,1	
Ap 22,20	
Mt 28,19-20	
Lc 4,16	

Terminato il lavoro "manuale", se in classe possedete una LIM o utilizzando l'aula multimediale dell'Istituto, scoprite con l'aiuto del vostro docente come trovare una citazione biblica tramite il web.

La Bibbia nella cultura occidentale

Dopo aver letto il seguente testo del critico Northrop Frye, rispondi alle domande.

«Cominciai ad interessarmi all'argomento [studio della Bibbia] sin dai giorni della mia prima esperienza d'insegnante, quando mi ritrovai a tenere delle lezioni su Milton e a scrivere su Blake, due autori eccezionalmente biblici persino per i livelli della letteratura inglese. Subito mi accorsi che uno studente di letteratura inglese che non conosca la Bibbia non può capire gran parte di ciò che legge: anche lo studente più coscienzioso darà continuamente un'errata ricostruzione delle allusioni e persino del significato del testo... ciò che importa è che la Bibbia è stata tradizionalmente letta come un'unità, e ha influenzato l'immaginazione occidentale come tale. (...) ma i veri problemi [della critica letteraria contemporanea] sono, credo, strettamente legati allo studio della Bibbia, e anzi proprio la scarsa forza con la quale viene posto questo legame costituisce per essi un intralcio.
L'uomo vive non direttamente e nudamente nella natura come gli animali, ma entro un universo mitologico, un corpo di assunzioni e di credenze sviluppato a partire dai suoi interessi esistenziali. Gran parte di questo universo viene conservato inconsciamente, e ciò significa che le nostre immaginazioni possono riconoscere alcuni dei suoi elementi senza comprendere a livello conscio cos'è ciò che noi riconosciamo... una delle funzioni pratiche della critica è, credo, quella di renderci maggiormente consapevoli del nostro condizionamento mitologico. La Bibbia è chiaramente un elemento di rilievo della nostra tradizione immaginativa, qualsiasi cosa possiamo pensare di credere al suo riguardo».

(N. Frye, *Il grande codice, la Bibbia e la letteratura*, Einaudi, 1986)

Quanto Frye dice per la letteratura inglese è valido anche per quella italiana? Sapresti fare qualche esempio?
Ti sembra che il discorso possa essere fatto anche per altre discipline artistiche, o per altri fenomeni culturali o di costume, come ad esempio la pubblicità?

Consigli di lettura
J.A. Soggin, P. De Benedetti, *Vademecum per il lettore della Bibbia*, Morcelliana, Brescia 1996.

13. Come si legge la Bibbia

la posta in gioco

La Bibbia è un testo semplice ma non ingenuo. Abbiamo visto che la sua redazione ha avuto una lunga gestazione e numerosi autori. Nel corso della storia, sono sorti molti fraintendimenti, spesso anche dolorosi, su come essa vada letta e interpretata. In questa Unità ci eserciteremo proprio su questo aspetto, indispensabile per correggere alcuni inevitabili pregiudizi e per consentirci così di accostare il testo per quello che intende dire. Solo dopo aver fatto questa analisi critica, si potrà infatti procedere alla sua conoscenza e piena valutazione.

Perché si dice che la Bibbia vada letta nella Chiesa? Non è più semplice leggerla per conto proprio? Ci sono dei criteri da seguire per poterla capire bene? Non è un testo un po' noioso?

Come si legge la Bibbia per la Chiesa

La Bibbia, nella forma che conosciamo, ci è stata trasmessa dalla Chiesa. Per prima cosa quindi è indispensabile **sapere come per essa vada letta e interpretata**.

Partiamo dalla lettura di un significativo brano della *Dei Verbum*:

"Poiché Dio nella sacra Scrittura ha parlato per mezzo di uomini alla maniera umana, l'interprete della sacra Scrittura, per capir bene ciò che egli ha voluto comunicarci, deve ricercare con attenzione che cosa gli agiografi in realtà hanno inteso significare e che cosa a Dio è piaciuto manifestare con le loro parole. Per ricavare l'intenzione degli agiografi in realtà si deve tener conto tra l'altro dei generi letterari.
La verità infatti viene diversamente proposta ed espressa nei testi in varia misura storici, o profetici, o poetici, o con altri generi di espressione... Però, dovendo la sacra Scrittura essere letta e interpretata con l'aiuto dello stesso Spirito mediante il quale è stata scritta, per ricavare con esattezza il senso dei sacri testi, si deve badare con non minore diligenza al contenuto e alla unità di tutta la scrittura, tenuto debito conto della viva tradizione di tutta la Chiesa e dell'analogia della fede... tutto questo infatti che concerne il modo di interpretare la Scrittura, è sottoposto in ultima istanza al giudizio della Chiesa, la quale adempie il divino mandato e ministero di conservare e interpretare la parola di Dio".

(*Dei Verbum*, n. 12)

La lettura della Bibbia nella Chiesa

◀ La Bibbia può essere letta individualmente, però c'è bisogno di qualcuno che ce la spieghi. Nella Chiesa ci persone come i monaci che dedicano tutta la loro vita allo studio e alla preghiera sulla Parola. Oltre che i religiosi, i vescovi e i sacerdoti, anche i catechisti hanno la funzione di spiegare la Bibbia.

Da questo importante testo, ricaviamo i principali criteri di lettura che per la Chiesa devono essere applicati alle Scritture.

Innanzitutto viene affermata l'importanza dello **studio letterale del testo, ovvero che cosa volevano dire gli autori che lo hanno scritto**, tenendo conto di tutti gli apporti che le moderne scienze possono dare, dalla storia agli usi e costumi dell'epoca, dalla filologia all'archeologia.

In secondo luogo, però, si ricorda che per una lettura piena del testo occorre considerare **il ruolo dello Spirito Santo** che essendone l'autore, assieme allo scrittore umano (vedi Unità 12, *La Bibbia, testo ispirato da Dio*), ne è l'interprete. Tale lettura deve essere fatta all'interno di quella comunità che, voluta da Gesù e garantita dall'assistenza del medesimo Spirito, ne può discernere, riconoscere e vagliare i frutti. È la comunità infatti che, osservando gli effetti prodotti dalla lettura orante di quei testi – l'aumento della fede, della speranza e della carità –, ne ha certificato l'ispirazione.

Bibbia e Tradizione

Il lavoro che lungo i secoli la Chiesa ha svolto per cercare di comprendere e trasmettere autenticamente il contenuto delle Scritture è chiamato **Tradizione**. Accanto alle Scritture, essa forma il patrimonio che la Chiesa custodisce e mette a disposizione degli uomini di ogni generazione. Per la Chiesa cattolica quindi è da rifiutare una lettura delle Sacre Scritture che non tenga conto dell'analisi dei testi, sia nella loro dimensione letterale, sia soprattutto nella tradizione interpretativa ecclesiale che li ha accompagnati. Ciò era già chiaro fin dall'inizio della sua storia, come testimonia il seguente brano dell'apostolo Pietro: «Sappiate innanzi tutto questo: nessuna scrittura profetica va soggetta a privata interpretazione, poiché non da volontà umana fu recata mai una profezia, ma mossi dallo Spirito Santo parlarono quegli uomini da parte di Dio» (2Pt 1,20-21).

In seguito si è ben presto codificata una ricca tradizione di interpretazione delle Scritture descritta dalla cosiddetta dottrina dei **quattro sensi delle scritture** (**1**).

1 I quattro sensi delle scritture

«Partendo dal presupposto che la "lettera" biblica non esaurisca i contenuti della Parola di Dio, fin dall'antichità sono stati formulati diversi gradi di lettura. Nella tradizione ebraica, si è imposta la classificazione di Bachjà ben Asher di Saragozza (1291) che distingue quattro sensi: *peshat* o senso "semplice", cioè immediato, letterale; *remez* o senso "allegorico"; *derash* o interpretazione omiletica; *sod* o senso mistico, esoterico. L'esegesi cristiana medievale, ispirandosi ai metodi interpretativi di Origene, Giovanni Cassiano, Agostino e Girolamo, nonché ai Padri alessandrini, distinse anch'essa 4 sensi: letterale, allegorico, morale o tropologico e anagogico, allusivo alla vita futura quale meta dell'esistenza e oggetto della contemplazione. Altre denominazioni sono il senso pieno (*sensus plenior*), che vuole integrare i dati dell'esegesi scientifica con quelli teologici, e il senso tipico o spirituale che ravvisa in persone o fatti biblici dell'Antico Testamento una prefigurazione di realtà del Nuovo».

(*Biblia*, Vademecum *per il lettore della bibbia*, Morcelliana, 1996)

La classificazione che abbiamo riportata a pagina 151 veniva spiegata da un famoso teologo medioevale, Agostino di Dacia, nel seguente modo: «la lettera insegna i fatti, l'allegoria ciò a cui devi credere, il senso morale ciò che devi fare, l'anagogico ciò a cui devi tendere». Detto in altri termini, il senso storico o letterale indica i fatti così come sono accaduti (o come si pensava che lo fossero), il senso spirituale o allegorico indica quelle verità di fede di cui quei fatti sono segno, il senso morale l'insegnamento pratico che si può ricavare da quel fatto e infine il senso anagogico, il riferimento alla vita eterna.

(documento 13.1)

I metodi

Giona: un esempio di testo narrativo

▲ Nella Bibbia sono presenti testi di generi molto diversi. La miniatura raffigura la vicenda di Giona, il profeta che rifiuta di andare nella città di Ninive per invitarla alla conversione. Accetterà la missione solo dopo essere stato inghiottito da un grosso pesce. La vicenda è una rilettura di un racconto fiabesco popolare, che serve per comunicare un importante messaggio sul senso della missione universale affidata al popolo ebraico.

Lo studio dei testi biblici, nel loro aspetto letterario, viene affrontato secondo le regole del cosiddetto **metodo storico-critico**, che ha come obiettivi:

a) la ricostruzione il più esatta possibile del contesto storico, culturale e linguistico, in cui i testi sono stati composti;
b) la comprensione delle intenzioni degli autori;
c) l'analisi delle varie e successive redazioni di un medesimo episodio;
d) l'individuazione dei generi letterari utilizzati nei diversi tipi di narrazione.

Allo studio dei testi nel loro significato letterale deve seguire però anche l'**attualizzazione**. Occorre mostrare che cosa quel testo dice al lettore di oggi, in che misura cioè può dare delle indicazioni utili per impostare le scelte fondamentali dell'esistenza, dagli affetti al lavoro, al tempo libero. C'è infatti una distanza da colmare tra il testo, che ha una sua storia, un suo contesto, ed è, in definitiva, lontano, e il lettore di oggi che lo avvicina per trovarvi un senso per la sua vita presente. Questa mediazione è affidata al cosiddetto **metodo ermeneutico**, che descrive come un testo vada interpretato. Ne diamo un esempio in relazione all'utilizzo dei testi narrativi (**2**) che costituiscono una buona parte del genere utilizzato sia nell'Antico sia nel Nuovo Testamento.

(documento 13.2)

I salmi: un canto antico

◀ (*Il re David compone i salmi accompagnandosi con l'arpa*, miniatura del XIV secolo. Napoli, Biblioteca Nazionale)
Un'altra serie di testi molto importanti e amati nella Chiesa cattolica sono i salmi, una sorta di canzoni e poesie attribuite al re David, spesso raffigurato con l'arpa. Proprio come nelle moderne canzoni, nei salmi viene data parola a tutta la vasta gamma dei sentimenti umani, dalla rabbia alla lode, dall'invocazione all'imprecazione, per significare il fatto che in ogni condizione in cui l'uomo viene a trovarsi può mettersi in relazione con Dio.

2 Come funziona il metodo narrativo

In ogni narrazione i punti di massimo coinvolgimento sono i cosiddetti bivi narrativi, ovvero quelle situazioni create dall'autore in cui i protagonisti si trovano di fronte a scelte da compiere. Che cosa farà adesso l'eroe o l'eroina del racconto?
È qui che si attiva in massimo grado la collaborazione del lettore che, se si è immedesimato nella storia, soffre o gioisce con i suoi personaggi, immaginando e desiderando che facciano le scelte che lui preferisce. Questo ricco repertorio fatto di ricordi, aspettative, affetti, si chiama tecnicamente "l'enciclopedia del lettore". Essa viene attivata dall'immaginazione che si nutre di tutto quanto ciascuno ha accumulato nella propria esistenza e formazione per decifrare la vicenda raccontata. Quando poi dall'immaginare il presente dei personaggi si passa a ipotizzare le scelte future che ci attendiamo che compiano, allora si parla di "sceneggiature (frame)". Sì, perché le storie rendono capaci gli spettatori di interagire con esse immaginandosi il loro sviluppo, che sarà di volta in volta confermato o smentito dal prosieguo della vicenda. Per riattivare questa capacità di immedesimazione nel testo biblico, nei bivi narrativi occorre fermarsi e ascoltare le proprie reazioni interiori allo sviluppo della vicenda. Per questo, una volta individuato il bivio, ci si può chiedere, pensando al personaggio nella situazione descritta, che cosa prova, pensa e fa, oppure, in forma più diretta, che cosa proverei, penserei, farei io nei suoi panni.

G. Dou, *Donna che legge la Bibbia*, 1630 circa (Amsterdam, Rijksmuseum).

Al metodo storico-critico si affianca la **lettura di tipo spirituale** (**3**) che, senza ignorare i risultati scientifici così raggiunti, legge i testi biblici alla luce della fede di chi li ha composti, e con lo scopo di suscitare nell'ascoltatore quella medesima fede.

È questa una lettura più interessata a cogliere lo spirito, il significato profondo degli avvenimenti raccontati. È una lettura che parte dal principio che all'interno dei fatti storici è contenuto un messaggio che va oltre quei fatti o quei racconti così come suonano, e che essi parlano anche per l'uomo di oggi. Entrambe sono indispensabili per avere la percezione di come la Bibbia sia stata letta e sia letta oggi nella tradizione ebraica e cristiana.

3 Un esempio di lettura spirituale

→ dice dove vuol portare la bibbia

Nel brano riportato, Agostino ricorda qual è il senso ultimo della lettura della Bibbia: essa serve per amare di più Dio e il prossimo. Per questo, se anche si commette qualche errore nella sua lettura ma si arriva comunque ad amare di più, l'errore commesso non è poi così grave.

«Se uno dunque ritiene di aver compreso le Sacre scritture o una qual si voglia loro parte, ma non in modo tale da edificare con la sua interpretazione questo duplice amore di Dio e del prossimo, vuol dire che non ha ancora compreso. Se poi uno avrà da esse ricavato un significato tale che sia utile all'edificazione di questo amore senza però aver detto ciò che si dimostrerà essere stato il senso voluto dall'autore, il suo sbaglio non è dannoso né la sua è vera e propria menzogna. Se uno nell'interpretare le Scritture intende in modo diverso da come ha scritto l'autore, costui si sbaglia perché quelle non mentiscono: ma se, come ho già accennato, s'inganna proponendo un'interpretazione tale da edificare l'amore che è il fine del precetto divino, si sbaglia come se uno, pur deviando dalla via a causa dell'errore, continui a camminare attraverso i campi nella stessa direzione dove porta anche la via. Va comunque corretto e gli si deve spiegare quanto sia utile non deviare dalla retta via, per evitare che, avvezzo a deviare, finisca per andare di traverso o in direzione sbagliata».

(Agostino d'Ippona, *L'Istruzione cristiana*, ed. Valla Mondadori, 1994, XXXVI, 40-41)

Marcionismo

Il termine deriva dal nome di Marcione, eretico del III secolo, che metteva in discussione l'unità tra i due Testamenti, ritenendo che nell'Antico si sarebbe manifestato il dio "cattivo e severo", mentre nel Nuovo il volto "buono e misericordioso" di Dio. Da ciò il rifiuto di accettare come ispirati i libri dell'Antico Testamento a favore solo di quelli del Nuovo.

Leggere le Scritture come buona notizia

Uno dei principali ostacoli che si incontrano nella lettura della Bibbia, in particolare dell'Antico Testamento, è la presenza dei cosiddetti "passi oscuri". Oltre ai brani in cui vengono riportati come giustificabili comportamenti morali inaccettabili per la nostra mentalità, sono soprattutto le pagine in cui vengono attribuiti a Dio sentimenti violenti di rabbia, di vendetta o di punizione che generano quello strisciante **marcionismo** che «la sana dottrina cristiana ha sempre rifiutato» (*Verbum Domini*, n. 40).

Il volto di Dio nella Bibbia

▶ (Miniatura raffigurante il diluvio universale. Vienna, Biblioteca Nazionale)
Molti passi della Scrittura, come quello relativo al diluvio universale, se presi alla lettera possono generare fraintendimenti, ad esempio possono far ritenere il Dio di cui parla l'Antico Testamento vendicativo o collerico. Leggere in unità i due Testamenti aiuta a comprendere che non è così: l'unico Dio è stato capito in modi diversi lungo la storia del popolo ebraico. Gesù ne ha rivelato il volto facendoci comprendere che non è Dio che cambia, ma sono gli uomini che arrivano a conoscerlo a poco a poco.

A fronte di questa difficoltà, che ha allontanato non pochi, occorre recuperare quella capacità di lettura ben illustrata in numerosi documenti della Chiesa, dalla *Dei Verbum* alla *Verbum Domini*. In particolare sottolineiamo due aspetti. Nella *Dei Verbum* è stata richiamata **l'unità dei due Testamenti**. Senza sminuire la superiorità del Nuovo è stata ribadita la sua presenza già nell'Antico (*Dei Verbum*, n. 16). Ora, se il Nuovo Testamento si riassume in modo del tutto particolare nei Vangeli (*Dei Verbum*, n. 18), allora anche nell'Antico deve potersi riconoscere quello spirito della "buona notizia" che è il contenuto principale del Vangelo. E la narrazione è la strada privilegiata per poter mettere in luce questo aspetto fondamentale del messaggio cristiano. Per questo si ricorda, tra gli altri, nel documento della Pontificia Commissione Biblica, che «il messaggio biblico deve conservare il suo carattere principale di buona novella della salvezza offerta da Dio» (Pontificia Commissione Biblica, *L'interpretazione della Bibbia nella Chiesa*, n. 115).

Contro alle rappresentazioni in cui Dio è descritto con il volto minaccioso di un nemico, occorre poi ricordare un altro elemento indispensabile per la lettura: «il loro significato alla luce del mistero di Cristo» (*Verbum Domini*, n. 40). Se Gesù è l'esegeta del Padre (Gv 1,18), colui che ne rivela in modo pieno e definitivo il volto, è a lui che occorre far riferimento ogni volta che si incontrano nell'Antico Testamento dei brani che presentano un comportamento di Dio che sembra in contrasto con quello di Gesù.

Per capirli nel loro vero significato occorre allora non fermarsi a come "suonano alla lettera" (**4**), ma osservare come si è comportato Gesù: quello che lui ha detto e fatto nei Vangeli è come si è comportato anche il Dio di cui è Figlio.

Dio non ha cambiato il suo atteggiamento verso gli uomini. Sono questi che lo hanno capito poco alla volta, anche fraintendendolo. Per la teologia cattolica, Dio ha accettato di lasciarsi comprendere in modo progressivo lungo la storia, proprio per poter essere raggiungibile da ognuno. Per questo motivo si parla anche di una «pedagogia divina», che ha atteso pazientemente che l'uomo a poco a poco crescesse nella comprensione del mistero divino, accettando anche che in tale vicenda rientrassero «cose imperfette e temporanee»".

(*Dei Verbum*, n. 15)

La Trinità, immagine di Dio

▲ (*La Trinità*, miniatura attribuita a Jean Bourdichon, tratta dal Messale di Renato d'Angiò)
Le Scritture ci rivelano pienamente l'identità di Dio che è Padre, Figlio e Spirito Santo. In particolare è quest'ultimo che introduce il fedele alla comprensione piena di quanto Dio ha voluto rivelare. È lui che ha comunicato agli scrittori, attraverso l'ispirazione, quanto Dio voleva far sapere di sé.

4 Il fondamentalismo

«La lettura fondamentalista parte dal principio che la Bibbia, essendo parola di Dio ispirata ed esente da errore, dev'essere letta e interpretata letteralmente in tutti i suoi dettagli. Ma per "interpretazione letterale" essa intende un'interpretazione primaria, letteralista, che esclude cioè ogni sforzo di comprensione della Bibbia che tenga conto della sua crescita nel corso della storia e del suo sviluppo. Si oppone perciò all'utilizzazione del metodo storico-critico per l'interpretazione della Scrittura, così come ad ogni altro metodo scientifico (...).
Il fondamentalismo porta inoltre a una grande ristrettezza di vedute: ritiene infatti come conforme alla realtà, perché la si trova espressa nella Bibbia, una cosmologia antica superata, il che impedisce il dialogo con una concezione più aperta dei rapporti tra cultura e fede (...) mette nella vita una falsa certezza, poiché confonde inconsciamente i limiti del messaggio biblico con la sostanza divina dello stesso messaggio».

(Pontificia Commissione Biblica, *L'interpretazione della Bibbia nella Chiesa*, nn. 62-65)

F. Madox Brown, *John Wyclif legge la sua traduzione della Bibbia a John Gaunt*, 1847-1848.

Scheda di lavoro

Leggi e rifletti

La vocazione di Abramo (Gen 12,1-10)

Con l'aiuto dell'insegnante **(documento 13.3)** prova a ricostruire gli elementi fondamentali della vocazione di Abramo. Dopo aver letto il brano, compila la tabella che trovi più sotto.

1 Il Signore disse ad Abram:
«Vàttene dalla tua terra,
dalla tua parentela
e dalla casa di tuo padre,
verso la terra che io ti indicherò.
2 Farò di te una grande nazione
e ti benedirò,
renderò grande il tuo nome
e possa tu essere una benedizione.
3 Benedirò coloro che ti benediranno
e coloro che ti malediranno maledirò
e in te si diranno benedette
tutte le famiglie della terra».
4 Allora Abram partì, come gli aveva ordinato il Signore, e con lui
partì Lot. Abram aveva settantacinque anni quando lasciò
Carran. 5 Abram prese la moglie Sarài e Lot, figlio di suo fratello,
e tutti i beni che avevano acquistati in Carran e tutte
le persone che lì si erano procurate e si incamminarono verso
la terra di Canaan. Arrivarono nella terra di Canaan
6 e Abram
la attraversò fino alla località di Sichem, presso la Quercia
di Morè. Nella terra si trovavano allora i Cananei.
7 Il Signore apparve ad Abram e gli disse: «Alla tua discendenza io darò questa terra». Allora Abram costruì in quel luogo un altare al Signore che gli era apparso.
8 Di là passò sulle montagne a oriente di Betel e piantò la tenda, avendo Betel ad occidente e Ai ad oriente. Lì costruì un altare al Signore e invocò il nome del Signore.
9 Poi Abram
levò la tenda per accamparsi nel Negheb.

Dio parla ad Abramo, miniatura tratta dal *Weigner Genesis*, VI secolo (Vienna, Biblioteca Nazionale).

Chi sta raccontando? Ovvero di che tipo è il narratore di questo brano?	
Quali sono i principali "bivi narrativi" che si trovano nel testo?	
Quali sono le principali sequenze narrative?	
In base a quali motivazioni agisce il "personaggio" Dio?	
In base a quali motivazioni agisce il personaggio Abramo?	
Che cosa non viene raccontato nel testo e lasciato all'immaginazione del lettore?	

Consigli di lettura

M. Tibaldi, *Il Codice Abramo. Personaggi in cerca di attore*, Pardes, Bologna 2009.

Indicazioni cinematografiche

Si può trovare una proposta per immedesimare lo spettatore nella vicenda biblica in *Le storie della Bibbia*, Multimedia San Paolo 2007, "Abramo parte 1", regia di Joseph Sargent, con Richard Harris, Barbara Hersey e Vittorio Gasmann.

14. La fede, risposta dell'uomo alla Rivelazione

la posta in gioco

La fede non è un atteggiamento irrazionale, ma la risposta a un dialogo che Dio intrattiene con gli uomini. È questo il senso dell'esperienza che ci consegna la tradizione cristiana. Per capire che cosa è questo atteggiamento costitutivo dell'uomo religioso ci rifacciamo all'esperienza di coloro che per la Bibbia l'hanno vissuta in modo esemplare, come Abramo. La sua vicenda mostra che la fede non è riservata ai supereroi, ma è alla portata di tutti.

Aver fede significa smettere di ragionare? Perché molti dicono di aver perduto la fede? È possibile entrare in relazione con Dio? Si tratta di un'esperienza riservata a pochi o è aperta a tutti?

Alla ricerca della fede perduta

Molte persone oggi alla domanda **che cos'è la fede** non sanno bene che cosa rispondere. Per qualcuno essa consisterebbe nel ritenere per vere affermazioni non dimostrabili dalla ragione, per altri è una sorta di retaggio superstizioso tipico di una mentalità primitiva e avversa alla scienza, per altri ancora è una sorta di bandiera politica per sentirsi parte di una comunità etnica o nazionale in contrapposizione ad altri. Per alcuni è un'esperienza fondamentale che dà senso a tutta la propria vita in quanto si fonda sulla relazione con Dio. È questo il senso che ci viene presentato dal Concilio Vaticano II (1), lì dove afferma che la rivelazione di Dio va accolta con fede.

1 La fede nel Vaticano II

«A Dio che si rivela è dovuta "l'obbedienza della fede" (Rm 16,26; cfr. Rm 1,5; 2Cor 10,5-6), con la quale l'uomo gli si abbandona tutt'intero e liberamente prestandogli "il pieno ossequio dell'intelletto e della volontà" e assentendo volontariamente alla Rivelazione che egli fa. Perché si possa prestare questa fede, sono necessari la grazia di Dio che previene e soccorre e gli aiuti interiori dello Spirito Santo, il quale muova il cuore e lo rivolga a Dio, apra gli occhi dello spirito e dia "a tutti dolcezza nel consentire e nel credere alla verità". Affinché poi l'intelligenza della Rivelazione diventi sempre più profonda, lo stesso Spirito Santo perfeziona continuamente la fede per mezzo dei suoi doni».

(*Dei Verbum* I, 5)

Abramo, l'amico di Dio

▲ (*Abramo*, miniatura islamica, 1583. Istanbul, Museo di Arte Turca e Islamica)
La figura di Abramo è fondamentale per le tre religioni monoteiste: l'ebraismo, il cristianesimo e l'islam. Per tutte e tre rappresenta il prototipo dell'incontro con Dio. Lui è l'amico di Dio (il *kahlil*), colui che viene avvolto dall'amore di Dio simboleggiato dal fuoco.

Ma come si arriva a obbedire a Dio? Come può un uomo affermare di riconoscere la voce di Dio che gli sta parlando?

(documento 14.1)

La Scrittura ci presenta a questo proposito la figura paradigmatica di Abramo, il patriarca del popolo ebraico, che gioca un ruolo di primo piano anche nell'islam e nel mondo cristiano, che con san Paolo lo considera il «padre della fede» (Rm 4,11-12).

Accettare la diversità

▲ (*Caino uccide il fratello Abele*, mosaico, XII-XIII secolo. Duomo di Monreale)
All'origine della storia dell'uomo, accanto alla scoperta gioiosa della bellezza dell'altro, come nel caso del primo uomo in relazione alla prima donna (Gen 2,23), c'è la fatica di accettare la diversità. L'altro non è come me, è diverso: questo può generare tensione, invidia, desiderio di eliminarlo, come fa Caino con Abele.

La risposta di Dio al dilagare del male: la fede di Abramo

Per comprendere bene in tutta la sua portata il significato religioso della vicenda di Abramo, occorre ricordare anche il contesto entro cui essa è inserita dai redattori biblici. Nei capitoli 3-11 della Genesi viene, infatti, descritto il progressivo diffondersi del male, introdotto nel mondo dalla scelta dei progenitori. Così il mondo bello e buono uscito dalle mani di Dio (Gen 1-2) viene inquinato dalla scelta dell'uomo che perverte il suo rapporto con Dio (Gen 3: il dialogo con il serpente), con il "fratello" (Gen 4: Caino e Abele) e con i beni della terra (Gen 11: la torre di Babele). Davanti a questo scempio come reagisce Dio?

Nel capitolo 12 della Genesi troviamo la risposta al nostro quesito: «Il Signore disse ad Abram...».

Più che analizzare il contenuto di questo discorso e delle sue molteplici implicazioni, soffermiamoci sul "tipo" di risposta che Dio propone al male provocato dall'uomo nella sua creazione. Egli, secondo la tradizione ebraico-cristiana, non abbandona il mondo al suo destino, comportandosi come un Padre adirato che lascia i figli in balia dei propri errori; nemmeno si precipita a distruggere il mondo "venuto male" per edificarne uno migliore eliminando "le mele bacate".

Dio continua invece a investire sul protagonista principale della sua creazione: l'uomo. È a un uomo infatti che egli rivolge la sua parola, proprio come era avvenuto nella creazione.

Dio quindi interviene nel modo più inatteso: continuando a cercare un interlocutore libero che, liberamente, acconsenta a dargli una mano, nel suo progetto di restaurazione del volto sfigurato del creato.

È questo il senso profondo della chiamata di Abramo e dopo di lui di tutti coloro che hanno acconsentito liberamente alla proposta di Dio.

Dio, per così dire, lavora sul punto su cui l'uomo è caduto: l'uso della propria libertà che, pur ferita e offuscata dal peccato, è ancora in grado, se sollecitata dalla parola di Dio, di poter rispondere positivamente all'invito del proprio Signore.

La vicenda di Abramo è divenuta così il prototipo, la matrice, per indicare il comportamento dell'uomo di fede. La fede nasce, infatti, all'interno di una relazione che, per l'ebraismo e il cristianesimo, parte sempre dall'iniziativa di Dio, cui corrispondono il dialogo e la risposta umana. La fede nell'Antico Testamento viene espressa con il termine *amen* che significa "essere saldo", "avere consistenza".

Tale definizione ci fa capire che per l'Antico, come poi per il Nuovo Testamento, **aver fede** significa principalmente **accettare una relazione in cui ci si affida a Dio**. Non si tratta tanto di ritenere per vere una serie di affermazioni inverificabili, ma di accettare una relazione in cui Dio si è fatto conoscere come partner degno di fiducia e amico dell'uomo.

Dio si prende cura di Abramo

▲ (*Dio parla ad Abramo e a sua moglie Sara*, miniatura lombarda del XV secolo)
In questa miniatura notiamo l'uso del colore. La grande luminosità della raffigurazione sta a indicare la pienezza di vita e felicità che Dio vuole per Abramo e Sara. Egli si prende cura di loro, della loro sterilità e del non avere una terra. Indica con la mano il luogo dove potranno vivere in relazione con lui e tra loro.

Abramo, padre della fede

Dire che Abramo è il "padre della fede" significa in primo luogo che nella sua vicenda sono presenti gli ingredienti fondamentali che lo hanno condotto dall'incredulità alla fede. Il primo punto consiste nell'**ascolto della Parola**. È Dio che prende l'iniziativa di farsi conoscere dall'uomo, come si vede nell'episodio della chiamata raccontato nel libro della Genesi:

"[1]Il Signore disse ad Abram:
«Vattene dalla tua terra,
dalla tua parentela
e dalla casa di tuo padre,
verso la terra che io ti indicherò.
[2]Farò di te una grande nazione
e ti benedirò,
renderò grande il tuo nome
e possa tu essere una benedizione.
[3]Benedirò coloro che ti benediranno
e coloro che ti malediranno maledirò,
e in te si diranno benedette
tutte le famiglie della terra».
[4]Allora Abram partì, come gli aveva ordinato il Signore, e con lui partì Lot".

(Gen 12,1-4)

La sua parola è poi capace di **muovere i desideri** più profondi del cuore umano (2). Così nel caso di Abramo, Dio promette una discendenza a un uomo che non aveva figli a causa della sterilità della moglie ormai anziana, una terra tutta sua a un nomade e la sua amicizia e benedizione a una persona che spesso si è trovata sola ad affrontare le sfide della dura vita del deserto (Gen 12,1-3).

Abramo dà ascolto a questa voce e si mette in cammino. Obbedisce a Dio, comincia a fidarsi di lui. Il cammino per fidarsi pienamente di Dio sarà lungo e tortuoso, non senza cadute o cedimenti. Dopo venticinque anni di relazione con il Signore, Abramo ha però maturato una **fiducia piena**, come testimonia anche l'episodio del cosiddetto sacrificio di Isacco.

(documento 14.2)

2 Il desiderio di Dio

La fede corrisponde al desiderio profondo che si trova nel cuore dell'uomo; come afferma sant'Agostino: «Ci hai fatto per te e il nostro cuore non ha sosta finché non riposa in te». È Lui che ha inscritto nel cuore di ciascuno il desiderio di vederlo: «Dio stesso, creando l'uomo a propria immagine, ha inscritto nel suo cuore il desiderio di vederlo. Anche se tale desiderio è spesso ignorato, Dio non cessa di attirare l'uomo a sé, perché viva e trovi in lui quella pienezza di verità e di felicità, che cerca senza posa. Per natura e per vocazione, l'uomo è pertanto un essere religioso, capace di entrare in comunione con Dio. Questo intimo e vitale legame con Dio conferisce all'uomo la sua fondamentale dignità» (Compendio del Catechismo della Chiesa Cattolica, n. 2).

La notte di Abramo

▲(S. Köder, *Abramo, la notte in Ebron.* «Contempla il cielo e conta le stelle», Gen 15) Abramo ha attraversato diverse notti. La notte non è solo un'indicazione di tempo, è anche una dimensione simbolica della vita, quando non si capisce più che cosa fare o quando ciò che vorremmo che accadesse non capita. Qui Abramo si affida a Dio, come indicano il suo volto e le sue mani, perché il figlio promesso e tanto atteso ancora non arriva. Dio gli rinnova la promessa e lo invita ad avere fiducia nella sua parola.

(documenti 14.3 e 14.4)

Abramo nella prova

La storia contenuta in Genesi 22,1-19 è forse la più conosciuta (3) e commentata dell'intero ciclo di Abramo, però se letta astraendo dal contesto in cui è inserita non la si può comprendere. Una certa tradizione la definisce come il "sacrificio di Isacco"; però, come nota giustamente l'esegeta tedesco Walter Vogels,

> poiché Isacco non viene sacrificato, lo si potrebbe altrettanto bene intitolare «il non sacrificio di Isacco». La tradizione giudaica la chiama piuttosto «la legatura (*aqedah*) di Isacco» (Gen 22,9)".
>
> (W. Vogels, *Abraham. L'inizio della fede*, San Paolo, 1999)

Il racconto comincia con una diretta iniziativa di Dio che «mise alla prova Abramo». **Mettere alla prova** ha come scopo **far emergere il valore di una persona** (Dt 8,2). Lo si fa perché si ritiene l'interlocutore pronto a superarla, anche se questa sembra impossibile. In questo brano Dio è qualificato come «Elohim» (Dio) con in più l'articolo «Il Dio» (Gen 22,3.9) per sottolineare maggiormente la sua trascendenza e l'importanza di quanto sta accadendo. La posta in gioco, infatti, è una nuova e più precisa rivelazione dell'identità di quel Dio di cui Abramo, da venticinque anni, ha cominciato a fidarsi.

3 Il sacrificio di Isacco

1 Dopo queste cose, Dio mise alla prova Abramo e gli disse: « Abramo!». Rispose: «Eccomi!». 2 Riprese: «Prendi tuo figlio,
il tuo unigenito che ami, Isacco, va' nel territorio di Mòria e offrilo in olocausto su di un monte che io ti indicherò».
3 Abramo si alzò di buon mattino, sellò l'asino, prese con sé due servi e il figlio Isacco, spaccò la legna per l'olocausto e
si mise in viaggio verso il luogo che Dio gli aveva indicato. 4 Il terzo giorno Abramo alzò gli occhi e da lontano vide quel
luogo. 5 Allora Abramo disse ai suoi servi: «Fermatevi qui con l'asino; io e il ragazzo andremo fin lassù, ci prostreremo
e poi ritorneremo da voi». 6 Abramo prese la legna dell'olocausto e la caricò sul figlio Isacco, prese in mano il fuoco
e il coltello, poi proseguirono tutti e due insieme. 7 Isacco si rivolse al padre Abramo e disse: «Padre mio!». Rispose:
«Eccomi, figlio mio». Riprese: «Ecco qui il fuoco e la legna, ma dov'è l'agnello per l'olocausto?». 8 Abramo rispose: «Dio
stesso provvederà l'agnello per l'olocausto, figlio mio!». Proseguirono tutt'e due insieme.
9 Così arrivarono al luogo che Dio gli aveva indicato; qui Abramo costruì l'altare, collocò la legna, legò suo figlio Isacco
e lo depose sull'altare, sopra la legna. 10 Poi Abramo stese la mano e prese il coltello per immolare suo figlio. 11 Ma
l'angelo del Signore lo chiamò dal cielo e gli disse: «Abramo, Abramo!». Rispose: «Eccomi!». 12 L'angelo disse: «Non
stendere la mano contro il ragazzo e non fargli niente! Ora so che
tu temi Dio e non mi hai rifiutato tuo figlio, il tuo unigenito». 13 Allora
Abramo alzò gli occhi e vide un ariete, impigliato con le corna in un
cespuglio. Abramo andò a prendere l'ariete e lo offrì in olocausto
invece del figlio. 14 Abramo chiamò quel luogo: «Il Signore vede»;
perciò oggi si dice: «Sul monte il Signore si fa vedere».
15 L'angelo del Signore chiamò dal cielo Abramo per la seconda volta
16 e disse: «Giuro per me stesso, oracolo del Signore: perché tu hai
fatto questo e non hai risparmiato tuo figlio, il tuo unigenito, 17 io ti
colmerò di benedizioni e renderò molto numerosa la tua discendenza, come le stelle del cielo e come la sabbia che è sul lido del mare;
la tua discendenza si impadronirà delle città dei nemici. 18 Si diranno
benedette nella tua discendenza tutte le nazioni della terra, perché
tu hai obbedito alla mia voce».
19 Abramo tornò dai suoi servi; insieme si misero in cammino verso
Bersabea e Abramo abitò a Bersabea.

(Gen 22,1-19)

Tiziano Vecellio, *Il sacrificio di Isacco*, 1542-1544
(Venezia, Santa Maria della Salute, Sagrestia grande).

Il comando di Dio (vv.1-2) è esplicitato in un breve dialogo che richiama i temi della prima chiamata. Il lettore è coinvolto nella narrazione in quanto sa che è una prova, mentre non lo sa Abramo. Dio chiede di prendere l'unico figlio, colui che Abramo ama, e di offrirlo in olocausto su un monte che lui indicherà. All'inizio Abramo era invitato a sacrificare il suo passato, la «casa di suo padre», ora è posto di fronte al sacrificio del suo futuro. Come reagirà Abramo a questo ordine? Lui che ha risposto prontamente all'appello di Dio: «Eccomi!» darà seguito a questo slancio fiducioso?

Abramo in azione (Genesi 22,3-10)

Il testo non riporta alcuna reazione di Abramo (né tantomeno di Sara...). Abramo di buon mattino parte per eseguire. Il viaggio è descritto con molta cura: c'è un progressivo rallentamento del narratore sui preparativi gravati da un'atmosfera irreale, tesa a sottolineare l'importanza del momento narrato. C'è l'asino, la legna, i servi, Isacco e il viaggio.

Al terzo giorno, Abramo «alzò gli occhi e da lontano vide quel luogo». Che cosa avrà provato in quel momento così attentamente ricostruito dal narratore? Arrivati, Abramo abbandona i servi e l'asino e sale verso il monte con Isacco. È interessante l'affermazione che fa ai servi dicendo che stanno salendo sul monte per «prostrarsi», per poi fare ritorno da loro. A che cosa sta pensando Abramo?

> “Ha forse deciso di non offrire suo figlio? Vuole forse nascondere ai suoi servi, e specialmente a Isacco, quel che è deciso a fare ubbidendo a Dio? Tale affermazione deriva dalla convinzione profonda di Abramo che Dio non può contraddire le sue promesse? Oppure è un po' di tutto questo, l'espressione dei sentimenti contraddittori nel cuore di Abramo?".
>
> (W. Vogels, *Abraham*, op cit.)

Infine si svolge il colloquio tra Isacco e il padre. Il testo ripete i termini «padre e figlio» con l'aggiunta di «padre mio» e «figlio mio» a sottolineare l'intimità e la forza del legame che si è instaurato tra i due: Isacco è il figlio diletto di Abramo.

Isacco pone la domanda decisiva: «dov'è l'agnello per l'olocausto?». Abramo è un po' evasivo nella sua risposta: «Dio stesso provvederà!». Isacco tace e si incammina nuovamente verso la sommità del monte. Qui il racconto rallenta nuovamente, descrivendo con grande minuzia di particolari le azioni di Abramo: costruisce l'altare, vi colloca la legna, lega il figlio e lo depone sulla legna. Il lettore è indotto a chiedersi: che cosa avrà provato Isacco in quel momento? Perché non è fuggito? Perché non si è ribellato? Perché non ha cercato di convincere il padre a non sacrificarlo? Il testo riporta la sua silenziosa obbedienza.

Dio non vuole il sacrificio (Genesi 22,11-19)

Abramo leva la mano e all'ultimo momento l'angelo di Dio interviene, facendo aprire gli occhi di Abramo che vide un ariete impigliato da offrire in olocausto. Per questo Abramo chiamò quel luogo «il Signore provvede». Ora Dio sa qualcosa in più su Abramo: non gli ha risparmiato suo figlio. Abramo ha offerto suo figlio a Dio, l'ha rimesso nelle sue mani come aveva fatto con la terra dopo il ritorno dall'Egitto.

Abramo «teme» e «rispetta» Dio:

> "questi due verbi che dominano il testo si troveranno sulle labbra di Mosè, quando spiegherà al popolo perché Dio ha dato loro i dieci comandamenti (Es 20,20, dove sono tradotti con «provare» e «temere»). Sono questi i due soli testi dell'Antico Testamento in cui i due verbi sono usati insieme. Il comando divino è una prova che invita a una maggiore ubbidienza. Abramo sembra aver ubbidito alla legge prima che questa fosse promulgata".
>
> (W. Vogels, *Abraham*, op. cit.)

L'angelo del Signore interviene una seconda volta a ratificare solennemente la scelta di Abramo, impegnandosi con un giuramento: «poiché tu hai fatto questo e non mi hai rifiutato tuo figlio, il tuo unico figlio, io ti benedirò con ogni benedizione e renderò molto numerosa la tua discendenza...». Dio si vincola con un giuramento che lui stesso si impegna a non violare: «giuro per me stesso».

Abramo ritorna dai suoi servi, non viene menzionato Isacco, e da lì ritornano a Bersabea dove Abramo dimorò.

Ubbidiente alla voce di Dio

(*L'angelo del Signore ferma la mano di Abramo che sta per calare su suo figlio Isacco,* bassorilievo della chiesa abbaziale di Sainte Marie, Souillac, Francia, 1100 circa) Il bassorilievo rappresenta l'atteggiamento di ascolto e fiducia che Abramo ha maturato verso Dio. È disposto a vivere fino in fondo questa prova, in cui Dio vuole che uccida non il figlio, ma la sua paura di perderlo. Abramo è l'uomo dell'ascolto, pronto anche negli ultimi istanti ad accogliere e a ubbidire alla voce dell'angelo.

Scheda di lavoro

Abramo, secondo me

Dopo avere letto il testo biblico sul "sacrificio" di Isacco, prova a metterti nei panni di Abramo e rispondi con sincerità alle seguenti domande.

- Ma il Dio in cui ho sempre avuto fiducia può chiedermi tutto questo?
- Ci deve essere un senso, ma quale?
- Come faccio a dire a Isacco che Dio vuole che lo sacrifichi sul monte?
- E prima ancora, come faccio ad accettare questo comando?
- Forse Dio vuole mettermi alla prova: e se mi stessi illudendo? Se fosse tutto un inganno della mia mente?
- E poi, se non voleva darmi un figlio, non poteva dirmelo prima?

Al termine del lavoro prova a "scambiarti" le risposte con un compagno di classe, rifletti sul modo in cui lui si è messo nei panni di Abramo, poi discutete in classe – tutti insieme – sia sulle vostre risposte, sia sulle riflessioni che sono emerse dalle "letture incrociate".

Dal testo all'immagine

Osserva attentamente le seguenti raffigurazioni dell'episodio del "sacrificio" di Isacco che sono state fatte in tre epoche diverse da artisti molto differenti tra loro, quindi compila la tabella.

	Maestro Bertram di Minden	Caravaggio	Chagall

Personaggi biblici presenti nel brano e nell'opera d'arte	....	....	....
Personaggi non citati nel brano ma presenti nell'opera	....	....	....
Utensili presenti nel brano e nell'opera	....	....	....
Animali presenti nel brano e nell'opera	....	....	....

Alla luce delle osservazioni fatte, esprimi un breve giudizio sul modo di rappresentare lo stesso episodio dei tre artisti, mettendo in risalto le caratteristiche di ciascuno.

Analizza e confronta

Una prova di oggi

Leggi la storia seguente e cerca analogie e differenze con il brano biblico della prova di Abramo.

Super Bowl

Marc Anthony era il quarterback più famoso del momento. Aveva trascinato la sua squadra, i Buffalo Rangers, fino al Super Bowl. Tutti stravedevano per lui, ma in modo particolare era legato al suo vecchio allenatore, Edmond. Era merito suo se era diventato quello che era ora: lui lo aveva notato in un anonimo campetto di una high school dell'Arizona, lui aveva intravisto le sue qualità di cui nessuno si era accorto, sempre lui gli era stato a fianco nei turbolenti momenti della crescita; quante volte lo aveva recuperato ubriaco dal pub o lo aveva tolto da risse pericolose fino a dargli preziosi consigli, frutto della sua esperienza, anche in campo sentimentale. Era per lui come padre.

– Hei Ed, allora fra tre giorni c'è la finale, ci giochiamo il tutto per tutto – gli disse Marc Anthony al termine dell'ennesimo estenuante allenamento. Stranamente Ed, così lo chiamavano tutti, non disse niente se non un laconico, – vieni nel mio ufficio dopo la doccia –. Da tempo Ed sapeva che sarebbe arrivato quel momento, che anche lui attendeva con timore e tremore: mancava ancora qualcosa nella formazione di Marc Anthony per poterlo trasformare in un campione vero, uno di quelli di cui si continua a parlare anche dopo molte generazioni. Ma non sapeva se lui era pronto, se era in grado di reggere la prova. Mentre rimuginava tra sé, Marc Anthony bussò alla porta del suo ufficio. Preso il coraggio a due mani, Ed disse: – Ho deciso che non ti farò giocare la finale, ma starai tutto il tempo in panchina –. Marc rimase di ghiaccio, un nodo gli serrava la gola e i pugni si strinsero irrigidendo le vene dei possenti avambracci, ma non disse nulla e uscì.

La domenica della partita tutta la nazione era incollata alla televisione: lo stadio Kennedy di Chicago era pieno all'inverosimile e tutti i commentatori sportivi erano letteralmente impazziti al vedere Marc Anthony in panchina. Lui seduto con la visiera abbassata e le strisce nere sotto gli occhi non diceva nulla: muto assisteva al massacro della sua squadra disorientata quanto lui dalla scelta di Ed, che nessuno aveva avuto però il coraggio di contestare.

Al quarto tempo erano sotto di 15 punti, ci sarebbero volute tre mete impossibili da fare in così poco tempo. La delusione e la rabbia dei tifosi era a livelli massimi. Ed, all'improvviso, fermò il gioco richiamando la squadra alla panchina: – Entra, è il tuo momento, fai vedere a tutti quanto vali! – Marc Anthony senza dire una parola, ma con gli occhi gonfi di lacrime, scese in campo e trascinò la squadra nella vittoria più memorabile che il campionato ricordi.

(da M. Tibaldi, *Il Codice Abramo*, Pardes, 2009)

Consigli di lettura C.M. Martini, *Abramo nostro padre nella fede*, Borla, Roma 1985.

15. Il volto di Dio secondo la Bibbia

la posta in gioco

Quando si pensa a come Dio è presentato nella Bibbia, vengono subito in mente le raffigurazioni che di lui sono state date nel corso della storia dell'arte. In queste, soprattutto a partire dal Rinascimento, prevale l'immagine di Dio come di un vecchio con una lunga barba. Questa immagine può evocare molti significati: per alcuni è il modo più appropriato per rappresentare l'eternità di Dio o la sua saggezza, mentre per altri, soprattutto giovani, questa immagine evoca ciò che la vecchiaia inevitabilmente porta con sé: pesantezza, noia, incomprensione nei confronti delle giovani generazioni...

Ma la Bibbia che cosa dice a proposito del volto di Dio? Questa immagine corrisponde all'esperienza di Dio che hanno fatto il popolo ebraico e la comunità cristiana? Dio è invisibile o si può vedere? Perché Gesù dice che chi vede lui vede il Padre?

Due nomi per un unico Dio

(documento 15.1)

Nelle culture orientali, il nome è una realtà molto importante. Esso infatti non serve solo per distinguere una persona dall'altra, ma **nel nome si condensa l'identità profonda**, il chi si è veramente. Per molti, Dio è un enigma di difficile soluzione, o uno da cui stare alla larga perché non si capisce bene quale sia il suo comportamento. A fronte di queste difficoltà la tradizione ebraica e cristiana ci ha trasmesso due nomi principali di Dio: *Elohim* (o anche *El*), generalmente tradotto in italiano con "Dio", e **JHWH**, tradotto con "Signore". Come mai l'unico Dio viene designato con, almeno, due nomi distinti?

Dietro a questi nomi si trovano **due diverse esperienze di Dio fatte dal popolo ebraico**. La particolarità dell'esperienza religiosa testimoniata dagli israeliti, infatti, risiede nel fatto che Dio si è fatto conoscere, si è rivelato (vedi Unità 11), attraverso alcuni interventi storici.

L'incontro fondamentale con Dio è stato la liberazione dalla schiavitù dell'Egitto. È durante questo periodo che Dio ha rivelato a Mosè il suo nome sacro: *Jhwh* (**1**).

JHWH

Il significato di questo nome è complesso. Esso viene definito il *sacro tetragramma* (quattro parole) che per rispetto gli ebrei non pronunciano mai, in quanto ritengono che il nome di Dio non possa e non debba essere racchiuso entro i confini del linguaggio degli uomini. Tutte le volte che lo si trova scritto nella Bibbia, essi leggono al suo posto il termine *Adonai*, che significa "signore".

Il nome di Dio

(Tetragramma di YHWH nella chiesa di San Clemente, Laholm, Svezia)
La Bibbia ci dice che Dio ha voluto rivelare all'uomo il suo nome. Sapere il nome è, nella tradizione ebraica, conoscere chi è l'altro in profondità.

1 Il nome di Dio

Nel brano seguente troviamo per la prima volta la rivelazione del Nome: "Mosè disse a Dio: «Ecco, io vado dagli Israeliti e dico loro: "Il Dio dei vostri padri mi ha mandato a voi". Ma mi diranno: "Qual è il suo nome?". E io che cosa risponderò loro?». Dio disse a Mosè: «Io sono colui che sono!». E aggiunse: «Così dirai agli Israeliti: "Io-Sono mi ha mandato a voi"». Dio disse ancora a Mosè: «Dirai agli Israeliti: "Il Signore, Dio dei vostri padri, Dio di Abramo, Dio di Isacco, Dio di Giacobbe, mi ha mandato a voi". Questo è il mio nome per sempre; questo è il titolo con cui sarò ricordato di generazione in generazione»".

(Es 3,13-15)

Mosè davanti al roveto ardente, icona del XIII secolo (Monastero di Santa Caterina, monte Sinai).

Nel dialogo con Mosè, Dio stesso spiega il significato del suo nome con l'espressione «Io sono colui che sono». Questa frase è stata a lungo meditata e studiata dagli ebrei e poi dai cristiani. Dio non intende confondere le idee di Mosè o nascondersi alla sua conoscenza, ma indica **il modo della sua presenza a fianco del popolo** in un momento molto delicato. Dio insomma si qualifica come "colui che c'è", come colui sul quale il popolo e Mosè possono contare, poiché lui per primo vuole ciò che sta a cuore agli ebrei: la liberazione dalla schiavitù e la realizzazione delle promesse che lui stesso aveva fatto ad Abramo, il capostipite del popolo ebraico.

Nei secoli successivi, poi, Israele ha compreso che il Dio liberatore dall'Egitto era anche il creatore e signore dell'universo. È questo l'altro nome con cui viene di frequente indicato nelle Scritture, *Elohim*. Per capire che cosa hanno in comune questi due nomi dobbiamo però osservare più da vicino i due modi con cui Dio si è rivelato al popolo ebraico: la creazione e la storia della salvezza.

Il Dio della creazione: prevedibile e conoscibile

Dietro ai due principali nomi di Dio si trovano due differenti, anche se complementari, vie con cui egli si è fatto conoscere al popolo ebraico. Queste due vie costituiscono un insieme complesso di fatti, interpretazioni e norme che nel linguaggio biblico vengono designate con la parola "**economia**". Una fa riferimento all'evento della creazione e l'altra a quello dell'alleanza. Per cercare di capire come sono organizzate le due economie, riprendiamo il significato dei due nomi con cui viene indicato Dio nei primi capitoli della Scrittura: **Elohim è il Dio creatore del cielo e della terra**, mentre **JHWH (Adonai) è il Dio dell'alleanza**, il Dio di Abramo, Isacco e Giacobbe. Per Israele, *Elohim* rappresenta quel volto di Dio che si può conoscere a partire dalla creazione, come si dice in un celebre brano del libro della Sapienza (Sap 13,1).

Sulla stessa linea alcuni secoli dopo si muove anche Paolo di Tarso (Rm 1,19).

(documenti 15.2 e 15.3)

Secondo questi passi, che sono stati lungamente commentati da filosofi e teologi cristiani come san Tommaso d'Aquino, Dio ha creato il mondo in un modo accessibile alla ragione umana, che, di conseguenza, se opera "rettamente", senza pregiudizi e preclusioni, può "facilmente" riconoscerlo.

L'opera creatrice di Dio

◀ (*La creazione dei cieli*, miniatura da una Bibbia del XIV secolo. Parigi, Bibliothèque Nationale)
In questa miniatura Dio è presentato come il creatore dei cieli che, secondo la concezione medievale, sono raffigurati come cerchi perfetti, con al centro la terra. In seguito cambierà questo modello di rappresentazione dell'opera creatrice, ma non il suo significato: il mondo ha origine da Dio che lo ha voluto e amato.

Il Dio dell'alleanza: paradossale e inconcepibile

Accanto al Dio della natura, riconoscibile per la sua prevedibilità, Israele ci ha trasmesso però un'**altra immagine di Dio paradossale**, che sfugge a ogni schematizzazione e previsione. Il nome divino che racchiude questa esperienza è *JHWH*, il Dio della storia che governa l'economia dell'alleanza. Se l'immagine di Dio che compare nella creazione è caratterizzata da razionalità, prevedibilità, uguaglianza, il volto di Dio che compare nella storia sembra essere tutto il contrario. È un Dio che affronta in modo sproporzionato le difficoltà, che predilige ciò che è piccolo e rifiutato, che ama nascondersi e farsi cercare, ma nel contempo che manifesta la sua gelosia che non tollera rivali. È questo, ad esempio, il volto di Dio conosciuto da uomini come Noè o Abramo, che si sentono coinvolti in un progetto sproporzionato per le loro forze naturali: il primo deve salvare ciò che resta del genere umano e animale dall'incipiente diluvio, il secondo dovrà essere colui che avrà una «discendenza numerosa come le stelle del cielo», lui che era sposato con una donna sterile!

Il peccato all'origine del male

▼ (*Arca di Noè*, mosaico bizantino dell'XI secolo. Venezia, Basilica di San Marco)
L'episodio del diluvio universale, con al centro l'arca di Noè, ci ricorda che Dio non vuole la distruzione del mondo, ma che la vita in ogni sua forma continui.

Il motivo di questo apparente cambiamento non è dovuto a una sorta di schizofrenia divina, quanto piuttosto a ciò che secondo la tradizione biblica ha inquinato il piano divino: la presenza del peccato. **Il peccato ha stravolto tutte le relazioni costitutive dell'uomo**: la relazione con Dio si trasforma da dialogo fiducioso in timore, quella con l'altro, da collaborazione paritaria, diventa rivalità e desiderio di conquista e infine anche il rapporto con il mondo, che da luogo da curare e custodire diventa occasione di appropriazione e sfruttamento. Dio non resta indifferente davanti a tutto questo, ma reagisce mettendo in campo una logica che possa riparare ai danni compiuti dal peccato. Così come questo ha inquinato, snaturato, sbilanciato il creato tramite l'ingiustizia, così ora **Dio intende riequilibrare la situazione** paradossale che si è venuta a creare con una logica dell'eccesso che restauri il progetto originario. Per questo motivo Dio veste gli uomini che si scoprono nudi dopo il primo peccato, mette un tatuaggio sulla fronte dell'omicida Caino, chiama Noè in risposta al diluvio di peccato che si è diffuso sulla terra (e sul cielo), chiama Abramo a seguirlo dove lui gli dirà, a fronte del progetto idolatrico di conquistare il cielo con le proprie forze concepito dalle nazioni unite in Babele.

L'uomo e la donna al centro della creazione

▼ (M. Chagall, *La creazione dell'uomo*, 1979, particolare di una vetrata. Magonza, Chiesa di Santo Stefano)
Al vertice dell'opera creatrice di Dio troviamo l'uomo e la donna. Nella raffigurazione di Chagall, l'uomo dorme mentre viene creato, perché la creazione è un mistero insondabile.
A lui e alla sua compagna verrà affidato il compito di rendere presente l'immagine del creatore.

Le immagini che descrivono Dio: padre, madre, sposo, fidanzato

Accanto a questi due nomi di Dio, troviamo nella Bibbia una serie di immagini che vogliono descrivere, in un linguaggio che sia comprensibile agli uomini, quello che è il suo "cuore". Sono immagini che vogliono esprimere le motivazioni intime che hanno mosso Dio a farsi conoscere agli uomini.

Nel primo capitolo del libro della Genesi si dice che l'uomo e la donna come coppia sono «immagine e somiglianza di Dio» (Gen 1,27), come a dire che nell'attività dell'unione affettivo-sessuale e nella fecondità dei due si compie la somiglianza con il creatore. Per questo **la Scrittura attribuisce a Dio anche le qualità tipiche del padre e della madre**. Vediamo alcuni passi tra i tanti che si potrebbero citare. All'inizio del libro dell'Esodo Dio stesso, secondo la Bibbia, istruisce Mosè su ciò che questi dovrà dire al faraone: «Allora tu dirai al faraone: "Così dice il Signore: Israele è il mio figlio primogenito"» (Es 4,22). Altrettanto chiaramente nel libro del Deuteronomio, commentando le tante infedeltà del popolo ebraico, si afferma: «Prevaricano contro di lui: / non sono suoi figli, per le loro macchie, / generazione tortuosa e perversa. / Così tu ripaghi il Signore, / popolo stolto e privo di saggezza? / Non è lui il Padre che ti ha creato, / che ti ha fatto e ti ha costituito?» (Dt 32,5-6). L'immagine del padre descrive anche un modo, per così dire, quotidiano di agire di Dio verso il suo popolo, per cui «il Signore corregge chi ama, / come un padre il figlio prediletto» (Pr 3,12).

(documento 15.4)

Dio, sposo di Israele

▲ (S. Köder, *L'amato e l'amata*, dal Cantico dei Cantici)
Tra le immagini più intense della relazione di Dio con l'uomo c'è quella dell'amore tra l'uomo e la donna descritto nel Cantico dei Cantici.
Tutte le sfumature dell'amore sono adatte per esprimere la relazione che Dio ha per i suoi fedeli.

Proprio perché la paternità di Dio è un simbolo e non una realtà (Dio non è "maschio"), ci sono nella scrittura anche molte immagini che lo dipingono con le qualità di una madre premurosa. In un celebre passo del profeta Isaia, infatti, Dio viene paragonato a una madre che non abbandona il proprio figlio: «Si dimentica forse una donna del suo bambino, così da non commuoversi per il figlio delle sue viscere? Anche se costoro si dimenticassero, io invece non ti dimenticherò mai» (Is 49,15).

Così anche il cosiddetto Terzo Isaia, autore degli ultimi capitoli del libro di Isaia, parlando di Gerusalemme come una madre che allatta i propri figli, attribuisce a Dio le seguenti affermazioni: «Come una madre consola un figlio, così io vi consolerò» (Is 66,13).

La stessa tenerezza materna si trova descritta in un salmo che indica il rapporto fiducioso tra Dio e il suo credente: «Io invece resto quieto e sereno: / come un bimbo svezzato in braccio a sua madre / come un bimbo svezzato è in me l'anima mia» (Sal 131,2).

Le immagini del padre e della madre però non esauriscono i modi con cui Dio viene presentato nella Scrittura. Accanto a esse infatti troviamo i **simboli dello sposo e del fidanzato**. Per alcuni profeti come *Osea* (cap. 2), Dio è uno sposo geloso che non vuole che il proprio popolo Israele lo tradisca con altre divinità. Lo stesso afferma anche il profeta *Isaia*. Nel suo libro presenta Dio come un marito offeso dai tradimenti della propria compagna, per questo le dice «per un breve istante ti ho abbandonata / ma ti raccoglierò con immenso amore» (Is 54,7). In seguito viene riaffermato il desiderio di JHWH di essere sposo di Israele: «Sì, come un giovane sposa una vergine / così ti sposeranno i tuoi figli; / come gioisce lo sposo per la sposa, / così il tuo Dio gioirà per te» (Is 62,5). Per il *Cantico dei Cantici*, uno dei vertici poetici e teologici di tutta la Bibbia, il rapporto tra Dio e Israele è esemplificato proprio nella relazione amorosa tra due giovani fidanzati.

Gesù svela il volto di Dio come servo, medico, amico

Le immagini di Dio che troviamo nell'Antico Testamento hanno il loro compimento nella persona di Gesù di Nazareth. Per il Nuovo Testamento, infatti, **è lui che fa conoscere in tutta la sua ricchezza il volto di Dio**. Ciò è reso possibile, per i suoi discepoli e i suoi fedeli di ogni tempo, dal fatto che Gesù è sia «vero uomo che vero Dio», per usare un'espressione del Concilio di Calcedonia (451).

Secondo il Vangelo di Giovanni, Gesù afferma: «chi vede me, vede colui che mi ha mandato» (Gv 12,45), in quanto lui è colui «che è disceso dai cieli».

Per questo, le diverse immagini con cui Gesù si è definito indicano e completano gli elementi che abbiamo visto finora sul volto di Dio.

Quattro sono le immagini con cui Gesù si è presentato, che aiutano a completare la definizione del volto di Dio: il servo, il medico, l'amico e lo sposo.

Nel Vangelo di Marco, a un certo punto Gesù interviene in una discussione sorta con i discepoli Giacomo e Giovanni di Zebedeo che non avevano ancora ben capito che cosa volesse dire stare con lui. Questi pensavano infatti che presto Gesù avrebbe preso il potere politico al modo dei potenti di questo mondo, invece Gesù ricorda loro, e a tutti i discepoli, la radicale diversità di stile introdotta dal Figlio dell'uomo (uno dei nomi con cui Gesù amava definirsi):

> “Gli altri dieci, avendo sentito, cominciarono a indignarsi con Giacomo e Giovanni. Allora Gesù li chiamò a sé e disse loro: «Voi sapete che coloro i quali sono considerati i governanti delle nazioni dominano su di esse e i loro capi le opprimono. Tra voi però non è così; ma chi vuole diventare grande tra voi sarà vostro servitore, e chi vuole essere il primo tra voi sarà schiavo di tutti. Anche il Figlio dell'uomo infatti non è venuto per farsi servire, ma per servire e dare la propria vita in riscatto per molti»".
>
> (Mc 10,41-45)

Un amore senza confini

(Giotto, *La lavanda dei piedi*, 1303-1305. Padova, Cappella degli Scrovegni)
Gesù stupisce i suoi discepoli rivelando a poco a poco la grandezza della sua gratuità. Qui lo fa cingendo le vesti dello schiavo e lavando i piedi degli apostoli, lasciando loro un esempio e un insegnamento.

Il suo servizio viene fin dall'inizio definito come l'**opera del medico** che si prende cura dei pazienti più gravi. Questi non sono tanto i malati affetti da varie patologie, che pure Gesù ha guarito in abbondanza (Mc 1,32-34), quanto piuttosto i peccatori, coloro che per il Vangelo sono afflitti dalla peggiore malattia: l'essersi allontanati dalla relazione con il Padre. Per questo Gesù è venuto, non tanto per accusarli o condannarli, ma per "guarirli", anche se questo scandalizzava coloro che si ritenevano giusti. Alla domanda degli scribi e dei farisei (il partito dei seguaci fedeli

della legge mosaica) che non capivano perché Gesù andasse a cena con i peccatori, egli rispose: «Non sono i sani che hanno bisogno del medico, ma i malati; io non sono venuto a chiamare i giusti, ma i peccatori» (Mc 2,17).

La relazione di Gesù con gli uomini, a immagine di quella di Dio, non resta confinata però solo in una certa esteriorità, come le immagini del servo e del medico potrebbero suggerire. Egli cerca anche un **rapporto paritario e intimo** con gli uomini, come viene indicato dalle **immagini dell'amico e dello sposo**. Nei Vangeli, Gesù chiama amici i pubblicani e i peccatori (Mt 11,19), ma soprattutto i suoi discepoli: «Non vi chiamo più servi, perché il servo non sa quello che fa il suo padrone; ma vi ho chiamato amici, perché tutto ciò che ho udito dal Padre mio l'ho fatto conoscere a voi» (Gv 15,15 e anche Lc 12,4). Infine, Gesù è lo sposo per il quale occorre far festa e interrompere il digiuno (Mc 2,18-20), e soprattutto è lo sposo capace di dare la vita per la sua sposa: la Chiesa e l'umanità intera (Ef 5,21-33).

Gesù in casa di Zaccheo

◀ (S. Köder, *Zaccheo*)
Tra i gesti che più hanno scandalizzato i contemporanei di Gesù, c'è la sua scelta di recarsi volentieri dai peccatori, come nella visita presso la casa del pubblicano Zaccheo.

Scheda di lavoro

Il Dio delle canzoni

Tra il repertorio dei tuoi cantanti preferiti, o – più in generale – all'interno della tua cultura musicale, c'è qualche canzone che parli di Dio in modo significativo? Individua quella che ti sembra più ricca di spunti, poi procedi con il lavoro.

Fase 1: individua e commenta la canzone

Una volta identificata la canzone, analizzane il testo, alla luce delle seguenti domande.
- Perché l'autore introduce il discorso su Dio?
- Quale immagine di Dio ne emerge?
- Condividi questa immagine? Ti ci ritrovi?
- Ci sono suggestioni ulteriori che ti vengono in mente, ascoltando questa canzone, riguardo al tema della religiosità e al rapporto con la religione?

Fase 2: discuti in classe

Porta in classe le tue risposte (è sufficiente un breve testo scritto, con l'indicazione della canzone a cui si riferiscono), dopo di che ciascuno legge le proprie riflessioni. Discutete insieme dell'immagine di Dio che emerge nelle canzoni che sono state scelte.

Analizza e confronta

Fase 3: ascolta e rifletti insieme agli altri

Se tra le canzoni ve n'è una che ha suscitato l'interesse di molti, o che – in fase di discussione – ha incuriosito particolarmente, ascoltatela assieme e cercate di rispondere (direttamente in classe e discutendone tra voi) alle domande indicate nella fase 1.

Alcune immagini di Dio

Dietro all'abbandono della religione o al non volersene più occupare ci sono alcune immagini distorte di Dio che si ritengono vere o anche conformi a ciò che insegnano la Bibbia e la Chiesa. Per far emergere questi pregiudizi basta che ci chiediamo, magari dopo aver fatto il grafico della felicità (vedi **Scheda di lavoro digitale**, Unità 2) come mai facciamo così fatica ad associare a Dio l'interesse per la nostra felicità. Detto altrimenti: *riteniamo che Dio si occupi della nostra felicità?*

Dopo aver introdotto la domanda e ascoltato un primo giro di pareri, ci si può confrontare con le seguenti immagini di Dio, per provare a capire le ragioni per cui eventualmente si è risposto no alla domanda. **(documento 15.5)**

1) **Il Dio "che non c'è".** Anche se statisticamente non sembra essere particolarmente rilevante, per alcuni la risposta al quesito è molto facile. Dio non aiuta a raggiungere la felicità semplicemente perché non c'è e, quindi, l'uomo è condannato ad arrangiarsi come può o al massimo a illudersi.

2) **Il Dio "disinteressato"** che non si occupa per nulla delle questioni dell'uomo, troppo piccole o insignificanti per lui, tutto preso dalla sola contemplazione di se stesso. È il Dio della tradizione filosofica aristotelica, il «motore immobile», colui che tutti attira a sé senza però coinvolgersi con essi in quanto è «atto puro», esclusione completa di contatto con la materia.

3) **Il Dio "spirituale"** o meglio spiritualista, che si occupa solo delle realtà spirituali, disinteressato completamente agli aspetti materiali della realtà. È il Dio assetato di anime, ma dimentico dei corpi, interessato al mondo delle idee ma non a quello della storia. Per questo motivo, la felicità che egli può dare è esclusivamente di ordine "spirituale", nel senso di un'astratta e disincarnata realtà che preferibilmente viene sperimentata nell'aldilà.

4) **Il Dio "mercante"** di favori il cui agire è invece, all'opposto del precedente caso, molto concreto, con il difetto però che il suo è un fare interessato, poiché anch'egli non sfuggirebbe alla grande legge del *do ut des*, del *nessuno fa nulla in cambio di nulla*. Così Dio aiuterebbe, ma solo in cambio di qualcosa di oneroso, facendo il computo esatto dei meriti e dei demeriti e soprattutto non concedendo mai nessuna garanzia di rispetto delle proprie promesse.

5) **Il Dio "bizzarro", imprevedibile**, il cui agire non riesce a essere identificato, essendo incomprensibile se non addirittura inqualificabile. In questo caso emerge un'immagine inquietante di Dio, che viene visto come un capriccioso despota dell'universo, responsabile o connivente dei più efferati delitti.

Queste immagini di Dio spiegano perché si fa così fatica ad associarlo all'idea di felicità. A parte la prima ipotesi, che elimina alla radice il problema, un Dio pensato secondo le immagini proposte non è minimamente interessato alla felicità degli uomini, perché:

– è tutto preso dal godersi la sua (ipotesi 2),
– è interessato solo a una felicità dimezzata, tutta spirituale e impalpabile (ipotesi 3),
– la fa pagare a caro prezzo e senza garanzie (ipotesi 4),
– la concede a intermittenza a seconda del suo divino umore (ipotesi 5).

Tutte queste ipotesi conducono a una sola conclusione: nella battaglia per la felicità Dio si rivela un partner inaffidabile, se non addirittura sconsigliabile, e allora non resta che far da soli, sperando che vada bene...

Consigli di lettura

J. Miles, *Dio. Una biografia*, Garzanti, Milano 1996.

16. L'uomo e le sue relazioni secondo la Scrittura

la posta in gioco

Per capire chi è l'uomo occorre partire da noi stessi. Esiste infatti una serie di comportamenti che sono comuni a tutti, anche se nelle diverse culture vengono vissuti e descritti con termini diversi.
Il desiderio di vita e la paura della morte sono due elementi costitutivi dell'essere umano, che anche la Bibbia ci descrive. Per i cristiani, poi, il senso pieno delle relazioni umane si può trovare nel compito che Dio assegna alla coppia umana e nel mistero dell'incarnazione del Verbo, ovvero nella vita di Gesù.

Quali sono i caratteri comuni a tutti gli uomini? Esistono delle forze che dirigono le nostre azioni? Per che cosa vale davvero la pena spendere la propria vita? Che cosa dice la Bibbia al riguardo?

Chi è l'uomo? Chi sono io?

La nostra epoca è stata definita a ragione **l'epoca dell'uomo**. Se l'antichità classica greca e romana è stata dominata dall'idea di cosmo e di natura, così come il Medioevo è stato permeato dall'idea di Dio, l'epoca moderna e l'attuale transizione a una nuova epoca – che non a caso viene definita "postmoderna" – hanno certamente al loro centro l'uomo. Eppure, nonostante questa centralità, si fa fatica a rispondere alla domanda "chi è l'uomo?". Pensiamo ai dibattiti suscitati dalla teoria dell'evoluzionismo che ha rimesso a tema la nostra parentela con il mondo animale, o alla psicanalisi, che ha indagato i lati più riposti della nostra affettività (l'inconscio), o alle tante definizioni che ne ha dato la filosofia. Prima di vedere che cosa dice la Bibbia, cerchiamo di arrivare a una sorta di minimo comune denominatore entro cui tutti si possano riconoscere. Per questo ci chiediamo: "chi sono io?".

La nostra tradizione culturale ci ha abituato a ricercare "l'essenza" dell'uomo, come se essa fosse una sorta di formula o definizione matematica. Nella riflessione del secolo scorso, invece, si è compreso sempre meglio il fatto che per descrivere l'uomo, per rispondere alla domanda "chi sono io?", occorre osservare il suo agire. Cerchiamo allora di vedere che cosa si manifesta se osserviamo la vita di ciascuno di noi in una "giornata tipo".

Tra desideri e paure

◀ (A. Paul, *Disegno senza titolo*)
Il volto del disegno è attraversato da molte linee di tensione che indicano i diversi sentimenti e pensieri che agitano ciascuno di noi. Le direzioni sono tante, ma alla fine si riconducono a due direttrici: i desideri e le paure.

Il luminoso oggetto del desiderio

Che cosa si trova, in definitiva, dietro ai numerosi desideri che ci muovono nelle nostre giornate?

Se ci pensiamo bene, i tanti obiettivi delle nostre azioni possono essere riassunti in un termine che li contiene tutti: **la vita**. Attenzione però a non ridurre la vita al solo significato biologico del termine. La vita infatti, come anche la morte, non possono essere definite solo facendo riferimento alla loro dimensione organica. A un primo livello la vita può essere identificata con l'**esperienza della salute biopsicologica**. Essa però non esaurisce tutto il significato che ha "la vita". Oltre alla salute, infatti, la vita è soprattutto **realizzazione**, ovvero il concretizzare i propri desideri. Senza questa esperienza, anche la salute diventa un bene secondario. Non è forse vero che ci si sente più vivi quando un nostro progetto, piccolo o grande che sia, è andato in porto? Il giorno in cui si è preso un bel voto, in cui si è giocato bene, in cui una persona a cui tenevamo molto ci ha sorriso? In terzo luogo poi, dopo la salute e la realizzazione, la vita implica l'**esperienza della relazione**, dell'essere in armonia con se stessi e con gli altri, esperienza che sarà maggiore in proporzione al grado di realizzazione raggiunto.

Un mondo di relazioni

▼ (G. Klimt, *Morte e vita*, 1916. Vienna, Collezione Dr. Rudolf Leopold)
La vera felicità dell'uomo sono le sue relazioni. Per il bambino i genitori, per l'uomo la donna, per entrambi il rapporto con le proprie origini, simboleggiato qui dall'anziano. Non si può essere felici da soli.

L'oggetto oscuro della paura

Se dietro ai tanti desideri si trova la vita, all'opposto, **dietro alle tante paure si trova la morte**. Anche qui non dobbiamo farci trarre in inganno e considerare la morte solo nel senso che immediatamente essa evoca. Parlando della morte, infatti, il primo significato che tutti collegano a essa è quello della fine biologica dell'esistenza. Esiste però anche una morte che, come dice il poeta **Giuseppe Ungaretti**, si "sconta vivendo" e che, pur non essendo la morte biologica, non è meno dolorosa. È questo il secondo significato che attribuiamo al termine: la morte come **esperienza della privazione di qualcosa**, come esperienza del "vuoto". Questo significato si può ritrovare in espressioni del tipo "mi sono annoiato a morte", oppure "sto male da morire", quando magari il corpo funziona benissimo, ma purtroppo un amore è sfumato, o una delusione forte ci ha attanagliato il cuore. Possiamo, infine, ritrovare un terzo significato di morte nel **concetto di separazione**. Infatti è ovvio che chi vive la morte come fine biologica si trova irrimediabilmente separato dagli altri, ma anche chi vive una lacerante esperienza di vuoto o

Giuseppe Ungaretti

(1888-1970)
Compie gli studi superiori a Parigi alla Sorbona e frequenta gli ambienti dell'avanguardia letteraria, scrivendo versi e conoscendo artisti e pittori come Apollinaire, Picasso, Braque, De Chirico, Modigliani. Nel 1914, ritornato in Italia, si arruola come volontario per combattere nella Grande Guerra, esperienza che racconta nella raccolta di poesie *Il porto sepolto*.

di privazione prima o poi finirà per autoemarginarsi o per essere emarginato dagli altri, in quanto l'esperienza del vuoto e della privazione diventano insopportabili.

L'esperienza del vuoto

▶ (E. Munch, *Ragazze sul pontile*, 1900 circa. Zurigo, Kunsthaus)
Ci sono tanti modi di star male: la solitudine, anche quando si è in compagnia di altri, l'assenza di scopi, l'inquietudine. Il volto perso, l'incapacità di relazione della ragazza dipinta da Munch ce lo fanno vedere.

Che cosa dice la Bibbia

(documento 16.1)

La Bibbia presenta una serie di termini, come anima e cuore, che descrivono l'uomo, per così dire, staticamente. Più interessante è vedere come per la Bibbia l'uomo si comporta in relazione al desiderio di vita e alla paura della morte, che sono, come abbiamo visto, i motori profondi del nostro agire. La descrizione della vita come tensione per la realizzazione dei desideri e timore per il loro fallimento, si ritrova anche nelle scritture ebraiche e cristiane che però, in più, vi aggiungono la loro interpretazione. Per la Bibbia infatti tutto ciò che riguarda l'uomo può essere compreso in profondità solo se considerato in relazione con Dio. Vediamo allora come vengono presentati i costitutivi dell'uomo secondo la Scrittura.

Vivere non è solo esistere

La parola che in ebraico indica la vita è *hayyim*, un termine che designa anche l'idea di felicità. Già questo ci fa capire che per la Bibbia la vita, l'essere in vita, non si identificano solo con l'esistere: la vita infatti è molto più che la semplice esistenza. **Vivere significa essere in una pienezza di relazioni**. La prima di esse è la relazione con il creatore e autore della vita, Dio stesso. JHWH infatti è presentato costantemente come «il vivente» (Dt 5,26; Sal 42,3; 84,3; Ger 10,10 ecc.); in lui è «la fonte della vita» (Sal 36,10; Ger 2,13; 17,13) per cui tutto ciò che ha a che fare con la vita ha a che fare anche con Dio stesso. Dio è anche definito dal libro della Sapienza come «amante della vita»

(Sap 11,26) per dire che in lui non c'è invidia né risentimento verso le molteplici forme di vita che egli stesso ha creato e per il desiderio così profondo che si trova nel cuore dell'uomo (Gen 2,7). Nella visione biblica quindi la vita non è un dato biologico neutro, inscrivibile nel ciclo naturale degli avvenimenti, quanto **il dono libero di un Dio personale, vivo e amante della vita** lui stesso. Per questo motivo l'essenza della vita consiste, per l'ebreo e per il cristiano, nel rimanere fedeli all'alleanza che JHWH ha offerto a ogni uomo (**1**).

All'interno di questa relazione di reciprocità si trova il segreto della vita per la Scrittura. Ogni aspetto dell'esistenza viene inserito in tale relazione. Per questo i beni terreni possono diventare segno della benedizione di Dio (Es 23,30-31; Lv 26,3.45). Allo stesso modo, la relazione con Dio vale di più della vita biologica stessa, come dice il salmista, per il quale «la tua grazia vale più che la vita» (Sal 63,4).

Il desiderio di vita

▶ (S. Köder, *La creazione*, Genesi 1,1)
Il senso profondo del desiderio di vita che avvertiamo dentro di noi è la nostalgia del creatore. È lui l'autore della vita in tutte le sue forme, è lui che ha messo nel cuore dell'uomo il desiderio di cercarlo.

1 Le due vie

Nel libro del Deuteronomio si presenta la scelta tra due alterative, la via del bene per raggiungere la felicità e la via del male che conduce alla morte. A ciascuno, quindi, spetta la scelta del proprio destino:

«Vedi, io pongo oggi davanti a te la vita e il bene, la morte e il male. Oggi, perciò, io ti comando di amare il Signore, tuo Dio, di camminare per le sue vie, di osservare i suoi comandi, le sue leggi e le sue norme, perché tu viva e ti moltiplichi e il Signore, tuo Dio, ti benedica nella terra in cui tu stai per entrare per prenderne possesso. Ma se il tuo cuore si volge indietro e se tu non ascolti e ti lasci trascinare a prostrarti davanti ad altri dèi e a servirli, oggi io vi dichiaro che certo perirete, che non avrete vita lunga nel paese di cui state per entrare per prenderne possesso, attraversando il Giordano. Prendo oggi a testimoni contro di voi il cielo e la terra: io ti ho posto davanti la vita e la morte, la benedizione e la maledizione. Scegli dunque la vita, perché viva tu e la tua discendenza, amando il Signore, tuo Dio, obbedendo alla sua voce e tenendoti unito a lui, poiché è lui la tua vita e la tua longevità, per poter così abitare nel paese che il Signore ha giurato di dare ai tuoi padri, Abramo, Isacco e Giacobbe».

(Dt 30,15-20)

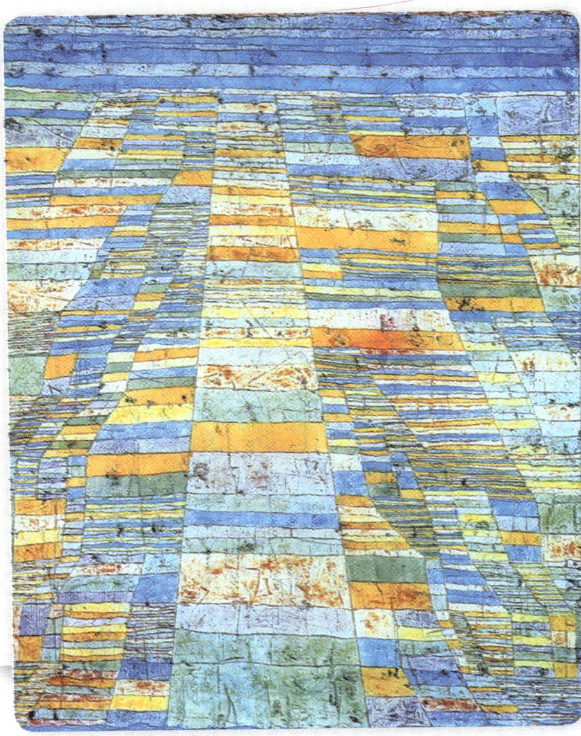

P. Klee, *Strade principali e strade secondarie*, 1929 (Colonia, Museum Ludwig).

Morire non è solo spirare

Anche la morte nella Bibbia è descritta in molteplici modi. Da un lato essa è vista come il **coronamento necessario della vita**, come la legge universale che segna ogni essere carnale. Come dice il libro del Siracide:

> "Questo è il decreto del Signore per ogni uomo;
> perché ribellarsi al volere dell'Altissimo?
> Siano dieci, cento, mille anni;
> negli inferi non ci sono recriminazioni sulla vita".
>
> (Sir 41,4)

Tanti modi di morire

▶ (E. Munch, *Il letto di morte*, 1895. Bergen, Norvegia, Bergen Kunstmuseum) Nell'immagine si vedono due tipi di persone morte: il cadavere di colui che giace nel letto e i volti delle persone che gli sono accanto. Non si tratta tanto di un malessere fisico, quanto interiore. Quando la vita non funziona ci sentiamo morire.

Accanto a questo atteggiamento sereno, ci sono però nella Bibbia altre valutazioni del morire. La morte è infatti vista come una "tenebra" oscura che attende gli uomini (Sap 17,20), come ciò che relativizza drasticamente l'esistenza dell'uomo (Sal 89,48), rendendola effimera e passeggera come il fiore e come l'ombra (Gb 14,2). Come poi la vita era in stretta relazione con Dio, così anche la morte non può essere considerata in modo neutro. Se la Bibbia ripete in continuazione che Dio è l'autore della vita, altrettanto afferma che la morte non è stata voluta dal creatore, che «tutto creò perché esistesse» (Sap 1,13-14). La morte così come l'uomo la sperimenta «entrò nel mondo a causa dell'invidia del diavolo» (Sap 2,24), ovvero in relazione alla rottura del rapporto di alleanza con Dio. **Esiste per la Bibbia un legame preciso tra l'esperienza della morte e il peccato**, la libera decisione di non fidarsi più dell'alleanza con Dio. Come la relazione con Dio influenza il concetto di vita, così anche la rottura di questa relazione si ripercuote sulla morte. In comunione con Dio essa infatti viene vista come un "fatto naturale", soglia di passaggio verso la vita definitiva, mentre al di fuori della relazione con lui viene avvertita come esperienza tragica e insignificante.

La relazione con l'altro, immagine e somiglianza del creatore

Oltre a ciò che abbiamo visto nei precedenti paragrafi a proposito della vita, nel libro della Genesi troviamo un'affermazione di capitale importanza. Nel primo racconto della creazione si dice infatti che **l'uomo e la donna sono stati fatti a immagine e somiglianza di Dio** (**2**).

Nel giorno definito, a differenza di tutti gli altri, «molto buono» viene creato l'Adam (= essere umano, il «terrestre» dice **Enzo Bianchi** poiché proviene dall'*adamà*, la terra) in due "edizioni", l'una maschile (*zakhar*) e l'altra femminile (*neqevah*). È questo il suo nome, o meglio il suo primo nome, una sorta di identità collettiva, poiché Adamo (ed Eva) è il nome del primo e quindi di tutti gli uomini. Adamo viene dalla terra ma è chiamato da Dio e affidato all'altro per realizzare la propria vocazione: **essere immagine e somiglianza del suo creatore**.

Su come intendere questa somiglianza sono state sollevate molte ipotesi. I termini che nella Bibbia indicano immagine e somiglianza sono rispettivamente ***selem*** e ***demuth***. Ma come possono l'uomo e la donna realizzare questo impegnativo compito di essere immagine e somiglianza del creatore?

La comunione delle differenze

La somiglianza con il creatore è data dal compito di fare unità tra le due diversità originarie, quella dell'uomo e della donna, come si dice al termine del secondo racconto della creazione: «Per questo l'uomo lascerà suo padre e sua madre e si unirà a sua moglie, e i due saranno un'unica carne» (Gen 2,24). Maschio e femmina sono definiti tutti e due Adam, poiché dividono lo stesso compito da realizzare. Nella loro distinzione è contenuta una missione, una vocazione: **riuscire a essere una comunità** senza che l'uno prevarichi sull'altra.

Enzo Bianchi

(1943)
Religioso e scrittore italiano, è autore di numerose opere di spiritualità e fondatore e attuale priore della Comunità monastica di Bose.

Selem e demuth

Selem, cioè "immagine", ha un significato plastico-materiale; sembra che facesse riferimento alle statue che, poste lontano dalla capitale, ricordavano l'autorità del sovrano. Il secondo termine, *demuth*, "somiglianza", è più formale: indica la corrispondenza tra l'originale e la copia. *Demuth* designa un compito, nel senso che se l'immagine rappresenta in un certo modo l'identità dell'individuo, la somiglianza implica il suo coinvolgimento. Dipende cioè dall'individuo la scelta di voler assomigliare a colui di cui si è immagine. Tale somiglianza può infatti essere misconosciuta, nascosta, rifiutata, persa o riconquistata.

2 La relazione tra l'uomo e la donna

«E Dio creò l'uomo a sua immagine;
a immagine di Dio lo creò;
maschio e femmina li creò.
Dio li benedisse e Dio disse loro:
"Siate fecondi e moltiplicatevi,
riempite la terra e soggiogatela,
dominate sui pesci del mare e sugli uccelli del cielo
e su ogni essere vivente che striscia sulla terra"».
(Gen 1,27-28)

M. Chagall, *Dio crea l'uomo*, 1930 (Nizza, Musée National Message Biblique Marc Chagall).

Francesco Rossi de Gasperis

(1927)
Gesuita, è un biblista di fama internazionale. Ha insegnato a lungo alla Pontificia Università Gregoriana e al Pontificio Istituto biblico di Gerusalemme. Autore di numerose opere di commento ai testi biblici, si è occupato soprattutto del legame tra Israele e la Chiesa cristiana.

Questo è il grande mistero cui ogni uomo e ogni donna sono chiamati secondo la Scrittura: rendere visibile la comunione delle diversità, saperle comporre in unità senza livellarle. In questo modo, si rende visibile, analogicamente, l'unità delle tre distinte e differenti persone divine. È un compito da realizzare, una vocazione piuttosto che un dato acquisito. Questa è la vocazione fondamentale di ogni uomo, che si gioca sulla diversità più importante, quella tra uomo e donna; per questo essa è in un certo senso la madre di tutte le diversità.

La storia ci mostra quanto sia stato difficile fino a ora realizzare questa comunione paritaria e capace di rispettare le differenze. Eppure, come afferma lo studioso dell'Antico Testamento **Rossi de Gasperis**, oggi il far pace tra uomo e donna, che si incomincia a intravedere, significa anche cominciare a ricomporre tutte le divisioni, siano esse etniche, politiche o religiose, che segnano la storia umana. Tutte le altre diversità sono infatti accidentali, mentre questa è ontologica, legata cioè alla natura e dunque alla chiamata di Dio. Quindi ricomporre questa diversità diviene germe di speranza per ricomporre anche le altre, che sono di natura culturale. Riscoprire e rispettare la diversità è in funzione dell'unità. L'uomo infatti, scoprendosi maschio e femmina, è rimandato costantemente al suo limite: solo relazionandosi all'altro scopre chi è veramente, nella consapevolezza di non essere Dio.

L'amore trasforma le relazioni

▲ (M. Chagall, *Amanti con margherite*, 1949-1950. Collezione privata)
L'amore è la forza che trasforma le relazioni, come si vede nel quadro di Chagall, in cui le persone letteralmente possono volare, tramite il loro abbraccio. Ma l'amore trasforma anche le relazioni con il mondo circostante, rendendolo pieno di colori.

L'uomo, immagine e somiglianza di Cristo

Il tema dell'uomo immagine e somiglianza di Dio nel Nuovo Testamento viene ripreso e analizzato soprattutto da Paolo nel suo epistolario. Qui si dice che è Cristo l'uomo nuovo, perfetta immagine del Padre (2Cor 4,4; Col 1,15; 2Cor 4,4). **È Cristo il modello cui l'uomo deve conformarsi per realizzare la sua somiglianza con Dio** (Rm 8,29; 1Cor 15,49; 2Cor 3,18; Fil 3,21). Solo con l'incarnazione si svela il disegno del Padre in modo completo: Dio si fece simile agli uomini in modo tale che gli uomini divenissero simili a Dio (Fil 2,5-11). Per questo motivo, secondo il Nuovo Testamento, l'uomo ritrova se stesso, l'immagine di Dio in sé, solo conformandosi a Cristo, morto e risorto. Questo tema viene sviluppato da Paolo nell'opposizione tra uomo vecchio e uomo nuovo (Ef 4,17ss; Rm 6,1ss; Gal 6,15). Alla luce di questi passi il Concilio Vaticano II afferma che «solamente nel mistero del Verbo incarnato trova vera luce il mistero dell'uomo» (*Gaudium et Spes*, n. 22).

(documento 16.2)

Scheda di lavoro

Leggi e rifletti

L'esperienza del desiderio

Per comprendere meglio le relazioni costitutive dell'uomo e il progetto che da esse può scaturire, ti proponiamo il seguente percorso di analisi **(scheda per il docente 16.3)**, che potrebbe partire da una riflessione sul *potere suggestivo del denaro* **(scheda di lavoro 16.4)**, per proseguire con l'analisi del testo che riportiamo di seguito.

Talvolta ci chiediamo se davvero è oro tutto ciò che luccica. Dietro a questa domanda si cela il desiderio di verificare se i beni materiali siano in grado di mantenere tutte le loro promesse. Infatti non sono pochi coloro che hanno rilevato come nella moderna società dei consumi, pur avendo raggiunto situazioni di vita impensabili fino a non molti anni fa, il livello medio di felicità, di reale benessere, non sia aumentato come si sperava.

Possiamo riflettere sulla condizione umana, a partire dalle argute considerazioni di Leopardi:

«La tendenza nostra verso un infinito che non comprendiamo, forse proviene da una cagione semplicissima, e più materiale che spirituale. L'anima umana (e così tutti gli esseri viventi) desidera sempre essenzialmente e mira unicamente, benché sotto mille aspetti alla felicità, che considerandola bene è tutt'uno con il piacere. Questo desiderio e questa tendenza non ha limiti, perch'è ingenita o congenita con l'esistenza, e perciò non può aver fine in questo o quel piacere che non può essere infinito, ma solamente termina con la vita. E non ha limiti: 1 né per durata 2 né per estensione. Quindi non ci può essere nessun piacere che uguagli: 1 né la sua durata, perché nessun piacere è eterno; 2 né la sua estensione, perché nessun piacere è immenso, ma la natura delle cose porta che tutto esista limitatamente, e tutto abbia confini, e sia circoscritto (...)
Veniamo alle conseguenze. Se tu desideri un cavallo, ti pare di desiderarlo come cavallo e come un tal piacere, ma in fatti lo desideri come piacere astratto e illimitato (...) Quando giungi a possedere il cavallo, trovi un piacere necessariamente circoscritto e senti un vuoto nell'anima, perché quel desiderio che tu avevi effettivamente non resta pago.»

(G. Leopardi, *Zibaldone di pensieri*, Mondadori, 1990)

Per capire l'esperienza di cui parla Leopardi, prova a ricordare come ti sei sentito quando hai ottenuto un bene che avevi lungamente atteso. Puoi fissare l'attenzione su quello che vuoi, andando indietro fino all'infanzia, oppure fermandoti a ricordi più vicini.
A questo punto ti proponiamo alcune domande.

- Confrontando le aspettative che avevi prima con ciò che hai provato dopo, riesci a vedere uno "scarto"? Le aspettative erano superiori alla realtà?
- Una volta ottenuto ciò che attendevi, ogni tuo desiderio si è spento, oppure hai iniziato a pensare al prossimo bene che potevi ottenere?
- Dietro a questa esperienza, riesci a cogliere un'eco di quel "rialzo continuo del desiderio" di cui parla Leopardi?
- Quando diciamo che è bene "accontentarsi", in fondo non stiamo sottintendendo il fatto che, di per sé, i nostri desideri tenderebbero all'infinito?

Di fronte a queste constatazioni sembra che ci siano solo tre alternative:
1) continuare la rincorsa affannosa dei beni sperando che esista il bene capace di saziare la sete di infinito del cuore dell'uomo;
2) rassegnarsi all'infelicità strutturale, come suggerisce il "pessimismo leopardiano";
3) accettare la sfida che la scoperta della tensione verso l'infinito comporta.

La terza ipotesi ci pone ulteriori interrogativi:
- da dove deriva in noi questo desiderio di infinito?
- Dio c'entra qualcosa con la nostra sete di infinito?
- che cosa dice la Bibbia sul potere seduttivo del denaro **(documento 16.5)**?

Consigli di lettura
R. Balbi, *Madre Paura*, Mondadori, Milano 1984.

17. La creazione, tra teologia e scienza

la posta in gioco

Uno dei temi più dibattuti tra atei e credenti è il tema dell'origine del mondo. Su questi argomenti nel corso della storia, e spesso ancora oggi, si registrano divergenze molto forti, talvolta anche aspre. Eppure il tema per certi versi è semplice. Molte incomprensioni sono nate dal non considerare a sufficienza i confini entro cui la scienza da un lato e la religione dall'altro devono affrontare l'argomento. La scienza, quando è onesta, si limita a descrivere come avvengono i fenomeni, la religione invece si occupa di fornire il loro significato. Entrambi gli approcci possono convivere senza invasioni di campo, ma anzi traendo ispirazione e vantaggi l'uno dall'altro.

Ti è mai capitato di pensare che vi sia contrasto tra scienza e fede, a proposito dell'origine del mondo e della sua evoluzione? Come hai affrontato e risolto il problema? Per te il mondo è frutto del caos o è stato voluto, e se sì, da chi? Sei sicuro di sapere come vanno letti i racconti biblici sulle origini del mondo e dell'uomo?

La Terra al centro dell'universo

▲ (*Donna con tavola astrologica*, miniatura dal *De civitate Dei*. Bruxelles, Biblioteca Reale del Belgio)
Fino agli inizi della modernità si è conservata l'immagine dell'universo elaborata da Tolomeo, detta geocentrica, perché poneva la Terra al centro dell'universo, con i pianeti disposti attorno a essa secondo orbite regolari.

Una lunga sfida

L'idea che ci siamo fatti del nostro pianeta e dell'universo cui esso appartiene è molto cambiata negli ultimi secoli. Dopo circa duemila anni in cui ha dominato la convinzione che la Terra fosse al centro dell'universo e che questo fosse una sorta di grande casa ben organizzata e conoscibile (come ci fa vedere ad esempio Dante Alighieri nella sua *Commedia*), agli inizi dell'età moderna con le scoperte di **Niccolò Copernico**, **Galileo Galilei** e poi **Isaac Newton** ci si è convinti che le cose non sono così semplici come sembrava. La Terra non è al centro dell'universo, ma ruota attorno al sole, il quale a sua volta non è che una delle innumerevoli stelle di cui si compone la volta celeste.

Niccolò Copernico

(1473 - 1543)
Astronomo polacco, ha avuto il merito, all'inizio dell'epoca moderna, di dimostrare, tramite l'osservazione e il calcolo, la fondatezza della cosiddetta ipotesi eliocentrica, ovvero che sia il sole al centro dell'universo e non la Terra, come si era ritenuto per tutta la classicità e il Medioevo.

Circa un secolo fa l'inventore del radiotelescopio, il fisico Edwin Hubble (1889-1953), scopre che i vari pianeti sono in allontanamento tra di loro e da qui nasce la teoria sul cosiddetto Big Bang, la grande esplosione iniziale da cui tutto ha avuto origine. Le scoperte della scienza moderna hanno sollevato nuovamente alcune antiche domande: **chi ha posto i primi mattoni dell'universo? Si sono formati da soli o sono stati posti da qualcuno?**

Inoltre circa mezzo secolo prima di Hubble, il grande esploratore e naturalista **Charles Darwin** aveva esposto la sua teoria dell'evoluzionismo, secondo la quale le specie animali derivano le une dalle altre, secondo una lunga catena di passaggi in cui l'ambiente opera una potente selezione naturale degli individui più deboli. L'uomo quindi è il risultato di un lunghissimo processo di selezione naturale che pone anch'esso dei quesiti: **questa evoluzione, che sembra coinvolgere sia il cosmo sia la vita biologica, tende verso qualcosa? Se sì, verso che cosa? O tutto è solo frutto del caso?**

Una lunga catena

▲ (Tavole di Darwin sulla discendenza di tutti primati)
L'immagine ci aiuta a capire lo shock provocato dalle affermazioni di Charles Darwin, che ponevano l'uomo allo stesso livello qualitativo del mondo animale.

Galileo Galilei

(1564 - 1642)
Fisico, filosofo, astronomo e matematico italiano, è considerato il fondatore della scienza moderna, basata non più sull'ossequio delle autorità (Aristotele e la Bibbia), ma sull'esperienza. Con i suoi studi e le sue osservazioni, fatte anche utilizzando il telescopio, ha contribuito all'affermazione della teoria eliocentrica. Sospettato di eresia, fu processato, condannato dal Sant'Uffizio e costretto all'abiura delle sue concezioni astronomiche. La condanna è stata annullata dalla Chiesa nel 1992, durante il pontificato di Giovanni Paolo II, in quanto riconosciuta frutto della confusione tra il metodo della teologia e quello della cosmologia.

Isaac Newton

(1642 - 1727)
Matematico, filosofo, astronomo, ha dato un contributo decisivo alla teoria della gravitazione universale. Fu il primo a dimostrare che le leggi della natura governano il movimento della Terra e degli altri corpi celesti.

Charles Darwin

(1809 - 1882)
Naturalista britannico, è noto per aver formulato la teoria dell'evoluzionismo. Il suo libro più noto è *L'origine delle specie* (1859). Partecipò a numerose spedizioni naturalistiche, in particolare alle isole Galápagos.

Ancora più vicini alla vita quotidiana, ci sono gli interrogativi sulle sorti del nostro pianeta, sempre più soffocato dalle emissioni di gas tossici, inquinato nelle sue terre e nei suoi mari e a rischio di disintegrazione atomica. Tutto ciò porta a interrogarsi su quale debba essere **l'atteggiamento dell'uomo nei confronti del creato** e soprattutto sul perché l'uomo debba rispettarlo anziché sfruttarlo fino all'orlo del collasso.

Storicamente su tutte e tre queste questioni è sorta, specie a partire dell'Ottocento, una forte polemica con la teologia cattolica, considerata responsabile di fondare e difendere una visione del mondo incompatibile con la scienza moderna, soprattutto in relazione alla cosmologia e all'evoluzionismo, e anche di essere all'origine dello sfruttamento indiscriminato del pianeta che è stato recentemente denunciato, in particolare da movimenti ecologisti di ispirazione laica.

La creazione nel suo contesto biblico

La riflessione ebraica sulla creazione nasce non come ricerca metafisica dell'origine (in greco *archè*), come avviene per il pensiero greco, o come confusa ricerca della nascita degli dèi stessi, come avviene per le cosmogonie dei miti dell'antico Oriente, bensì **all'interno di un contesto relazionale: l'*alleanza* tra Dio e il suo popolo**. I testi di Genesi 1-3 sono stati scritti infatti in due periodi diversi della storia del popolo ebraico e in essi si riflettono le preoccupazioni e le domande dei due diversi periodi (**1**).

(documento 17.1)

1 Il contesto dei racconti della creazione

I due testi principali che ci parlano della creazione (Gen 2,4b-25 appartenente alla tradizione jahvista e Gen 1,1-2,2a di tradizione sacerdotale) sono stati ispirati a partire da situazioni antropologiche concrete.
Il testo della tradizione jahvista (Gen 2,4b-25) è il più antico, databile tra il 1000 e il 900 a.C. e affronta il momento della crisi della monarchia davidica, delle divisioni e delle lotte interne, per cui è molto interessato a mettere in luce i caratteri e le conseguenze del peccato dell'uomo. In esso si ritrova anche la riflessione, tipica della letteratura sapienziale, sul perché del dolore umano, della sofferenza. Il primo racconto della creazione appartiene alla tradizione sacerdotale, è più recente dell'altro, è databile verso la metà del VI secolo a.C., e riflette invece sul tema della creazione a partire dalla tragica situazione in cui il popolo ebraico si trova durante l'esilio. È in questo contesto, davanti alle domande relative alla sorte del popolo eletto, che Israele intuisce la risposta di Dio: è lui il Signore del cielo e della terra e quindi è capace di ricreare il suo popolo così come in principio ha creato dal nulla tutte le cose.

S. Köder, *La creazione*.

Pur avendo a che fare con la storia, non sono però racconti storici nel senso moderno del termine. Per questo motivo essi sono stati definiti dal teologo **Karl Rahner** come racconti storici in senso **eziologico**. Sono storici in quanto si riferiscono a situazioni concrete che essi devono spiegare mostrandone le cause, ma senza che lo siano tutti gli elementi della loro narrazione, che spesso appartengono al genere poetico-simbolico o mitologico.

Per questo motivo, secondo il biblista Francesco Rossi de Gasperis:

> “il fatto che questa serie di racconti nella Bibbia venga premessa alla storia particolare di Israele, non gli dà tanto un valore *pre-istorico* in senso temporale, quanto il significato di un quadro, dentro il quale la storia vera e propria si svolge. Il valore di questi racconti potrebbe dirsi *pro-storico* o *meta-storico*. Essi rappresentano, non tanto e non solo dei «racconti delle origini», quanto le «origini e il quadro permanente di tutti i racconti»”.
>
> (F. Rossi de Gasperis, A. Carfagna, *Prendi il libro e mangia!*, EDB, 1998)

Il significato dei racconti della creazione

L'intento principale dei due racconti della creazione, come anche il rimando alla creazione contenuto in molti altri passi dell'Antico Testamento (Sal 89,15; 111,7-8), è il **mettere in rilievo la giustizia di Dio**, cioè l'aver fatto bene e bello tutto ciò che ha creato. Il primo racconto si apre solennemente con l'affermazione che «In principio Dio creò il cielo e la terra», espressione ebraica che sta per tutto. L'espressione “in principio” (in ebraico *berescit*) non designa tanto un'indicazione temporale quanto ciò che si trova “in profondità”, in filigrana a ogni realtà umana.

La creazione ha origine da un'iniziativa assolutamente gratuita di Dio che liberamente decide di dar corpo a un'altra realtà che non sia lui stesso. La radicale diversità di questo fare creativo di Dio rispetto a ogni altra attività umana è espressa con una parola che nell'ebraico antico designa solo ed esclusivamente l'attività di Dio (***barà***).

La descrizione di Genesi 1 sembra attingere da altre cosmogonie poiché subito si afferma che «la terra era informe e deserta e le tenebre ricoprivano l'abisso». Chiaramente qui ancora non si pensa in termini di creazione dal nulla (*creatio ex nihilo*), poiché è assente dal pensiero del redattore biblico il sistema filosofico che presuppone una riflessione sull'essere e sul nulla. Il valore permanente di questi passi consiste nel richiamo alla situazione di caos in cui si trova la realtà prima che Dio vi ponga mano, un caos in cui questa può sempre risprofondare. Su questa situazione indefinita comunque “plana” (“aleggia”) lo spirito di Dio, poiché Dio si prende cura della realtà e non la vuole lasciare in preda della confusione.

(documento 17.2)

Karl Rahner

(1904-1984)
Gesuita e teologo, è stato fra i protagonisti del rinnovamento della Chiesa che portò al Concilio Vaticano II.

Eziologia

Con questo termine, composto dalle parole *aitia* = causa e *logos* = discorso, si intende un procedimento letterario con cui si descrivono, attraverso un racconto, le cause di determinati fenomeni o aspetti del vivere umano. Così, nel nostro caso, i racconti della creazione non hanno tanto una preoccupazione storica o scientifica, ma vogliono illustrare il perché ci sia il male nel mondo.

Barà

Creare. «Il verbo *barà* qui usato appartiene alla terminologia teologica sacerdotale e si usa esclusivamente per la creazione divina. In questo stesso senso, di creazione divina senza pari, si trova anche nel Deuteroisaia (Is 40,26.28; 45,18 e passim), il quale, dal canto suo, lo avrà desunto dalla lingua cultuale degli inni (Sal 89,13.48; 104,30; 148,5). Il verbo *barà* viene usato anche là dove si parla della nuova creazione di JHWH (Sal 102,19; 51,12)» (G. Von Rad, *Teologia dell'Antico Testamento*, Paideia, 2000).

La creazione non è però il risultato della lotta tra due divinità, ma frutto della decisione di Dio (**2**) che esplicita il suo *barà* mediante la parola. In questo silenzio compare quindi la sua parola creatrice.

2 La creazione nel Concilio Vaticano I

Il Concilio Vaticano I (1870) risponde a una serie di problematiche che si erano andate sviluppando già a partire dall'epoca della Riforma relativamente a modi non corretti di intendere la creazione. Vediamole brevemente per poter così inquadrare il senso delle affermazioni conciliari.

(documento 17.3)

Il **naturalismo** esprime una visione del mondo in cui si esclude l'esistenza di tutte le realtà che non siano riconducibili alla natura. Per l'**idealismo** la religione, e quindi anche la rivelazione, vengono inserite in un processo filosofico che le considera come fasi necessarie che non hanno una vera autonomia. In questo sistema la creazione, così come anche il peccato, sono tappe obbligate del cammino che lo spirito ha intrapreso per giungere all'autocoscienza, quindi viene compromessa la libertà di tale atto da parte di Dio. Per il **materialismo** la materia non solo si può organizzare ma può anche farsi, e crescere in forme sempre più perfette. Nel **deismo** si afferma l'esistenza di Dio, concepito come l'architetto del mondo, che lo crea ma poi lo lascia al suo destino. È la posizione sostenuta dal filosofo René Decartes (Cartesio) e criticata da un altro celebre pensatore, Blaise Pascal: «Non posso perdonare a Cartesio, che in tutta la sua filosofia avrebbe ben voluto far senza di Dio; ma non è riuscito a impedirsi di fargli dare un buffetto per mettere il mondo in movimento. Dopo di che di Dio non sa più cosa farsene» (B. Pascal, *Pensées* 194, ed. Pléiade).

Il fatto che la creazione sia opera della sua parola mostra subito il fatto che **Dio intenda relazionarsi con le creature**, non resta muto e inaccessibile nella sua divinità, come nella concezione greca. Dio "osserva" ciò che ha fatto e lo valuta buono e bello, poiché nulla di ciò che esce dalle sue mani deve essere disprezzato; quindi "chiama" imponendo nomi, ovvero interpreta, conferisce un senso a ciò che ha fatto. Dio poi "separa" e "pone" dei limiti, discerne gli elementi del creato per armonizzarli senza cancellarli. Dalla confusione iniziale emerge così, attraverso l'opera divina, una sempre maggiore **individuazione** e **distinzione**, presupposto per lo stabilirsi di quella che è stata definita come una **comunione evolutiva**. L'opera creata in ogni giorno prepara e fonda quella successiva fino alla comparsa della vita animata.

Dal caos all'armonia

◀ (F. Chessa, *Il caos primordiale*, 2009)
Il caos da cui Dio trae la creazione è prima di tutto un caos antropologico, nel senso che con questi esempi Dio vuol manifestare il suo desiderio di intervenire nella vita degli uomini per porvi armonia, per darvi luce, per benedirla.

In particolare si nota una sorta di **demitizzazione del ruolo degli astri e degli altri elementi naturali**, che non sono degni di essere adorati, come in tutte le culture coeve, poiché sono creature fatte per servire. Così si dice ad esempio del sole e della luna, che sono creati «per regolare il giorno e la notte» (Gen 1,16). Agli animali e all'uomo Dio dona l'ambiente creato e pone entrambi sotto la sua benedizione (Gen 1,22-28). Al termine della creazione Dio sa fermarsi (in ebraico ***shabbat***) affinché l'uomo sappia mantenere, fermandosi anch'esso, il senso di quanto lui gli ha dato. Da questa descrizione si può vedere anche come la prospettiva evoluzionista sia di fatto più vicina di quanto non si pensi alla mentalità biblica. La creazione è infatti presentata come un processo dinamico piuttosto che statico.

Una vita dalle tante forme

▲ (J. Robusti, detto il Tintoretto, *Creazione degli animali*, 1550-1553. Venezia, Gallerie dell'Accademia)
La rappresentazione di Dio con i tanti animali del creato sta a ricordare, simbolicamente, il fatto che per la Bibbia Dio è amante della vita e l'ha generata in moltissimi modi.

Il testo jahvista (Gen 2,4b-25) ha un andamento e uno stile narrativo molto diverso, anche se concorda nelle affermazioni di fondo con il testo sacerdotale: esso utilizza con grande precisione e sobrietà tutta una serie di materiali simbolici che lo rendono molto profondo. **Entrambi i testi culminano nella creazione dell'uomo**: nel testo sacerdotale si trova a conclusione di un lungo processo, mentre in quello jahvista viene subito messa in opera e il mondo sembra essere costruito attorno a lui. Notiamo che l'uomo creato da Dio viene definito un «essere vivente», titolo che viene applicato anche agli animali (Gen 2,7.19). Per alcuni, a partire da questa comune appartenenza si dovrebbe sviluppare una maggiore solidarietà con il mondo animale o comunque una maggiore valorizzazione della vita in quanto tale, poiché è su di essa che Dio ha riposto la sua benedizione.

Scienza e fede sono complementari: l'evoluzionismo

Nonostante oggi, dal punto di vista teorico, il problema del rapporto tra la visione evoluzionista della scienza e il dato biblico della creazione sia stato già risolto dopo un dibattito lungo e articolato, permangono ancora in larghi strati di laici e di cattolici numerose incertezze e oscurità al riguardo.

L'evoluzionismo dal punto di vista scientifico afferma che:

> “le specie della biosfera sono comparse successivamente, ognuna di esse prodotta dalla trasformazione della specie precedente. L'evoluzione ha generato, da un materiale vivente indifferenziato, la moltitudine differenziata degli esseri che abitano la terra; questi sono come i rami di un unico albero della vita".
>
> (I. Sanna, *Chiamati per nome*, San Paolo edizioni, 1994)

All'inizio, l'evoluzionismo viene condannato dal Sinodo di Colonia (1860), così come ancora la Pontificia Commissione Biblica, nel 1909, insisteva sul carattere storico dei primi tre capitoli della Genesi.

Shabbat

Il settimo giorno della settimana che la tradizione ebraica celebra come memoriale (Es 28,8-11) del fatto che Dio stesso in esso "cessò" (in ebraico *shevat*) dall'opera della creazione, e come ricordo (Dt 5,12-15) dell'uscita dall'Egitto, in quanto giorno di riposo per uomini e animali, perciò negazione della schiavitù (da *Biblia, Vademecum per il lettore della Bibbia*, Morcelliana, 1996).

epistemologia → scienza che riflette sul perché dell'avvenire delle cose
episteme → sapere certo

Una svolta si ebbe con l'enciclica di Pio XII *Humani Generis* del 1950, in cui si afferma una valutazione positiva, anche se molto prudente, della dottrina dell'evoluzione.

Il Vaticano II fa un ulteriore passo avanti accettando la riflessione sui generi letterari, che contribuisce a chiarire alcuni fraintendimenti dell'interpretazione delle Scritture soprattutto in relazione alla scienza. Più in generale, il Vaticano II sembra accettare ormai, al di là del dibattito stesso sull'evoluzionismo, il cambiamento di paradigma scientifico che è avvenuto nella modernità, in cui si è passati da una visione statica a una visione dinamica dell'universo:

> "Così il genere umano passa da una concezione piuttosto statica dell'ordine, a una concezione più dinamica ed evolutiva; ciò favorisce il sorgere di un formidabile complesso di nuovi problemi, che stimola ad analisi e a sintesi nuove".
>
> (*Gaudium et Spes*, n. 5)

Alla luce di queste considerazioni, si sgonfia la polemica con la scienza (**3**).

Il girotondo della vita

▲ (G. Pellizza da Volpedo, *Girotondo*, 1906-1907 circa. Milano, Galleria d'Arte Moderna) In questa scena di gioco, si vede qual è lo spirito dei racconti della creazione: introdurre l'uomo alla festa e alla gratuità, come ricorda il valore dello *shabbat* ebraico.

dice posiz chiesa nei confronti dell'evoluzionismo

testi bibbia → narrativi no scientifici
↓
non si contrappone la bibbia con la scienza

3 La posizione di Giovanni Paolo II sulla scienza

I principali documenti che esprimono il pensiero di Giovanni Paolo II sulla scienza sono:

- *Discorso all'Accademia delle Scienze* (17.11.1979), in cui afferma che le verità di fede e di scienza non si possono contraddire (cf. *Gaudium et Spes*, n. 36); richiama poi, dal punto di vista epistemologico, *La lettera a Cristina di Lorena* di Galileo: la Scrittura va letta al di là del senso letterale;
- *Discorso a Colonia* (15.11.1980), in cui viene riconosciuta l'istanza di verità di una scienza razionalmente fondata e anche il fatto che la scienza non è in grado di fornire il significato per l'uomo che hanno i fenomeni. Ricorda poi che lo scienziato cristiano deve assumersi il compito di esaminare in forma costantemente rinnovata il procedimento e l'obiettivo della scienza sotto l'aspetto dei significati. Si ribadisce infine che anche la scienza è una strada verso il vero e che non esiste alcun motivo per concepire la cultura tecnico-scientifica in opposizione con il mondo della creazione di Dio. La scienza e la tecnica si giustificano in base al servizio che recano all'uomo e all'umanità.

Come conclusione riportiamo quando dice su questo tema mons. Fiorenzo Facchini, sacerdote e studioso di antropologia:

> "Evoluzione e creazione non sono in alternativa fra di loro. L'evoluzione è un fenomeno che rientra negli orizzonti delle scienze naturali, la creazione è un evento che sfugge al controllo sperimentale e viene affermato essenzialmente in base a considerazioni filosofiche e religiose. Questa chiarezza che si è raggiunta sul piano epistemologico non c'era un secolo fa, anche perché molti sostenitori della teoria evolutiva la utilizzavano in senso materialistico (compiendo un'operazione ideologica e non scientifica)

e molti teologi erano preoccupati di salvaguardare la fede in Dio creatore ancorandosi a una interpretazione letterale del testo sacro. Gran parte degli equivoci sui problemi delle origini sono sorti dalla pretesa di negare ciò che la scienza non può dirci (la dimostrazione dell'anima) o di far dire alla Bibbia quello che essa non vuole dirci (contenuti di ordine scientifico). Ai due interlocutori vanno posti quesiti che rientrano nel loro ambito. Alla Bibbia sul perché dell'esistenza, alla scienza sul dove, come e quando si è formata la vita (...). Sta poi a noi integrare le risposte in una visione unitaria della ricerca della verità delle cose e dell'uomo».

(in «Corriere della Sera», 5 maggio 1987)

(documento 17.4)

Scheda di lavoro

Leggi e discuti

Nati per caso?

I temi affrontati in questa Unità sono molto complessi. Proviamo a fare il punto su alcuni nodi fondamentali; ti proponiamo in primo luogo un testo molto "provocatorio", scritto dal card. Giacomo Biffi, quando era arcivescovo di Bologna.

«Cosa c'è alle mie spalle? Che cosa ha determinato la mia venuta all'esistenza? Le risposte astrattamente possibili sono due e soltanto due: o alle mie spalle c'è il caso o alle mie spalle c'è un *progetto* (...) Accogliere l'una o l'altra delle due ipotesi possibili ha conseguenze determinanti per tutta l'esistenza. Se alle mie spalle c'è il caso, il caso diventa la regola della vita. Non si vede perché mai debba proseguire sotto la guida dell'intelligenza e della volontà ciò che è nato dal caso (...) Chi non riconosce come premessa della sua venuta al mondo la verità di un disegno, ha come legge intrinseca della sua vita l'assenza di ogni legge, e come principio di comportamento la negazione di ogni principio: l'anarchia totale e assoluta presiederà a ogni atteggiamento e a ogni azione. Ciò che è nato per caso, per caso deve continuare. Senonché l'uomo è sotto questo profilo felicemente incoerente. Anche gli "anarchici" più intransigenti e consequenziari, a esaminarne gli atti, appaiono sottomessi, per fortuna loro – tutti senza eccezione – a mille interiori precetti, a mille ferree leggi di condotta esteriore (...) Se invece alle mie spalle c'è un progetto, allora la norma è la ricerca della mia personale consonanza al progetto "che mi ha voluto"».

(G. Biffi, *La bella la bestia e il cavaliere*, Jaca Book, 1984)

F. Kupka, *Il principio della vita*, 1900-1903 (Parigi, Musée National d'Art Moderne, Centre Georges Pompidou).

Dalla lettura del testo possono scaturire alcuni interrogativi.

- Ti sei mai posto le domande di cui parla l'autore?
- Trovi coerente il suo ragionamento?
- Come concepisci il "caso"?
- Ti sei fatto qualche idea del senso in cui si parla di "teoria del progetto"?

Per approfondire ulteriormente il discorso puoi leggere il testo di Schönborn, che trovi tra i consigli di lettura, o confrontarti con il dibatto sul *Principio antropico* **(documento 17.5)**.
I frutti delle tue riflessioni personali potranno essere oggetto di dibattito in classe.

Consigli di lettura

G. Biffi, *Contro mastro ciliegia. Commento teologico a 'Le avventure di Pinocchio'*, Jaca Book, Milano 1977.
C. von Schönborn, *Caso o disegno? Evoluzione e creazione secondo una fede ragionevole*, ESD, Bologna 2007.

18. Il mistero del male

la posta in gioco

Nella tradizione cristiana l'origine del male è radicata nella libertà dell'uomo, che ha il potere tremendo di ribellarsi anche al suo creatore. Una partita complessa che si gioca con un altro attore, il nemico, il diavolo, l'angelo ribelle che ha sedotto l'uomo. All'origine di tutti i mali si trova allora quello che nel cattolicesimo è il peccato originale.

Se Dio è buono, come è possibile che esista il male? In che senso si parla di peccato originale e qual è il suo ruolo secondo la visione cristiana? Il diavolo è una sorta di "dio malvagio"? Esiste davvero?

Peccato originale

Il termine non compare nella Bibbia e fu coniato dal teologo Agostino nel corso del IV secolo. Esso si rifà a un insegnamento secondo il quale l'origine del male non risale alla volontà di Dio, ma a quella di un avversario, un nemico, un angelo ribelle che ha coinvolto l'umanità nel suo folle disegno. Conseguenza di quella ribellione originaria avvenuta nella condizione del paradiso terrestre sono la comparsa della morte e dei mali così come li sperimentiamo anche noi.

Una domanda cruciale

Tra le domande che hanno assillato il credente di ogni epoca e religione troviamo quelle relative all'origine del male: **da dove derivano il male, la morte e la sofferenza dell'uomo?** Queste domande diventano particolarmente acute se vengono rivolte alla tradizione ebraico-cristiana che crede nell'esistenza di un Dio buono, unico signore della terra e del cielo. Eppure è proprio in essa che troviamo, nelle prime pagine della Genesi, una risposta a questo interrogativo. A partire dalla teologia di san Paolo, questo insieme di questioni va sotto il nome di **peccato originale**.

(documento 18.1)

La scelta del male

◀ (Tentazione di Eva e peccato originale, miniatura dal *Salterio di Sant'Albano*, 1121-1123)
L'uomo è un essere di relazione. In sé non è cattivo, sono le scelte che fa che possono essere buone o cattive.
La miniatura rappresenta il momento il cui il demonio, raffigurato nei panni di un essere mostruoso, offre alla donna il frutto e lei lo dà ad Adamo.

Gli episodi raccontati nella Bibbia per illustrare questo aspetto della verità cristiana non sono da considerare solo come l'antefatto della successiva storia, poiché il loro essere accaduti «In principio» (Gen 1,1), come gli altri episodi raccontati in questi capitoli della Genesi, li colloca in un certo senso in ogni epoca. Ciò che si vuole mettere in evidenza è che **il peccato originale è, nella tradizione cristiana, la matrice di ogni peccato**, ovvero l'origine della dolorosa esperienza del male e della morte.

(documento 18.2)

Il racconto della tentazione (Genesi 3,1-12)

Leggiamo il testo biblico per vedere più da vicino le dinamiche che esso spiega.

(documento 18.3)

L'identità del tentatore

«Il serpente era la più astuta di tutte le bestie selvatiche fatte dal Signore Dio» (Gen 3,1).

Il serpente non è stato creato "cattivo" da Dio (1), ma è stato creato libero, anche se a un livello di realtà diverso dal nostro e quindi per noi difficilmente comprensibile. Tuttavia esso si qualifica come intelligente e furbo, oltre che come entità personale.

1 Il diavolo

Dietro l'immagine del serpente si cela una figura per certi aspetti misteriosa, che nella Scrittura e nella tradizione viene indicata con molti nomi. Sono questi che ne descrivono l'identità, piuttosto che le immagini fantasiose con cui spesso è confuso. Il suo primo nome è Lucifero (Is 14,12-15) e ci ricorda che all'origine anch'esso era una creatura buona di Dio, che però poi si ribella a Lui, e cerca complici per i propri scopi. Nella tradizione successiva verrà identificato con il nemico della natura umana: Satana (termine ebraico che significa "avversario, nemico"), e anche Accusatore (Ap 12,9) e Diavolo (deriva da un termine greco che significa "dividere", e indica il modo con cui agisce, che è appunto la divisione).

L'occhio e il serpente, simboli del male in molte tradizioni.

La sua strategia

«Il serpente (...) disse...» (Gen 3,1).

L'uomo non è la fonte originaria del male, non lo inventa lui ma vi abbocca, gli apre la porta, si lascia invischiare.

Il dono minacciato

«...alla donna» (Gen 3,1).

Il serpente sceglie con cura quale creatura attaccare e come, conosce i suoi punti deboli. Perché tenta prima Eva e non Adamo? Colpendo uno dei due sa che sarà più facile conquistare anche l'altro. Si insinua causando la divisione tra le persone (diavolo = divisore). Inoltre la donna è il dono più prezioso che Dio ha fatto all'uomo e quindi il nemico desidera così fare il massimo danno possibile all'umanità.

La menzogna

«È vero che Dio ha detto: "Non dovete mangiare di alcun albero del giardino?"» (Gen 3,1).

La domanda è apparentemente strana, non ha lo scopo di tentare, ma di intavolare un dialogo. Il serpente intraprende astutamente il suo dialogo con piccoli assaggi, cercando di apparire innocuo. Vuole suscitare curiosità nell'uomo. Il redattore vuol evidenziare come dal di fuori si riconosca facilmente il male, mentre entrando nel suo ingranaggio, mettendosi in dialogo con esso, non lo si vede più. Per dividere gli uomini il serpente usa principalmente la menzogna e per questo è chiamato anche «padre della menzogna» (Gv 8,44).

In dialogo con il male

«Rispose la donna al serpente...» (Gen 3,2).

Inizia qui l'agire libero dell'uomo. Potrebbe scegliere di non rispondere. Ma il dialogo appare innocente, perché non dargli corda?... In fondo, che male c'è? È qui che per l'autore inizia la responsabilità dell'uomo che, accettando di dialogare con il male, accetta di essere trascinato nel suo ingranaggio.

La confusione

«Dei frutti degli alberi del giardino noi possiamo mangiare, ma del frutto dell'albero che sta in mezzo al giardino Dio ha detto: "Non dovete mangiarne e non lo dovete toccare, altrimenti morirete"» (Gen 3,2-3).

La risposta di Eva rende il comando un po' più duro di quello che è. Impercettibilmente, ma la tentazione sta già lavorando nel suo cuore. Dipingere Dio più severo di quello che è, indurire il suo comando, indica che già inizia una presa di distanza da Lui nel proprio cuore. Indica anche che non si sa rispondere con precisione perché, parlando con il nemico, si è perso il senso di quel comando.

Ancora menzogne

«Ma il serpente disse alla donna: "Non morirete affatto! Anzi..."» (Gen 3,4-5).

Si insinua un'altra versione della realtà, abbastanza plausibile. La menzogna imita la verità. In apparenza non c'è differenza tra il fine di bene che propone il serpente e quello che offre il Signore, ma sotto cova un inganno: il far credere che Dio non è dalla parte di Adamo ed Eva e tramite essi dalla parte di ogni uomo.

(documento 18.4)

Il fascino della tentazione

▼ (Masolino, *Tentazione di Adamo ed Eva*, 1424-1425. Firenze, Santa Maria del Carmine).
In questo affresco, l'artista sembra sottolineare il fascino del peccato: il serpente è rappresentato con sembianze gentili, quasi idealizzate, ma il suo sguardo è volto ad accertarsi che la donna cada nella tentazione di addentare il frutto proibito.

La rottura dell'armonia

▲ (L. Cranach il Vecchio, *Adamo ed Eva*, 1526. Londra, Courtauld Institute Galleries)
Nel gesto dell'offerta del frutto proibito è rappresentata la condivisione del peccato e la rottura dell'armonia iniziale, come mostrano gli sguardi attoniti e quasi spaventati degli animali dell'Eden, nel dipinto dell'artista tedesco.

Una falsa immagine di Dio

«Dio sa che quando voi ne mangiaste, si aprirebbero i vostri occhi...» (Gen 3,5).

Il fulcro della tentazione è questo, far credere che Dio sia geloso, invidioso dell'uomo e della sua realizzazione.
Il negativo ha un fascino fortissimo: guardandosi intorno Adamo ed Eva troverebbero mille prove di ciò che Dio ha loro donato e dona. Ma il fascino del negativo sta nel vedere solo ciò che manca, e concentrare sempre di più l'attenzione su di esso dimenticando tutto il resto. La furbizia del nemico sta nel centrare l'attenzione degli interlocutori su ciò che manca: ci sono mille altri alberi nel giardino!

Il sogno assurdo

«...e sareste come Dio, conoscendo il bene e il male» (Gen 3,5).

Il nemico rincara sempre più la dose e alza la posta in gioco, promettendo traguardi meravigliosi, luccicanti. Dietro questa promessa si insinua il credere che essere uomini è limitato, brutto, che bisogna cercare qualcosa di meglio. La tentazione agisce mediante il pensiero che Dio è stato avaro con l'uomo. La tentazione di Adamo ed Eva non è quindi, come pensano in molti, di origine sessuale, anche se la loro scelta avrà delle conseguenze anche in questo campo.

Lo sguardo mutato

«Allora la donna vide che l'albero era buono da mangiare, gradevole agli occhi e desiderabile per acquistare saggezza» (Gen 3,6).

Una volta accettato il sospetto si comincia a odiare la propria condizione e balena l'ipotesi di essere di più. Quando ci si sente traditi, il cuore sforna accuse a ripetizione, trova mille colpe nell'altro. Tutto acquista una nuova luce, diversa dall'inizio: il frutto è lo stesso di prima, ma gli occhi sono cambiati. Soprattutto queste cose si tengono per sé, non si mettono in comune. Eva potrebbe confrontarsi con Dio, chiedere il suo aiuto. Invece il sospetto divide, allontana, chiude in se stessi. E il peccato diventa sempre più plausibile, gradevole, reale. La tentazione si presenta sempre come una realtà buona e bella.

Il gesto di ribellione

«prese del suo frutto e ne mangiò...» (Gen 3,6).

Il peccato è già compiuto nel cuore, è la scelta di non fidarsi di Dio. È nel cuore dell'uomo che avvengono le scelte fondamentali, l'azione lo sancisce.
Si passa dal contemplare fiducioso al prendere-possedere: è la logica del potere che qui si insinua.

La solidarietà nel male

«...poi ne diede anche al marito, che era con lei...» (Gen 3,6).

La donna ne dà all'uomo perché vuole condividere la responsabilità. Alla radice c'è la paura di essere rimasta da sola, col peccato è entrata la paura e il senso di divisione dall'altro.

Il contagio

«...e anch'egli ne mangiò.» (Gen 3,6).

Ci sono due possibilità di peccare: per scelta deliberata, come fa Eva, oppure per dar retta a un altro, per compiacerlo. La donna deve scegliere tra Dio e la tentazione, l'uomo tra Dio e la donna. Il peccato, iniziato dalla ribellione del serpente, cerca sempre nuove vittime.

(documenti 18.5 e 18.6)

Dio punisce l'uomo per il suo peccato?

Una lettura superficiale del testo della Genesi e un certo pregiudizio applicato a Dio fanno sì che quello che normalmente accade tra gli uomini venga applicato anche nei confronti di Dio. Se tra gli uomini è invalso il principio del castigo, per cui se uno sbaglia l'altro lo punisce, molti pensano che la stessa cosa avvenga con Dio che, offesosi per il peccato commesso, punisce l'uomo, cacciandolo dal paradiso terrestre, non permettendogli più di mangiare dell'albero della vita, condannandolo alla fatica del lavoro, al dolore del parto e alla lotta tra i sessi.

Eppure, se osserviamo con attenzione il testo biblico, le cose non stanno proprio così. Il peccato infatti possiede una sorta di propria vitalità, per cui una volta consumato esso stesso provoca determinate conseguenze, indipendentemente dall'intervento di Dio. Così vediamo che dopo aver disubbidito a Dio, prima che questi ricompaia in scena, Adamo ed Eva scoprono di essere nudi, ovvero scoprono di aver perso quell'armonia con il loro corpo e tra di loro che avevano prima del peccato. **La rottura della relazione con Dio implica infatti la rottura di tutte le relazioni costitutive dell'uomo**. Così nello stesso tempo strappano e intrecciano foglie di fico, ovvero cominciano a utilizzare la natura in modo improprio, anticipando simbolicamente tutti gli atti successivi di sfruttamento del creato. Nella stessa linea, cominciano ad avere timore di Dio, del suo giudizio e della sua punizione e si nascondono. Lo stesso discorso che il redattore ha messo in bocca a Dio solo apparentemente suona come una sua punizione inflitta "in più" agli uomini rispetto al loro gesto. In realtà, egli non fa altro che **svelare in profondità tutte le conseguenze che il loro gesto ha avuto**. Esse possono riassumersi nel vedere ora con occhi annebbiati dal peccato una serie di realtà che prima avevano ben altro significato (**2**). Ascoltiamo su questo il parere di un noto esegeta:

Il dolore, conseguenza del peccato

▼ (Masaccio, *La cacciata di Adamo ed Eva dal Paradiso Terrestre* (particolare), 1425-1426. Firenze, Santa Maria del Carmine, Cappella Brancacci)
Il dipinto raffigura alcune delle conseguenze dell'aver rotto la relazione con Dio. Adamo si copre il volto come segno di vergogna, ma anche di rabbia e stupore per il gesto compiuto. Eva copre la propria nudità, diventata simbolo di fragilità e causa di imbarazzo. Il dolore, frutto della colpa, ha fatto il suo ingresso nel mondo.

> Lo strisciare sul ventre e il mangiare polvere, per il «serpente»; i dolori della gravidanza e del parto, per la donna, come pure l'attrazione-sopraffazione reciproche tra lei e l'uomo; l'ingrata infecondità della terra, la fatica, il sudore del lavoro e la finale destinazione alla morte, per l'uomo, non vanno intese come delle «novità» che si aggiungerebbero alle precedenti condizioni di creazione, bensì come *un cambiamento di senso e di valutazione* di realtà per sé presenti, ma diversamente interpretabili; *un segno negativo* che sopravviene a ciascuno dei colpevoli nel campo che gli è proprio".

(F. Rossi del Gasperis, A. Carfagna, *Prendi il Libro e mangia!*, EDB, 1997)

2 Le conseguenze del peccato originale per il Catechismo della Chiesa Cattolica

«Sulle orme di san Paolo la Chiesa ha sempre insegnato che l'immensa miseria che opprime gli uomini e la loro inclinazione al male e alla morte non si possono comprendere senza il loro legame con la colpa di Adamo e prescindendo dal fatto che egli ci ha trasmesso un peccato dal quale tutti nasciamo contaminati e che è la "morte dell'anima". Per questa certezza di fede, la Chiesa amministra il Battesimo per la remissione dei peccati anche ai bambini che non hanno commesso peccati personali... Il peccato originale, sebbene proprio a ciascuno, in nessun discendente di Adamo ha un carattere di colpa personale. Consiste nella privazione della santità e della giustizia originali, ma la natura umana non è interamente corrotta: è ferita nelle sue proprie forze naturali, sottoposta all'ignoranza, alla sofferenza e al potere della morte, e inclinata al peccato (questa inclinazione al male è chiamata "concupiscenza"). Il Battesimo, donando la vita della grazia di Cristo, cancella il peccato originale e volge di nuovo l'uomo verso Dio; le conseguenze di tale peccato sulla natura indebolita e incline al male rimangono nell'uomo e lo provocano al combattimento spirituale... ignorare che l'uomo ha una natura ferita, incline al male, è causa di gravi errori nel campo dell'educazione, della politica, dell'azione sociale, e dei costumi».

(*Catechismo della Chiesa Cattolica*, nn. 403.405.407)

Scheda di lavoro — Leggi e rifletti

Il fascino del male

Talvolta si sente parlare di fascino del male, o di attrazione per i comportamenti malvagi.
Ti proponiamo un testo dello scrittore John Steinbek che può essere utile per suscitare alcune riflessioni.

«Nell'uomo c'è una strana dualità che va fino al paradosso morale. Noi possediamo precise qualità sia buone che cattive e non mutevoli e varie bensì tali da essere considerate come buone e cattive universalmente in tutti i tempi e in tutto il genere umano. Tra le buone noi pensiamo che siano la saggezza, la tolleranza, l'amicizia e cortesia, la generosità, la modestia, mentre sono considerate ostili la smania di arraffare, rubare. E tuttavia nella struttura della nostra società le qualità considerate buone e come tali anche ritenute sono ogni volta compagne dell'insuccesso mentre le cattive sono le pietre angolari del successo. Un uomo con dei "principi" pur amando le qualità astrattamente buone e deprecando quelle astrattamente cattive invidierà colui che ha avuto successo economico e sociale mediante le sue qualità cattive e al contrario disprezzerà quello le cui buone qualità gli hanno procurato insuccesso. Se un uomo simile pensa con i suoi 'principi" a Gesù o ad Agostino o a Socrate li considererà con amore perché sono dei simboli del bene che ammira e odierà i simboli del male. E tuttavia in pratica vorrebbe essere piuttosto fortunato che buono. A riguardo di altri esseri viventi che non l'uomo noi diremmo che il termine "buono" ha un "debole quoziente di sopravvivenza" e che invece il termine "cattivo" ha un "forte quoziente di sopravvivenza". Così l'uomo che pensa o che sogna ammira l'evoluzione che conduce alla morte e invece nell'istinto che non pensa e che in realtà lo incalza l'uomo tende alla sopravvivenza. Forse non c'è un altro essere vivente a tal punto lacerato fra alternative. Si può bene azzeccando definire l'uomo un paradosso su due gambe».

(J. Steinbek, *The Log from the sea of Cortez*, in H.U. von Balthasar, *Teodrammatica*, Jaca Book, 1982)

Rifletti e discuti con i tuoi compagni.

- Condividi l'impostazione che viene data al problema dell'attrattiva del male? Hai elementi da aggiungere?
- Ti è mai capitato di vivere situazioni analoghe a quelle che vengono descritte?
- Come spieghi, dal tuo punto di vista, l'ambivalenza dell'uomo in relazione al bene e al male che è stata messa in luce?
- Alcune condizioni di particolare bisogno o sofferenza possono "spiegare" o "giustificare" lo scivolamento verso comportamenti non corretti?

(documento 18.7)

Consigli di lettura
C.S. Lewis, *Le lettere di Berlicche*, Mondadori, Milano 2000.

Indicazioni cinematografiche
Il "Piccolo diavolo", di Roberto Benigni, Italia 1988. Utile per illustrare in modo simpatico ma efficace la dinamica di divisione instaurata dal diavolo.

La storia
del popolo
ebraico attraverso
l'Antico
Testamento

La storia del popolo ebraico attraverso **l'Antico Testamento**

La Rivelazione è avvenuta attraverso opere e discorsi che Dio ha intessuto nella storia, eleggendo un popolo a suo interlocutore privilegiato, come via per raggiungere tutti.

La storia di Israele

Gli ebrei: nostri fratelli maggiori

dentro l'immagine

Il quadro del pittore di scuola senese Bartolo di Fredi (Siena, 1330 circa - Siena, 1410), che si trova nel Duomo di San Gimignano, rappresenta il momento culminante della storia del popolo ebraico e della sua esperienza di Dio. È infatti nella liberazione dall'Egitto con il passaggio del Mar Rosso che Israele riassume l'incontro con Dio. Il Dio che emerge dal dipinto è un Dio che si è fatto carico del suo popolo.

A fronte del mare che si sta chiudendo sulle truppe del faraone, le quali non si sono fermate nemmeno davanti al prodigio, sta il popolo che all'asciutto prosegue il suo cammino verso la terra promessa. Lo stile degli abiti è quello del '300, per ricordare che ciò che è avvenuto allora capita a ogni generazione di fedeli. Nel passaggio del Mar Rosso la Chiesa cattolica vede infatti un'immagine del battesimo cristiano.

Le truppe del faraone, armate di tutto punto, sono ormai sommerse dai flutti: tutta la loro forza non è servita a salvarle. Sullo sfondo in alto, è rappresentato l'episodio della pesca miracolosa, che allude alla continuità della storia della salvezza.

Il popolo è rappresentato in tutte le sue componenti: ci sono bambini, giovani, donne e uomini. Il messaggio di liberazione è per tutti e per ciascuno: per questo il popolo è descritto come una realtà compatta, protagonista del quadro assieme a Mosè e ai soldati del faraone.

Al centro della composizione si trova Mosè. Il suo abbigliamento semplice e il fatto che sia "armato" solo della bacchetta, con la quale Dio gli aveva chiesto di percuotere il mare, fa da contrappunto alle armature dei soldati. È il segno della fede nell'opera del Signore, che chiede di affidarsi totalmente a lui.

Il popolo non è idealizzato: ci sono persone più ricche di altre, che hanno una cavalcatura e abiti di bella fattura. Il pittore non nasconde le differenze sociali, per non far apparire la scena irreale.

19. La storia di Israele

la posta in gioco

Diverse volte nel corso degli ultimi due secoli è stata messa in discussione l'attendibilità della testimonianza biblica in relazione alla storia di Israele. In realtà, le scoperte archeologiche che si vanno facendo in questi ultimi tempi non fanno che confermare la validità e la profonda aderenza degli avvenimenti in essa raccontati con l'ambiente culturale messo in luce dagli scavi. La Bibbia è la fonte principale della storia del popolo ebraico e del paese in cui esso visse, le cui vicende sono profondamente intrecciate con i libri biblici. Prescindendo dai primi 11 capitoli della Genesi, che hanno un carattere teologico e sapienziale, occorre precisare che il carattere storico della narrazione biblica non è sempre uguale per tutti i periodi. Per il periodo dei patriarchi, dell'esodo e della conquista, la narrazione biblica si fonda su tradizioni venerabili per antichità, ma frammentarie. I redattori, per ragioni didattiche, le riunirono in un solo filo narrativo estremamente semplificato, per mostrare in tal modo la continuità della storia della salvezza.

Quali sono le principali tappe della storia di Israele? Quali testi della Bibbia ce le raccontano? Quale valore storico e spirituale possiamo attribuire ai testi biblici in cui si raccontano episodi di guerre, stragi e devastazioni?

L'epoca dei patriarchi

Le tradizioni bibliche legano l'**origine del popolo ebraico** alle vicende di alcune tribù di pastori seminomadi (**1**) che, provenienti dalla Mesopotamia (Ur), sarebbero migrate attorno al 1850 a.C. verso Harran, nel territorio degli aramei. Da qui queste tribù intorno al 1700 a.C. si spostarono verso sud, girovagando nei territori di Canaan, l'antico nome della Palestina.

1 | Gli antenati degli ebrei

«A differenza dei beduini veri e propri, nomadi proprietari di cammelli, quelle tribù pure nomadi possedevano, a quanto ne sappiamo, solo bestiame piccolo; non erano bellicose e si attendavano nelle steppe, specie ai margini meridionali della terra palestinese coltivata, ove d'inverno trovavano nutrimento per il bestiame, ove si dedicavano anche a modesta attività agricola (Gen 26,12) e donde in estate, per la necessità del pascolo, frequentavano i campi della zona coltivata dopo i raccolti».

(G. von Rad, *Teologia dell'Antico Testamento*, Paideia, 1972)

E. Abesgauz, *La mia casa d'origine*
(l'iscrizione in ebraico recita: "E io vedo per l'ultima volta la terra della mia nascita e vado verso la mia terra").

Prima che Dio riveli il proprio nome a Mosè sul monte Sinai (Es 3), queste tribù avevano una loro **religione caratterizzata dal non avere un luogo fisso di culto**. L'esperienza di Dio, infatti, veniva riferita non a luoghi particolari, ma a persone. Per questo si parla del «Dio di Abramo» o del «Terrore di Isacco» (Gen 31,42.53) o del «Potente di Giacobbe» (Gen 49,24). In seguito, queste esperienze furono considerate come le prime rivelazioni di YHWH, che si manifesta pienamente nella rivelazione del Sinai, che la tradizione colloca nella parte meridionale dell'omonima penisola. Qui, fin da tempi molto anteriori alla comparsa delle tribù israelitiche, si celebravano culti e riti religiosi.

È all'interno di questa cornice che avvenne la rivelazione di YHWH, Dio conosciuto e adorato anche da altri gruppi al di fuori delle tribù ebraiche, come i keniti (Gdc 4,11) e i madianiti (Es 3,1; 18,12). È questa l'epoca dei patriarchi Abramo, Isacco, Giacobbe e dei suoi dodici figli. La vicenda è considerata talmente importante da entrare a far parte di quella che viene chiamata la professione di fede, il credo fondamentale dell'israelita, che troviamo riassunta nel libro del Deuteronomio e che comincia con le parole «Mio padre era un Arameo errante» (Dt 26,5-9).

(documento 19.1)

L'esodo in immagini

▼ (Miniatura dalla *Haggadah d'oro*, 1320. Londra, British Library)
La miniatura raffigura, come in un fumetto, alcune delle fasi salienti dell'Esodo. La morte dei primogeniti, così come la distruzione dell'esercito egizio nel Mar Rosso, sono da attribuire all'ostinazione del faraone e non a Dio, che vuole la salvezza di tutti.

Il soggiorno in Egitto e l'Esodo

A partire dal 1700 a.C. l'Egitto viene sconvolto dall'arrivo e dalla dominazione di un popolo meno progredito proveniente dall'Estremo Oriente, gli hyksos, che erano stati spinti verso le fertili terre del Nilo da una carestia. Anche le tribù ebraiche che facevano riferimento a Giacobbe si spostarono in Egitto.

Dopo la riscossa dei faraoni egiziani, che attorno al 1500 a.C. si liberarono dal dominio degli hyksos, come era successo già per altri popoli, i discendenti di Giacobbe da ospiti vennero trasformati forzatamente in manodopera a basso costo, adibiti ai pesanti lavori di costruzione edile. Secondo diversi storici, tale oppressione divenne particolarmente pesante sotto il faraone Seti I della XIX dinastia (1314). L'**esodo degli ebrei dall'Egitto** sarebbe avvenuto sotto il regno di Ramses II (1301-1234). Gli ebrei ricordano in particolare il momento finale dell'uscita, caratterizzata da un

(documento 19.2)

evento prodigioso svoltosi presso il mare, come dice Esodo 15,21 e 14,9. L'esatta ubicazione di questo luogo è discussa dagli storici: per alcuni, esso è da identificare nel Mar Rosso o "mare delle canne" (come si dice in Dt 2,1; Gs 4,23), che però in altra parte è identificato con il golfo di Acaba (1Re 9,26); per altri invece si tratterebbe del golfo di Suez, o del mare Sirbonio, ossia una laguna del Mediterraneo a oriente del delta (come dice Es 14,2).

Così come per l'ubicazione, dal punto di vista storico è difficile precisare esattamente quale sia stato questo evento prodigioso (**2**).

2 Il passaggio del Mar Rosso

«Non è più possibile, basandoci sulle fonti a nostra disposizione, riprodurre nei particolari il modo in cui effettivamente si svolsero i fatti. Sullo sfondo stanno probabilmente eventi naturali, per cui una catastrofe piombò improvvisa sul reparto di carri da guerra egiziano, mentre i seminomadi in fuga poterono sottrarsi alla morte. Sulla base della descrizione jahvistica, per esempio, si potrebbe pensare a un maremoto, che ebbe come conseguenza il sorgere improvviso di una grande ondata; sulla base del frammento del racconto elohistico si potrebbe pensare a una tempesta di sabbia, che impedì ai carri da guerra egiziani di proseguire l'inseguimento».

(M. Metzger, *Breve storia di Israele*, Queriniana, 1985)

Mosè attraversa il Mar Rosso, miniatura dell'inizio del x secolo (Parigi, Bibliothèque Nationale).

Quello che è certo è però che questo avvenimento fu decisivo per Israele, che ha visto nell'episodio l'**intervento diretto e decisivo di YHWH in suo favore**, per cui come si dice nell'antichissimo canto di Maria: «Cantate al Signore / perché ha mirabilmente trionfato / ha gettato in mare cavallo e cavaliere!» (Es 15,21).

(documento 19.3)

La peregrinazione nel deserto e la conquista della terra di Canaan

Anfizionia

È una forma di alleanza politica di diverse città per scopi soprattutto difensivi, che ha come suo principio di legittimazione il far riferimento a uno stesso culto e a un tempio. Si diffuse in modo particolare nel mondo greco.

Attorno al 1200 a.C. l'Egitto è ormai concentrato solo nella gestione della sua situazione interna, lasciando così libera dalla sua influenza la regione di Canaan. In quest'epoca, dopo un periodo di peregrinazione nel deserto del Sinai, le tribù uscite dall'Egitto entrano a poco a poco nei territori di Canaan per insediarvisi stabilmente: è l'**epoca narrata nel libro di Giosuè**. La conquista del territorio avviene in fasi alterne, sia pacificamente sia, più spesso, con azioni militari. In questo periodo Israele è retto dai **giudici**, una sorta di capi religiosi e politici che, investiti di autorità divina, conducono Israele alla vittoria contro le popolazioni circostanti. Le fonti bibliche ci parlano dell'esistenza di **dodici tribù**, collegate tra loro da un patto simile alle **anfizionie** sviluppatesi sul suolo greco. Le tribù erano infatti **unite tra loro dall'avere il medesimo culto per YHWH**, da cui discendeva l'obbligo di aiuto reciproco in caso di guerra.

Tanti personaggi diversi

▶ (Scene da una Bibbia miniata francese. Parigi, Biblioteca dell'Arsenal)
I due episodi rappresentati nella miniatura sono tratti dal libro di Giosuè: Giosuè in ginocchio davanti a un angelo con una spada in mano (sullo sfondo le mura di Gerico); la prostituta Raab che aiuta due esploratori israeliti. La storia biblica valorizza il contributo anche di personaggi imbarazzanti come la prostituta Raab, che aiuta gli esploratori di Giosuè.

L'epoca della monarchia

Per molti anni Israele non ha accettato l'idea, molto comune nelle civiltà dell'epoca, di avere un re. Questa richiesta sembrava un'offesa nei confronti di Dio, considerato il vero e unico re del suo popolo. Con il tempo però le cose cambiano e al tempo di Saul (1030-1010) e soprattutto di David (1010-970) e di Salomone (970-931) Israele **diviene una monarchia**. Fu particolarmente David che, grazie alle sue capacità militari, riuscì a **unificare stabilmente sotto un unico regno con capitale Gerusalemme le dodici tribù**, e a costituire un potente Stato, rispettato e temuto anche dai popoli circostanti. Il regno conobbe sotto suo figlio Salomone il periodo di maggior espansione territoriale. Fu in quest'epoca che fu costruito anche il poderoso **tempio di Gerusalemme** (**3**), che diverrà il centro unificatore del culto di YHWH.

3 Il tempio di Gerusalemme

Il tempio fu costruito dal re Salomone (1Re 6ss) per ospitare l'arca dell'alleanza, lo scrigno che custodiva le tavole della legge ricevute da Mosè al Sinai. L'arca era il segno della presenza di Dio in mezzo al suo popolo e la sua collocazione nel tempio fa sì che anche questo edificio fosse considerato il luogo della presenza divina, la sua "casa".

Il tempio fu distrutto una prima volta all'epoca della conquista del regno di Giuda da parte di Nabuccodonosor II nel 587; fu poi ricostruito dopo il ritorno degli esuli da Babilonia tra il 520-515 a.C., restaurato da Erode il Grande e infine raso al suolo definitivamente durante la prima rivolta giudaica contro i romani nel 70 d.C. Ciò che oggi resta è il muro di contenimento occidentale del terrapieno su cui era costruito, detto anche Muro del pianto, perché ricorda la sua distruzione e la sua mancanza per il fedele israelita.

J. de Buck, *Salomone in mezzo agli operai intenti alla costruzione del tempio di Gerusalemme*, arazzo, 1565-1575 (Novara, Duomo).

È anche alla corte di David che si forma il primo nucleo di testi scritti che vanno sotto il nome di **tradizione jahvista** per l'uso che vi si fa del nome YHWH.

Quest'epoca di prosperità ebbe termine con la morte di Salomone, che segnò la divisione del regno in due parti: il **regno del Nord o di Israele con capitale Samaria** e il **regno di Giudea con capitale Gerusalemme**.

Da questo momento i due regni saranno sempre più in balia delle potenze circostanti fino a cadere. Il regno del Nord finì in mano agli assiri di Sargon II, che nel 721, dopo aver occupato Samaria, inizieranno a deportare gli ebrei a Ninive; il regno di Giuda cadde in mano a Nabuccodonosor, che già dal 597 aveva iniziato una prima deportazione che poi culminò **nel 587** nella **presa di Gerusalemme**, con la **distruzione del tempio** e la **definitiva deportazione degli abitanti del regno di Giuda in Babilonia**.

Inizia in quest'epoca la **diaspora** (= dispersione degli ebrei), poiché molti ebrei non faranno più ritorno in patria e fonderanno comunità autonome nei luoghi in cui si erano stanziati: particolarmente importante sarà la **comunità di Alessandria**.

La deportazione in Mesopotamia

▼ (La deportazione degli ebrei, rilievo del palazzo reale di Ninive) Il bassorilievo è una testimonianza extrabiblica della storia degli ebrei. Gli ebrei, da popolo libero, vengono trattati ed esibiti come un trofeo di guerra. I loro oppressori sono sui carri e loro sono a piedi nudi, segno della condizione di schiavitù in cui si vengono a trovare.

Mishnah

In ebraico "ripetizione"; riunisce tutto il materiale legislativo con i commenti della tradizione orale fino al II secolo. Più tardi la stessa *Mishnah* fu inquadrata in un voluminoso commento, la *Ghemarah*, cioè "completamento".

Talmud

In ebraico "insegnamento", "studio", è l'insieme della *Mishnah* e della *Ghemarah*. Contiene anche *Halakahm*, la legge religiosa ebraica e le relative discussioni, e *Haggadah*, ovvero le molte spiegazioni della scrittura di natura non legislativa. Il *Talmud* presenta due versioni, l'una detta palestinese, composta verso il 400 d.C., l'altra babilonese più ampia, redatta verso il 500 d.C.

L'esilio, il ritorno e le successive dominazioni

L'esilio in Babilonia terminò nel 539 a.C., quando il re persiano Ciro si impossessò dell'Impero babilonese e consentì ai popoli a esso sottomessi di ritornare nelle proprie terre (editto di Ciro del 538). Israele in questo periodo è retto da governatori di nomina persiana.

Sotto Zorobabele, dal 520 al 515 viene ricostruito il secondo tempio e poco dopo anche le antiche mura della città di Gerusalemme. Però ormai l'**indipendenza originaria è irrimediabilmente persa**. Infatti ai persiani si sostituiranno i sovrani ellenisti (dal 333 al 63 a.C.), eredi del vastissimo impero creato da Alessandro Magno. La Palestina sarà inizialmente assoggettata alla tollerante dinastia dei Tolomei d'Egitto, per poi passare sotto i più intransigenti Seleucidi.

All'epoca dei Tolomei, in Alessandria fu portata a termine la **versione dell'Antico Testamento in greco** per gli ebrei lì residenti, che ormai faticavano a intendere l'ebraico dei loro progenitori. Tale versione fu chiamata **dei *Settanta*** poiché, secondo la tradizione, fu fatta contemporaneamente da 70 saggi che, lavorando separatamente, approntarono il medesimo testo.

Un'esperienza tragica

▲ (F. Hayez, *La distruzione del tempio di Gerusalemme a opera di Tito*, 1863. Venezia, Gallerie dell'Accademia)
Il pittore veneziano Hayez ricostruisce la drammatica esperienza della distruzione del tempio di Gerusalemme. Dopo l'esilio, il tempio verrà ricostruito una seconda e ultima volta.

All'epoca di Antioco IV (215 a.C. circa-164 a.C.), si scatenò una durissima rivolta che ebbe come protagonisti i discendenti di Giuda Maccabeo, che riuscirono a ottenere, dopo una strenua lotta, un **periodo di indipendenza politica** (epoca della dinastia Asmonea), che cesserà però nel 63 a.C. con l'occupazione romana a opera di Pompeo.

Sotto la **dominazione romana** ci furono due grandi e sanguinose rivolte. La prima fu sedata da Tito nel 70 d.C., che distrusse anche il tempio, e la seconda, e ultima, da Adriano nel 135 d.C., che dopo aver distrutto la città, proibì agli ebrei di risiedervi. Lo stesso antico nome di *Iudea* fu cambiato con quello di Syria Palestina. Il centro spirituale del mondo ebraico divenne la Galilea con Tiberiade, dove nella grande scuola dell'ebraismo nacquero la **Mishnah** e il **Talmud** detto di Gerusalemme. Anche il sinedrio fu spostato da Gerusalemme a Tiberiade.

Con la distruzione della città sotto Adriano comincia la **grande diaspora**, cioè la dispersione del popolo ebraico al di fuori della terra di Israele, che dura da quel momento fino al 1947.

Scheda di lavoro

Leggi e discuti

La storia di Israele

In questo salmo si parla della storia di Israele. Leggilo con attenzione, poi rispondi alle domande che ti proporremo.

Salmo 78,1-22

1 *Maskil. Di Asaf.*

«Ascolta, popolo mio, la mia legge,
porgi l'orecchio alle parole della mia bocca.
2 Aprirò la mia bocca con una parabola,
rievocherò gli enigmi dei tempi antichi.
3 Ciò che abbiamo udito e conosciuto
e i nostri padri ci hanno raccontato,
4 non lo terremo nascosto ai nostri figli,
raccontando alla generazione futura
le azioni gloriose e potenti del Signore
e le meraviglie che egli ha compiuto.
5 Ha stabilito un insegnamento in Giacobbe,
ha posto una legge in Israele,
che ha comandato ai nostri padri
di far conoscere ai loro figli,
6 perché la conosca la generazione futura,
i figli che nasceranno.
Essi poi si alzeranno a raccontarlo ai loro figli,
7 perché ripongano in Dio la loro fiducia
e non dimentichino le opere di Dio,
ma custodiscano i suoi comandi.
8 Non siano come i loro padri,
generazione ribelle e ostinata,
generazione dal cuore incostante
e dallo spirito infedele a Dio.
9 I figli di Efraim, arcieri valorosi,
voltarono le spalle nel giorno della battaglia.
10 Non osservarono l'alleanza di Dio,
e si rifiutarono di camminare nella sua legge.
11 Dimenticarono le sue opere,
le meraviglie che aveva loro mostrato.
12 Cose meravigliose aveva fatto davanti ai loro padri
nel paese d'Egitto, nella regione di Tanis.
13 Divise il mare e li fece passare,
e fermò le acque come un argine.
14 Li guidò con una nube di giorno
e tutta la notte con un bagliore di fuoco.
15 Spaccò rocce nel deserto
e diede loro da bere come dal grande abisso.
16 Fece sgorgare ruscelli dalla rupe
e scorrere l'acqua a fiumi.
17 Eppure continuarono a peccare contro di lui,
a ribellarsi all'Altissimo in luoghi aridi.
18 Nel loro cuore tentarono Dio,
chiedendo cibo per la loro gola.
19 Parlarono contro Dio,
dicendo: "Sarà capace Dio
di preparare una tavola nel deserto?"
20 Certo! Egli percosse la rupe
e ne scaturì acqua e straripararono torrenti.
"Saprà dare anche pane
o procurare carne al suo popolo?".
21 Perciò il Signore udì e ne fu adirato;
un fuoco divampò contro Giacobbe
e la sua ira si levò contro Israele,
22 perché non ebbero fede in Dio
e non confidarono nella sua salvezza».

- Hai riconosciuto alcuni episodi della storia di Israele?
- Come vengono interpretati?
- Qual è il valore che ha la storia di Israele per il salmista?

Un racconto per immagini

Scegliete uno o due degli episodi che vi hanno maggiormente colpito e cercate nella Bibbia il racconto corrispondente. Individuate poi in internet (si può effettuare una ricerca per immagini, attraverso le parole-chiave e introducendo nel motore di ricerca i nomi dei personaggi biblici o, meglio ancora, il luogo in cui si svolsero i fatti) alcune immagini artistiche relative agli episodi di cui sopra e inseritele "a corredo" degli episodi che avete scelto, con una didascalia che produrrete insieme.

Consigli di lettura

J. Dobraczynski, *Prima che cali il buio. Il romanzo di Geremia*, Gribaudi, Torino 2010.

Indicazioni cinematografiche

Le storie della Bibbia, "Salomone", di Roger Young, Multimedia San Paolo 2007.

20 Gli ebrei: nostri fratelli maggiori

la posta in gioco

Secondo la Rivelazione, Dio si serve di mediatori per realizzare il suo disegno di salvezza dell'umanità. Un posto particolare in quest'opera di mediazione spetta al suo popolo, Israele, la cui elezione non è mai stata revocata ed è valida quindi ancora oggi (cf. Rm 9-11). Attorno al ruolo di Israele, e più ampiamente dell'Antico Testamento, occorre riflettere con attenzione, anche alla luce della tragica persecuzione di cui è stato fatto oggetto dal nazismo. Il ruolo del popolo di Dio all'interno della storia della salvezza non può essere frettolosamente assimilato a quello degli altri popoli: esiste un'unicità di Israele, inteso come unità di terra, popolo e "libro" (l'Antico Testamento), che lo rendono singolare e insostituibile. Per questo motivo, per i cristiani, il mistero di Cristo non può essere penetrato senza entrare nel mistero di Israele.

Che cosa significa l'espressione di Giovanni Paolo II che gli ebrei sono i «fratelli maggiori» dei cristiani? C'è stata un'evoluzione nel rapporto tra ebrei e cristiani? Che ruolo ha oggi l'ebraismo per il cristianesimo?

Il mistero di Cristo e il mistero di Israele

Esiste un legame profondo tra il cristianesimo e Israele. Che questo legame non sia scontato è stato ribadito anche in un convegno internazionale, svoltosi in Vaticano, sulle radici cristiane dell'**antigiudaismo** in occasione dell'anno dedicato alla riflessione sulla figura di Gesù Cristo (1997), primo anno del triennio in preparazione al giubileo del 2000. È grazie anche a questi contributi che si dovrebbero neutralizzare per sempre atteggiamenti culturali o teologici di ispirazione cristiana che, in altre epoche, anche non troppo lontane, hanno contribuito alla nascita e alla diffusione del deprecabile fenomeno dell'**antisemitismo**.

Antigiudaismo

In ambito cristiano il termine *antigiudaismo* indica sentimenti di commiserazione, condanna e disprezzo nei confronti degli ebrei, ritenuti collettivamente responsabili della morte di Gesù o almeno del suo mancato riconoscimento come messia: sentimenti, questi, presenti in tutta la storia cristiana e che hanno spesso alimentato i ben più duri e deplorevoli atteggiamenti dell'antisemitismo.

(documento 20.1)

L'antisemitismo nei manifesti del nazismo

◀ (Manifesto antisemita, Monaco di Baviera, 1937-1938)
Il manifesto tedesco antisemita illustra alcuni pregiudizi sugli ebrei, diffusi dal nazismo attraverso una campagna capillare. Il frustino sta a indicare che, per i nazisti, l'obiettivo degli ebrei era il dominio del mondo. Per raggiungere il loro scopo, usavano sia l'oro (cioè la finanza e il capitalismo) sia il comunismo.

A questo proposito, un testo molto chiaro in cui si trovano riassunti i principali **punti di contatto tra la religione ebraica e quella cristiana** è il documento del Concilio Vaticano II *Nostra Aetate* in cui si afferma che «Scrutando il mistero della Chiesa, questo sacro Concilio ricorda il vincolo con cui il popolo del Nuovo Testamento è spiritualmente legato con la stirpe di Abramo». Da questo importante testo ricaviamo alcune riflessioni.

Il magistero, riproponendo fedelmente quanto detto nella Bibbia, riconosce che **l'esodo è il modo fondamentale, paradigmatico, con cui Dio interviene per la salvezza del suo popolo** e poi di ogni uomo. Esiste quindi un legame indissolubile, spirituale, in quanto generato e voluto dallo Spirito Santo, tra l'esperienza di Israele e quella della Chiesa. Per questo, afferma Francesco Rossi de Gasperis

"in verità, lo si sappia o no, non si diventa cristiani se non cominciando da Gerusalemme – quella terrena della storia – per salire finalmente ancora a Gerusalemme – quella trasfigurata come nuova, che scende dal cielo, da Dio, risplendente della gloria di Dio (Ap 3,12; 21,2.10) e che chiamiamo «celeste» (Eb 12,22)".

(F. Rossi De Gasperis, *Cominciando da Gerusalemme*, Piemme, 1997)

(documento 20.2)

La riscoperta del legame

Questa convinzione non è per nulla scontata e, come avviene per la Rivelazione biblica, è emersa dalla riflessione teologica su alcuni tragici avvenimenti della storia recente. Solo da poco, infatti, il mondo cristiano ha cominciato a fare i conti con due eventi che hanno riproposto, non senza un'enorme tragicità, il tema del valore permanente di Israele per tutti i discendenti di Abramo. Il primo di questi è stato la ***Shoah***, il folle programma di distruzione del popolo ebraico partorito dall'ideologia nazista. Nel saggio «Una nuova lettura cristiana della Bibbia dopo la Shoah?», significativamente letto per la prima volta dal padre gesuita Francesco Rossi de Gasperis nel 1990 al museo della Shoah

Una domanda senza risposte

(Bambini in un campo di concentramento in Polonia, 1944)
La profondità dell'odio scatenato verso gli ebrei, che ha avuto il suo culmine nel nazismo, si misura anche nella persecuzione dei bambini, deportati e uccisi come gli adulti nei campi di concentramento. I loro sguardi interrogano la coscienza di ogni uomo ancora oggi.

Antisemitismo

Con la parola *antisemitismo* si indicano i pregiudizi e gli atteggiamenti persecutori nei confronti degli ebrei. Secondo l'Agenzia Europea per i Diritti Fondamentali «l'antisemitismo è quella certa percezione degli ebrei che può essere descritta come odio verso gli ebrei. Le manifestazioni retoriche e fisiche dell'antisemitismo sono dirette contro singoli ebrei o non ebrei, e/o contro la loro proprietà, contro le istituzioni comunitarie e contro le strutture religiose ebraiche. Inoltre tali manifestazioni possono anche avere come bersaglio Israele, concepito come una collettività di ebrei. L'antisemitismo accusa frequentemente gli ebrei di cospirare ai danni del resto dell'umanità, ed è spesso utilizzato per incolpare gli ebrei di uno o più problemi politici, sociali ed economici. Trova espressione orale, scritta, e impiega stereotipi sinistri e tratti caratteriali negativi» (fonte Wikipedia).

di Gerusalemme durante un seminario di studio tra teologi cattolici ed ebrei, egli ricorda che

> "la de-giudaizzazione del cristianesimo era vista da Hitler come una condizione indispensabile dell'arianizzazione dei cristiani. Essa costituiva il primo passo dell'operazione volta a estirpare il cristianesimo dalla Germania e dall'Europa, per fare del nazismo la sua «religione» secolare. Lo sterminio fisico degli ebrei era dunque un preambolo della riconversione dell'Europa al paganesimo razzista".
>
> (F. Rossi de Gasperis, *cit.*)

L'ebraismo e il cristianesimo costituivano per Adolf Hitler un ostacolo insormontabile nei confronti del suo folle progetto, poiché per Hitler l'ebraismo era responsabile soprattutto di due mali. Esso ha inventato e introdotto nel mondo, specialmente attraverso il cristianesimo, la **coscienza morale**, che per il nazismo, lungi dall'essere un valore, è come un'amputazione dell'essere umano, totalmente incompatibile con l'idea di una gerarchia e del dominio di una razza sulle altre. Il secondo male è il fondamento religioso di questa etica, e cioè il **monoteismo**, che non ha mai cessato di combattere l'idolatria in tutte le sue forme (**1**).

Un folle progetto

▶ (*In principio era il Verbo*, dipinto di un artista nazista) Il nazismo e la figura stessa di Hitler sono stati presentati in termini religiosi. Al Dio della tradizione ebraica e cristiana, che aveva imbevuto di sé la storia e la cultura della Germania, si voleva sostituire una nuova religione che aveva nel Führer il suo principio assoluto.

1 La de-giudaizzazione del cristianesimo

«Nel suo volume: *Il mito del XX secolo* (1930), Alfred Rosenberg[1] attaccava il Dio dell'Antico Testamento. Secondo questo capitale libro di testo del partito nazionalsocialista, l'influsso ebraico, servendosi della Bibbia e della Chiesa di Roma aveva corrotto gli animi, facendo di un "demone del deserto il dio dell'Europa". L'Antico Testamento doveva essere bandito per sempre dalla coscienza e dalla cultura dei "nuovi cristiani tedeschi", i quali dovevano essere rieducati a un "cristianesimo positivo", liberato dagli elementi giudaici, siriaci, ed etruschi. Anche il crocefisso doveva sparire dalle chiese tedesche».

(F. Rossi de Gasperis, *cit.*)

1. Alfred Rosenberg (Tallinn, 1893-Norimberga, 1946), politico e filosofo tedesco, membro del Partito nazionalsocialista e uno dei massimi esponenti della sua ideologia.

Hitler nella sua perversa lucidità aveva intuito quanto i cristiani, dopo secoli di teologia degiudaizzante, avevano dimenticato: il legame intrinseco e inscindibile tra la «radice santa», Israele, e la Chiesa che da essa trae origine. Questo legame però non è stato dimenticato dai cristiani più avveduti e lungimiranti come Pio XI che affermò, alle soglie della seconda guerra mondiale, che «noi [i cristiani] siamo spiritualmente semiti», ove «spiritualmente» non voleva dire, "metaforicamente ", o "in senso lato", o "allegoricamente", bensì "per opera dello Spirito Santo", e dunque per i cristiani in modo realissimo.

Nella medesima linea si esprime **Giuseppe Dossetti** per cui

> "è necessario avere coscienza che un cristianesimo che – come è stato per secoli – tenga dentro di sé (...) forme più o meno profonde di antisemitismo è un cristianesimo che ha tendenze suicide, perché rischia di colpire, senza saperlo, le proprie stesse radici".
>
> (G. Dossetti, *Introduzione* a L. Gherardi, *Le querce di Monte Sole*, EDB, 1994)

La nascita di Israele

▲ (Tel Aviv, 14 maggio 1948: la folla celebra la fondazione dello Stato di Israele)
La bambina che sorride per la nascita dello Stato di Israele è una sorta di parabola della vita che riprende dopo una lunghissima parentesi ed è l'inizio di un percorso per imparare a convivere con l'altro, che dura ancora oggi.

La nascita dello Stato di Israele

L'altro evento che ha in una certa misura sorpreso la Chiesa è stato la **creazione dello Stato di Israele**. Dopo la cacciata degli ebrei da Israele a opera dei romani nel 135 d.C, il popolo ebraico si era disperso (*diaspora*) un po' ovunque nel mondo. In tutti questi secoli, gli ebrei non hanno mai avuto un loro Stato indipendente, ma si sono assimilati alle nazioni in cui si sono ritrovati a vivere. Solo al termine della seconda guerra mondiale, la comunità internazionale ha riconosciuto la necessità di Israele di avere una terra e uno Stato indipendenti, sancita da una risoluzione dell'ONU che intendeva ridare una patria agli ebrei dispersi nel mondo.

La reazione della Chiesa si giustifica con il fatto che da secoli ci si era praticamente abituati a una certa scomparsa di Israele sia a livello storico e sociologico, sia, e ciò è ben più grave, dal punto di vista teologico. Infatti, a partire dall'epoca di Costantino (312 d.C.) ha avuto inizio il grave errore delle Chiese cristiane, che consiste nella presunzione "costantiniana" di possedere Gesù rigettando Israele; nel fatto di custodirne le Scritture, rifiutandone il popolo, e riducendone la storia a una galleria di "ombre" allegoriche della "realtà" del Cristo. Detto in altri termini, per questa teologia, detta "della sostituzione", Israele ha solo la funzione di annunciare la venuta di Gesù e della sua comunità e, una volta che questi si sono realizzati, cessa la sua funzione (**2**).

2 La teologia della sostituzione

La teologia della sostituzione considera l'Israele storico, e in esso Gerusalemme, come semplici simboli e la Chiesa storica come il "nuovo Israele", o la "Gerusalemme celeste", la "Nuova Sion", senza riconoscere e celebrare, anzi sottacendo o addirittura negando esplicitamente, la continuità storica che esiste tra il primo e la seconda.
Si rischia così di giungere a una lettura puramente allegorica e "mistica" delle Scritture, secondo un metodo di "spiritualizzazione" che, non essendo fondato sulla storia, non può giungere se non a una ideologia gnostica, ovvero a una concezione della salvezza offerta dalle Scritture che si fonda esclusivamente sulla conoscenza della Rivelazione, che avverrebbe a prescindere dalla storia concreta.

Giuseppe Dossetti

(1913-1996)
Nato a Genova, dopo la laurea si perfeziona all'Università Cattolica di Milano.
Durante la guerra partecipa alla Resistenza, e dopo il 25 aprile è chiamato a far parte della Democrazia Cristiana. Deputato alla Costituente e alla Camera, partecipa attivamente alla vita e alla riflessione politica, fondando nel 1947 la rivista «Cronache Sociali».
Nel 1951 abbandona l'impegno politico per dedicarsi alla ricerca storico-teologica. Fonda il Centro di Documentazione e la comunità monastica "La piccola famiglia dell'Annunziata" a Monteveglio (Bologna). Nel 1959 viene ordinato sacerdote.

Il legame tra Israele e la Chiesa nella Scrittura

(documento 20.3)

Il cristianesimo ha una sorgente perenne, l'"olivo buono" su cui la Chiesa dei gentili, cioè la comunità di coloro che sono diventati cristiani non essendo ebrei ma provenendo da tutti gli altri popoli, è stata innestata, come dice san Paolo nella Lettera ai Romani (11,16-24). Per una corretta valutazione secondo le Scritture occorre abbandonare il marcionismo (cfr. Unità 13) che tende a mettere in secondo piano, o a vivere con senso di imbarazzo, l'Antico Testamento – e il confronto con l'Israele antico e moderno che esso implica – rispetto al Nuovo.

Gesù, il Messia d'Israele

▲ (*La trasfigurazione*, miniatura dal *Psautier Ingeburge de Danemark*, XV secolo. Castello di Chantilly, Museo Condé) Solo in mezzo a Mosè ed Elia è possibile riconoscere Gesù. L'Antico Testamento, di cui nella miniatura Gesù tiene in mano una copia, è la chiave per poterlo riconoscere per quello che è per i cristiani: il messia di Israele e il Figlio di Dio.

Un passo del Vangelo può illuminare efficacemente la questione: è l'episodio della trasfigurazione, che rappresenta il corretto rapporto tra l'Antico e il Nuovo Testamento, tra la fede "nuova" delle prime comunità cristiane e la loro appartenenza al mondo ebraico. Gesù appare tra Mosè ed Elia, la Torah e i Profeti. Solo quando lo si comprende tra Mosè ed Elia, dunque, si è testimoni oculari della sua grandezza gloriosa (2Pt 1,16-18). Quando, invece, Elia e Mosè scompaiono si vede di nuovo Gesù solo, nell'aspetto abituale della sua condizione terrena. Si direbbe, con tutto il rispetto, che si tratti quasi di una reazione chimico-spirituale: ponendo Mosè ed Elia in presenza del messia Gesù, tutti e tre si accendono della gloria loro propria, cioè della conoscenza che il Padre ha di loro: Gesù nel mezzo, e Mosè ed Elia rivolti verso di lui.

(documento 20.4)

Il significato della Chiesa per l'ebraismo

A giudizio di Rossi de Gasperis, sarebbe ingiusto parlare solo del significato dell'ebraismo per la Chiesa, senza far menzione di quello della Chiesa per l'ebraismo. Ne è una prova la nascita recente delle comunità giudeo-cristiane (**3**), le quali ricordano l'identità ebraica di Gesù e il fatto che essere discepoli di Gesù non è stato altro se non una maniera di essere ebrei, e, secondo la coscienza dei primi discepoli, addirittura la maniera più piena e definitiva.

3 Le comunità giudeo-cristiane

Dal 1956, data della loro approvazione definitiva a opera del patriarca latino di Gerusalemme, si è sviluppata in Israele l'Opera di San Giacomo, tra i cui statuti si trova l'impegno a «fare di tutto per dissipare i pregiudizi contro la Chiesa, specialmente quelli che vorrebbero far credere che un giudeo, il quale abbia abbracciato la religione cristiana, abbia abbandonato il suo popolo». L'importanza della nascita di queste comunità confluite nell'Opera è duplice. Da un lato testimoniano nella loro carne la continuità con le prime comunità cristiane, che sono nate e cresciute all'interno del mondo ebraico, dall'altro esse costituiscono un segno profetico per il futuro. I loro membri, infatti, sono ebrei che hanno sperimentato nella lettura del Nuovo Testamento «uno straordinario ed esplosivo fenomeno di riconoscimento e di adempimento della propria identità ebraica, la coscienza della loro "visita" e di sapere finalmente "che cosa voglia dire Shalom" (cf. Lc 19,41-44)» (F. Rossi de Gasperis, cit.). La loro possibile rilevanza ecclesiale, a fronte del loro esiguo numero, è notevole e non si esaurisce in questa unica dimensione.

Scheda di lavoro

Leggi e confronta

Ebraismo e cristianesimo a confronto

Rileggi il documento conciliare *Nostra Aetate* che ti proponiamo a pagina 68 e inserisci nella tabella sottostante gli elementi di continuità tra Israele e la Chiesa.

Elementi presenti nell'ebraismo	Elementi presenti nel cristianesimo	Punti di diversità
....	....	....
....	....	....
....	....	....
....	....	....
....	....	....
....	....	....
....	....	....
....	....	....

Un'indagine sul dialogo ebraico-cristiano

Il rapporto tra ebrei e cristiani, specialmente dopo il Concilio Vaticano II, ha avuto un cauto ma costante cammino di approfondimento.

Fase 1: webquest sul dialogo ebraico-cristiano

Ti proponiamo di effettuare una ricerca in rete, sulle esperienze attuali di dialogo tra ebrei e cristiani.
Potresti inserire nei motori di ricerca le seguenti parole chiave:
dialogo ebraico cristiano / amicizia ebraico cristiana / giornata di riflessione ebraico cristiana

Fase 2: analisi critica delle fonti dei materiali trovati

Come sempre ogni ricerca in rete suppone una particolare attenzione per la verifica dell'attendibilità dei materiali trovati, alla luce dell'affidabilità delle loro fonti. Per ogni sito che ti ha fornito informazioni vai a controllare il "chi siamo" e chiediti se i soggetti che forniscono informazioni e riflessioni siano attendibili e affidabili (sull'ebraismo si trovano, ad esempio, riflessioni e considerazioni su siti neonazisti, che sono certamente di scarsa attendibilità).

Fase 3: organizza e discuti

Dopo avere collocato in una sequenza ordinata le informazioni e i documenti ritenuti affidabili, prova a chiederti – discutendone anche con i compagni – quali siano i momenti fondamentali, quelli che rappresentano una "pietra miliare" in tale percorso di dialogo e perché.

Abramo accoglie i giusti in una stola, in attesa del Giudizio universale. Portale della cattedrale di Bourges, XIII secolo.

Consigli di lettura
H. Illesum, *Diario* (1941-1943), Adelphi, Milano 1996.

Indicazioni cinematografiche
"Train de vie" (*Un treno per vivere*), regia di Radu Mihaileănu, Francia, Belgio, Romania 1998.

Il mistero
di Gesù
e il Nuovo
Testamento

Il mistero di Gesù **e il Nuovo Testamento**

La Rivelazione ha il suo culmine nella persona di Gesù di Nazareth, il Figlio di Dio incarnato. Tutta la sua vita e in modo particolare la sua morte e risurrezione sono illustrazione vivente del volto di Dio.

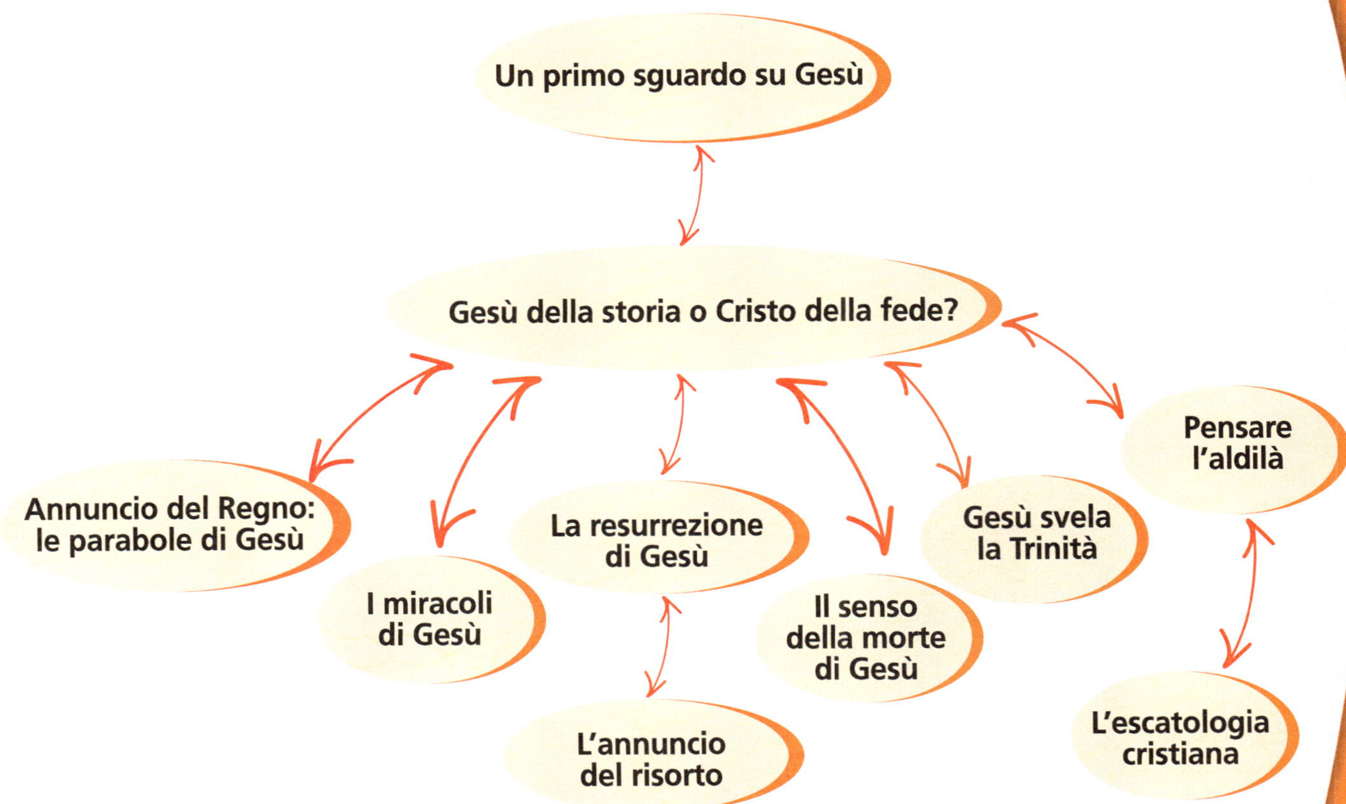

dentro l'immagine

Il mistero centrale del cristianesimo è la risurrezione di Gesù. Per la Chiesa, Gesù è presente, ma non lo si può più vedere come durante la sua vita terrena. È questo il tema del dipinto di Sieger Köder, sacerdote e pittore, che ritrae il momento del riconoscimento della presenza del risorto da parte dei due discepoli di Emmaus (Lc 24,13-35).

Nel quadro vengono ricordate le tappe costitutive dell'itinerario che ha condotto la Chiesa dei primi tempi a riconoscere il risorto. Il ritrovarsi insieme nella casa, simbolo della Chiesa, l'ascolto della parola di Gesù, la cena eucaristica. Sono questi i momenti che consentono anche ai discepoli più dubbiosi di scoprire il cuore della buona notizia. La vicenda di Gesù non è terminata con il buio della croce, ma prosegue con la luce che proviene dalla sua risurrezione. La luce che si trova al centro del quadro diventa ora luce interiore, che dà la forza ai discepoli delusi di diventare missionari gioiosi.

Mentre l'altro discepolo è in raccoglimento, il discepolo di destra manifesta tutto lo stupore per quanto sta accadendo: il suo atteggiamento sembra ricordare l'ardore che aveva accompagnato il dialogo con Gesù e anticipare la gioia con cui di lì a poco i due uomini torneranno a Gerusalemme.

Il quadro è dominato da un ovale bianco luminosissimo in corrispondenza del posto occupato fino a poco prima da Gesù, la cui precedente presenza è testimoniata dal bicchiere di vino. Sul tavolo, accanto al vino, il pane spezzato, ricordo del momento in cui è avvenuto il riconoscimento di Gesù.

Il personaggio di sinistra ha in mano un pezzo di pane che osserva, come ripensando a quanto Gesù aveva fatto nell'ultima cena e, soprattutto, cominciando a capire il senso di quel gesto che apre alla comprensione del mistero. Porta sul capo il panno rituale ebraico per la preghiera, a indicare l'origine ebraica di tutti i primi discepoli di Gesù.

Il pittore ricorda con i simboli delle scritture di Israele (in evidenza il rotolo della Legge di Mosè) quanto Gesù aveva detto ai due discepoli lungo la via: la necessità di rileggere le scritture del popolo ebraico cominciando da Mosè, per scoprire tutto ciò che lo riguardava.

21. Un primo sguardo su Gesù

la posta in gioco

Tracciare un identikit completo di Gesù è un'impresa impossibile. La sua persona, che ha affascinato miliardi di uomini nel corso della storia, è stata presentata in modo ricco e multiforme proprio da coloro che lo hanno conosciuto più da vicino; eppure, il Vangelo di Giovanni termina dicendo che non basterebbe il mondo per contenere tutti i libri che dovrebbero essere scritti su Gesù (Gv 21,25). L'espressione è sicuramente iperbolica, però contiene un avvertimento importante, ovvero il fatto che nella tradizione cristiana la persona di Gesù è considerata un mistero: più la si conosce, più sono le realtà che restano da capire e scoprire su di lui.

Come hanno descritto Gesù coloro che gli sono stati più vicino e coloro che sono vissuti nella sua epoca?

Come poteva essere l'aspetto fisico di Gesù

Nonostante le molte ricostruzioni, di cui la più autorevole è sicuramente quella che deriva dalla Sindone (**1**), non disponiamo di una precisa descrizione fisica di Gesù. Però i Vangeli ci offrono una serie di indizi che possiamo raccogliere e analizzare, cominciando dalle caratteristiche più esteriori della sua persona, che sono le prime a restare impresse.

La persona di Gesù nel suo complesso risultava affascinante, visto che di lui è stato detto: «tu sei il più bello tra i figli dell'uomo» (Sal 45,3). Nella stessa linea, un giorno una donna ha esclamato: «Beato il grembo che ti ha portato e il seno che ti ha allattato!» (Lc 11,27), poiché tutta la persona di Gesù emanava quell'armonia che deriva dall'essere liberi dal peccato originale, dall'essere cioè, anima e corpo, «immagine e somiglianza di Dio» (Gen 1,27). In questo senso si può dire che **Gesù è l'uomo perfetto per l'armonia che informava tutte le manifestazioni del suo essere**.

Non sappiamo di che colore avesse gli occhi, però certamente conosciamo l'intensità del suo sguardo. È attraverso di esso che riusciva a comunicare quell'affetto che colpiva immancabilmente il suo interlocutore. Così Gesù fissò e amò il giovane ricco (Mc 10, 21), e con uno sguardo e poche parole persuase Zaccheo ad aprirsi alla gioia di una nuova vita (Lc 19,5). Con lo stesso sguardo riesce

(documento 21.1)

Dossier: Il volto di Gesù nell'arte

Il giovane ricco

▲ (H. Hoffmann, *Cristo e il giovane ricco*, 1889. New York, Riverside Church)
Nell'incontro con il giovane ricco, Gesù mette in luce come essere suoi discepoli significhi saper relativizzare tutto, le ricchezze ma anche la propria storia precedente, per mettere al primo posto la relazione con lui.

a convertire nuovamente Pietro, dopo che lo ha rinnegato la notte dell'arresto (Lc 22,61). Con il suo sguardo riesce anche a comprendere la malizia dei suoi avversari, senza però scomporsi o innervosirsi, poiché egli è mite e non opera mai con violenza (Mt 11,25-30).

Se consideriamo alcune altre caratteristiche generali, possiamo dedurre che, essendo stato in giro per la Galilea e la Giudea per tre anni, fosse una persona dalla costituzione fisica robusta. Si alzava presto, stava con la gente a predicare, discutere, guarire fino a notte (Mc 1,35ss). Si spostava in grande povertà, non portando nulla, come diceva ai suoi discepoli: «Non prendete nulla per il viaggio, né bastone, né sacca, né pane, né danaro» (Lc 9,3). Spesso avrà sofferto la fame e la sete, oltre che i rigori di una vita svolta quasi sempre all'aperto, tanto da fargli dire di non avere nemmeno una tana o un nido.

Nasce e muore fuori dall'abitato; le case in cui viene ospitato sono dei suoi amici, mentre per sé non ha «dove posare il capo» (Mt 8,20). Senza dubbio passa molte notti all'aperto; per questo gli diventano familiari i vari elementi della natura così presenti nei suoi discorsi, come i gigli dei campi, gli uccelli, le nuvole. Nonostante la sua vita fosse tanto piena, non ha il mito dell'efficienza a tutti i costi: per circa trent'anni anni conduce un'esistenza normale; inoltre lo troviamo a giocare con i bambini, far festa ai banchetti nuziali e anche in "gita in barca" con i discepoli (Mc 6,31-32).

1 La Sindone

La Sindone di Torino è un antico lenzuolo di lino, di buona fattura, a struttura spigata, lungo circa m 4,36 (un po' di più quando è sottoposto a tensione) e alto circa cm 110. Sul verso del lenzuolo è visibile l'immagine frontale e dorsale di un uomo, morto a causa delle torture della crocifissione (nella tradizionale posizione d'ostensione la parte frontale è a sinistra, la dorsale a destra). Sul retro del lenzuolo l'immagine non è visibile. Sul verso l'immagine è causata dall'imbrunimento (per ossidazione e disidratazione) delle fibrille superficiali dei fili sporgenti del tessuto; colore autonomo (carminio) e di contrasto hanno solo le macchie di sangue, sparse un po' ovunque sul corpo. Il sangue ha superato la barriera del lenzuolo ed è nettamente visibile sul retro.

G. Clavio (1498-1578), *La Sindone sorretta dagli angeli* (Torino, Galleria Sabauda).

Dopo la polemica intercorsa negli anni Ottanta del XX secolo fra W. Mc Crone e i chimici J.H. Heller e A. Adler, e gli studi compiuti da questi ultimi e da P. Baima Bollone, sulla realtà delle macchie di sangue non si può oggi più dubitare (cfr. Baima Bollone e Adler, in Barberis e Zaccone, 1998); l'analisi ne ha inoltre riconosciuto l'appartenenza al gruppo sanguigno AB (cfr. Baima Bollone, 1998, pp. 175-178).

Non vi sono dubbi che l'uomo raffigurato nell'immagine sindonica sia morto. Lo dimostrano i segni della rigidità cadaverica evidenti nella posizione del capo, che non si appoggia all'indietro sul lenzuolo, essendo un po' reclinato in avanti; nell'atteggiamento retratto del piede sinistro (per chi guarda, e quindi destro della persona crocifissa), che dopo lo schiodamento dalla croce non è tornato completamente parallelo all'altro, che era invece stato teso; nella durezza dei muscoli degli arti che toccano il piano sepolcrale e che hanno perso l'elasticità del vivo senza avere ancora acquisito la morbidezza che dà inizio alla decomposizione. Lo mostra inoltre il sangue "cadaverico" che sgorga dalla ferita del petto (per avvenuta dissierazione del sangue) e, nell'insieme, «l'esistenza di un complesso lesivo di gravità tale da risultare incompatibile con la vita» (Baima Bollone, 2000b, p. 185).

(G. Ghiberti, *Sindone di Torino*, in G. Tanzella Nitti, A. Strumia (a cura di), *Dizionario interdisciplinare di scienza e fede*, Città nuova - Urbaniana University Press, 2002)

La personalità di Gesù

Colpisce sicuramente il lettore dei Vangeli la **piena disponibilità che Gesù ha per ogni persona che incontra**: si ferma con i bambini (Lc 18,15ss), con la gente che soffre (malati di ogni tipo), con i peccatori come Zaccheo (Lc 19,1ss), con gli stranieri (Mt 15,22ss), con le prostitute (Lc 7,37ss), con i soldati romani che occupavano il paese (Lc 7,1ss), con i ricchi (Mc 10,17ss), con gli indemoniati (Mc 5,1-20), anche con gli scribi e i farisei, con i sommi sacerdoti e gli anziani, suoi dichiarati nemici (Mc 3,1-6), che discutono con lui con intenzioni cattive e che lui cerca di trarre fuori dall'ipocrisia (Mt 22,15ss), con lo stesso Pilato, che vuole far riflettere attraverso un discorso di buon senso (Gv 18,36). Eppure Gesù ha in sommo rispetto la libertà di ciascuno e non vuole mai imporsi a nessuno, così in un villaggio di samaritani (Lc 9,51-56) o con i geraseni (Lc 8,37).

Gesù e i bambini

▲ (E. Nolde, *Cristo e i bambini*, XIX secolo. New York, Museum of Modern Art)
Gesù ha messo in discussione molte tradizioni culturali del proprio tempo; tra queste, quella che considerava sconveniente per un rabbi parlare e stare con i bambini, come è ben raffigurato nel dipinto dallo sguardo di disapprovazione dei discepoli.

Il suo amore per le persone non è standard, ma **Gesù sa avere delle relazioni privilegiate** di amicizia con Giovanni (Gv 13,23-25), con Marta e Maria (Gv 11,5), con le molte donne del suo seguito (Lc 8,1-3) e con i discepoli, che non sono qualificati né come servi, né come dipendenti o collaboratori, ma come amici: «vi ho chiamato amici, perché tutto ciò che ho udito dal Padre mio, l'ho fatto conoscere a voi» (Gv 15,15).

È capace di valorizzare ciò che si trova nel cuore di ciascuno: apprezza il gesto della vedova che offre tutto quello che possiede, che pur nella sua miseria vale più del superfluo dato dai ricchi (Mc 12,41-44), accoglie la ricerca di assolutezza che c'è nella richiesta di per sé presuntuosa dei figli di Zebedeo, che chiedono a Gesù di sedersi al suo fianco nel Regno dei cieli (Mt 20,20-28), riconosce nel centurione romano, che chiede a Gesù di guarire il suo servo, una fede più grande di quella di Israele (Lc 7,9). Nello stesso modo sa gioire per l'operato altrui, come quello dei suoi discepoli (Lc 10,21), fa festa con i peccatori al punto di essere scambiato per un «mangione e un beone» (Lc 7,34), manifesta la gioia di Dio per il ritorno dei peccatori: «rallegratevi con me» (Lc 15,6.9.32).

L'attenzione che ha per i singoli ce l'ha anche per le folle, che pure lo rinnegheranno: piange alla vista di Gerusalemme che lo ripudierà (Lc 19,41ss) e descrive il suo rapporto con la città con l'immagine della chioccia con i pulcini (Lc 13,34).

È una persona che sa **perdonare**: l'adultera (Gv 8,1-11), Pietro che lo rinnega (Lc 22,61), Tommaso che non si fida di lui (Gv 20,24-28) o il malfattore che gli è accanto sulla croce (Lc 23,39-43). **È soprattutto una persona libera**: non si ferma né davanti alle accuse dei suoi nemici, né a quelle dei suoi familiari (Mc 3,20-21) e dei suoi discepoli (Gv 6,67; Mt 16,22). Porta avanti fino alla fine la scelta di fare la volontà del Padre, anche nel momento in cui ne sperimenta l'infinita dolorosa distanza (Mc 15,34). Tutto questo non con lo scopo di glorificare se stesso, ma perché l'uomo possa avere la vita e «in abbondanza» (Gv 10,10).

Gesù e l'adultera

(L. Cranach il Vecchio, *Cristo e la donna colta in adulterio*, 1532. Budapest, Museum of Fine Arts) Nel dipinto di Lucas Cranach, i volti di coloro che cercano di incastrare Gesù con dei casi pretestuosi sono deformati, perché rosi dall'invidia e dalla menzogna. Il volto di Gesù e quello della donna che lui salva sono invece luminosi e armonici, perché irradiati dalla verità.

Gesù vero Dio e vero uomo

Tutto ciò che abbiamo visto finora non descrive a pieno però la persona di Gesù, il cui tratto più caratteristico consiste nell'**essere stato riconosciuto come Figlio di Dio**. Anche se nei Vangeli Gesù non si è mai definito in questo modo direttamente, tuttavia è indubbia la sua consapevolezza di essere in una relazione unica e particolare con il Padre. Quando Gesù parla del Padre con i discepoli non dice mai «Padre nostro», ma distingue sempre tra «Padre mio» (Mc 14,36) e «Padre vostro» (Lc 6,36; 12,30.32). Il passo più chiaro che troviamo nei Vangeli **sinottici** è in Matteo: «Tutto è stato dato a me dal Padre mio; nessuno conosce il Figlio se non il Padre, e nessuno conosce il Padre se non il Figlio e colui al quale il Figlio vorrà rivelarlo» (Mt 11,27 e Lc 10,22).

Sinottici

Termine che significa "vedere assieme" e fa riferimento ai primi tre Vangeli – Matteo, Marco e Luca – che, avendo una struttura narrativa simile, possono essere letti in parallelo. Si differenzia invece il Vangelo di Giovanni, che segue un'impostazione letteraria molto diversa.

La consapevolezza dell'essere Figlio è stata vissuta da Gesù all'insegna dell'**abbandono fiducioso alla volontà del Padre** (Eb 12,2). Tale volontà include l'incarnazione, per cui tutta la vita terrena di Gesù rende visibile in una storia umana come Dio agisce. Il rapporto del Figlio con il Padre viene ben descritto nell'inno ai Filippesi di Paolo.

(documento 21.2)

Nei primi secoli di vita della Chiesa, soprattutto dopo l'incontro con la filosofia greca, si cercherà di approfondire, non senza fatiche e ripensamenti, che cosa significhi affermare che Gesù è Figlio di Dio. Per ora ricordiamo solo due punti. Innanzitutto il fatto che si è arrivati alla "scoperta" della divinità di Gesù alla luce della "definizione" che di Dio viene data nella Scrittura: «Dio è amore» (1Gv 4,8). E proprio vedendo e toccando con mano quanto Gesù ha fatto e detto, i discepoli si sono accorti della sua divinità (1Gv 1-4). Tutto ciò, però, senza annullare la sua umanità. Tenere assieme le due nature di Gesù è stata la difficoltà che ha accompagnato i primi secoli di discussioni ecclesiali fino alla definizione del Concilio di Calcedonia (451 d.C.), che ha proclamato Gesù «**vero Dio e vero uomo**».

Gesù visto dai romani

Partendo a ritroso dalla nostra epoca e giungendo in prossimità del I secolo d.C., troviamo una serie di testimonianze forniteci dagli storici romani, che appartengono alla terza generazione nata dopo la vicenda di Gesù. Il più vicino a noi è **Svetonio** (69-140), che nella sua opera *Vite dei Cesari*, parlando dell'imperatore Claudio, riferisce di un provvedimento preso nei confronti dei giudei: «I giudei per le istigazioni di Cristo continuamente turbolenti espulse da Roma». Questa notizia trova riscontro nell'episodio citato negli Atti degli Apostoli, in cui si racconta dell'incontro tra Paolo e una coppia di giudei: «...Paolo lasciò Atene e si recò a Corinto. Qui trovò un giudeo di nome Aquila, nativo del Ponto, arrivato poco prima dall'Italia, con la moglie Priscilla, in seguito all'ordine di Claudio che allontanava da Roma tutti i giudei» (At 18,1-2).

Dalla citazione di Svetonio ricaviamo che la comunità ebraica diffusa in Roma all'epoca di Claudio (l'editto di espulsione è del 49 d.C.) era in aspro conflitto con quella nascente dei cristiani, anche se agli occhi dei romani i due gruppi – giudei e cristiani – sono considerati parte di un'unica realtà. Svetonio, che scrive circa 70 anni dopo questi fatti, nel 120, non si cura di precisare l'identità del capo della setta ribelle Cristo, presentato però come un personaggio storico dall'esistenza indubitabile.

Altre informazioni preziose si possono ricavare dalla testimonianza di **Tacito**, il quale nei suoi *Annales*, riferendo dell'incendio scoppiato a Roma nel luglio del 64, riporta quanto fece Nerone per cercare di mettere a tacere la voce popolare che lo indicava come il mandante della distruzione.

Tacito scrive verso il 117, in un'epoca di dilagante corruzione, in cui il cristianesimo viene valutato alla stregua delle molte "superstizioni" che affluivano alla capitale dalla periferia dell'Impero. Egli ci riporta alcuni dati interessanti relativi al giudizio circolante nei confronti dei cristiani, che erano accusati di compiere "azioni nefande", soprattutto in ragione dei loro strani riti in cui ci si cibavano del corpo e sangue di un uomo (l'eucaristia). Tuttavia poco dopo egli precisa che il popolo aveva perfettamente inteso il tentativo di Nerone di scaricare su di loro le sue responsabilità; per questo i cristiani «sebbene colpevoli e meritevoli di castighi più gravi, suscitavano pietà, come gente sacrificata non al bene pubblico, ma alla crudeltà di uno solo» (**2**).

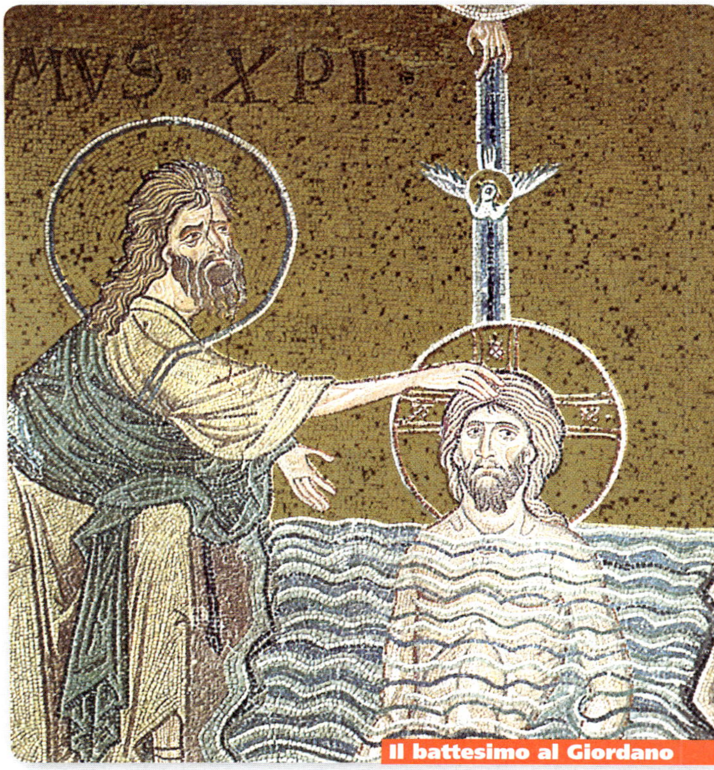

Il battesimo al Giordano

▲ (*Battesimo di Cristo*, mosaico, XII-XIII secolo. Duomo di Monreale) Il battesimo di Gesù, raccontato nei Vangeli e raffigurato nell'arte, testimonia la fede che la Chiesa delle origini aveva nella duplice natura di Gesù. Nell'immersione al Giordano, infatti, lo Spirito discende su Gesù come una colomba e il Padre fa sentire la sua voce, invitando tutti ad ascoltare il suo Figlio prediletto.

Gaio Svetonio Tranquillo

(69-140 circa) Scrittore romano d'età imperiale, fu funzionario di corte sotto gli imperatori Traiano e Adriano. Erudito, compose opere in diversi ambiti, ma è particolarmente conosciuto per le sue opere di genere biografico. Tra queste, sono pervenute a noi per intero il *De vita Caesarum* (*Vite dei Cesari*), e una piccola parte del *De viris illustribus* (*Gli uomini illustri*).

Publio (o Gaio) Cornelio Tacito

(55?-120)
Studiò grammatica e retorica, divenendo un apprezzato oratore. Intraprese poi una brillante carriera politica, e fu nominato proconsole in Asia nel 112. È considerato uno degli storici più importanti dell'antichità. Tra le sue opere principali gli *Annales* e le *Historiae*, che narrano gli avvenimenti dell'Impero romano del I secolo, dalla morte di Augusto, avvenuta nel 14 d.C., fino all'uccisione di Domiziano (96 d.C.).

2 La testimonianza di Tacito

«Fece passare per colpevoli e sottoporre a raffinatissimi tormenti coloro che il volgo chiamava cristiani e odiava per le loro azioni nefande. Cristo, il fondatore della setta, dal quale avevano preso il nome, era stato giustiziato dal procuratore Ponzio Pilato, sotto il regno di Tiberio. Ma la rovinosa superstizione, repressa per il momento, dilagava di nuovo non solo per la Giudea, luogo di origine di quel male, ma anche per Roma, dove confluiscono e trovano seguito tutte le atrocità e le vergogne del mondo».

(*Annales* XV, 44)

Duccio di Buoninsegna, *Gesù condotto davanti a Pilato*, 1308-1311 (Siena, Museo dell'Opera del Duomo).

Il martirio di Paolo e Pietro sotto Nerone

▼ (*Nerone in trono e la decapitazione di san Paolo, la morte di Simone Mago e la crocifissione di san Pietro*, miniatura dal *Liber Sacramentorum*, X secolo. Udine, Biblioteca del Seminario Arcivescovile)
I primi cristiani hanno subito la stessa sorte del loro maestro. Pur senza averlo cercato, molti di loro sono morti martiri, piuttosto che rinnegare la fede, come il potere romano voleva imporre loro.

La cosa più importante è che qui troviamo un puntuale **riscontro dell'avvenuto processo a Gesù** e della relativa condanna ed esecuzione all'epoca di Ponzio Pilato. Cristo viene identificato come il fondatore della setta che poi si è ampiamente diffusa, fino a raggiungere la stessa capitale, dove all'epoca di Nerone contava già numerosi adepti.

Altre preziose informazioni sulla vita delle comunità cristiane ci vengono offerte da **Plinio il Giovane** che, inesperto governatore della Bitinia, chiede un parere all'imperatore Traiano sul comportamento da tenere verso questi nuovi "cristiani". Traiano risponde suggerendo un metodo di comportamento tollerante per i cristiani che decidono di abiurare la nuova fede, ma lasciando aperta la porta alla condanna a morte, per quanti rifiutano di sacrificare agli dei.

Da questo testo ricaviamo la notizia della diffusione del cristianesimo del primo secolo non solo nella capitale dell'Impero, ma anche nelle sue province come la Bitinia (nell'attuale Turchia). Inoltre ci viene presentata una comunità sofferente, i cui membri vengono perseguitati per il loro rifiuto di riconoscere la divinità dell'imperatore. In queste fonti viene sottolineata la determinazione dei cristiani, che sono disposti anche alla morte pur di non rinnegare il Cristo. È da notare anche come, per lo scrittore romano, la divinità di Gesù non sia nulla più che un'opinione indimostrabile: «cantano un inno a Cristo come dio».

La testimonianza più vicina all'epoca di Gesù viene, infine, da **Giuseppe Flavio**, uno storico di origine giudaica che appartiene alla prima generazione cristiana, essendo nato attorno agli anni trenta d.C. (37 o 38 d.C.). Nelle sue *Antichità Giudaiche*, raccontando gli incidenti capitati in Palestina all'epoca di Ponzio Pilato, parla anche della vicenda di Gesù. Il testo che riportiamo (**3**) è stato in epoche successive variamente manipolato da autori cristiani. La critica moderna lo ha riportato alla sua prima stesura. Anche noi, quindi, distinguiamo nel testo l'originale attribuito a Giuseppe dalle successive interpolazioni, riportate tra parentesi.

Gaio Plinio Cecilio Secondo

(61 o 62 - dopo il 113)
Nato da una ricca famiglia comasca, venne educato dallo zio materno, Plinio il Vecchio, che lo portò con sé a Roma. Grazie al talento e alle influenti amicizie, intraprese una brillante carriera politica, diventando prefetto dell'erario di Saturno. Dal 111 al 113 fu governatore in Bitinia. Tra le sue opere più famose vi è l'*Epistolario*, costituito da dieci libri, l'ultimo dei quali contiene il carteggio tra Plinio, allora governatore della Bitinia, e Traiano.

(documento 21.3)

Giuseppe Flavio

(37 o 38 d.C. - dopo il 103)
Giudeo, aderì al movimento dei farisei e partecipò alla rivolta contro i romani del 67. Fatto prigioniero, fu trattato con benevolenza da Vespasiano, che lo liberò presto. Fu testimone della presa di Gerusalemme e seguì poi l'imperatore Tito a Roma, assumendo il soprannome di Flavio. Nelle sue opere storiche (*Guerra Giudaica*, *Antichità Giudaiche*, *Autobiografia*) descrisse le vicende della Giudea.

3 La testimonianza di Giuseppe Flavio

«Verso questo tempo capita Gesù, un uomo saggio (se in realtà si può chiamare uomo). Poiché egli era operatore di fatti straordinari e maestro degli uomini che accolgono con gioia la verità (cose strane), che si trascinò dietro molti giudei e molti greci. Egli era considerato (chiamato) il messia. Sebbene Pilato, su accusa dei nostri capi, lo condannasse alla croce, non cessarono, quelli che fin dall'inizio lo avevano amato, (di proclamare che), passato il terzo giorno, apparve ad essi di nuovo vivo; i profeti di Dio avevano detto queste cose e altre innumerevoli meraviglie su di lui. Ed ancora fino al presente la stirpe dei cristiani, così chiamata in rapporto a lui, non ha cessato di esistere».

(*Antichità Giudaiche* XVIII, 3,3 63-64)

La crocifissione, mosaico.

Dalla testimonianza di Giuseppe ricaviamo nuove e importanti notizie. Innanzitutto un'interessante informazione sulla motivazione della condanna di Gesù che, se fu eseguita dai romani, tuttavia avvenne per le accuse dei «nostri capi». Inoltre qui ci vengono presentati numerosi aspetti delle principali affermazioni della comunità cristiana, come la fondamentale notizia della **risurrezione di Gesù**, profetizzata dalle Scritture, e l'**identificazione di questi con il messia**. Giuseppe Flavio mantiene il distacco che già notavamo negli altri autori, tuttavia con la notazione con cui si chiude il brano sembra confessarci più degli altri un dubbio che lo tormenta: come mai questa strana "stirpe" di persone non ha ancora cessato di esistere?

Riassumendo le informazioni ricavate dalla lettura di queste fonti, possiamo dire che **l'esistenza storica di Gesù, così come la sua morte in croce** durante il governo di Ponzio Pilato, **non sono messi in dubbio**, e sono da considerare dati storici acquisiti. Nello stesso tempo viene attestata la diffusione della "setta" dei cristiani al di fuori della Palestina, sia in Roma sia in altre regioni dell'Impero come la Bitinia (oggi Turchia). Dei cristiani si riporta anche la loro fede, che li spinge a non riconoscere la divinità dell'imperatore, ma a considerare come Dio il loro fondatore, Gesù Cristo.

Scheda di lavoro — Leggi e confronta

Il Gesù della storia

Alla luce delle riflessioni esposte nel paragrafo *Gesù visto dai romani*, confronta quanto hai letto con le informazioni che ricavi dal tuo libro di storia, e individua gli elementi corrispondenti e le eventuali integrazioni.
Riassumi le principali informazioni presenti nel testo di storia relative a Gesù, rispondendo alle seguenti domande.

- Quali fonti vengono citate (bibliche ed extrabibliche)?
- Quali passi del Nuovo Testamento vengono citati?
- Come viene presentata la natura divina di Gesù?
- Che cosa noti di diverso rispetto alla presentazione fatta in questa Unità?

Maestro della Passione di Karlsruhe, *Cattura di Cristo*, 1440 (Colonia, Wallraf-Richartz Museum).

Consigli di lettura R. Guardini, *Il Signore. Riflessioni sulla persona e sulla vita di Gesù*, Vita e Pensiero, Milano 2005.

22. Gesù della storia o Cristo della fede?

la posta in gioco

Il primo fronte su cui si gioca la credibilità del cristianesimo è la storia. È possibile accedere storicamente alla figura di Gesù?
Una volta superate le obiezioni che in stagioni non molto lontane si facevano anche su questo versante, oggi, alla luce delle concezioni della storia sviluppatasi nel corso del '900, ci si chiede che cosa sia possibile dire della figura storica di Gesù. Lui stesso, infatti, non ci ha lasciato nulla di "suo pugno", le fonti che ce ne parlano sono "di parte", nascono dalla fede in lui di quelle persone che lo hanno riconosciuto e proclamato come messia e Signore.

Come lo hanno descritto coloro che gli sono stati più vicino e coloro che sono vissuti nella sua epoca?

La frattura tra il Gesù della storia e il Cristo della fede

Fino all'illuminismo la storicità di Gesù e delle fonti che lo presentavano non era seriamente messa in discussione da nessuno. I Vangeli erano letti e interpretati come una cronaca fedele delle azioni e dei discorsi di Gesù, da tutti riconosciuto come il Figlio di Dio incarnato, morto e risorto. L'orizzonte entro cui veniva letta la sua vicenda era caratterizzato dall'armonia tra la fede e la ragione, così come la teologia medievale l'aveva formalizzata.

Con l'avvento della modernità, l'atteggiamento culturale di fondo muta radicalmente. La fede viene a poco a poco considerata incompatibile con la ragione, eletta a unico arbitro delle vicende umane.

A partire da questi nuovi presupposti, muta anche l'atteggiamento nei confronti dei Vangeli e della vicenda di Gesù.

Il primo ad aprire la polemica fu **Hermann Samuel Reimarus**. La sua opera, che egli non ebbe il coraggio di divulgare, fu pubblicata alcuni anni dopo dal filosofo razionalista G.E. Lessing, allora bibliotecario di Wolfenbüttel, tra il 1774 e il 1778. Per entrambi Gesù fu un ribelle politico, che non si era concepito come messia religioso e che non ebbe mai il potere di compiere miracoli né tantomeno di risorgere. La sua missione si era risolta in un clamoroso fallimento cui cercano di rimediare i suoi discepoli "inventando" il Gesù religioso, salvatore dell'umanità tramite la sua morte e risurrezione e i suoi miracoli. Inoltre per Lessing, dal punto di vista filosofico, esiste un fossato incolmabile

Vita di Cristo

Hermann Samuel Reimarus

(1694-1768) Professore di lingue orientali ad Amburgo, compì una monumentale ricostruzione della vita di Gesù, in cui sosteneva la radicale diversità tra ciò che Gesù aveva detto e fatto realmente e ciò che di lui aveva trasmesso la comunità credente.

tra gli eventi della storia, che sono sempre particolari e individuali, e il valore universale che a essi si vuole attribuire. Tale posizione sarebbe puramente arbitraria e quindi priva di plausibilità.

Si apre così ufficialmente il **dibattito sulla distinzione tra il Gesù della storia e il Cristo della fede**, che si viene a caratterizzare, nella cosiddetta prima fase della ricerca, per l'ossessione per la ricostruzione "storica" della figura di Gesù, indipendentemente dai dati della fede (**1**).

Gesù: un predicatore politico?

▶ (Anonimo bolognese, *La predicazione di Gesù alle folle*, 1965. Milano, Collezione privata)
L'opera di un autore anonimo del Novecento mostra, in modo attualizzato, come molti dei suoi contemporanei, e anche dei critici degli ultimi due secoli, hanno inteso la figura di Gesù: un predicatore politico che voleva una libertà e una giustizia tutta terrena.

1 Il mito di Gesù secondo Strauss

In Germania, nella scuola teologica di Tubinga, il teologo David Friedrich Strauss (1808-1874) pubblica una storia di Gesù elaborata criticamente (1837), che gli costerà l'allontanamento dall'insegnamento. Per Strauss è pressoché impossibile ricostruire il Gesù della storia, in quanto la comunità cristiana, influenzata dalla mitologia ellenica e giudaica, lo ha presentato come un mito. I Vangeli sarebbero quindi un'opera mitologica e non storica, poiché frutto della mentalità creatrice della comunità cristiana che ha visto in Gesù il concretizzarsi dei propri ideali e delle proprie visioni.

Il Gesù esistenziale di Bultmann

Una seconda fase della ricerca sul Gesù storico si apre con gli studi del teologo protestante **Rudolf Bultmann**. Seguendo una nuova linea di studio dei testi evangelici denominata "storia delle forme" (*Formgeschichte*), Bultmann afferma che i testi evangelici, più che riportarci la storia di Gesù, vogliono interpellare e provocare la fede del lettore a decidersi a favore di Dio. Sono **testi da leggere in chiave esistenziale prima che storica**, in quanto intendono offrire un'alternativa all'unico vero problema che angustia l'uomo: la paura della morte.

(documento 22.1)

(documento 22.2)

Negli anni successivi a Bultmann molti, anche tra i suoi discepoli, cercarono di ridare importanza allo studio della storia della figura di Gesù. Così un discepolo diretto di Bultmann, Ernst Kasemann, in una celebre conferenza sul Gesù storico tenuta a Marburg nel 1953, attaccò direttamente il suo maestro. Ignorare la storia di Gesù significa trasformarlo in un mito o in un'ideologia. La Chiesa primitiva ha infatti sempre dato grande attenzione alla storia di Gesù:

> "essa sa che è impossibile capire il Gesù terreno se non si parte dalla Pasqua... e che viceversa non si può cogliere in modo adeguato il significato della Pasqua, se si fa astrazione dal Gesù terreno".
>
> (R. Latourelle, *A Gesù attraverso i vangeli: storia ed ermeneutica*, Cittadella, 1992)

Attraverso lo studio dei testi e soprattutto delle condizioni in cui sono stati scritti si deve allora verificare la continuità tra il Gesù storico e il Gesù della predicazione.

Rudolf Bultmann

(1884 - 1976)
Teologo evangelico tedesco, si è occupato in particolare della ricerca sul Nuovo Testamento. Tra le sue opere più conosciute, la *Storia della tradizione sinottica* (1921) e *Nuovo Testamento e Mitologia* (1941). Nei suoi scritti Bultmann sottolineò che il linguaggio mitico dei Vangeli trasmette una verità non immediatamente accessibile al pensiero scientifico. Di conseguenza il Gesù storico deve essere nettamente separato dal Cristo annunciato dalla comunità.

Tante immagini di Gesù

◀ (J.-J. Tissot, *Gesù con gli occhi chiusi in atto di preghiera è portato sulla cima del Tempio da un diavolo enorme ed etereo*, acquerello, XIX secolo)
Episodi quali le tentazioni di Gesù sono stati letti da molti storici come puramente fantasiosi o simbolici. Non si può però accettare la testimonianza dei Vangeli ignorando l'esistenza del diavolo, anche se la sua natura non è da identificare con le raffigurazioni dei pittori.

Negli ultimi anni, soprattutto grazie a una corrente di studio sviluppatasi negli Stati Uniti, è cresciuta l'attenzione per la **ricostruzione del contesto ebraico in cui Gesù è vissuto e si è formato**. È questa la cosiddetta terza fase della ricerca, che dura tuttora. Questo lavoro sul Gesù storico cerca di capire fino a dove, con i soli mezzi della critica storica, si possa ricostruire la persona di Gesù (**2**).

2 Il dilemma tra Gesù della storia e Cristo della fede, oggi

«Il dilemma in cui si dibattono ambedue le vie – da un lato quella di trasporre o ridurre la cristologia a storia (...), dall'altro quella di sfuggire completamente alla storia, lasciandosela alle spalle come superflua per la fede – si può benissimo riassumere nell'alternativa che tormenta la teologia moderna: Gesù o Cristo? La teologia inizia dapprima con il distaccarsi da Cristo per rifugiarsi in Gesù, quale figura storicamente tangibile; ma poi, all'apice di questo movimento, con Bultmann, inverte la marcia fuggendo nella direzione opposta, da Gesù, indietro verso Cristo: una corsa, questa, che al momento presente comincia già a tramutarsi nuovamente in una fuga da Cristo a Gesù».

(J. Ratzinger, *Introduzione al cristianesimo. Lezioni sul simbolo apostolico*, 1968, tr. it. Queriniana, 2005)

Giovanni di Paolo, *Gesù tra i dottori del tempio*, miniatura del XV secolo.

I criteri di storicità

La lunga vicenda che abbiamo ricostruito ha contribuito a mettere a fuoco alcuni criteri con cui oggi gli storici analizzano i Vangeli per cercare di stabilire, indipendentemente dalla fede, che cosa si possa affermare di storico sulla vicenda di Gesù. Vediamone i principali.

a) **Attestazione multipla**. Se una certa affermazione di o su Gesù è riportata in tutti i Vangeli, anche se in modi diversi, verosimilmente è storica. Questo criterio, di uso comune nella storia profana, è di estrema importanza perché presenta la convergenza di attestazioni differenti che non sono collegate tra loro. Il tema della simpatia e della misericordia verso gli emarginati e i peccatori, ad esempio, è un dato sicuro che proviene dall'applicazione di questo criterio. Questo atteggiamento di Gesù non solo è riscontrabile in tutte le fonti, ma anche nelle forme più diverse a livello letterario: parabole, dispute, miracoli, racconti di vocazione.

b) **Discontinuità**. Ascoltiamo in proposito quanto afferma il teologo Rino Fisichella:

"Si può considerare come autentico un dato evangelico (soprattutto se si tratta di parole e atteggiamenti di Gesù) irriducibile sia alle concezioni del giudaismo che a quelle della comunità primitiva. In altre parole, si può considerare realmente verificatosi tutto quello che Gesù ha fatto e detto, che si distacca dalla mentalità e dalla cultura dell'ambiente in cui è vissuto. Questo criterio permette di verificare singole espressioni o atteggiamenti particolari di Gesù. L'uso di espressioni come *Abba, amen, ego eimi* (io sono) e del parallelismo antitetico, quando Gesù parlando del rapporto con la Legge di Israele dice «avete inteso che fu detto dagli antichi... ma io vi dico» (Mt 5,21ss) viene ricondotto a Gesù in forza di questo criterio. Ugualmente su di esso si fonda l'autenticità storica, ad esempio, del battesimo al Giordano, il riconoscimento di Gesù come Messia di Israele a opera dei discepoli, l'uso di espressioni quali «Figlio dell'uomo», alcuni atteggiamenti dei discepoli e di Pietro in particolare".

(R. Fisichella, *La Rivelazione: evento e credibilità*, EDB, 1985)

c) **Conformità.** Anche questo criterio è accettato da parecchi autori. Si può considerare come autentico un detto o un'azione di Gesù che corrisponda sia alle usanze dell'epoca e dell'ambiente culturale, sia all'insegnamento del messaggio di Gesù, cioè la venuta e instaurazione del Regno messianico nella sua persona.

Con questo criterio si attesta la storicità, ad esempio, delle parabole del Regno, delle beatitudini, della preghiera del Padre nostro perché gli esempi che Gesù fa in questi testi corrispondono alla mentalità e alle abitudini di un ebreo del suo tempo. Questo criterio si integra con il precedente; infatti, mentre la conformità ci fa vedere quanto Gesù fosse un uomo del suo tempo, la discontinuità ne mette in risalto l'unicità e l'originalità.

Gesù: un uomo controcorrente

▲ (L. Lotto, *Cristo e l'adultera*, 1527-1529. Parigi, Museo del Louvre)
Gesù ha incontrato persone di tutti i tipi, anche e soprattutto coloro che erano più lontani dalle sue scelte e dal suo stile di vita. Questo depone a favore della storicità degli episodi che ce lo raccontano.

La storia non basta

La ricostruzione della storicità dei detti e delle azioni di Gesù non è però sufficiente per avere un'idea completa, per così dire a tutto tondo, del fondatore del cristianesimo. In un suo recente lavoro dedicato proprio alla figura di Gesù di Nazareth, il papa emerito, Benedetto XVI, ha parlato del Gesù reale, che può essere compreso solo integrando i dati forniti dalla storia con l'immagine di Gesù presentata dalla comunità cristiana (3).

3 Il Gesù reale

«Ho voluto fare il tentativo di presentare il Gesù dei Vangeli come il Gesù reale, come il Gesù storico in senso vero e proprio. Io sono convinto, e spero che se ne possa rendere conto anche il lettore, che questa figura è molto più logica e dal punto di vista storico anche più comprensibile delle ricostruzioni con le quali ci siamo confrontati negli ultimi decenni. Io ritengo che proprio questo Gesù – quello dei Vangeli – sia una figura sensata e convincente. Solo se era successo qualcosa di straordinario, se la figura e le parole di Gesù avevano superato radicalmente tutte le speranze e le aspettative dell'epoca, si spiega la sua crocifissione e si spiega la sua efficacia».

(Benedetto XVI, *Gesù di Nazareth*, Rizzoli, 2007)

Raffigurazione della Crocifissione con il Gòlgota sullo sfondo, tratta da un libro di preghiere del XV secolo (Poitiers, Mediathèque Francois Mitterand).

Lungi dall'essere fonte di inganno, **la comunità è un potente dispositivo di controllo** dei dati che riguardano Gesù. La sua vicenda infatti non è stata ricostruita a tavolino, come oggi spesso fanno gli storici di professione, ma è stata condivisa all'interno di una comunità, la Chiesa, che lo ha riconosciuto non solo come un uomo illuminato, ma come il Figlio di Dio incarnato per la salvezza di chiunque crede.

In secondo luogo la ricostruzione storica di Gesù, come di ogni altro personaggio storico, è rivolta sostanzialmente al passato. Ora, fin dall'inizio, la vicenda di Gesù è stata compresa e annunciata per dare un senso al presente e al futuro dei credenti. Per questo la sua figura non può essere ricostruita senza tener presente l'**attualizzazione del suo messaggio**. Detto in altro modo, solo confrontandosi direttamente con quanto i Vangeli dicono, si può capire e ricostruire con precisione storica quanto Gesù ha veramente detto e fatto.

(documento 22.3)

Scheda di lavoro

Leggi e confronta

Un esempio di attestazione multipla: l'arresto di Gesù

Prova ad applicare il primo criterio di storicità, l'attestazione multipla, all'episodio dell'arresto di Gesù riportato in tutti i Vangeli. Quali elementi sono comuni a tutte le narrazioni?

MATTEO 26,47-56	MARCO 14,43-52	LUCA 22,47-53	GIOVANNI 18,2-12
47 Mentre ancora egli parlava, ecco arrivare Giuda, uno dei Dodici, e con lui una grande folla con spade e bastoni, mandata dai capi dei sacerdoti e dagli anziani del popolo. 48 Il traditore aveva dato loro un segno, dicendo: «Quello che bacerò, è lui; arrestatelo!».	43 E subito, mentre ancora egli parlava, arrivò Giuda, uno dei Dodici, e con lui una folla con spade e bastoni, mandata dai capi dei sacerdoti, dagli scribi e dagli anziani. 44 Il traditore aveva dato loro un segno convenuto, dicendo: «Quello che bacerò, è lui; arrestatelo e conducetelo via sotto buona scorta».	47 Mentre egli ancora parlava, ecco giungere una folla; colui che si chiamava Giuda, uno dei Dodici, li precedeva	2 Anche Giuda, il traditore, conosceva quel luogo, perché Gesù spesso si era trovato là con i suoi discepoli. 3 Giuda dunque vi andò, dopo aver preso un gruppo di soldati e alcune guardie fornite dai capi dei sacerdoti e dai farisei, con lanterne, fiaccole e armi.
49 Subito si avvicinò a Gesù e disse: «Salve, Rabbì!». E lo baciò. 50 E Gesù gli disse: «Amico, per questo sei qui!». Allora si fecero avanti e misero le mani addosso a Gesù e lo arrestarono.	45 Appena giunto, gli si avvicinò e disse: «Rabbì» e lo baciò. 46 Quelli gli misero addosso le mani e lo arrestarono.	e si avvicinò a Gesù per baciarlo. 48 Gesù gli disse: «Giuda, con un bacio tu tradisci il Figlio dell'uomo?».	4 Gesù allora, sapendo tutto quello che doveva accadergli, si fece innanzi e disse loro: «Chi cercate?». 5 Gli risposero: «Gesù, il Nazareno». Disse loro Gesù: «Sono io!». Vi era con loro anche Giuda, il traditore. 6 Appena disse loro «Sono io», indietreggiarono e caddero a terra. 7 Domandò loro di nuovo: «Chi cercate?». Risposero: «Gesù, il Nazareno». 8 Gesù replicò: «Vi ho detto: sono io. Se dunque cercate me, lasciate che questi se ne vadano», 9 perché si compisse la parola che egli aveva detto: «Non ho perduto nessuno di quelli che mi hai dato». 10 Allora Simon Pietro, che aveva una spada, la trasse fuori, colpì il servo del sommo sacerdote e gli tagliò l'orecchio destro. Quel servo si chiamava Malco. 11 Gesù allora disse a Pietro: «Rimetti la spada nel fodero: il calice che il Padre mi ha dato, non dovrò berlo?».
51 Ed ecco, uno di quelli che erano con Gesù impugnò la spada, la estrasse e colpì il servo del sommo sacerdote staccandogli un orecchio. 52 Allora Gesù gli disse: «Rimetti la tua spada al suo posto, perché tutti quelli che prendono la spada, di spada moriranno. 53 O credi che io non possa pregare il Padre mio, che metterebbe subito a mia disposizione più di dodici legioni di angeli? 54 Ma allora come si compirebbero le Scritture, secondo le quali così deve avvenire?».	47 Uno dei presenti estrasse la spada, percosse il servo del sommo sacerdote e gli staccò l'orecchio.	49 Allora quelli che erano con lui, vedendo ciò che stava per accadere, dissero: «Signore, dobbiamo colpire con la spada?». 50 E uno di loro colpì il servo del sommo sacerdote e gli staccò l'orecchio destro. 51 Ma Gesù intervenne dicendo: «Lasciate, basta così!». E, toccandogli l'orecchio, lo guarì.	

Scheda di lavoro

Leggi e confronta

MATTEO 26,47-56	MARCO 14,43-52	LUCA 22,47-53	GIOVANNI 18,2-12
[55]In quello stesso momento Gesù disse alla folla: «Come se fossi un ladro siete venuti a prendermi con spade e bastoni. Ogni giorno sedevo nel tempio a insegnare, e non mi avete arrestato. [56]Ma tutto questo è avvenuto perché si adempissero le Scritture dei profeti».	[48]Allora Gesù disse loro: «Come se fossi un ladro siete venuti a prendermi con spade e bastoni. [49]Ogni giorno ero in mezzo a voi nel tempio a insegnare, e non mi avete arrestato. Si compiano dunque le Scritture!».	[52]Poi Gesù disse a coloro che erano venuti contro di lui, capi dei sacerdoti, capi delle guardie del tempio e anziani: «Come se fossi un ladro siete venuti con spade e bastoni. [53]Ogni giorno ero con voi nel tempio e non avete mai messo le mani su di me; ma questa è l'ora vostra e il potere delle tenebre».	
Allora tutti i discepoli lo abbandonarono e fuggirono.	[50]Allora tutti, lo abbandonarono e fuggirono. [51]Lo seguiva però un ragazzo, che aveva addosso soltanto un lenzuolo, e lo afferrarono. [52]Ma egli, lasciato cadere il lenzuolo, fuggì via nudo.		[12]Allora i soldati con il comandante e le guardie dei Giudei, catturarono Gesù, lo legarono.

Giotto, *La cattura di Cristo*, 1303-1305, affresco (Padova, Cappella degli Scrovegni).

Consigli di lettura

J. Ratzinger-Benedetto XVI, *Gesù di Nazareth*, Rizzoli, Milano 2007.

23. L'annuncio del Regno: le parabole di Gesù

la posta in gioco

Tra gli aspetti della persona di Gesù che più hanno colpito gli osservatori di ogni epoca, si trovano sicuramente i suoi discorsi. Il modo di parlare di Gesù aveva già stupito i contemporanei che ne avvertivano la novità rispetto agli insegnamenti della religione giudaica tradizionale, soprattutto nella forma in cui era trasmessa dagli scribi e dai farisei. Il suo era infatti un parlare «con autorità» (Mc 1,27), non dello stesso tipo di quello dei dottori della legge del tempo. D'altro canto, egli si serve spesso del discorso simbolico e usa molte parabole che sono universalmente note, anche a chi non è assiduo lettore della Bibbia.

Che cosa rendeva così affascinanti i discorsi di Gesù? Perché Gesù parlava in parabole? Sono discorsi significativi anche per l'uomo di oggi o hanno solo un valore storico?

Il Vangelo del Regno

Secondo la testimonianza dei Vangeli, il nucleo principale dei discorsi di Gesù è incentrato sul **tema del Regno di Dio**. Dice, a tal proposito, il Vangelo di Marco che Gesù sin dall'inizio della sua attività pubblica annunciava che: «Il tempo è compiuto e il Regno di Dio è vicino; convertitevi e credete nel Vangelo» (Mc 1,14-15).

L'attività pubblica di Gesù, quindi, si configura in prima battuta come quella di un predicatore itinerante. Egli parla di una buona notizia, il termine "vangelo" significa proprio questo e veniva usato per indicare in modo particolare l'annuncio di una vittoria.

Di quale vittoria parla Gesù? Per intenderla dobbiamo analizzare il complesso e ricco significato dell'espressione "Regno di Dio", che costituisce il centro del messaggio di Gesù. Dire che il *Regno di Dio* è vicino significa dire che *Dio regna* nuovamente sul suo popolo e su tutti gli uomini.

(documento 23.1)

L'ascolto della Parola

▶ (H. Fullmaurer, *I veri parenti di Gesù*, particolare della pala d'altare di Mompelgard, 1530-1550 circa. Vienna, Kunsthistorisches Museum) Gesù istituisce una nuova forma di parentela basata non sul sangue, ma sull'ascolto della Parola. I suoi parenti sono coloro che ascoltano la sua Parola per metterla in pratica. L'appartenenza alla sua comunità nasce dall'ascolto e dall'obbedienza.

Il problema che Gesù ha dovuto affrontare è stato quello di chiarire bene *come* Dio regna. Gli equivoci infatti erano e sono sempre in agguato. Per capire bene questo punto occorre guardare come si è comportato Gesù, poiché come lui stesso ha detto: «chi vede me vede il Padre». Per accorgersi del modo nuovo con cui Gesù regna occorre però considerare bene l'altro avvertimento che Marco pone all'inizio del suo Vangelo, ovvero il fatto che **per accorgersi della vicinanza del Regno occorre convertirsi**. *Convertirsi* letteralmente significa cambiare modo di pensare (in greco *metanoein*), abbandonare i vecchi schemi per adottarne di nuovi, mentre fidarsi del Vangelo significa soprattutto fidarsi di Gesù. Con questo l'evangelista vuol mettere in guardia i suoi lettori del fatto che Gesù non lo si può conoscere veramente standolo a guardare dall'esterno, come al cinema, ma solo **lasciandosi guidare da lui**.

Parabole del mondo contadino

▼ (*Parabola della zizzania*, vetrata del XIX secolo)
Molte parabole riportate nei Vangeli, come quella della zizzania e del grano, hanno per contesto il mondo contadino, una realtà che gli ascoltatori di Gesù avevano ben presente.

(documento 23.2)

Intenzioni e caratteristiche delle parabole

Uno dei mezzi più efficaci utilizzati da Gesù per spiegare il senso della sua missione sono state le **parabole**. Questo genere letterario, già diffuso sia nell'Antico Testamento sia in altre letterature antiche, è divenuto tipico del modo di comunicare di Gesù.

"Parabola" è una parola greca che significa "accostare, mettere assieme"; essa infatti, come genere letterario, consiste nel parlare di una realtà non del tutto chiara, paragonandola a un'altra conosciuta. Così Gesù per parlare del Regno si serve di **immagini tratte dall'esperienza comune dei suoi ascoltatori**, come il fenomeno della semina e della raccolta, la pesca, o scene di vita quotidiana. Tuttavia le parabole non vogliono banalizzare il contenuto che intendono illustrare, anzi, in un certo senso, lo vogliono lasciare in una qualche indeterminazione. Dire infatti che il Regno di Dio è come il seme di senape che, pur essendo il più piccolo di tutti, fa crescere l'albero più grande, o come una rete che raccoglie tanti tipi di pesci, non esaurisce tutto il contenuto che l'espressione ha; ne vengono messi in luce, molto bene, alcuni tratti, ma altri ne restano da scoprire, possiamo dire all'infinito.

Dal punto di vista strettamente letterario, **le parabole non sono allegorie**. In queste tutti gli elementi del racconto hanno un valore simbolico ben preciso, mentre nella parabola si intende presentare una narrazione unitaria che proprio nel suo insieme comunica qualcosa.

Infine le parabole non vogliono essere dei racconti neutri, ma **vogliono sempre portare il lettore a prendere posizione** nei confronti di ciò che viene raccontato, a fare cioè quella scelta che è indispensabile per comprendere veramente il messaggio di Gesù.

Più in specifico, le parabole del Regno intendono affrontare alcuni interrogativi che inquietavano ieri come oggi gli uditori e i discepoli di Gesù. Il punto centrale è come Dio regna. L'uomo infatti desidera che Dio regni nella sua vita, ovvero desidera che venga realizzata la giustizia, sconfitta la disonestà e la cattiveria, che trionfino il rispetto e l'amicizia reciproci; **ma, tutto questo, Dio e Gesù l'hanno realizzato? Se sì, come mai questo non è così evidente, tanto che a un primo sguardo sembra che la venuta di Gesù non abbia cambiato nulla?**

Le parabole sul Regno intendono dunque riflettere sul significato profondo che hanno avuto la morte e la risurrezione di Gesù, non tanto considerate in se stesse, ma applicate alla storia. Esse intendono rispondere alle difficoltà in cui si sono trovate le prime comunità cristiane, ai cui occhi non era molto evidente come stesse crescendo il Regno di Dio dopo la sua instaurazione a opera di Gesù.

Le parabole del Regno in Matteo

Matteo è l'evangelista che ha raccolto il maggior numero di parabole relative al Regno in un unico capitolo del suo Vangelo (1).

I **due problemi** attorno a cui si concentrano le parabole di Matteo sul Regno sono il **perché molti pur ascoltando la parola del Vangelo non credono**: la Parola di Dio non dovrebbe convincere tutti? E la seconda è: **come mai nella comunità ci sono anche i "cattivi"?**

Nel capitolo 13 si trova anche la spiegazione del perché Gesù parli in parabole: «Gli si avvicinarono allora i discepoli e gli dissero: "Perché a loro parli con parabole?". Egli rispose loro: "Perché a voi è dato conoscere i misteri del regno dei cieli, ma a loro non è dato (...) Per questo a loro parlo con parabole: perché guardando non vedono, udendo non ascoltano e non comprendono"» (Mt 13,10-13). Gesù ribadisce il fatto che ciò che conta veramente è la disponibilità ad accogliere il suo messaggio con il cuore, più che con le orecchie.

(documento 23.3)

1 Le parabole di Matteo

«Le sette parabole elencate costituiscono un piccolo trattato sul Regno di Dio. Come in Marco, esse non mettono a tema che cosa sia il Regno, ma come questo si faccia presente nella storia: la parabola del seminatore insegna che il Regno non cresce senza resistenze e insuccessi; quelle del granello di senape e del lievito mostrano che il Regno crescerà nonostante la piccolezza dei suoi inizi; la parabola del grano e della zizzania insegna a non meravigliarsi se il bene e il male, i buoni e i cattivi, continuano a coesistere; quelle del tesoro e della perla rimproverano tutti coloro che non si svestono dei loro ovvi schemi religiosi di fronte al fascino abbagliante della novità di Gesù; la parabola della rete ricorda – forse a discepoli troppo zelanti – che il tempo del Regno non è ancora tempo della cernita, ma quello della raccolta».

(B. Maggioni, *Le parabole evangeliche*, Vita e Pensiero, 1999)

Rappresentazione della parabola del seminatore, fine XII secolo, codice dell'Abbazia di Treviri (Bonn, Museo regionale del Reno).

Scheda di lavoro — Leggi e analizza

Un esempio di parabola: il seminatore

Leggi la parabola del seminatore e analizzala seguendo le indicazioni.

«E disse: "Ecco, il seminatore uscì a seminare. Mentre seminava, una parte cadde lungo la strada; vennero gli uccelli e la mangiarono. Un'altra parte cadde sul terreno sassoso, dove non c'era molta terra; germogliò subito, perché il terreno non era profondo, ma quando spuntò il sole, fu bruciata e, non avendo radici, seccò. Un'altra parte cadde sui rovi, e i rovi crebbero e la soffocarono. Un'altra parte cadde sul terreno buono e diede frutto; il cento, il sessanta, il trenta per uno. Chi ha orecchi, ascolti" (...)

"Voi dunque ascoltate la parabola del seminatore. Ogni volta che uno ascolta la parola del Regno e non la comprende, viene il Maligno e ruba ciò che è stato seminato nel suo cuore: questo è il seme seminato lungo la strada. Quello che è stato seminato sul terreno sassoso è colui che ascolta la Parola e l'accoglie subito con gioia, ma non ha in sé radici ed è incostante, sicché, appena giunge una tribolazione o una persecuzione a causa della Parola, egli subito viene meno. Quello seminato tra i rovi è colui che ascolta la Parola, ma la preoccupazione del mondo e la seduzione della ricchezza soffocano la Parola ed essa non dà frutto. Quello seminato sul terreno buono è colui che ascolta la Parola e la comprende; questi dà frutto e produce il cento, il sessanta, il trenta per uno"».

(Mt 13,3-9.18-23)

Questa parabola viene presentata in due momenti: nel primo c'è il racconto della parabola vera e propria (Mt 13,3-9) nel secondo invece c'è la spiegazione della parabola. La spiegazione (Mt 13,18-23) costituisce un efficace esempio di allegoria, poiché qui ogni elemento riceve la sua interpretazione.

V. Van Gogh, *Il seminatore*, 1888 (Otterlo, Kröller-Müller Museum).

Alla luce del paragrafo *Le parabole del Regno in Matteo*, elenca gli elementi della parabola che rispondono alla domanda: **perché la Parola di Dio non è accolta da tutti nello stesso modo?**

Ti suggeriamo altre domande per approfondire personalmente e per la discussione in classe.

- Che cosa ti colpisce dell'atteggiamento del seminatore? Era così che si seminava al tempo di Gesù?
- Quali possono essere le ragioni che rendono le diverse persone simili a diverse tipologie di "terreni"?
- Riesci a fare degli esempi attuali dei vari ostacoli ad accogliere la parola di Dio, secondo le tipologie presentate nella parabola?

Per l'analisi di altre parabole puoi consultare il **documento 23.4**

Consigli di lettura

C.H. Dodd, *Le parabole del regno*, Paideia, Brescia 2004.

24. I miracoli di Gesù

la posta in gioco

Accanto ai discorsi, un altro elemento fondamentale per la comprensione dell'attività di Gesù e della sua missione sono i miracoli. Un tempo si insisteva molto sul loro valore: oggi un po' meno, a causa del diffondersi della mentalità moderna che ritiene che tutto sia spiegabile scientificamente ed economicamente (non a caso si parla frequentemente di miracolo economico!). In ogni caso, anche oggi, la Chiesa parla di miracoli, specialmente nei processi di canonizzazione dei santi.

I miracoli raccontati nei Vangeli hanno solo la funzione di stupire o di infrangere le regole della natura o hanno anche altri significati? In che rapporto sono tali miracoli con le acquisizioni della scienza moderna? Si può parlare di miracoli, in senso stretto, anche oggi?

I miracoli come segni

La Scrittura conosce diversi tipi di miracoli anche se, soprattutto nell'Antico Testamento, non c'è un termine preciso per designarli. Anche il Nuovo Testamento va in questa direzione e preferisce parlare a proposito dei miracoli di "segni" (*semeia*) e "potenze" (*dunameis*). Così ad esempio vengono qualificate le piaghe d'Egitto, che sono un po' il prototipo del miracolo per l'Antico Testamento. Vediamo un passo particolarmente significativo:

> Io moltiplicherò i miei segni e i miei prodigi nel paese d'Egitto; allora gli egiziani sapranno (riconoscere) che io sono il Signore (JHWH)".
>
> (Es 7,3-5)

Le piaghe dell'Egitto

▲ (Alcune delle piaghe d'Egitto – ulcere e grandine a sinistra, cavallette e tenebre a destra – in una miniatura ebraica in stile catalano del XIV secolo. Londra, British Museum)
Le raffigurazioni dei miracoli e dei segni prodigiosi nella Bibbia non devono trarre in inganno. Non sono la descrizione di eventi storici, ma ricostruzioni e interpretazioni di eventi in cui si riconosce la presenza di Dio.

Ciò che qui viene detto a proposito del miracolo è che esso **mette in moto un processo di conoscenza** che non si ferma sull'episodio considerato miracoloso, ma sul suo significato.

Secondo un proverbio cinese, quando il dito indica la luna lo stolto guarda il dito. È così anche per i miracoli che, secondo la Bibbia, intendono indicare qualcos'altro rispetto al fatto in sé: essi intendono appunto essere dei segni (**1**). Il miracolo è quindi un fenomeno di comunicazione e va capito come tale.

1 Che cos'è un segno

Un segno è una relazione tra tre elementi: il significante, il significato e il referente. Il **significante** è lo strumento materiale che, per così dire, trasporta un significato. Ad esempio, in un cartello stradale il significante è il triangolo metallico bordato di rosso fissato su di un palo. Il **significato** è il concetto che quel determinato significante mi fa venire in mente. Così il triangolo suddetto mi fa venire in mente l'idea di dover dare la precedenza al primo incrocio. Il **referente** è invece l'oggetto concreto cui il significante e il significato fanno riferimento. Nel nostro esempio è l'incrocio. Il segno è quindi un rimando, a partire da una realtà concreta che mi sta di fronte, a un mondo ricco di significati e di altre realtà cui esso mi vuole condurre.

Il miracolo come fenomeno comunicativo

I significanti, ovvero gli episodi in cui nei Vangeli si è verificato un fatto miracoloso, sono riconducibili a tre categorie fondamentali: **guarigioni** (ad esempio: la suocera di Simone, Mc 1,29-31; un lebbroso, Mc 1,40-44; un paralitico, Mc 2,1-12), **esorcismi** (un indemoniato nella sinagoga di Cafarnao, Mc 1,21-28; un indemoniato a Gerasa, Mc 5,1-20) ed **eventi naturali** (la moltiplicazione dei pani, Mc 6,30-44, Gesù che cammina sulle acque, Mc 6,45-52).

La guarigione del figlio della vedova

▼ (Maestro della Passione di Darmstadt, *Guarigione del figlio della vedova*, 1440 circa) Con il miracolo della guarigione del figlio della vedova, Gesù intende far capire che lui è la vita. Il funerale di un bambino si trasforma in occasione di incontro: Gesù è vicino a ciascuno, nella gioia come nel dolore.

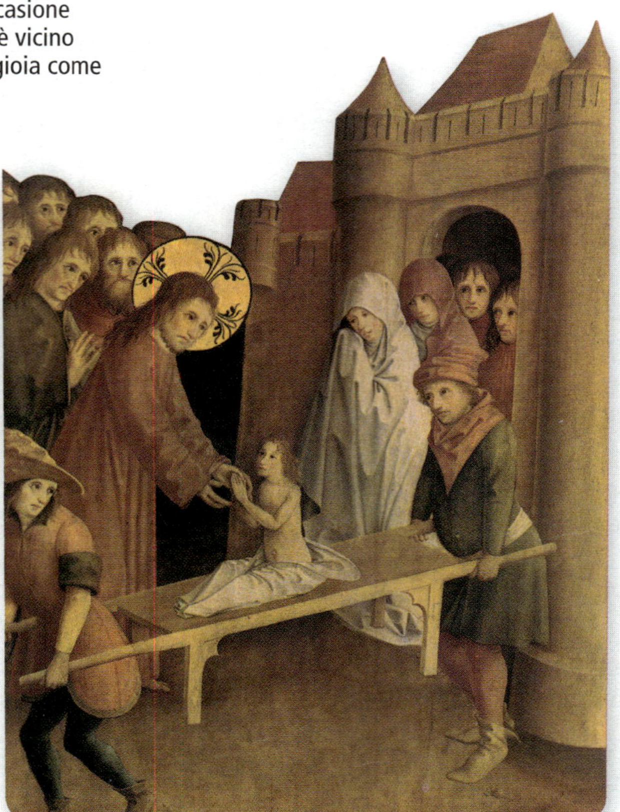

I significati che si collegano a questi eventi sono anch'essi di tre tipi. In primo luogo, intendono far capire che **con Gesù è veramente arrivato il Regno di Dio**. Se Gesù e Dio ricominciano a regnare allora non regna più il nemico, l'avversario, il principe di questo mondo, il diavolo. Per questo Matteo afferma che Gesù ha detto: «Se io scaccio i demòni per mezzo dello Spirito di Dio, allora è giunto a voi il Regno di Dio» (Mt 12,28). Gesù pone questi segni di guarigione perché vuol far capire che ora sta cominciando una nuova storia, in cui gli uomini vengono "restaurati" in base al progetto originario che il creatore aveva su di loro. Per questo egli guarisce dai peccati e dai segni che il peccato ha lasciato sugli uomini, come le malattie e la morte.

I miracoli sono quindi prima di tutto dei **segni di speranza per il mondo** a cui viene offerta un'alternativa, rispetto alla rassegnazione. In secondo luogo Gesù vuol far capire il **legame con le promesse dell'Antico Testamento**.

(documento 24.1)

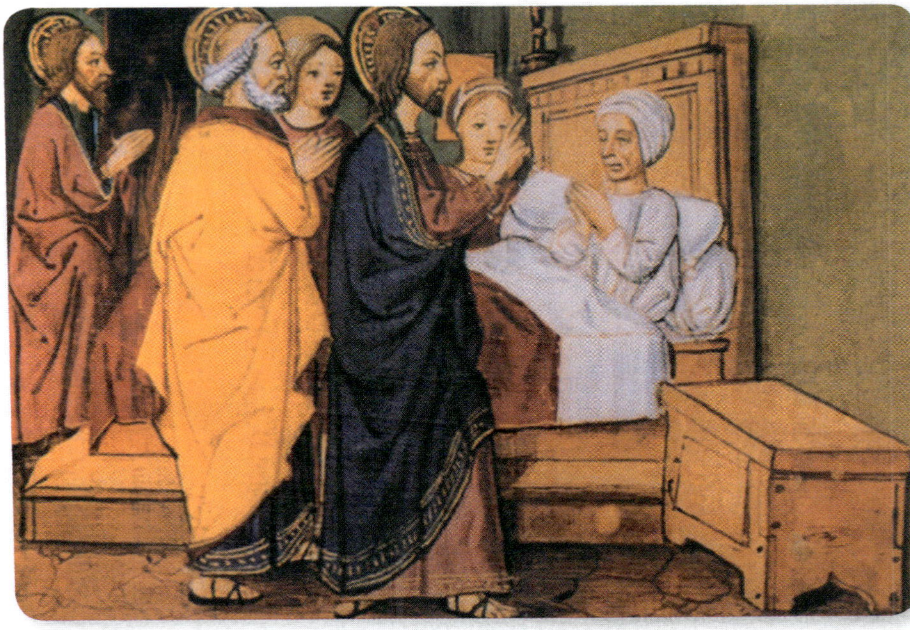

I segni che egli compie devono far comprendere ai suoi ascoltatori che lui è il messia atteso da Israele, un messia che era identificato anche dai segni portentosi che avrebbe fatto. Per questo, quando Giovanni fa chiedere a Gesù se sia lui il messia, Gesù, secondo l'evangelista Matteo, risponde così: «Andate e riferite a Giovanni ciò che udite e vedete: *i ciechi riacquistano la vista*, gli zoppi camminano, i lebbrosi sono purificati, *i sordi odono*, *i morti risuscitano*, ai poveri è annunciato il Vangelo» (Mt 11,5). Gran parte di queste affermazioni sono del profeta Isaia, che le aveva pronunziate in riferimento ai tempi del messia. Questi segni quindi intendono testimoniare il "potere" che ha Gesù, il quale «insegnava loro come uno che ha autorità, e non come i loro scribi» (Mt 7,29). È lui che inaugura gli ultimi tempi tanto attesi, è lui il compimento della promessa. Questo vogliono far intendere i miracoli.

La suocera di Pietro

▲(*Gesù guarisce la suocera di Pietro*, miniatura dal *Codice de Predis*, XV secolo. Torino, Biblioteca Reale)
La guarigione della suocera di Pietro, operata da Gesù, ha come tema il servizio: la donna infatti, una volta guarita, si mette a servire. La vera malattia è ciò che paralizza il desiderio di dedicarsi agli altri, in cui, per i cristiani, consiste la vera natura dell'uomo.

Se questi sono alcuni significati che i miracoli vogliono trasmettere, il referente, **la realtà concreta cui intendono far riferimento è la sequela**: essi invitano infatti coloro che li ricevono o coloro che vi assistono a diventare a un qualche livello discepoli di Gesù. Il primo miracolo di guarigione raccontato nel Vangelo di Marco, la guarigione della suocera di Simone, termina con una frase significativa: «la febbre la lasciò ed ella li serviva» (Mc 1,31). È questo lo scopo "pratico", ciò a cui si riferiscono i miracoli. Non sono uno sfoggio di potenza di Gesù, ma un invito a vivere una vita nuova all'insegna del servizio (**2**).

2 Il vero scopo dei miracoli

La suocera di Simone, come anche il lebbroso (Mc 1,40-45), vengono guariti globalmente, perché mettano tutta la loro esistenza a servizio di Gesù, che ha ridato loro la vita che avevano perduta. Sono interpretabili in questa linea anche tutti gli altri miracoli che per il teologo Silvano Fausti: «illustrano le varie guarigioni specifiche delle nostre membra e facoltà: i piedi per camminare dietro a lui, le mani per ricevere e donare come lui, l'orecchio per ascoltare la verità, la lingua per comunicare noi stessi e l'occhio per vedere la realtà davanti alla quale siamo ciò che siamo. Al centro c'è il miracolo della fede che sana la vita e libera dalla morte (emorroissa e figlia di Giairo, Mc 5,21-45)» (S. Fausti, *Ricorda e racconta il vangelo. La catechesi narrativa del vangelo di Marco*, Ancora, 1997).

I miracoli e la fede

Codice

Insieme di informazioni che consentono di interpretare i messaggi. Se ricevo una lettera in inglese, per poterla leggere debbo possedere il codice necessario (= termini e grammatica della lingua inglese). Si applica non solo ai testi, ma anche ai comportamenti; per questo si parla di un codice d'onore, di un codice professionale, ecc.

C'è un dato molto interessante che colpisce il lettore dei Vangeli a proposito dei miracoli di Gesù. Essi **sono sempre associati alla fede**, nel senso che o intendono provocarla attraverso lo stupore («Che è mai questo? Un insegnamento nuovo dato con autorità. Comanda persino agli spiriti impuri e gli obbediscono!», Mc 1,27, dicono meravigliati gli abitanti di Cafarnao che si trovano nella sinagoga mentre Gesù guarisce un indemoniato), oppure, addirittura, la presuppongono per la riuscita del miracolo stesso. Molti racconti terminano infatti con l'affermazione «la tua fede ti ha salvato/a» (Mc 5,34; 10,52; Mt 9,22; Lc 17,19).

Che cosa vuol dire tutto ciò? Innanzitutto che **i miracoli avvengono all'interno di un dialogo**, in cui la potenza di Dio interviene come risposta a una domanda. Ciò non significa che sia la fede a provocare il miracolo che, per i Vangeli, è sempre opera della potenza di Dio, ma che solo un atteggiamento di fiducia e di apertura nei confronti di Dio gli consente di dispiegare la sua potenza guaritrice. Tornando al linguaggio della comunicazione che abbiamo utilizzato prima, la fede è il **codice** perché possa esistere la comunicazione tra Dio e l'uomo.

Allo stesso modo, per poter intendere il senso delle parole e dei gesti di Gesù occorre la fede, che è l'unico codice adeguato per poter entrare in relazione con Dio.

Ciò fa sì che i miracoli di Gesù non si impongano mai con un'evidenza assoluta, tanto che essi possono essere anche fraintesi come attività diaboliche: «Ma gli scribi, che erano discesi da Gerusalemme, dicevano: "Costui è posseduto da Beelzebùl e scaccia i demòni per mezzo del capo dei demòni» (Mc 3,22).

Come mai Gesù non ha sfruttato il suo potere in modo più chiaro? (Mt 12,38ss; 16,1s; Lc 11,29ss; Mc 8,11s). È questo quello che si chiedono molti anche oggi, quando a proposito della loro poca fede affermano: «Se solo potessi vedere un miracolo come quelli fatti da Gesù...». È un problema affrontato anche nei Vangeli (vedi *Scheda di lavoro* a pag. 240).

I miracoli e la fede

◀ (*Il miracolo dell'emorroissa*, mosaico, XII-XIII secolo. Duomo di Monreale)
Gesù non è un mago che dispensa i suoi prodigi al di fuori della relazione con le persone. Nell'episodio dell'emorroissa aspetta che la donna si presenti davanti a lui, per farle sapere che il vero segreto della guarigione è stata la sua fede.

I miracoli e la scienza

La mentalità comune attuale fa più fatica di un tempo ad accettare l'esistenza dei miracoli, ma è ancora possibile interrogarsi sulla plausibilità scientifica di tale nozione (3).

3 Conoscibilità del miracolo nel contesto della razionalità scientifica

«La teologia non può omettere, su questo specifico punto, il dialogo e il confronto con le scienze naturali, risolvendolo semplicisticamente in termini di non-sovrapposizione di ambiti, come sembra oggi richiesto da taluni autori. L'interazione pare inevitabile, sia perché lo "sfondo contestuale" delle leggi di natura (e dunque delle scienze) continua a essere un riferimento obbligato, sebbene non l'unico, per una riconoscibilità teologica del miracolo che non si esaurisca in mera simbologia o puro evento psicologico, sia perché la comunità credente continua a manifestare la sua fede nei miracoli e il magistero ecclesiale a giudicarne l'attendibilità anche sulla scorta di pareri richiesti a uomini di scienza. Riteniamo che il punto in questione, per la teologia, si riassuma nei seguenti termini: una volta chiarito alla scienza che non le si chiede né un una definizione né un giudizio sul miracolo, può la teologia, nel suo approccio al miracolo e nelle eventuali definizioni/espressioni che di esso fornisce, prescindere totalmente da un riferimento all'ordine naturale, così come questo viene conosciuto dalle scienze?».

(G. Tanzella Nitti, *Miracolo*, in, Id. e A. Strumia (a cura di), *Dizionario interdisciplinare di scienza e fede*, Città Nuova - Urbaniana University Press, 2002, vol. I; la voce è disponibile on line, ad essa rimandiamo chi desidera approfondire).

Il miracolo di Cana, XIV secolo (Decani, Chiesa dell'Annunciazione).

La teologia dell'inizio del secolo scorso sosteneva che i miracoli sono un intervento dell'onnipotenza di Dio che agisce in deroga alle leggi naturali. Questa definizione è stata sottoposta a un vaglio critico anche dal punto di vista teologico. Infatti Dio non agisce mai sostituendosi alle leggi del creato. Dire inoltre che Dio agisce in deroga alle leggi del creato presuppone che noi conosciamo tutte le leggi della natura, cosa che siamo ben lontani dall'aver raggiunto.

I miracoli, infatti, intendono comunicare altri significati che non quelli scientifici. I testi dei Vangeli e della Bibbia sono interessati al contenuto religioso dei miracoli, non alla loro verità scientifica. Per "analizzare" i miracoli occorre analizzare i presupposti generali dei discorsi entro cui essi sono inquadrati. Se infatti si parte dal presupposto che non esista nulla al di fuori dell'evidenza scientifica, non si riconoscerà mai la possibilità di un miracolo. Così è diverso pensare a Dio solo come all'architetto dell'universo, come colui che gli ha dato il colpo d'avvio per poi lasciarlo a se stesso, oppure, al contrario, concepirlo come un Dio che interviene nella storia, per farsi conoscere: allora il miracolo diviene una **parte della comunicazione che Dio ha fatto di sé agli uomini** e non tanto un modo parallelo per agire sulla natura.

(documento 24.2)

Scheda di lavoro

Leggi e rifletti

La tentazione del miracolo facile

Il perché Gesù non intenda fare un miracolo eclatante è stato affrontato esplicitamente nella terza tentazione che Gesù ha subito nel deserto dal nemico, il diavolo, il divisore, colui che, per la Scrittura, vuole separare Gesù e gli uomini da Dio e da se stessi.

«Lo condusse a Gerusalemme, lo pose sul punto più alto del tempio e gli disse: "Se tu sei Figlio di Dio, gèttati giù di qui; sta scritto infatti:
Ai suoi angeli darà ordini a tuo riguardo
affinché essi ti custodiscano;
e anche:
Essi ti porteranno sulle loro mani,
perché il tuo piede non inciampi in una pietra».
Gesù gli rispose: "È stato detto: *Non metterai alla prova il Signore Dio tuo*".
Dopo aver esaurito ogni tentazione, il diavolo si allontanò da lui fino al momento fissato.»

(Lc 4,9-13)

Moretto da Brescia, *Cristo nel deserto*, 1540 circa (New York, The Metropolitan Museum of Art).

- Secondo te quali sono le ragioni per cui il diavolo chiede a Gesù di compiere un miracolo "a comando"?
- In che senso leggi l'espressione "mettere alla prova il Signore"?

La terza tentazione, descritta nel Vangelo di Luca, fa leva sull'uso del potere come via di persuasione anche dell'esistenza del Figlio di Dio. Il nemico invita Gesù a certificare a se stesso e agli uomini la propria identità compiendo un miracolo inequivocabile, un miracolo come quello di camminare nell'aria a Gerusalemme, di fronte a tutti, sostenuto dagli angeli. Anche qui si nasconde una sottile insidia, in quanto il nemico vuole indurre Gesù a mortificare l'identità profonda dei suoi ascoltatori imponendo loro un miracolo che costringa, con la sua assoluta evidenza, la loro libertà. Chi infatti, davanti a un miracolo di tal natura e portata, non cederebbe alla paura di un uomo-Dio?
Quindi Gesù non si piega a questo genere di miracoli perché intende salvaguardare la libertà dei suoi ascoltatori, che è ciò che più di tutto gli sta a cuore.

- Quali sono, invece, le ragioni per cui Gesù compie i numerosi miracoli descritti nei Vangeli? A che cosa mirano?

Consigli di lettura

E. Drewermann, *Il vangelo di Marco. Immagini di redenzione*, Queriniana, Brescia 2007.

25. La risurrezione di Gesù, centro del cristianesimo

la posta in gioco

L'annuncio fondamentale su cui si fonda il cristianesimo è la risurrezione di Gesù di Nazareth: il crocifisso è risorto e colui che è risorto è proprio lo stesso che era stato crocifisso. È questo il contenuto dell'annuncio fondamentale che i primi cristiani hanno diffuso a partire dalla primavera del 30 d.C.
Per molti di loro, che non lo avevano conosciuto direttamente, si poneva il problema di come riconoscerlo risorto e vivo. È il tema affrontato dall'evangelista Luca nel brano *I due discepoli di Emmaus*, incentrato su questa domanda:

come si può riconoscere il risorto?
In che misura si può dire che la risurrezione è un fatto storico?

L'annuncio fondamentale

Il nucleo fondamentale della religione cristiana è **la risurrezione di Gesù**. A partire da questo evento sono nate le comunità cristiane e i loro scritti. L'incontro con il risorto è il contesto principale e la ragion d'essere di questa comunità, che con grande franchezza (*parresia*) non cessa di proclamare a tutti il suo annuncio: «è risorto».

La testimonianza storicamente più antica della risurrezione è quella che troviamo nella Prima lettera ai Corinzi di Paolo. In questo brano Paolo sta scrivendo alla comunità di Corinto che, pur avendo ricevuto molti doni dello Spirito Santo, si era però divisa in vari gruppi. Alcuni tra loro si consideravano già arrivati alla pienezza della fede, tanto da relativizzare persino il mistero della risurrezione. Per questo motivo Paolo richiama loro il cuore della buona-bella notizia che hanno ricevu-

I segni del risorto

(O. Dix, *La risurrezione di Cristo*, 1949. Otto Dix Stiftung, Vaduz)
Gesù risorto mostra a tutti i segni che lo ricollegano alla morte in croce: le ferite sulle mani e sul costato. In questo modo si vuole indicare la chiave per entrare nell'evento unico e nuovo che è la risurrezione: dal modo in cui Gesù è morto si può capire perché è risorto.

Kerygma

Con questo termine viene indicato il contenuto fondamentale della predicazione cristiana. *Kerygma* deriva da *keryx*, che nel mondo greco era il banditore, colui che proclamava in modo autorevole le leggi o l'arrivo del sovrano.

to: il Vangelo, che è incentrato sulla proclamazione della risurrezione di colui che era stato crocifisso (1).

1 L'annuncio del risorto in Paolo

«Vi proclamo poi, fratelli, il Vangelo che vi ho annunciato e che voi avete ricevuto, nel quale restate saldi e dal quale siete salvati, se lo mantenete come ve l'ho annunciato. A meno che non abbiate creduto invano!
A voi infatti ho trasmesso, anzitutto, quello che anch'io ho ricevuto, cioè:
che Cristo morì per i nostri peccati secondo le Scritture,
e che fu sepolto
e che è risorto il terzo giorno secondo le Scritture
e che apparve a Cefa e quindi ai Dodici.
In seguito apparve a più di cinquecento fratelli in una sola volta: la maggior parte di essi vive ancora, mentre alcuni sono morti. Inoltre apparve a Giacomo, e quindi a tutti gli apostoli. Ultimo fra tutti apparve anche a me come a un aborto».

(1Cor 15,1-8)

L'annuncio della buona novella

▼ (Luca di Tommè, *Predicazione di san Paolo*, fine del XIV secolo. Siena, Pinacoteca)
L'annuncio del risorto ha spinto i primi discepoli ad andare in ogni luogo per comunicare a tutti la buona notizia. Chi l'ha ricevuta e assimilata, come san Paolo, non può più tacere.

La parte che abbiamo posto in neretto è un breve testo che circolava già nelle comunità prima che Paolo lo immettesse nella sua lettera e che può essere datato attorno al 35-38 d.C., all'epoca della conversione di Paolo o della sua prima visita a Gerusalemme. In esso, secondo le formule poetiche del parallelismo ebraico (che consiste nel ripetere la stessa struttura letteraria per facilitare la comprensione e la memorizzazione del messaggio che si intende comunicare), si ricordano i dati fondamentali della vicenda di Gesù: è morto per i nostri peccati, è risuscitato secondo le Scritture, è apparso a molti che sono ancora vicini e che lo possono testimoniare.

Siamo qui di fronte all'**annuncio fondamentale del cristianesimo**, il **kerygma**, quello che decide della sua fondatezza o meno, quello che può spiegare il perché del suo successo.

È però anche il mistero più controverso, tanto che già Paolo fu deriso quando ne parlò ai sapienti dell'Areopago di Atene (At 17,32).

Detto questo, non bisogna dimenticare il legame inscindibile che la Chiesa degli apostoli ha visto tra la morte e la risurrezione, tanto che il messaggio della risurrezione non ribadisce altro se non che il risorto è il crocifisso.

(documento 25.1)

La realtà della risurrezione

Fin dall'antichità, la risurrezione di Gesù è stata fortemente contestata. Già nel Vangelo di Matteo si cerca di rispondere alla diceria del furto da parte dei discepoli del cadavere di Gesù (**2**), e della conseguente idea partorita dalla comunità della risurrezione di Gesù.

Contro questi argomenti, spesso si portano come prove le testimonianze relative alla tomba vuota, nonché il realismo con cui le esperienze di visione del risorto sono state descritte. Quasi sempre, infatti, nei Vangeli viene usato per descriverle un verbo (*ofthe*) che connota l'esperienza sensibile dell'aver visto qualcuno e non una semplice immaginazione. Se la risurrezione non fosse un "fatto", cioè non fosse realmente avvenuta, la nostra fede sarebbe vana, come precisa lo stesso san Paolo, nel seguito del testo in cui si trova l'annuncio kerigmatico che abbiamo sopra riportato: «Se non vi è risurrezione dei morti, neanche Cristo è risorto! Ma se Cristo non è risorto, vuota allora è la nostra predicazione, vuota anche la vostra fede» (1Cor 15,13-14).

D'altra parte, l'annuncio del risorto va accolto con fede, nel senso che **il significato della risurrezione non è sottoponibile al giudizio di verità** cui soggiacciono gli altri eventi della storia. Per il fatto che inaugura qualcosa di completamente nuovo, che non ha nessuna analogia con l'esperienza comune dell'uomo, ovvero la vittoria sulla morte, essa non è sperimentabile se non all'interno di un rapporto di fede. Tale rapporto non è però da intendersi come un cieco accettare una realtà assurda. La Chiesa primitiva si è sforzata di evidenziare l'itinerario che conduce il fedele a riconoscere il risorto, come si vede in brani come i due discepoli di Emmaus (vedi *Scheda di lavoro* a pag. 244). Fede quindi, qui come nell'Antico Testamento, sarà principalmente il dar credito progressivo, il cercar di fidarsi di un altro, della sua parola, che invita a relativizzare i propri schemi mentali e a cercare Dio anche là dove non lo si sarebbe mai immaginato, come attaccato ai legni di una croce.

(documento 25.2)

(documento 25.3)

Per la Chiesa cattolica, la risurrezione resta un evento misterioso; la sua realtà però non è inverificabile o impalpabile, come abbiamo cercato di definirla. È un'esperienza che viene affidata a dei testimoni che invitano ad aver fede in loro, allora come oggi.

(documento 25.4)

2 Le dicerie sulla risurrezione

«Il giorno seguente, quello dopo la Parasceve, si riunirono presso Pilato i capi dei sacerdoti e i farisei, dicendo: "Signore, ci siamo ricordati che quell'impostore, mentre era vivo, disse: 'Dopo tre giorni risorgerò'. Ordina dunque che la tomba venga vigilata fino al terzo giorno, perché non arrivino i suoi discepoli, lo rubino e poi dicano al popolo: 'È risorto dai morti'. Così quest'ultima impostura sarebbe peggiore della prima!". Pilato disse loro: "Avete le guardie: andate e assicurate la sorveglianza come meglio credete". Essi andarono e, per rendere sicura la tomba, sigillarono la pietra e vi lasciarono le guardie».

(Mt 27,62-66)

Tiziano Vecellio, *Resurrezione di Cristo*, 1542-1544 (Urbino, Galleria Nazionale delle Marche).

Scheda di lavoro

I due discepoli di Emmaus

Arcabas, *I pellegrini d'Emmaus*, affresco per la chiesetta di Pitturello (Torre de' Roveri, Bergamo).

Fase 1: leggi il testo biblico (Lc 24,13-35)

Leggi "tutto d'un fiato" il testo biblico sopra indicato (te lo proponiamo in formato digitale per tua comodità – **documento 25.5**) e appuntati l'impressione generale che ti suggerisce, ciò che ti colpisce maggiormente.

Fase 2: dividi il testo in "scene"

Utilizzando il testo digitale, riporta su un foglio lo stesso testo, suddiviso in "scene", ovvero in blocchi unitari, caratterizzati da delimitazioni temporali, spaziali o contenutistiche (nel nostro caso saranno quelle prevalenti), in modo da poter cogliere con un colpo d'occhio unitario la sequenza narrativa. A ogni scena che hai individuato attribuisci un breve titoletto, che – secondo te – ne identifichi il contenuto o la trama degli eventi.

Fase 3: analizza le singole scene dal punto di vista del significato

In ogni scena precisa chi sono i personaggi, che cosa stanno facendo e – secondo te – quali possono essere le motivazioni che li spingono ad agire in un certo modo.
Al termine dell'analisi chiediti quale sia la trama complessiva che ne emerge e se tale trama narrativa rende più chiaro il significato complessivo del testo. Confronta ciò che avrai capito al termine di questo lavoro con la prima impressione che avevi avuto all'inizio.
Se credi, puoi confrontare la tua analisi e interpretazione con lo schema di analisi per una lettura "spirituale" del testo che ti proponiamo on line **(documento 25.6)**.

Alcune immagini del risorto

Ti proponiamo alcune immagini di diversi artisti e di diverse epoche, che rappresentano il risorto. Per ciascuna di esse scrivi una breve didascalia, cercando – tra l'altro – di individuare: qual è la "postura" con cui viene rappresentato il risorto, se ci sono vesti (di tela o di luce) che lo avvolgono, come sono rappresentati i segni della passione e della crocifissione, se cogli qualcosa di particolare nel suo sguardo, che cosa sta facendo.
Al termine del lavoro chiediti quali elementi dei racconti della risurrezione (puoi rileggerli con l'occasione, cercandoli nella parte finale dei Vangeli) sono stati maggiormente sottolineati dai diversi artisti.

....

....

....

....

....

....

....

Il risorto strappa dalla morte i progenitori, affresco (Gerusalemme, Basilica del Santo Sepolcro).

Leggi e analizza

Beato Angelico, *Apparizione di Cristo risorto.*

....

....

....

....

....

A. Vivarini, *Cristo risorto*, XV secolo (Venezia, Patriarcato di Venezia, Chiesa di San Giacomo in Bragara).

....

....

....

....

....

F. Messina, *Risurrezione*, bronzo, 1954.

....

....

....

....

....

Consigli di lettura

F. Rossi de Gasperis, *È risorto. Non è qui! Lectio sui vangeli della risurrezione*, Pardes, Bologna 2008.

26. L'annuncio del risorto

la posta in gioco

Il contenuto fondamentale della religione cristiana, la risurrezione di Gesù, non è un contenuto da analizzare o da studiare in biblioteca, ma un messaggio che i suoi discepoli di ieri e di oggi annunciano in molti modi. Tutte queste modalità hanno però in comune un elemento: si presentano in una forma paradossale. Esse devono esprimere infatti con il linguaggio umano un'esperienza, la risurrezione, che va al di là delle nostre possibilità di comprensione. Per questo anche il linguaggio che la descrive ha dei tratti di assoluta novità.

Come i cristiani hanno comunicato il messaggio che era stato loro affidato?
Come hanno fatto a coinvolgere i loro interlocutori?
Come viene annunciato quel messaggio oggi?

Il carattere paradossale dei Vangeli

I Vangeli, già dal punto di vista letterario, non sono inscrivibili in nessun genere precostituito, in quanto non sono una biografia di Gesù, né la sua storia o la cronaca dei principali episodi della sua vita, bensì sono un "annuncio di vittoria", una "**lieta notizia**" (1).

(documento 26.1)

Tuttavia **tale annuncio si presenta con i tratti del *paradosso***, o, se vogliamo dire più biblicamente, dello «scandalo» (Gal 5,11, 1Cor 1,1ss). Infatti, pur annunciando la risurrezione di Gesù, ci parlano soprattutto della sua morte. Ciò è particolarmente evidente nella simbologia dei crocifissi, così come ce li presenta la storia dell'arte.

La predicazione di Paolo

(San Paolo istruisce alcuni membri di una comunità da lui fondata, miniatura)
San Paolo è qui raffigurato fuori da una chiesa. L'immagine rappresenta l'atteggiamento del missionario che è disposto ad andare dove c'è bisogno: così infatti l'apostolo delle genti ha percorso in lungo e in largo il mondo a lui conosciuto, per portare a tutti l'annuncio del risorto.

Dalla ricognizione dei loro significati simbolici, così come da uno sguardo complessivo ai Vangeli, emergono tre interrogativi di fondo:

1. Come mai viene chiamato Vangelo, buona notizia, annuncio di vittoria, un racconto **incentrato sulla morte** del suo principale protagonista, tanto che un noto esegeta (M. Khäler) ha definito i Vangeli come «il racconto della passione di Gesù preceduto da una breve introduzione»? (cit. in M. Masini, *Introduzione*, in A.Vanhoye, I. De La Potterie, C. Duquoc, E. Charpentier, *La passione secondo i quattro vangeli*, Queriniana, 1983).

2. Come mai **il segno distintivo del cristianesimo è la croce**, se il suo annuncio fondamentale riguarda la risurrezione? Come fa il crocifisso a salvare l'umanità se non riesce a salvare se stesso? E, a maggior ragione, come fa a "salvare me"?

3. Come si può dire che Gesù è il Figlio di Dio, «l'amato» (Mc 1,11) se, come insegna la Scrittura, **colui che è «appeso a un albero» è considerato «una maledizione di Dio»** (Dt 21,22-23)? Inoltre come mai lui stesso in croce grida: «Dio mio, Dio mio, perché mi hai abbandonato?» (Mt 27,46).

La croce, segno di scandalo

▲ (M. Ernst, *Crocifissione*, 1913. Colonia, Museum Ludwig)
Il termine "buona notizia", accostato alla croce, genera scandalo e imbarazzo.
Vedere il crocifisso, lo stato di dolore e di abbandono in cui si trova, fa pensare a tutto fuorché a una bella notizia.
Eppure è proprio questo che i Vangeli ci consegnano, provocandoci a entrare nella storia che ha condotto Gesù alla croce.

Questi interrogativi ci provocano ad approfondire il significato dello strumento comunicativo adottato dal cristianesimo primitivo: il paradosso.

1 Il significato del "Vangelo"

«Per noi il Vangelo designa sia lo scritto che narra la vita di Gesù, sia il brano che ne viene letto a ogni messa. In greco profano *vangelo* significava buona novella, specialmente annuncio di vittoria. La pace romana, i principali fatti della vita dell'imperatore, dio e salvatore, erano celebrati come altrettanti vangeli. Tuttavia non c'è dubbio che il linguaggio cristiano abbia desunto dal Vecchio Testamento il verbo "evangelizzare", col senso particolare che già vi possedeva: annunciare la salvezza... l'ebraico disponeva di una parola per indicare l'annuncio delle buone novelle, della vita privata o nazionale: la morte di un nemico (2Sam 18,19ss.26), la vittoria (Sal 68,12), la salvezza di Giuda (Na 2,1). Questa parola assume valore propriamente religioso in Is 40-66. Il messaggero di buona novella annuncia allora, con la fine dell'esilio, la venuta del regno di Dio (Is 52,7): il suo messaggio è consolazione, perdono del peccato, ritorno di Dio a Sion (Is 40,1.9). Questo vangelo è una forza divina in azione (Is 52,1ss). Gridato sul monte (Is 40,9), esso interessa tutte le nazioni (Is 52,10; cf. Sal 96,2). Trascende anche l'orizzonte del secolo. Al di là del ritorno dall'esilio, annunzia la vittoria e il regno definitivo di Dio... Gesù applica a se stesso il testo di Is 61,1ss: unto da Dio con lo Spirito Santo e con potere (At 10,38; Mt 3,16ss), egli viene a evangelizzare i poveri... i tempi sono compiuti, il regno di Dio è vicino (Mc 1,15), questo è l'elemento essenziale del messaggio, ma questa volta la persona stessa del messaggero diventa il centro della buona novella. Il vangelo è Gesù (cf. Mc 1,1)».

(D. Mollat, «vangelo», in *Dizionario di Teologia Biblica*, Marietti, 2000)

Paul Watzlawick

(1921-2007) Psicologo e filosofo austriaco, si trasferì negli Stati Uniti, insegnando prima all'università di Philadelphia ed entrando poi a far parte della prestigiosa Scuola di Palo Alto, in California. Condusse importanti studi sulla comunicazione umana, e lavorò a lungo al Mental Research Institute. Fu inoltre tra i fondatori del Centro di Terapia Strategica di Arezzo.

Che cos'è un paradosso

Partiamo da una definizione data dallo psicologo **Paul Watzlawick**: «Il paradosso è una contraddizione che deriva dalla deduzione corretta da premesse coerenti» (*Pragmatica della comunicazione umana*, Astrolabio, 1955). Il paradosso è quindi essenzialmente una contraddizione, ovvero un'assurdità che deriva dall'affermare che due realtà contraddittorie possano coesistere nello stesso tempo.

Ci sono molti tipi di paradosso; a noi interessa quello che viene chiamato, con un brutto termine, **paradosso pragmatico**, ovvero quello che ha a che fare con i comportamenti. Si tratta di quei paradossi che vanno a incidere sui comportamenti concreti, che non restano nel chiuso delle discussioni tra specialisti. Sono anche tra i più usati e quindi ci possono essere d'aiuto per comprendere alcune dinamiche che troviamo anche in riferimento alla religione. Sono messaggi paradossali espressioni del tipo: "sii spontaneo", "dovresti amarmi", e anche "dovresti studiare", "dovresti essere più interessato", "ti dovresti impegnare di più". Il loro carattere comune è quello di prescrivere come obbligatoria una realtà che può essere solo scelta liberamente; da qui la loro assurdità logica e pratica.

Abramo e i tre angeli

▼ (M. Chagall, *Abramo e i tre angeli*, 1931. Nizza, Musée National Message Biblique Marc Chagall)
Tutta la Bibbia comunica in modo paradossale, perché il modo di agire di Dio è radicalmente diverso da come lo immaginiamo. Occorre cominciare dall'inizio della vicenda di Abramo, qui raffigurato nel momento in cui offre ospitalità ai tre angeli che sono andati a trovarlo per confermagli la promessa del figlio a cui ancora non crede.

Davanti a questi tipi di messaggi ci sono alcuni possibili comportamenti:

1) Li si ignora cercando di dimenticarli, poiché sono comunque fastidiosi, in quanto parlano di cose che percepiamo essere assurde (come ogni contraddizione).

2) Se non si riesce a scansarli, o si resta paralizzati perché non si sa che scelta fare, oppure generano comportamenti che rasentano la schizofrenia, che comportano una forte divisione interiore, perché per obbedire a essi... occorre disobbedire. Per essere spontaneo (= obbedire al comando) devo disubbidirgli perché il presupposto, la premessa della spontaneità, è la non costrizione; così per amare veramente (= obbedire al comando), devo disubbidire, perché non si può obbligare all'amore che è un atto libero ecc.

Se chi lancia questi messaggi non si accorge della loro contraddittorietà, cercherà poi con ogni mezzo di persuadere il suo interlocutore della loro validità e colpevolizzerà tutte le obiezioni che l'altro può fargli. Per questo, davanti alle proteste di chi si sente rivolgere l'ingiunzione "dovresti amarmi di più", il primo dirà che allora lui o lei non lo capisce o non lo ama veramente, e cose simili, facendo leva sul senso di colpa o sui ricatti affettivi. Se l'altro accetta questo gioco, si adeguerà al comportamento richiesto, senza comprenderne i motivi e covando dentro di sé un sordo rancore verso chi lo ha costretto a fare o dire cose che non capisce (vedi ad esempio Abramo davanti alle ripetute promesse fatte da Dio relative al figlio cui lui non crede più molto, Gen 17,17).

Se il messaggio paradossale non viene compreso e risolto, genera sia una comunicazione sia dei comportamenti distorti al limite del patologico.

Come affrontare il paradosso?

(documenti 26.2 e 26.3)

I paradossi che abbiamo richiamato ci hanno fatto vedere la difficoltà che si presenta ai nostri occhi nell'interpretare i Vangeli. Di fronte a essa ci sono alcune **risposte inefficaci**. La prima, di stampo morale, è quella che considera Gesù soprattutto come un esempio da imitare, dimenticando l'impossibilità dell'impresa con le sole forze umane. La seconda cerca di affrontare la difficoltà avvolgendo la figura di Gesù di mistero e considerandolo come una realtà inaccessibile e nebulosa (**2**). La terza, infine, punta a dissociare il crocifisso dal risorto, come se tra i due non ci fosse continuità.

Il paradosso della morte di Gesù

▲ (P. Gauguin, *Cristo nell'Orto degli ulivi*, 1889. West Palm Beach, Norton Museum of Art)
Anche Gesù ha vissuto il paradosso: lui, l'unico giusto, deve morire per salvare gli ingiusti. Nel Getsemani sente tutto il peso di questa situazione, che supera affidandosi completamente al Padre: *non la mia, ma la tua volontà.*

2 Gesù come "mistero della fede"

Talvolta, soprattutto in una discussione con dei non credenti, quando ci si trova di fronte all'incalzare delle domande o delle obiezioni relative all'identità di Gesù, ci si rifugia dietro il fatidico "mistero della fede", esibito come una sorta di parola magica che interrompe – finalmente –, il dialogo con l'interlocutore. Si fa in questo modo capire, più o meno velatamente, che da lì in avanti solo gli iniziati agli oscuri misteri possono intendere, che esiste un sapere superiore, inaccessibile alla debole mente dell'uomo, cui occorre sottomettersi ciecamente, senza avere la pretesa di voler spiegare tutto ecc. L'immagine di Gesù e di Dio che ne deriva è quella dell'assoluta incomprensibilità e irrazionalità, per cui la fede diviene una "cosa" che chi la possiede non sa dire perché ce l'ha e chi non l'ha più dice di averla persa, senza ancora aver chiaro il motivo di questo smarrimento. Si entra così nel campo delle realtà vere solo "per chi ci crede", in cui la fede diventa il ritenere per vere affermazioni in sé assolutamente incomprensibili.
Tutto ciò genera una delle peggiori malattie della fede, il fideismo, responsabile di molti danni sia nel passato che nel nostro presente. A tutto ciò si oppone il fatto stesso della rivelazione, il fatto cioè che, secondo la tradizione biblica, Dio si sia voluto far conoscere, per svelare i suoi segreti, che abbia intessuto con l'uomo una storia millenaria di salvezza proprio per spiegargli in tutti i modi la sua identità, per fargli conoscere «il mistero della sua volontà» (Ef 1,9).

L'alternativa a queste presentazioni inadeguate consiste nel rimettersi in ascolto del testo stesso. In questo senso è utile ricordare che una particolare caratteristica del testo evangelico è quella di voler, per così dire, **inserire l'ascoltatore all'interno della narrazione**: ciascuno è invitato a calarsi nei panni dei vari personaggi per ricostruire con essi la vicenda narrata e poter anche nel contempo gustare le parole e le azioni di Gesù.

Per sciogliere allora il paradosso, occorre **ripercorrere le principali tappe della storia di Gesù** (vedi Unità 27-28), così come essa emerge dall'insieme dei racconti evangelici, tenendo come particolare ottica di osservazione quella dei discepoli che lo hanno seguito. In questo modo vedremo come Gesù affronta il mistero della morte e della paura, che costituisce la chiave per entrare nel mistero della sua risurrezione e divinità (Eb 2,14-15).

(documento 26.4)

Scheda di lavoro — Ricerca e rifletti

A caccia di "buone notizie"

Ti proponiamo di cercare alcuni esempi di "annunci di buone notizie" che tu possa considerare significativi e rilevanti. Riportiamo di seguito alcuni esempi di tipologie di "annunci" tra i quali potresti effettuare la tua ricerca (ma puoi sceglierne anche altri, con piena libertà):

- il bollettino della vittoria, al termine della prima guerra mondiale (esposto in tutte le caserme e i municipi d'Italia);
- la notizia di una grossa vincita, che puoi trovare cercando tra le edizioni on line dei giornali, utilizzando le corrispondenti parole-chiave;
- una buona notizia che hai effettivamente ricevuto, nella tua vita, e che hai ritenuto significativa (puoi scrivere tu stesso un resoconto di quella notizia e del modo in cui ti è stata annunciata).

A questo punto puoi effettuare l'analisi della notizia o delle notizie che hai preso in esame.

- Qual è in sintesi il contenuto della "notizia"?
- Perché e per chi è "buona"?
- Qual è la situazione precedente rispetto a cui risulta migliorativa?
- Ci sono controindicazioni o effetti collaterali negativi?

Aiutandoti con quanto trovi in questa Unità, rispondi infine agli stessi interrogativi riferendoli alla "buona notizia" che dà il nome al Vangelo e rappresenta il cuore del messaggio cristiano.

Vittoria della Repubblica dopo il referendum del 2 giugno 1946.

Consigli di lettura

M. Tibaldi, *Annunciare Gesù. Invito al mistero cristiano*, Pardes, Bologna 2007.

27. Il senso della morte di Gesù

la posta in gioco

La croce di Gesù attira lo sguardo di tutti: i non credenti, che vi vedono la sconfitta di un uomo buono, i credenti, che sanno che in quell'esperienza si cela il cuore della rivelazione che Dio ha fatto di sé. Vi è chi ritiene che non sia possibile ricostruire il senso della morte di Gesù. Se così fosse, il cristianesimo sarebbe incomprensibile, in quanto non sarebbe in grado di "rendere ragione" del punto decisivo della vicenda del suo fondatore. I Vangeli ci invitano a esplorare le relazioni che Gesù ha avuto con gli uomini del suo tempo, con riferimento sia a quelli che lo hanno combattuto e rifiutato, sia a quelli che lo hanno seguito.

Che cosa sottolineano i Vangeli nel raccontare la morte di Gesù?
Ci danno indizi per scoprirne il senso?
È possibile farsene un'idea precisa anche senza credere in lui?

Le cause esterne

La morte di Gesù non è arrivata come un evento improvviso e imprevisto. Le cause remote che lo hanno portato a essere condannato e poi ucciso **risiedono nella sua stessa attività**. La predicazione di Gesù, come suscita stupore e meraviglia nella folla (Mc 1,27), così scatena subito l'interessamento dei tradizionali gruppi politico-religiosi dell'ebraismo. I Vangeli ci riportano ampi stralci delle numerose discussioni tra Gesù, i farisei e gli scribi incentrate soprattutto sull'interpretazione "nuova" che Gesù, figlio del falegname di Nazareth, dava della legge di Mosè, in relazione ad esempio alla pratica del digiuno, al frequentare i peccatori e al modo di vivere il sabato. L'interesse del potere ufficiale su Gesù è tale che gli vengono fin dall'inizio messi alle calcagna degli «scribi scesi da Gerusalemme» (Mc 3,22), per i quali egli è un indemoniato (Mc 3,22-30). Inoltre, altre fazioni locali reagiscono alla sua predicazione prendendo la decisione di eliminarlo. Dopo la guarigione di un uomo dalla

Una predicazione scomoda

▲ (G. de Moulins, *Guarigione del paralitico nel giorno di sabato*, miniatura francese dalla *Bibbia istoriata*, XV secolo. Bruxelles, Biblioteca Reale del Belgio)
Gesù ha rotto le convenzioni, e soprattutto il loro uso da parte di alcuni gruppi di ebrei osservanti della sua epoca. Riportare i comandamenti e le regole rituali al loro scopo originario tocca equilibri consolidati; per questo le persone coinvolte decidono di eliminare Gesù.

mano inaridita, avvenuta in giorno di sabato, l'evangelista Marco annota che «i farisei uscirono subito con gli erodiani e tennero consiglio contro di lui per farlo morire» (Mc 3,6).

Lo scontro con i rappresentanti del giudaismo ufficiale cresce durante tutto il suo itinerario. Esso conosce un progressivo inasprimento, che culmina nella decisione finale del sinedrio di uccidere Gesù (1).

1 La decisione del sommo sacerdote

«Molti dei Giudei che erano venuti da Maria (sorella di Lazzaro), alla vista di quel che egli aveva compiuto, credettero in lui. Ma alcuni di loro andarono dai farisei e riferirono loro quel che Gesù aveva fatto.
Allora i capi dei sacerdoti e i farisei riunirono il sinedrio e dissero: "Che cosa facciamo? Quest'uomo compie molti segni. Se lo lasciamo continuare così, tutti crederanno in lui, verranno i romani e distruggeranno il nostro tempio e la nostra nazione". Ma uno di loro, Caifa, che era sommo sacerdote quell'anno, disse loro: "Voi non capite nulla! Non vi rendete conto che è conveniente per noi che un solo uomo muoia per il popolo, e non vada in rovina la nazione intera!"».

(Gv 11,45-50)

La crisi interna al gruppo dei discepoli

Un ruolo determinante nella vicenda che ha condotto Gesù alla morte l'hanno avuta anche **i suoi discepoli**. Uno di loro infatti, Giuda, sarà colui che fornirà ai sommi sacerdoti l'occasione per arrestare Gesù. Il fatto che solo uno di loro sia arrivato concretamente a tradire il maestro, non esclude che anche altri vivessero un momento di dubbio e difficoltà: quando infatti nell'ultima cena Gesù dice «uno di voi mi tradirà» tutti, incluso Pietro, dissero: «sono forse io?» (Mt 26,22) a riprova che, almeno nel pensiero, tutti avevano già preso le distanze da lui.

Come mai si era arrivati a questo punto? La comunità dei Dodici non è una comunità ideale di persone perfette, prive di difetti, dubbi, esitazioni e miserie. Come in ogni comunità umana, non mancano divisioni, incomprensioni e litigi. Al di là di queste divisioni interne, però, a un certo punto della loro missione **sembra andare in crisi il rapporto stesso con Gesù**.

L'esperienza del dubbio

▼ (*Ultima cena*, mosaico, 1275-1300. Firenze, Battistero) Nell'ultima cena i discepoli, di fronte alle affermazioni di Gesù in merito al tradimento, crollano: tutti hanno sperimentato dubbi ed esitazioni, anche se solo Giuda mette concretamente in atto il tradimento.

(documento 27.1)

La delusione dei discepoli

La fase più intensa di crisi si raggiunge nel momento in cui Gesù fa un annuncio sconvolgente. Seguiamolo con precisione nel suo contesto. Durante il viaggio verso Cesarea di Filippi, che avviene dopo che la missione è già cominciata da tempo, Gesù interroga i discepoli sui risultati che la sua predicazione sta avendo sulla folla: «Poi Gesù partì con i suoi discepoli verso i villaggi intorno a Cesarea di Filippo, e per la strada interrogava i suoi discepoli dicendo: "La gente, chi dice che io sia?". Ed essi gli risposero: "Giovani il Battista; altri dicono Elia e altri uno dei profeti". Ed egli domandava loro: "Ma voi, chi dite che io sia?". Pietro gli rispose: "Tu sei il Cristo"» (Mc 8,27-29). Dopo questa risposta che Pietro dà a nome di tutti, abbiamo un annuncio sconvolgente: «E cominciò a insegnar loro che il Figlio dell'uomo doveva soffrire molto ed essere rifiutato dagli anziani, dai capi dei sacerdoti e dagli scribi, venire ucciso e, dopo tre giorni, risorgere. Faceva questo discorso apertamente» (Mc 8,31-32).

Molte perplessità e interrogativi devono essere comparsi alla reazione di Pietro al discorso di Gesù: «Pietro lo prese in disparte e si mise a rimproverarlo». Pietro, che poco prima lo aveva riconosciuto come messia, ora si mette a rimproverarlo, probabilmente pensando di lui quello che anche i suoi parenti avevano già pensato: «È fuori di sé» (Mc 3,21). La replica di Gesù ai rimproveri di Pietro non si fa tuttavia attendere: «Ma egli, voltatosi e guardando i suoi discepoli, rimproverò Pietro e disse: "Va' dietro a me, Satana! Perché tu non pensi secondo Dio, ma secondo gli uomini"» (Mc 8,32-33).

Questo punto della predicazione di Gesù segna una vera e propria svolta. Non a caso nei Vangeli è posto o al centro della narrazione, come fa Marco, o in punti molto significativi, come ci fanno vedere Luca e Matteo. In questo annuncio sconvolgente, che Gesù ripeterà altre tre volte, si scontrano due modi molto diversi di intendere e vivere la missione che Gesù sente di dover compiere. Da un lato c'è la mentalità tutta umana dei discepoli, che pensano che Gesù, in virtù dei suoi poteri, possa raggiungere e instaurare il Regno al modo di un qualsiasi altro governante, dall'altro c'è la progressiva scoperta di Gesù che **il suo essere messia**, come era stato profetizzato dal profeta Isaia, **deve passare per la sofferenza e la morte cruenta**. Questo messaggio è duro e i discepoli, Pietro in testa, non lo intendono; qui il loro cuore ha cominciato a dividersi da quello del maestro, per culminare nell'abbandono in cui lo lasceranno nel momento del suo arresto.

Gesù di fronte alla sua morte

La situazione di crisi in cui si viene a trovare la sua missione non ferma Gesù, che ha sempre più chiaro che il suo centro consiste nell'**accettare e vivere in modo radicalmente nuovo l'esperienza ormai prossima della morte**. Questo si vede molto bene nel modo con cui egli affronta il rapporto con i suoi discepoli, con Giuda e Pietro in modo particolare, nel momento dei festeggiamenti della Pasqua del 30, il momento dell'ultima cena, dell'istituzione dell'eucaristia, della sua passione, morte e risurrezione. L'incomprensione per la missione di Gesù, per il suo modo di essere il messia, hanno portato Giuda alla sofferta decisione del tradimento. È una decisione complessa che non è stata certamente presa a cuor leggero da uno che aveva condiviso tutto con Gesù per tre anni (**2**).

2 Le ragioni di Giuda

«Probabilmente [Giuda] è deluso da Gesù. Non possiamo pensare che Gesù, fin dall'inizio, abbia scelto così male da non accorgersi che quell'uomo non aveva nessun interesse per lui. Probabilmente era un apostolo desideroso, entusiasta, impegnato, però dopo un po' di tempo, è deluso di Dio: perché Dio si manifesta così, perché Dio non interviene, perché questo Maestro va di debolezza in debolezza? Non è accettabile, Dio non è con lui! È deluso di come Dio si manifesta in Gesù e di come Gesù manifesta la potenza di YHWH, in cui egli sperava forse come potenza di rinascita politica e morale della nazione. Gesù non è il leader che si aspettava e, se non lo è, tanto vale perseguire il proprio sogno di grandezza mettendosi contro di lui. Comunque Giuda pensa a qualcosa di grande, non si allontana come i mediocri, deluso e basta; è risentito e irritato: se Gesù fa del male al popolo, io lo impedirò ed è meglio che cada presto se deve cadere».

(C.M. Martini, *I racconti della passione*, Morcelliana, 1994)

G. Canavesio, *Il tradimento di Giuda*, particolare, 1492 (Briga, Chiesa di Nostra Signora di Fontan).

La decisione di Giuda, quindi, offre l'occasione per l'arresto di Gesù, ma **è anche una decisione che Gesù non subisce passivamente**. La reazione di Gesù al tradimento ci viene presentata nel contesto della cena con cui Gesù celebra la Pasqua ebraica con i suoi in Gerusalemme. Vediamone i passaggi fondamentali attraverso il racconto di Matteo.

"Venuta la sera, si mise a tavola con i Dodici. Mentre mangiavano, disse: «In verità io vi dico: uno di voi mi tradirà». Ed essi, profondamente rattristati, cominciarono ciascuno a domandargli: «Sono forse io Signore?». Ed egli rispose: «Colui che ha messo con me la mano nel piatto, è quello che mi tradirà. Il Figlio dell'uomo se ne va, come sta scritto di lui; ma guai a quell'uomo dal quale il Figlio dell'uomo viene tradito! Meglio per quell'uomo se non fosse mai nato!». Giuda, il traditore, disse: «Rabbì, sono forse io?». Gli rispose: «Tu l'hai detto»".

(Mt 26,20-25)

I discepoli nell'ultima cena

◀ (Giotto, *L'ultima cena*, particolare, 1303-1305. Padova, Cappella degli Scrovegni)
I sentimenti dei discepoli nell'ultima cena sono contrastanti: c'è chi, come Giovanni, tenta di riporre la sua fiducia in Gesù, nell'amico; chi discute, chi rimane perplesso senza darlo a vedere, chi non capisce che cosa sta succedendo.

Le parole di Gesù non vogliono essere uno sfogo o una maledizione, anche se suonano in questo modo (3).

3 Le parole sul tradimento

«Più che un giudizio sulla sorte finale di Giuda le parole di Gesù sono un richiamo, valido per tutti i discepoli, circa la gravità del comportamento del discepolo che è venuto meno all'impegno di fedeltà. Giuda rappresenta il caso limite di quella crisi di perseveranza nella quale può essere coinvolto ogni membro della comunità cristiana... La frase "sarebbe meglio per quell'uomo che non fosse mai nato" è un modo di dire iperbolico che si riscontra nei testi giudaici per marcare la gravità di un comportamento o situazione».

(R Fabris, *Matteo*, Borla, 1982)

Il significato del dialogo tra Gesù e Giuda

Il tono lapidario con cui l'evangelista ci riporta questo dialogo non deve farci sfuggire l'insieme di implicazioni che esso comporta e che un'analisi attenta del contesto entro cui vengono pronunciate può rivelare.

Innanzitutto notiamo che Gesù parla a Giuda personalmente, senza che gli altri intendano. Questo dato è molto importante perché qui Giuda ha la prova che Gesù, pur sapendo del suo tradimento, non lo vuole eliminare, non intende svergognarlo davanti agli undici, il che equivarrebbe probabilmente a una condanna a morte. Come avrebbe, infatti, reagito uno come Pietro all'annuncio che il traditore era lì in mezzo a loro, lui che, come sappiamo dall'episodio dell'arresto di Gesù, era armato di una spada e che era intenzionato a usarla (Gv 18,10)? Inoltre Gesù non tenta nemmeno di colpevolizzarlo, ma con il discorso successivo dell'istituzione dell'eucaristia fa capire chiaramente a Giuda e agli altri che è disposto a morire per loro:

Un amore senza condizioni

▲ (S. Köder, *L'ultima cena*) Gesù, facendosi pane e vino, si dichiara disposto ad amare fino in fondo, senza porre nessuna condizione, anche a costo di lasciarsi tradire, pur di dar prova della sua fedeltà.

> Ora, mentre mangiavano, Gesù prese il pane, recitò la benedizione, lo spezzò e, mentre lo dava ai discepoli, disse: «Prendete, mangiate: questo è il mio corpo». Poi prese il calice, rese grazie e lo diede loro, dicendo: «Bevetene tutti, perché questo è il mio sangue dell'alleanza, che è versato per molti per il perdono dei peccati. Io vi dico che d'ora in poi non berrò di questo frutto della vite fino al giorno in cui lo berrò nuovo con voi, nel regno del Padre mio».
>
> (Mt 26,26-29)

Con il gesto di identificare il suo corpo nel pane e il suo sangue nel vino, Gesù afferma che è disposto a "farsi mangiare" dai discepoli e da tutti, ovvero **è disposto a morire per loro**. Nel contesto della storia concreta in cui si trova, questo vuol dire che Gesù resta "alleato" di Giuda che lo tradisce, come anche di Pietro, che di lì a poco lo rinnega, e di tutti i discepoli che poi fuggiranno lasciandolo solo. In questo modo Gesù vuol far capire che è veramente disposto a morire per Giuda e per tutti gli altri, anche se non condivide le loro scelte.

Gesù "redime" i peccati, ovvero è disposto a "finanziare" ("redimere" significa letteralmente "ricomprare"), con la sua vita, tutti i folli progetti dell'uomo che, come quello di Giuda, cercano di ricavare qualcosa di buono alle spese di qualcun altro. Gesù ha fatto capire di non essere solidale con queste scelte, nel senso che ne evidenzia tutta la portata negativa, però non si vuole arrogare l'ultima parola e pur invitando l'uomo/Giuda a desistere dal suo progetto, se questi intenderà mantenerlo, non si tirerà indietro e si dichiara disposto anche a morire per dimostrare la sua fraterna amicizia (Mt 26,50).

Giuda non abbandona il suo piano

Nonostante la dichiarazione d'amore incondizionato di Gesù, Giuda non abbandona il suo piano. Probabilmente nel suo cuore si sono agitati sentimenti contrastanti, su cui ha però prevalso l'incredulità; per questo Giuda continua ad andare avanti (**4**).

4 Il bacio nel Getsemani

«Allora Gesù andò con loro in un podere, chiamato Getsemani (...) Mentre ancora egli parlava, ecco arrivare Giuda, uno dei Dodici, e con lui una grande folla con spade e bastoni, mandata dai capi dei sacerdoti e dagli anziani del popolo. Il traditore aveva dato loro un segno, dicendo: "Quello che bacerò, è lui; arrestatelo!". Subito si avvicinò a Gesù e disse: "Salve Rabbì!". E lo baciò. E Gesù gli disse: "Amico, per questo sei qui!"».
(Mt 26,36.47-50)

Giotto, *La cattura di Cristo*, particolare, 1303-1305 (Padova, Cappella degli Scrovegni).

Dalla risposta di Gesù possiamo vedere come egli sostanzialmente confermi quanto già aveva fatto capire a Giuda. In più ora si aggiungono alle parole i fatti, in quanto Gesù si lascia arrestare e impedisce a Pietro di difenderlo con la forza (Mt 26,51-54).

L'ultima decisione di Giuda

Che cosa avrà provato Giuda nel vedere che Gesù si lascia arrestare, che anche in questo momento così teso lo ha chiamato "amico"? E se fosse veramente così? Se Gesù fosse veramente quell'amico assoluto disposto a morire per me che dice di essere?

Questo dev'essere il dubbio che ha tormentato Giuda in quella lunghissima notte, in cui Gesù viene condotto davanti al sinedrio. Infatti, al mattino Giuda è ancora in Gerusalemme: contrariamente alle più logiche aspettative, non è fuggito dopo aver portato a termine il suo tradimento.

Giuda resta e vede per la terza volta, in quelle fatidiche poche ore, Gesù: «Venuto il mattino, tutti i capi dei sacerdoti e gli anziani del popolo tennero consiglio contro Gesù, per farlo morire. Poi lo misero in catene, lo condussero via e lo consegnarono al governatore Pilato. Allora Giuda – colui che lo tradì –, vedendo che Gesù era stato consegnato...» (Mt 27,1-3).

Qui **Giuda ha la prova inequivocabile che Gesù sta facendo sul serio**: è disposto a pagare con la vita il suo tradimento, sta facendo quello che gli aveva fatto intendere nell'ultima cena e poi nel Getsemani. Proviamo a immaginare una sorta di pensiero che avrebbe potuto prendere forma nella mente di Giuda, se avesse visto chiaramente ciò che accadde: «amico, non è vero che mi hai abbandonato e la prova è qui, davanti a me, tu sei disposto a morire per me, a lasciar andare avanti il mio tradimento pur di dimostrare che non vuoi l'ultima parola sulla mia vita...».

In questo momento, inoltre, Giuda vede che Gesù sta già pagando duramente il suo "folle" progetto: infatti durante la notte, dopo aver sentenziato che Gesù è reo di morte in quanto si era proclamato Figlio di Dio di fronte al sommo sacerdote che lo interrogava, coloro che erano presenti «gli sputarono in faccia e lo percossero; altri lo schiaffeggiarono, dicendo: "Fa' il profeta per noi, Cristo! Chi è che ti ha colpito?" (Mt 26,67-68).

La confusione di Giuda

▲ (J.-J. Tissot, *Giuda restituisce il denaro*. New York, Brooklyn Museum of Art)
Il pittore francese Tissot ritrae Giuda in un atteggiamento che tradisce la confusione e l'agitazione che prova, dopo aver capito che Gesù non è come aveva immaginato. Anziché correre sotto la croce, Giuda cerca ancora di risolvere la situazione a modo suo.

Il fallimento e il suicidio

◀ (*Il suicidio di Giuda e la crocifissione di Gesù*, 420 circa. Londra)
Di fronte alle conseguenze del suo tradimento e alla prospettiva della morte di Gesù, Giuda non sopporta l'idea del perdono e si uccide.

Allora Giuda «preso dal rimorso, riportò le trenta monete d'argento ai capi dei sacerdoti e agli anziani, dicendo: "Ho peccato, perché ho tradito sangue innocente"» (Mt 27,3-4).

Di fronte alla prova inequivocabile che Gesù sta andando a morire per lui, Giuda si pente e cerca di rimediare, ancora una volta da protagonista, al male fatto. Il riconoscimento dell'ennesimo fallimento del suo tentativo – «Ma quelli dissero: "A noi che importa? Pensaci tu!"» (Mt 27,4) – lo porta alla feroce conclusione di impiccarsi: «Egli allora, gettate le monete d'argento nel tempio, si allontanò e andò a impiccarsi» (Mt 27,5), mentre al contrario Pietro, che pure ha rinnegato Gesù, accetterà il suo limite e vivrà.

(documento 27.2)

Perché Gesù non scende dalla croce?

> Il popolo stava a vedere; i capi invece lo deridevano dicendo: «Ha salvato altri! Salvi se stesso, se è lui il Cristo di Dio, l'eletto». Anche i soldati (...) dicevano: «Se tu sei il re dei Giudei, salva te stesso»".
>
> (Lc 23,35-37)

Come mai Gesù, pur potendo, non scende dalla croce? Che cosa avrebbe visto Giuda se Gesù si fosse fermato e avesse in un qualche modo bloccato la sua esecuzione?

Avrebbe visto che in fondo anche Gesù non era disposto ad andare veramente fino in fondo, proprio fino alla morte, nel suo progetto di rimanergli fedele nonostante il tradimento. Si sarebbe cioè trovato un punto capace di bloccare anche la forza di Gesù: forse il dolore fisico prolungato, o gli insulti ripetuti, o forse il senso di abbandono da parte dei suoi discepoli e addirittura del Padre stesso! («Dio mio, Dio mio, perché mi hai abbandonato?», Mc 15,34). **Gesù, invece, è veramente disposto ad andare fino in fondo**, come attesta il suo rimanere sulla croce. Solo così sconfigge, una volte per tutte, quell'insieme pauroso di esperienze di morte che si erano concentrate su di lui per "separarlo" da Giuda e da tutti gli altri. Per questo, solo vedendo Gesù «spirare in quel modo» si può riconoscere che in lui la morte non ha più presa, poiché questa, pur con tutti i suoi tentacoli, non gli ha impedito di rimanere fedele agli uomini e al progetto del Padre. Questo è ciò che intuisce il centurione che, «avendolo visto spirare in quel modo» (Mc 15,39), riconosce in lui la presenza del Figlio di Dio.

Fedele fino alla morte

▼ (Giotto, *Croce*, particolare, 1295-1300 circa. Rimini, Tempio Malatestiano)
Gesù va fino in fondo nel suo progetto di disponibilità, nonostante il dolore, il senso di abbandono, la frustrazione, lo sperimentare la lontananza dal Padre, a cui pure si affida completamente.

(documento 27.3)

Scheda di lavoro

Analizza e confronta

Il martirio di Stefano

Leggi il racconto del martirio del diacono Stefano raccontato negli *Atti degli Apostoli* e cerca di coglierne le caratteristiche più significative.

«"Testardi e incirconcisi nel cuore e nelle orecchie, voi opponete sempre resistenza allo Spirito Santo. Come i vostri padri, così siete anche voi. Quale dei profeti i vostri padri non hanno perseguitato? Essi uccisero quelli che preannunciavano la venuta del Giusto, del quale voi ora siete diventati traditori e uccisori, voi che avete ricevuto la Legge per mano degli angeli e non l'avete osservata".
All'udire queste cose, erano furibondi in cuor loro e digrignavano i denti contro Stefano.
Ma egli, pieno di Spirito Santo, fissando il cielo, vide la gloria di Dio e Gesù che stava alla destra di Dio e disse: "Ecco, contemplo i cieli aperti e il Figlio dell'uomo che sta alla destra di Dio". Allora, gridando a gran voce, si turarono gli orecchi e si scagliarono tutti insieme contro di lui, lo trascinarono fuori della città e si misero a lapidarlo. E i testimoni deposero i loro mantelli ai piedi di un giovane, chiamato Saulo. E lapidavano Stefano, che pregava e diceva: "Signore Gesù, accogli il mio spirito". Poi piegò le ginocchia e gridò a gran voce: "Signore, non imputare loro questo peccato". Detto questo, morì».

(At 7,51-60)

Paolo Uccello, *Lapidazione di santo Stefano*, 1435, (Prato, Duomo).

Alcune domande per la discussione

- Che cosa muove i persecutori ad agire contro Stefano?
- Ci sono analogie con l'atteggiamento di quanti hanno perseguitato e ucciso Gesù?
- Ci sono differenze?
- Che cosa ti colpisce in modo particolare dell'atteggiamento di Stefano?

Il gesto compiuto da Stefano non è rimasto isolato nel corso della storia, ma è stato ripetuto in modo consapevole o inconsapevole tantissime volte. Puoi leggere in quest'ottica l'Unità 35, con il riferimento alle persecuzioni anticristiane della prima ora.
Anche oggi, forse più vicino di quanto immagini, questo accade ancora. Ti invitiamo a ricercare via internet o nella realtà in cui vivi esempi di persone che si sono sacrificate fino all'ultimo pur di rimanere fedeli alle scelte di bene che avevano deciso di compiere. A titolo esemplificativo ti proponiamo alcuni esempi tratti dal blog del giornalista Luigi Accattoli, che ha dedicato molte delle sue ricerche proprio a questa tematica **(documento 27.4)**.

Consigli di lettura

V. Messori, *Patì sotto Ponzio Pilato? Un'indagine sulla passione e morte di Gesù*, SEI, Torino 1997.

Indicazioni cinematografiche

"Uomini di Dio", regia di Xavier Beauvois, Francia 2010. Il film è basato sull'omicidio realmente avvenuto nel 1996 di sette monaci dell'Ordine dei Cistercensi della Stretta Osservanza presso il monastero di Tibhirine, in Algeria.

28. Gesù svela la Trinità

la posta in gioco

Per i Vangeli e la testimonianza della Chiesa, Gesù ha svelato il volto autentico di Dio. La novità che distingue il cristianesimo da tutte le altre religioni è l'affermazione dell'identità trinitaria di Dio: un unico Dio in tre persone. Non è l'affermazione sotto mentite spoglie del politeismo, quanto piuttosto la scoperta della natura relazionale di Dio. Da sempre Dio vive un'intima e profonda relazione interpersonale: il Padre genera eternamente il Figlio e da entrambi procede lo Spirito Santo. Tre persone accomunate da un'unica natura, che ha come sua caratteristica fondamentale il dono reciproco.

Come si è arrivati a capire tutto questo? La Trinità è un mistero totalmente incomprensibile, oppure lo si può – in qualche modo – esplorare?

L'accesso al mistero trinitario

Gesù in molti modi, durante la sua vita terrena, ha parlato del proprio rapporto con il Padre. Fin dalla sua giovinezza, ci viene presentata la centralità della suo rapporto con il Padre celeste, al punto da mettere in secondo piano la relazione con Maria e Giuseppe (**1**).

1 Gesù nel tempio a Gerusalemme

«I suoi genitori si recavano ogni anno a Gerusalemme per la festa di Pasqua. Quando egli ebbe dodici anni, vi salirono secondo la consuetudine della festa. Ma, trascorsi i giorni, mentre riprendevano la via del ritorno, il fanciullo Gesù rimase a Gerusalemme, senza che i genitori se ne accorgessero. Credendo che egli fosse nella comitiva, fecero una giornata di viaggio e poi si misero a cercarlo tra i parenti e i conoscenti; non avendolo trovato, tornarono in cerca di lui a Gerusalemme. Dopo tre giorni lo trovarono nel tempio, seduto in mezzo ai maestri, mentre li ascoltava e li interrogava. E tutti quelli che l'udivano erano pieni di stupore per la sua intelligenza e le sue risposte. Al vederlo restarono stupiti, e sua madre gli disse: "Figlio, perché ci hai fatto questo? Ecco, tuo padre e io, angosciati, ti cercavamo". Ed egli rispose loro: "Perché mi cercavate? Non sapevate che io devo occuparmi delle cose del Padre mio?". Ma essi non compresero ciò che aveva detto loro.
Scese dunque con loro e venne a Nazaret e stava loro sottomesso. Sua madre custodiva tutte queste cose nel suo cuore. E Gesù cresceva in sapienza, età e grazia davanti a Dio e agli uomini».

(Lc 2,41-52)

Bottega di Giotto, *La disputa di Gesù fra i Dottori*, 1313 circa (Assisi, Basilica inferiore di San Francesco).

Tutta la sua vita è stata tesa a illustrare agli uomini il volto del Padre, come ricorda il Vangelo di Giovanni: «Dio, nessuno lo ha mai visto: il Figlio unigenito, che è Dio ed è nel seno del Padre, è lui che lo ha rivelato» (Gv 1,18); «chi vede me, vede colui che mi ha mandato» (Gv 12,45). Uno degli elementi caratteristici di questa missione è stata la **sottolineatura per la compassione**, riassunta nella preghiera che Gesù stesso ha insegnato: il Padre nostro (2).

(documento 28.1)

(documento 28.2)

2 La preghiera cristiana

La preghiera che Gesù stesso ha lasciato come sintesi e riassunto di tutto il Vangelo è il Padre nostro. Essa è il compendio di tutto ciò che i salmi hanno educato a chiedere. Non a caso sant'Agostino affermava che «se passi in rassegna tutte le parole delle preghiere contenute nella Sacra Scrittura, per quanto io penso, non ne troverai una che non sia contenuta e compendiata in questa preghiera insegnataci dal Signore" (Agostino, *Epistulae*, 130, 12,22). Questa preghiera non solo dice che cosa gli uomini devono chiedere, ma anche l'ordine in cui chiedere, dando così una «nuova forma ai nostri desideri» (Catechismo della Chiesa Cattolica, n. 2764).

Essa è l'unica strada che può permettere al cristiano di vivere nello spirito del Vangelo, lo spirito delle beatitudini di Gesù, di cui è coronamento. La versione comunemente utilizzata nella preghiera della Chiesa è quella dell'evangelista Matteo (Mt 6,9-13), composta di sette richieste, a differenza di Luca che ne riporta solo cinque (Lc 11,2-4).

Oltre a essere il modo con cui ogni cristiano si rivolge confidente al Padre, essa è anche al centro della celebrazione liturgica, come ricorda efficacemente san Giovanni Crisostomo, per il quale «Il Signore ci insegna a pregare insieme per tutti i nostri fratelli. Infatti egli non dice Padre "mio" che sei nei cieli, ma Padre "nostro", affinché la nostra preghiera salga da un cuore solo, per tutto il corpo della Chiesa» (**Giovanni Crisostomo**, *Homilia in Matthaeum*, 19, 4).

Gesù insegna il Padre nostro, miniatura, seconda metà del XIII secolo (Londra, British Library).

Giovanni Crisostomo

(344/354-407)
Dottore della Chiesa, è stato il secondo patriarca di Costantinopoli. È ritenuto santo sia dalla Chiesa cattolica che dalla Chiesa ortodossa. Grazie alla sua capacità di comunicazione fu definito Crisostomo, che letteralmente significa "bocca d'oro". Il suo zelo e il suo rigore furono causa di forti opposizioni alla sua persona. Dovette subire l'esilio e durante un trasferimento morì.

Nello stesso modo, **è sempre Gesù che mostra il suo rapporto con lo Spirito Santo**, come afferma il Catechismo della Chiesa Cattolica (3).

3 Il figlio rivelato dallo Spirito

«**243** Prima della sua Pasqua, Gesù annunzia l'invio di un "altro Paraclito" (Difensore), lo Spirito Santo. Lo Spirito che opera fin dalla creazione, [Cf Gen 1,2] che già aveva "parlato per mezzo dei profeti" (Simbolo di Nicea-Costantinopoli), dimorerà presso i discepoli e sarà in loro, [Cf Gv 14,17] per insegnare loro ogni cosa [Cf Gv 14,26] e guidarli "alla verità tutta intera" (Gv 16,13). Lo Spirito Santo è in tal modo rivelato come un'altra Persona divina in rapporto a Gesù e al Padre.

244 L'origine eterna dello Spirito si rivela nella sua missione nel tempo. Lo Spirito Santo è inviato agli apostoli e alla Chiesa sia dal Padre nel nome del Figlio, sia dal Figlio in persona, dopo il suo ritorno al Padre [Cf Gv 14,26; Gv 15,26; Gv 16,14]. L'invio della Persona dello Spirito dopo la glorificazione di Gesù [Cf Gv 7,39] rivela in pienezza il Mistero della Santa Trinità».

(*Catechismo della Chiesa Cattolica*, nn. 243-244)

Una perfetta sintesi visiva del rapporto tra le tre persone della Trinità si trova nella celebre icona del monaco ortodosso **Andrej Rublëv** (vedi *Scheda di lavoro* a pag. 264).

Andrej Rublëv

(1360?-1430)
Monaco e santo russo, è considerato il più grande pittore di icone di tutti i tempi.
Ci sono poche notizie certe circa la sua vita; trascorse probabilmente molti anni nel monastero della Trinità di San Sergio, centro spirituale della Chiesa ortodossa russa, dove lavorò agli affreschi.
Nel 1988 è stato canonizzato dalla Chiesa ortodossa russa.

Approccio al comprendere

Il titolo di questa breve riflessione è tratto dalla traduzione italiana di un libro pubblicato qualche anno fa da Joseph Ratzinger, quando era "solo" un teologo, prima di diventare papa. Il termine "comprendere" riferito al mistero della Trinità va usato (e viene usato) "con le molle". Si tratta del mistero più profondo della fede cristiana, in cui Dio – nel contesto di un rapporto di amicizia – **svela il cuore della propria intimità**. Noi possiamo al massimo cercare di "visitarlo con l'intelligenza", ma sempre con quel rispetto che ci viene ricordato dal noto episodio che si rifà a una delle leggende riferite a sant'Agostino (4).

4 Sant'Agostino e il bambino in riva al mare

Tra le leggende riferite a sant'Agostino, una di quelle che si è maggiormente consolidata nella tradizione e nella devozione riguarda il suo incontro con un angelo, apparsogli in forma di bambino, mentre era intento a versare con una conchiglia, in una piccola buca, l'acqua del mare. Proviamo a ricostruire il dialogo, nei termini in cui viene riferito dalla leggenda:

Agostino, guardandolo con tenerezza, gli domandò: «Bambino, che fai?». Il piccolo rispose: «Voglio versare il mare in questa piccola buca». Agostino: «Come puoi pensare che il mare, così grande, possa stare in una buca così piccola?». E allora il bambino, alzando gli occhi e guardandolo fisso in volto, rispose: «E tu come puoi pensare di comprendere Dio, che è infinito, con la tua mente, così limitata?».

G. Marchiori (1696-1778), *Sant'Agostino e il bambino sulla spiaggia in riva al mare* (Pieve di Santa Giustina di Monselice).

In ogni caso, l'opera di visitare con l'intelligenza questo mistero è importante e necessaria, perché si tratta di uno dei due misteri fondamentali della fede, che i cristiani ricordano quando si fanno il segno di croce: che Dio è uno e trino (Padre, Figlio e Spirito Santo) e che Gesù (il Figlio) è morto e risorto per salvare gli uomini. Difficile pensare di poter fare a meno di riflettere su uno dei due.

Tra l'altro, i testi biblici che abbiamo sopra ricordato e molti altri che si potrebbero leggere, se li prendiamo sul serio, si mostrano a dir poco paradossali (**5**).

5 I "paradossi trinitari"

«Ne consegue un autentico paradosso: da un lato quest'uomo chiama Dio suo Padre, a lui si rivolge come a un "tu" che gli sta di fronte; ora, perché ciò non finisca per essere una mera finzione scenica, ma sia invece verità, la sola degna di Dio, egli deve essere altro dal Padre, al quale egli si rivolge e al quale noi pure ci rivolgiamo. Dall'altro lato, però, egli stesso è la reale prossimità di Dio che noi incontriamo; la mediazione di Dio nei nostri confronti, e questo proprio in quanto è egli stesso Dio-Uomo, Dio nella forma e nella natura umana. Il Dio-con-noi (Emmanuel).
(...) Ne viene che egli, in quanto mediatore, è insieme Dio e uomo, ambedue in maniera ugualmente reale e totale. Ora, ciò significa che qui incontro Dio non come Padre, bensì come Figlio e mio fratello, con il risultato che – cosa inconcepibile e insieme totalmente concepibile – compare una dualità in Dio, Dio si manifesta al tempo stesso come Io e come Tu. A questa nuova esperienza di Dio fa seguito, infine, come terza, l'esperienza dello Spirito, della presenza di Dio in noi, nel nostro intimo. E di nuovo ne consegue che questo "Spirito" non si identifica né col Padre, né col Figlio, ma neppure forma un terzo fra Dio e noi; è invece la modalità in cui Dio stesso si dà a noi, in cui entra in noi».

(J. Ratzinger, *Introduzione al cristianesimo. Lezioni sul simbolo apostolico*, 1968, tr. it. Queriniana, 2005)

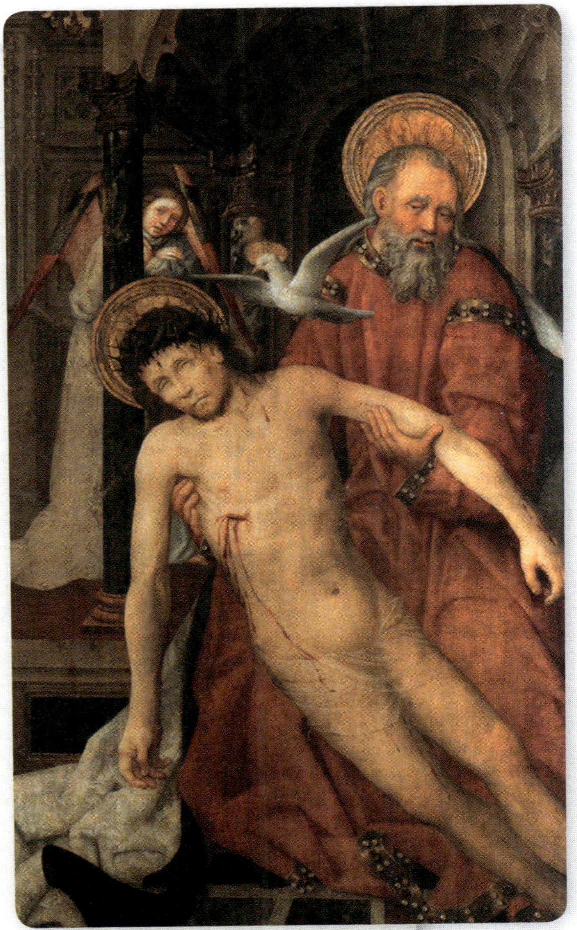

A. del Lonhy, *Trinità e angelo piangente*, 1470-1480 circa (Torino, Museo Civico d'arte antica).

Il dibattito teologico ha poi cercato di approfondire alcune delle categorie concettuali che possono aiutare a compiere questa visita, per cui si è arrivati – dopo lunghi dibattiti e con l'emergere di posizioni che sono risultate anche lontane dal sentire della comunità dei credenti – a parlare della Trinità nei termini di un Dio solo (unità della natura) in tre Persone, realmente distinte tra loro nell'unità della natura divina.

(documento 28.3)

Scheda di lavoro

Osserva e rifletti

La Trinità di Rublëv

Osserva l'icona della Trinità di Rublëv, cercando di individuare in ciò che il pittore raffigura alcune delle caratteristiche del mistero che hai studiato.

A questo punto prova a vedere, da solo, quali suggestioni ti comunica o se vi ritrovi alcuni particolari significativi tra quelli studiati. Annota su un foglio gli elementi di quella che diventerà la tua interpretazione spontanea del dipinto.

A. Rublev, *Trinità*, 1410 circa (Mosca, Galleria Tret'jakov).

Ora leggi la descrizione che trovi di seguito, poi rispondi alle domande.

La trinità di Rublëv è chiamata anche "Filossenia" (Eb 13,2) e cioè "l'amore per lo straniero", perché richiama l'episodio dell'incontro dei tre con Abramo a Mamre. Lì il patriarca, senza saperlo, dà ospitalità a Dio inizialmente manifestatosi sotto forma di tre viandanti (Gen 18,2). Sullo sfondo notiamo la quercia e una casa che non indica tanto la tenda di Abramo quanto piuttosto la casa del Padre, nella quale Gesù è andato per prepararci un posto. I tre hanno dei volti molto simili, giovanili, si fatica ad attribuire loro un sesso preciso. Il Padre in posizione eretta mentre lo Spirito siede ai lati dell'altare su cui sta un calice che il Padre indica per far sapere la sua volontà e il Figlio benedice accogliendo quanto il Padre vuole da lui. L'azzurro delle vesti indica la loro natura divina.
I tre sono inscritti all'interno di un cerchio che indica la loro perfezione. La loro eguaglianza è indicata dai tre bastoni del viandante che hanno in mano, così come dalla perfetta identità delle loro aureole. Anche dall'insieme della composizione i tre formano un calice che contiene idealmente il Figlio, colui che nel concreto realizzerà in prima persona il sacrificio redentore dell'umanità.
Infine la Trinità, tramite il gioco della prospettiva inversa dell'icona, invita colui che la osserva a entrare nel suo dinamismo.

- Quali collegamenti vedi tra l'episodio dell'Antico Testamento a cui ci si riferisce e il mistero della Trinità?
- Quale immagine emerge del Padre? Quale immagine del Figlio? Quale immagine dello Spirito Santo?
- Vi sono elementi che fanno pensare al rapporto tra la Trinità divina e l'anima dell'uomo?

Consigli di lettura

M.I. Rupnik, *Gli si gettò al collo, Lectio divina sulla parabola del Padre misericordioso*, Lipa, Roma 1996.

Indicazioni cinematografiche

"CREDO. Film d'arte e di nuova evangelizzazione", regia di M. Camattari su sceneggiatura di M. Tibaldi, Pardes, Bologna 2012.

29. Pensare l'aldilà

la posta in gioco

Fino a qualche secolo fa essere cristiano era percepito e vissuto come essere completamente teso all'aldilà. Il desiderio della vita beata o, al contrario, la paura dell'inferno, erano potenti "molle" della vita cristiana. Nel nostro tempo, la percezione dell'aldilà si è notevolmente modificata, a causa, soprattutto, del ripensamento del modo di presentarlo generato dalla nuova visione scientifica del mondo. Ciò non ha impedito però alla Chiesa di continuare a parlare del giudizio finale e della sorte ultraterrena dell'anima dei defunti, che sono gli elementi costitutivi della dottrina delle cose ultime (escatologia).

Ti è mai capitato di pensare a che cosa ci aspetta dopo la morte? Quali sono le principali difficoltà che hai incontrato in questo tuo tentativo?
Hai preso in esame alcune delle proposte che trovi in tal senso nella religione cristiana e in altre tradizioni religiose? Che cosa ne pensi?

Il ripensamento dell'escatologia alla luce della nuova visione del mondo

Una prima serie di considerazioni che occorre fare parlando dell'"aldilà" è il rapporto che esso ha con "l'al di qua". Dire infatti che esiste un aldilà implica **aver chiari i confini del nostro mondo**. Nel Medioevo tale sintesi era chiara e condivisa: al centro dell'universo si trova la terra, su cui vivono gli uomini; attorno a essa le sfere celesti che, mosse dagli angeli, ospitano le anime dei defunti beati, mentre nel suo ventre si trova l'inferno, dove si trovano i dannati, e, tra le due, il purgatorio con le anime penitenti. Ciò che il Medioevo ci ha lasciato in eredità è una precisa localizzazione e temporalizzazione delle realtà che riguardano la vita futura. Tali visioni sono profondamente sedimentate nel sentire comune.

Accanto alla localizzazione, era chiaro anche il **tempo in cui sarebbe avvenuto questo ingresso nella vita**

La rappresentazione dell'aldilà

(*Visione dell'Inferno*, miniatura da *Speculum Historiale* (*Speculum Maius*), di Vincenzo di Beauvais. Chantilly, Biblioteca del Musée Condé)
Le immagini dell'aldilà hanno avuto la funzione di divulgare in modo efficace sintesi teologiche anche molto complesse. Il loro limite è di essere prese come descrizioni fotografiche e non come simboli.

Jacques Le Goff

(1924) Storico francese, è tra i massimi esperti della storia e della sociologia del Medioevo. Direttore dell'École des hautes études en sciences sociales di Parigi (1972-1977), ha pubblicato numerosi saggi ed è condirettore della rivista «Annales».

eterna: al termine dell'esistenza terrena, mediamente corta, segnata da malattie e da una costante provvisorietà, finalmente si aveva il passaggio all'altra vita che era molto attesa (le gioie del paradiso) o temuta (le pene dell'inferno).

La modernità ha però completamente distrutto questo schema spaziale e temporale entro cui era pensata l'escatologia (e lo è stata almeno fino all'inizio del nostro secolo!). Lo spazio cosmologico, da fisso e immutabile, è divenuto mobile: la terra è stata spodestata dal suo ruolo centrale ed è stata ridimensionata; tutto l'universo non è altro che un gigantesco "organismo" in movimento: nato da un'esplosione originaria, è tuttora in allontanamento. L'uomo stesso, il microcosmo, è un essere in continuo movimento: ha dietro le spalle una lunga storia che lo apparenta al mondo animale, ed è tuttora in cambiamento per via naturale (l'evoluzione della specie) o artificiale (la genetica e le sue applicazioni).

Ciò che abbiamo detto per lo spazio vale, a maggior ragione, per la percezione del tempo. In un suo celebre studio, lo storico francese **Jacques Le Goff** segnala come lo sviluppo del commercio a partire dal XIII secolo abbia profondamente modificato la percezione comune del tempo (**1**).

Questa appropriazione, indebita ma reale, del tempo dell'aldilà ha generato da un lato **la percezione di vivere in un mondo sempre più accelerato** poiché ormai privo di un confine e di un termine, e dall'altro la **perdita del senso di quelle realtà che la tradizione inseriva in quel tempo**: il giudizio finale, il paradiso, l'inferno, il purgatorio. Se consideriamo poi che l'allungamento medio delle aspettative di vita ha fatto crescere un certo senso di sazietà dell'esistenza, possiamo capire perché la vita eterna non goda di molte attrattive.

(documento 29.1)

La percezione del tempo accelerato induce anche due altri effetti da tenere in considerazione: la perdita del senso dell'esperienza e l'impressione della noia dell'aldilà. Vivere in un mondo costantemente accelerato fa sì che il futuro sia già passato, ovvero che la "distensio", la sensazione dello srotolarsi del tempo umano, venga "mangiata" dal futuro che incombe velocissimo. Ciò impedisce di avere la percezione della "fine" e fa sì che il "dopo" sia immaginato come il regno dell'immobilità e quindi della noia.

1 Il tempo della Chiesa e quello del mercante

«Fino al Medioevo il tempo era scandito dal suono delle campane con cui la Chiesa aveva organizzato il tempo ciclico e "naturale" che segue l'andamento delle stagioni e i suoi ritmi. Con lo sviluppo dei commerci nell'era moderna si era passati al tempo del mercante, il tempo delle transazioni economiche, il tempo denaro che entra tra le variabili necessarie per determinare il valore di una merce, un tempo questo che anche noi ben conosciamo. Lungo tutta la modernità il tempo si è sempre più "secolarizzato" e anche il suo termine, il tempo dell'al di là dell'escatologia, è stato inserito nel tempo presente».

(J. Le Goff, *Tempo della Chiesa e tempo del mercante*, Einaudi, 1977)

La bottega di uno speziale (particolare), fine XV-inizio XVI secolo, affresco (castello di Issogne, Aosta).

Il tempo come futuro e come avvento

La nostra è un'epoca di grandi cambiamenti, quindi, come in tutte le epoche di cambiamenti, sembrano prevalere i sentimenti di disagio e inquietudine per il nuovo che avanza. La virtù che occorre riscoprire per prima è allora **la speranza**. È questa la virtù che informa il futuro e che ci può far guardare con occhi nuovi e fiduciosi a esso. L'uomo della postmodernità si concepisce infatti come un essere dalle infinite progettualità, un essere strutturalmente aperto e teso in avanti. Da ciò l'idea del **futuro**, inteso come **ciò che sta per essere generato**.

Futuro

Deriva dalla radice greca *fuo* da cui si forma anche la parola "natura" (*fusis*); indica ciò che è già presente e sta per essere manifestato.

Accanto a questa concezione, che radica il futuro nel presente, nella dimensione del "già", si trova però anche la percezione del futuro come **novità imprevista** che viene incontro all'uomo. È questa l'idea di futuro contenuta nella parola "avvenire", inteso come qualcosa che io non produco ma che mi viene incontro. La scienza poi è attratta dal tema del futuro in quanto pensa di poterlo prevedere e anticipare con i suoi sempre più sofisticati strumenti.

La risurrezione nell'arte

▲ (Anonimo bolognese, *Risurrezione*, 1970. Collezione privata)
Uno dei temi pittorici più difficili da rappresentare è la risurrezione di Gesù. Per il cristianesimo, infatti, Gesù è risorto con un vero corpo, non più soggetto però ai limiti dello spazio e del tempo. Per questo, nell'immagine è come sospeso tra cielo e terra, pur conservando le sembianze umane.

In questo contesto si inserisce la proposta cristiana, in cui il futuro non è un'idea ma una persona. **Il nome cristiano del futuro è Gesù** che, con la sua morte e risurrezione, ha inaugurato la fine dei tempi, senza però dissolvere la concretezza della storia, come la sua incarnazione richiama continuamente. Il futuro cristiano è visibile e vivibile solo nella fede, che rende l'uomo capace di accogliere il dono che Dio gli ha fatto e che sola gli può far vedere la sua opera sotto il velo spesso opaco dei mali e delle sofferenze della storia. Gesù Cristo morto e risorto è quindi il fondamento sicuro della speranza cristiana.

La perdita di significato della morte

La morte è un fenomeno complesso che ha molti significati. Possiamo in prima battuta caratterizzarla in un triplice modo:

- come esperienza del **finire**;
- come esperienza della **privazione**;
- come esperienza della **separazione**.

Questi tre significati possono essere riassunti nel **concetto di limite**.

L'occidente moderno, una volta abbandonata la fiducia nella presenza di Dio, tipica del Medioevo, si è sempre più rassegnato alla **paura della morte** in modo inconfessato ma reale.

L'uomo occidentale ha reagito a questa situazione in due modi.

(documento 29.2)

Un primo modo di reagire alla paura della morte è **cercare di negarla**, di far finta che non ci sia non parlandone, medicalizzandola, relegandola al privato.

Un secondo modo è quello di **assecondarla**. Ci sono, infatti, molti modi per cedere alla morte più o meno consapevolmente: individuali, come l'annientamento attraverso il cibo (pensiamo a bulimia e anoressia), il lavoro, l'abuso di alcool, tabacco, droga, l'eutanasia; di coppia, come l'assolutizzazione del desiderio; collettivi, come l'inquinamento planetario, lo sfruttamento indiscriminato delle risorse, il declino demografico, oltre al costante uso della guerra come unico strumento per risolvere i conflitti tra i popoli.

Pensare la morte

▶ (E. Schiele, *Coloro che vedono se stessi II (Morte e uomo)*, 1911. Vienna, Collezione Rudolf Leopold)
La nostra cultura fa fatica a parlare della morte, tutta presa com'è a inseguire il mito dell'eterna giovinezza. I quadri di Schiele ci ricordano che la vita è un costante tendere alla morte.

Entrambi gli atteggiamenti dell'uomo moderno verso la morte gli impediscono di percepire il limite costitutivo della sua esistenza e il paradosso che lo costituisce: un essere finito limitato e mortale ma che desidera l'immortalità.

(documento 29.3)

Non percependo più la paradossalità della propria condizione, l'uomo cerca di evitare il confronto con la morte giocando, in un certo senso, d'anticipo, rassegnandosi anzitempo e quasi invocandola, in modo più o meno consapevole, e pensando così in fondo ancora di controllarla, oppure illudendosi di essere illimitato e immortale, una sorta di nuovo dio che ha nella tecnica il suo scettro magico di dominio.

Scheda di lavoro

Leggi e analizza

Lavoriamo sul testo biblico: Gesù e i due malfattori (Lc 23,32-43)

Per capire come la Scrittura intende il paradiso, analizziamo un episodio biblico in cui due personaggi non proprio "regolari" ci introducono al senso del morire cristiano e all'escatologia.
Ti proponiamo il testo evangelico diviso in "scene". Prova a scrivere un tuo commento personale a ciascuna delle scene, partendo da ciò che ti suggerisce, ma anche dalla riflessione sul significato della vita, della morte e dell'aldilà che ritieni di poter associare ai vari passaggi di questo racconto.

Scena 1: i due malfattori e Gesù

«Insieme con lui venivano condotti (...) anche altri due, che erano malfattori».

Scena 2: i sentimenti dei condannati

«...venivano condotti a morte...»

Scena 3: la crocifissione

«Quando giunsero sul luogo chiamato Cranio, vi crocifissero lui e i malfattori, uno a destra e l'altro a sinistra».

Scena 4: le reazioni alla crocifissione di Gesù

«Gesù diceva: "Padre, perdona loro perché non sanno quello che fanno". *Poi dividendo le sue vesti, le tirarono a sorte*.
Il popolo stava a vedere; i capi invece lo deridevano dicendo: "Ha salvato gli altri! Salvi se stesso, se è lui il Cristo di Dio, l'eletto". Anche i soldati lo deridevano, gli si accostavano per porgergli dell'aceto e dicevano: "Se tu sei il re dei Giudei, salva te stesso". Sopra di lui c'era anche una scritta: "Costui è il re dei Giudei».

Scena 5: il discorso del malfattore ribelle

«Uno dei malfattori appesi alla croce lo insultava: "Non sei tu il Cristo? Salva te stesso e noi!"».

Scena 6: il discorso del malfattore pentito

«L'altro invece lo rimproverava dicendo: "Non hai alcun timore di Dio, tu che sei condannato alla stessa pena? Noi, giustamente, perché riceviamo quello che abbiamo meritato per le nostre azioni; egli invece non ha fatto nulla di male"».

Scena 7: la scoperta della buona notizia

«E disse: "Gesù, ricòrdati di me quando entrerai nel tuo regno"».

Scena 8: l'inizio della vita eterna

«Gli rispose: "In verità io ti dico: oggi con me sarai nel paradiso"».

A questo punto rileggi ciò che hai scritto come commento a ogni scena, integra eventualmente con altre riflessioni e confronta le tue considerazioni con la nostra proposta di lettura spirituale, in prospettiva cristiana **(documento 29.4)**.

L'aldilà nelle grandi religioni

Oltre a quanto puoi vedere nel dossier *Le grandi religioni* e nell'Unità 6, ti proponiamo un'attività di analisi e confronto per capire come nelle grandi religioni è raffigurato il tema dell'aldilà. Dopo aver letto i testi del **documento 29.5**, compila una tabella come quella riportata sotto, individuando i principali simboli e immagini con cui viene descritto l'aldilà nelle tre tradizioni religiose riportate ed evidenziando le eventuali immagini comuni o ricorrenti.

Upanishad	Islam	Cristianesimo	Immagini comuni

Consigli di lettura

M. Ledrus, *Alla scuola del "ladrone" penitente*, Edizioni ADP, Roma 1993.

Indicazioni cinematografiche

"Barabba", di Roger Young, Italia 2012.

30. L'escatologia cristiana

la posta in gioco

L'escatologia cristiana è la dottrina delle "cose ultime", ovvero si occupa di che cosa accade per il cristianesimo dal momento della morte "in poi". Il giudizio individuale e universale, la parusia, la piena manifestazione di Gesù a ogni uomo e la sorte definitiva della persona dopo la morte, sintetizzata in paradiso, inferno e purgatorio, sono gli elementi fondamentali su cui la Chiesa da sempre ha riflettuto, non senza vigorosi approfondimenti, come quelli in atto nel nostro tempo.

In un mondo accelerato come il nostro ha ancora senso chiedersi che cosa c'è dopo? Alla luce della nuova visione delle realtà fisiche, come vengono intesi oggi nel cristianesimo il paradiso, l'inferno e il purgatorio?

La parusia e il giudizio

"Nel mondo greco il termine *parusia* era utilizzato in senso profano per indicare l'arrivo di un re, di un imperatore o di un conquistatore in una città; per i cristiani significa quella venuta gloriosa e potente di Cristo che, alla fine del mondo, concluderà la storia umana".

(G. Colzani, *Vita eterna*, Mondadori, 2001)

Con la parola ***parusia*** si intende la **venuta definitiva di Gesù** che, a differenza della prima, verificatasi nell'incarnazione, sarà manifesta ed evidente a tutti gli uomini.

A questo momento si lega quello del giudizio. Più che essere una sorta di incontro con il tribunale divino, **il giudizio finale è soprattutto inteso come un autogiudizio dell'uomo**, nel senso che la volontà di Dio non si impone su quella umana dall'esterno, ma aiuta il suo disvelamento pieno. In questo senso Dio non "forza" l'uomo alla salvezza, poiché costitutivo primo dell'amore è la libertà e il suo rispetto, però nello stesso tempo viene ricordato che l'amore è ciò che informa il suo giudizio, per questo «pare legittimo concludere, a questo punto, sia che il giudizio divino è un atto d'amore sia che, proprio per questo, può legittimamente fondare la nostra speranza di salvezza» (G. Colzani, *cit*).

Cristo, vero giudice

(Giotto, *Cristo Giudice*, particolare del *Giudizio universale*, 1303-1305. Padova, Cappella degli Scrovegni)
Gesù è il vero giudice che attende gli uomini al termine della vita. Il suo giudizio consiste nel far riconoscere quanto ciascuno ha scelto e fatto di buono nella propria vita; come affermava infatti sant'Agostino: «Saremo giudicati sull'amore».

Nell'opera di giudizio di Dio è compresa anche l'instaurazione di "cieli e terra nuovi", ovvero la **trasfigurazione della realtà del cosmo**. Questo fatto, anziché spingere alla fuga dagli impegni per la giustizia terrena, deve spingere l'umanità a un'opera di attenzione e impegno maggiori poiché, anche se sarà trasfigurato, Dio si è impegnato con questo mondo per cui, a differenza dei movimenti apocalittici sostenitori di una sostituzione radicale del mondo futuro, «la teologia ha sempre preferito mantenere salda l'ipotesi di una certa continuità del mondo pur nella sua trasformazione escatologica» (G. Colzani, *cit*).

Sheol

Termine con cui nell'Antico Testamento si fa riferimento al regno dei morti. Qui finiscono le anime dei defunti indipendentemente dal loro comportamento durante la vita. Solo con Gesù si preciserà la diversa retribuzione delle anime a partire dal loro agire e soprattutto l'annuncio della risurrezione dei corpi.

La risurrezione della carne

Al centro dell'escatologia individuale si trova, poi, la **speranza della risurrezione del corpo**. È questo un punto particolarmente controverso oggi, a causa sia del diffondersi di una certa sensibilità di stampo orientale che nega valore alla corporeità individuale, sia dei limiti in cui si è venuta a trovare la sottolineatura platonica del tema dell'immortalità dell'anima all'interno della stessa teologia cattolica. Per molti secoli, infatti, nel cristianesimo è stata accolta la visione platonica del rapporto tra l'anima e il corpo, che considera quest'ultimo il carcere dell'anima, da cui essa si può liberare attraverso l'esercizio della filosofia.

All'inizio Israele vede la sorte di coloro che muoiono come identica: tutti scendono negli inferi, nello **Sheol**, la dimora dei morti.

In seguito matura la consapevolezza di una diversa sorte individuale proprio a causa della diversa relazione maturata in vita con Dio. Così la madre dei giovani Maccabei che muoiono per non abiurare la loro fede ha la certezza che Dio restituirà ciò che ora gli uomini stanno loro togliendo proprio a causa della fede (2Mac 7,14; 22-23).

Dire poi che l'anima è di per sé immortale sembra generare l'equivoco che essa, in virtù di una forza a lei propria, possa sopravvivere, mettendo così in secondo piano l'intervento di Dio e inoltre non considerando decisivo l'apporto del corpo per la ricostruzione piena dell'identità personale. **La risurrezione, invece, va creduta e pensata come una seconda creazione in cui tutto l'essere umano**, con la sua storia sedimentata nel suo corpo e la sua identità, racchiusa nel concetto di anima, **viene assunto e trasfigurato dalla potenza divina**. Ciò è reso possibile dall'inserimento in Cristo: è lui il primogenito tra molti fratelli, il nuovo Adamo nel quale è possibile e pensabile la nostra risurrezione (cfr. Rm 8,16-25; 1Cor 15,20-28). Tale risurrezione sarà la porta d'ingresso per la vita beata.

Gesù risorto, segno di riconciliazione

▲ (Tiziano Vecellio, *Risurrezione di Cristo*, 1542-1544. Urbino, Galleria Nazionale delle Marche)
Tiziano rappresenta lo spavento dei soldati di guardia alla tomba di Gesù, nell'assistere alla sua risurrezione. Anche i discepoli, nelle prime apparizioni, sono spaventati e scambiano Gesù per un fantasma. Ma Gesù, con la risurrezione, è venuto a portare pace e riconciliazione, come indica nel dipinto il gesto della sua mano.

La vita beata: il paradiso

Per il cristianesimo, l'esito finale della vita umana è la vita beata. Non si danno due possibili soluzioni equivalenti, beatitudine o perdizione, ma tutto tende alla beatitudine, anche se all'uomo è affidata la tragica responsabilità di poterla rifiutare.

Nella visione medioevale la vita beata era concepita essenzialmente come immobile, poiché priva di materia e quindi di potenzialità. Oggi si è capito che questo è solo uno schema culturale e si è riscoperta la dimensione della vita eterna come cammino.

La Gerusalemme celeste

▶ (*Cristo tra gli apostoli nella Gerusalemme celeste*, mosaico dell'abside della basilica di Santa Prudenziana, IV-V secolo d.C., Roma)
Una delle immagini con cui viene descritta la vita eterna nella Bibbia è la città di Gerusalemme, la «Gerusalemme che scende dall'alto», diversa anche se in continuità con quella terrena.

La teologia contemporanea ha riscoperto la molteplicità di immagini con cui la Scrittura parla della vita beata: il regno, le nozze, il banchetto, il paradiso, la vita eterna, il nome nuovo, la Gerusalemme celeste. Tale ricchezza segnala la non esaustività di nessuna di esse e il fatto che questa vita supera di gran lunga la nostra immaginazione; per questo Paolo afferma che Dio ha preparato per coloro che lo amano ciò che «occhio non vide, né orecchio udì» (1Cor 2,9). Il dato teologico fondamentale che occorre sottolineare è che **la vita beata è un dono di Dio indipendente dalle opere dell'uomo**: «nessuno conosce il Figlio se non il Padre, e nessuno conosce il Padre se non il Figlio e colui al quale il Figlio vorrà rivelarlo» (Mt 11,27). Tale dono avviene, come già per la risurrezione, in Cristo, il mediatore del nostro incontro con il Padre (1Tim 2,4-5). Tale incontro nella tradizione è stato letto sia nella linea di san Paolo della visione («Adesso noi vediamo in modo confuso, come in uno specchio; allora invece vedremo faccia a faccia. Adesso conosco in modo imperfetto, ma allora conoscerò perfettamente, come anch'io sono conosciuto», 1Cor 13,12) sia in quella di Giovanni, in cui si afferma che allora lo vedremo «come egli è» (1Gv 3,2).

(documento 30.1)

Il mistero della dannazione: l'inferno

Il mistero degli inferi e della dannazione suscita oggi atteggiamenti ambivalenti. Da un lato, nella generale perdita di orizzonti di riferimento, anche il satanico viene giudicato interessante e degno di essere approfondito.

(documento 30.2)

Ciò che ruota attorno a Satana e al suo regno è concepito infatti come "energetico", come ciò che può consentire una realizzazione più piena della propria vita. Dall'altra si fa fatica ad accettare alcune delle posizioni tradizionali della teologia in merito, come la definitività della situazione dei dannati, o la lettura delle pene infernali.

Secondo le Scritture, l'inferno e la perdizione sono una tragica possibilità della libertà umana. L'incontro con Cristo non ha infatti un esito predefinito, per cui «Chi mi rifiuta e non accoglie le mie [di Cristo] parole, ha chi lo condanna: la parola che ho detto lo condannerà nell'ultimo giorno» (Gv 12,48 e anche 3,18-19).

Già nell'**Antico Testamento** si era passati da una concezione indifferenziata del regno dei morti a una diversa sorte, in virtù del diverso comportamento dei singoli. Da ciò la persuasione che «gli empi riceveranno una pena conforme ai loro pensieri» (Sap 3,10). È proprio la meditazione del libro della Sapienza sulle piaghe d'Egitto a fornire il modello su cui si svilupperà la riflessione sulla pena dei reprobi: «Egli prenderà per armatura il suo zelo e userà come arma il creato per punire i suoi nemici (...) Partiranno ben dirette le saette dei lampi e dalle nubi, come da un arco ben teso, balzeranno al bersaglio; dalla sua fionda saranno scagliati chicchi di grandine pieni di furore. Si metterà in fermento contro di loro l'acqua del mare e i fiumi li travolgeranno senza pietà» (Sap 5,17-22). Accanto a questi elementi (il fuoco, il gelo, la grandine), il terzo Isaia inserirà anche il verme che non muore (Is 66,24).

Un inferno attraente?

▲ (J. Deville, *I tesori di Satana*, 1895. Bruxelles, Musées Royaux des Beaux-Arts de Belgique)
Talvolta oggi, nell'immaginario collettivo, si arriva al ribaltamento dell'idea stessa di inferno, che viene concepito come un luogo "meno noioso" del paradiso...

Nel **Nuovo Testamento**, in analogia con la beatitudine, la dannazione viene presentata in primo luogo come un **essere esclusi dalla comunione con Dio**; perciò essa è un «perdere la vita» (Mc 8,35; Mt 10,28); è un «non essere conosciuto» (Mt 7,23 e 25,12), è un essere «cacciato fuori» (Lc 13,27-28; Mt 22,13), è un «non ereditare il regno» (1Cor 6,9-10). Questa situazione è descritta come definitiva in quanto suggellata dalla morte fisica: è la seconda morte (Ap 20,14), frutto del peccato (Rm 7,5.11.13). La perdita di questa comunione è presentata assieme a una serie di sensazioni dolorose, che connotano la condizione del castigo e del tormento in cui si vengono a trovare i peccatori. Si parla a questo proposito di un generico «tormento» eterno (Ap 14,11), la «Geena del fuoco» (Mt 18,9), «la fornace ardente» (Mt 13,50), «il fuoco inestinguibile» (Mt 3,12), «le tenebre (Mt 8,12), il «pianto e stridore di denti» (Mt 13,42), «lo stagno di fuoco, ardente di zolfo» (Ap 19,20) e «il verme che non muore» (Mc 9,48).

Questi passi non vanno interpretati alla lettera, ma come la descrizione simbolica di un unico stato di perdizione (1).

Interessanti sono anche le osservazioni di G. Colzani per il quale

"il simbolo del fuoco rimanderebbe non tanto a un dolore acuto e lancinante quanto al vuoto insensato di una vita di peccato: il fuoco infatti, all'epoca di Gesù, era il destino della spazzatura, era cioè la sorte di quanto, inservibile nella vita quotidiana, doveva essere distrutto. È in questo modo che il Battista parla del fuoco (Mt 3,10); lo stesso concetto è ribadito per la pula (Mt 3,12), per gli alberi che non danno frutto (Mt 7,19), per la zizzania (Mt 13,40). Il fuoco può perciò ben simboleggiare anche il vuoto inutile di una vita priva di consistenza".

(G. Colzani, op. cit.)

Satana in catene

(*Satana*, miniatura dal *Codice Aureo*, prima metà dell'XI secolo. Norimberga, Museo Nazionale Tedesco)
Alla fine il male si autodistrugge e Dio ha su di lui l'ultima parola. Così viene rappresentato Satana, con le mani e i piedi legati da una grossa fune, tra le fiamme dell'inferno insieme ad altri demoni e dannati, in questa miniatura medievale eseguita nello *scriptorium* del monastero di Echternach, in Germania.

Tale pena è considerata eterna, anche se la Chiesa non ha mai definito che sia stata comminata a chicchessia.

Per alcuni la pena è sproporzionata rispetto a una scelta definita e particolare come il peccato. A tal proposito, Karl Rahner ha ricordato la struttura della libertà umana. Ogni scelta dell'uomo ha per il grande teologo la caratteristica di essere definitiva, nel senso che ogni scelta che l'uomo fa è chiusa in sé, non può ritornare perché legata al tempo. Si può cambiare idea ma non si può tornare indietro per cancellare una scelta già fatta. Per questo motivo non è del tutto inconcepibile che ci possano essere delle scelte definitive, che l'uomo non vuole modificare, come quella della dannazione eterna.

1 Il fuoco che brucia

«Il medesimo principio, che è l'Amore, è il fermento di quei tre stati che l'immaginazione chiama: cielo, purgatorio, inferno. Dove non c'è resistenza che si opponga al suo tocco, quell'Energia appare come Luce e dona la gioia completa; dove le è opposta una resistenza, appare come fuoco. Ma qui si presentano due casi: nel primo caso (ed è il purgatorio) la resistenza è una resistenza passiva, come un reuma dell'anima, dovuto alla sua malattia, ai suoi languori; nel secondo caso, è una resistenza attiva, situata nel centro dello spirito, amica del suo male e ribelle. Il fuoco del purgatorio è un fuoco di gioia, quello dell'inferno è un fuoco di tormento. L'amore ci avvolge sempre: siamo noi che, col nostro atteggiamento nei suoi riguardi, lo trasformiamo in fuoco o in luce. Dio è il raggio, le anime sono i colori dello spettro».

(J. Guitton, *L'inferno e la mentalità contemporanea*, in AA.VV., *L'inferno*, Morcelliana, 1953)

La purificazione ultraterrena

Accanto alla beatitudine e alla dannazione, o meglio, in relazione alla beatitudine, la tradizione ha anche ammesso la **possibilità di una purificazione *post mortem* per le anime defunte**.

(documento 30.3)

La dottrina del purgatorio, che lungo il Medioevo era stata interpretata in chiave eccessivamente dolorifica e punitiva, è stata messa in discussione da Lutero, che ne contesta i fondamenti biblici. Ribadita autorevolmente dal Concilio di Trento (1545-1563), essa oggi si fonda su una serie di passi della Scrittura (2).

La **preghiera per i defunti** suppone sia l'esistenza di una vita oltre la morte, sia la possibilità della Chiesa, la comunità dei santi, di farsi carico della purificazione dell'uomo, attraverso preghiere, elemosine, la personale penitenza, la celebrazione eucaristica. Il termine "fuoco" viene interpretato come "la forza purificatrice e santificatrice che è propria della santità e della misericordia di Dio". Si tratta di una purificazione che i defunti subiscono passivamente non potendo più collaborare, essendo entrati in uno stato di definitività con la morte; di una sofferenza che porta all'essere totalmente penetrati dall'amore di Dio; è il portare a compimento ciò che ancora era imperfetto. A livello terminologico si cerca di evitare vocaboli di carattere giuridico quali "scontare le pene", "espiazione", e si usano di preferenza termini quali "purificazione", "santificazione".

(documento 30.4)

Il purgatorio, luogo di purificazione

▲ (*Il purgatorio*, miniatura da *Les Très Riches Heures du Duc de Berry*, XV secolo. Chantilly, Musée Condé)
Il purgatorio appartiene già alla vita beata. Con esso si indica il perfezionamento dell'anima nell'amore necessario per potersi presentare al cospetto di Dio.

2 Il purgatorio nella Scrittura

Oltre al dato presente in 2 Maccabei 12,40-46 sulla colletta per fare un sacrificio espiatorio per alcuni soldati morti in battaglia, sui cui corpi Giuda Maccabeo aveva trovato degli amuleti pagani, oggi si sottolinea molto l'importanza del seguente passo di Paolo: «Se l'opera, che uno costruì sul fondamento, resisterà, costui ne riceverà una ricompensa. Ma se l'opera di qualcuno finirà bruciata, quello sarà punito; tuttavia egli si salverà, però quasi passando attraverso il fuoco» (1Cor 3,10-15; vedi anche Mt 12,32; 5,26).

Scheda di lavoro — Ricerca e confronta

Il mondo ultraterreno nella pubblicità

Nella pubblicità ci sono continui riferimenti all'aldilà, a testimonianza dell'interesse che il tema continua a suscitare. Spesso però tali rappresentazioni fondono elementi di diverse tradizioni o culture, oppure distorcono elementi propri della tradizione cristiana.
Prova a ricercare ed esaminare qualche pubblicità che faccia riferimento all'aldilà, utilizzando una tabella come questa.

Pubblicità	Simboli o immagini desunti dal cristianesimo	Analogie o differenze con la religione cattolica

Consigli di lettura
G. Colzani, *La vita eterna*, Mondadori, Milano 2001.

Indicazioni cinematografiche
"Al di là dei sogni", di V. Ward, USA 1998. Può offrire spunti sul modo inadeguato di descrivere il paradiso. **(scheda di lavoro 30.5)**
"Lord of war", di A. Niccol, USA 2005. Per riflettere sul significato del vivere in una dinamica infernale.

La vita della **Chiesa** e i **sacramenti**

La vita della **Chiesa** e i **sacramenti**

L'esperienza di Gesù si prolunga nella Chiesa, la comunità da lui fondata per diffondere a tutto il mondo la salvezza.

dentro l'immagine

Il *Trittico dei sette sacramenti* del pittore Rogier van der Weyden, oggi custodito ad Anversa al Museo Reale di Belle Arti, ci presenta l'interno di una chiesa gotica dove, nelle navate laterali, sono rappresentati i sacramenti (battesimo, confermazione, penitenza e riconciliazione, unzione degli infermi, matrimonio, ordine sacerdotale). Nel pannello che raffigura la navata centrale è rappresentato il sacramento dell'eucaristia, in stretta connessione con la passione di Cristo.
Tutto il trittico è concepito come una catechesi completa sulla vita ecclesiale, che inizia con il battesimo, si perfeziona nella confermazione e nella riconciliazione, raggiunge la sua maturità nelle scelte della vita adulta – sacerdozio e matrimonio –, per concludersi con la morte. Al centro, come motore intimo di ogni fase della vita ecclesiale, è l'eucaristia, memoriale della morte e risurrezione di Gesù.

Sullo sfondo del pannello centrale del Trittico si vede un altare davanti al quale un sacerdote sta celebrando l'eucaristia, e più precisamente il momento dell'elevazione del Corpo di Cristo. L'occhio è così condotto a passare dalla contemplazione del momento storico del sacrificio di Cristo sulla croce all'attualizzazione di questo sacrificio, che continuamente si rinnova sulla mensa eucaristica.

La croce raffigurata da van der Weyden è a forma di *tau*, il segno che salva il popolo di Israele dallo sterminio (cf. Ez 9,4) e che nella Nuova Alleanza salva il popolo di Dio dal male. Anche le dimensioni della croce hanno un valore simbolico: esse corrispondono, in altezza e larghezza, alle dimensioni della navata centrale, come a dire che la chiesa di pietra è segno del Corpo di Cristo.

Sotto la croce Maria, sostenuta da Giovanni, è rappresentata come se stesse partorendo, per mettere in evidenza la dimensione materna della comunità ecclesiale. La Chiesa è invitata a ripetere il sì di Maria alla vicenda del Figlio, per cominciare una vita nuova.

In evidenza nei due pannelli laterali l'inizio e il termine della vita: il battesimo e l'unzione degli infermi. Tutte la fasi della vita dell'uomo sono comprese dai sacramenti. Tutte sono importanti proprio perché il corpo e l'anima sono destinati alla vita eterna.

31. La Chiesa del Nuovo Testamento

la posta in gioco

Oggi, quando si parla della Chiesa, viene subito in mente la parrocchia del proprio quartiere o paese, oppure qualche chiesa particolarmente significativa dal punto di vista artistico, o il Vaticano. Eppure all'inizio non era così: la Chiesa dei primi secoli era prima di tutto una comunità di persone, accomunate dalla fede in Gesù di Nazareth, dal seguire la sua Via – i "discepoli della via" era infatti il loro primo nome – e dal compiere determinate azioni (i sacramenti), che Gesù aveva posto come segno di appartenenza alla nuova realtà.

Come nasce questa comunità di persone che è la Chiesa? Com'era organizzata? Come divenne, da un gruppo di pochi discepoli, una delle realtà più significative dell'antichità orientale e occidentale?

L'origine cristiana della Chiesa

La Chiesa nasce non da una scelta autonoma di alcuni fondatori ma come una realtà spirituale, voluta da Gesù e "informata", cioè "plasmata", dal suo Spirito Santo. Già durante la sua vita pubblica, Gesù aveva costituito un gruppo di persone attorno a lui, separate dal gruppo più ampio dei suoi discepoli:

> "Salì poi sul monte, chiamò a sé quelli che voleva ed essi andarono da lui. Ne costituì Dodici – che chiamò apostoli –, perché stessero con lui e per mandarli a predicare con il potere di scacciare i demòni. Costituì dunque i Dodici: Simone, al quale impose il nome di Pietro, poi Giacomo, figlio di Zebedeo, e Giovani fratello di Giacomo, ai quali diede il nome di Boanèrghes, cioè «figli del tuono»; e Andrea, Filippo, Bartolomeo, Matteo, Tommaso, Giacomo, figlio di Alfeo, Taddeo, Simone il Cananeo e Giuda Iscariota, il quale poi lo tradì".
>
> (Mc 3,13-19)

La chiamata dei discepoli

▶ (M. Basaiti, *Vocazione dei figli di Zebedeo*, pala d'altare, 1510. Venezia, Gallerie dell'Accademia)
La Chiesa nasce dal rapporto personale che Gesù ha instaurato con alcuni uomini del suo tempo. È all'interno di questa relazione, per la quale i primi discepoli hanno abbandonato tutto, che nasce il nucleo e lo stile di quella comunità che dura fino a oggi.

Gli apostoli

Sono questi i dodici apostoli (che significa appunto “inviati”), con a capo Simon Pietro (Mt 16,18-19), che costituiscono il nucleo della prima comunità di Gesù. Questo gruppo condivide con Gesù la sua avventura, che lo portò a morire a Gerusalemme. Dopo questa esperienza, e già durante il suo svolgimento finale, il gruppo si sfalda ed è smarrito (tutti fuggono al momento dell’arresto di Gesù, Giuda tradisce, Pietro rinnega). Eppure, subito dopo la morte di Gesù, li ritroviamo confusi e preoccupati, ma ancora uniti nel cenacolo. È qui che essi hanno fatto la sconvolgente **esperienza dell’incontro con Gesù risorto**, che riconferma la fiducia che aveva accordato loro prima della sua passione: «Egli si mostrò a essi vivo, dopo la sua passione, con molte prove, durante quaranta giorni, apparendo loro e parlando delle cose riguardanti il regno di Dio» (At 1,3).

In questo contesto, essi hanno tramandato **due esperienze fondamentali** dell’avventura di Gesù che hanno sentito strettamente collegate con la fondazione piena della Chiesa: l’**ascensione di Gesù** alla destra del Padre e la **discesa dello Spirito Santo** durante la festa della Pentecoste.

L’ascensione

Concluso il periodo dei quaranta giorni Gesù “ascende” al cielo, in un certo senso “sgombra il campo” affinché ora i discepoli, con l’aiuto del suo Spirito che dovrà scendere su di loro, diventino protagonisti dell’evangelizzazione che deve giungere «fino ai confini della terra» (At 1,8). È importante innanzitutto per i discepoli attendere la discesa dello Spirito Santo poiché

> “non è sufficiente vivere il mistero della morte e risurrezione di Gesù, fare esperienza di Lui come Vivente, è necessario un rinnovamento che può essere operato solo dallo Spirito Santo. Questa attesa... è dolorosa, perché manifesta una impotenza radicale dell’uomo a essere discepolo”.
>
> (P. Bizzeti, *Il favo stillante. Lectio divina sugli Atti degli Apostoli*, Lipa, 1998)

Gesù ascende al cielo

▼ (Giotto, *Ascensione*, 1303-1305. Padova, Cappella degli Scrovegni)
Con questo episodio che conclude la vicenda terrena di Gesù non si indica la sua "uscita di scena", ma il passaggio a un’altra modalità di presenza. Gesù fa un passo indietro perché vuole che i suoi, con l’aiuto del suo Spirito, diventino protagonisti della storia.

L’ascensione al cielo di Gesù rappresenta il passaggio del credente e della comunità alla vita adulta. L’ascensione è dunque la premessa indispensabile per poter sperimentare la libertà della scelta adulta, per imparare la cosa più difficile: saper vivere all’insegna dell’invisibile. D’altra parte è importante che Gesù “ascenda”, poiché solo in questo modo egli può farsi vicino veramente a ogni uomo: «Il Signore asceso significa che può farsi compagno di ogni uomo, sulle strade del mondo; e vivere l’invisibile significa imparare a ritrovare il Suo Volto» (P. Bizzeti, *op. cit.*).

La Pentecoste

Il passaggio alla vita adulta non avviene però ancora una volta all'insegna del solo sforzo, ma anche **grazie al dono dello Spirito**. Il dono dello Spirito, per i primi discepoli, è la conferma della sconfitta definitiva della paura; grazie alla sua azione, i paurosi discepoli diventano coraggiosi annunciatori della Buona Notizia:

> "i discepoli prima chiusi a chiave nel cenacolo, per paura dei Giudei, adesso sono capaci di giocare la loro vita, per cui verranno presi, incarcerati e, uno dopo l'altro, ciascuno a suo tempo, moriranno da martiri, da testimoni della salvezza".
>
> (P. Bizzeti, op. cit.)

Gesù manda il suo Spirito

◀ (V. Crivelli, *La discesa dello Spirito Santo a Pentecoste*. Collezione Schalken, Goirle, Olanda)
Come aveva promesso, Gesù non abbandona i suoi e invia loro il suo Spirito, necessario per poter svolgere la missione dell'annuncio. È lo Spirito, infatti, che apre i cuori delle persone e le predispone all'ascolto. Tutto questo è esemplificato nel dono delle lingue: quando i discepoli cominciano a parlare dopo la Pentecoste, tutti li capiscono, pur essendo di etnie diverse.

Essi ricevono poi il dono del **saper parlare le lingue**, ovvero di saper parlare al cuore di ogni uomo indipendentemente dalla sua condizione, appartenenza o nazione. Pietro, in uno dei suoi primi discorsi pubblici, afferma che «voi avete ucciso Gesù» (At 2,23), invitando così ciascuno dei suoi ascoltatori a riconoscersi solidale con Giuda che ha tradito, con lui che ha rinnegato, con i discepoli che erano fuggiti, con Pilato che aveva condannato. Solo scoprendosi nei panni di coloro che per vari motivi si sono fatti nemici di Gesù, afferma Pietro, si potrà essere raggiunti dal suo Spirito di amore e riconciliazione.

La Chiesa antica è quindi innanzitutto descritta da quelle due particolari esperienze religiose che sono l'ascensione di Gesù e la Pentecoste che, non a caso, sono narrate proprio all'inizio degli Atti degli Apostoli. Esse, in un certo senso, completano il mistero della risurrezione, ne sono cioè un'ulteriore esplicitazione. Solo alla luce di questa particolare esperienza religiosa la Chiesa primitiva ha compreso la sua identità e la sua missione.

Gli Atti degli Apostoli

Il libro degli Atti ha come autore l'evangelista Luca, che prosegue in esso il racconto degli avvenimenti successi dopo l'assunzione in cielo di Gesù (At 1,1-2) (1).

1 L'inizio degli Atti degli Apostoli

«Nel primo racconto, o Teòfilo, ho trattato di tutto quello che Gesù fece e insegnò dagli inizi fino al giorno in cui fu assunto in cielo, dopo aver dato disposizioni agli apostoli che si era scelti nello Spirito Santo.
Egli si mostrò a essi vivo, dopo la sua passione, con molte prove, durante quaranta giorni, apparendo loro e parlando delle cose riguardanti il regno di Dio. Mentre si trovava a tavola con essi, ordinò loro di non allontanarsi da Gerusalemme, ma di attendere l'adempimento della promessa del Padre, "quella – disse – che voi avete udito da me: Giovanni battezzò con acqua, voi invece, tra non molti giorni, sarete battezzati in Spirito Santo"».

(At 1,1-5)

Duccio da Buoninsegna, *Gesù risorto appare agli apostoli a porte chiuse*, 1308-1311 (Siena, Museo dell'Opera del Duomo).

Oltre alla vita della comunità primitiva, i temi fondamentali che Luca affronta in questo libro sono il rapporto tra i cristiani e i giudei e quello tra la comunità cristiana e il restante mondo pagano. Il problema del **rapporto con il giudaismo** non è stato vissuto senza contrasti. Per alcuni apostoli, tra i quali per un certo periodo anche Pietro, per essere pienamente cristiani occorreva continuare a osservare alcuni precetti fondamentali del giudaismo come la circoncisione e alcune regole alimentari. Per essi, quindi, chi si convertiva al cristianesimo doveva anche accettare queste prescrizioni del giudaismo (At 15,1). Per altri invece, che fanno riferimento sostanzialmente a Paolo, diventare cristiani non implicava l'assunzione di tali norme che, anzi, erano di fatto abrogate dalla novità del Vangelo. Queste diverse valutazioni diedero origine a discussioni e malumori che cessarono al primo **concilio** della Chiesa svoltosi a Gerusalemme (49 d.C.).

Concilio

Riunione dei responsabili delle diverse comunità cristiane, che in questo periodo erano rappresentati dagli anziani e dagli apostoli della Chiesa madre di Gerusalemme. In seguito sarà l'incontro dei vescovi, i responsabili delle diverse Chiese locali, presieduti dal papa, il vescovo di Roma.

Qui sia Pietro sia Giacomo si pronunciarono a favore dell'apertura ai cristiani che venivano da ambienti non giudaici. Essi non dovevano circoncidersi per divenire cristiani e avrebbero dovuto osservare solo alcune prescrizioni alimentari considerate di valore universale, come il non mangiare la carne degli animali offerti in sacrificio agli idoli, per non fare un atto di fede negli dei cui venivano immolati (At 15,19).

(documento 31.1)

L'altro grande tema degli Atti è costituito dal **progressivo estendersi del cristianesimo nel mondo pagano**. Grandi artefici di questa opera sono stati Pietro e soprattutto Paolo che, con i suoi viaggi missionari, ha diffuso il Vangelo in gran parte del mondo allora conosciuto. Ricordiamo poi la fondazione, probabilmente a opera di Pietro, della comunità di Roma, in cui il primo pontefice verrà martirizzato, e l'evangelizzazione del mondo greco a opera di Paolo, che morirà anch'esso martire a Roma.

La predicazione di Pietro

▶ (Masolino, *La predicazione di San Pietro alle folle*, 1425-1426. Firenze, Santa Maria del Carmine, Cappella Brancacci)
La diffusione del cristianesimo avviene attraverso la parola e la testimonianza. I discepoli mettono in atto la strategia che avevano assimilato dal maestro. La Parola è l'arma di Dio, con cui ha creato il mondo, e ora essa ricrea e rigenera l'umanità, introducendola nella comunità dei salvati.

La contestazione cristiana

La Chiesa dei primi secoli ha avuto nei confronti del mondo antico un atteggiamento che si è concretizzato in due stili di comportamento complementari. Da un lato **i cristiani si sono inseriti nella società** del tempo in cui vivevano: non hanno fatto una setta di puri che vivesse distaccata dagli altri, non riconoscendo nulla di buono nella società del tempo. Al contrario, come dice un antico documento della Chiesa dei primi secoli, la *Lettera a Diogneto*, i cristiani sono come il lievito all'interno della pasta, **sono il fermento interno che la vuole trasformare**. Accanto a questo stile era presente anche un altro atteggiamento di esplicita critica ad alcuni

(documento 31.2)

Marco Minucio Felice

(II secolo circa - III secolo circa)
Scrittore e avvocato latino di origine africana, si convertì al cristianesimo, divenendo uno dei più celebri apologisti cristiani, difensore del cristianesimo dalle accuse dei pagani. È famoso per l'*Octavius*, un dialogo tra Cecilio, sostenitore del paganesimo, e il cristiano Ottavio, un avvocato amico e compagno di studi di Felice.

Quinto Settimio Fiorente Tertulliano

(155-230 circa)
Nato da genitori pagani, iniziato probabilmente ai misteri del dio Mitra, fu educato nelle migliori scuole nordafricane, maturando una profonda cultura filosofica e retorica. Dopo una giovinezza dissoluta si convertì al cristianesimo e iniziò a scrivere – in lingua latina – opere teologiche, che spesso si configuravano come vere e proprie "difese" (apologie) del cristianesimo dalle aggressioni culturali pagane. Negli ultimi anni si avvicinò alla setta eretica dei montanisti, collocandosi a sua volta in una posizione ambigua nei confronti dell'ortodossia, pur continuando a considerare la Chiesa come "madre".

aspetti della società pagana, come ci mostra un testo di **Minucio Felice** che dà voce alle contestazioni dei pagani verso i cristiani (**2**).

2 I rimproveri ai cristiani riportati da Minucio Felice

«I Romani non comandano su tutto il loro Impero senza il vostro Dio, non sfruttano tutta la terra e non regnano anche su di voi? Voi invece vivete sempre nella preoccupazione e nella paura, vi tenete lontani da tutti i piaceri, anche dai più puliti. Non frequentate teatri, non partecipate a feste, sdegnate le mense pubbliche; detestate i giochi in onore degli dèi, la carne e il vino sacrificale degli altari. Avete dunque così paura di dèi di cui pure negate l'esistenza! Non vi ornate il capo di fiori, non curate il vostro corpo con essenze profumate; usate aromi soltanto per i morti, e non vi avanzano corone neppure per le vostre tombe. Con le vostre pallide figure spaventate, voi meritate soltanto compassione, ma la compassione dei nostri dèi! Miserabili, non potete infatti né risorgere, né intanto godervi la vita».

(*Octavius* 12ss)

I cristiani, poi, contestavano, oltre agli aspetti denunciati da Minucio Felice, la morale famigliare romana che comprendeva anche l'aborto, l'abbandono dei figli e il divorzio. Nei primi secoli era molto forte, all'interno della comunità cristiana, anche il dibattito sulla liceità del servizio militare. Per alcuni come **Tertulliano** dall'atteggiamento non violento di Gesù derivava l'obbligo all'assoluta non violenza del cristiano. Questa serie di comportamenti alternativi furono all'origine sia di molte calunnie di cui i cristiani furono oggetto sia di ricorrenti campagne di persecuzione durate, con fasi alterne, fino alla conversione dell'imperatore Costantino al cristianesimo (312 d.C.).

Fedeli fino al martirio

▶ (Beato Angelico, *Martirio dei santi Cosma e Damiano e dei loro fratelli*, 1443 circa. Parigi, Museo del Louvre)
La testimonianza dell'essere cristiani giunge fino al martirio, al dono della propria vita. Coloro che, come Cosma e Damiano, sono andati fino in fondo non sono dei supereroi, ma cristiani che hanno accolto il dono dello Spirito senza riserve.

Scheda di lavoro

Leggi e confronta

La vita dei primi cristiani

Dopo avere letto i testi seguenti, relativi alla vita della comunità cristiana descritta negli Atti degli Apostoli, completa la tabella.

«Erano perseveranti nell'insegnamento degli apostoli e nella comunione, nello spezzare il pane e nelle preghiere. Un senso di timore era in tutti, e prodigi e segni avvenivano per opera degli apostoli. Tutti i credenti stavano insieme e avevano ogni cosa in comune; vendevano le loro proprietà e sostanze e le dividevano con tutti, secondo il bisogno di ciascuno. Ogni giorno erano perseveranti insieme nel tempio e, spezzando il pane nelle case, prendevano cibo con letizia e semplicità di cuore, lodando Dio e godendo il favore di tutto il popolo. Intanto il Signore ogni giorno aggiungeva alla comunità quelli che erano salvati». (At 2,42-48)	«La moltitudine di coloro che erano diventati credenti aveva un cuore solo e un'anima sola e nessuno considerava sua proprietà quello che gli apparteneva, ma fra loro tutto era comune. Con grande forza gli apostoli davano testimonianza della risurrezione del Signore Gesù e tutti godevano di grande favore. Nessuno infatti tra loro era bisognoso, perché quanti possedevano campi o case li vendevano, portavano il ricavato di ciò che era stato venduto e lo deponevano ai piedi degli apostoli; poi veniva distribuito a ciascuno secondo il suo bisogno». (At 4,32-35)

Elementi comuni ai due testi	Elementi diversi
....	....
....	....
....	....
....	....
....	....

Frammento di una scultura che raffigura un banchetto religioso cristiano (Roma, Musei Vaticani).

- Quali caratteristiche ti colpiscono della Chiesa delle origini?
- Trovi analogie e differenze rispetto alla Chiesa di oggi?
- Nei discorsi di papa Francesco (puoi leggerne alcuni sul sito ufficiale della Santa Sede) trovi suggestioni e riferimenti che sembrano riportare alla Chiesa delle origini?

Consigli di lettura

G. Lohfink, *Gesù come voleva la sua comunità. La Chiesa come dovrebbe essere oggi,* San Paolo, Milano 2002.

32. Paolo di Tarso, l'apostolo delle genti

la posta in gioco

Paolo di Tarso è stato sicuramente una delle figure di primo piano della Chiesa apostolica. È stato lui il grande apostolo delle genti, dei popoli del Vicino Oriente e dell'Europa, cui ha portato l'annuncio del Vangelo; basti pensare alle migliaia di chilometri percorsi nelle circostanze più avverse e avventurose. Per alcuni studiosi sarebbe stato addirittura il "fondatore" del cristianesimo, tanto è stata profonda la sua influenza, ma questa è un'affermazione viziata da un eccesso di enfasi.

Come può un uomo da solo aver fatto tutto questo? Qual è stata l'origine di tanto zelo e dedizione? Come ha fatto a farsi intendere da popoli così diversi per storia, cultura, religione?

I viaggi di Paolo

Paolo nasce a Tarso in Cilicia (regione meridionale dell'odierna Turchia), probabilmente all'epoca della nascita di Gesù. Tra il 25-30 d.C lascia Tarso per continuare i suoi studi a Gerusalemme, dove vive parecchi anni prima di incontrare il Cristo, incontro che deve essere avvenuto attorno al 33-34 (vedi *Scheda di lavoro* a pag. 290) dopo il martirio di Stefano avvenuto nel 33 e a cui Paolo partecipa sia pur indirettamente.

(documento 32.1)

(documento 32.2)

Quindi si ritira in Arabia e resta a Damasco fin verso il 37-39. In quest'epoca fa ritorno a Gerusalemme per prendere contatto con Pietro, quindi si reca in Siria (Antiochia) e Cilicia (Tarso) come missionario. Paolo resta molti anni in queste regioni, probabilmente ad Antiochia. Tra il 44 e il 49 compie anche, assieme a Barnaba, il **primo dei suoi viaggi missionari**, durato almeno due anni (At 13-14), e tocca molte città dell'Asia Minore meridionale (Perge, Antiochia di Pisidia, Iconio, Listra, Derbe).

All'inizio del percorso

(*La lapidazione di Stefano*, affresco dell'XI secolo. Novalesa, Chiesa abbaziale)
In questo affresco, Paolo assiste al martirio di Stefano. È ancora all'inizio del percorso che lo porterà a incontrare il risorto: approva infatti coloro che uccidono Stefano, in nome della difesa della loro interpretazione della legge ebraica.

Nel 49-50 è di nuovo a Gerusalemme per il cosiddetto primo concilio. Quindi ritorna ad Antiochia e parte per un **secondo viaggio missionario** per andare a trovare le comunità visitate nel primo viaggio. Ora è accompagnato da Sila, con il quale poi si sposta verso Nord raggiungendo altre regioni dell'Asia Minore come la Bitinia, la Frigia e la Misia. In seguito discendono a Troade e passano in Macedonia a Filippi per poi giungere a Tessalonica. Pochi mesi dopo Paolo da solo raggiunge Atene per poi passare a Corinto.

Nel 51, durante il suo soggiorno in questa città, viene condotto dal procuratore romano Gallione (**1**).

Paolo ritorna ad Antiochia nel 52 d.C. Verso il 53 intraprendere il **terzo viaggio missionario** (53-57 o 58). Raggiunge Efeso dopo essere ripassato per molte Chiese dell'Asia Minore, quindi è di nuovo a Troade, in Macedonia e in Grecia. Dopo molte visite ritorna nella costa ionica dell'Asia Minore a Mileto e di nuovo, dopo un lungo peregrinare, è a Gerusalemme per l'estate del 57 o del 58.

Tra il 57 e il 59 viene arrestato e trasferito a Cesarea marittima, quindi viene condotto a Roma dove giunge, dopo un fortunoso viaggio, nel 60-62 e dove resta fino al 62-64. Dopo altri viaggi in varie parti del Mediterraneo, tra cui anche in Spagna (Rm 14,24), viene imprigionato una seconda volta, per poi essere decapitato tra il 64-67.

Paolo nella tempesta

▼ (Miniatura della tempesta marina durante il viaggio in cui Paolo, prigioniero, viene condotto a Roma)
L'annuncio del Vangelo non si fa a tavolino. Nella miniatura, Paolo è raffigurato durante uno dei suoi innumerevoli viaggi, nei quali ha dovuto affrontare disagi di ogni tipo, tra cui anche i pericoli della navigazione.

1 Paolo di fronte al procuratore Gallione

«Mentre Gallione era proconsole dell'Acaia, i Giudei insorsero unanimi contro Paolo e lo condussero davanti al tribunale dicendo: "Costui persuade la gente a rendere culto a Dio in modo contrario alla legge". Paolo stava per rispondere, ma Gallione disse ai Giudei: "Se si trattasse di un delitto o di un misfatto, io vi ascolterei, o Giudei, come è giusto. Ma se sono questioni di parole o di nomi o della vostra Legge, vedetevela voi: io non voglio essere giudice di queste faccende". E li fece cacciare dal tribunale. Allora tutti afferrarono Sòstene, capo della sinagoga, e lo percossero davanti al tribunale, ma Gallione non si curava affatto di questo».

(At 18,12-17)

Come Paolo evangelizza

(documento 32.3)

(documento 32.4)

In Atti degli Apostoli 17,16-34 è riportato il discorso che Paolo tiene ad Atene nell'Areopago. In questo brano emerge con grande chiarezza lo stile dialogico della predicazione paolina. Vediamone alcuni aspetti.

Innanzitutto **i destinatari dell'annuncio**; Luca negli Atti riferisce di tre grandi discorsi di Paolo: il primo ad Antiochia di Pisidia è rivolto ai giudei (At 13,16-43), quello di Atene è rivolto ai pagani e infine il terzo agli anziani della comunità cristiana di Efeso (At 20,17-36). Sono tre modelli che ben illustrano le modalità, i contenuti e lo stile della predicazione paolina, in particolare quello di Atene, che è rivolto a non ebrei.

L'Atene di Paolo non è più la grande potenza politica dei tempi d'oro, ma è comunque ancora una delle capitali indiscusse della cultura dell'epoca, dominata dalla filosofia epicurea e stoica (2).

2 Stoici ed epicurei ad Atene

Per gli epicurei, che noi spesso superficialmente identifichiamo con dei gaudenti, le divinità non si occupano della vita degli uomini, quindi sono inutili tutte le superstizioni e i timori connessi con la morte, poiché l'uomo è destinato a dissolversi e a ritornare nel nulla da cui proviene, essendo sostanzialmente un aggregato di atomi.
Per gli stoici, invece, l'uomo può affrontare le difficoltà della vita attraverso il distacco dalle passioni, raggiungendo l'*apatheia* (insensibilità) e l'*atarassia* (il distacco). Tutto è regolato dalla divinità, che assume dei contorni panteisti, anche se è un Dio che non ama e che non è amato dall'uomo.

Le lettere di Paolo

▼ (P. Gilberti, *Paolo scrive ai Romani*, miniatura del XV secolo. Londra, British Library)
La teologia di Paolo è contenuta nelle lettere che scriveva alle comunità da lui fondate. Tra queste, una delle più importanti è senz'altro la comunità di Roma, a cui Paolo ha indirizzato una lettera, che è un vero e proprio capolavoro teologico. In essa è illustrata la gratuità con cui Dio, in Gesù, ha salvato l'umanità.

Paolo comincia a parlare innanzitutto non ai filosofi, ma nell'agorà, nella piazza, a tutti coloro che incontrava: è un uomo che non passa inosservato, le cui parole lasciano un segno. Per questo viene invitato a parlare anche all'Areopago, una prestigiosa accademia politico-culturale, poiché gli ateniesi, come dicono gli Atti, «non avevano passatempo più gradito che parlare o ascoltare le ultime novità».

Notiamo che il discorso di Paolo per certi aspetti parte negativamente, **affermando ciò che Dio non è**: 1. non abita in templi fatti da mani d'uomo, 2. non è servito dalle mani dell'uomo, 3. non è simile a un'immagine di oro o di argento.

È un discorso tradizionale, fatto però con un **nuovo linguaggio**, senza citazioni dirette dell'Antico Testamento, che pure è presente in filigrana: Dio non abita in templi fatti da mani d'uomo

(1Re 8,27), ha creato tutti da uno (Gen 1-2), ha fatto il mondo e tutto ciò che è in esso (Is 42,5).

Paolo, pur fremendo dentro di sé «al vedere la città piena di idoli», non si lascia bloccare da questo scandalo, non attende l'arrivo dei suoi per chiudersi nel suo gruppo, ma sa mettersi in dialogo; ovvero concretamente scende in campo e, cominciando a dialogare con tutti, **sa suscitare delle domande**.

Una predicazione attenta all'altro

▼ (Eustache le Sueur, *La predicazione di san Paolo a Efeso*, 1649. Parigi, Museo del Louvre)

Il segreto della predicazione di Paolo consiste nel sapersi adattare ai suoi interlocutori, interpretando la cultura dell'altro.

Paolo riesce in questo intento poiché conosce il suo interlocutore, ha studiato i testi della cultura dell'epoca al punto che può citare **Arato di Soli**, unica citazione di un testo laico all'interno del Nuovo Testamento. Questa capacità non si improvvisa e non a caso Paolo, durante gli otto-dieci anni successivi all'incontro di Damasco, ha rimuginato a lungo la sua esperienza, confrontandola con il patrimonio tradizionale e la cultura, religiosa e non, che aveva ricevuto. Paolo sa spogliarsi degli elementi tradizionali della sua cultura e li sa riformulare pur senza tradirli. Di Dio mette in evidenza innanzitutto la benevolenza, il fatto che Dio dà la vita a ognuno, è attivo per l'uomo e non si presenta come un padrone esigente o come un despota. È un Dio che serve e che cerca l'uomo, che è vicino anche se è difficile incontrarlo. Dio si trova all'inizio e al termine della vicenda dell'uomo; Paolo presenta ai suoi uditori l'orizzonte di fondo che comprende tutta la storia dell'uomo, senza disperdersi in elementi troppo particolari. Il richiamo al giudizio di Dio implica il fatto che Dio intervenga a favore del povero e del debole e non che si comporti come un giudice bizzarro o dispotico. La prova di questo consiste nella risurrezione accreditata di un uomo, che Paolo non cita nemmeno per nome, ancora una volta per puntare all'essenziale. Spesso la nostra preoccupazione di ribadire la centralità, ad esempio, della divinità di Gesù, non tiene conto del fatto che la stessa comunità primitiva ha impiegato decenni per arrivare ad averne una comprensione adeguata.

Paolo infine non si scoraggia dell'insuccesso della sua missione, non si scandalizza delle ingiurie che riceve sia dai pagani sia dai giudei (At 17,32; 2,13), e questo perché, come commenta il teologo protestante **Dietrich Bonhoeffer**,

> “La Parola è più debole dell'idea. Perciò anche i testimoni della Parola sono, con questa Parola, più deboli dei propagatori di un'idea. Ma in questa debolezza essi sono liberi dalla morbosa irrequietezza dei fanatici, infatti essi soffrono con la Parola. I discepoli possono anche ritirarsi, fuggire, purché la loro debolezza sia la debolezza della Parola stessa, purché non abbandonino la Parola durante la fuga".
>
> (D. Bonhoeffer, *Sequela*, Queriniana, 1971)

Arato di Soli

(310 a.C. circa - 240 a.C. circa)
Poeta greco antico minore del primo Ellenismo. Compose inni, testi poetici e opere di carattere scientifico.

Dietrich Bonhoeffer

(1906 - 1945)
Teologo luterano tedesco, protagonista della teologia del Novecento. Per la sua opposizione al nazismo sarà incarcerato e morirà nel campo di concentramento di Flossenbürg. È autore di numerose opere, dedicate soprattutto alla rilettura del cristianesimo nell'epoca moderna.

Scheda di lavoro

Paolo, una vita trasformata dall'incontro con Gesù

Tutta la vicenda di Paolo è racchiusa nell'incontro personale con Gesù avvenuto sulla via di Damasco (At 9,3-5; 22,6-8; 26,12-15), sorgente intima dell'attività dell'apostolo, che da persecutore del cristianesimo, accanito e pieno di zelo, è divenuto uno dei suoi più grandi seguaci.
Ti proponiamo l'analisi del testo degli *Atti degli Apostoli* che racconta la sua storia.
Lo abbiamo diviso in "scene", secondo un approccio di tipo narrativo; a ogni scena abbiamo attribuito un titolo. Ti suggeriamo di leggere prima per intero il testo, poi – scena per scena – di indicare a tua volta un titolo (se ti piace quello proposto da noi puoi semplicemente utilizzarlo) e scrivere un breve commento e qualche riflessione che "attualizzi" la vicenda di Paolo, immaginando come avrebbe potuto svolgersi ai giorni nostri.
Dopo avere effettuato il lavoro autonomamente, puoi confrontare la tua scheda con la pista di lettura digitale **(documento 32.5)** ed eventualmente integrare le tue riflessioni con quelle che scaturiranno dal confronto con la scheda.

Scena 1: ***Saulo il "fondamentalista"***

«Saulo, spirando ancora minacce e stragi contro i discepoli del Signore, si presentò al sommo sacerdote e gli chiese lettere per le sinagoghe di Damasco, al fine di essere autorizzato a condurre in catene a Gerusalemme tutti quelli che avesse trovato, uomini e donne, appartenenti a questa Via».

(Atti 9,1-2)

Scena 1: ....

....

....

....

....

....

Scena 2: ***l'incontro sulla via di Damasco***

«E avvenne che, mentre era in viaggio e stava per avvicinarsi a Damasco, all'improvviso lo avvolse una luce dal cielo e, cadendo a terra, udì una voce che gli diceva: "Saulo, Saulo, perché mi perseguiti?". Rispose: "Chi sei, o Signore?". Ed egli: "Io sono Gesù, che tu perseguiti!".

(At 9,3-5)

Michelangelo Buonarroti, *La conversione di san Paolo*, particolare dell'affresco dell'*Apostolo*, 1542-1545 circa (Città del Vaticano, Palazzi Vaticani, Cappella Paolina).

Scena 2: ....

....

....

....

....

....

Scena 3: ***il crollo della propria visione religiosa***

«"Ma tu alzati ed entra nella città e ti sarà detto ciò che devi fare". Gli uomini che facevano il cammino con lui si erano fermati ammutoliti, sentendo la voce, ma non vedendo nessuno. Saulo allora si alzò da terra ma, aperti gli occhi, non vedeva nulla. Così, guidandolo per mano, lo condussero a Damasco. Per tre giorni rimase cieco e non prese né cibo né bevanda».

(At 9,6-9)

Scena 3: ....

....

....

....

....

....

Leggi e analizza

Scena 4: ***Ananìa, il collaboratore di Gesù*** «C'era a Damasco un discepolo di nome Ananìa. Il Signore in una visione gli disse: "Ananìa!". Rispose. "Eccomi, Signore!". E il Signore a lui: "Su, va' nella strada chiamata Diritta e cerca nella casa di Giuda un tale che ha nome Saulo, di Tarso; ecco, sta pregando e ha visto in visione un uomo, di nome Ananìa, venire a imporgli le mani perché recuperasse la vista". Rispose Ananìa: "Signore, riguardo a quest'uomo ho udito da molti quanto male ha fatto ai tuoi fedeli a Gerusalemme. Inoltre, qui egli ha l'autorizzazione dei capi dei sacerdoti di arrestare tutti quelli che invocano il tuo nome". Ma il Signore gli disse: "Va', perché egli è lo strumento che ho scelto per me, affinché porti il mio nome dinanzi alle nazioni, ai re e ai figli d'Israele; e io gli mostrerò quanto dovrà soffrire per il mio nome"». (At 9,10-16)	**Scena 4:** ....
Scena 5: ***l'incontro tra Ananìa e Paolo*** «Allora Anania andò, entrò nella casa, gli impose le mani e disse: "Saulo, fratello, mi ha mandato a te il Signore, quel Gesù che ti è apparso sulla strada che percorrevi, perché tu riacquisti la vista e sia colmato di Spirito Santo". E subito gli caddero dagli occhi come delle squame e recuperò la vista. Si alzò e venne battezzato, poi prese cibo e le forze gli ritornarono». (Atti 9,17-19)	**Scena 5:** ....

San Paolo è condotto da Anania che, avvertito dal Signore, lo risana, miniatura del secolo x dalla Bibbia di Carlo il Calvo.

Consigli di lettura G. Benzi, *Paolo e il suo Vangelo*, Queriniana, Brescia 2001.

33. La Chiesa, popolo della Nuova Alleanza

la posta in gioco

La Chiesa è una delle istituzioni più sorprendenti che si possono ritrovare nello sviluppo della civiltà umana. È diffusa in tutte le parti del mondo e ha una vita già di due millenni. A essa vengono mosse critiche feroci e altrettanti riconoscimenti; in entrambi i casi si ha un'ammissione, perlomeno implicita, della sua "continuità" nel tempo al di là della discontinuità degli uomini che l'hanno guidata e del tipo di strutture mediante le quali hanno governato.

Perché Dio si è servito di una comunità di uomini per farsi conoscere? Non poteva farsi conoscere direttamente da tutti, parlando personalmente con ciascuno? Che caratteristiche deve avere la Chiesa, secondo il suo fondatore?

Un popolo di chiamati

La parola "chiesa" deriva dal greco *ekklèsia*, sostantivo dal verbo *ek-kalein* che indica il "chiamare fuori". La parola "chiesa" rimanda quindi all'immagine dell'uscire fuori per rispondere a una chiamata. È questo infatti il senso che ha anche il termine ebraico che la versione greca dell'Antico Testamento dei Settanta (vedi pag. 204) traduce con Chiesa. È la *Qehal YHWH*, l'**assemblea dei chiamati da Dio**, come si dice nel libro dell'Esodo (**1**).

L'idea di essere un popolo *proprietà particolare di Dio* non esclude gli altri, come ricorda l'idea di popolo sacerdotale. Il sacerdote è colui che assolve una funzione di mediazione; così il popolo particolare dovrà assumere una funzione di mediazione verso tutti gli altri, realizzando la promessa che già era stata fatta ad Abramo: «in te si diranno benedette tutte le famiglie della terra» (Gen 12,3).

1 L'assemblea dei chiamati

«Mosè salì verso Dio, e il Signore lo chiamò dal monte, dicendo: "Questo dirai alla casa di Giacobbe e annuncerai agli israeliti: 'Voi stessi avete visto ciò che io ho fatto all'Egitto e come ho sollevato voi su ali di aquile e vi ho fatti venire fino a me. Ora, se darete ascolto alla mia voce e custodirete la mia alleanza, **voi sarete per me una proprietà particolare tra tutti i popoli**; mia infatti è tutta la terra! Voi sarete per me **un regno di sacerdoti e una nazione santa**'. Queste parole dirai agli Israeliti"».

(Es 19,3-6)

Mosè, con le tavole della Legge, istruisce la comunità, miniatura del XV secolo (Firenze, Museo dell'Opera del Duomo).

Tale scelta di Dio rimane valida anche con l'istituzione del Nuovo Israele; la Chiesa, infatti, non sostituisce Israele, così come la Nuova Alleanza non cancella la prima e unica Alleanza. Gesù si pone in continuità con Israele quando fonda la sua comunità chiamando dodici persone, che rappresentano simbolicamente le dodici tribù di Israele: «Salì poi sul monte, chiamò a sé quelli che voleva ed essi andarono da lui. Ne costituì Dodici – che chiamò apostoli – perché stessero con lui e per mandarli a predicare con il potere di scacciare i dèmoni» (Mc 3,13-15).

Un programma di vita

(C. Rosselli, *Discorso della montagna*, particolare, 1481. Città del Vaticano, Cappella Sistina)
Nel discorso della montagna, Gesù indica lo stile di fondo che devono avere tutti i suoi discepoli. Un programma che riproduce quello che lui ha fatto per ciascuno: essere disposti a dare la propria vita.

Perché Dio chiama un popolo intero?

Per comprendere questo fatto, occorre ricordare la **costituzione relazionale della persona** nel piano originario di Dio. L'uomo è persona non tanto perché possiede la ragione, come dice la filosofia greca (per Aristotele l'uomo è un "animale razionale"), quanto perché è capace di relazionarsi a Dio, che lo chiama all'esistenza, e all'*altro*, in primo luogo la donna, assieme alla quale è chiamato a realizzare la sua vocazione di **essere immagine e somiglianza di Dio**. Il peccato originale ha intaccato questa struttura relazionale dell'uomo, minando le relazioni con Dio e con l'altro. Ciò è particolarmente evidente nell'episodio di Caino e Abele in cui Caino, dopo aver ucciso il fratello, risponde a Dio che lo interrogava «Dov'è Abele, tuo fratello?» (Gen 4,9) con la cinica affermazione «Sono forse io il custode di mio fratello?» (Gen 4,9). **La redenzione, secondo la Rivelazione biblica, è quindi un'opera di restauro delle relazioni deformate**. Per questo all'uomo è proposta una nuova relazione con Dio e con l'altro. È questo il motivo per cui Dio chiama a sé un popolo, poiché è in esso che occorre sperimentare le nuove relazioni di fraternità che il peccato aveva compromesso senza eliminarle del tutto. Fa parte di questo progetto anche l'aver messo a capo del popolo una guida, che funge da rappresentante di Dio e con cui gli altri si devono relazionare. Lo stesso Gesù manterrà questa indicazione promuovendo la solidarietà tra i suoi discepoli.

Solo vedendo la qualità delle relazioni umane che si instaurano nella comunità, si può capire da che spirito quella comunità è animata. Per questo, Gesù

Pietro e Paolo, sostegno della Chiesa

▲(Rico da Candia, *I santi Pietro e Paolo*, XVI secolo. Firenze, Galleria dell'Accademia) Pietro e Paolo sono due colonne della Chiesa delle origini: Pietro, in quanto primo responsabile della comunità, e Paolo, in quanto apostolo delle genti. Erano molto diversi per carattere, formazione e sensibilità, eppure tutti e due hanno avuto un ruolo insostituibile. Non è mancato neanche il confronto spesso aspro tra di loro sulle scelte da compiere, sempre però nel rispetto e nella lealtà reciproca.

ha inviato i discepoli a due a due e non da soli (Mc 6,7) e ha dato loro il comandamento nuovo: «Vi do un comandamento nuovo: che vi amiate gli uni gli altri. Come io ho amato voi, così amatevi anche voi gli uni gli altri. Da questo tutti sapranno che siete miei discepoli: se avrete amore gli uni per gli altri» (Gv 13,34-35). Nella comunità e tramite di essa si può vivere la dinamica battesimale, fondamento dell'esperienza religiosa ed esistenziale di Israele e della Chiesa. Ciò che viene vissuto nel rito del battesimo si deve infatti poi tradurre in una prassi ecclesiale ben precisa: sperimentare che si può "morire" per l'altro in nome di Gesù e così risorgere a vita nuova (**2**).

(documento 33.1)

La Chiesa, corpo e sposa di Cristo

La comprensione della **Chiesa come popolo di Dio**, particolarmente riscoperta dopo il Vaticano II, non è l'unica immagine con cui viene designata la Chiesa nella Rivelazione. Essa per certi aspetti è un'immagine iniziale che trova il suo compimento in altre due espressioni, che sono la Chiesa come **corpo e sposa di Cristo**. Esse sono dei simboli che ci aiutano a comprendere meglio che cosa intenda il cattolicesimo quando parla di Chiesa.

Come per ogni simbolo, anche in questo caso occorre prima di tutto focalizzare il senso letterale dei termini, per poi poter comprendere i significati che essi intendono suggerire.

Innanzitutto, può essere utile chiedersi che cosa evocano le immagini del corpo e della sposa. Facilmente potremo riconoscere i seguenti significati: il corpo evoca unità e diversificazione, senso di appartenenza, complementarietà, mentre la sposa evoca amore, unione spirituale e fisica, dedizione reciproca. Questi significati saranno da guida per interpretare i passi biblici in cui i termini "corpo" e "sposa" vengono utilizzati per descrivere la realtà della Chiesa.

2 La vita nuova per san Paolo

«D'ora in poi non giudichiamoci più gli uni gli altri; piuttosto fate in modo di non essere causa di inciampo o di scandalo per il fratello.
Io so, e ne sono persuaso nel Signore Gesù, che nulla è impuro in se stesso; ma se uno ritiene qualcosa come impuro, per lui è impuro. Ora se per un cibo il tuo fratello resta turbato, tu non ti comporti più secondo carità. Non mandare in rovina con il tuo cibo colui per il quale Cristo è morto! Non divenga motivo di rimprovero il bene di cui godete! Il regno di Dio infatti non è cibo o bevanda, ma giustizia, pace e gioia nello Spirito Santo: chi si fa servitore di Cristo in queste cose è bene accetto a Dio e stimato dagli uomini.
Cerchiamo dunque ciò che porta alla pace e alla edificazione vicendevole. Non distruggere l'opera di Dio per una questione di cibo! Tutte le cose sono pure; ma è male per un uomo mangiare dando scandalo. Perciò è bene non mangiare né carne né bere vino né altra cosa per la quale il tuo fratello possa scandalizzarsi».

(Rm 14,13-21)

È soprattutto Paolo a svolgere queste riflessioni sulla Chiesa. Nel suo epistolario si dice infatti che è stato svelato ai discepoli il «mistero nascosto da secoli e da generazioni, ma ora manifestato ai suoi santi» (Col 1,26). Il progetto divino invita tutti gli uomini a formare un unico corpo per cui «le genti sono chiamate, in Cristo Gesù, a condividere la stessa eredità, a formare lo stesso corpo e a essere partecipi della stessa promessa per mezzo del Vangelo» (Ef 3,6). È questa la Chiesa corpo di cui Cristo è il «capo» (Ef 1,22). Ciò che costituisce la Chiesa corpo di Cristo è poi l'eucaristia: «Poiché vi è un solo pane, noi siamo, benché molti, un solo corpo» (1Cor 10,17).

L'eucaristia al centro della Chiesa

▲ (Beato Angelico, *Comunione degli apostoli*, 1440 circa. Firenze, Museo di San Marco)
Al centro della vita della Chiesa troviamo l'eucaristia. È infatti dalla condivisione dell'unico pane che nasce la comunità dei credenti.

L'appartenenza dei cristiani all'unico corpo non è solo di tipo rituale ma, per la teologia biblica, è una vera e propria realtà, come chiarisce l'immagine della Chiesa sposa. In un celebre passo della lettera agli Efesini leggiamo: «Nel timore di Cristo, siate sottomessi gli uni agli altri: le mogli lo siano ai loro mariti, come al Signore; il marito infatti è capo della moglie, così come Cristo è capo della Chiesa, lui che è salvatore del corpo. E come la Chiesa è sottomessa a Cristo, così anche le mogli lo siano ai loro mariti in tutto» (Ef 5,21-24). Il passo, che non vuole essere una giustificazione teologica del maschilismo, intende dire che Cristo ha amato il suo corpo, la Chiesa, come una sposa, e come un marito fedele e generoso è disposto a dare la vita per lei. Così il matrimonio cristiano diviene misteriosamente simbolo dell'unione profonda tra Cristo e la sua bella sposa, proprio come nel progetto originario era pensata l'unione tra l'uomo e la donna che da due divennero «un'unica carne» (Gen 2,24).

Le note distintive della Chiesa

La Chiesa cattolica per descriversi usa riassumere le sue caratteristiche fondamentali in una serie di aggettivi che ne qualificano l'identità e la missione e sono inseparabilmente collegati tra di loro. Li trovi tutti nel "Credo". Per questo la Chiesa si definisce **una**, **santa**, **cattolica**, **apostolica**.

L'**unità** indica in primo luogo la sua origine, che essa ritiene fondata sul mistero stesso della Trinità, come insegna il Con-

La Trinità, origine dell'unità della Chiesa

▶ (*La Trinità*, miniatura da un Vangelo greco)
L'unità della Chiesa è fondata sul mistero della Trinità. La Chiesa è la comunità voluta dal Padre affinché nello Spirito Santo tutti gli uomini riconoscano Gesù come Signore.

Ecumenismo

Deriva dal greco *oikouméne*, che indica in origine la parte abitata della Terra. L'ecumenismo è l'insieme delle iniziative che hanno come scopo ripristinare l'unità di tutti i fedeli cristiani e delle diverse Chiese, a partire dalla comune fede nel Dio della Trinità.

cilio Vaticano II: «Il supremo modello e il principio di questo Mistero è l'unità della Trinità delle Persone di un solo Dio Padre e Figlio nello Spirito Santo» (*Unitatis redintegratio*, n. 2).

Tale unità non implica uniformità; esistono infatti molti modi di incarnare l'unica fede professata dai cristiani, vissuta nel culto liturgico e nell'amministrazione dei sacramenti. La garanzia e la custodia di questa unità è affidata al collegio apostolico, l'insieme dei vescovi, con a capo il successore di Pietro, il papa. Questa unità, che è uno dei tratti su cui Gesù stesso ha insistito di più (Gv 17), è stata ferita dal peccato degli uomini che fin dalle prime epoche della vita della Chiesa si sono divisi con eresie, scismi e apostasie. Oggi la cristianità si presenta così divisa in almeno tre grandi rami: la **Chiesa cattolica**, che si concepisce come la depositaria della «pienezza dei mezzi di salvezza» (*Unitatis redintegratio*, n. 3), la **Chiesa ortodossa**, separatasi dal 1056, e le **Chiese riformate**, nate dalla predicazione di Martin Lutero a partire dal 1520. Esiste però da circa un secolo un movimento lento ma costante di riavvicinamento tra le diverse confessioni cristiane. È il cosiddetto **ecumenismo**, che si fonda sulla collaborazione in terre di missione e non solo tra le diverse confessioni, ma anche sulla preghiera, sul dialogo teologico, sulla conoscenza reciproca, e non da ultimo, come ha voluto sottolineare in modo particolare Giovanni Paolo II, sul perdono delle incomprensioni e delle violenze del passato.

Il battesimo

▲ (Masaccio, *Il battesimo dei neofiti*, particolare, 1425-1426. Firenze, Santa Maria del Carmine, Cappella Brancacci) Si appartiene alla Chiesa attraverso il sacramento del battesimo. Non si tratta di un rito di iniziazione, ma dell'essere inseriti nell'esperienza vivificante di Gesù morto e risorto.

La **santità** della Chiesa si fonda sulla santità del suo fondatore: «Noi crediamo che la Chiesa... è indefettibilmente santa. Infatti Cristo, il figlio di Dio, il quale con il Padre e il Figlio è proclamato "il solo santo", ha amato la Chiesa come sua sposa e ha dato se stesso per essa, al fine di santificarla, e l'ha unita a sé come suo Corpo e l'ha riempita col dono dello Spirito Santo, per la Gloria di Dio» (*Lumen gentium*, n. 39). Da ciò deriva il potere della Chiesa di santificare, ovvero il potere di trasmettere la grazia di Dio attraverso i suoi sacramenti e l'esercizio della carità. In unione a Cristo, che è il suo capo, la Chiesa è quindi "indefettibilmente" santa e bella; tuttavia i suoi membri, compresi i suoi ministri, sono uomini peccatori. Per questo, afferma ancora il Vaticano II: «la Chiesa che comprende nel suo seno i peccatori, santa e insieme sempre bisognosa di purificazione, incessantemente si applica alla penitenza e al suo rinnovamento» (*Lumen gentium*, n. 8). Questo è stato uno dei principali motivi del grande **Giubileo** dell'anno 2000, che ha avuto nel tema della cosiddetta «purificazione della memoria» uno dei suoi snodi fondamentali.

(documento 33.2)

La Chiesa è **cattolica** nel senso che essa opera secondo "la totalità" (*cat'olos* in greco significa "secondo il tutto"). Ciò implica essenzialmente due cose: in essa si trova la pienezza di Cristo che, in quanto suo capo, si è comunicato integralmente a essa; in secondo luogo essa opera secondo la totalità, nel senso

che è diffusa su tutta la terra e intende raggiungere ogni uomo. Tutti sono invitati a far parte di questa comunità (**3**).

Come ci può essere un'appartenenza formale, senza un'adesione sostanziale (con la mente e con il cuore), che non è sufficiente per la salvezza, nello stesso modo ci può essere un'appartenenza "reale" alla Chiesa, e quindi alla salvezza, anche senza un'adesione esplicita a essa. Per questo il Concilio Vaticano II ha precisato che, pur ritenendo l'appartenenza alla Chiesa di Cristo necessaria per la salvezza, questa affermazione non si riferisce a coloro che «senza colpa ignorano il Vangelo di Cristo e la sua Chiesa, e tuttavia cercano sinceramente Dio, e sotto l'influsso della grazia si sforzano di compiere con le opere la volontà di Dio, conosciuta attraverso il dettame della coscienza» (*Lumen gentium*, n. 14). Ciò non dispensa comunque la Chiesa dall'obbligo dell'evangelizzazione, per portare a tutti la pienezza dei doni e della salvezza cristiana.

La Chiesa è **apostolica** nel senso che essa si fonda sulla testimonianza dei primi apostoli che Gesù ha scelto, chiamato a sé e inviato in missione, come afferma il Vangelo di Marco: «chiamò a sé quelli che voleva (...) Ne costituì Dodici – che chiamò apostoli – perché stessero con lui e per mandarli a predicare» (Mc 3,13-14). Con l'aiuto dello Spirito Santo, essa custodisce l'insegnamento autentico dei primi apostoli cui è stata affidata la Rivelazione. A Gesù è piaciuto associare a sé questi uomini come suoi ministri e collaboratori, al punto da affermare che «Chi accoglie voi accoglie me» (Mt 10,40). Egli ha anche voluto che questa struttura ministeriale si perpetuasse: gli apostoli hanno così nominato i loro successori, i vescovi, perciò la Chiesa ritiene che «i vescovi per divina istituzione sono succeduti al posto degli apostoli, quali pastori della Chiesa: chi li ascolta, ascolta Cristo, chi li disprezza, disprezza Cristo e colui che Cristo ha mandato» (*Lumen gentium*, n. 20). Tuttavia l'apostolato (l'invio al mondo) non è proprio solo dei vescovi ma di tutti i fedeli che sono invitati, in nome del battesimo, a partecipare alla missione di annuncio e testimonianza del Vangelo.

Pietro consacra i diaconi

▲ (V. Carpaccio, *San Pietro consacra i sette diaconi, tra i quali santo Stefano*, 1511. Berlino, Gemäldegalerie)
La Chiesa è una comunità in cui ciascuno può avere un posto particolare. Ognuno, infatti, è chiamato a collaborare secondo i doni che ha ricevuto. Nel dipinto di Carpaccio Pietro consacra i primi diaconi, collaboratori degli apostoli per il servizio ai poveri e per l'annuncio della parola.

Giubileo

Detto anche "anno santo", è una pratica cristiana cominciata a partire dall'anno 1300, che ricorda in modo solenne la nascita di Gesù. Riprende l'anno giubilare dell'Antico Testamento, un anno in cui venivano rimessi i debiti per ricordare che la terra e i suoi beni sono di Dio e non proprietà degli uomini. Viene celebrato ordinariamente ogni 25 anni.

3 L'appartenenza alla Chiesa

Alla Chiesa appartengono in modo pieno coloro che «avendo lo Spirito di Cristo, accettano integra la sua struttura e tutti i mezzi di salvezza in essa istituiti, e nel suo organismo visibile sono uniti con Cristo – che dirige mediante il sommo pontefice e i vescovi – dai vincoli della professione di fede, dei sacramenti, del governo ecclesiastico e della comunione. Non si salva però, anche se incorporato alla Chiesa, colui che, non perseverando nella carità, rimane sì in seno alla Chiesa col "corpo" ma non col "cuore"» (*Lumen gentium*, n. 14).

Scheda di lavoro

Rifletti e discuti

Alcuni pregiudizi sulla Chiesa

Sulla Chiesa circolano molti pregiudizi che per qualcuno sono semplicemente "legittimi giudizi negativi"...
Ti invitiamo a individuare alcuni di quelli più ricorrenti e a raccoglierli entro alcune grandi tipologie, che ti proponiamo – a titolo esemplificativo – nella tabella che segue. Naturalmente, da solo o con il tuo insegnante, puoi individuare anche altre tipologie di pregiudizi e organizzarli secondo lo schema di sintesi che riterrai opportuno.

Rispetto al suo legame con Gesù e al fatto che è rimasta fedele	....
Rispetto al suo legame con Dio o al fatto di configurarsi semplicemente come un'organizzazione umana	....
In rapporto al tempo: dalle colpe del passato al fatto di essere "al passo con i tempi"	....
Rispetto alla condotta degli uomini che la governano	....
Altro	....

Dopo avere raccolto, anche da fonti giornalistiche o semplicemente ricostruendoli assieme ai tuoi compagni, alcuni dei pregiudizi più ricorrenti, potete discuterne in classe – insieme all'insegnante – per vedere in ciascuno di essi che cosa ci sia di "vero" e che cosa sia frutto di un giudizio frettoloso e acriticamente avverso nei confronti della Chiesa.

Potete poi approfondire la discussione utilizzando come guida le seguenti domande.

- Perché emergono così spesso (e tante volte nel corso dei tempi) dei pregiudizi negativi nei confronti della Chiesa e dei cristiani? A chi "dà fastidio"?
- Perché, nella comprensione cattolica del mistero della Chiesa, è così importante il suo rapporto con Gesù come capo e la continuità nel tempo, fin dal momento della sua fondazione?
- Ci sono stati, nel corso dei secoli, dei "progetti di riforma della Chiesa" che hanno portato qualche risultato, senza generare scismi, fratture o divisioni?
- Hai colto nei messaggi e discorsi di papa Francesco il bisogno di rinnovare la Chiesa? Su quali aspetti in modo particolare? Nei toni dei suoi discorsi leggi una sorta di "condanna" nei confronti della Chiesa del passato o di quanti lo hanno preceduto?

Consigli di lettura

G. Biffi, *La sposa chiacchierata. Invito all'ecclesiocentrismo*, Jaca Book, Milano 1998.

34. La Chiesa sacramento e i sacramenti della Chiesa

la posta in gioco

Uno dei modi più semplici e immediati per venire a contatto con il cristianesimo è partecipare, o come "diretto interessato" o come "spettatore", a uno o più dei riti caratteristici che – nella comprensione cristiana – sono sacramenti (battesimo, comunione, confessione, cresima, matrimonio, ordine sacro e unzione degli infermi), e che scandiscono i momenti della vita di milioni di persone. Vi sono poi anche altri riti, come ad esempio le benedizioni, i funerali e molte altre pratiche di pietà, che rendono particolarmente ricco l'insieme di forme con cui si esprime la vita comunitaria dei cristiani.

Quale funzione e senso hanno i riti all'interno del cristianesimo? Che cosa sono queste azioni che vengono compiute secondo certe forme codificate? Che cosa hanno di "diverso" i sacramenti cristiani, rispetto ad altre forme di ritualità presenti in molte religioni?

I riti cristiani sono i sacramenti

I principali riti cristiani sono i cosiddetti sacramenti, che scandiscono e accompagnano le principali tappe della vita. La Chiesa cattolica li ritiene istituiti da Cristo stesso e li presenta così ripartiti: **sacramenti dell'iniziazione**, ovvero quei riti attraverso i quali si "diventa cristiani" (battesimo e confermazione), l'eucaristia, la **celebrazione della cena del Signore**, "fonte e culmine" della vita della Chiesa, i **sacramenti per il servizio della vita comunitaria**, che definiscono lo stato di vita del battezzato adulto (matrimonio e ordine sacro), e infine i **sacramenti della guarigione**: la riconciliazione, che guarisce l'uomo dal male del peccato, e l'unzione degli infermi, che accompagna il momento della sofferenza e della morte.

Nella teologia cattolica però i sacramenti non sono eventi isolati o isolabili dal resto della vita del credente e soprattutto dall'identità di colei che li amministra: la Chiesa.

Il sacramento dell'ordine

▲ (N. Poussin, *Il sacramento dell'ordine*, 1640 circa. Londra, British Museum)
Gesù ha voluto che alcuni collaborassero più strettamente alla sua missione di pastore. Per questo ha istituito il sacramento dell'ordine, che da allora è stato trasmesso, senza interruzione, ai vescovi e, tramite loro, ai presbiteri e ai diaconi.

La Chiesa è il grande sacramento

Per comprendere in che modo la Chiesa sia considerata il primo e fondamentale sacramento, vediamo questa importante affermazione del Concilio Vaticano II: «la Chiesa è in Cristo come sacramento, cioè segno e strumento dell'intima unione con Dio e dell'unità di tutto il genere umano» (*Lumen Gentium*, n. 1).

In questo brano i padri conciliari, nel loro documento dedicato alla riflessione sull'identità e la missione della Chiesa, hanno voluto ribadire il fatto che la Chiesa, prima di essere un'istituzione umana al pari di altre, è per i fedeli una **realtà di fede**. La comunità dei credenti è infatti parte di Cristo, è il "suo corpo" di cui lui è capo. Per questo, attraverso la Chiesa, l'uomo può venire in contatto intimo con Dio stesso, oltre che con tutto il genere umano. Il Concilio, per spiegare questo concetto, utilizza il termine «sacramento», inteso come segno e strumento dell'azione di Dio.

La Chiesa quindi, come poi tutti i sacramenti, è un segno. Con il termine "segno" si intende descrivere una relazione (1).

I sacramenti nella vita del cristiano

(*I sacramenti*, particolare di battesimo, matrimonio, ordine, eucaristia; miniatura dal *Messale di Reims, Breviarium Romanum*, 1285-1297. Francia, Reims) I sacramenti accompagnano le tappe fondamentali della vita di un cristiano: dalla nascita alle scelte importanti della vita adulta, come quella di sposarsi o di consacrarsi totalmente al Signore. L'eucaristia è il sacramento comune a tutti e viene continuamente ripetuto per donare a ciascuno la forza di vivere bene la propria condizione.

1 La Chiesa come segno

Segno può essere considerato tutto ciò che fa riferimento o che sta al posto di qualcos'altro. Se vedo un cartello stradale, quello è un "segno", in quanto sta al posto dell'incrocio di cui mi segnala la presenza. Il cartello stradale senza l'incrocio non ha alcun senso, così come la Chiesa senza la realtà divina di cui si fa strumento non avrebbe alcun senso.

In ogni segno, proprio perché possa essere riconosciuto come tale, è necessario un "elemento materiale" che mi indirizza verso un significato ulteriore al momento "non presente". Deve esserci insomma un palo di metallo con un cartello disegnato perché ci sia il segno dell'incrocio. Così la Chiesa, come poi tutti i sacramenti, ha degli elementi materiali, visibili, concreti, che però rimandano e comunicano molto altro. Pensiamo ad esempio all'acqua per il battesimo o al pane e al vino per l'eucaristia».

Il mistero pasquale, centro della liturgia cristiana

I sacramenti cristiani vengono amministrati all'interno di riti che i cristiani chiamano **celebrazioni liturgiche**.

I sacramenti sono dunque la **modalità concreta con cui il cristiano può accostarsi ed "entrare" nell'esperienza di Gesù**. Essi infatti, attraverso parole e gesti, non fanno altro che riattualizzare in ogni epoca e in ogni luogo l'unico mistero della salvezza portata da Gesù.

Per far questo, in ogni sacramento è presente e indispensabile, per la teologia cristiana, l'**opera dello Spirito Santo**, seconda persona della Trinità. Come dice il Catechismo della Chiesa Cattolica: «La missione dello Spirito Santo nella Liturgia della Chiesa è di preparare l'assemblea a incontrare Cristo; di ricordare e manifestare Cristo alla fede dell'assemblea; di rendere presente e attualizzare, con la sua potenza trasformatrice, l'opera salvifica di Cristo, e di far fruttificare il dono della comunione nella Chiesa» (1112).

Lo Spirito Santo è colui che comunica al fedele la grazia della salvezza, ovvero il fatto che attraverso i riti celebrati dalla Chiesa il singolo entra realmente in contatto con l'opera salvifica compiuta da Cristo. Come afferma ancora il Catechismo della Chiesa Cattolica, i sacramenti «Sono efficaci perché in essi agisce Cristo stesso: è lui che battezza, è lui che opera nei suoi sacramenti per comunicare la grazia che il sacramento significa» (1127). Da ciò deriva che, per la Chiesa, i sacramenti sono indispensabili per ottenere la salvezza.

(documento 34.1)

Liturgia

Parola che indicava la prestazione di un servizio a favore della comunità religiosa o statale.
Nel cristianesimo, con essa si intende il particolare servizio della celebrazione dei riti cristiani che, pur avendo ambiti diversi, ruotano tutti attorno alla comunicazione, nei vari momenti della vita del credente e della comunità, del cuore dell'esperienza cristiana: il mistero pasquale di Gesù.

Lo Spirito Santo

▲ (F. Lippi, *Adorazione nel bosco*, particolare di Dio padre con lo Spirito Santo, 1459 circa. Gemäldegalerie, Berlino)
Il grande protagonista dei sacramenti è lo Spirito Santo. Lo Spirito, infatti, è indispensabile per poter entrare in comunione con il Padre e con il Figlio.

Il battesimo

Il battesimo è il **sacramento con cui si diventa cristiani**. Esso è stato istituito da Gesù, che lo ha inserito come scopo principale della missione che ha affidato ai suoi: «Andate dunque e fate discepoli tutti i popoli, battezzandoli nel nome del Padre e del Figlio e dello Spirito Santo, insegnando loro a osservare tutto ciò che vi ho comandato» (Mt 28,19-20). La parola da cui deriva significa in greco "immergersi" e fa riferimento al fatto che al centro di questo rito anticamente i catecumeni, coloro che volevano diventare cristiani, dopo una debita preparazione, venivano immersi in una vasca, accompagnati da una preghiera che invocava le tre persone della Trinità.

Questa **immersione** sta a significare due elementi fondamentali. Proprio come l'acqua è al tempo stesso un simbolo di morte e di vita, così il cristiano, attraverso il rito del battesimo, viene **immerso nella morte/risurrezione di Cristo, per riuscirne "risorto"**, "rinato" a vita nuova.

(documento 34.2)

L'acqua ha poi anche il valore simbolico della pulizia, per questo un altro significato del battesimo cristiano è che esso **cancella il peccato originale**, quell'eredità di male e di colpa in cui per nascita si trovano tutti gli uomini a causa del legame con Adamo.

Alle origini della Chiesa venivano battezzati soprattutto gli adulti, però già dal II secolo è invalsa la pratica di battezzare fin da bambini, come avviene ancora oggi. Con il battesimo, che viene conferito una sola volta e non può essere "cancellato", il fedele viene ammesso ufficialmente nella comunità e può condurre, se lo desidera, una vita all'insegna dello Spirito Santo che ha ricevuto in dono. Il ministro ordinario del battesimo è il sacerdote, però in caso di necessità ogni fedele può amministrarlo.

La Chiesa e i bambini

◀ (*Battesimo di un catecumeno a Roma*, sarcofago cristiano del III secolo. Roma, Museo Nazionale delle Terme)
Fin dalle origini la Chiesa ha voluto introdurre i bambini nella sua realtà. Per questo ha predisposto un periodo di preparazione, il catecumenato, in cui poter scoprire le ragioni della scelta che si sta per compiere e che cosa questa comporti.

La confermazione

Con il sacramento della confermazione, in adempimento del volere di Cristo, viene comunicato a coloro che diventano cristiani, attraverso il rito dell'imposizione delle mani, il **dono dello Spirito Santo**, destinato a completare la grazia del battesimo (At 8,15-17; 19,5-6).

Nella Chiesa antica questo sacramento era celebrato nello stesso rito del battesimo. Esso consiste in un'unzione con l'olio consacrato dal vescovo locale (crisma) e conferisce e rafforza la presenza dello Spirito Santo nel fedele, che lo ha già ricevuto nel battesimo.

Con il crescere però del numero delle parrocchie (dopo il IV secolo d.C.) e l'aumento del numero dei "cresimandi", in Occidente si è scelto di celebrare questo sacramento separatamente dal battesimo, mentre la Chiesa orientale ha conservato fino a oggi la pratica di celebrarlo assieme al battesimo. In questo modo, viene sottolineata di più l'unitarietà dei sacramenti dell'iniziazione cristiana, mentre in Occidente viene messo di più in evidenza il legame con la Chiesa, con il vescovo e quindi l'impegno che comporta l'essere diventati cristiani. In Occidente infatti tale sacramento viene celebrato quando il battezzato ha già raggiunto "l'età della ragione" e può viverlo così in modo pienamente consapevole.

Il segno di riferimento è costituito dalla **presenza dell'olio**, che compare, oltre che nel battesimo con le due unzioni che precedono e seguono il rito dell'immersione, anche nel sacramento dell'ordine e in quello dell'unzione degli infermi. Ancora una volta il suo utilizzo è legato ai molteplici significati simbolici che l'olio ha nella tradizione biblica e antica (**2**).

La confermazione

▲ (R. van der Weyden, *Trittico dei sette sacramenti: La cresima*, particolare, XV secolo. Anversa, Museo Reale delle Belle Arti)
La confermazione ha il suo momento centrale nell'unzione del candidato, segno della sua appartenenza alla Chiesa e a Gesù. La rinnovata scoperta della presenza dello Spirito Santo nella propria vita è vissuta all'insegna della testimonianza, che il cresimato è invitato ad assumere come stile di vita.

2 Il significato simbolico dell'olio

«L'olio è segno di abbondanza (Dt 11,14) e di gioia (Sal 23,5; Sal 104,15), purifica (unzione prima e dopo il bagno), rende agile (l'unzione degli atleti e dei lottatori); è segno di guarigione, poiché cura le contusioni e le piaghe (Is 1,6; Lc 10,34) e rende luminosi di bellezza, di salute e di forza».

(*Catechismo della Chiesa Cattolica*, n. 1293)

Con la confermazione, il cristiano riceve una rinnovata presenza dello Spirito Santo, il "sigillo" dello Spirito, che lo rende abile a intraprendere una vita cristiana adulta. Il sacramento è amministrato ordinariamente dal vescovo.

L'eucaristia

L'eucaristia è il **cuore dei sacramenti cristiani**, "fonte e culmine" della vita della Chiesa e alimento perenne dell'esistenza del fedele. La parola "eucaristia" significa "rendimento di grazie"; con essa si intende il fatto che Gesù ha vissuto tutta la sua vita e in modo particolare la sua morte, che viene anticipata liturgicamente proprio nell'ultima cena di cui l'eucaristia è il "memoriale", come una continua lode del Padre, di cui condivide e sposa pienamente la volontà.

Nell'eucaristia si celebra infatti la **disponibilità di Gesù a morire per ogni uomo**, in obbedienza alla volontà del Padre. Ciò che è accaduto una sola volta nel cenacolo e poi sul colle del Golgota viene attraverso questo rito "dilatato" a ogni epoca e a ogni luogo, proprio attraverso la celebrazione liturgica. È questo il senso della parola "memoriale" che viene applicata alla celebrazione dell'eucaristia. Quando Gesù infatti dice «fate questo in memoria di me» (1Cor 11,24), non intende tanto istituire una celebrazione commemorativa della sua morte, quanto piuttosto **offrire la possibilità a tutti di rendersi presenti a quell'evento** assoluto di disponibilità che è stato il suo sacrificio. Per i cristiani, nel pane e nel vino che vengono consacrati dal sacerdote si trova, sotto le apparenze (specie) del pane e del vino, il corpo e il sangue stesso di Gesù. Il **simbolismo del pane e del vino** ha una lunga tradizione biblica e affonda le sue radici nella celebrazione della Pasqua ebraica, la celebrazione che ricordava l'uscita dalla schiavitù egizia (**3**).

3 Il simbolismo del pane e del vino

«Nell'Antica Alleanza il pane e il vino sono offerti in sacrificio tra le primizie della terra, in segno di riconoscenza al Creatore. Ma ricevono anche un nuovo significato nel contesto dell'Esodo: i pani azzimi, che Israele mangia ogni anno a Pasqua, commemorano la fretta della partenza liberatrice dall'Egitto; il ricordo della manna del deserto richiamerà sempre a Israele che egli vive del pane della Parola di Dio (Dt 8,3). Il pane quotidiano, infine, è il frutto della Terra promessa, pegno della fedeltà di Dio alle sue promesse. Il "calice della benedizione" (1Cor 10,16), al termine della cena pasquale degli ebrei, aggiunge alla gioia festiva del vino una dimensione escatologica, quella dell'attesa messianica della restaurazione di Gerusalemme. Gesù ha istituito la sua Eucaristia conferendo un significato nuovo e definitivo alla benedizione del pane e del calice».

(*Catechismo della Chiesa Cattolica*, n. 1334)

Caravaggio (Michelangelo Merisi), *Cena in Emmaus* (particolare), 1601 (Londra, National Gallery).

Il **rito dell'eucaristia** si compone di quattro parti intimamente collegate tra loro: la **proclamazione della Parola di Dio**, l'**azione di grazie a Dio** per tutti i suoi benefici e in particolare per il dono di suo Figlio, la **consacrazione del pane e del vino** e la **partecipazione dei fedeli al banchetto liturgico** mediante la ricezione del corpo e del sangue del Signore.

Il ministro dell'eucaristia è il vescovo o il sacerdote, che con il sacramento dell'ordine ricevono la facoltà di agire come se fosse presente Cristo. Il giorno proprio della celebrazione è "il giorno del Signore", "il primo giorno dopo il sabato", la domenica, giorno in cui si ricorda la morte e soprattutto la risurrezione di Gesù e l'inizio così degli "ultimi tempi".

Per la Chiesa non si possono accostare all'eucaristia le persone che non siano in comunione con essa, ovvero le persone che si trovano in situazione di peccato mortale. Per queste è possibile partecipare pienamente all'eucaristia solo dopo aver ricevuto il sacramento della riconciliazione. Il frutto principale dell'eucaristia è ricevere quell'amore con cui Gesù si è sacrificato per tutti gli uomini. Per questo è considerato il sacramento che edifica la comunità e fa vivere l'unica realtà eterna di cui dispone l'uomo: l'amore.

L'eucaristia, dono per la Chiesa

▲ (*Cavaliere riceve l'eucaristia*, XIV secolo, miniatura da un manoscritto francese di Chrétien de Troyes. Torino, Biblioteca Nazionale)
L'eucaristia è il grande dono che Dio ha voluto per la sua Chiesa. Con essa, in ogni tempo e in ogni luogo, viene reso presente il sacrificio del Figlio che nell'ultima cena ha dichiarato la sua disponibilità a morire per ogni uomo lasciandosi, simbolicamente, mangiare.

La riconciliazione

Il cristiano, nonostante tutti i doni che riceve nei sacramenti dell'iniziazione, resta un soggetto libero che in quanto tale può anche sbagliare. L'errore più grave che può commettere è il peccato, ovvero compiere scelte che lo allontanano dalla comunione con Dio. La Chiesa ha da sempre distinto questo allontanamento in due modi: i cosiddetti **peccati veniali**, che indeboliscono la vita del credente ma non compromettono il suo legame con il Creatore, e i **peccati** cosiddetti **mortali**, poiché "uccidono" la relazione di fiducia, di intimità, di dialogo con Dio.

Per il cristiano che si trova a vivere la realtà del peccato e che desidera ricostituire il legame di amicizia con Dio è stato istituito da Gesù il sacramento della riconciliazione (Mt 16,13-20). Siccome il peccato crea una situazione di lontananza da Dio, solo Dio nella sua misericordia può offrire all'uomo la **possibilità di ricostituire l'amicizia perduta**. Questa offerta deve però essere raccolta in modo libero e consapevole. Nel sacramento della riconciliazione, infatti, non ci sono simboli materiali come in quelli dell'iniziazione. Il "segno" che deve essere presente per la validità del sacramento è il **pentimento** del cuore e il conseguente **desiderio di rimediare** al male fatto. Per questo motivo, il sacramento della riconciliazione è chiamato anche sacramento della penitenza e confessione. In particolare, quest'ultimo termine, come suggerisce la sua etimologia latina ("dichiarare", ma anche "lodare"), indica il fatto che mentre il fedele "confessa" le proprie colpe, loda anche il Padre per la misericordia che ha nei suoi confronti.

Il sacramento della riconciliazione è celebrato in genere "privatamente", poiché il fedele è invitato a riconoscere le proprie colpe di fronte al sacerdote (o al vescovo) che in quel momento, attraverso le parole dell'assoluzione, rappresenta Dio padre che perdona e assolve.

(documento 34.3)

Il frutto di questo sacramento è, per i cristiani, la **ricostituzione del legame di amicizia con Dio e di piena comunione con la Chiesa**.

Ritrovare la comunione con Dio e con la Chiesa

▶ (A. di Bonaiuto, *La penitenza*, particolare, XIV secolo. Firenze, Santa Maria Novella, Cappellone degli Spagnoli)
La comunità cristiana non è fatta di uomini e donne perfetti. Per questo motivo, è stato istituito il sacramento della riconciliazione, che consente al cristiano che si è allontanato dalla comunione con il Padre di ricevere il perdono. La penitenza è il segno concreto della decisione di voler cambiare vita e di voler rimediare al male commesso.

L'unzione degli infermi

Oltre al male morale provocato dal peccato, esiste anche il male fisico nei suoi aspetti della malattia o dell'invecchiamento. Il sacramento dell'unzione degli infermi intende **accompagnare i fedeli in questi momenti particolarmente difficili dell'esistenza**, in cui è possibile la tentazione della disperazione, della ribellione e della perdita della gioia. Anche se in determinate stagioni della storia cristiana era considerato come il sacramento dell'estremo momento, del passaggio dalla vita terrena a quella eterna, la Chiesa ha recentemente riscoperto la sua antica funzione di accompagnamento nelle situazioni di malattia grave.

Il segno con cui viene amministrato dal vescovo o dal sacerdote è quello dell'**olio** con cui, nel rito romano, si ungono la fronte o le mani dell'infermo, mentre in Oriente si ungono anche altre parti del corpo (Gc 5,14-15). Con questo sacramento il fedele viene posto nella condizione di **associare le sue**

sofferenze a quelle di Cristo per il bene suo e di tutta la Chiesa, nonché di ricevere il conforto per sopportare la situazione in cui si viene a trovare e prepararsi al momento dell'ultimo passaggio.

Uniti alle sofferenze di Gesù

▶ (E. Munch, *La bambina malata*, 1896. Göteborg, Göteborgs Konstmuseum)
Anche la malattia e il dolore vengono accompagnati da un sacramento. Con l'unzione degli infermi si ricorda agli ammalati che la loro condizione non li esclude dalla comunione ecclesiale, ma addirittura li può unire più strettamente alle sofferenze che il figlio ha patito per l'umanità.

L'ordine

Attraverso il battesimo tutti i cristiani sono partecipi di una delle caratteristiche fondamentali di Cristo: il suo essere sacerdote. Per questo motivo la Chiesa si considera un popolo sacerdotale, in quanto tutti i suoi membri sono anche "sacerdoti", mediatori della salvezza in quanto "membra vive" innestate nel corpo dell'unico salvatore. È questo il cosiddetto **sacerdozio comune di tutti i fedeli**. Al suo interno si trova però un servizio sacerdotale particolare, il **sacerdozio ministeriale**, che serve proprio per **rendere presente la funzione di Cristo, capo della sua comunità**. È Gesù stesso che lo ha istituito, scegliendo i Dodici e riservandoli per un compito particolare (Mt 10,1-15). Tale sacerdozio è conferito dal sacramento dell'ordine, parola latina che designava presso i romani il gruppo di coloro che erano preposti al governo. Il sacerdozio ministeriale si esercita attraverso l'insegnamento, la presidenza del culto e la guida pastorale della comunità.

Fin dalle origini il sacramento dell'ordine è conferito in **tre gradi**: quello dei vescovi (etimologicamente "sorveglianti"), quello dei presbiteri (anziani) e quello dei diaconi (servi).

Il **vescovo** è colui che lo riceve nella sua pienezza, essendo il successore degli apostoli a cui viene affidata la guida di una comunità. Lui è il garante della comunione che la comunità locale deve avere con tutta la Chiesa attraverso il legame con il papa, il vescovo di Roma, successore di Pietro.

I **presbiteri** sono i collaboratori del vescovo cui viene affidata una porzione della Chiesa locale: la parrocchia.

Al servizio della Chiesa

▲ (*L'ordinazione di un sacerdote*, miniatura da un Vangelo armeno, 1287)
Nel sacramento dell'ordine il candidato promette obbedienza al vescovo, così come Gesù è stato obbediente nei confronti del Padre. Si impegna altresì a vivere in castità, per essere tutto al servizio della comunità, e nella povertà, in quanto intraprende questa vita per servire e non per essere servito.

(documento 34.4)

I **diaconi** sono ordinati ad alcuni servizi importanti all'interno della comunità, come l'annuncio e la spiegazione della Bibbia e il presiedere alle attività caritative. Essi però non possono celebrare la messa e il sacramento della riconciliazione, mentre possono celebrare gli altri.

Il **segno** che contraddistingue questo sacramento è l'**imposizione delle mani** sul capo del consacrando, seguita da una preghiera che chiede a Dio per l'ordinando il dono dello Spirito Santo necessario per svolgere il suo ministero.

Il matrimonio

Il sacramento del matrimonio ha come oggetto l'alleanza che un uomo e una donna decidono liberamente di fare per realizzare, come dice il catechismo, «un'intima unione di vita e d'amore» (*Catechismo della Chiesa Cattolica*, n. 1660). La Chiesa assume la realtà dell'amore umano tra i sessi, opera prima del creatore (Gen 1,27-28; 2,18-25), per renderla segno dell'amore con cui Cristo ama la Chiesa (Ef 5,25ss). Per questo motivo **il sacramento del matrimonio porta a compimento l'amore umano** avvolgendolo con i tratti di quello divino: **unico, indissolubile e fecondo**.

Come nel sacramento della riconciliazione, il segno proprio di questo sacramento non è un elemento materiale. Esso si fonda infatti sul **libero consenso che i due coniugi manifestano** all'interno della comunità e davanti a Dio che li benedice tramite il sacerdote. Come segno dell'avvenuta unione, i coniugi si scambiano l'anello nuziale, ricordo dell'impegno reciproco. Per la validità del matrimonio si richiede che il consenso manifestato sia libero da imposizioni di qualsiasi genere e che gli sposi accettino e condividano le qualità proprie del matrimonio cristiano.

L'unità nella diversità

▶ (R. Sanzio, *Lo sposalizio della Vergine*, particolare, 1504. Milano, Pinacoteca di Brera)
Nel matrimonio l'attrazione tra l'uomo e la donna viene elevata simbolicamente a esprimere l'amore che Gesù ha per la Chiesa e per ogni uomo.

Scheda di lavoro

Rifletti e discuti

I sacramenti: discussioni e pregiudizi

Come l'immagine complessiva della Chiesa è spesso oggetto di critiche, così la pratica dei sacramenti è fonte di molte discussioni e pregiudizi. Dopo averne raccolti i principali, si può fare una riflessione, cercando di capire le ragioni della loro presenza e il loro significato alla luce di quanto esposto in questa Unità. Per avviare la discussione, prova a vedere se ti ritrovi nelle obiezioni e domande che abbiamo riportato nella tabella; è importante però che tu inserisca anche quelle che faresti tu o quelle di cui hai avuto notizia personalmente, perché ti è capitato di ascoltare qualcuno che le formulava.

Battesimo	Perché dare il battesimo a dei bambini piccoli che non lo possono capire? Non sarebbe meglio aspettare che crescano e poi far decidere a loro? ....
Riconciliazione	Perché devo andare a dire a un uomo i miei peccati? Non posso dialogare direttamente con Dio che mi vede e mi ascolta senza mediazioni? ....
Eucaristia	Ma come si fa a credere che Gesù sia presente in un pezzo di pane? Perché poi, se è davvero presente, dovremmo "mangiarlo"? ....
Cresima	A che cosa serve la cresima? Non basta già il battesimo per essere cristiani? Se è il sacramento di chi diventa "adulto nella fede", perché si celebra da ragazzini? ....
Matrimonio	Perché impegnarsi per sempre? E se l'amore finisce? Se il matrimonio è "eterno" perché chi rimane vedovo (o vedova) si può risposare? ....
Ordine	Che senso ha nella nostra epoca un sacramento che sa di lontano? Non siamo tutti uguali davanti a Dio? ....
Unzione degli infermi	Non è una specie di scongiuro nei momenti difficili della vita? Non è un approfittarsi della situazione di debolezza in cui si trova una persona malata? ....

Consigli di lettura

J. Auer - J. Ratzinger, *I sacramenti della Chiesa*, Cittadella, Assisi 1989.

dossier

Le **sette** e le **gnosi**

Diversi modi di porsi davanti a Dio

Quando si parla del fenomeno delle sette spesso si accende la curiosità e l'immaginazione subito corre agli aspetti più strani e bizzarri di dottrine e usanze. Altre volte ci si accontenta di un approccio descrittivo, apparentemente asettico e scientifico, ma che non ci restituisce il senso dei drammi che le persone possono vivere in determinate situazioni. Si tratta dunque di cercare un approccio complesso, che da un lato tenga conto delle opportune esigenze di scientificità nel descrivere il fenomeno, ma dall'altro lato si ponga di fronte a questa problematica in termini autenticamente "religiosi". Del resto, gli stessi esponenti dei movimenti settari o dei gruppi gnostici si propongono in tale prospettiva. Si tratta, in fondo, di diversi modi di porsi davanti a Dio.
La Chiesa, dal canto suo, si propone un approccio di tipo pastorale, ovvero si chiede come accompagnare e aiutare le persone che sono coinvolte.

Sette e religioni: alcuni criteri per orientarsi

Il linguaggio ordinario ci avvisa della necessità di distinguere tra **sette** e religioni: si percepisce che non sono la stessa cosa, anche se ci si trova in difficoltà quando si vuole precisare i termini e i motivi della distinzione.
Lo sguardo sociologico tende a sottolineare maggiormente alcune caratteristiche osservabili dei movimenti settari e il loro rapporto con la società e la cultura in cui sorgono e con cui si confrontano ▶(documento Le sette e le gnosi 1).
Sul **piano storico** bisogna anche tener conto del fatto che i movimenti settari, per loro stessa natura, sono facilmente soggetti a processi di evoluzione di vario genere. Si possono constatare **processi di evoluzione dottrinale**, in cui una determinata setta modifica – anche radicalmente – le proprie credenze o i propri precetti. La rottura nei confronti della religione d'origine (in genere le sette nascono a modo di "scisma" da altre religioni) può non apparire un carattere specificamente settario, ma sembra riguardare ogni nuova esperienza religiosa che rivendichi un'identità autonoma rispetto a quella da cui proviene.
Per distinguere in questo senso una setta da una nuova religione bisogna porre l'accento sul **modo**

Setta
Termine di dubbia etimologia che deriva dal latino e può esser fatto risalire o al verbo *seco, secare* (= tagliare) o, a *sequor, sequi* (= seguire) nella sua forma frequentativa: *sector, sectari* (= seguire con zelo). In generale, il termine fa pensare a una frattura, alla lacerazione, nell'unità di un gruppo religioso, di una Chiesa.

in cui tale presa di distanze avviene. Se essa è il **frutto di una consapevolezza autonoma**, del sottolineare qualcosa di nuovo, non parleremo di setta, mentre se la **contrapposizione** con la religione d'origine è elemento ineliminabile dall'essenza stessa del nuovo movimento religioso potremmo parlare di una contrapposizione dai connotati settari.
In ogni caso, proprio a partire dal carattere potenzialmente svalutante che assume il termine setta, sono state introdotte altre denominazioni, come **Nuovi movimenti religiosi** (NMR) e **Movimenti religiosi alternativi** (MRA), che vengono talvolta preferiti soprattutto negli studi di carattere descrittivo.
Diversi autori tentano di costruire mappe descrittive mediante le quali classificare i NMR o MRA, utilizzando criteri di tipo storico, geografico o dottrinale. Costruire **mappe di sintesi** non è semplice, per una pluralità di ragioni. In primo luogo la variabilità stessa dei movimenti, la rapidità con cui alcuni di essi nascono e muoiono rende difficile tenere "aggiornata" la mappa in questione. In secondo luogo vi è il problema della scelta del **criterio principale di classificazione**: descrittivo, dottrinale, storico, geografico, sulla base dell'atteggiamento spirituale? Ogni scelta comporta pregi e limiti, sia sul piano della sua efficienza descrittiva, sia su quello della "tenuta" culturale.

L'occhio nel triangolo, simbolo della setta Dai.

Il più diffuso dei criteri di classificazione, che deriva da alcune enciclopedie americane (Van Baalen, Gordon Melton), a cui si sono ispirati anche autori italiani (cfr. M. Introvigne e il CESNUR), è di **tipo storico-dottrinale**, che risulta molto efficace sul piano descrittivo e apre spazi di catalogazione dei movimenti in cui è sempre possibile e semplice inserirne di nuovi. Più interessanti dal nostro punto di vista possono essere altri criteri, di natura **filosofico-teologica**, che tengono conto della naturale apertura alla dimensione religiosa che è iscritta nel cuore dell'uomo (cfr. Unità 1 e 3), in forza dei quali potremmo

Nuovi movimenti religiosi (NMR)

Espressione che trae le sue origini dall'esigenza, emersa soprattutto in ambito sociologico, di evitare il termine "setta" (potenzialmente svalutante), limitandosi a un elemento più descrittivo (si parla di movimenti religiosi "nuovi"). In realtà anche tale espressione mostra i suoi limiti, perché ci si potrebbe chiedere per quanto tempo un movimento religioso si può considerare "nuovo" e talvolta chi usa questa espressione lo fa in termini quasi elogiativi, cioè contrapponendo la novità e la "freschezza" di alcuni nuovi movimenti, al carattere tradizionale e statico delle "vecchie" chiese storiche.

Movimenti religiosi alternativi (MRA)

Espressione che tenta di recuperare, come carattere distintivo dei NMR, il fatto che si pongono "in alternativa" rispetto ad altre tradizioni storiche e culturali, non necessariamente perché se ne siano "separate" (sette), ma perché marcano la distanza in modo spesso polemico.

tentare di distinguere sette e religioni sulla base dell'**atteggiamento interiore del credente**, almeno per ciò che gli viene proposto a livello di dottrine. Precisiamo subito che i quadri concettuali che proporremo non hanno la pretesa di leggere nella mente e nel cuore di quanti aderiscono a una setta o a un nuovo movimento religioso, ma semplicemente quella di verificare alcuni elementi che emergono in modo più evidente, come "proposta religiosa", a partire dai testi ufficiali dei vari movimenti.

Seguiremo questa linea interpretativa, ma – per farlo – è necessario prima rimettere a fuoco alcuni concetti di base, alla luce dei quali proveremo a distinguere un **atteggiamento religioso**, un **atteggiamento settario**, un **atteggiamento gnostico**.

Tipologia generale	Area o famiglia di NMR	Alcuni esempi (solo indicativi, l'elenco potrebbe essere lunghissimo)
Movimenti religiosi a simbologia cristiana	Di area protestante	Movimenti fondamentalisti (The fundamentals), Testimoni di Geova, Chiesa del Regno di Dio, Amish, Mennoniti, fino alle "chiese personali" dei numerosi predicatori televisivi...
	Di area cattolica	Lefebriani, Vecchi cattolici, Chiesa dell'Anima Universale, Chiesa Spagnola riformata episcopale, gruppi legati a "rivelazioni private" (nella misura in cui si separano dalla Chiesa cattolica)
	Di ispirazione cristiana in generale o sincretista	Bambini di Dio (the Family), Chiesa dell'Unificazione (rev. Moon), Mormoni, Scienza cristiana, Candomblé, Umbanda
Movimenti religiosi di origine islamica		Baha'i, Sufi Order, Subud, Daheshismo
Movimenti religiosi di origine orientale	Di ispirazione buddhista	Soka Gakkai, Sukyo Mahikari
	Di ispirazione induista	Hare Krishna, Organizzazione Sathya Sai Baba, Sri Aurobindo e "Mère", Sri Chinmoy, Paramahansa Yogananda
	Di ispirazione taoista, shinto, sikh, ecc.	Tenrikyo
Movimenti religiosi di area magico-esoterica	Gruppi esoterici	Massoneria, Società Teosofica, Antroposofia (Steiner), Lectorium rosicrucianum (Rosacroce), Fraternità Bianca Universale, Eckankar, Nuova Acropoli, Società archeosofica
	Movimenti del potenziale umano	Scientology, EST (Erhard Seminary Training - The Forum), Silva Mind Control, New Age, Next Age
	Movimenti magici	Ordine Ermetico della Golden Dawn, Ordo Templi Orientis, Wicca (neo-stregoneria), Society of the inner light, Ordo Saturni
	Ufologi	George Adamski Foundation, Unarius, Centro studi fratellanza cosmica - "nonsiamosoli"
	Spiritismo e post-spiritismo	Associazione dei discepoli di Allan Kardec, Scuola scientifica Basilio, Cerchio Firenze 77, Psicosofia, Scienza cosmica, Damanhur
	Satanismo	Chiesa di Satana, Bambini di Satana, Tempio di Set, Lucifer-G, The Process

Alla ricerca di un atteggiamento religioso autentico

Parlando dell'esperienza religiosa (Unità 3) ci siamo soffermati sia sul **senso religioso**, come atteggiamento profondo dell'uomo che si manifesta in un'apertura all'esperienza religiosa, sia su alcune definizioni della religiosità e della religione, arrivando a qualificarla come una **virtù**. Le virtù sono atteggiamenti interiori, profondi e radicati nella persona, che diventano quasi una "seconda natura", tanto che si traducono in azioni in modo fermo, stabile e costante. Riprendiamo ora alcune delle caratteristiche generali che possiamo ritrovare in un atteggiamento religioso autentico, quale che sia la tradizione religiosa o la cultura in cui esso si vada a inserire. Ciò che diremo di seguito si può applicare a un buon cristiano, come a un pio israelita, a un fedele induista, buddhista, o anche a persone vissute in tempi e luoghi molto lontani dai nostri, ma che abbiano vissuto in modo profondo e autentico la loro esperienza religiosa. Naturalmente potremmo trovare in tutte queste tradizioni religiose anche delle persone che vivono in modo superficiale, esteriore, chiuso e fors'anche "settario" la propria esperienza religiosa. Non è nostra intenzione fare uno studio sui comportamenti concreti dei più, ma semplicemente identificare le **caratteristiche comuni** a tutte le "proposte religiose" che si collocano in tale ottica di autenticità **1**.

Se la religione è la **risposta dell'uomo a una "chiamata" che viene da Dio**, attraverso una Rivelazione o attraverso l'appello quotidiano che emerge dalle meraviglie della natura, le prerogative di un atteggiamento religioso si dovranno collegare alla **capacità di rispondere a tale appello**. Come in ogni forma di dialogo, l'ostacolo principale è rappresentato dalla chiusura in se stessi, mentre l'atteggiamento migliore è quello di un'apertura all'altro

1 | Alla ricerca di autenticità negli atteggiamenti religiosi

«Religione nel pieno senso della parola c'è solo dove si incontrano e si unificano le due componenti, cioè l'oggetto proprio della religione e l'*atteggiamento soggettivo* da questo richiesto. La religione è per essenza un incontro dell'uomo con il Divino, con la Realtà trascendente assoluta, col Valore numinoso, sacro – questo è il suo lato oggettivo, il suo contenuto intenzionale. Ma nella religione l'uomo deve – e questa è la componente soggettiva – incontrare il Numinoso in disposizione religiosa, cioè deve essere scosso, commosso, infiammato dalla soverchiante pienezza ontologica e dalla impegnante e beatificante pienezza assiologica del Divino, deve abbandonarsi ad esso in una decisione esistenziale sostenuta da tutto l'io fattosi a sé presente, sorretta dal centro più profondo della persona».

(A. Lang, *Introduzione alla filosofia della religione*, tr. it. Morcelliana, 1972)

Brahmino in meditazione.

che ci consenta di andare oltre noi stessi. Pensando alla natura umana e alla sua dimensione spirituale (intelligenza e volontà), possiamo ritrovare una triplice apertura all'altro che ci offre le coordinate di un autentico atteggiamento religioso.

C'è un'apertura al divino che si manifesta nella **dimensione dell'intelligenza** e si configura come apertura al senso del mistero e come capacità di accettare una rivelazione divina (senza pretendere di costringerla nei propri schemi). C'è un'apertura al divino che si manifesta nella **volontà**, in quanto capacità di desiderare qualcosa che consideriamo un bene per noi e si configura come apertura a una speranza che vada oltre le aspirazioni dell'umano. C'è infine un'apertura al divino che si esprime nella **disposizione a "fare la volontà" di Dio** o comunque a cercare nella dimensione religiosa principi, valori e ragioni per le proprie scelte. Alcune espressioni bibliche, come «parla o Signore il tuo servo ti ascolta», ma anche quel passaggio del Padre nostro, in cui – rivolgendosi a Dio – si esorta se stessi e gli altri affinché «sia fatta la tua volontà», sono buoni esempi di un autentico spirito religioso.

René Magritte, *La riconoscenza infinita*, 1933 (Collezione privata).

Se la religione è una virtù e l'atteggiamento religioso autentico può essere paragonato al comportamento virtuoso, ci si può chiedere se – rispetto all'atteggiamento religioso – si possano individuare delle **tendenze opposte**. Il Catechismo della Chiesa Cattolica, parlando degli atteggiamenti che si oppongono alla virtù di religione **2**, parla dell'**irreligiosità** (che si oppone alla religione per difetto) e della **superstizione** (che si oppone alla religione per apparente eccesso).

Non si vuole con questo esprimere un giudizio etico sulle persone o assumere un atteggiamento moralistico nei confronti dei movimenti, ma vorremmo tentare di applicare questo schema, per verificarne il potere interpretativo in ordine alla possibile distinzione di differenti atteggiamenti dell'uomo nei confronti di Dio.

2 I vizi opposti alla virtù di religione

«Il primo comandamento vieta di onorare altri dèi, all'infuori dell'unico Signore che si è rivelato al suo popolo. Proibisce la superstizione e l'irreligione. La superstizione rappresenta, in qualche modo, un eccesso perverso della religione; l'irreligione è un vizio opposto, per difetto, alla virtù della religione».

(*Catechismo della Chiesa Cattolica*, n. 2110)

▶(documento Le sette e le gnosi 2)

Atteggiamento settario e atteggiamento gnostico come alternative a quello religioso

Quando si distinguono i nuovi movimenti religiosi, **sul piano dottrinale**, si identificano due grandi "famiglie" di dottrine e stili operativi: quella dei **movimenti profetico-millenaristi** e quella dei **movimenti gnostico-esoterici**.

I **movimenti profetico-millenaristi** si caratterizzano per un messaggio "forte", che in genere dipende dall'azione di uno o più predicatori che assumono l'atteggiamento del profeta. La componente **millenarista** aggiunge il senso di "urgenza" alla predicazione (e alla necessità di convertirsi) a motivo dell'**imminente fine del mondo**. Le sette millenariste sorgono più facilmente in ambiente culturale cristiano, anche perché traggono da una lettura letterale di alcuni testi biblici i punti di riferimento che servono loro per la formulazione del cuore del messaggio ▶(documento Le sette e le gnosi 3).

Più in generale, la setta è un gruppo che si separa o che in ogni caso "prende le distanze" da un orizzonte di credenze e di riti che rimangono "alternativi" a ciò che il nuovo gruppo crede e pratica.
Le sette profetico-millenariste si separano dalle Chiese (cattoliche e protestanti) "storiche". In tutto questo **il predicatore si presenta come portatore di una "nuova rivelazione"** o semplicemente dichiara di essere in possesso delle chiavi esclusive per interpretare la parola di Dio: tutti avevano sotto gli occhi la Bibbia, ma nessuno – fino a quel momento – avrebbe saputo leggervi l'annuncio della fine.
Gli atteggiamenti confacenti a un gruppo "settario" in questo senso sono quelli funzionali a marcare le distanze di cui si è detto, per cui è necessaria una grande chiarezza (e semplicità) sul piano dottrinale, da cui far derivare conseguenze chiare sul piano etico.

Il fondatore della setta dei raeliani.

Millenarismo

Si tratta di una credenza cristiana, già presente anche nel giudaismo, per cui si dovrebbe realizzare, in modo visibile o comunque riconoscibile, un nuovo regno di Cristo, per il rinnovamento di questo mondo. Il termine deriva dal numero mille, perché – sulla base del cap. 20 del libro dell'Apocalisse – tale regno dovrebbe avere una durata definita (mille anni), prima di nuovi eventi culminanti con la fine del mondo.

Atteggiamento settario

Fondamentalismo
In senso generale il termine indica qualunque forma di interpretazione letterale di testi sacri, da cui derivi un atteggiamento che può giungere a legittimare comportamenti "estremi" anche in campo morale. Dal punto di vista storico esso va ricondotto a una corrente di pensiero, sviluppatasi nel mondo evangelico americano, sul finire del XIX secolo.
▶(documento Le sette e le gnosi 4)

Una caratteristica delle sette profetico-millenariste è, in genere, la **chiusura al senso del mistero**: ogni zona d'ombra potrebbe togliere "mordente" alla forza con cui si prendono le distanze da coloro che si pensa siano nell'errore e anche all'energia del messaggio "profetico". Il mistero parrebbe collocarsi in tali zone d'ombra, per cui è bene eliminarlo (almeno all'inizio) nel modo più accurato possibile; in questo senso potremmo dire che nelle sette vi è una **forte paura del dubbio**, e chi pone interrogativi critici viene generalmente emarginato. Questo elemento non è esclusivo dei movimenti settari, ma appartiene a tutti i **fondamentalismi**, di qualsiasi segno e di qualsiasi cultura. Sul piano delle aspirazioni e dei desideri dell'uomo, ovvero delle "promesse divine" a cui l'adesione al gruppo garantirebbe l'accesso, vi è la tendenza a **mantenere un approccio semplificato**. Una sorta di "paradiso a portata di immaginazione", in cui le persone capiscano chiaramente che cosa le aspetta e sappiano che cosa temere se dovessero perdere le condizioni per accedere ai beni promessi. Arriviamo così ad affrontare il terzo aspetto dell'atteggiamento settario, che riguarda il **quadro valoriale di riferimento**. Anche i comandamenti sono in genere **semplici** e **chiari**, generalmente esigenti e talvolta del tutto "atipici": molti gruppi settari tendono a presentare come empi e sacrileghi comportamenti umani che tutte le altre tradizioni religiose accettano normalmente. Vi è chi proibisce le trasfusioni di sangue, chi di mangiare carne, chi di fumare, festeggiare i compleanni o di vestirsi in un certo modo. Tutti questi comandamenti semplici e atipici consentono ai membri della setta di vedere con chiarezza – sul piano morale – la linea di demarcazione tra chi è "dentro" e chi è "fuori" dal gruppo. Il fatto che molte persone dabbene si vengano così a trovare fuori dalla cerchia di quanti possono essere salvati troverebbe in tal modo una giustificazione plausibile.

Decisamente differente appare l'atteggiamento dei gruppi **gnostico-esoterici**, che si caratterizzano per un approccio meno aggressivo, anzi meditativo, e che fa riferimento a **sapienze arcane e nascoste** a cui solo gli "eletti" possono avere accesso. In questo caso l'incontro che può portare a entrare nel gruppo non è con un profeta che annuncia con vigore messaggi catastrofici, ma più facilmente con un "illuminato", un guru, che a piccoli passi, grado per grado, propone un nuovo sguardo su se stessi e sulla realtà.

Gnosticismo
Lo gnosticismo è un movimento spirituale e religioso complesso e articolato, le cui radici risalgono al II secolo a.C. e trova la massima diffusione tra il II e il V secolo d.C. Esso si basa sull'idea che gli adepti dei vari gruppi siano messi in condizione di accedere a una conoscenza (in greco *gnosi*) "riservata" solo a pochi eletti (gli *gnostici*). Tali dottrine riguardano in genere un mito delle origini (una caduta degli dei) che spiegherebbe le ragioni della triste condizione che siamo costretti a vivere, indicando un cammino di purificazione interiore che consentirebbe il "ritorno" alla pienezza originaria.

Esoterico
Termine derivato dal greco (*eso*, che vuol dire "dentro") che indica un insegnamento "segreto", a cui solo pochi avevano accesso. Tale consuetudine era abituale tra i filosofi antichi: tutti gli insegnamenti di Pitagora erano riservati agli affiliati al suo movimento (filosofico e religioso), ma anche Aristotele distinse tra gli *scritti esoterici* (riservati agli studenti) e quelli *essoterici* (destinati alla divulgazione). Applicato a un movimento religioso, il termine ne sottolinea il carattere di gruppo chiuso, in cui si entra per iniziazione e in cui solo gli adepti possono conoscere le dottrine, con la proibizione assoluta di divulgarle ai "profani".

Sul **piano intellettuale** i movimenti gnostico-esoterici sostituiscono il senso del mistero con il **culto per il misterioso**. Il mistero è una realtà o una verità che strutturalmente supera l'intelligenza umana, a cui ci si può accostare per fede, ma che la nostra mente non riesce mai a "esaurire". Il misterioso, invece può essere paragonato all'enigma, a un nodo di concetti che un'intelligenza ha intrecciato e un'altra intelligenza può sciogliere e – quando lo avrà sciolto – lo avrà anche compreso "senza residuo". La **sapienza nascosta** di cui parlano le gnosi di ogni tempo appare inizialmente avvolta da un alone di mistero, ma – una volta che si avranno le chiavi di accesso alle verità accessibili solo agli iniziati –, allora il mistero non sarà più tale, o meglio l'enigma sarà stato risolto.
Se ci spostiamo invece sul piano delle **aspirazioni umane**, vediamo come i movimenti gnostico-esoterici puntino, in genere, su un **percorso di "auto-perfezionamento"** che dovrebbe sfociare in una condizione di perfetta serenità e appagamento interiore. Anche in questo caso i "beni promessi" sono beni puramente umani, ancorché proiettati in una condizione di umanità superiore (super-Self) che per alcuni movimenti comporta anche una trasfigurazione vera e propria della condizione umana che noi conosciamo.
Piuttosto interessante è, infine, il modo in cui i movimenti gnostico-esoterici si pongono di fronte ai **principi e ai doveri morali**. Da un lato sono in genere **ben presenti dei quadri valoriali di riferimento**, in cui appare chiara la linea di demarcazione tra il bene e il male. Dall'altro lato, ci si potrebbe chiedere: che cosa succede a chi non rispetta tali principi e doveri? Sostanzialmente niente. O meglio, il non mancare ai propri doveri comporta un rallentamento nel proprio cammino verso la perfezione: magari attraverso una reincarnazione in più o una reincarnazione più triste, ma

O. Redon, *Mistero* (Washington, Phillips Collection).

l'esito finale del cammino – almeno per gli eletti, gli illuminati, gli gnostici – è, in qualche misura, "garantito".

Alcuni esempi concreti, tratti da movimenti conosciuti e diffusi, ci potranno aiutare a mettere meglio a fuoco i quadri concettuali che abbiamo fin qui proposto. Come esempio di movimento religioso di area profetico-millenarista prenderemo i **Testimoni di Geova** ▶(documento Le sette e le gnosi 5). mentre come movimento di area gnostico-esoterica ci soffermeremo sul **New Age** ▶(documento Le sette e le gnosi 6).

Atteggiamento gnostico

L'atteggiamento della Chiesa: raccogliere una "sfida pastorale"

P. Ranson, *Paesaggio nabis*, 1890 (Collezione Privata).

Da sempre la Chiesa si confronta con le altre tradizioni religiose e con le altre confessioni cristiane. Tra i documenti del Concilio Vaticano II le dichiarazioni *Nostra aetate* (sul dialogo interreligioso) e *Unitatis redintegratio* (sull'ecumenismo) possono essere il punto di riferimento per inquadrare le presenti riflessioni in un contesto più ampio. Volendoci dunque soffermare sui documenti del magistero post-conciliare che si sono occupati in modo esplicito del fenomeno delle sette, prendiamo le mosse da un importante documento del 1986, frutto del lavoro di diversi dicasteri pontifici, che si intitola: *Il fenomeno delle sette o nuovi movimenti religiosi: sfida pastorale. Rapporto provvisorio basato sulle risposte (circa 75) e sulla documentazione pervenute al 30 ottobre 1985 dalle Conferenze episcopali regionali e nazionali.* Sulla base dei rapporti inviati dalle Conferenze episcopali si sono evidenziate le **modalità con cui il fenomeno delle sette interpella la Chiesa**. Interessanti i passaggi in cui ci si interroga sulle ragioni per cui i movimenti settari sembrano avere un certo "successo" 3.

3 I motivi del successo dei movimenti settari

«Le cause del loro successo relativo tra i cattolici sono evidentemente molteplici e si possono individuare a vari livelli. Innanzitutto vi sono i bisogni e le aspirazioni che un individuo ritiene di non poter soddisfare nella propria chiesa; poi, le tecniche di reclutamento e di formazione delle sette; e, infine, anche ragioni estranee all'appartenenza alla chiesa o ai nuovi gruppi: interessi economici, interessi o pressioni politiche, semplice curiosità, ecc. (...) Il fenomeno sembra essere sintomatico delle *strutture spersonalizzanti* dell'odierna società – create in occidente e ampiamente esportate nel resto del mondo – che creano molteplici situazioni di crisi a livello sia individuale sia sociale. Queste situazioni di crisi rivelano bisogni diversi, aspirazioni e problemi che esigono, ognuno, risposte concrete adeguate. Le sette pretendono di avere e dare risposte; e lo fanno nello stesso tempo sul piano sia affettivo sia intellettuale, rispondendo molte volte ai bisogni affettivi in maniera da obnubilare le facoltà intellettuali. Questi bisogni e queste aspirazioni di base si possono descrivere come altrettante espressioni della ricerca umana d'integralità e di armonia, di partecipazione e di realizzazione a ogni livello dell'esistenza e dell'esperienza umana: altrettanti tentativi per giungere alla ricerca umana della verità e del significato, la ricerca di quei valori costitutivi che in certe epoche della storia (tanto collettiva quanto individuale) sembrano essere nascoste, distrutte o smarrite, per persone che sono sconvolte da un rapido cambiamento, da un accentuato stress, dalla paura, ecc.».

(*Il fenomeno delle sette o nuovi movimenti religiosi: sfida pastorale*, 1.5)

Il documento si interroga poi su come la comunità dei credenti possa farsi carico di tali bisogni e offrire in modo più chiaro e riconoscibile una risposta che non deluda. Si parla, specificamente, di **bisogno di appartenenza**, senso della comunità, ricerca di integrità, di identità culturale, di essere riconosciuti e considerati "speciali", di trascendenza, di direzione spirituale, di visione, partecipazione e impegno ▶(documento Le sette e le gnosi 7).
A questo bisogna aggiungere il modo in cui certi sistemi di reclutamento e indottrinamento possono intercettare momenti di particolare fatica e debolezza delle persone. Quale atteggiamento si propone di tenere la Chiesa di fronte a questa "sfida" che certamente la coinvolge e in qualche modo la costringe a guardare dentro se stessa, per rigenerarsi e rinnovarsi? Possiamo prendere come risposta a tale interrogativo l'accorata conclusione di un altro documento, della Conferenza Episcopale Italiana, che si chiude rivolgendosi in modo esplicito ai membri dei gruppi di cui si è parlato **4**.

Seguaci americani del movimento New Age in meditazione (Arizona).

4 La Chiesa ai membri dei nuovi movimenti religiosi

«A coloro che sono membri di quei gruppi che abbiamo denominato sette e nuovi movimenti religiosi, chiediamo comprensione se dovessimo essere caduti in qualche inadeguatezza di espressione e di interpretazione e se non siamo riusciti a far percepire tutto l'affetto che nutriamo per le loro persone, create a immagine di Dio, per le quali Cristo ha offerto la propria vita. Siamo inoltre pronti a riconoscere che a molti di loro, a cui non possiamo negare la buona fede e una sincera condotta di vita, Gesù possa rivolgere la sua parola consolatrice: "Non sei lontano dal regno di Dio" (Mc 12,34). Con altrettanta fraterna franchezza li invitiamo però a confrontarsi, a riflettere, a pregare, a invocare la luce dello Spirito, a considerare la loro storia e a metterla a confronto con la millenaria tradizione cristiana del popolo di Dio pellegrinante sulla terra, il quale, pur avendo subito lacerazioni, scissioni e lotte, è rimasto indefettibilmente fedele alla professione di fede, alla celebrazione dei sacramenti e alla testimonianza della carità. Da tale confronto osiamo sperare che sorga nei loro cuori la nostalgia della riconciliazione e dell'unità con le comunità da essi abbandonate, che attendono con fiducia il giorno del Signore glorioso».

(CEI - Segretariato per l'ecumenismo e il dialogo, *La Chiesa di fronte alle sette*, Roma 1993, n. 48)

Scheda di lavoro

Analizza e discuti

Influssi e riflessi del New Age nel cinema

I film in cui si raccolgono suggestioni di provenienza New Age sono certamente numerosi e non sempre è facile identificare tali suggestioni, perché ormai sono entrate in un immaginario culturale diffuso, da cui – probabilmente – le traggono gli stessi registi e sceneggiatori. Talvolta il collegamento è più diretto, come nel caso di quello che possiamo considerare un classico, ovvero il musical "Hair" (USA, 1979, regia di Miloš Forman), in cui l'operazione è compiuta in modo deliberato e consapevole, ma si può tranquillamente arrivare fino ai giorni nostri, come nel caso del "Codice da Vinci" (USA, 2006, regia di Ron Howard).

Fase 1: scegli un film

Puoi basarti sulle indicazioni di cui sopra, oppure chiedere consiglio al tuo insegnante, o consultare siti e pubblicazioni del GRIS (Gruppo di Ricerca e Informazione Socio-Religiosa) o del CESNUR (Centro Studi sulle Nuove Religioni), per identificare un film in cui sia evidente e centrale l'ispirazione New Age.

Fase 2: guarda e analizza il film in prospettiva religiosa

Mentre guardi il film (individualmente o in gruppo) è importante che tu tenga sotto osservazione alcuni motivi illuminanti della cultura New Age, per vedere se e come entrano nelle strutture comunicative del film (ripercorri il **documento Le sette e le gnosi 6**). Ti proponiamo una semplice traccia di analisi, che puoi rielaborare in classe – con i tuoi compagni e l'insegnante – prima della visione del film, tenendo conto di alcuni punti di attenzione. È importante che ciascuno compili autonomamente e da solo la propria traccia di analisi.

Traccia per la visione di un film

1) Trama del film
2) In che modo il protagonista (o i personaggi principali) realizzano un itinerario di acquisizione di "consapevolezza"? Qual è il punto di partenza e quale il punto di arrivo?
3) Vi è un'immagine di Dio o del divino? Si notano tratti panteistici?
4) Vi sono riferimenti alla figura di Gesù? Quale immagine di Gesù ci viene proposta? Qual è il cuore e il senso della sua missione?
5) Vi sono riferimenti al mondo ecclesiale o figure di uomini di Chiesa? Qual è il loro ruolo nel film? Quali caratteristiche hanno quelli che ci vengono presentati come "simpatici" e quali quelli che vengono dipinti come "antipatici"?
6) Vi sono riferimenti a personaggi del mondo esoterico, "illuminati", maestri invisibili, autori o testi riconducibili al New Age?
7) Che cosa ti ha colpito maggiormente? Quale credi che sia il messaggio complessivo del film?
8) Altre osservazioni

Fase 3: discuti in classe

Partendo dalla traccia di analisi che ciascuno ha compilato individualmente, si avvia una discussione in classe. Se gli spunti sono numerosi e le interpretazioni divergenti, si può procedere in modo sistematico, punto per punto, secondo la sequenza che si trova nella traccia.

Consigli di lettura

A. Porcarelli, *Nuove religioni del continente americano*, Queriniana, Brescia 2002.
E. Fizzotti, *Sette e nuovi movimenti religiosi*, Paoline, Milano 2007.

Per le vie del mondo

3 Area di competenza

Il cristianesimo è parte integrante del patrimonio storico del popolo Italiano. In termini più ampi, è stato affermato che la Bibbia rappresenta il "Grande Codice" della cultura occidentale e la cultura ebraico-cristiana è una delle tradizioni culturali su cui si fonda l'identità dell'Europa e che ha più influenzato le altre culture a livello mondiale. Avere gli strumenti per "leggere" questo grande codice e i suoi effetti nelle differenti tradizioni culturali non è semplice e richiede una buona attrezzatura culturale e notevole spirito critico. Tutto questo può consentire di aprire un dialogo serio e un confronto franco con le altre tradizioni culturali e gli altri sistemi di significato che, nella cultura globalizzata del mondo di oggi, appaiono sempre più interconnessi.

La **Chiesa** nella **storia**

La **Chiesa** nella **storia**

Prendere sul serio il mistero di Cristo significa prendere sul serio il mistero dell'incarnazione; così anche per riflettere sulla comunità a cui è stata affidata la Sua missione è necessario saperne leggere il cammino nella storia. La Chiesa si è spesso dovuta misurare con le gioie e le speranze, ma anche con le fatiche dell'umana famiglia, talvolta ne ha condiviso le altezze, altre volte ne ha condiviso le miserie. In tutto questo cammino è importante riuscire a cogliere il senso di una missione che procede attraverso i secoli "incarnandosi" nella storia.

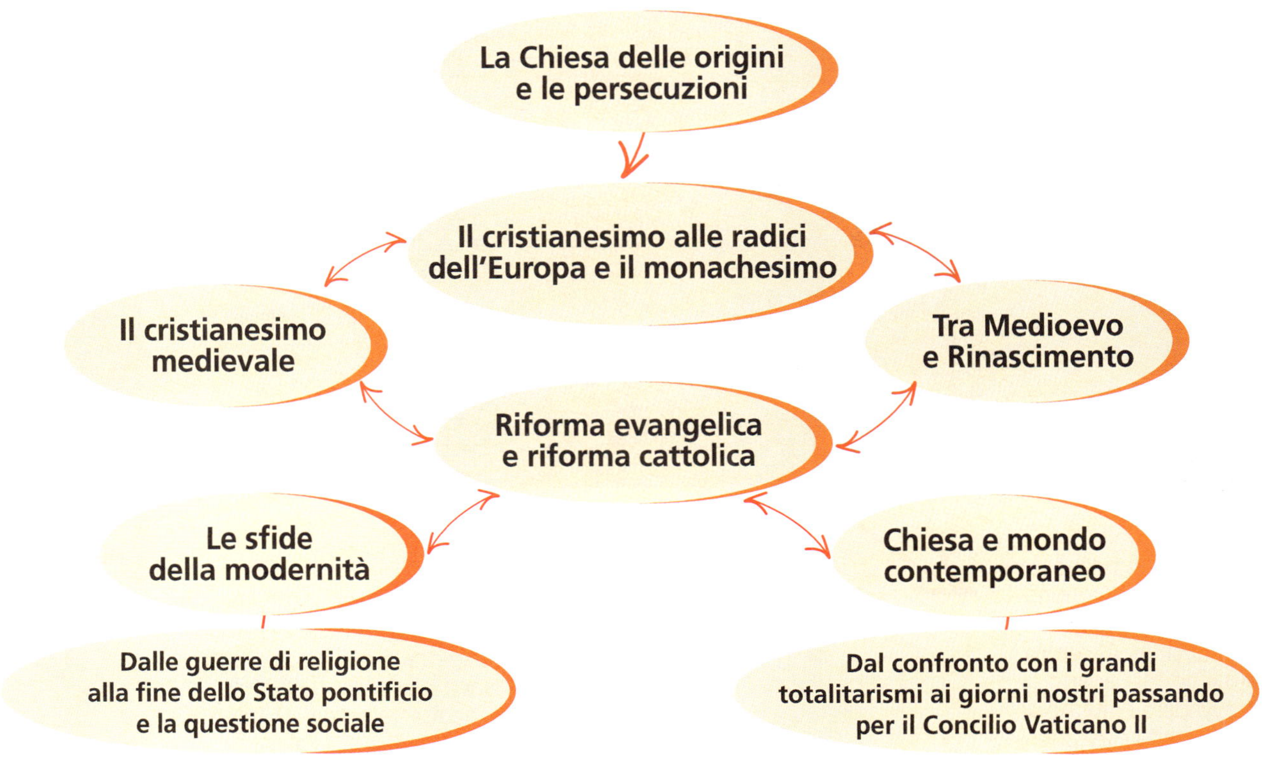

dentro l'immagine

La *Costruzione del Duomo di Milano* (1646), opera del Sebastianone conservata al Museo di Milano, ricorda la diffusione della Chiesa nelle varie parti del mondo, lungo le diverse epoche. La missione di diffondere il cristianesimo e la fondazione di nuove comunità è infatti andata di pari passo con la costruzione di edifici di culto. Il Duomo di Milano è uno degli esempi eccelsi di architettura religiosa, testimonianza della profondità della fede del popolo che lo ha voluto. La costruzione di una chiesa ha molti significati simbolici, messi in luce prima di tutto dal luogo in cui viene edificata. In questo caso, il Duomo, sede del vescovo, si trova nella piazza centrale della città, accanto alle istituzioni del vivere civile. Inoltre, all'edificazione esteriore deve corrispondere la crescita della comunità fatta di pietre vive, i battezzati.

Le impalcature che sorreggono l'edificio rappresentano il lavoro spesso duro e lungo che la costruzione ha comportato. La durata dei lavori di edificazione è simbolo del rapporto della Chiesa con il tempo: si costruisce per trasmettere alle generazioni future ciò che si è ricevuto.

La piazza è chiusa dai palazzi del potere civile, come si può notare dagli stemmi riportati sui muri. La loro presenza indica come la chiesa sia centrale rispetto alla vita della comunità cittadina.

Tra il popolo che affolla la piazza si possono riconoscere persone di tutti i tipi. Ognuno si deve sentire a casa nell'edificio di culto. Al centro del dipinto il portale aperto lascia intravvedere l'interno e idealmente invita ciascuno a entrare.

Nella piazza ci sono alcune persone in maschera e altri che assistono a uno spettacolo di piazza. Tutti gli aspetti della vita dell'uomo possono essere accolti all'interno della comunità ecclesiale.

35. La Chiesa delle origini, le persecuzioni e il rapporto con l'Impero romano

la posta in gioco

Talvolta ci si sente chiedere se Gesù abbia davvero fondato la Chiesa, ma dietro a questa domanda spesso si cela una certa diffidenza, un desiderio di prendere le distanze dalla Chiesa, senza prendere le distanze da Gesù... ma una corretta impostazione del problema, da un punto di vista rigorosamente storico, aiuta a cogliere la continuità tra la missione di Cristo, la nascita della Chiesa e il suo progressivo sviluppo. Si tratta anche di capire come la Chiesa dei primi secoli si è confrontata con la cultura e la società del suo tempo, a partire dall'Impero romano in cui muove i primi passi, attraverso l'età delle persecuzioni, la loro fine, per giungere al fissarsi in modo definitivo del "credo" con cui anche oggi si esprime la fede cristiana.

La Chiesa di oggi è sempre la stessa che fu fondata da Gesù? In che senso si dice che è "edificata con il sangue dei martiri"? Vi sono forme di martirio o di testimonianza eroica anche ai nostri giorni?

La prima comunità cristiana

Passato un primo momento di smarrimento, dopo la **Pentecoste** dell'anno 30, gli apostoli e i discepoli di Gesù presero coscienza della missione loro affidata e iniziarono a predicare il "vangelo", cioè la buona notizia del Regno di Dio iniziato con la missione di Cristo. Gli Atti degli Apostoli forniscono un primo spaccato della comunità cristiana delle origini e il discorso di Pietro alla folla (At 2,14-38), detto *discorso kerigmatico*, può

Pentecoste

Letteralmente (dal greco) "cinquantesimo giorno", si tratta di una festa ebraica – poi anche cristiana – che cade cinquanta giorni dopo la Pasqua. Per i cristiani si tratta della festa che celebra la discesa dello Spirito Santo su Maria e gli Apostoli (At 2, 1-13) e la nascita della Chiesa.

L'annuncio cristiano

▶ (Beato Angelico, *La predicazione di Pietro*, XV secolo. Firenze, Museo del convento di San Marco) Il Beato Angelico rappresenta la predicazione di Pietro, come se risuonasse dalla sua viva voce nel cuore di una città medievale: è lo stesso annuncio che, fedelmente riportato dall'evangelista, risuona in ogni tempo e in ogni luogo, fino ai nostri giorni.

Diaspora

Il termine evoca una migrazione o fuga di un popolo; si applica al popolo ebraico (e al cosiddetto *giudaismo della diaspora*) per il fenomeno innescatosi dopo l'invasione dei due regni (del Nord e del Sud) a opera prima degli assiri (750 a.C. circa) e poi dei babilonesi (586 a.C.). Una terza diaspora si dovrà alla persecuzione romana, a seguito delle due rivolte ebraiche nel 70 e nel 135 d.C.

essere considerato il **nucleo profondo dell'annuncio cristiano**, attorno a cui si è sviluppata la vita della comunità e sono stati redatti gli stessi Vangeli.

Prime destinatarie dell'annuncio sono le comunità giudaiche palestinesi e della **diaspora**, a partire da quelle dell'Asia Minore, in cui fioriscono le prime comunità cristiane. La stessa diffusione del cristianesimo delle origini si deve a una prima diaspora dei cristiani, perseguitati a Gerusalemme, come attesta il martirio di Stefano.

Il primo centro che incontriamo nel racconto degli Atti è **Damasco**: quando Paolo si converte – nel 38 – vi è già una comunità cristiana (che egli dichiara di avere perseguitato). Il secondo centro è **Antiochia**, sede della Provincia d'Oriente dell'Impero romano, fiorente centro di cultura greca; può essere considerata il luogo dove si sia costituita la prima comunità di pagano-cristiani. Secondo la tradizione, Pietro fu vescovo di quella comunità per diversi anni, prima di recarsi a Roma; ad Antiochia fu dato per la prima volta il nome di *cristiani* ai membri della comunità (At 11,26). Si tratta dell'esatto parallelo della famosa testimonianza di Svetonio, che – rilevandone la presenza nella comunità giudaica di Roma, attorno al 49 – paragona i cristiani a una setta giudaica, parlando di tumulti provocati da giudei sobillati da un certo Cresto («Iudaei impulsore Chresto tumultuantes»).

Anche a **Roma** abbiamo una fiorente comunità ebraica, dove certamente si recarono a più riprese Pietro e Paolo, che vi trovarono la morte, tra il 64 e il 67, durante la persecuzione di Nerone, come attesta **Clemente Romano** (**1**).

Fecondata dal sangue dei martiri

▶ (*Martirio di San Paolo*, mosaico, XII-XIII secolo. Duomo di Monreale)
La testimonianza di chi annuncia Gesù con fede giunge fino alla morte. La pianta della Chiesa, simile a un albero che porta molto frutto, viene innaffiata e fecondata dal sangue dei martiri. San Paolo, che era cittadino romano, non viene crocifisso, ma decapitato a fil di spada.

Clemente Romano

(?-100 d.C.) Generalmente denominato "romano" per distinguerlo da Clemente Alessandrino, fu il quarto vescovo di Roma e papa dal 92 al 97, con il nome di Clemente I. Sulla data della morte le fonti sono incerte, ma si può collocare nel 99 o 100, durante l'esilio ordinato da Traiano (che fu anche la ragione della sua abdicazione).

1 Martirio di Pietro a Roma

«A causa della gelosia e dell'invidia furono perseguitati coloro che sono le massime, le giustissime colonne, e hanno lottato fino alla morte. Mettiamoci davanti agli occhi i valenti apostoli: Pietro, che per un'ingiusta gelosia ha sopportato non una o due, ma molte pene, e dopo avere reso così testimonianza, se ne è andato al luogo glorioso che gli era dovuto».

(Clemente Romano, *Lettera ai Corinzi*, V, 2-4; tr. it. *Sources Chrétiennes*, Edizioni Studio Domenicano, 2010).

La Chiesa delle origini si fonda dunque sulla missione affidata da Gesù agli apostoli, sulla loro predicazione (da cui prende forma il Nuovo Testamento), sulla loro testimonianza fino all'effusione del sangue. Di qui anche l'idea – espressa con grande vivacità da Tertulliano – che le radici della Chiesa siano state innaffiate dal sangue dei **martiri**. Del resto, tornando al martirio di Pietro, le sue reliquie sono sempre rimaste nel luogo dove fu martirizzato e sepolto (il colle Vaticano), finché – dopo la fine delle persecuzioni – proprio lì venne costruita la prima Basilica di san Pietro (in età costantiniana), per poi arrivare – attraverso diversi rifacimenti e ampliamenti – alla forma attuale.

Martiri

Il termine deriva dal greco *martyr* che significa "testimone". I martiri cristiani sono i *testimoni della fede*, coloro che rimangono fedeli fino all'effusione del sangue.

(documento 35.1)

Fondata sul sangue degli apostoli

◀ (Matteo del Pollaiolo, *Martirio di san Pietro*, bassorilievo marmoreo del ciborio di Sisto IV, 1471-1478. Città del Vaticano, San Pietro)
La tradizione vuole che san Pietro, condannato alla crocifissione, ritenendosi indegno di morire allo stesso modo del suo salvatore e maestro, abbia chiesto di essere crocifisso a testa in giù. In questo bassorilievo il martirio di Pietro viene così raffigurato, anche se la vittima ha una postura "regale", in quanto vicario di Cristo, senza nessuna concessione al realismo figurativo.

La diffusione del cristianesimo e le persecuzioni

Sull'impulso della predicazione degli apostoli e dei primi discepoli si formarono comunità in tutto l'Impero romano. **Eusebio di Cesarea** riferisce che la "terra abitata" sarebbe stata divisa in **zone di influenza tra gli apostoli**: Tommaso tra i parti, Giovanni in Asia, Pietro nel Ponto e a Roma, Andrea in Scizia. Altre testimonianze ci parlano della presenza di Filippo in Frigia, dove sarebbe morto martire (a Gerapoli). Altra terra di prima evangelizzazione fu l'Egitto, che fu probabilmente evangelizzato da missionari provenienti dalla comunità di Gerusalemme; ricordiamo che ad Alessandria si trovava una fiorente comunità ellenistico-giudaica. Tradizioni più tardive collegano l'evangelizzazione delle Indie all'apostolo Bartolomeo, ma già Eusebio parla di una missione di Panteno in quelle regioni.

La presenza delle prime comunità cristiane nella società si realizzava con **modalità del tutto informali**, senza la ricerca di uno statuto particolare, né con la propensione a entrare in concorrenza o in urto frontale con sistemi politici e religiosi consolidati. Ciononostante la reazione del mondo pagano non si fece attendere e assunse forme e toni diversi, nei diversi tempi e nei diversi luoghi. In generale l'**Impero romano era relativamente tollerante** in materia religiosa: già partendo da una tradizione religiosa politeista che si era evoluta nel tempo, accoglieva nel proprio seno forme di religiosità appar-

Eusebio di Cesarea

(265-340)
Allievo di Panfilo alla scuola fondata da Origene a Cesarea (Palestina), fu vescovo di quella città. Scrisse la *Storia ecclesiastica*, opera in cui si parla dei primi secoli della storia del cristianesimo, dalla nascita della Chiesa fino al 324. Scampò alla persecuzione di Diocleziano.

Sincretismo religioso

Il vocabolo *sincretismo* deriva dal greco e significa – letteralmente – "coalizione cretese", per indicare il fatto che i cretesi, mettendo da parte le differenze, si erano coalizzati contro i pericoli esterni. In generale il termine si usa per indicare le tendenze eclettiche e conciliatrici tra diverse scuole di pensiero e – specificamente nel nostro caso – tra diverse tradizioni e dottrine religiose. Il sincretismo religioso comporta dunque che dall'incontro tra diverse tradizioni religiose, anche molto lontane tra di loro, nascano espressioni culturali ed esperienze religiose "di sintesi", che le mettono insieme. Talvolta è la tradizione culturale della civiltà dominante a metabolizzare elementi delle culture dei popoli conquistati, altre volte è il contrario: sono i popoli conquistati che prendono forme esteriori della cultura e della religione dei popoli dominanti, per far sopravvivere in qualche modo le proprie tradizioni.

tenenti alle popolazioni via via assoggettate. Il **sincretismo religioso**, però, trovava un limite invalicabile in identità religiose forti, chiaramente definite, non disponibili a lasciarsi "metabolizzare" rinunciando – di fatto – alla propria identità. Questa è forse una delle origini dei pregiudizi nei confronti dei cristiani che, assimilati all'epoca agli ebrei, venivano di fatto accomunati a essi sia nel giudizio negativo in generale, sia nella fama di essere un popolo incline alla ribellione, che mal tollerava il dominio romano. Peraltro il cristianesimo, a differenza dell'ebraismo, non si caratterizzava come la religione di un popolo (il che generava un atteggiamento di maggiore tolleranza), ma **veniva considerato come una setta**, colpevole di rifiutare gli dei della tradizione romana considerando il loro culto empio e idolatra. Possiamo cogliere un'eco di tale sensibilità nelle parole con cui lo storico romano Tacito illustra le modalità attraverso le quali Nerone avrebbe approfittato dell'avversione della gente nei confronti dei cristiani per far ricadere su di loro la responsabilità dell'incendio di Roma (**2**).

2 Nerone fa ricadere sui cristiani la colpa dell'incendio di Roma

«Allora, per soffocare ogni diceria, Nerone spacciò per colpevoli e condannò a pene di crudeltà particolarmente ricercata quelli che il volgo, detestandoli per le loro infamie, chiamava cristiani. Derivavano il loro nome da Cristo, condannato al supplizio sotto l'imperatore Tiberio, dal procuratore Ponzio Pilato. Momentaneamente soffocata, questa rovinosa superstizione proruppe di nuovo, non solo in Giudea, terra d'origine del flagello, ma anche a Roma, in cui convergono da ogni dove e trovano adepti per le pratiche e le brutture più tremende. Furono dunque dapprima arrestati quanti si professavano cristiani; poi, su loro denuncia, venne condannata una quantità enorme di altri, non tanto per l'incendio, quanto per il loro odio contro il genere umano. Quanti andavano a morire subivano anche oltraggi, come venire coperti di pelli di animali selvatici ed essere sbranati dai cani, oppure crocefissi e arsi vivi come torce, per servire, al calar della sera, da illuminazione notturna».

(Tacito, *Annali*, libro XV, 44; tr. it. di S. Masaracchio, Bacheca e-book, 2010).

E. Romain Thirion (1839-1919), *Trionfo della fede, i martiri cristiani al tempo di Nerone* (Collezione privata).

Il cristianesimo rimane una **religione formalmente illecita e punibile con le massime pene** per i successivi due secoli e mezzo, ma non sempre e ovunque i cristiani furono attivamente cercati con la stessa intensità.

Essi vivevano in comunità semiclandestine, spesso circondate da sospetto e intolleranza a livello popolare, ma per essere condannati i cristiani dovevano essere identificati e posti di fronte al dilemma se accettare di sacrificare agli idoli delle divinità ufficiali della religione imperiale o rischiare le più gravi condanne che per lo più comportavano la morte. Durante le persecuzioni la Chiesa dovette dunque fare i conti con il fenomeno dei **lapsi**, ovvero di coloro che non riuscivano a rimanere fedeli fino al martirio, come possiamo leggere in un trattato loro dedicato da san **Cipriano di Cartagine**, stabilendo le modalità e le condizioni per la loro riammissione nella comunità dei fedeli.

(documento 35.2)

Questo di fatto avveniva quando le comunità cristiane – o alcuni dei loro membri – entravano in urto con le autorità locali, o molto semplicemente con cittadini romani che potevano facilmente colpirli attraverso la delazione. Al di là delle "grandi persecuzioni" promosse direttamente dall'imperatore, si può dunque parlare di episodi di micro-persecuzione diffusa, non facili da identificare e quantificare, ma che dipendevano dalla condizione di non legittimità giuridica della religione cristiana in età imperiale. Per quanto riguarda le **iniziative imperiali**, invece, dopo quella già citata di **Nerone** (64-67), ricordiamo quella di **Domiziano** (attorno al 95, ad essa si possono ricondurre alcune allusioni nel libro dell'Apocalisse), quella di **Decio** (250-251), quella di **Valeriano** (257-260), che mirò soprattutto ai capi delle comunità cristiane, quella di **Diocleziano**, partita nel 303, divenuta violentissima a partire dal 304 e proseguita da **Galerio**, fino al 311, quando lo stesso Galerio emanò una sorta di editto di tolleranza (in cui comunque si deplora l'ostinazione e la follia dei cristiani).

Perseguitati dagli uomini, graditi a Dio

▲ (A. Artdorfer, *Martirio di san Floriano*, 1516-1518 circa. Firenze, Galleria degli Uffizi)
San Floriano viveva presso Krems. Fu arrestato al tempo della persecuzione di Diocleziano; in quanto cristiano, rifiutò di sacrificare agli idoli, fu flagellato e gettato nel fiume Enns nel 304.
Nella tavola di Artdorfer viene rappresentato in atteggiamento di composta accettazione del martirio, che contrasta con i volti concitati degli altri personaggi, ritratti in abiti rinascimentali.

Lapsi

Il termine deriva dal latino e letteralmente significa "coloro che sono scivolati", coloro che sono caduti. I lapsi erano coloro che – per salvare la propria vita o libertà – avevano accettato di sacrificare agli idoli, o avevano acquistato il "libello" in cui si attestava che il sacrificio era stato effettuato. Il termine latino rende meglio la sensibilità delle comunità cristiane del tempo, rispetto alla sua traduzione italiana più frequente con il termine *apostati*.

Tascio Cecilio Cipriano

(210 - 258)
Venerato come santo e Padre della Chiesa, fu un famoso oratore, che si convertì al cristianesimo in età adulta. Eletto vescovo di Cartagine al tempo della persecuzione di Decio, vi morì martire nel 258, durante la persecuzione di Valeriano.

La pace costantiniana e l'editto di Teodosio

Non è possibile tratteggiare in poche righe la figura di **Costantino** e il suo progressivo avvicinamento al cristianesimo, in cui una tappa significativa è la battaglia di ponte Milvio contro Massenzio (12 ottobre 312), fino al battesimo probabilmente richiesto in punto di morte (secondo un'usanza consolidata a quel tempo).

Nel segno di Cristo

◀ (*Battesimo di Costantino*, affresco. Roma, Basilica dei Santi Quattro Coronati, cappella di San Silvestro)
Le notizie sulla conversione e il battesimo di Costantino si legano a tradizioni, in cui possono esservi elementi che entrano nella sfera del mito, come il famoso sogno premonitore ("in questo segno vincerai"). In ogni caso alcune scelte politiche sono un dato di fatto, che testimoniano l'apprezzamento per il ruolo sociale della Chiesa.

Un dato di realtà è la **fine delle persecuzioni**, a cui fa seguito l'Editto di Milano (313 d.C.), promulgato a nome di Costantino (imperatore d'Occidente) e Licinio (imperatore d'Oriente). Tecnicamente parlando, si trattava di un rescritto (cioè una risposta data dall'imperatore a un quesito di tipo giuridico) dell'editto di tolleranza di Galerio, promulgato da Licinio il 15 giugno 313, in seguito ad accordi presi con Costantino a Milano all'inizio dell'anno, in occasione del suo matrimonio con la sorellastra di Costantino (Costanza). Il rescritto concedeva **piena libertà di culto** ai cristiani e decretava la restituzione dei beni confiscati alle comunità cristiane. Ma i segnali politici non si fermano qui. A partire dal 315 iniziano a comparire i **primi simboli cristiani** sulle monete romane, si riconosce il valore civile delle sentenze dei tribunali episcopali, personalità cristiane accedono per la prima volta alle più alte cariche civili. Si possono quindi intuire le ragioni per cui a partire dal IV secolo **si moltiplichino i luoghi di culto** e sorgano le **basiliche** di età costantiniana, alcune delle quali direttamente finanziate dalla famiglia imperiale (l'imperatrice madre e le sorelle di Costantino erano cristiane).

Basilica

Il termine deriva dal greco, è un aggettivo che – unitamente al sostantivo *aulé* – indica in origine la "sala regia", cioè una sala del palazzo reale in cui fosse possibile convocare pubbliche adunanze.
A Roma con tale termine si indicava un edificio adibito a riunioni pubbliche. A partire dal IV secolo molte basiliche preesistenti vennero adattate a luoghi di culto cristiano, mentre altre vennero costruite, mantenendo sempre la struttura architettonica del luogo di pubblica riunione.

(documento 35.3)

Il processo iniziato da Costantino sarà bloccato per un breve tempo, durante il regno di **Giuliano l'Apostata** (361-363) che, oltre ad aderire personalmente al paganesimo, cercherà di riportarvi anche l'Impero, ma ormai la **compenetrazione del cristianesimo nella vita dell'Impero** era irreversibile e i suoi successori la ripresero con convinzione.

La piena libertà di culto

(A. Minerbi, particolare della porta minore sinistra del Duomo di Milano raffigurante l'Editto di Costantino) Con l'Editto di Milano (313 d.C.) viene riconosciuta la piena libertà di culto ai cristiani, come pure ai fedeli di tutte le religioni. L'immagine solenne di Costantino che, nel pieno della sua potenza e con tanto di armatura, firma l'editto, vuole celebrarne l'importanza e l'alto valore storico.

Sarà l'imperatore **Teodosio il Grande** (379-395), con una serie di editti, a completare tale processo, in modo tale che il cristianesimo si venne a trovare – nei rapporti con l'Impero – in una situazione diametralmente opposta a quella del tempo delle persecuzioni: con l'Editto di Tessalonica (380) il cristianesimo venne riconosciuto come unica religione dello Stato; nel 383 il giorno di riposo stabilito da Costantino (*dies solis*, "giorno del sole"), che già era il primo giorno dopo il sabato, venne reso obbligatorio e rinominato *dies dominica* (letteralmente "giorno del Signore", che per questo chiamiamo – anche oggi – domenica); a più riprese vi furono editti che vietavano i sacrifici pagani e le pratiche divinatorie, mentre è del 391 l'editto di persecuzione degli eretici, in riferimento all'ortodossia fissata con il *credo niceno-costantinopolitano* (vedi paragrafo successivo).

Dispute teologiche ed eresie

Tra la metà del primo e la metà del secondo secolo il cristianesimo si è diffuso in diverse regioni, entrando in contatto con culture differenti e vedendo sorgere alle proprie frontiere gruppi **eterodossi** i cui usi e le cui credenze andavano discostandosi da un'**ortodossia** che si definiva progressivamente, anche sotto la spinta di chiarificare i punti dottrinali su cui i primi dibattiti facevano sorgere dubbi significativi. Va precisato che **la Chiesa non sentì fin da subito la necessità di definire i confini dottrinali della propria fede**,

Eterodossia

Dal greco *eteros*, che vuol dire "diverso, differente", e *doxa*, che vuol dire "opinione, credenza". Indica il fatto di professare credenze differenti da quelle di un gruppo di riferimento. Nel nostro caso si tratta di credenze differenti da quelle in cui la tradizione cristiana si riconosceva e che si andavano definendo.

Ortodossia

Dal greco *orthos*, che vuol dire "retto", e *doxa*. Indica l'accettazione piena dei principi e delle credenze di un sistema dottrinale; nel nostro caso vi è anche il riconoscimento – da parte delle autorità ecclesiastiche – della "autenticità" di una determinata dottrina.

Fermato alle porte del Duomo

▲ (P.P. Rubens, *L'imperatore Teodosio e sant'Ambrogio*, 1617-1618) L'imperatore Teodosio I, che aveva compiuto un massacro a Tessalonica, viene fermato da Ambrogio, che pretese rimanesse fuori dal Duomo di Milano.

perché l'impegno fondamentale era quello di vivere e diffondere la buona notizia, nella forma in cui ciascuna delle comunità era consapevole di averla ricevuta (dagli apostoli e dai loro successori), cercando di custodirla come un tesoro geloso e rimanervi fedele nei pensieri e con le opere. Man mano che le vicende storiche e culturali le hanno fatto incontrare interpretazioni della fede in cui non ha riconosciuto la propria esperienza, si è posto il problema di **delineare i confini dell'ortodossia** e – di riflesso – stabilire anche ciò che stava fuori da tali confini (eterodossia ed **eresia**).

Importante fu il lavoro paziente di approfondimento e interpretazione dei nodi dottrinali da parte di quelli che vennero poi considerati come i **Padri della Chiesa**, cioè coloro che contribuirono al consolidarsi dei punti di riferimento della teologia cristiana.

In tale scenario si pone in modo sempre più significativo il problema di identificare non solo un'autorità spirituale, a cui ciascuna comunità già faceva riferimento, ma anche un'autorità visibile che potesse sciogliere i contrasti dottrinali. Si afferma in tal senso, fin dal II secolo, l'autorità dei **vescovi**, tra i quali un ruolo particolare viene riconosciuto al vescovo di Roma (**3**).

(documento 35.4)

3 Il ruolo speciale del vescovo di Roma

«In questo complesso la Chiesa di Roma esercita un'autorità particolare. Policarpo era infatti venuto a Roma nel 155 per trattare diverse questioni con Aniceto. Dionigi di Corinto scrive alla Chiesa dei romani e a Sotero. (...) È difficile non vedere in questo complesso di elementi qualche cosa che non sia l'importanza politica e intellettuale della capitale dell'Impero. Sul piano ecclesiale, Roma non appare soltanto la rappresentante di una delle diverse tradizioni ereditate dagli apostoli. O piuttosto rappresenta sì una di queste tradizioni, quella di Pietro: ma questa tradizione appare investita di un'autorità particolare. È quanto riconoscerà Ireneo, asiatico di origine, gallico di adozione, nell'*Adversus haereses*».

(J. Daniélou, H. Marrou, *Nuova storia della chiesa. Dalle origini a S. Gregorio Magno*, Marietti, 1970)

Eresia

Dal greco *airesis*, che vuol dire "scelta", si applica – nel nostro caso – alla scelta consapevole di aderire a una dottrina eterodossa. Di conseguenza, l'eretico è colui che si pone al di fuori della comunione della Chiesa dal punto di vista dottrinale.

In ogni caso le questioni che sono state sollevate dalle eresie dei primi secoli sono talmente fondamentali da richiedere un momento di raccordo ancora più alto, universale e – potremmo dire – "solenne". Contestualmente – come si è visto sopra – si è evoluto il rapporto tra la Chiesa e l'Impero romano, per cui diviene interesse degli stessi imperatori favorire una ricomposizione dell'unità dottrinale della Chiesa stessa.

Si giunge così alla stagione dei grandi **concili ecumenici**, di cui riportiamo in sintesi la sequenza dei più significativi, con i riferimenti storici essenziali e le dottrine che sono state prese in esame:

- **I Concilio di Nicea** (325), convocato di fatto da Costantino, sotto papa Silvestro I, in cui si condanna l'eresia ariana, che consiste nella negazione della natura divina di Cristo;
- **I Concilio di Costantinopoli** (381), convocato dall'imperatore Teodosio, sotto papa Damaso, il cui tema principale fu la divinità della persona dello Spirito Santo. In tale occasione venne elaborato il *Credo niceno-costantinopolitano*, che costituisce la professione di fede della Chiesa cattolica;

(documento 35.5)

- **Concilio di Efeso** (431), convocato dall'imperatore Teodosio II, sotto papa Celestino I, si occupò in particolare della divina maternità di Maria, già venerata con l'espressione "madre di Dio";
- **Concilio di Calcedonia** (451), convocato dall'imperatore Marciano, sotto papa Leone Magno, in cui si discusse in particolare delle due nature (umana e divina) nell'unica persona di Cristo. In tale concilio trovò anche affermazione esplicita il primato del vescovo di Roma, in quanto successore di Pietro, su tutti gli altri vescovi.

Un imperatore nella vita di Chiesa

▶ (*L'imperatore Teodosio al Concilio di Costantinopoli*, IX secolo, miniatura dalla *Raccolta di Diritto Canonico*. Vercelli, Biblioteca Capitolare)
L'immagine dell'imperatore benedicente che apre il Concilio di Costantinopoli (381 d.C.) rappresenta in modo diretto quel "Cesaropapismo" per cui si disse che gli imperatori, una volta attribuito un ruolo primario alla Chiesa nell'Impero, hanno cercato di controllarne la vita, almeno negli aspetti più importanti.

Scheda di lavoro

Ricerca e rifletti

Le persecuzioni contro i cristiani oggi

Le persecuzioni contro i cristiani non sono limitate nel tempo e nello spazio all'Impero romano dei primi secoli dell'era cristiana, ma si estendono – in varie forme e in vari modi – fino ai nostri giorni.
Talvolta si tratta di singole persone, uccise da "poteri forti", pensiamo ad esempio a mons. Oscar Romero nel 1980 o a don Pino Puglisi, di cui ti presentiamo una breve scheda biografica nel **(documento 35.6)**; talvolta si tratta di gruppi di cristiani uccisi durante le celebrazioni liturgiche (come accaduto recentemente in Nigeria), ma si possono cercare anche forme più sottili di persecuzione anticristiana, come ad esempio la sistematica denigrazione della cultura cattolica a opera dei media o la sostanziale esclusione da determinati ambienti culturali.

Cerca notizie relative a persecuzioni di cristiani nel presente, identificando – per ciascuna di esse – il tempo, il luogo, le caratteristiche del "potere forte" che ha organizzato la persecuzione e gli aspetti della fede cristiana "in odio" ai quali si può presumere sia stata motivata l'azione persecutoria.
Ti suggeriamo alcune delle piste di ricerca che potresti esplorare, senza con questo voler precludere altri tipi di persecuzioni anticristiane che tu desiderassi prendere in considerazione:

- persecuzioni motivate dalla resistenza ai soprusi di un potere politico;
- persecuzioni motivate dall'opposizione a un contro-potere criminale;
- persecuzioni motivate da ragioni di tipo religioso (o meglio, che si appellano a un'identità religiosa);
- persecuzioni di natura culturale, mediatica, comunicativa, ecc.

I materiali così reperiti potranno essere organizzati – in classe – secondo le modalità che riterrete più opportune: una "mostra" tramite cartelloni, un ipertesto sui nuovi martiri, un sito o un blog dedicato a questo tema.

Manifestazione contro l'uccisione di cristiani in Pakistan.

Consigli di lettura

J. Daniélou, H. Marrou, *Nuova storia della chiesa. Dalle origini a S. Gregorio Magno*, Marietti, Torino 1970.

36. Il cristianesimo alle radici dell'Europa e la nascita del monachesimo

la posta in gioco

Il dibattito sulle radici cristiane dell'Europa è spesso viziato da una scarsa consapevolezza del ruolo giocato dalla Chiesa nel periodo storico complesso e travagliato del declino dell'Impero romano e della nascita di nuove istituzioni sociali e politiche.
Seguendo i numerosi fili che si intrecciano in tale periodo, cercheremo di mettere in luce l'evoluzione del ruolo sociale della Chiesa in età tardo-antica, tenendo conto anche dell'importantissimo fenomeno del monachesimo e degli influssi che esso avrà sulla Chiesa e su tutta la cultura.

Hai mai avuto occasione di conoscere qualche monaco, parlare con lui (o con lei)? Che impressione ne hai riportato? Qual è l'idea che ti sei fatto del monachesimo? Pensi che il cristianesimo c'entri qualcosa con le origini dell'Europa? Che idea hai dell'Europa?

Monaci ed eremiti

Il fenomeno del monachesimo si consolida nel mondo cristiano a partire dal IV secolo e rappresenta un riferimento essenziale per tutto il periodo medievale, conservando la propria vitalità fino ai giorni nostri. Precisiamo subito che la scelta della verginità consacrata è presente – sotto varie forme – fin dagli albori della storia cristiana, mentre il monachesimo si caratterizza come una forma originale di vita cristiana che si delinea, dal punto di vista sia cronologico che culturale, con la fine delle grandi persecuzioni (1).

1 La ricerca della perfezione nella fuga dal mondo

«Fin tanto che la minaccia della persecuzione si manteneva attuale, il martirio, grazia suprema, rappresentava normalmente il punto di arrivo dell'ascesa spirituale di un'anima cristiana chiamata alla perfezione. Ma non appena sopravviene la pace della Chiesa e il cristianesimo si vede accolto dal secolo, in certo qual modo vi si installa e talvolta troppo confortevolmente (...). In queste condizioni è comprensibile che la fuga dal mondo sia apparsa la condizione se non indispensabile per lo meno più favorevole per accedere alla vita perfetta».

(J. Daniélou, H. Marrou, *Nuova storia della chiesa. Dalle origini a S. Gregorio Magno*, Marietti, 1970)

Santo eremita, affresco (Calendziha, Mingrelia, Georgia, Chiesa del Redentore).

Il **monachesimo** fa il suo ingresso nella storia con sant'**Antonio**, il "padre dei monaci", il quale sentì il richiamo alla perfezione della vita cristiana e – seguendo il consiglio evangelico dato al giovane ricco (Mt 19,21) – distribuì i propri beni ai poveri e si ritirò nel deserto, dove fu tormentato da fortissime tentazioni, tanto che la sua lotta contro il demonio divenne proverbiale. La sua vita è caratterizzata da una straordinaria sobrietà e da forme di penitenza sempre più rigorose, nella convinzione che colui che si concede tutto ciò che è lecito rischia di arrivare ben presto a lasciarsi andare anche a commettere ciò che non è lecito. Inizialmente si stabilì nelle vicinanze del proprio villaggio natale, per poter approfittare dei consigli di un **eremita** più anziano ed esperto (la vita del solitario è una dura scuola che non si può apprendere senza un buon maestro). Si stabilì poi per quasi vent'anni in un fortino abbandonato, sul monte Pispir, dove molte persone – col tempo – vennero a stare vicino a lui e si formarono due comunità, l'una a oriente e l'altra a occidente del Nilo.

Monachesimo

Dal greco *monos* che vuol dire "solo", il monaco è colui che vive in solitudine. Con il termine *monachesimo* si identifica un fenomeno culturale e sociale di ampie proporzioni, che non è prerogativa esclusiva del cristianesimo (vi sono monaci buddhisti, indu, taoisti, ecc.).

Eremita

Dal greco *éremos*, che significa "deserto", "disabitato"; il termine viene latinizzato per indicare una persona che vive in solitudine o sceglie una qualche forma di isolamento dalla società, spesso in un luogo appartato.

Anacoreta

Dal greco *anachoreo*, che letteralmente vuol dire "che si ritira dalla sua regione" e indica il ritirarsi in disparte, proprio di chi compie una scelta di tipo eremitico.

(documento 36.1)

Il deserto come scuola di vita

◀ (*Sant'Antonio nel deserto in compagnia dei maiali selvatici*, miniatura, 1450 circa) Il deserto viene rappresentato come un luogo privo delle seduzioni della vita cittadina, ma rigoglioso e pieno di vita: ritirandosi nel deserto sant'Antonio e i santi eremiti hanno ritrovato se stessi e un rapporto straordinariamente profondo con Dio.

Questi Padri del deserto vivevano in estrema povertà, ciascuno sotto la guida di un eremita più anziano e avendo Antonio come guida spirituale. Per questo si dice che egli fu il primo abate di questi monaci eremiti o **anacoreti**. Nel corso della sua lunga vita si recò solo due volte ad Alessandria, la prima durante la persecuzione di Diocleziano, per sostenere il coraggio di chi doveva testimoniare la propria fede, esponendo anche se stesso al martirio, la seconda nel pieno della controversia ariana, per offrire l'appoggio del suo prestigio a difesa dell'ortodossia.

Antonio Abate

(251-357) Sant'Antonio Abate, detto anche sant'Antonio il Grande, sant'Antonio d'Egitto o sant'Antonio del Deserto o sant'Antonio l'Anacoreta, visse come eremita nel deserto egiziano. Viene considerato il padre del monachesimo cristiano. La sua biografia (la *Vita Antonii*, di Atanasio) ebbe un grandissimo influsso sulla spiritualità cristiana, a partire dalla forte suggestione che generò in sant'Agostino.

La **vita del monaco** era caratterizzata da lavoro manuale, penitenza e preghiera. Il monaco prende particolarmente sul serio i **consigli evangelici** (povertà, castità e obbedienza). Le prime forme di organizzazione monastica furono i raggruppamenti di anacoreti, formatisi in modo spontaneo, all'ombra di un santo eremita, costruendo una propria cella nelle vicinanze della sua, con alcuni momenti di preghiera e di vita comune, nel contesto di una scelta e di una vita di meditazione e solitudine.

L'altra grande forma di organizzazione della vita monastica fu il modello cosiddetto **cenobitico**, il cui propugnatore fu san **Pacomio** che – dopo essersi esercitato lui stesso per sette anni nella vita solitaria – fondò nel 323 la sua prima comunità, in un villaggio abbandonato a Tabennisi, nell'Alto Egitto, compose una Regola e organizzò la vita comunitaria con compiti e orari precisi. Presto dovette fondare altri monasteri: nel corso della sua vita ne fondò nove per uomini e due per donne.

Cenobita

Dal greco *koinòs* ("comune") e *bios* ("vita"); indica la "vita in comune".

Un popolo di eremiti

▲ (Beato Angelico, *La Tebaide*, 1418-1420 circa. Firenze, Galleria degli Uffizi)
La scena mostra, in un paesaggio immaginifico che richiama la Tebaide, un luogo che brulica di personaggi che abitano nei romitori monastici. La crescita dell'esperienza del monachesimo eremitico e i contatti tra i monaci rappresentano il formarsi di un tessuto adatto al sorgere del monachesimo cenobitico.

(documento 36.2)

L'espansione del cristianesimo fuori del mondo romano

Mentre si faceva evidente l'irreversibile crisi dell'Impero romano, la Chiesa conobbe una **nuova stagione missionaria**, il cui obiettivo era quello di portare il messaggio evangelico ai popoli con cui l'Impero romano era venuto in contatto e che ora premevano ai suoi confini. Un bel testo di Eusebio di Cesarea presenta la scelta di dedicarsi alla vita missionaria con straordinarie analogie rispetto a quella della vita monastica. Siamo nei primi decenni del IV secolo (**2**).

2 La vita missionaria

«In quel tempo, molti cristiani sentivano la propria anima, in virtù del Verbo divino, sconvolta da un violento amore per la perfezione. Incominciavano col seguire il consiglio del salvatore e distribuirono i loro beni ai poveri; poi, lasciando la patria, andavano ad adempiere la missione di evangelisti, con il desiderio di predicare a quelli che non avevano ancora udito la parola della fede e di trasmettere loro i libri dei divini evangeli. Si limitavano a porre le fondamenta della fede in qualche paese straniero, e poi si istituivano altri pastori con il compito di coltivare quelli che essi avevano iniziato alla fede. Dopo di che partivano di nuovo alla volta di altri paesi e di altre nazioni».

(Eusebio di Cesarea, *Storia ecclesiastica*, III, 37, 2-3; in J. Daniélou, H. Marrou, *Nuova storia della chiesa. Dalle origini a S. Gregorio Magno*, Marietti, 1970)

Pacomio

(292-348)
Ex militare, pagano, Pacomio si convertì al cristianesimo durante la vita militare e – lasciato l'esercito – si avvicinò ad alcuni eremiti, ricevette il battesimo e condivise la loro vita austera. È considerato il fondatore del monachesimo cenobitico.

Gregorio Illuminatore

(257 circa - 332 circa)
San Gregorio Illuminatore fu l'apostolo degli armeni, fondatore e santo patrono della Chiesa apostolica armena. Sua madre dovette rifugiarsi in Cappadocia per sfuggire alla persecuzione dei sovrani armeni. Si stabilirono a Cesarea, dove Gregorio venne educato da un nobile convertito al cristianesimo. Sposatosi, tornò nel suo paese, fu imprigionato come altri missionari cristiani, ma ebbe l'occasione di conoscere il re (Tiridate III) che si convertì al cristianesimo. Gregorio fu vescovo dell'Armenia, partecipò al Concilio di Nicea e si ritirò infine a vita eremitica.

Frumenzio d'Etiopia

(III secolo - IV secolo)
Di origine fenicia, mentre ritornava da un viaggio in India con il fratello minore Edesio, Frumenzio venne catturato da una popolazione somala. I suoi compagni di viaggio furono uccisi, lui e il fratello vennero risparmiati e condotti al cospetto del re d'Etiopia. Frumenzio divenne amministratore dei beni del regno, iniziò a interessarsi della comunità cristiana composta prevalentemente di mercanti romani. Insieme al fratello edificò chiese e iniziò a evangelizzare la popolazione.

Fin dall'inizio del IV secolo abbiamo una fiorente comunità cristiana nella **Mesopotamia**, che dovette patire le persecuzioni dei sovrani sassanidi. Più a nord si sviluppa la comunità cristiana dell'**Armenia**, grazie all'azione di san **Gregorio Illuminatore**, che riuscì a convertire il re Tiridate, verso la fine del III secolo (280-290), propiziando una progressiva conversione dell'aristocrazia e del popolo, finché nel 301 la religione cristiana non venne proclamata religione di Stato. Progressivamente il cristianesimo si diffonde ancora a nord dell'Armenia, nei **paesi caucasici** (attuali Georgia e Azerbaigian), probabilmente a opera di una donna, di cui non è tramandato il nome, una schiava catturata durante un'incursione in territorio romano, che si sarebbe imposta all'attenzione della famiglia reale, propiziandone la conversione (attorno al 330), a cui seguì la conversione di tutto il popolo. Una storia simile è quella della penetrazione del cristianesimo in **Etiopia**, a opera di due giovani – **Frumenzio** e suo fratello – che vi giunsero come schiavi e progressivamente conquistarono la fiducia del sovrano.

La fede nel risorto dona la vita

▲ (Anonimo lombardo, *San Patrizio resuscita un morto*, XV secolo. Colzate, Chiesa di san Patrizio)
San Patrizio, vescovo in Irlanda, porta in quella terra l'annuncio della Parola, che dona la vita spirituale. Anche i miracoli compiuti durante la predicazione sono segno di quel dono.

Arriviamo infine all'evangelizzazione dei **goti**, partendo dalla constatazione che le migrazioni dei popoli che portarono alle grandi invasioni avevano condotto un gruppo di tribù germaniche a insediarsi (a partire dal III secolo) nelle pianure circostanti il Mar Nero. La loro evangelizzazione prese le mosse dalle basi cristiane di Crimea, ma i risultati più interessanti furono dovuti all'iniziativa di **Ulfila**, nipote di cristiani originari della Cappadocia, catturati dai goti durante un'incursione in Asia Minore, nel 257-258. Inviato più volte a Costantinopoli come ambasciatore, prese contatto con le autorità della Chiesa, ma professò sempre un cristianesimo di matrice ariana, a cui convertì gli stessi goti. Tradusse la Bibbia dal greco al gotico antico.

Sempre nel IV secolo (ma le notizie in questo caso sono meno precise) si ha l'introduzione del cristianesimo in **Inghilterra**, mentre l'evangelizzazione dell'**Irlanda** si fa risalire a san **Patrizio**, all'inizio del V secolo.

Le invasioni barbariche, la caduta dell'Impero e la figura di papa Gregorio Magno

Il sacco di Roma da parte dei visigoti di Alarico (24 agosto 410) fu visto come un evento epocale, segno della prossima fine o comunque della punizione che Dio infliggeva alla culla del paganesimo, come si può leggere nelle bellissime pagine della *Città di Dio* di sant'Agostino. In quegli anni caddero in mano ai **barbari** la Gallia, la Spagna e la Britannia e la stessa penisola italica non sopravvisse a lungo, perché nel 455 abbiamo un nuovo sacco di Roma, a opera dei vandali di Genserico (che avevano conquistato le terre d'Africa). Nel 476 Odoacre, re degli eruli, depose l'ultimo imperatore d'Occidente, Romolo Augusto. Si formarono in tal modo i cosiddetti **regni romano-barbarici**, che corrispondevano di fatto alle ex province romane, in ciascuna delle quali si erano stanziate differenti popolazioni barbariche, ognuna con una propria dinastia regnante. Tra questi ci limitiamo a segnalare quello dei **franchi**, che si erano stabiliti in Gallia, fin dal V secolo, come foederati (cioè alleati dei romani), con il compito di difendere la frontiera del Reno contro i vandali e gli svevi. La loro stirpe regale ebbe origine dai salii, dal semileggendario capostipite Meroveo, padre di Childerico, da cui nacque – nel 454 – Clodoveo, vero fondatore della dinastia che si chiamò dei Merovingi. Salito al potere nel 481, egli coalizzò le tribù dei franchi e consolidò i propri domini territoriali in Gallia a spese dei visigoti, scegliendo come capitale Lutetia, poi chiamata Parigi, a conclusione del processo di conquista (verso il 490). Mentre Teodorico, re degli ostrogoti, cercò di aiutare i visigoti, l'imperatore d'Oriente – Atanasio – cercò l'alleanza con **Clodoveo**, il quale compì (nel 496) una scelta singolare, cioè quella di **convertirsi al cattolicesimo**, imponendo il battesimo anche al proprio popolo, non secondo la fede ariana (predominante nei popoli germanici), ma secondo il credo niceno e accettando di sottomettersi al vescovo di Roma. Il regno di Clodoveo fu diviso tra gli eredi, il re Pipino il breve – figlio di Carlo Martello (vincitore degli arabi a Poitiers) – si fece ungere dal papa, divenendo una sorta di "re-sacerdote".

Un re che si converte al cattolicesimo

▶ (*Battesimo di Clodoveo*, miniatura da un manoscritto francese, XI secolo. Parigi, Bibliothèque Nationale de France) Clodoveo, re dei franchi, che nel 493 aveva sposato la cattolica Clotilde, si converte a sua volta al cattolicesimo e viene battezzato da Remigio – vescovo di Reims – nel 496 (circa). La sua conversione non fu un "fatto privato", ma anche politico, visto che immediatamente lo seguirono molti dignitari di corte e – progressivamente – il processo di conversione al cattolicesimo si estese a tutto il popolo.

(documento 36.3)

Ulfila

(311-388)
Figlio di cittadini romani di fede cristiana, fatti prigionieri dai goti sul finire del III secolo, Ulfila conosceva il goto, il latino e il greco. Fu vescovo in terra danubiana, e convertì i goti al cristianesimo ariano, a cui lui stesso aderiva.

Patrizio

(385-461)
San Patrizio è stato un vescovo e missionario di origini scozzesi, venerato come patrono d'Irlanda, dove probabilmente giunse – venduto come schiavo – all'età di 16 anni. Riuscì a fuggire, fu consacrato diacono, poi sacerdote e vescovo. Gli fu affidato l'apostolato in terra d'Irlanda, che iniziò attorno al 431-432.

Barbari

Il termine deriva dal greco e riprende le modalità con cui i greci prendevano in giro gli stranieri che, quando tentavano di parlare greco, apparivano come balbuzienti (*bar - bar*). Nel mondo romano il termine veniva utilizzato sempre per indicare gli stranieri, ma con una ulteriore sottolineatura della loro "inciviltà", di contro alla missione civilizzatrice del popolo romano. Nel tardo Impero si applica a quelle popolazioni guerriere, localizzate soprattutto nell'Europa settentrionale (vandali, eruli, unni, visigoti, ostrogoti, ecc.) che scesero a ondate nell'Impero, con saccheggi e devastazioni.

Gregorio Magno

(540 circa - 604) Papa Gregorio I, noto come Gregorio Magno, proveniva da una famiglia aristocratica, ma provò grande ammirazione per Benedetto da Norcia, tanto da trasformare i suoi possedimenti romani in altrettanti monasteri e farsi benedettino lui stesso. Ordinato diacono, fu inviato presso la corte di Costantinopoli, dove guadagnò la stima dell'imperatore Maurizio I. Rientrato a Roma nel 586, tornò al proprio monastero sul Celio, ma il 3 settembre 590 fu chiamato al soglio pontificio, dove rimase fino alla morte.

Le vicende fin qui descritte sono emblematiche del clima di confusione istituzionale e sociale che ha caratterizzato il declino dell'Impero, in cui la Chiesa si è inserita trovandosi a giocare talvolta un ruolo di mediazione, talvolta un ruolo di "supplenza" (rispetto alla mancanza di punti di riferimento a livello sociale), talvolta il ruolo di autorità morale in grado di "legittimare" chi aveva preso il potere (come nel caso di Clodoveo e Pipino il breve).

In questo scenario gioca un ruolo determinante **Gregorio Magno**, che fu papa dal 590 al 604, mentre in Italia infuriava la guerra tra i longobardi e i bizantini. Egli comprese che la Chiesa di Roma poteva giocare il ruolo di **punto di riferimento a un tempo religioso, politico, sociale e culturale**. L'unità dei popoli europei poteva essere propiziata solo attraverso l'unità religiosa, che trovasse nel primato del papa il suo punto di riferimento visibile, anche se si trattava di un primato nella carità: egli amava definirsi «servo dei servi di Dio». Si occupò dell'organizzazione amministrativa dei vasti patrimoni terrieri della Chiesa romana, ricevuti in donazione nel corso dei secoli, di cui Gregorio si considerava un diligente amministratore, mosso dall'idea che tale patrimonio fosse «res pauperum» (di proprietà dei poveri).

L'ampiezza delle opere di carità da lui compiute e il fatto che abbia favorito l'insediamento di coloni – eliminando la servitù della gleba – nelle terre della Chiesa, testimoniano l'autenticità di tale ispirazione. Si dedicò anche alla liturgia, riformando i testi liturgici anteriori e componendo nuovi testi. Si occupò in particolare del canto rituale in lingua latina che – da lui – prese il nome di **canto gregoriano**.

Un papa illuminato

▲ (*Papa Gregorio Magno detta una lettera*, manoscritto del 983. Treviri, Staadtbibliothek)
Papa Gregorio Magno, che era monaco benedettino, viene rappresentato con la tipica tonsura monastica, ma anche con l'aureola che ne indica la santità e con una colomba posata sulla spalla, in atto di parlargli all'orecchio (simbolo dell'ispirazione dello Spirito Santo). Qui è raffigurato mentre detta una delle numerose lettere con le quali esercitò il proprio governo sulla Chiesa e si prese cura delle opere missionarie.

Il monachesimo benedettino

Il monachesimo cristiano, che ha preso le mosse con Antonio e Pacomio in Egitto, si è rapidamente diffuso in tutta la cristianità, sia in quanto forma di scelta "forte" di vita cristiana, sia per il contributo decisivo di non pochi vescovi. Esso contribuì in modo progressivamente crescente al reclutamento del corpo episcopale e i monaci divenuti vescovi rimanevano monaci di cuore e di fatto, riunendo spesso attorno a sé un certo numero di loro chierici per condurre con essi una vita comunitaria. Di qui anche il fiorire di *Regole* di vita religiosa, come ad esempio quella di sant'Agostino, che aveva prima fondato un monastero di laici, poi, – divenuto vescovo a Ippona – aveva costituito una comunità con i propri chierici.

(documento 36.4)

Fondazione e resurrezione

▶ (Spinello Aretino, *Storie di san Benedetto, san Benedetto fonda Montecassino e resuscita un frate*, affresco, 1387-1388 circa. Firenze, San Miniato al monte)
Le vite dei santi medievali sono costellate di narrazioni di eventi in cui sono messi nelle condizioni di operare miracoli. In questo caso il miracolo della risurrezione del frate è legato a un episodio, connesso al tentativo – da parte del diavolo – di impedire la costruzione dell'abbazia di Montecassino. Il compimento del prodigio comporta la sconfitta e l'allontanamento definitivo del demonio da quel luogo.

Un contributo importantissimo alla storia del monachesimo occidentale è quello di san **Benedetto da Norcia**, il quale – dopo avere predicato per circa trent'anni a Subiaco – fondò il monastero di Montecassino, dove, verso il 540, redasse la famosa **Regola**, universalmente nota per il motto «ora et labora» (*prega e lavora*), ma il cui intento spirituale è descritto chiaramente nella parte finale del *Prologo* (**3**).

3 La Regola di san Benedetto (Prologo)

«Bisogna dunque istituire una scuola del servizio del Signore, nella quale ci auguriamo di non prescrivere nulla di duro o di gravoso; ma se, per la correzione dei difetti o per il mantenimento della carità, dovrà introdursi una certa austerità, suggerita da motivi di giustizia, non ti far prendere dallo scoraggiamento al punto di abbandonare la via della salvezza, che in principio è necessariamente stretta e ripida. Mentre invece, man mano che si avanza nella vita monastica e nella fede, si corre per la via dei precetti divini col cuore dilatato dall'indicibile sovranità dell'amore. Così, non allontanandoci mai dagli insegnamenti di Dio e perseverando fino alla morte nel monastero in una fedele adesione alla sua dottrina, partecipiamo con la nostra sofferenza ai patimenti di Cristo per meritare di essere associati al suo regno».

Benedetto da Norcia

(480-547)
Benedetto era figlio di Giustiniano Probo, Console e Capitano dei romani di Norcia. Rimasto ben presto orfano di madre, fu affidato a una nutrice, con la quale – a 12 anni – fu mandato a Roma per compiere gli studi. Disturbato dalla vita dissoluta di quella città, all'età di 17 anni si ritirò nella valle dell'Aniene, poi entrò in un monastero a Subiaco. Visse da eremita per tre anni, per poi riprendere la vita cenobitica. A Subiaco rimase per circa trent'anni e fondò una vasta comunità di monasteri. Tra il 525 e il 529 – in seguito a un tentativo di avvelenarlo – abbandonò Subiaco e fondò il monastero di Montecassino, dove – attorno al 540 – redasse la sua *Regola*. Morì a Montecassino nel 547.

(documento 36.5)

Il monaco entra in monastero per mettersi completamente **al servizio di Cristo**; per questo la sua giornata è interamente scandita dalla preghiera, dal lavoro, dal riposo, dai pasti in comune vissuti come momenti di preghiera. La stessa virtù dell'obbedienza è vista come mezzo per imitare Cristo obbediente, come strumento di armonia nella comunità, come cammino di purificazione interiore sulla via dell'umiltà.

Scriptorium

Termine latino singolare (plurale *scriptoria*) che indica il luogo in cui si effettuava l'attività di copiatura da parte degli amanuensi.
Nei monasteri era quella parte del complesso monastico, di solito collegata alla biblioteca, in cui ci si dedicava alla copiatura dei manoscritti.

Tra le attività lavorative compiute dai monaci, oltre a quelle funzionali alla vita della comunità (sistemazione del monastero, cura dell'orto, ecc.), va ricordata – non solo per i monasteri della famiglia benedettina – quella degli **scriptoria**. A tale paziente opera si deve la conservazione di una gran parte del patrimonio culturale dell'antichità, sia cristiana sia pagana, e anche il fatto che facilmente sorsero – presso i monasteri – delle scuole (*scuole monacali*), non solo per la formazione dei monaci, ma aperte anche alla popolazione la cui vita ruotava attorno a quella del monastero.

La **Regola** fu molto apprezzata per la sua sobrietà e per la precisione con cui identificava i compiti dei monaci, il ruolo dell'abate, le norme di vita comunitaria, le disposizioni interiori da coltivare. In realtà, però, non trovò immediatamente ampia diffusione, a motivo degli sconvolgimenti per l'invasione longobarda (lo stesso monastero di Montecassino venne devastato nel 577). Sarò soprattutto in epoca carolingia che la Regola benedettina divenne di uso generale.

La conservazione della cultura come missione

▲ (*Un monaco nello scriptorium della sua abbazia*, miniatura. Cambridge, Trinity College)
Il monaco che scrive con la penna ed eventualmente corregge o cancella con una piccola lama (come si faceva, lavorando su carta pergamena) rappresenta in modo realistico il lavoro che si compiva negli *scriptoria*.
La postura e il contesto architettonico fanno invece pensare a un lavoro che si fa preghiera: la conservazione della cultura antica era, per i monaci, una vera "missione", collegata alla loro vocazione.

Radici cristiane dell'Europa?

Possiamo concludere la nostra riflessione su questo periodo storico particolarmente travagliato e complesso, mostrando come in esso abbia preso forma la **struttura gerarchica della Chiesa**, con un ruolo specifico per i vescovi e il consolidarsi del primato del vescovo di Roma. Si può notare come la spinta evangelizzatrice, portandosi oltre i confini dell'Impero romano, ha toccato proprio quelle popolazioni che premevano contro tali confini e che avrebbero ben presto dilagato, portando alla caduta dell'Impero d'Occidente.

Il ruolo giocato dalla Chiesa – e in particolare dalla Chiesa di Roma – in questa stagione è di importanza cruciale. Essa è stata **punto di riferimento spirituale** di tutta la cristianità e anche dei popoli che si affacciavano alle soglie della stessa cristianità, come nel caso dei popoli germanici (di cui abbiamo parlato) e di quelli slavi, evangelizzati da **Cirillo e Metodio**, che sono venerati come compatroni d'Europa. A ciò si aggiunga il **ruolo di "supplenza"** giocato non di rado dai vescovi, in mancanza di un potere civile stabilmente costituito o nei momenti di passaggio tra differenti autorità. Vi è infine il **ruolo del monachesimo**, nato in terra africana traendo ispirazione dalla cristianità orientale, ma che ha trovato anche in Occidente un'importante diffusione, assumendo una funzione importantissima sul piano culturale. Gli stessi sovrani dei cosiddetti regni romano-barbarici si affidarono spesso a monaci di alta cultura per le riforme culturali che li videro impegnati e per la costituzione di scuole, sul modello di quelle monacali.

I semi della vita e della cultura cristiana risultano dunque ampiamente presenti e particolarmente fecondi in quel terreno in cui affondano le radici della nascente civiltà europea.

Le parole per evangelizzare

▶ (*Cirillo e Metodio con cartiglio*, illustrazione del XIX secolo)
I santi Cirillo e Metodio vengono rappresentati con la loro dignità episcopale, il cartiglio con l'alfabeto che verrà poi detto "cirillico", l'aureola che ne sottolinea la santità. Tutti i grandi evangelizzatori hanno dovuto "trovare le parole" per annunciare il Vangelo ai diversi popoli delle varie culture: i compatroni d'Europa, oltre a trovare le parole, si sono preoccupati anche di inventarne le lettere.

Cirillo e Metodio

Costantino, meglio noto come Cirillo **(826-869)** e Metodio **(815-885)** nacquero nel cuore del mondo bizantino, figli del governatore militare della città di Tessalonica, città in cui era presente una folta comunità slava, con cui entrarono in contatto e di cui impararono la lingua. Costantino divenne sacerdote a Costantinopoli, collaborò con Fozio, viaggiò in Oriente per incarichi diplomatici, finché – quando Fozio divenne patriarca di Costantinopoli – fu inviato, insieme a Metodio, a evangelizzare la Pannonia e la Moravia. Inventarono un nuovo alfabeto per la lingua slava. Si recarono a Roma, dove Metodio fu consacrato sacerdote da papa Niccolò I e Costantino si fece monaco con il nome di Cirillo. Morto il fratello, Metodio ritornò in Moravia. Fu nominato vescovo di Sirmio e morì durante una persecuzione.

Carta: *I monasteri in Europa nei primi secoli dopo il Mille*

Scheda di lavoro

Ricerca e riferisci

Una giornata in monastero

Raccogli informazioni sull'esistenza – nella tua zona – di eremi o monasteri che facciano attività di accoglienza, e individua quelli più vicini.
Dopo avere scelto insieme ai tuoi compagni quello che andrete a visitare, raccogli informazioni sulla sua storia, sulla figura e la spiritualità del fondatore, su eventuali altre figure di spicco collegate a quel monastero.
Durante la visita organizzatevi a gruppetti di tre-quattro persone, ciascuno dei quali farà un'intervista o un colloquio tranquillo con uno dei monaci (o delle monache), cercando di scoprire:

- le ragioni della sua scelta di vestire l'abito religioso,
- che cosa ha colto di importante e significativo nella spiritualità del fondatore/fondatrice,
- quali elementi di quella spiritualità sono più importanti nella sua vita quotidiana.

Durante il colloquio puoi prendere appunti, o anche registrare la conversazione per poi prendere nota con più calma.
Puoi raccogliere altri elementi informativi durante la visita del monastero, ascoltando la guida o osservando le testimonianze artistiche che lo caratterizzano.
In una lezione successiva – in classe – i diversi gruppi faranno una loro relazione, cercando di mettere a confronto quanto emerso dalle diverse testimonianze.

Il monachesimo celtico e i missionari irlandesi

Un ruolo importante nella cristianizzazione dell'Europa e nella conservazione del patrimonio culturale del mondo antico è rivestito dall'opera dei monaci irlandesi. L'Irlanda, area esterna all'Impero romano, fu evangelizzata nel corso del V secolo a opera di san Patrizio, primo vescovo degli irlandesi, poi patrono d'Irlanda (insieme alla co-patrona, santa Brigida, fondatrice del primo convento femminile).

Obiettivo di questo lavoro è quello di reperire alcune informazioni e presentarle in una sintesi multimediale, in modo da illustrare il tema a studenti più giovani o a persone che ignorano i fatti e la loro importanza.

Fase 1: raccogli le informazioni

Consultando fonti cartacee e "on line" (di cui è importante controllare il grado di affidabilità) cerca di formarti un quadro completo, che risponda perlomeno alle seguenti domande:

- quando e come avvenne l'evangelizzazione dell'Irlanda?
- quali sono le caratteristiche del monachesimo celtico?
- puoi descrivere le origini e la vita di qualche monastero irlandese?
- qual è stato il ruolo dei monaci irlandesi quali missionari nel continente europeo?

Fase 2: struttura una presentazione multimediale

Le informazioni così raccolte andranno tra loro collegate, in modo da mostrare la sequenza storica degli eventi in modo ordinato, ma soprattutto da consentire l'apertura di spazi di approfondimento, che consentano il passaggio da uno sguardo globale, all'analisi di situazioni più particolari e locali (le vite di singoli santi, la presentazione – anche con foto e immagini – di alcuni monasteri, ecc.).

Fase 3: presenta, discuti e rifletti

Chi ha elaborato la presentazione (un gruppo di studenti) la proporrà al resto della classe e, sulla base del dibattito che seguirà e delle domande che verranno poste, avrà preziose indicazioni sulle parti da integrare, approfondire o chiarire meglio. La presentazione così riveduta potrà essere diffusa in altre classi o in altri contesti.

J. Rosenrod, *Un angelo bastona il diavolo che si era accostato a santa Brigida*, 1437 circa (Chiesa di Tensta, Stoccolma).

Indicazioni cinematografiche

"Il grande silenzio" (*Die Grosse Stille*), di Philip Gröning, Germania 2005. Documenta l'esperienza del regista durante i quattro mesi trascorsi nell'antico monastero certosino della Grande Chartreuse, sulle Alpi francesi.

37. Il cristianesimo medioevale

la posta in gioco

Quando si parla del Medioevo subito affiorano molti luoghi comuni, tra cui quello per cui si tratterebbe di "secoli bui". Altri storici preferiscono parlare di "avventuroso millennio", in cui hanno preso forma alcune delle più importanti istituzioni dell'Europa di oggi, a partire dalle università. Le vicende della storia della Chiesa, in questo periodo, sono complesse e richiedono la capacità di leggere il contesto storico in cui si collocano, cogliere i momenti di splendore e quelli di decadenza, interrogarsi sulle soluzioni concretamente trovate, discutere le questioni con mente aperta.

Hai un'idea di quale sia stato il ruolo della Chiesa nella nascita delle università? Qual è l'immagine complessiva che hai del Medioevo? Ti sei mai chiesto perché gli autori più "laici" tendano a dipingerlo come un periodo oscuro?

Pregiudizi sul Medioevo

La storia scorre con un flusso vitale e organico, in cui tutte le periodizzazioni appaiono discutibili, ma alcune lo sono più di altre. Il fatto di denominare un intero millennio (dal V al XV secolo circa) con un termine vago come **Medioevo**, è frutto di evidenti pregiudizi. Il termine è stato usato per la prima volta dagli umanisti del XV secolo e recuperato in senso ancora più polemico in età illuminista. Le date convenzionalmente assunte come punti di riferimento sarebbero rispettivamente il 476 (caduta dell'Impero romano d'Occidente, con la deposizione di Romolo Augusto) e il 1492 (data della conquista del sultanato di Granada – ultimo baluardo islamico in Spagna – e della scoperta dell'America).

(documento 37.1)

Medioevo

Il termine significa – letteralmente – età di mezzo e indica una delle quattro grandi epoche (antica, medievale, moderna e contemporanea) in cui viene tradizionalmente suddivisa la storia euro-mediterranea. Il termine compare per la prima volta nel XV secolo, quando gli umanisti di quello che si autodefinì Rinascimento vollero prendere le distanze da alcune caratteristiche della cultura dei secoli precedenti.

L'espansionismo islamico

▶ (*Arabi alla conquista della penisola iberica*, Scuola di Baghdad, XIII secolo. Parigi, Bibliothèque Nationale)
Tra gli elementi che hanno caratterizzato il periodo medievale vi è stato l'incontro (e spesso lo scontro) della cristianità con il mondo arabo. L'espansionismo islamico ha assunto diverse forme nel corso del tempo e la cultura araba ha lasciato tracce profonde nei territori conquistati, dall'architettura alla cucina.

In realtà entrambi gli eventi si collocano all'interno di processi di lunga durata. Per quanto riguarda gli inizi si è visto come il lungo declino dell'Impero romano e la nascita dei regni romano-barbarici rappresentino un fenomeno complesso, che comporta una **trasformazione sociale e culturale che si realizza in modo progressivo**.

(documento 37.2)

Tra i pregiudizi che condizionano l'immaginario culturale sull'età medievale giocano un ruolo importante anche i **pregiudizi laicisti o anticristiani**. L'idea che i secoli "bui" della storia dell'Occidente avrebbero sostanzialmente coinciso con quelli di una società che direttamente si ispirava al cristianesimo è una rappresentazione molto semplicistica della storia, ma proprio per questo tende a diffondersi. In questo modo le volgarizzazioni divulgative di matrice laicista uniscono in una sorta di "leggenda nera" l'affermarsi del potere temporale dei papi, come pure le crisi di tale potere, le crociate, l'Inquisizione, la persecuzione delle eresie e della stregoneria, il folklore popolare.

Cercheremo qui di seguire alcune pietre miliari della storia della cristianità nel Medioevo, senza enfasi né pregiudizi, per capire come questo "avventuroso millennio" abbia contribuito allo sviluppo della vita della Chiesa e al consolidarsi del suo patrimonio culturale e spirituale.

Vinfrido Bonifacio

(673-754)
Nato in una nobile famiglia inglese del Devonshire, fu monaco, prima di iniziare la sua opera di evangelizzazione delle popolazioni germaniche oltre il Reno, in particolare in Frisia, Sassonia, Turingia. Fondò l'abbazia di Fulda, fu vescovo e scelse come sede arcivescovile la città di Magonza. Morì martire, ucciso da frisoni pagani, insieme a cinquantanove compagni, mentre celebrava la messa a Dokkum (nell'odierna Olanda), il giorno di Pentecoste del 754.

Carlo Magno e le origini del Sacro Romano Impero

Abbiamo già visto come il fatto di avere portato l'annuncio cristiano ai popoli che premevano ai confini dell'Impero romano abbia favorito il sorgere di **regni romano-barbarici disponibili a un dialogo con il papato**. Tra questi il **regno dei franchi** divenne ben presto il più compatto e potente dei regni germanici, ma la sua identità religiosa cristiana – con il battesimo di massa del popolo, a seguito della conversione di Clodoveo – si consolidò solo molto lentamente e con difficoltà. Importante fu in questo il ruolo di **Vinfrido Bonifacio**, l'apostolo dei germani, che operò attivamente per la riorganizzazione della Chiesa nei territori franchi.

I miracoli di san Bonifacio

◀ (*Episodi della vita di san Bonifacio*, miniatura medievale del XII secolo. Bruxelles, Biblioteca Reale)
Le vite dei santi medievali sono tutte costellate di una serie di miracoli, che in gran parte riprendono quelli compiuti da Gesù durante la sua esistenza terrena. In questo caso abbiamo una moltiplicazione del vino e una distribuzione del cibo a un uomo colpito da sortilegio. In generale l'idea è che i santi, che cercano di vivere a somiglianza di Cristo, vengono "visti", ovvero "riconosciuti", come effettivamente somiglianti a lui anche in questo aspetto (al di là del valore storico delle singole narrazioni).

Contestualmente è importante considerare il **progressivo espansionismo del mondo islamico**, che tra il VII e l'VIII secolo giunse a impadronirsi di circa metà del Mediterraneo, comprese terre di antichissima tradizione cristiana, come la Siria, l'Egitto e la stessa Gerusalemme.

(documento 37.3)

In quegli stessi anni, in Italia riprende l'espansionismo dei longobardi, che – pur convertitisi al cristianesimo, grazie all'aiuto della regina cattolica **Teodolinda** – approfittarono della debolezza dell'Impero bizantino e giunsero a minacciare la stessa Roma. Papa **Stefano II** chiese aiuto al re dei franchi – Pipino il Breve – il quale, tra il 754 e il 756, mandò i suoi eserciti in Italia, sconfisse i longobardi e fece dono al papa delle terre che questi avevano strappato ai bizantini. Ebbe così inizio la **storia dello Stato pontificio**, ma anche una stretta alleanza con i sovrani dei franchi, che proseguirono le donazioni anche negli anni successivi, ricevendo dal papa una legittimazione del loro potere. Pipino il Breve ottenne il titolo di *Patricius Romanorum* (protettore

Carta: L'espansione araba tra il VII e l'VIII secolo

(documento 37.4)

La missione del dotto

▲ (*Alcuino presenta Rabano Mauro a san Martino*, miniatura, 850 circa, dal *De Laude Sanctae Crucis* di Rabano Mauro)
L'opera degli studiosi era considerata una vera e propria "missione": quella di "ridare vita" ai tesori di sapienza del mondo antico. I monaci, negli "scriptoria", ridavano vita ai testi dal punto di vista "fisico", potremmo dire che ridavano loro il corpo, mentre gli studiosi (come Alcuino e Rabano Mauro) li facevano "rivivere" all'interno dello spirito cristiano, dando loro – in un certo senso – un'anima.

Teodolinda

(570-627)
Principessa di stirpe regale, venne data in sposa ad Autari, re dei longobardi. Alla morte di questi, si risposò con Agilulfo, da cui ebbe un figlio – Adaloaldo – futuro re dei longobardi, per cui si trovò a regnare come reggente. Donna bella e intelligente, fu molto amata dal suo popolo, che resse con saggezza. Di fede cattolica, intrattenne rapporti amichevoli con papa Gregorio Magno e favorì la predicazione di san Colombano tra i longobardi.

Stefano II

(714-757)
Salito al soglio pontificio nel 752, l'anno dopo che i longobardi avevano conquistato Ravenna e iniziavano a fare pressioni su Roma, chiese e ottenne l'aiuto di Pipino il Breve. Divenne di fatto il primo sovrano dello Stato pontificio.

di Roma) e suo figlio, **Carlo Magno**, fu consacrato imperatore nella notte di Natale dell'800, dando vita a quell'Impero carolingio che sotto la dinastia degli Ottoni prese il nome di *Sacro Romano Impero*. Oltre a rafforzare i propri domini dal punto di vista territoriale, Carlo si dedicò alla **riorganizzazione amministrativa dell'Impero** e diede forte impulso alla nascita o al consolidamento di importanti **centri di cultura**, tanto che si è parlato di **rinascita carolingia**, in cui grande parte ebbero intellettuali di estrazione monastica, tra cui Alcuino di York.

In un momento di faticoso assestamento tra diverse forme di "potere di fatto", che da un lato riguardavano i regni romano-barbarici, dall'altro l'autorità esercitata dal pontefice su alcuni territori strategicamente essenziali per la sicurezza di Roma, si venne a creare un **convergere di interessi per una legittimazione concomitante**. Da un lato il potere temporale di sovrani laici (i re franchi) legittima il potere temporale già esercitato di fatto dal papa, dall'altro lato il potere spirituale del pontefice può dare una legittimazione a quegli stessi sovrani, con un collegamento – di tipo simbolico più che giuridico – all'eredità di Roma e del suo Impero. La crisi dell'Impero bizantino che era – di fatto – l'unica istituzione con un'effettiva continuità giuridica con l'Impero romano, favorisce tali dinamismi. Particolarmente significative in tal senso le parole indirizzate da Carlo Magno a papa **Leone III**, nel 796 (**1**).

1 Il ruolo di un "imperatore cristiano"

«Il nostro compito è proteggere con le armi la santa Chiesa dall'esterno contro l'assalto dei pagani e contro gli infedeli, e di consolidarla all'interno attraverso il generale riconoscimento della fede cattolica. Il vostro compito è sostenere il nostro servizio di guerra, come fece Mosè, con le mani levate a Dio, affinché – grazie alla vostra intercessione – il popolo cristiano riporti sempre e ovunque la vittoria sui suoi nemici».

(*Lettera di Carlo Magno a Leone III*, cit. da A. Franzen, *Breve storia della Chiesa*, 1976, tr. it. Queriniana, 1982).

Carlo Magno attorniato da religiosi, miniatura francese.

Carlo Magno

(742-814)
Figlio di Pipino il Breve, ereditò alla sua morte (768) metà del regno, ma quando morì anche il fratello Carlomanno (771) si trovò a soli 20 anni a governare l'intero regno dei franchi. Con vittoriose campagne militari ne consolidò ed estese i confini territoriali, rafforzò l'alleanza con il papato e – nella notte di Natale dell'800 – fu incoronato imperatore. Morì nel 814 ad Aquisgrana, nella cui cattedrale venne sepolto.

Leone III

(750-816)
Nato e cresciuto a Roma, maturò una buona esperienza negli ambienti curiali, finché fu eletto come 96° papa della Chiesa cattolica nel 795. Osteggiato dalla nobiltà romana, fu invece appoggiato da Carlo Magno, che venne da lui incoronato come imperatore – in San Pietro – la notte di Natale dell'800.

Rinascita carolingia

Chiamata anche *rinascenza carolingia*, è il nome dato dagli storici al risveglio culturale dell'Impero carolingio, specialmente negli anni in cui Carlo Magno fu al potere. Possiamo includere in tale fenomeno la riforma della Chiesa, ma soprattutto la nascita di grandi *scuole monacali* (presso le grandi abbazie) e *palatine* (presso il palazzo del sovrano), prima tra tutte quella sorta presso la corte di Aquisgrana.

L'Impero carolingio lasciò dunque tracce importanti nella storia e nella cultura, ma andò incontro a una profonda crisi dopo la morte di Carlo, sia per le lotte di successione tra figli e nipoti (tra i quali era stato diviso), sia per effetto di una terribile carestia e delle spedizioni devastatrici dei normanni.

Il papa incorona il re

(*Ludovico il Pio incoronato dal papa nella cattedrale di Reims*, miniatura da *Grandes Chroniques de France*) Ludovico il Pio, figlio e successore di Carlo Magno, fu incoronato da papa Stefano IV, nella Cattedrale di Reims. Le figure dei dignitari ecclesiastici sono molto più grandi di quella del re, quasi a sottolineare la priorità del potere spirituale su quello temporale. Il sovrano, sul piano religioso, viene considerato come una sorta di "consacrato laico" che assume l'onere (e non solo l'onore) di una missione delicata: quella di governare la città degli uomini, che comunque è in cammino verso la città di Dio.

Ottone il Grande

(912-973)
Asceso al trono nel 936, come re dei germani e duca di Sassonia, sconfisse i magiari e i polacchi, conquistò la Lombardia e sposò Adelaide di Borgogna (vedova del re d'Italia, Lotario II), divenendo così – nel 951 – re d'Italia. Incoronato quale imperatore nel 962, ebbe numerosi conflitti col papato e con i bizantini, e discese diverse volte in Italia per campagne militari. Morì nel 973 per un avvelenamento alimentare.

La parte orientale dell'Impero carolingio, affidata – insieme all'Italia – ai discendenti di Ludovico il Germanico, per poi passare nel X secolo alla casa di Sassonia, acquistò sempre maggiore importanza, finché **Ottone il Grande**, divenuto re dei germani e duca di Sassonia, acquisì anche il titolo di re d'Italia e fu incoronato imperatore da papa Giovanni XII nel 962, firmando contestualmente il *Patto ottoniano* o ***Privilegium Othonis***. Per consolidare il proprio potere nei confronti dei nobili, Ottone allargò le proprietà terriere ecclesiastiche e aumentò il potere dei vescovi, concedendo loro diritti regali, di contea, potere giudiziario, immunità e diritti di dogana, fidando anche nel fatto che – in virtù del celibato ecclesiastico – era esclusa in radice la possibilità che si costituissero vasti feudi ereditari. Tutto questo, però, comportava la volontà di condizionare l'elezione dei vescovi, per cui Ottone rivendicava il diritto di designare un candidato a lui gradito. Lo stesso pretese dai cardinali romani, quando – sceso a Roma nel 963 per porre fine a violente diatribe – fece destituire da un sinodo riunito in San Pietro il latitante Giovanni XII e fece eleggere un papa a lui gradito (Leone VIII). Questo intreccio di interessi, imperiali ed ecclesiastici, pone le basi per quella che passerà alla storia come lotta per le investiture.

(documento 37.5)

Privilegium Othonis

Dichiarazione firmata, rilasciata da Ottone I in occasione della sua incoronazione imperiale, con la quale da un lato conferma le donazioni e i possedimenti ecclesiastici già concessi al papa dai Carolingi, dall'altro lato rivendica un diritto di controllo sull'elezione pontificia.

Corrado II il Salico

(990 circa - 1039)
Fu il primo imperatore della dinastia salica (casa di Franconia). Eletto nel 1024, proseguì nell'opera di consolidamento dell'Impero e di riforma della Chiesa promosse dal suo predecessore (Enrico II "il santo"). Morì di malattia nel 1039.

Enrico III

(1017 - 1056)
Eletto come sovrano nel 1039, unto imperatore del Sacro Romano Impero nel 1046, morì nel 1056.

Clemente III

(1005 - 1047)
Già cappellano di Enrico III e vescovo di Bamberga, fu elevato alla dignità pontificia nel 1046. Morì per avvelenamento l'anno successivo.

Nicolò II

(980 - 1061)
Era vescovo di Firenze quando fu eletto al soglio pontificio, nel 1059, all'età di 78 anni. Nel 1059 strinse alleanza con i normanni (Accordi di Melfi), investendo Roberto il Guiscardo della dignità di duca di Puglia, Calabria e Sicilia (i territori che aveva sottratto e si apprestava a sottrarre al dominio arabo, riconquistandoli alla cristianità).

La lotta per le investiture

I successori di Ottone I intervennero più volte nelle diatribe interne alle fazioni romane, in lotta per l'elezione del papa, con esiti alterni, ma garantendo in più di un'occasione l'elezione di pontefici retti e capaci, oltre che fedeli alla casa di Sassonia.

Con l'estinzione della dinastia sassone, nel 1024, lo scettro passò nelle mani di **Corrado II** il Salico, della casa di Franconia, eletto con l'appoggio dell'arcivescovo di Magonza. Suo figlio – **Enrico III** – continuò ad appoggiarsi al potere dei vescovi; intervenne nel 1046 in occasione di una grave crisi del papato, facendo deporre (*Sinodo di Sutri*) i tre papi eletti da diverse famiglie romane ed elevò al soglio pontificio il monaco cluniacense, vescovo di Bamberga, Sutigero, che venne eletto con il nome di **Clemente II**. Enrico influì decisamente anche nell'elezione dei tre papi successivi, mentre continuava la tradizione di controllare la nomina dei vescovi-conti in tutto il territorio imperiale.

Nel XI secolo prese forma un **movimento di riforma della Chiesa**, mirante a liberarla dalle indebite ingerenze dei poteri secolari, a partire dall'imperatore e anche da altre forme di abuso, come la compravendita di cariche e dignità ecclesiastiche. Furono proprio i papi tedeschi voluti da Enrico III a iniziare questo movimento di riforma, a partire dalla lotta alla simonia, ovvero alla compravendita di cariche ecclesiastiche, dichiarando – per esempio – l'invalidità delle ordinazioni episcopali ottenute in tal modo. Con un *decreto sull'elezione del papa*, il pontefice **Nicolò II** riformò le modalità di elezione del pontefice, attribuendola a un sinodo di cardinali-vescovi, che doveva tenersi a Roma (o, in caso di impossibilità, anche in altro luogo). In tal modo si otteneva il risultato di **sottrarre l'elezione del papa dal controllo dei laici**: sia che si trattasse dei nobili romani, sia che si trattasse dell'imperatore.

L'umiliazione di Canossa

▶ (*Enrico IV in ginocchio ai piedi di Matilde di Canossa*, con Ugo di Cluny, miniatura, XII secolo. Città del Vaticano, Biblioteca Apostolica) L'imperatore di Germania, Enrico IV, una volta scomunicato, rischia di perdere potere sui principi tedeschi, che sono chiamati a fargli un giuramento di fedeltà. Il pellegrinaggio compiuto con abiti da penitente per chiedere il perdono (o meglio, la revoca della scomunica) è frutto di un astuto calcolo politico. Interessante il fatto che la contessa Matilde venga presentata con i canoni di un'iconografia mariana, nell'atto di intercedere presso l'autorità ecclesiastica.

Il più grande impulso alla riforma della Chiesa venne da papa **Gregorio VII** (1073-1085), che emanò nel 1075 il ***Dictatus papae***, in cui ribadiva il primato pontificio nella nomina dei vescovi e rispetto all'imperatore.

L'imperatore, **Enrico IV**, non se ne dette pensiero, indisse un sinodo a Worms (1076) in cui fece destituire Gregorio VII, il quale scomunicò l'imperatore, sciogliendo i sudditi (e anche i nobili vassalli) dal giuramento di fedeltà nei suoi confronti. Minacciato di essere destituito dai principi tedeschi, Enrico iniziò la sua processione penitenziale a Canossa, per chiedere il perdono del papa. Nel gennaio 1077 Enrico ottenne l'assoluzione e la revoca della scomunica.

La lotta tra Enrico e Gregorio si protrasse – con alterne vicende – fino alla morte di quest'ultimo (1085), mentre la lotta per le investiture continuò anche con i rispettivi successori. Si giunse a un compromesso nel 1122, con il **Concordato di Worms**, per cui l'imperatore rinunciava al diritto di investire i vescovi dell'anello e del bastone pastorale (simboli del loro potere spirituale) e riconosceva solo al papa tale diritto. Da parte sua il papa riconosceva all'imperatore il diritto di essere presente – in Germania – alle elezioni episcopali, purché compiute senza simonia né violenza, e di investire i prescelti delle loro prerogative feudali (che invece dipendevano dall'imperatore). In Germania l'investitura feudale precedeva la consacrazione episcopale (e quindi era l'imperatore a scegliere i vescovi), mentre in Italia e Borgogna la consacrazione episcopale precedeva quella feudale.

Dictatus papae

Decreto pontificio (1075), in cui si afferma che solo il papa ha diritto di nominare o destituire i vescovi, che i vescovi o l'imperatore non possono deporre né giudicare il papa, che il papa può deporre l'imperatore e qualsiasi altro rappresentante del potere politico.

Gregorio VII

(1020-1085)
Ildebrando Aldobrandeschi di Soana fu il più importante tra i papi dell'XI secolo e già prima dell'elezione al soglio pontificio era noto come il principale propugnatore del movimento di riforma della Chiesa. Eletto a furor di popolo nel 1073, ricevette l'ordinazione sacerdotale ed episcopale dopo l'elezione. Entrò in conflitto con l'imperatore Enrico IV per la questione delle investiture. Chiamò in aiuto Roberto il Guiscardo, che lo liberò dall'assedio di Enrico, ma le sue truppe si abbandonarono a saccheggi e devastazioni, tanto che Gregorio dovette fuggire da Roma, detestato dai romani. Morì in esilio a Salerno nel 1085, prigioniero di colui che aveva chiamato a salvarlo.

Enrico IV

(1050-1106)
Figlio maggiore dell'imperatore Enrico III, alla sua morte fu nominato re – a soli sei anni – mentre la madre Agnese assunse la reggenza. Nel 1065 Enrico fu dichiarato maggiorenne. L'anno successivo sposò Berta da Torino. Fu impegnato nella lotta per le investiture con Gregorio VII tra il 1075 e il 1084, anno in cui (mentre Gregorio era imprigionato), fu incoronato imperatore del Sacro Romano Impero dall'antipapa Clemente III. Gli ultimi anni della sua vita furono segnati dal conflitto con i figli, finché il suo secondogenito lo costrinse ad abdicare nel 1105 (succedendogli con il nome di Enrico V). Morì a Liegi nel 1106.

La crisi della Chiesa, il conflitto con Bisanzio e il Grande scisma del 1054

Michele Cerulario

(1000-1059)
Di famiglia aristocratica, coinvolto in una congiura politica, fu costretto all'esilio e si fece monaco. Nel 1043 fu nominato patriarca di Costantinopoli dall'imperatore Costantino IX Monomaco. Fu protagonista del Grande scisma (1054) e negli anni successivi entrò in contrasto con gli imperatori Michele VI e Isacco I. Morì nel 1059.

Filioque

Espressione latina che – letteralmente – significa "e dal Figlio", inserita nel Credo dalla Chiesa occidentale a proposito della terza persona della Trinità: «Credo nello Spirito Santo, che procede dal Padre *e dal Figlio*».

Gli anni della dissoluzione dell'Impero carolingio furono anche anni di crisi per la Chiesa, con contrasti tra i vescovi più o meno legati alle nobili famiglie e alla stessa corte imperiale e figure di pontefici non sempre in grado di governare con la necessaria energia, tanto che si è parlato – per il periodo che va dall'888 alla riforma gregoriana dell'XI secolo – di **secolo oscuro** della storia della Chiesa. Gli attriti con la Chiesa d'Oriente, già favoriti dalle frizioni tra il papato e l'Impero bizantino seguite all'incoronazione imperiale di Carlo Magno, si fecero più gravi a motivo di incomprensioni e controversie dottrinali.

Nell'XI secolo le relazioni divennero ancora più tese a causa delle difficili scelte politiche che coinvolsero il papato rispetto alla conquista dei territori bizantini in Italia meridionale (Puglia e Calabria) da parte dei normanni. L'imperatore bizantino era propenso a cercare un'alleanza col papato contro i normanni, mentre il patriarca di Costantinopoli – **Michele Cerulario** – temeva eventuali ingerenze papali nella propria giurisdizione e ostacolò il riavvicinamento delle Chiese di Roma e Bisanzio.

I punti di attrito erano numerosi. Sul **piano dottrinale** la questione più importante era quella dell'inserimento del ***filioque*** nel Credo latino, che secondo gli orientali alterava in modo irrazionale la dottrina trinitaria. Alcune innovazioni liturgiche introdotte dalla Chiesa latina e l'imposizione del celibato al clero (sempre da parte della Chiesa latina) andavano a colpire la sensibilità delle Chiese d'Oriente. Più delicato era il problema della **giurisdizione papale sui quattro grandi patriarcati orientali** (Costantinopoli, Gerusalemme, Antiochia e Alessandria): i patriarchi erano disponibili a riconoscere al papa (patriarca di Roma) un primato di tipo onorifico, ma non una vera e propria giurisdizione su di loro. A ciò si aggiunse una disputa su chi avesse la giurisdizione sulla Chiesa nei Balcani (in particolar modo la Bulgaria), che veniva rivendicata sia da Michele Cerulario sia dal papa. Va anche tenuto presente che la relativa perdita di influenza dei patriarchi di Antiochia, Gerusalemme e Alessandria (che si trovavano in terre sotto il controllo islamico), portava a enfatizzare la contrapposizione tra le sole Roma e Costantinopoli.

Ai motivi di tensione che abbiamo appena sintetizzato bisogna aggiungere una gestione incauta della delicata questione da parte del legato pontificio, Umberto di Silva Candida, che nel 1054 depositò sull'altare di Santa Sofia una bolla di scomunica (già predisposta e firmata da Leone IX) contro il patriarca Michele Cerulario, il quale rispose a sua volta scomunicando Umberto e gli altri legati pontifici. Va detto che in quel momento il papa Leone IX era morto, per cui il cardinale Umberto di Silva Candida non avrebbe avuto l'autorità di scomunicare il patriarca di Costantinopoli, ma le due Chiese si lanciarono anatemi a vicenda, allargando la ferita di uno scisma che permane ancora oggi, pur con significativi tentativi di riavvicinamento.

(documento 37.6)

I pellegrinaggi in Oriente e le crociate

Fin dai tempi più antichi la cristianità ha avuto un **rapporto speciale con i propri luoghi santi**, legati alla vita di Gesù e degli apostoli.

Carta: *I pellegrinaggi*

Abbiamo già visto come – a Roma – la Basilica di san Pietro sia sorta proprio nel luogo del martirio e della sepoltura dell'apostolo da cui ha preso il nome. Possiamo immaginare l'importanza ricoperta in tal senso dai luoghi in cui si svolse la vicenda terrena di Gesù, tanto è vero che già in epoca costantiniana (IV secolo) erano state costruite la basilica della Natività a Betlemme, quella del Martirio, del Calvario e del Monte degli Ulivi a Gerusalemme, seguite ben presto da altre chiese costruite nei luoghi più significativi. **Gerusalemme diveniva dunque città santa**, tanto per gli ebrei, come per i cristiani e infine anche per i musulmani, che la occuparono nel VII secolo, ma con grande tolleranza nei confronti dei pellegrini. La situazione cambiò nell'XI secolo, quando Gerusalemme cadde in mano ai turchi (1071), decisamente meno tolleranti, tanto che nel 1090 – dopo un massacro di pellegrini cristiani – l'accesso al Santo Sepolcro venne severamente vietato. La concomitante pressione dei turchi in direzione di Gerusalemme, l'appello del sovrano bizantino (a cui si collegava anche una speranza di riconciliazione con la cristianità orientale), spinsero papa **Urbano II** a lanciare – nei sinodi di Piacenza e di Clermont-Ferrand (1095) – un accorato appello alla cristianità latina, da cui si innescò un movimento che portò alla **prima crociata** (1096-1099), i cui condottieri riuscirono a conquistare Gerusalemme (1099), abbandonandosi però a un terribile eccidio.

Carta: *La prima crociata*

Luoghi santi

Per i cristiani non ci sono "luoghi sacri" nel senso che tale espressione poteva avere nel mondo pagano: una speciale presenza di una singola divinità in un determinato luogo. Per i cristiani la santità è una prerogativa specifica dell'anima umana abitata dalla grazia di Cristo. Si può parlare dunque di *luoghi santi* solo "per partecipazione", nel senso che determinati luoghi sono legati alla memoria di fatti che hanno una connessione diretta con la storia della salvezza e in cui il credente può "fare memoria", cioè rivivere nella sua interiorità, gli eventi salvifici a cui la sua anima è chiamata ad avvicinarsi.

Urbano II

(1040-1099)
Di nobile famiglia francese, Ottone di Lagery fu priore dell'abbazia di Cluny, finché Gregorio VII lo convocò in Italia, nominandolo vescovo di Ostia e Velletri. Attivo sostenitore della riforma gregoriana, fu legato pontificio per la Germania nella controversia con Enrico IV. Eletto papa nel 1088, proseguì energicamente nell'opera di riforma. Seguì la politica dei suoi predecessori anche nella direzione di consolidare il ritorno della Campania e della Sicilia sotto la sfera di influenza cattolica, con l'appoggio dei normanni.

Il sacco di Gerusalemme

◀ (*Soldati cristiani saccheggiano Gerusalemme*, miniatura da un'edizione della *Cronaca* di Jean de Courcy, XV secolo. Chantilly, Musée Condé)
Dopo la presa di Gerusalemme nel 1099, i soldati cristiani si abbandonarono a eccessi e saccheggi, come viene fedelmente riportato dalle cronache e come testimonia questa stessa miniatura di fonte cristiana: nessun tentativo di stendere "veli pietosi" sulle pagine oscure della storia delle crociate. Per questo è importante saper leggere sia le pagine buie, sia quelle luminose, con sereno distacco critico.

(documento 37.7)

Le crociate si susseguirono, con alterne vicende, per circa due secoli. Vi parteciparono cavalieri e gente del popolo, nobili e mercanti, in un complesso intreccio di interessi spirituali e materiali, politici e commerciali. Al periodo delle crociate si deve la fondazione degli **ordini cavallereschi**. Il primo è quello dei **Giovanniti** o **Cavalieri Ospitalieri** (fondato nel 1099, presso l'ospedale di San Giovanni in Gerusalemme, con finalità assistenziali), la cui sede fu trasferita prima a Cipro, poi a Rodi e infine a Malta (nel 1530); di qui la denominazione di **Cavalieri di Malta**. L'**ordine dei Templari** fu fondato nel 1118 da otto cavalieri francesi presso il tempio di Salomone, con lo scopo di garantire l'incolumità dei pellegrini in visita a Gerusalemme. L'ordine venne ufficializzato nel 1129, con una Regola monastica che ottenne l'appoggio di san **Bernardo di Chiaravalle**. Nel 1291 si trasferì a Cipro; nel 1311-1312 fu travolto dalle macchinazioni del re francese Filippo il Bello e sciolto nel concilio di Vienne. L'**ordine teutonico** fu fondato in Terra Santa da alcuni cittadini di Brema e di Lubecca come confraternita ospedaliera, negli anni 1189-1190, con il compito di assistere i pellegrini provenienti dalla Germania. Assunse presto finalità di tipo missionario per la diffusione del cristianesimo nei paesi baltici.

Pronti alla battaglia

(*Templari e Cavalieri teutonici pronti alla battaglia*, miniatura tratta dal *Cantigas de S. Maria*. Firenze, Biblioteca Nazionale) I Cavalieri templari sono raffigurati con la croce rossa, mentre i Cavalieri teutonici hanno la croce nera. Entrambi costituiscono una schiera di cavalieri pronti a entrare in battaglia, che – con i cavalli bardati e in linea – si prepara alla carica contro gli infedeli. In questo caso si tratta precisamente di "monaci-guerrieri", ma comunque, più in generale, l'investitura di un cavaliere aveva i tratti di un'ordinazione religiosa (come del resto l'investitura regale).

Bernardo di Chiaravalle

(1090-1153)
Di nobile famiglia, si fece monaco cistercense. Nel 1115 fondò insieme a dodici compagni un nuovo monastero cistercense lungo le rive del fiume Aube, in una valle che essi chiamarono Clairvaux (Chiaravalle). Appoggiò il sorgere dei Templari e predicò a favore della seconda crociata. Fu un grande mistico, apprezzato anche da Dante, che lo sceglie come ultima guida nella *Commedia*.

La nascita delle università

Si è già visto come, durante tutto il periodo medievale, siano sorti numerosi **centri di diffusione culturale**, in cui si conservavano e ricopiavano i testi degli autori antichi, dei santi Padri, di alcuni grandi maestri. Attorno a tali centri sorgevano delle scuole, che possiamo distinguere in tre grandi tipologie: **scuole monacali** (sorte attorno ai monasteri o alle abbazie), **scuole episcopali** (sorte attorno alle cattedrali, per la formazione del clero), **scuole palatine** (sorte attorno alle corti regali o ai palazzi del potere della nobiltà feudale più sensibile).

I testi che venivano raccolti, conservati e trascritti erano anche il principale e prezioso strumento didattico. Essi venivano letti e commentati in aula; ricordiamo che, non essendo ancora stata inventata la stampa, i testi erano scritti su **pergamena** e venivano ricopiati a mano. Non vi erano veri e propri programmi, come nelle scuole di oggi, ma si utilizzava l'impianto culturale – ereditato dall'età ellenistica – delle sette **arti liberali**, distinte a loro volta in **arti del trivio** (grammatica, dialettica, retorica) e **arti del quadrivio** (aritmetica, geometria, astronomia, musica). Le sette arti rappresentavano la "cultura di base", su cui si potevano innestare gli studi più specialistici, come quelli relativi al diritto, alla medicina, alla teologia.

Gli studi superiori potevano collegarsi alle stesse scuole in cui si studiavano le arti, oppure costituirsi come centri specialistici (pensiamo ad esempio alla gloriosa scuola salernitana per quanto concerne la medicina). In ogni caso, con il costituirsi di centri cittadini sempre più vivaci, si vennero a creare delle vere e proprie folle di studenti e di docenti, il che poneva il problema di una loro collocazione organica all'interno del tessuto sociale e civile delle città medievali. Il modello di riferimento su cui si baseranno le nascenti università è quello delle corporazioni delle arti e dei mestieri (in fondo le discipline di studio venivano già chiamate "arti"), sia perché si riconosce un ruolo sociale alla professione dell'insegnante, sia anche e soprattutto perché si riconosce un **ruolo sociale alla professione dello studente** (**2**).

Al banchetto della sapienza

▲ (*Una scuola medievale*, miniatura, fine XIII secolo, *Codice di Manesse*. Heidelberg, Biblioteca Universitaria)
Il maestro, il giovane studioso (probabilmente il baccelliere) e gli studenti di ogni età sono coinvolti tutti insieme nella comunità di coloro che si occupano degli studi (*Universitas studiorum*).

Pergamena

Si tratta di un supporto scrittorio costituito dalla pelle di un animale (pecora, capra, vitello), non conciata, ma depilata e fatta asciugare sotto tensione. Prende il nome dalla città di Pergamo, dove si trovava una grande e rinomata biblioteca che rivaleggiava con quella di Alessandria, in cui invece la carta si faceva utilizzando il papiro.

Arti liberali

L'espressione *arti liberali* si contrappone ad *arti servili* per distinguere, rispettivamente, l'attività razionale non sottoposta a finalità di tipo pratico dalle arti che sono invece determinate da tali finalità (come ad esempio l'architettura).
Erano divise in due gruppi: *arti del trivio* (che riguardano gli aspetti formali della cultura) e *arti del quadrivio* (che riguardano i contenuti culturali).

2 Le università come corporazioni di arti

«L'università degli studi, nella quale si raggruppano spontaneamente queste scuole, è una corporazione della nuova città, sul tipo delle corporazioni dei mestieri; una stessa ispirazione umana guida le arti liberali e le arti meccaniche. Maestri e studenti compongono una vera internazionale intellettuale, divisa in quattro nazioni: francese, inglese (Inghilterra e Germania), piccarda (Paesi Bassi) e normanna. Questa università costituisce un'entità giuridica collettiva, capace di trattare a nome della professione che rappresenta, elevata così al rango di ufficio nella città; essa ha conquistato, anche mediante lo sciopero, il diritto di organizzare la sua vita a modo suo, e persino una sua propria polizia, a condizione che difenda i diritti della collettività superiore. (...) Il carattere aristocratico delle accademie del Rinascimento perderà per molto tempo questa radice popolare di cui godono invece intellettuali e teologi medievali».

(M.D.Chenu, *S. Tommaso d'Aquino e la telogia*, tr. it. Gribaudi, 1977)

Studenti universitari che seguono una lezione, XIV secolo, miniatura francese (Cambrai, Biblioteca Municipale).

(documento 37.8)

Per questo possiamo dire che le **università** rappresentano il frutto più tipico e genuino della cultura medievale, sia per la struttura organizzativa che le caratterizza, sia per la cultura di riferimento, in cui la sintesi tra eredità del mondo antico e tesori della riflessione cristiana offre anche un collante di tipo unificante, pur nella grande vivacità dei dibatti che ha caratterizzato quell'epoca.

Stabilire la **data di nascita** di un'università è impresa piuttosto difficile, anche perché fino al XII secolo era perfettamente normale che nei centri di studi approdassero degli aspiranti maestri che iniziavano a tenere i propri corsi e poi stava agli studenti decidere se seguirli o non seguirli. La prima *universitas* che divenne un corpo collettivo regolarmente organizzato fu quella di **Bologna** (1087), in quanto centro di studi giuridici, mentre dal punto di vista degli studi filosofico-teologici il centro di gran lunga più importante fu l'università di **Parigi**, in cui esisteva un ambiente scolastico estremamente fiorente fin dal XII secolo e che si trovò al centro dell'interesse e dell'attenzione tanto dei re di Francia, come del papato.

(documento 37.9)

Le **modalità** fondamentali con cui si svolgeva l'insegnamento erano tre: le **lezioni** (*lectiones*), le **ripetizioni delle lezioni** del maestro (*repetitiones*) e le **discussioni** (*disputationes*). Si tratta di modalità in parte legate a una concezione della cultura che vede nei libri e soprattutto nei loro autori un tesoro prezioso, da tramandare e valorizzare in ogni modo, ma in parte legate al desiderio di approfondire ogni questione, nella ricerca della verità. Di qui la vivacità e il dinamismo che caratterizza l'insegnamento universitario in età medievale.

L'ascolto della "lectio"

▶ (*Studenti a scuola*, XIV secolo, bassorilievo, particolare della tomba di Giovanni da Legnano. Bologna, Museo civico) La dimensione dell'ascolto era molto importante, perché consentiva il contatto con opere di autori classici e con quelle dei santi Padri e dei grandi maestri. Non tutti avevano i testi (che erano scritti e ricopiati a mano, anche in "versioni economiche" per gli studenti). Alla lezione seguivano attività didattiche più "attivanti" che consentissero di consolidare gli apprendimenti e trarre frutto dalle letture (lezioni).

Scheda di lavoro

Ricerca e discuti

Una disputa strutturata

Abbiamo visto come la disputa fosse una delle modalità di insegnamento tipiche delle università medievali, ma si trattava di dispute strutturate, organizzate, e non di un confronto estemporaneo e caotico.
Rinviando alla descrizione che ne abbiamo fatto nel **documento 37.9**, ecco alcune indicazioni per riprodurre – con modalità semplificate – una disputa sul modello di quelle medievali.

1. **Identificazione del tema da discutere**. Può essere scelto dall'insegnante o dagli allievi, meglio ancora se sorge spontaneamente durante le lezioni ordinarie (come avveniva per le dispute ordinarie nel Medioevo).
2. **Individuazione degli "articoli"**, ovvero verifica del fatto che il tema scelto – magari di una certa ampiezza – possa essere utilmente articolato in una serie di questioni più ristrette.
3. **Elaborazione degli argomenti "pro" e "contra"**, mediante lavori di gruppo. Ogni gruppo dovrà esporre – per ogni articolo della questione – i pro e i contro, cercando di esplicitare quanto più possibile le argomentazioni a sostegno delle differenti tesi.
4. **Esposizione degli argomenti**. Prima di esporre pubblicamente le argomentazioni è opportuno che – all'interno del gruppo – vi dividiate gli argomenti da esporre per maggiore sintonia e "prossimità" ideale, in modo che l'esposizione possa risultare quanto più convincente possibile.
5. **Discussione collegiale dei singoli argomenti, man mano che vengono esposti**. Si procede con un articolo alla volta, si espongono le varie tesi (pro e contro), si attiva una discussione che aiuti ad approfondire meglio gli uni e gli altri. Per buon ordine della discussione è "vietato" mescolare le carte, ovvero introdurre – mentre si discute un articolo – questioni che riguardano altri articoli: ogni cosa a suo tempo.
6. **Intervento dell'insegnante per dirimere alcuni nodi essenziali**. Va detto che le dispute delle università medievali prevedevano una vera e propria "risposta magistrale" da parte del docente. Per un'esercitazione scolastica contemporanea possono essere sufficienti alcune indicazioni chiarificatrici da parte dell'insegnante.
7. **Redigere gli atti della disputa**. Il materiale elaborato nel corso di tutto il processo dovrà essere sistemato solo alla fine, alla luce delle conclusioni a cui si è giunti, ma rispettando le singole posizioni e tutte le argomentazioni che sono state espresse.

Una seduta di dottori all'università di Parigi, miniatura dei *Chants Royaux* (Parigi, Bibliothèque des Arts Décoratifs).

Indicazioni cinematografiche "Il settimo sigillo", di Ingmar Bergman, Svezia 1957. Può essere utile per rendere ciò che del sentire medievale resta di attualità.

38. La Chiesa tra Medioevo e Rinascimento: crisi e rinnovamento

la posta in gioco

Nei momenti "difficili" della storia della Chiesa la più grande sfida è quella di cogliere le ragioni di tali difficoltà, collocarle nel periodo storico e capire – tra i vari movimenti che hanno cercato di reagire – quali si siano mossi per amore della Chiesa e col desiderio di rinnovarla, quali si siano posti al di fuori dei suoi confini, quali invece siano partiti da un desiderio di rinnovamento e siano progressivamente scivolati al di fuori della Chiesa. Spesso è nei tempi più bui che si accendono le fiaccole più luminose e durature, come nel caso degli ordini mendicanti (francescani e domenicani), che sorsero nel XIII secolo e che continuano ancora oggi la propria missione, ripensandola di epoca in epoca secondo i bisogni del tempo.

Qual è il tipo di sguardo con cui la Chiesa legge i propri momenti bui? Riesci a immaginare l'impatto che ebbero gli ordini mendicanti al momento del loro sorgere? Ti è mai capitato di parlare con frati francescani o domenicani? Che cosa hai colto della loro spiritualità?

Movimenti pauperisti

Il XII e il XIII secolo sono contrassegnati da un **desiderio di rinnovamento** in cui si intrecciano diverse istanze. L'esigenza di un ritorno alla povertà evangelica era sentita da tempo in ambienti monastici, ma anche lo scarto tra la ricchezza materiale del papato e di alcune corti vescovili strideva con la povertà di molta gente comune. Ricordiamo che siamo nel tempo della *lotta per le investiture* (vedi Unità 37), quindi le nomine dei vescovi-conti spesso dipen-

San Luigi IX pellegrino in Terra Santa

▶ (*Luigi IX il Santo, in pellegrinaggio a Nazareth*, miniatura dalle *Grandes Chroniques de France*. Londra, British Library)
La vita del re di Francia Luigi IX, il Santo, fu effettivamente caratterizzata da un'intensa esistenza di preghiera e la stessa indizione di una crociata fu davvero da lui vissuta come un pellegrinaggio ai luoghi che accolsero Gesù durante la sua vita terrena. Qui viene raffigurato in pellegrinaggio a Nazareth nel 1252.

devano più da ragioni politiche che dalla profonda spiritualità dei candidati. Gli stessi pellegrinaggi in Terra Santa, a contatto con i luoghi – decisamente sobri – della vita di Gesù e degli apostoli hanno riportato l'immagine di un salvatore povero; ciò favorì lo sviluppo di un vasto movimento popolare che prende il nome di **pauperismo** e che si incarna in diverse linee e movimenti.

L'idea di un "ritorno alle origini" si collega inoltre con un **bisogno di contatto diretto con le Sacre Scritture**, anche da parte di chi non poteva affrontare il lungo cammino degli studi teologici nelle università, o non faceva la scelta di vita monastica. Si formavano così gruppi di lettura della parola di Dio, talvolta guidati da monaci o chierici, o anche da cristiani di buona volontà, con sufficiente istruzione da essere in grado di leggere il testo, non necessariamente formati negli studi teologici.

Tra i predicatori che sono all'origine di **movimenti riformatori di taglio pauperista** possiamo ricordare **Tanchelmo**, che operò nei Paesi Bassi all'inizio del XII secolo. Oltre ad affermare la necessità di una Chiesa povera, predicava il disprezzo per gli ecclesiastici e l'inutilità delle chiese, negando il valore dell'eucaristia. Era giunto a proclamarsi figlio di Dio e sposo di Maria Vergine. In Italia possiamo ricordare **Arnaldo da Brescia**, che alla predicazione della povertà aggiungeva la necessità della fine del potere temporale della Chiesa e negava la validità dei sacramenti impartiti da sacerdoti indegni. Partecipò alle vicende del movimento democratico romano, finché fu travolto dalle vicende politiche e giustiziato, mentre i suoi seguaci confluiranno in gran parte nei movimenti catari e valdesi.

La persecuzione degli eretici

▲ (*Valdesi imprigionati e condotti al rogo come eretici*, miniatura da un manoscritto bolognese del XIV secolo)
Il movimento valdese nasce come movimento di ispirazione pauperista nel XII secolo. Dopo la condanna papale, vive diverse scissioni e spaccature, ma trova buona accoglienza soprattutto nei comuni ostili al potere papale. Dopo la morte di Valdo (1207) vi furono ulteriori divisioni, ma – nonostante le persecuzioni – il movimento rimase vivo fino al XVI secolo, per aderire al ramo calvinista della Riforma nel 1532.

Pauperismo

Il termine deriva dal latino *pauper*, che vuol dire povero. Si tratta di un movimento di pensiero e di spiritualità che non si limita ad affermare il valore della povertà come scelta volontaria, ma afferma che tutta la Chiesa e tutte le sue istituzioni devono farsi povere, a imitazione della povertà di Gesù e degli apostoli.

Tanchelmo

(m. 1115)
Capo di un movimento ereticale, caratterizzato da forte fanatismo, percorse i Paesi Bassi in processione, predicando il proprio messaggio, finché fu ucciso dal popolo o da un ecclesiastico. Nel giro di una decina d'anni i suoi seguaci tornarono all'ortodossia.

Arnaldo da Brescia

(1090 - 1155)
Entrato nei canonici agostiniani, si trasferì a Parigi per gli studi e – tornato a Brescia nel 1119 – si dedicò a un'intensa propaganda anticlericale.
Le sue idee furono condannate nel Concilio di Sens (1140).
Espulso dalla Francia, si recò a Roma dove – con la cacciata del pontefice nella rivolta del 1143 – era stato istituito un libero comune retto da un Senato.
Scomunicato dal papa, dopo il fallimento dell'esperienza comunale romana, continuò a predicare. Ebbe molti seguaci, fu fatto prigioniero da Federico Barbarossa e giustiziato a Roma nel 1155.

Pietro Valdès

(1130-1207) Ricco mercante di Lione, abbandonata la moglie, le figlie e donate tutte le sue ricchezze, fondò il movimento che porta il suo nome (valdesi o poveri di Lione). Scomunicato nel 1184, morì nel 1207.

Catarismo

Movimento ereticale del XII secolo. Il termine "cataro" significa "puro". La dottrina si rifà a un dualismo di stampo manicheo.

Manicheismo

Dottrina sostenuta da Mani (215-277), predicatore persiano che affermava l'esistenza di due Principi divini contrapposti (Luce e Tenebre), che influiscono in ogni aspetto della vita.

I **valdesi** o **poveri di Lione** ebbero origine dal ricco mercante di Lione, **Pietro Valdès**, che fece dono del suo patrimonio e iniziò a predicare povertà e penitenza. Il vescovo di Lione proibì la predicazione, ma Valdès si appellò al papa, presentandosi personalmente al III Concilio lateranense (1179), dove fu autorizzato a predicare la penitenza, purché si astenesse da ogni predicazione di tipo dottrinale (non compatibile con la sua condizione di laico). Accusato dal vescovo di non avere mantenuto l'impegno, si appellò nuovamente al papa, ma questa volta – nel 1184 – gli fu vietata ogni forma di predicazione e il suo movimento, che nel frattempo aveva abbracciato dottrine ereticali, fu riprovato. Valdès rifiutò di obbedire e pertanto fu scomunicato e il suo movimento perseguitato.

Se tutti questi movimenti traggono origine in qualche misura dal cristianesimo (e da un desiderio di rinnovamento della Chiesa), diverso è il discorso per il movimento dei **catari**, un movimento diffuso in Oriente, che prende le mosse da una forma di **manicheismo** e che approdò in Occidente nel XII secolo, grazie all'intensificazione dei contatti dovuta alle crociate. I catari insegnavano che il mondo era stato creato dal "dio cattivo" dell'Antico Testamento (che per loro coincideva con il diavolo) e che era totalmente dominato da lui. Le anime "pure" degli uomini erano state incarcerate nella materia cattiva, da cui bisognava liberarsi, attraverso penitenze, rinunce e privazioni che – per loro – avevano il significato di un rifiuto completo del mondo. I "perfetti" dovevano assolutamente evitare il matrimonio, ogni rapporto sessuale, i piaceri della carne, ogni forma di lavoro materiale e rinunciare a tutti i beni e le ricchezze terrene. Da tali convinzioni derivava anche il rifiuto del battesimo, dell'eucaristia e del matrimonio. Il catarismo si diffuse rapidamente in Germania, Inghilterra, Francia e Italia, ma fu nella regione di Alby (Francia meridionale) che ebbe la sua culla più significativa; di qui il nome anche di *albigesi*, per indicare gli stessi catari. In quella regione si allearono con i baroni che si preparavano alla lotta contro il regno francese, il che portò allo scoppio di una vera e propria guerra (*Crociata contro gli albigesi*: 1208-1219), appoggiata dal papa e combattuta dai baroni fedeli al re di Francia.

Per individuare e perseguire gli eretici che tentassero di nascondere la propria identità fu istituito – nel 1184 – il **tribunale dell'Inquisizione**, incaricato – come si può intuire dal nome (il verbo latino è *inquirere* che vuol dire "cercare") – di individuare gli eretici perché potessero essere condannati, in quanto nemici sia della Chiesa sia dello Stato.

(documento 38.1)

Crociata contro gli albigesi

◀ (*Guerra santa contro gli albigesi*, 1325-1350, miniatura da *Chroniques de France ou de Saint Denis*)
Nella guerra contro i catari che vivevano nella zona di Alby si intrecciano ragioni religiose e ragioni politiche. Il dato, dal punto di vista religioso, era quello delle dottrine e delle prassi degli eretici, che non di rado sconfinavano in comportamenti violenti. Dal punto di vista politico la posta in gioco era il regno francese, che vedeva opporsi i baroni alleati del re e quelli alleati contro di lui (che trovarono appoggio nella zona di Alby, specialmente tra i catari). La crociata finì con un bagno di sangue.

Gli ordini mendicanti

Alcune delle istanze che i movimenti ereticali di stampo pauperista avevano raccolto nei termini che abbiamo appena esposti, furono altresì fonte di ispirazione degli **ordini mendicanti**, che sorsero all'inizio del XIII secolo e iniziarono a loro volta una predicazione ispirata alla povertà evangelica e alla fraternità, ma rimanendo sempre all'interno della comunione ecclesiale.

Francesco d'Assisi, figlio di un ricco mercante, abbracciò nel 1205 l'ideale della povertà dedicandosi totalmente alla penitenza e al gioioso amore del prossimo. La prima caratteristica della povertà evangelica che animò la vita di Francesco fu proprio questa apertura alla gioia e il suo tradursi in accoglienza amorosa degli altri, senza che mai nessun elemento di astio o di odio entrasse nella sua predicazione.

L'altra differenza rispetto ai catari è l'**amore per il creato**, testimoniato anche dalle sue poesie, come il *Cantico di frate Sole* o *Cantico delle creature*. Si recò a Roma nel 1209 e ottenne da papa **Innocenzo III** l'approvazione della sua Regola e il permesso di predicare; la sua predicazione si fece strada, soprattutto fra i giovani. Nel 1221 scrisse una Regola ispirata interamente al

Non potete servire a due padroni

▲ (Giotto e aiuti, *La rinuncia degli averi*, 1296-1298 circa. Assisi, Basilica superiore di San Francesco)
La pubblica rinuncia ai propri averi, sulla piazza di Assisi, non va intesa come un pauperismo fine a se stesso, ma come una rinuncia in nome di una libertà più alta: la libertà di seguire Gesù senza i vincoli imposti dalla condizione economico-familiare.

Francesco d'Assisi

(1182 - 1226)
Figlio del ricco mercante Pietro Bernardone e della nobile francese Pica Bourlemont, dopo la scuola presso i canonici della cattedrale partecipò alla guerra contro Perugia. Catturato, fu rinchiuso in carcere, dove si ammalò e iniziò il cammino di conversione. I gesti di Francesco, molto generoso con le ricchezze del padre, portarono a un pubblico processo, al termine del quale si spogliò di tutti i beni e persino delle vesti, che restituì al padre. Raccolti i primi compagni, si diedero una regola di vita e – dopo l'approvazione papale – la comunità crebbe, arricchendosi di un ramo femminile. Fallito il tentativo di convertire il sultano d'Egitto, Francesco ricevette – nel 1224 – le stimmate, che lo accompagnarono fino alla morte (1226).

Innocenzo III

(1161 - 1216)
Al secolo Lotario dei Conti di Segni, compì i suoi studi prima a Roma, poi a Parigi e a Bologna. Fu nominato cardinale nel 1190 ed eletto papa nel 1198. Indisse la quarta crociata, che contro la sua volontà fu dirottata dai veneziani su Zara e poi su Costantinopoli. Nel 1209 promosse la crociata contro i catari, e nel 1215 convocò il IV Concilio lateranense. Morì a Perugia l'anno successivo.

(documento 38.2)

Vangelo per il suo ordine; la rielaborò in collaborazione con alcuni ecclesiastici più esperti e la fece approvare (1223) da papa **Onorio III**. Nel 1212, assieme a **Chiara d'Assisi**, fondò il ramo femminile dell'ordine, che prese il nome di Clarisse, la cui Regola – inizialmente data dallo stesso Francesco – fu approvata nel 1253 (**1**).

In comunione con la Chiesa

▲ (Giotto, *San Francesco presenta la Regola a Onorio III*, particolare, 1325 circa. Firenze, Chiesa di Santa Croce, Cappella Bardi)
Differenza fondamentale che intercorre tra gli ordini mendicanti (francescani e domenicani) e i movimenti pauperisti di quel periodo è la volontà di agire in piena comunione con la Chiesa. Di qui l'importanza dell'approvazione papale della Regola, che l'affresco giottesco rende con grande plasticità: si coglie il senso di umiltà e autentica reverenza nel volto del santo che, mentre con una mano porge la Regola al papa, tiene l'altra sul proprio cuore.

Onorio III

(1150-1227)
Al secolo Cencio Savelli, fu canonico della Basilica di Santa Maria Maggiore. Fu eletto papa nel 1216. Continuò il cammino di riforma spirituale della Chiesa; bandì la quinta crociata, portò avanti la lotta contro l'eresia dei catari, approvò gli ordini francescano e domenicano. Morì a Roma nel 1227.

Chiara d'Assisi

(1193-1253)
Chiara Scifi nacque in una famiglia altolocata, ma fin da ragazza rifiutò il matrimonio combinato e – a soli 18 anni – fuggì di casa, per unirsi a Francesco e ai suoi frati presso la Porziuncola. Entrata nel monastero benedettino di Bastia Umbra, poi in quello del monte Subasio, venne raggiunta dalla sorella Agnese. Prese infine dimora accanto alla chiesa di San Damiano, dove fu raggiunta dall'altra sorella (Beatrice) e dalla madre (Ortolana), fondando una comunità religiosa che crebbe rapidamente. Ottenne una prima Regola dallo stesso Francesco, fino all'approvazione papale del "privilegio della povertà".

1 | Dalla *Regola francescana* (1223)

«La regola e la vita dei frati minori è questa, cioè osservare il santo Vangelo del Signore nostro Gesù Cristo, vivendo in obbedienza, senza nulla di proprio e in castità. Frate Francesco promette obbedienza e ossequio al signor Papa Onorio e ai suoi successori canonicamente eletti e alla Chiesa romana. E gli altri frati siano tenuti a obbedire a frate Francesco e ai suoi successori. (...) E tutti i frati si vestano di abiti vili che possono rattoppare con sacco e altre pezze con la benedizione di Dio. I quali ammonisco ed esorto di non disprezzare e di non giudicare gli uomini che vedono vestiti di abiti molli e colorati e usano cibi e bevande delicate, ma piuttosto ciascuno giudichi e disprezzi se stesso. (...) Quei frati ai quali il Signore ha concesso la grazia di lavorare, lavorino con fedeltà e con devozione, così che, allontanato l'ozio, nemico dell'anima, non spengano lo spirito della santa orazione e devozione al quale devono servire tutte le altre cose temporali. Come ricompensa del lavoro per sé e per i loro frati ricevano le cose necessarie al corpo, eccetto denari o pecunia, e questo umilmente, come conviene a servi di Dio e a seguaci della santissima povertà».

A. Colantonio, *San Francesco consegna la Regola a santa Chiara e ai francescani*, 1445-1450 (Napoli, Museo di Capodimonte).

Dopo la morte del santo fondatore (1226) l'ordine – che nel 1212 si era arricchito anche di un ramo femminile – crebbe progressivamente, conoscendo nel tempo discussioni e divisioni, legate alle due tendenze emerse fin dalla morte del santo. Il punto di discussione riguardava l'**interpretazione più o meno radicale della scelta di povertà**, che portò nel tempo (dopo divisioni e fusioni) al formarsi di due rami maschili della famiglia francescana: **frati minori conventuali** e **frati minori cappuccini** (dal lungo cappuccio). In ogni caso l'ordine sviluppò un'intensa attività di predicazione, dedicandosi allo studio della teologia, e fondando chiese e conventi nel centro delle città, specialmente universitarie. Tra i grandi predicatori francescani possiamo ricordare **Antonio da Padova**, contemporaneo di san Francesco e **Bonaventura da Bagnoregio**, insigne teologo e autore – tra l'altro – di un'opera intitolata *Itinerario dell'anima verso Dio* che descrive la cultura come una forma di ascesa.

(documento 38.3)

L'incontro con san Francesco

▶ (S. Martini, *Francesco e Antonio da Padova*, affresco. Assisi, Basilica inferiore di San Francesco) Antonio era entrato in contatto con l'ordine francescano quando i corpi di cinque martiri uccisi in Africa furono riportati a Coimbra. Già monaco agostiniano, Antonio divenne francescano e partì in missione. Il suo incontro con Francesco avviene in occasione del Capitolo generale del 1221, presso la Porziuncola: erano più di tremila frati, si costruirono delle capanne di stuoie (di qui il nome di Capitolo delle stuoie). Così Antonio, che aveva conosciuto l'insegnamento di Francesco tramite la parola e la testimonianza dei confratelli, poté incontrare personalmente il santo di Assisi.

Domenico di Guzman, nato in Castiglia, era già canonico regolare quando, attraversando la Francia meridionale per recarsi a Roma, nel 1204, fu colpito dalle nefaste conseguenze della diffusione dei catari in quelle terre e prese la decisione di dedicarsi alla predicazione per convertire gli eretici. Qui maturò l'idea di un ordine religioso che vivesse in povertà e umiltà, come Gesù e gli apostoli, ma pienamente fedele alla Chiesa e all'ortodossia. Iniziò con l'istitu-

Antonio da Padova

(1195 - 1231)
Di nome Fernando, apparteneva a una famiglia aristocratica di Lisbona. Fu prima monaco agostiniano a Coimbra, poi frate francescano dal 1220. Dotato di grande umiltà, ma anche di sapienza e cultura, viaggiò molto e svolse attività di predicatore, prima a Forlì, poi in Provenza e infine a Padova, dove morì a 36 anni, già in odore di santità.

Bonaventura da Bagnoregio

(1217 - 1274)
Nato nella provincia di Viterbo, si recò a Parigi per studiare, ed entrò (1243) nell'ordine francescano. Fu superiore generale dell'ordine francescano a partire dal 1257 e insegnò teologia a Orvieto e Parigi. Fu amico e collega di Tommaso d'Aquino. Nel 1273 fu creato cardinale da papa Gregorio X; l'anno successivo partecipò al Concilio di Lione, dove morì.

Domenico di Guzman

(1170 - 1221)
Di famiglia agiata, fu educato dallo zio arciprete. All'età di quattordici anni fu inviato a Palencia, dove studiò arti liberali e teologia, finché vendette quanto in suo possesso e venne consacrato sacerdote. Nel 1203 fu inviato in missione in Danimarca, poi scese a Roma, dove chiese a Innocenzo III di potersi dedicare alla predicazione. Nel 1206 fu inviato in Linguadoca a predicare ai catari. Fondato l'ordine domenicano, si dedicò alla sua diffusione. Nel 1220 e 1221 presiedette i primi due Capitoli generali a Bologna, dove si spense.

zione di una comunità femminile che accoglieva le donne che abbandonavano il catarismo; progressivamente si unirono a lui anche alcuni uomini, che ne condivisero gli ideali e l'austero stile di vita. In occasione di un viaggio a Roma, nel 1215, ottenne l'approvazione verbale del nuovo ordine da papa Innocenzo III, che gli consigliò di adottare la Regola di sant'Agostino. Nel 1216 il nuovo ordine fu approvato da papa Onorio III. Subito furono inviati frati nei principali centri universitari del tempo (Parigi, Bologna, varie università spagnole), dove l'ordine conobbe grande diffusione, con l'adesione di studenti e docenti delle università. Alla Regola di Agostino si aggiungevano le **Costituzioni** dell'ordine, elaborate da intellettuali e giuristi di grande saggezza, che divennero famose come espressione di elevata democrazia. Tutte le cariche sono elettive e hanno un tempo massimo dopo il quale deve esserci un avvicendamento, sempre per via elettiva.

Il motto domenicano esprime e sintetizza la spiritualità e la missione dell'**ordine dei frati predicatori**: «Contemplare e comunicare ad altri ciò che si è contemplato» (in latino: *Contemplari et contemplata aliis tradere*). È facile intuire come fin dai primi anni di vita l'ordine domenicano fosse particolarmente ricco di figure insigni di intellettuali e grandi maestri. Ricordiamo in particolare **Alberto di Colonia**, che fu maestro di Tommaso d'Aquino.

Alberto di Colonia

(1206 - 1280) Alberto di Bollstädt, di nobile famiglia, fu inviato a studiare a Padova dove ebbe modo di ascoltare i sermoni del beato Giordano di Sassonia (secondo maestro generale dell'ordine dei predicatori) e decise di farsi domenicano. Continuò gli studi in varie città (Bologna, Parigi), per poi tornare come maestro in Germania. Insegnò a Ratisbona, Friburgo, Colonia, Parigi. Ebbe tra i suoi discepoli il giovane Tommaso d'Aquino. Nel 1254 fu eletto provinciale dei domenicani in Germania. Nel 1260 fu consacrato vescovo di Ratisbona, ma si dimise dopo due anni per riprendere l'insegnamento. Partecipò attivamente al Concilio di Lione nel 1274. Morì a Colonia nel 1280.

Una fiamma purificatrice

▲ (Beato Angelico, *San Domenico restituisce agli albigesi il loro libro e questi lo bruciano*, 1430-1432 circa. Parigi, Museo del Louvre)
Si narrano diversi episodi della vita di san Domenico in cui la sua attività di predicazione e di confronto con i catari e la loro eresia passa attraverso le sorti dei rispettivi libri. In altre rappresentazioni, come quella scolpita nell'Arca di San Domenico a Bologna, i libri dei catari vengono gettati nel fuoco (e bruciano), mentre quello di san Domenico resiste al fuoco. In questo caso il Beato Angelico mostra san Domenico che restituisce agli albigesi il loro libro e loro stessi – convinti dalla predicazione del santo – provvedono a bruciarlo. Il pittore Giovanni da Fiesole, detto il Beato Angelico, era un frate domenicano, molto attento al valore didattico dell'arte.

Costituzioni (di ordini religiosi)

Il termine deriva dal latino *constituere*, cioè "ordinare, disporre", e indica le norme spirituali, giuridiche e organizzative su cui si fonda un ordine religioso.

In quegli stessi anni prese forma il **rosario**, una preghiera ripetitiva che – utilizzando il saluto dell'Angelo a Maria – era di facile memorizzazione anche per le persone semplici, che potevano così essere coinvolte. Fonti domenicane riferiscono che nel 1212, durante una permanenza a Tolosa, Domenico ebbe una visione della Vergine Maria, con la consegna del rosario e la richiesta di diffonderla tra il popolo come difesa spirituale contro le eresie. Dalla sua fondazione, fino ai giorni nostri, l'ordine domenicano è sempre stato particolarmente attivo nella promozione della preghiera del rosario, che si è evoluta nel tempo, fino ad arrivare alla forma che assume oggi e di cui si è occupato anche il magistero della Chiesa, in più occasioni. Ricordiamo in tempi recenti la lettera apostolica *Il rosario della Vergine Maria*, di Giovanni Paolo II (2002).

Rosario

Il termine richiama l'immagine di una "corona di rose", di cui il credente fa dono a Maria, attraverso la recita della preghiera mariana.

(documento 38.4)

L'esilio di Avignone e il Grande scisma d'Occidente

Con il pontificato di Innocenzo III (1198-1216) sembra affermarsi una **netta supremazia del potere spirituale su quello temporale**, anche tenendo conto della debolezza dell'Impero, a causa della giovane età dell'imperatore, **Federico II**. In pratica, al tempo di Innocenzo, l'unico potere universale forte era quello del papato, ma tale condizione, del tutto legata a congiunture transitorie, si dissolse rapidamente. Cresceva infatti il potere delle monarchie nazionali, in particolare la Francia, la cui dinastia regnante non dipendeva dal mutevole consenso dei principi elettori, come avveniva per l'Impero tedesco. Il tentativo di **Bonifacio VIII** (1294-1303) di **rivendicare la supremazia del papato**, in un contesto politico completamente mutato, si rivela del tutto anacronistico (**2**).

2 Dalla *Bolla Unam sanctam* (1032)

«Noi sappiamo dalle parole del Vangelo che in questa Chiesa e nel suo potere ci sono due spade, una spirituale, cioè, e una temporale, (...) ambedue sono in potere della Chiesa, la spada spirituale e quella materiale; una invero deve essere impugnata per la Chiesa, l'altra dalla Chiesa; la seconda dal clero, la prima dalla mano di re o cavalieri, ma secondo il comando e la condiscendenza del clero, perché è necessario che una spada dipenda dall'altra e che l'autorità temporale sia soggetta a quella spirituale. (...) Perciò se il potere terreno erra, sarà giudicato da quello spirituale; se il potere spirituale inferiore sbaglia, sarà giudicato dal superiore; ma se erra il supremo potere spirituale, questo potrà essere giudicato solamente da Dio e non dagli uomini».

Il Potere spirituale e il Potere temporale, miniatura del XII secolo.

Federico II

(1194-1250) Federico II Hohenstaufen fu re di Sicilia, duca di Svevia, re di Germania e imperatore del Sacro Romano Impero. Apparteneva alla famiglia sveva degli Hohenstaufen e discendeva – per parte di madre – dalla dinastia normanna degli Altavilla. L'unione dei regni di Germania e di Sicilia fu osteggiata sia dal papato sia dai normanni. Di raffinata cultura, fu egli stesso un letterato. Nel 1224 istituì con editto formale l'università di Napoli: la prima università "statale" e laica della storia occidentale. Frequentemente in urto con i numerosi pontefici, fu scomunicato e riconciliato con la Chiesa.

Bonifacio VIII

(1230-1303) Benedetto Caetani fu canonico prima ad Anagni, poi a Todi, dove iniziò i propri studi, che probabilmente completò a Bologna. Fece una rapida carriera nella curia romana, accumulando titoli, benefici e prebende che gli consentirono di raccogliere un ingentissimo patrimonio. Fu eletto papa nel 1294, dopo la rinuncia di Celestino V. Istituì il Giubileo, a partire dall'Anno santo 1300.

Clemente V

(1264-1314)
Bertrand de Got, nativo della Guascogna, fu vicario generale del fratello Bérard (vescovo di Lione) e fu a sua volta arcivescovo di Bordeaux. Fu eletto papa nel 1305 da un conclave fortemente influenzato dalle ingerenze di Filippo il Bello, sotto la cui protezione si pose Clemente, trasferendosi in Francia.

Caterina da Siena

(1347-1380)
Caterina Benincasa, più nota come Caterina da Siena, fu religiosa domenicana, santa e Dottore della Chiesa, patrona d'Italia e compatrona d'Europa. Scrisse centinaia di lettere; tra queste sono importanti quelle indirizzate al pontefice, che chiedevano il suo ritorno a Roma, cosa che avvenne nel 1377.

(documento 38.5)

Urbano VI

(1318-1389)
Bartolomeo Prignano fu prima arcivescovo di Acerenza e Matera, poi arcivescovo di Bari. Fu eletto papa in un conclave molto confuso nel 1378. Dopo l'elezione dell'antipapa Clemente VII dovette affrontare anche una congiura di cardinali (1385). Morì a Roma nel 1389.

I contrasti con il re di Francia e l'ostilità dei cardinali francesi culminarono nell'**umiliazione di Anagni** (1303), quando il papa fu fatto prigioniero per essere condotto e processato in Francia. Liberato dai cittadini di Anagni, morì a Roma quello stesso anno.

Dalla morte di Bonifacio VIII l'influenza francese sul papato divenne sempre più forte: sotto la pressione della corona di Francia furono creati numerosi cardinali francesi, e gli stessi pontefici di questo periodo furono francesi. Già **Clemente V** (1305-1314) fissò la propria dimora ad Avignone, dove nel 1309 trasferì la curia papale, che ivi rimase fino al 1377. Si parlò di **esilio o cattività avignonese** per indicare la condizione di totale sottomissione del papato alla monarchia francese, ma anche il malcostume e la corruzione, contro cui si scagliarono molti nobili spiriti del tempo, tra cui santa **Caterina da Siena**, religiosa domenicana. Ella scrisse lettere molto esplicite a diversi potenti, tra cui il pontefice, di cui chiedeva con insistenza il ritorno a Roma.

Morto il pontefice nel 1378, un anno dopo il rientro a Roma, il successivo conclave si tenne in quella città, sotto le forti pressioni e minacce delle famiglie e del popolo romano, miranti a scongiurare l'elezione di un altro papa francese. Fu eletto il napoletano Bartolomeo Prignano, che prese il nome di **Urbano VI**, ma i cardinali francesi abbandonarono la corte papale e si riunirono a Fondi. In tale

Lo schiaffo di Agnani

▲ (*La cattura di Bonifacio VIII ad Anagni*, miniatura dalla *Nuova Cronica* di Giovanni Villani, XIV secolo) Filippo IV il Bello, re di Francia, inviò propri emissari – tra cui Giacomo Sciarra Colonna, che aveva reclutato 2000 mercenari – per intimare al papa di ritirare la bolla pontificia *Super Petri Solio* (non ancora pubblicata), in cui si scomunicava il sovrano francese. Il 7 settembre 1303 Bonifacio fu fatto prigioniero in Anagni, per essere condotto a Parigi e processato; fu liberato dopo due giorni dagli stessi abitanti della città. Il papa morì un mese dopo. Dante, che non è tenero con Bonifacio VIII, il cui arrivo è "atteso" nella bolgia dei simoniaci (Inferno, XIX, 52-57), presenta con disappunto questo episodio, in cui si reca oltraggio al vicario di Cristo (*Purgatorio*, XX, 85-90).

Una donna di carattere innamorata della Chiesa

▲ (Giovanni di Paolo, *Santa Caterina e Gregorio XI ad Avignone*, 1460 circa. Madrid, Museo Thyssen-Bornemisza)
Caterina da Siena era innamorata di Cristo e della sua Chiesa, al punto da amarla anche in uno dei suoi momenti più "bui", con la fiducia che si potesse porre rimedio al disastro spirituale e morale in cui versava la curia papale. Caterina, che molte volte aveva già scritto al papa Gregorio XI per implorarne il ritorno a Roma, giunse alla corte di Avignone il 18 giugno 1376, a capo di una delegazione per tentare di convincerlo in via definitiva. Le cronache raccontano che le ragioni della delegazione (e quindi di Caterina) lo avessero smosso in modo significativo, tanto che il 3 settembre dello stesso anno partì da Avignone, per giungere a Roma il 17 gennaio 1377, dopo quattro mesi di viaggio tormentato e con molte esitazioni e ripensamenti. Finiva così il lungo "esilio" della corte papale ad Avignone.

occasione dichiararono invalida – perché estorta con la violenza – l'elezione di Urbano VI ed elessero un altro papa francese, che prese il nome di Clemente VII e si insediò ad Avignone, dando inizio a quello che prende il nome di **Grande scisma d'Occidente**. Alla morte di ciascuno dei due pontefici furono eletti dei successori e lo scisma si protrasse, finché – con il Concilio di Pisa, del 1409 – non fu eletto un terzo papa e deposti gli altri due, i quali però non riconobbero tali provvedimenti e ci si ritrovò ad avere ben tre papi, ciascuno dei quali rivendicava una propria legittimità. La questione fu risolta nel Concilio di Costanza, che svolse i suoi lavori dal 1414 al 1417, ottenendo le dimissioni volontarie del papa romano e dichiarando illegittimi (antipapi) quello pisano e quello avignonese. Fu quindi convocato un conclave in cui i cardinali elessero **Martino V**, che riportò la sede papale definitivamente a Roma. Si chiuse così uno scisma che era a sua volta frutto di una stagione di decadenza e indebolì non poco il prestigio del papato, favorendo il diffondersi di tesi **conciliariste**.

Martino V

(1368 - 1431)
Al secolo Oddone Colonna, apparteneva a una delle più importanti famiglie di Roma. Studiò all'università di Perugia, ebbe incarichi significativi nella curia romana, per poi passare all'obbedienza "pisana", finché non fu eletto (1417) come papa della riconciliazione. Fu stimato per moderazione e cultura. Fondò l'università di Lovanio.

Conciliarismo

Dottrina secondo la quale il concilio ecumenico avrebbe un'autorità superiore al papa. Il Concilio di Costanza (1414-1417) non definì una vera e propria dottrina conciliarista, ma affermò una sorta di "superiorità di fatto" del concilio sui tre pontefici, in un momento di grave crisi di legittimità del pontificato, o meglio di coloro che lo rappresentavano. Nel 1438, un gruppo di prelati riuniti a Basilea affermò invece la superiorità formale del concilio sul papa.

Scheda di lavoro

Osserva e rifletti

Visita il convento e la tomba di san Domenico a Bologna

Domenico di Guzman morì a Bologna nel 1221, in una cella al pianterreno di cui è ancora visibile la struttura originaria, e fu sepolto nella Basilica annessa al convento bolognese. Una visita al complesso di san Domenico può essere un interessante pellegrinaggio alle radici di uno degli ordini mendicanti che abbiamo studiato.
La scheda che segue scandisce le tappe della visita e alcuni interrogativi connessi a ciascuna di esse. Puoi procurarti le informazioni attraverso le pubblicazioni illustrative o anche "intervistando" alcuni frati.

Il chiostro centrale	Quali sono i locali di vita comunitaria che si affacciano sul chiostro oggi? Quali erano in origine?
La cella dove morì san Domenico	Qual era la struttura di una cella di un convento domenicano del XIII secolo? Quale poteva essere il rapporto tra vita individuale e vita comunitaria?
La sala del Capitolo	Che cosa è un Capitolo? Perché il Capitolo di Bologna è stato importante per l'ordine dei frati predicatori?
La biblioteca	Qual è la struttura della biblioteca del convento di san Domenico? Come si è evoluta nel tempo e perché? Quale importanza riveste lo studio per l'ordine dei predicatori?
La Basilica e l'Arca di san Domenico	*Segnaliamo in particolare: il coro di legno intarsiato, la cappella del Rosario, la cappella che custodisce l'Arca di san Domenico (dove è sepolto il santo).* Come ciascuno di questi luoghi si lega alla storia e alla spiritualità dell'ordine domenicano? Le vicende della vita di san Domenico scolpite nell'Arca, in che modo richiamano il contesto storico in cui è vissuto e gli obiettivi principali della sua missione?

San Francesco e san Domenico nella *Divina Commedia*

Effettua un'analisi comparata dell'elogio di san Francesco e di san Domenico che Dante propone nei canti XI e XII del *Paradiso*. Puoi aiutarti con la **scheda di lavoro 38.6**.

B. Gozzoli, *Visione di san Domenico e incontro di san Francesco e san Domenico*, 1452, affresco (Montefalco, Chiesa di san Francesco, Cappella del Coro).

Indicazioni cinematografiche

"Francesco", di Liliana Cavani, Italia 1989. Propone una biografia senza fronzoli del patrono d'Italia.

39. Riforma evangelica e Riforma cattolica

la posta in gioco

Cercare le radici storiche di alcune lacerazioni che – nel corso dei secoli – hanno colpito la cristianità è importante, per capire meglio che cosa è accaduto, ma soprattutto per guardare avanti con la rinnovata speranza di poter evitare di ripetere gli errori del passato. L'analisi storica mette in luce le gravi responsabilità di alcuni pontefici del Rinascimento, a cui fanno riscontro altri tipi di responsabilità da parte dei riformisti evangelici di quel tempo.
In generale si tende a sottovalutare, se non addirittura a svalutare, la portata di quella Riforma cattolica che viene denominata Controriforma, sempre per sottolinearne il carattere contrappositivo o addirittura "aggressivo". Per evitare gli scivolamenti ideologici di parte della storiografia abbiamo preferito utilizzare le espressioni: *Riforma evangelica* e *Riforma cattolica*.

Che cosa ti suggerisce l'espressione che afferma che "la Chiesa deve sempre essere riformata"? Quale rapporto vedi tra continuità e discontinuità nei momenti di riforma? Perché è importante anche la continuità? Che cosa sai o pensi del movimento ecumenico?

Il papato nel Rinascimento e i primi movimenti riformisti

Il periodo rinascimentale fu, per la Chiesa, un **tempo di travaglio politico e spirituale**. Si tentò un riavvicinamento con la cristianità d'Oriente, disponibile a un atteggiamento più conciliante nei confronti del mondo cattolico, in cambio di un aiuto militare (una crociata) contro i turchi che premevano alle porte di Costantinopoli. L'aiuto però non venne, la città cadde in mano ai turchi nel 1453, il decreto di unione firmato pochi anni prima (1439) rimase lettera morta e fu formalmente revocato nel 1472.

Alle porte di Costantinopoli

▶ (*I turchi assediano Costantinopoli*, miniatura del XV secolo, dai *Passages d'Outremer* di Jean Mielot. Parigi, Bibliothèque Nationale)
La pressione dei turchi su ciò che restava dell'Impero bizantino non era una novità, ma il loro giungere alle porte di Costantinopoli segnava un passaggio qualitativo. Lasciata sola contro il potente esercito dei turchi Ottomani guidati da Maometto II, la città cadde nelle loro mani il 29 maggio 1453, dopo tre mesi di assedio e di aspri combattimenti. Cessava così di esistere l'Impero romano d'Oriente e si apriva una stagione in cui il "pericolo turco" si fece sempre più incombente in tutto l'Occidente.

Niccolò V

(1397-1455) Al secolo Tomaso Parentucelli, studia a Bologna dove diviene segretario del cardinale Albergati e poi arcivescovo della stessa città. Fu incoronato papa nel 1447, proclamò l'Anno santo del 1450, ma si allontanò da Roma per paura della peste.

Pio II

(1405-1464) Al secolo Enea Silvio Piccolomini, nacque a Corsignano (oggi Pienza) nel senese. Di nobile famiglia, fu segretario del vescovo di Fermo. Condusse fino ai 40 anni una vita dissoluta e svolse diversi incarichi diplomatici. Dopo una crisi di coscienza abbracciò il sacerdozio. Fu vescovo di Trento e venne eletto papa nel 1458.

Sisto IV

(1414-1484) Al secolo Francesco della Rovere, apparteneva all'ordine francescano dei frati minori, di cui fu ministro generale. Creato cardinale nel 1467, fu eletto papa nel 1471. Nominò cardinali sei dei propri nipoti.

Nepotismo

Indica la tendenza, da parte di chi detiene il potere o amministra pubblici uffici, a favorire i propri parenti, a prescindere dalle reali competenze. Fu un malcostume in uso tra i papi del Rinascimento, tanto che nel 1692 Innocenzo XII emise una bolla che proibiva ai papi di concedere proprietà, incarichi o entrate a qualsiasi parente.

I papi del Rinascimento interpretarono il loro ruolo alla luce dello spirito del tempo, tenendo conto di alcune istanze di natura politica e culturale, tra cui ricordiamo: il **ritorno stabile della sede papale a Roma** (dopo l'esilio avignonese e il Grande scisma d'Occidente) e il **consolidarsi dello Stato pontificio come entità politicamente autonoma** (dall'Impero, da altre monarchie, dagli stessi staterelli che presero forma nella penisola italica).

Il desiderio di dare lustro e magnificenza a quella che – oltre che capitale di un piccolo Stato – era anche la sede del vicario di Cristo, si colloca in tale scenario. Papa **Niccolò V** (1447-1455) fu uomo di grande cultura. Consolidò il potere pontificio strutturandolo sul piano amministrativo alla stregua degli altri Stati. Fu protettore di umanisti, assunse Lorenzo Valla come notaio e raccolse oltre novemila codici per la futura Biblioteca Apostolica Vaticana.

Sulla stessa linea si colloca l'azione di **Pio II** (1458-1464) che fu fine uomo di lettere. **Sisto IV** (1471-1484), francescano, colmò il suo ordine di privilegi e introdusse il **nepotismo** come sistema nel governo della Chiesa. Commissionò la costruzione del Ponte Sisto e fece costruire la cappella che da lui prende il nome (Sistina).

La cappella sistina

La cacciata dei nemici della Chiesa

▶ (Raffaello Sanzio, *Giulio II portato dai sediari*, particolare dalla *Cacciata di Eliodoro dal tempio*, 1512. Città del Vaticano, Musei Vaticani, stanza di Eliodoro)
La scena della cacciata di Eliodoro è tratta dalla Bibbia (2Maccabei, 3,21-28) e narra di come Eliodoro di Antiochia (ministro di Seleuco IV, re di Siria) viene cacciato da un messo divino, a cavallo, mentre tenta di profanare il tempio di Gerusalemme. Giulio II osserva la scena sul suo trono (portato dai sediari), avendo in animo di cacciare a sua volta gli stranieri "profanatori" dall'Italia pontificia. Viene ritratto con la barba, in riferimento al voto fatto da Giulio II di non radersi finché non avesse compiuto tale missione.

Il punto più basso della corruzione morale del papato fu toccato con **Alessandro VI** (1492-1503), Rodrigo Borgia, il quale – da sacerdote e cardinale – ebbe quattro figli da Vannozza de' Cattanei, tre da altre donne ignote e altri due figli, una volta divenuto papa. Nipote di papa Callisto III, fu fatto cardinale a venticinque anni e lui stesso – oltre a vivere da libertino dissoluto, per nulla preoccupato di nasconderlo – si abbandonò al nepotismo più sfrenato, tanto che fece cardinale persino suo figlio **Cesare Borgia**, quando aveva solo diciotto anni.

Fiero avversario dei Borgia fu papa **Giulio II** (1503-1513), il "papa guerriero", che oltre a impegnarsi in una serie di campagne militari in Italia, si dedicò a progetti artistici che hanno dato origine a capolavori imperituri: la cappella sistina viene affrescata da Michelangelo, la ristrutturazione del palazzo apostolico è opera del Bramante (che fece pure il primo progetto di ricostruzione della Basilica di san Pietro) e molti artisti, tra cui Raffaello, decorarono le Stanze vaticane.

Gli successe **Leone X** (1513-1521), figlio di Lorenzo il Magnifico, che provvide a beneficare la propria famiglia (anche con nomine cardinalizie); giunse a nominare 31 cardinali in una volta sola. Nel 1514 avviò una straordinaria raccolta di fondi per la costruzione della nuova Basilica vaticana, indicendo – in tale contesto – un'**indulgenza** predicata in tutta Europa, per quanti avessero contribuito con un'offerta. Nel 1517 scoppiò – come vedremo a breve – lo scontro con Lutero.

Indulgenza

Dottrina cristiana che si basa sulla distinzione – tra le conseguenze del peccato – della colpa e della pena. La colpa è personale e può essere rimessa (perdonata) solo con il pentimento di colui che l'ha commessa e la sua confessione sacramentale. La pena, in primo luogo, comporta il dovere di ristabilire la giustizia infranta (es. restituire ciò che si è rubato); secondariamente può comportare un tempo di penitenza prima di essere riammessi alla pienezza della comunione ecclesiale; in terzo luogo può estendersi alla vita ultraterrena. Nel caso della pena terrena, l'indulgenza viene introdotta per tramutare in "opere buone" le pubbliche penitenze per colpe molto gravi. Per quanto riguarda la pena ultraterrena, la dottrina cattolica vede una condizione (purgatorio) in cui l'anima, già degna della salvezza eterna, è chiamata a completare l'espiazione delle proprie colpe. La mediazione della Chiesa può inserirsi in questa fase, intercedendo presso Dio, in favore dell'anima purgante, in forza dei meriti dei santi.

(documento 39.1)

Alessandro VI

(1431-1503)
Studiò giurisprudenza a Bologna e divenne papa nel 1492. Oltre alla relazione con Giovanna de' Cattanei, la sua amante ufficiale fu Giulia Farnese. Dovette fronteggiare l'espansionismo francese, venendo a patti prima con Carlo VIII, poi con Luigi XII. Morì nel 1503, probabilmente per malattia; vi è chi dice che fu avvelenato per errore.

Cesare Borgia

(1475-1507)
Figlio del cardinale Rodrigo Borgia, fu nominato vescovo nel 1491 e cardinale due anni dopo, ma poco attratto dalla vita clericale, si dedicò a quella militare. Ottenuta dal padre-papa la dispensa dalla vita ecclesiastica, depose la porpora cardinalizia nel 1498. Sposò Carlotta d'Aragona e divenne duca di Valentinois. Con azioni astute e spregiudicate acquisì domini in Romagna, ma alla morte del padre fu imprigionato dal nuovo papa in Castel Sant'Angelo. Evaso, fu ripreso da Ferdinando d'Aragona, evase ancora e si rifugiò in Navarra, dove morì combattendo per suo cognato, re di Navarra.

Giulio II

(1443-1513)
Al secolo Giuliano della Rovere, educato tra i francescani, fu nominato vescovo e cardinale dallo zio, papa Sisto IV. Resse non meno di otto vescovadi, finché fu eletto papa nel 1503 e si dedicò a campagne militari e all'abbellimento della città di Roma. Sotto il suo pontificato avvenne l'unica visita di Lutero a Roma.

Leone X

(1475-1521)
Al secolo Giovanni de' Medici, era il quartogenito di Lorenzo de' Medici. Fu destinato fin da bambino alla carriera ecclesiastica: a sette anni fu fatto protonotario apostolico, a otto reggeva il beneficio di abate di Montecassino. Nel 1489 fu fatto cardinale, studiò diritto canonico, ma si dedicò alla letteratura. Eletto papa quando era solo diacono, fu consacrato sacerdote, vescovo e papa nel 1513. Dovette fronteggiare lo scoppio della crisi luterana.

John Wyclif

(1324 - 1384)
Di famiglia altolocata, studiò a Oxford, dove divenne maestro nelle arti e dottore in teologia. Fu direttore del Canterbury College, finché entrò al servizio di Giovanni di Gand (figlio del re Edoardo III), che lo protesse dai procedimenti ecclesiastici.

Jan Hus

(1371 - 1415)
Di umili origini, giunse a Praga nel 1390 per studiare all'università e divenne maestro delle arti. Ordinato sacerdote, si dedicò intensamente alla pubblica predicazione. Nel 1409 divenne rettore dell'università di Praga. Condannato e messo a morte nel 1415, il movimento da lui fondato è ancora vivo nella Repubblica Ceca.

In uno scenario in cui la "crisi di vertice" della Chiesa si protraeva ormai da tempo, avevano preso forma diversi **movimenti di riforma**, alcuni dei quali erano rimasti nell'ortodossia, mentre altri si erano allontanati da essa.

Una figura interessante è quella di un teologo, **John Wyclif**, in cui l'avversione alla Chiesa istituzionale (erano gli anni dell'esilio avignonese e del Grande scisma d'Occidente, ma anche di grande crisi morale dell'alto clero britannico) si collegò a dottrine eterodosse sull'eucaristia e sulla natura della Chiesa (di cui contesta l'autorità e il magistero).

La testimonianza di Jan Hus

◀ (*Il rogo di Jan Hus*, miniatura della *Spiezer Cronik* di Diebold Schilling il Vecchio, 1485)
Il teologo e riformatore boemo Jan Hus cercò fino alla fine di rimanere nella comunione ecclesiale, tanto è vero che si recò personalmente al Concilio di Costanza. Si trovò a confrontarsi con la suprema autorità ecclesiastica in uno dei momenti più "bui" della sua storia e anche l'epilogo drammatico – la condanna al rogo – merita di essere letto alla luce di tale consapevolezza.

Sulla stessa linea possiamo collocare la figura di **Jan Hus**, che ne riprese in modo esplicito alcune idee, rielaborandole in termini sistematici, soprattutto sul versante della critica alla gerarchia ecclesiastica e l'appello diretto alla Bibbia (senza la mediazione del magistero). Scomunicato nel 1412, nel pieno dello scisma d'Occidente, mentre erano in carica ben tre papi, rifiutò di riconoscere il provvedimento ed espose a Praga un "appello a Cristo", continuando – nonostante la proibizione – l'attività di predicatore. Si recò al Concilio di Costanza per difendere le sue tesi, ma fu condannato nel 1415 e messo al rogo.

Le istanze di riforma presero anche altre forme, come i **movimenti di rinnovamento all'interno degli ordini religiosi**, ma è interessante osservare anche il movimento dei *Fratelli della vita comune*, che nacque in Olanda nel XIV secolo e che produsse quella splendida opera che è l'*Imitazione di Cristo*.

Lutero e la Riforma evangelica

La figura e l'opera di **Martin Lutero** si innestano sia nel contesto del bisogno di riforma che abbiamo sopra descritto, sia in una complessa situazione sociale e politica che caratterizzava i rapporti tra i principi tedeschi, l'imperatore e il papa, oltre che in un suo personale travaglio interiore. Mentre insegnava teologia e arti a Wittenberg, fu avviata (nel 1514) la raccolta di fondi per la costruzione della nuova Basilica di san Pietro ed esplose la **questione delle indulgenze**, nel contesto della quale Lutero, nel 1517, formulò **95 tesi** in cui negava il valore delle indulgenze e il potere della Chiesa di rimettere le colpe. Tali tesi furono rese pubbliche (come erano pubbliche le dispute nelle università medievali), nel contesto di una discussione aperta con i locali predicatori domenicani. La tradizione vuole che sarebbero state affisse sul portone della chiesa di Wittenberg il 31 ottobre 1517; certamente furono inviate ai vescovi competenti (Brandeburgo, Magdeburgo e Magonza) e ad alcuni dotti amici, uno dei quali le fece stampare e diffondere (1).

1 Dalle *95 tesi* di Lutero (1517)

«1) Il signore e maestro nostro Gesù Cristo dicendo: "Fate penitenza" volle che tutta la vita dei fedeli fosse una penitenza. 2) Questa parola non può intendersi della penitenza sacramentale (cioè confessione e soddisfazione, che si compie per il ministero dei sacerdoti). (...) 5) Il papa non può rimettere alcuna colpa, fuorché quelle che ha imposte per volontà sua o dei canoni. (...) 10) Agiscono male e con ignoranza quei sacerdoti, che riservano ai moribondi pene canoniche in purgatorio. (...) 27) Predicano l'uomo, coloro che dicono: "Appena il soldino ha tintinnato nella cassa, l'anima se ne vola via". (...) 37) Qualunque vero cristiano, vivo o morto, ha la partecipazione a tutti i beni di Cristo e della Chiesa, datagli da Dio anche senza lettere di indulgenza. (...) 62) Vero tesoro della Chiesa è il sacrosanto evangelo della gloria e della grazia di Dio. 63) Ma questo tesoro è a ragione odiosissimo perché dei primi fa gli ultimi. 64) Ma il tesoro delle indulgenze è a ragione più gradito perché degli ultimi fa i primi. 65) Perciò i tesori evangelici sono reti con le quali in passato si pescavano uomini ricchi. 66) Ma i tesori delle indulgenze sono reti con le quali si pescano le ricchezze degli uomini. (...)»

(M. Lutero, *Le tesi sulle indulgenze*, tr. it. in V. Vinay (a cura di), *Scritti religiosi di Martino Lutero*, UTET, 1967)

Martin Lutero

(1483-1546) Nasce a Eisleben, in Turingia (un ducato tedesco) da una famiglia benestante. Intraprende gli studi di filosofia e nel 1505 entra nel convento agostiniano di Erfurt. Ordinato sacerdote, si dedica agli studi di teologia, diventando dottore e poi professore all'università di Wittenberg. Nel 1517 formula le 95 tesi, in cui si pronuncia contro la vendita delle indulgenze praticata dalla Chiesa di Roma. Le tesi ebbero grande risonanza, suscitando reazioni molto accese, e dando origine a quella che verrà poi definita "Riforma protestante". Chiamato a Roma per dare ragione delle sue posizioni, Lutero rifiuta di ritrattare e viene scomunicato. Negli anni successivi la sua distanza dalla Chiesa si fa sempre più netta: Lutero nega il primato del papa, riduce i sacramenti a tre (battesimo, penitenza ed eucaristia) e dichiara le Sacre Scritture unica norma della fede. Traduce inoltre la Bibbia, per renderla accessibile a tutti i fedeli. Muore a Eisleben il 18 febbraio 1546.

Sfida o malinteso?

◀ (Raffigurazione dell'affissione delle 95 tesi di Lutero alla porta della cattedrale di Wittenberg, incisione del 1527)
Ormai sappiamo che il gesto fisico dell'affissione delle 95 tesi alla porta della cattedrale, probabilmente, non fu mai compiuto, però la loro diffusione a mezzo stampa, mentre la questione era ancora da dirimere, ebbe l'effetto di un gesto di sfida ancora più forte. Gli atti successivi di Lutero evidenziano una continuità lungo la stessa linea ed è anche quello che si può cogliere leggendo tra le righe della ricchissima simbologia di questa incisione.

Exsurge Domine

Sono le prime due parole latine della bolla papale che condanna le tesi di Lutero e che – come ancora avviene con le encicliche e gli altri documenti ecclesiastici – ne costituiscono il titolo. Letteralmente significano: «Sorgi o Signore».

Libero esame

Espressione che in linguaggio teologico indica la possibilità di accedere direttamente all'interpretazione autentica della Scrittura. I riformatori ritenevano che ciò fosse possibile grazie a un'assistenza personale dello Spirito Santo che, come aveva ispirato gli autori sacri, avrebbe assistito i fedeli nella corretta interpretazione dei testi.

Chiamato a Roma per dare spiegazioni non vi si recò, si appellò a un concilio ecumenico e nel 1519 – durante una pubblica disputa a Lipsia – si spinse oltre nella sua critica, attaccando l'autorità del magistero del papa e dei concili e contestando l'ordine sacramentale della Chiesa: secondo Lutero, ogni cristiano può mettersi in contatto con Dio senza nessun tipo di mediazione da parte dei sacerdoti e l'unica vera Chiesa è stata quella di Gerusalemme, mentre quella del suo tempo si è allontanata dagli ideali predicati da Cristo.

Queste tesi, riferite al papa, portarono a un processo per eresia, che si concluse con la condanna delle tesi, notificata a Lutero attraverso la bolla **Exsurge Domine**, nel 1520, con l'invito a ritrattare. Lutero per tutta risposta bruciò pubblicamente la bolla papale e i libri di diritto canonico.

Scrisse poi tre violenti libelli in cui attaccava il papato e la Chiesa, dichiarando che questa era finita nelle mani di Satana, che a essa si applicherebbero le maledizioni bibliche contro Babilonia e che il papa altri non era che l'Anticristo.

Lutero fu scomunicato nel 1521 e l'imperatore Carlo V pubblicò l'editto di Worms, con cui condannava le tesi luterane e ne vietava l'insegnamento in tutto l'Impero.

Riportiamo in estrema sintesi i **principi dottrinali su cui si basa la riforma luterana**, che di solito vengono riassunti con tre espressioni latine: *sola fide* (solo in virtù della fede), *sola gratia* (solo in virtù della grazia), *sola Scriptura* (con la sola Scrittura).

- La **fede** è pura fiducia, abbandono totale in Dio; non è solo condizione necessaria per essere dichiarati giusti da Dio, ma è anche la fondamentale delle "opere" da compiere.
- La **grazia** è un atto sovrano e totalmente "gratuito" da parte di Dio, che non ha nessuna connessione con eventuali "meriti" del fedele: egli dona la grazia salvifica a chi vuole ed è l'unico "attore" della salvezza di colui che si salva.
- La **Sacra Scrittura** è l'unica regola della fede e della condotta del cristiano; in essa è contenuta tutta la dottrina rivelata e a essa è possibile e necessario accedere direttamente e in prima persona (**libero esame**). La Bibbia contiene in sé i propri criteri interpretativi e non è necessario alcun magistero ufficiale. Nel 1534 Lutero fa pubblicare la Bibbia completa in tedesco.

Lutero "scomunica" il papa

▲ (*Lutero brucia pubblicamente i libri di diritto ecclesiastico e la bolla pontificia*, incisione da *Historien der Heyligen Ausserwahlten Gottes Zeugen di Ludwig Rabus*, 1557)
Il rogo dei libri era l'atto pubblico che costituiva l'epilogo di un processo per eresia: dopo la (eventuale) condanna dell'eretico, i libri contenenti le sue dottrine venivano pubblicamente dati alle fiamme. Il fatto che Lutero, in una fase ancora iniziale dello scontro con il papa (le sue tesi, che lui si era rifiutato di difendere, erano state condannate, con l'invito a ritrattarle), oltre alla bolla in oggetto decida di bruciare i libri di diritto canonico, aveva – nella cultura del tempo – il senso di una sorta di "scomunica" contro il papa e tutta la gerarchia romana.

La Riforma si diffuse rapidamente nel mondo germanico, trovando soprattutto l'appoggio dei principi ostili al potere imperiale di Carlo V – in particolare quelli di Sassonia, Brandeburgo, Assia, Lueneburg, e 14 città imperiali – che nel 1929 – alla Dieta di Spira – "protestarono" (di qui il nome di *protestanti*) apertamente contro l'imperatore. I principi protestanti si unirono in un'alleanza militare (*Lega di Smalcalda*). Fallito il tentativo di una conciliazione nella **dieta di Augusta** (1530), seguirono forti tensioni e una vera e propria guerra, che si concluse con la **Pace di Augusta** (1555). Questa decretò che cattolici e luterani – in Germania – avrebbero avuto uguali diritti, nel senso che sarebbe stata data la possibilità ai principi di scegliere liberamente la religione del loro territorio (*cuius regio, eius religio*), mentre agli stati inferiori (bassa nobiltà e popolo) non era concesso nessun diritto di scelta, salvo quello di emigrare.

(documento 39.2)

I riti sacri secondo Lutero

▲ Per Lutero vi sono alcuni sacramenti che sono stati certamente istituiti da Cristo, come il battesimo (pannello sinistro) e la santa cena o eucaristia (pannello centrale). Tutti gli altri sacramenti sarebbero un'indebita invenzione della Chiesa e, come tali, da rifiutare.

Movimenti riformisti in Svizzera e Inghilterra

In quegli stessi anni, altri religiosi e laici – per lo più indipendentemente da Lutero – elaborarono sistemi di pensiero e riflessioni teologiche che si tradussero in altrettanti **movimenti di riforma**, tra loro indipendenti e non di rado in conflitto.

In Svizzera si distinguono le figure di **Zwingli** e **Calvino**, che avevano in comune con Lutero alcuni principi della Riforma evangelica (il riferimento esclusivo alla Scrittura, la giustificazione per la sola fede e la sola grazia, una nuova idea di comunità ecclesiale fortemente centrata sul carisma del "fondatore"), oltre all'avversione alla Chiesa cattolica, il rifiuto del celibato ecclesiastico e dell'autorità del papa e dei vescovi.

Il primo fondò una Chiesa riformata – autonoma da Roma e con lui stesso come capo – a Zurigo, attraendo nell'orbita altre città della Svizzera e Germania.

Calvino si trasferì nel 1536 a Ginevra, dove i contrasti con le locali autorità ecclesiastiche si intrecciavano con i conflitti politici contro il duca di Savoia, che aveva autorità su quella città. Calvino si unì ai riformatori e compose

Ulrich Zwingli

(1484-1531)
Ulrich Zwingli crebbe presso uno zio religioso a Weesen. Frequentò le scuole di Basilea, Berna e Vienna. Nel 1506 fu ordinato sacerdote, ma condusse una vita dissoluta ed ebbe diverse donne. Avvicinatosi alle tesi "bibliciste" che al tempo erano molto diffuse, specialmente negli ambienti a forte influsso umanista, avviò un suo programma di riforme. Nel 1524 sposò una ricca vedova con cui conviveva da tempo. Le riforme trovarono buona accoglienza a Zurigo, poi conquistò a sé anche altre città (Berna, Costanza, Basilea, Strasburgo). Partecipò alla prima guerra di religione cattolico-protestante (guerra di Kappel); morì in battaglia nel 1531.

Giovanni Calvino

(1509-1564)
Jehan Cauvin era figlio del segretario del vescovo di Noyon. Rimase ben presto orfano di madre; il padre entrò in urto con il vescovo e fu scomunicato. Tra il 1533 e il 1534 vi è quella che lui descrive come una conversione: fugge a Basilea e compone la sua opera principale (*L'istituzione della religione cristiana*). Nel 1539 sposò Idelette di Bueren. Tornato a Ginevra nel 1540, vi instaurò un governo teocratico. Morì nel 1564 e fu sepolto – come da sua richiesta – in una tomba anonima.

un nuovo "credo" e un nuovo catechismo che furono stampati a spese della città. Molto affine a Lutero sul piano dottrinale, enfatizza il carattere passivo del soggetto nella predestinazione alla salvezza: le buone opere, che sono comunque doverose per rendere gloria a Dio, sono da leggere al più come un "segno" dell'elezione divina. In ogni caso Dio predestina alla salvezza e alla dannazione chi vuole. Nel 1537 l'intera cittadinanza fu convocata per giurare sulla nuova confessione di fede: chi rifiutò di giurare venne privato dei diritti e bandito dalla città. Prima espulso da Ginevra, poi richiamato nuovamente, vi costruì un governo rigidamente teocratico, in cui i pastori-governanti avevano il controllo sulla vita e i costumi di tutti i cittadini.

Carta: Cattolici e ugonotti nella Francia del xvi secolo

Il calvinismo si diffuse rapidamente al di fuori di Ginevra, particolarmente in Francia, dove i seguaci di Calvino vennero denominati **ugonotti** (= congiurati o confederati) e si diffusero in particolar modo nell'alta nobiltà.

In quegli stessi anni anche l'**Inghilterra** si staccò dalla comunione con la Chiesa cattolica, ma con modalità e ragioni che appaiono decisamente differenti. Un ruolo peculiare fu giocato dalla personalità di **Enrico VIII**, della dinastia Tudor, che dopo avere strenuamente difeso – nel 1521 – la dottrina cattolica di fronte al luteranesimo entrò in urto con il papato, a motivo della sua richiesta di annullare il matrimonio con Caterina d'Aragona (che non gli aveva dato un erede maschio), per sposare Anna Bolena. Il matrimonio fu celebrato nel 1533. Enrico fu scomunicato, ma rispose con l'**Atto di supremazia** (1534), proclamandosi capo supremo della Chiesa d'Inghilterra: dichiarò alto tradimento –

Enrico VIII

(1491-1547)
Fu re d'Inghilterra e Signore d'Irlanda. Nel 1509 – a 18 anni – salì al trono e sposò Caterina d'Aragona (già promessa per accordi presi da suo padre). Nel 1533 ripudiò Caterina e sposò Anna Bolena, che fece uccidere solo tre anni dopo, per sposare Jane Seymour, la quale morì di parto l'anno successivo (1537). Sposò poi Anna di Cléves, nel 1540, per separarsi da lei solo dopo pochi mesi e sposare la giovane Caterina Howard, prima cugina di Anna Bolena, che venne giustiziata per adulterio nel 1542 (quando aveva solo 18 anni). Nel 1543 sposò l'ultima delle sue mogli, la ricca vedova Caterina Parr, di fede protestante. Morì, probabilmente di gotta (ma pare soffrisse anche di sifilide), nel 1547.

La riscossa dei perseguitati

▲ (Episodi della vita di Lutero e altri riformatori, stampa)
Al centro di un insieme di riquadri in cui compaiono altri "riformatori", accomunati soprattutto dal fatto di essersi opposti alla Chiesa e di esserne stati perseguitati, Lutero con gesto solenne (quasi liturgico) brucia la bolla pontificia che lo invita a ritrattare. Insieme a vari episodi della vita di Lutero compaiono i volti di Hus, Savonarola, Cruciger, Filippo Melantone, Bugenhagen, Gustav Adolf e Bernardo di Anhalt. Si tratta di una sorta di "genealogia" che in qualche modo teorizza l'esistenza di una "Chiesa parallela" di coloro che si opponevano alla "Chiesa ufficiale".

punibile con la morte – il non riconoscerlo come tale. Nel 1535 fu processato e ucciso Tommaso Moro (che si era già dimesso da Lord Cancelliere e non volle prestare giuramento al re come nuovo capo della Chiesa) e, nel giro di poco tempo, vi furono oltre duecento esecuzioni. La confisca dei beni ecclesiastici, soprattutto degli ordini religiosi che venivano perseguitati e dei conventi che vennero chiusi, rispondeva a bisogni di tipo economico facilmente intuibili, che andarono a beneficio di nobili e borghesi, creando ampi latifondi.

Sul piano dottrinale Enrico VIII volle tenersi lontano dal rischio di confusione con il credo protestante e, pur rifiutando l'autorità del papa come capo della Chiesa, mantenne la fede nell'eucaristia, il celibato dei sacerdoti, l'importanza della confessione personale. Dopo la sua morte questi punti di riferimento vennero progressivamente erosi, a partire dal celibato ecclesiastico e con la creazione di una liturgia anglicana: nel 1549 venne introdotto il **Book of Common Prayer** (*libro di preghiera comune*). Salvo un breve ritorno alla comunione con la Chiesa cattolica durante il regno di Maria la Cattolica (1553-1558), il cammino di progressiva separazione tra cattolici e anglicani riprese e si consolidò con il lungo regno di **Elisabetta I** (1558-1603), con cui la Chiesa anglicana si spostò sempre di più su posizioni teologiche affini a quelle del mondo protestante.

Enrico VIII è dichiarato capo della Chiesa di Inghilterra

▲ Per Enrico VIII le questioni religiose sono fortemente legate a quelle politiche. Al di là della volontà di sciogliere il primo di una nutrita serie di matrimoni, il sovrano inglese realizzò in Inghilterra una Chiesa territoriale, a cui si applicava già – in un certo senso – una situazione equivalente al principio "*cuius regio eius religio*" che di fatto animava la rivolta anticattolica dei principi tedeschi. Anzi, in Inghilterra il controllo fu ancora più forte: una Chiesa di Stato, di cui il sovrano stesso era il capo. In questo modo i conflitti tra il potere temporale e quello spirituale erano "risolti" in radice. Non così si può dire della libertà religiosa della popolazione e degli stessi dignitari di corte (si pensi a Tommaso Moro).

Elisabetta I

(1503-1603)
Figlia di Enrico VIII e di Anna Bolena, fu molto attiva nel consolidare la potenza britannica, sia attraverso l'espansione coloniale, sia con lo sviluppo di politiche commerciali su scala mondiale. La supremazia navale fu sancita con la sconfitta – nel 1588 – della *Invincibile Armada* spagnola. La sua epoca, chiamata "età elisabettiana", fu di grande splendore per l'Impero britannico e di straordinaria fioritura artistica e culturale.

La Riforma cattolica e il Concilio di Trento

Già la scelta di una denominazione, *Riforma cattolica* o *Controriforma*, suppone una scelta tra diverse tesi dibattute dagli storici, che sottolineano nel primo caso le "spinte interne", che sempre accompagnano la vita della Chiesa e che premevano verso una riforma dei costumi e dell'organizzazione della Chiesa, mentre nel secondo caso (con il termine Controriforma) si sottolinea il carattere di "reazione" al protestantesimo.

(documento 39.3)

Nicolò Cusano

(1401 - 1464) Nato a Kues (in Germania, presso Treviri), da una ricca famiglia di mercanti, studiò ad Heidelberg, Padova e Colonia. Fu un fine umanista, filosofo, matematico e astronomo. Docente di teologia e diritto canonico, ricoprì numerosi incarichi ecclesiastici; inviato in numerosi luoghi come legato pontificio, fu eletto principe-vescovo di Bressanone nel 1450. Entrato in contrasto con l'imperatore Sigismondo d'Austria, dovette fuggire da Bressanone. Si ammalò di gotta e morì nel 1464, a Todi.

I **tentativi di riforma della Chiesa** che precedono l'esplosione della "crisi luterana" sono qualitativamente importanti. In alcuni casi si tratta di un tessuto articolato di **associazioni laicali e confraternite**, che sorgono o trovano particolare sviluppo fin dal XV secolo, con obiettivi soprattutto caritativi, legati alle frequenti guerre e pestilenze. Sono attività che per loro natura vengono svolte con discrezione, senza cercare pubblicità. Altri segnali di riforma si concretizzano nei **grandi ordini religiosi**, in cui si moltiplicano i conventi di *stretta osservanza*, che cioè assumono in modo più rigoroso le scelte caratterizzanti del loro ordine (povertà, clausura, penitenza, lavoro, perfetta vita in comune), senza per questo consumare una scissione con la famiglia religiosa di appartenenza, ma anzi nella speranza di "rinnovarla dall'interno". Sempre nell'ambito delle spinte provenienti "dal basso" e che si realizzano senza clamore, possiamo annoverare l'**opera riformatrice compiuta da non pochi vescovi nelle loro diocesi**. Citiamo a titolo esemplificativo il cardinale **Nicolò Cusano**, vescovo di Bressanone, dotto umanista, filosofo e teologo, ma anche pastore attivo nella vita della Chiesa. Gli scritti che ci ha lasciato sono un tesoro di spiritualità e saggezza.

(documento 39.4)

L'ambiente che rimane più impermeabile alle spinte riformatrici è proprio la curia romana, dove ancora prevale una mentalità mondana, che abbiamo già evidenziato, e si perde più volte l'occasione per convocare un "concilio di riforma", come veniva chiesto da più parti, anche prima dello scontro con Lutero, e nei primi anni della crisi protestante.

Il **Concilio** si aprì finalmente il 13 dicembre 1545, a **Trento** e proseguì in diverse fasi fino al 15 dicembre 1563, con un trasferimento a Bologna e numerose interruzioni, a motivo delle guerre tra le truppe imperiali e i principi protestanti, a cui si aggiunsero tensioni tra l'imperatore e il papato.

Un Concilio per rinnovare la Chiesa

▲ (F. Zuccari, *Dibattiti durante il Concilio di Trento*, XVI secolo. Roma, Palazzo Farnese)
Il Concilio di Trento, pur essendo stato indetto in tempi troppo lunghi per affrontare tempestivamente la questione protestante e risultando di fatto condizionato da pressioni politiche e persino militari che portarono alla sua sospensione, fu una vera occasione di ripensamento e rinnovamento per la Chiesa, che portò frutti per molto tempo. L'immagine mostra vescovi, monaci e cardinali intenti nello studio dei testi biblici e del magistero, mentre discutono tra loro le questioni più significative.

I Decreti del Concilio riguardavano fondamentalmente due filoni:

a) **alcune questioni dottrinali**, che erano in qualche modo oggetto di dispute all'interno delle università, ma che erano divenute motivo di frattura per le posizioni assunte da Lutero e dagli altri riformatori;

b) **alcune questioni di tipo disciplinare**, che rientravano in quel bisogno di **riforma della Chiesa**, che già era portato avanti "dal basso" e trovava finalmente spazio anche a livello di vertice.

L'altro obiettivo, cioè quello di una **riunificazione con il mondo protestante**, appariva ormai decisamente utopico, sia per i gravissimi ritardi nella convocazione del Concilio (invocato da Lutero e da molti altri fin dal 1521), sia per il fatto che ormai si era creata un'alleanza politica fortissima tra i riformatori religiosi e i principi protestanti (ostili all'imperatore e in guerra con lui). A questo possiamo aggiungere anche la presenza di figure di pontefici che, pur favorendo (ma talvolta rallentando) i lavori del Concilio, apparivano ancora legati a cure mondane, e un atteggiamento di chiusura da parte dei riformatori che, per esempio, si espresse con la pubblicazione di un libello polemico da parte di Lutero (*Contro il papato istituito a Roma dal diavolo*), uscito nel 1544, mentre si faceva imminente l'apertura del Concilio.

Per quanto riguarda le **questioni dottrinali** si giunse a definire una posizione organica e completa su molte questioni, come il rapporto tra Sacra Scrittura, tradizione e magistero, il peccato originale, la cooperazione del libero arbitrio umano alla giustificazione operata da Dio, i sacramenti, con particolare riferimento all'eucaristia e alla dottrina della **transustanziazione**, distinguendola dalla **consustanziazione** luterana. Il Concilio elaborò in tal senso una professione di fede (**professione tridentina**), da cui scaturirono – negli anni immediatamente successivi – un catechismo per i parroci, un nuovo messale per le celebrazioni liturgiche, un breviario per la preghiera quotidiana.

Sul **piano disciplinare** si intervenne in modo significativo, a partire dal riconoscimento dello stato di decadenza della disciplina ecclesiastica e della corruzione dei costumi (**2**).

2 Dal Concilio di Trento (1547)

«Lo stesso sacrosanto sinodo (...) volendo incominciare a ristabilire la disciplina ecclesiastica assai decaduta e a correggere i corrotti costumi del clero e del popolo cristiano, ha creduto di dover iniziare da quelli che sono preposti alle chiese maggiori. L'integrità di chi presiede, infatti, è la salvezza dei sudditi».

(Concilio di Trento, tr. it. in G. Alberigo et alii (a cura di), *Conciliorum oecumenicorum decreta*, EDB, 1991)

Tra le questioni più significative segnaliamo gli argini posti agli abusi relativi ai **benefici ecclesiastici**, con il divieto assoluto di farne commercio, l'obbligo di residenza per i titolari di un beneficio affinché le persone a cui veniva affidata la cura di una diocesi o di una parrocchia, oltre a godere del beneficio connesso, vi svolgessero anche il ministero pastorale collegato. Il divieto del cumulo di benefici e i fortissimi limiti posti alla possibilità di concedere benefici ecclesiastici ai propri parenti erano pensati per contrastare la corruzione e il nepotismo.

(documento 39.5)

Transustanziazione

Espressione composta di due vocaboli latini (*trans* = oltre, e *substanzia* = sostanza che sussiste). Per la Chiesa cattolica, durante la consacrazione, il pane e il vino divengono realmente corpo e sangue di Cristo, mantenendo solo le "specie" (forma, colore, gusto) del pane e del vino.

Consustanziazione

Espressione composta di due vocaboli latini (*cum* = con, e *substanzia* = sostanza che sussiste). Per Lutero, durante la santa cena sono presenti sia la sostanza del pane e del vino, sia quella del corpo e sangue di Cristo.

Beneficio ecclesiastico

Indica il complesso di beni patrimoniali finalizzati al mantenimento di una funzione ecclesiastica (vescovato, abbazia, parrocchia, ecc.) e del relativo titolare (vescovo, abate, parroco). In genere si trattava di terreni, con relative rendite, edifici, oggetti preziosi.

Carta: L'Europa religiosa alla fine del XVI secolo

In generale il Concilio dichiarò legittime le pratiche di suffragio per i defunti, la devozione ai santi e le stesse indulgenze, ma pose forti vincoli per limitare gli abusi (specialmente in ordine al loro "commercio"). Vennero istituiti numerosi seminari, con il compito della formazione dei sacerdoti, in modo da contrastare l'ignoranza e la scarsa formazione spirituale del clero.

Nuovo slancio missionario e la Compagnia di Gesù

Il Concilio di Trento, consolidando l'identità cattolica sul piano dottrinale e disciplinare, diede **nuovo slancio alla diffusione del messaggio cristiano**, sia in Europa sia negli altri continenti. Per quanto riguarda l'**Europa** bisognerebbe prendere in esame l'opera dei numerosi vescovi che attuarono la Riforma cattolica nelle loro diocesi, come san **Carlo Borromeo** a Milano, che fu anche uno dei principali curatori del catechismo tridentino.

Il XVI secolo è anche quello della grande espansione delle potenze coloniali **nelle Americhe**, il che apriva infinite possibilità di diffusione missionaria del messaggio cristiano, sia a opera degli ordini religiosi già esistenti, sia delle nuove congregazioni che nascevano in quel periodo.

Uno sguardo più attento va riservato alla **Compagnia di Gesù** (i gesuiti), fondata da sant' **Ignazio di Loyola** nel 1534 e approvata da Paolo III nel 1540. Sorta inizialmente con l'intento di operare a Gerusalemme, la Compagnia si caratterizza come una congregazione di canonici regolari, che compiono i voti di povertà, castità e obbedienza (**3**), ma sono liberi dalle rigide osservanze monastiche, per potersi dedicare pienamente all'apostolato con il vincolo di una **obbedienza incondizionata al papa**.

Carlo Borromeo

(1538-1584)
Di nobile famiglia, studiò diritto a Pavia. Dopo avere avuto prestigiosi incarichi presso la curia pontificia, fu ordinato sacerdote e vescovo nel 1563; prese possesso della diocesi di Milano (dove da circa 80 anni mancava un vescovo residente) e si adoperò con zelo per applicare il Concilio di Trento. Fondò il primo seminario a Milano e la congregazione religiosa degli oblati di sant'Ambrogio (1578). Si impegnò in visite pastorali e opere assistenziali. Morì nel 1584, lasciando i suoi beni ai poveri.

(documento 39.6)

3 Dalle *Costituzioni* della Compagnia di Gesù (1556)

«Il fine della Compagnia è non solo attendere, con la grazia di Dio, alla salvezza e alla perfezione delle anime proprie, ma, con questa stessa grazia, procurare con tutte le forze di essere d'aiuto alla salvezza e alla perfezione delle anime del prossimo. Per conseguire meglio questo fine, si fanno nella Compagnia tre voti: d'obbedienza, di povertà e di castità».

(Ignazio di Loyola, *Costituzioni della Compagnia di Gesù*, tr. it. in M. Gioia (a cura di), *Gli scritti di Ignazio di Loyola*, UTET, 1977)

(documento 39.7)

Il cardinal Borromeo rilancia la formazione cristiana

◀ Uno dei frutti del Concilio di Trento, oltre all'istituzione dei seminari per la formazione del clero, fu quello di rilanciare la formazione cristiana a tutti i livelli. La redazione del *Catechismo Romano* (a cui partecipò attivamente lo stesso Borromeo) rese possibile istituire i corsi di dottrina cristiana, con l'intenzione di prevenire gli effetti di una predicazione disorientante da parte degli eretici, che avrebbe fatto maggior presa su masse ignoranti, piuttosto che su un popolo cristiano consapevole della propria identità dottrinale.

Grande importanza fu data alla **formazione** dei gesuiti, il cui noviziato si estendeva per tutto il tempo degli studi e richiedeva il compimento degli studi universitari (laurea in teologia). Furono fondati **collegi e scuole** di grande prestigio e qualità in molte nazioni europee, che ebbero un ruolo importante nella formazione dei giovani delle classi superiori, ma non solo (l'istruzione veniva impartita gratuitamente).

I gesuiti furono molto attivi anche nell'**opera missionaria**, giungendo fino all'Estremo Oriente (Cina, Giappone, India) e al Nuovo Mondo (specialmente in America latina). Il loro punto di forza era un attento studio e una preliminare conoscenza degli usi, dei costumi e della lingua dei popoli da evangelizzare, in modo da "incarnare" nei loro orizzonti culturali il messaggio evangelico, ottenendo ovunque accoglienza e rispetto.

Il missionario è vicino alle persone, mentre annuncia il Vangelo

▲ (*Il missionario gesuita António Vieira benedice due indios appena convertiti*, incisione del XVII secolo) António Vieira (Lisbona, 1608 - Baìa, 1697) curò le missioni nel Maranhão e nel Pará, dove fece di tutto per evitare che altri indios cadessero in schiavitù e per questo fu espulso dai coloni. Perseguitato anche in patria, fu riabilitato e poté infine tornare in Brasile. Nell'immagine egli benedice gli indios che si sono convertiti; colpisce in particolare il gesto fraterno con cui poggia la mano su uno di essi e lo sguardo colmo di gioia e di gratitudine che hanno entrambi nei suoi confronti. Il vistoso crocifisso avverte che il missionario non opera in nome proprio (o del proprio re), ma per annunciare il Vangelo di Gesù.

Ignazio di Loyola

(1491 - 1556) Íñigo López Loiola, di nobile famiglia basca, cresciuto alla corte di Castiglia, fu presto avviato alla carriera militare. Negli anni giovanili conobbe anche la vita mondana. Ferito nell'assedio di Pamplona (1521), si consacrò al Signore e compì il tradizionale pellegrinaggio a Gerusalemme, con l'intento di passare la vita in Terra Santa. Tornato in Europa, compì – in età matura – l'intero corso di studi in Spagna e a Parigi, dove raccolse attorno a sé alcuni compagni e fondò la Compagnia di Gesù. Dopo l'approvazione ecclesiastica, Ignazio dedicò la propria vita a dirigere e coordinare la Compagnia, con moltissime lettere che inviava ai responsabili e ai missionari. Morì nel 1556.

Tra i contributi più significativi di sant'Ignazio alla spiritualità occidentale fu l'impulso dato alla pratica degli **esercizi spirituali** (**4**), secondo il metodo da lui stesso identificato nell'opera omonima.

Si tratta di un percorso estremamente suggestivo e ricco di spunti per la vita personale, a partire dall'esame di coscienza o dai consigli per mettersi seriamente di fronte a scelte concrete importanti per la propria vita. Il cammino è articolato in quattro settimane e prevede quattro tappe:

(documento 39.8)

1. meditazione sul problema del peccato e sull'importanza di tenersene lontani;
2. considerazione del regno di Cristo sulla terra, ovvero della sua vita fino al giorno delle Palme compreso;
3. considerazione della passione e morte di Cristo;
4. considerazione della risurrezione e ascensione di Cristo e della sua azione nel mondo, insieme ai tre modi di pregare.

4 Gli esercizi spirituali

«Con questo nome di esercizi spirituali, si intende ogni modo di esaminare la coscienza, di meditare, di contemplare, di preghiera orale e mentale e di altre operazioni spirituali (...). Perché così come il passeggiare, il camminare e il correre sono esercizi corporali, analogamente si chiamano esercizi spirituali i vari modi di preparare e disporre l'anima a rimuover da sé tutti gli affetti disordinati e, dopo rimossi, di cercare e trovare la volontà divina nella disposizione della propria vita per la salvezza dell'anima».

(Ignazio di Loyola, *Esercizi spirituali*, tr. it. Oscar Mondadori, 1984)

Scheda di lavoro

Analizza e rifletti

Analisi storico-spirituale del film "Mission"

Prima della visione del film, approfondisci (individualmente o a gruppi) il contesto storico e culturale in cui la pellicola è ambientata, ovvero le missioni dei gesuiti in America latina (presso gli indios guaranì) tra il 1750 e il 1752, quando fu stipulato il *Trattato di Madrid*, che ridefiniva i confini delle colonie spagnole e portoghesi, riconoscendo l'espansione portoghese nella zona amazzonica. Redigi una scheda storica, con gli eventi più significativi di quel periodo in quelle terre.

Guarda poi con i tuoi compagni il film *Mission* (titolo originale: *The Mission*, Regno Unito 1986, regia di Roland Joffé). Il film è stato premiato con la Palma d'oro al 39° Festival di Cannes (1986).
Anche se il film ti è già noto e molti di voi possono averlo già visto, ti chiediamo di riguardarlo insieme ai compagni "con occhi diversi". Il fatto – eventualmente – di conoscere già la trama potrà esservi d'aiuto nel concentrare la vostra attenzione su altri aspetti.
Durante la visione utilizza la seguente scheda per mettere a fuoco i passaggi più significativi in prospettiva storica e spirituale.

Scheda per la visione del film Mission	
Trama del film	
Riferimenti storici espliciti, fedeltà rispetto alle informazioni preliminarmente reperite	
Quale immagine emerge dei missionari gesuiti e del loro modo di interpretare il proprio ruolo?	
Quale immagine emerge della gerarchia ecclesiastica?	
Quale immagine emerge dei sovrani cattolici di Spagna e Portogallo e dei loro governanti in America latina?	
Come descriveresti l'atteggiamento e la spiritualità di padre Gabriel?	
Come descriveresti l'atteggiamento e la spiritualità di Rodrigo Mendoza?	
Altre osservazioni	

Al termine della visione (o nella lezione successiva) mettete a confronto – punto per punto – le riflessioni maturate da ciascuno e riportate nelle schede.

40. La Chiesa di fronte alle sfide della modernità

la posta in gioco

Uno dei compiti più difficili, per la Chiesa che vive pellegrina nel tempo e nella storia, è quello di saper leggere i "segni dei tempi", cogliendo il senso delle sfide che ogni epoca le pone innanzi. I primi due secoli dell'età moderna sono particolarmente ricchi di cambiamenti, sia sul piano dell'evoluzione politica, sia su quello della cultura e della società. In tale scenario la Chiesa è stata chiamata a "ripensarsi" più volte e in diversi modi, talvolta riuscendo a cogliere i segni dei tempi, talvolta trovandosi – di fronte a essi – in una condizione di maggiore fatica.

Ritieni che, per la Chiesa, la perdita del potere temporale sia stato un beneficio, oppure no? In che senso papa Francesco afferma che la Chiesa deve farsi ancora più semplice e povera? Ti è mai capitato di incontrare delle realtà o organizzazioni che si ispirano alla dottrina sociale della Chiesa in modo esplicito?

Il cristianesimo nel mondo

Le grandi scoperte geografiche, ma anche la politica coloniale degli Stati europei, diedero grande slancio all'**attività missionaria** sia della Chiesa cattolica, sia delle altre Chiese nate in seguito alla Riforma evangelica.

In **America latina** – oltre ai gesuiti, di cui si è già detto – operarono gli agostiniani, i francescani e i domenicani. Furono soprattutto due di loro – **Bartolomeo de las Casas** e **Francisco de Vitoria** – a impegnarsi in modo particolare sul fronte dei diritti delle popolazioni indigene.

Bartolomeo de las Casas

(1474-1566)
Recatosi in America per dirigere le piantagioni paterne, incontrò il frate domenicano Pedro de Còrdoba ed entrò nell'ordine. Iniziò una strenua difesa degli indigeni americani, trattati come schiavi dai conquistatori europei, chiedendo leggi più giuste, ma senza successo. Nel 1544 fu nominato vescovo del Chiapas (Messico). Accusato ingiustamente di eresia, tornò in Spagna per difendere le proprie idee contro Juan Ginés de Sepùlveda, che affermava la naturale schiavitù degli indios.

Bartolomeo de Las Casas difende gli indigeni

◀ In uno scenario desolante, di frati rapaci e arcigni *conquistadores*, si erge la figura di Bartolomeo de Las Casas che oppone il crocifisso alle spade.

Francisco de Vitoria

(1486-1546) Sacerdote domenicano, fu uno dei più significativi rappresentanti della scuola di Salamanca ed è considerato uno dei padri fondatori del diritto internazionale. Affermò in modo esplicito i diritti naturali degli indios, tra cui la loro dignità umana, il diritto alla libertà, la capacità giuridica.

Francesco Saverio

(1506-1552) Di nobile famiglia, studiò teologia alla Sorbona, dove conobbe Ignazio di Loyola e fece con lui i primi voti da cui sarebbe nata la Compagnia di Gesù. Nel 1541 partì per le Indie Orientali. Operò nelle Filippine, a Taiwan, in Malaysia e infine in Giappone. Ammalatosi durante il viaggio, morì nell'isola di Sancian (Cina meridionale), nel 1552.

L'espansione del cristianesimo nelle **Indie Orientali** si deve a **Francesco Saverio**, gesuita, che a sua volta non si unì ai dominatori coloniali, ma svolse la propria missione in mezzo alla gente, si prese cura di malati e bambini e fu il primo missionario a raggiungere il **Giappone**.

Di particolare rilievo è l'opera missionaria svolta da un altro gesuita, padre **Matteo Ricci**, che riuscì a entrare così bene nella mentalità e nella cultura del popolo cinese da essere stimato dagli uomini di cultura e di scienza, con cui sviluppò subito una profonda sintonia. Fu sepolto con grandi onori a Pechino.

Fino agli estremi confini della terra

▲ (A. de Torres, *Francesco Saverio battezza un gruppo di abitanti delle isole Molucche.* Città del Messico, Museo Nazionale d'Arte)
Mentre era in India, a San Thomé (attuale Madras), Francesco Saverio viene a sapere che nelle isole Molucche (Indonesia) i cristiani erano senza sacerdoti e che vi erano molte persone pronte a ricevere il battesimo. Si mise in viaggio il 1° gennaio 1545 e, raggiunte le Molucche, vi rimase per un anno e mezzo, con grandi fatiche e moltissime soddisfazioni pastorali. Narrano le cronache che Saverio sia arrivato a battezzare diverse migliaia di persone in pochi giorni. Nelle sue lettere appassionate chiama le Molucche le "isole della speranza di Dio".

Assolutismo

Termine che deriva dal latino (*ab-solutus* = sciolto) e designa una teoria politica, per cui chi detiene il potere (il monarca) è "sciolto" da qualsiasi altra autorità umana.

Stati nazionali e guerre di religione

Il consolidamento degli Stati nazionali si accompagna con l'affermarsi dell'**assolutismo** come teoria politica e come prassi di governo da parte dei sovrani europei. Tradizionalmente si individuano negli scritti di **Bodin** e **Hobbes** le radici filosofiche della teorizzazione dell'assolutismo, ma le sue radici storiche dipendono principalmente dal venir meno della struttura di potere feudale, in cui vi era un profondo e complesso intreccio di "legittimazioni" reciproche tra i diversi poteri.

Il monarca assoluto dichiara di derivare il proprio potere direttamente da Dio, il che pone un problema molto serio in ordine ai **rapporti tra Chiesa e Stato**. Da un lato cresce l'ingerenza dei sovrani nel governo delle questioni religiose (dalla nomina dei vescovi e degli abati, fino a ingerenze in campo dottrinale), dall'altro lato si viene a creare un parallelismo tra unità politica e unità religiosa: se il sovrano riceve il potere da Dio, si percepisce anche come interprete della sua volontà e difensore della fede. Nel Regno Unito – lo abbiamo visto – il re è addirittura capo della Chiesa. La dissidenza religiosa viene equiparata all'alto tradimento, sia nel caso di sovrani cattolici, sia in quello di sovrani protestanti.

(documento 40.1)

In tale scenario si colloca anche la riorganizzazione dell'**Inquisizione** medievale, che assume forme diverse e vive agli albori della modernità il suo periodo più cupo. L'**Inquisizione spagnola** – che va distinta da quella pontificia – si costituisce nel 1481 e si configura come una vera e propria istituzione statale, mediante la quale la Spagna cristiana combatte una propria battaglia contro gli ebrei e i musulmani sospettati di false conversioni al cristianesimo.

In fuga dall'Inquisizione

▲ (G. Hoefnagel, *Moriscos abbandonano Granada*, incisione, 1564)
Nel 1481 venne affidato all'inquisitore generale (Torquemada) il compito di individuare e punire i "conversi", ovvero gli ebrei e i musulmani che si erano convertiti al cristianesimo solo formalmente e in apparenza. Ricordiamo che la Penisola iberica era caduta in mano ai musulmani nell'VIII secolo. La riconquista da parte cristiana si realizza in modo progressivo a partire dal IX secolo e trova il suo punto di svolta nella battaglia di Las navas de Tolosa (1212), che ridusse la presenza araba al solo sultanato di Granada, che capitolò il 2 gennaio 1492. Da Granada partivano tutti coloro che dovevano abbandonare la Spagna per sfuggire alla persecuzione politico-religiosa dell'Inquisizione statale spagnola.

Matteo Ricci

(1552-1610)
Iniziò gli studi nel Collegio dei gesuiti di Macerata, per poi proseguirli nel Collegio Romano, dove entrò nella Compagnia di Gesù. Si laureò in giurisprudenza e si dedicò in seguito agli studi scientifici (astronomia, matematica, geografia e cosmologia). Recatosi a Coimbra nel 1573 per prepararsi all'apostolato, partì per l'Asia nel 1578, giunse in India (dove fu ordinato sacerdote), per trasferirsi in Cina nel 1582 e rimanervi fino alla morte.

Jean Bodin

(1529-1596)
Filosofo, politico, avvocato del parlamento parigino e consigliere alla corte di re Enrico III, fu tra i massimi teorici dell'assolutismo monarchico.

Thomas Hobbes

(1588-1679)
Filosofo inglese, nell'opera *Il Leviatano* teorizza il prototipo del monarca assoluto, unica possibilità per sfuggire a quella guerra di tutti contro tutti, che sarebbe la società in balia degli egoismi umani, lasciati senza regola. Il potere assoluto, in questo caso, si fonderebbe su un *contratto sociale*, in cui le persone, di fatto, accettano di assoggettarsi a tale potere, che dovrebbe configurarsi – di riflesso – come giusto e imparziale.

Stregoneria

Insieme di pratiche rituali, spesso a carattere simbolico, miranti a dominare forze occulte, al fine di realizzare i propri obiettivi o quelli delle persone che si rivolgono alla strega/stregone.
Nelle religioni politeiste o animiste è una pratica generalmente accettata, che si pone in sintonia con il quadro teologico di riferimento. Nelle regioni monoteiste, e in particolare nel cristianesimo, si tratta di una pratica considerata empia e superstiziosa, perché in contrasto con la logica con cui ci si rivolge a Dio nella preghiera (per chiedere ciò che è necessario, ma sempre affidandosi alla sua volontà, senza nessun desiderio di "comandare" forze occulte).
Per questa ragione è sempre stata convinzione dei teologi che, se mai una pratica di stregoneria dovesse risultare efficace e non vi fossero spiegazioni umane plausibili (dolo, frode, autosuggestione, ecc.), tale efficacia non potrebbe venire da Dio, ma solo da forze di natura demoniaca.
In età rinascimentale e agli albori della modernità, soprattutto in occasione di grandi carestie, guerre e pestilenze, si diffuse la convinzione superstiziosa che tale pratica fosse frequente, così come gli interventi reali del demonio.

L'**Inquisizione pontificia** viene riorganizzata e rilanciata nel 1542, intensificando la propria attività negli anni successivi. Gruppi di valdesi che si erano stabiliti in Calabria subirono persecuzioni sanguinose negli anni '60 del XVI secolo.

Tra le attività per cui è tristemente famosa l'Inquisizione cattolica rinascimentale e moderna, come pure le sue forme equivalenti nel mondo protestante, vi è la cosiddetta **caccia alle streghe**, ovvero la ricerca di persone (prevalentemente donne) sospettate di esercitare la **stregoneria**, spesso arrestate solo sulla base di denunce o delazioni e sottoposte a processi sommari che si concludevano con la condanna al rogo.

L'intreccio tra potere politico e potere religioso si grava, in quel periodo, del peso degli eccessi e degli abusi commessi dal potere politico in quanto tale: i privilegi riservati ai nobili che rifluiscono anche sull'alto clero, la persecuzione degli avversari politici e religiosi con processi sommari, le vessazioni di natura economica sui ceti più umili. Tutto questo genera un **profondo senso di insofferenza** che può essere paragonato a una miscela esplosiva, in cui i movimenti rivoluzionari del secolo successivo accenderanno più di una miccia.

Rivoluzioni illuministe e secolarizzazione del potere

Le grandi rivoluzioni del XVIII secolo si caratterizzano per un chiaro riferimento agli ideali dell'**illuminismo**, specialmente nei suoi risvolti politici, per cui si afferma l'uguaglianza di tutti gli uomini di fronte alla legge e la necessità che tutti – in quanto uomini e a prescindere da ogni altra condizione – contribuiscano a pari titolo alla costruzione e al governo della società.

La **Rivoluzione francese** non ebbe fin dagli inizi un carattere anti-religioso, tanto è vero che nella *Dichiarazione dei diritti dell'uomo e del cittadino* del 1789, che pure è approvata sotto gli auspici di un vago Essere Supremo, si afferma solennemente (1) la libertà di coscienza e di culto.

1 Dichiarazione dei diritti dell'uomo e del cittadino (1789)

«Art.10. Nessuno deve essere molestato per le sue opinioni, anche religiose, purché la manifestazione di esse non turbi l'ordine pubblico stabilito dalla legge».

(documento 40.2)

La dichiarazione dei diritti dell'uomo e del cittadino.

Tuttavia il corso della Rivoluzione mutò ben presto di segno nei confronti della Chiesa, perché già nel 1790 si ebbe la soppressione di tutti gli ordini religiosi (eccettuati quelli addetti alle opere di carità), la confisca dei beni loro e dei vescovi e l'emanazione della **Costituzione civile del clero**, che di fatto separava la Chiesa francese da Roma, la incorporava nello Stato francese e faceva obbligo a ogni chierico o religioso di giurare sulla nuova costituzione. Poiché circa i due terzi del clero rifiutarono tale giuramento, iniziarono sanguinose persecuzioni nel corso delle quali circa 40 000 sacerdoti furono imprigionati, giustiziati o deportati.

Nel 1793, con l'inizio del regime del **Terrore**, il cristianesimo fu soppresso in Francia; al suo posto venne introdotto il "culto della ragione" e ripresero vigore le persecuzioni contro i religiosi e gli ecclesiastici. Particolarmente cruenti furono i massacri nella regione della Vandea, in cui le tendenze politiche di tipo monarchico si accompagnavano a una forte identità religiosa cattolica.

Illuminismo

Termine con cui si indica un movimento culturale e di pensiero, sviluppatosi in Europa nel XVIII secolo e caratterizzato da una grandissima fiducia nella ragione, che sarebbe in grado di "illuminare" gli uomini, soprattutto di fronte alle "tenebre" dell'ignoranza e della superstizione. Grande spazio in tale scenario ha la razionalità scientifica, le cui scoperte si fanno sempre più imponenti e significative. Si tratta di un movimento di grande ampiezza, che accoglie in sé numerose anime, per cui – per esempio – si può parlare di un illuminismo che ha un'ispirazione religiosa (si pensi al Parini), ma anche di un illuminismo "laico" e tendenzialmente anticlericale e ostile alle religioni storiche.

Il massacro dei cristiani in Vandea

▲ (*Contadini della Vandea arrestati dalle truppe rivoluzionarie*, dipinto del XIX secolo)
Il carattere profondamente anticristiano della Rivoluzione francese trova un'espressione emblematica nel massacro degli insorti della Vandea, che – nel 1793 – appreso dell'uccisione del re e dopo essersi opposti alla *Costituzione civile del clero* (e alla persecuzione dei "preti refrattari" vandeani), rifiutarono la leva obbligatoria al servizio di un potere di cui non condividevano la prospettiva e gli ideali. L'insurrezione fu repressa con grande violenza, deportazioni e massacri, che portarono alcuni autori a parlare del primo genocidio organizzato dell'epoca moderna. Si contano tre guerre vandeane, tra il 1793 e il 1799; la quarta fu voluta da Napoleone tra il 1813 e il 1815. La Chiesa ha avviato i processi di canonizzazione per molti di questi martiri uccisi "in odio alla fede" e diverse centinaia sono stati già beatificati.

Separatismo

Corrente di pensiero per cui l'ordine politico-civile e quello spirituale-religioso sono non solo *distinti*, ma del tutto *separati*. L'immagine è quella di due rette parallele, che non si incontrano mai. La religione viene di fatto relegata nella sfera del privato: un rapporto individuale con Dio, che non può e non deve avere alcuna valenza sociale e civile.

Con la salita al potere di Napoleone Bonaparte (1799) il clima mutò di nuovo e nel 1801 egli strinse un concordato con il papa, in cui la Chiesa riconosceva l'incameramento dei beni ecclesiastici e lo Stato, oltre a ristabilire la libertà di culto, assumeva l'onere del mantenimento del clero.

Con il **Congresso di Vienna** (1814-1815) – pur deplorandola in linea di principio – si accettava di fatto la secolarizzazione dei beni ecclesiastici, ma la Chiesa si garantì, attraverso diversi concordati, la possibilità di riorganizzare in autonomia i vescovati. Tra gli effetti indiretti della cultura rivoluzionaria e del processo di secolarizzazione dei beni e delle cariche ecclesiastiche, vi è anche l'affermarsi del principio del **separatismo**, che rappresenta la proposta "liberale" di soluzione delle questioni sollevate dal rapporto tra Chiesa e Stato. Cavour sintetizza tale logica con il noto motto «libera Chiesa in libero Stato». In realtà vennero ben presto approvate diverse **leggi separatiste o eversive**, in cui è evidente l'intento di limitare al massimo e – se possibile – escludere qualsiasi forma di influenza del cristianesimo in genere e della Chiesa in particolare nella vita civile. Oltre alla secolarizzazione dei beni, si ha anche una progressiva statalizzazione delle istituzioni scolastiche, delle opere di carità e di tutto ciò che in qualche modo rappresentava un'occasione di contatto con il tessuto sociale.

(documento 40.3)

La Questione romana e la fine dello Stato pontificio

Il periodo della restaurazione risulta particolarmente delicato per la storia della Chiesa, in Italia, perché esso coincide con quel movimento patriottico che ha il nome di Risorgimento, in cui prendono forma alcuni ideali tra cui l'aspirazione all'indipendenza (liberazione dal dominio straniero, soprattutto austriaco nelle regioni del nord) e all'unità nazionale. Le modalità concrete con cui si svolsero le azioni ispirate da tali ideali – che non necessariamente dovevano porsi in contrasto con la Chiesa cattolica – portarono a un Risorgimento "laico" e a una **forte conflittualità con la Chiesa** stessa, di cui molti intellettuali si fecero portavoce, come possiamo vedere in diverse liriche di **Giosué Carducci** (**2**).

Giosue Carducci

(1835-1907) Spirito ribelle, di ingegno particolarmente vivace, iniziò a scrivere poesie già durante gli anni degli studi. Frequentò il liceo degli scolopi, acquisendo una sorprendente preparazione in campo letterario. Studiò alla Normale di Pisa. Si sposò nel 1859 ed ebbe cinque figli, il primo dei quali – Francesco – morto pochi giorni dopo la nascita. Insegnò greco in un liceo a Pistoia, per poi giungere a Bologna, dove tenne la cattedra di eloquenza italiana (poi chiamata letteratura italiana), dal 1860 al 1904. Aderì alla Massoneria; la sua vena poetica si caratterizzò in senso sempre più laico e anticlericale. Nel 1890 fu nominato senatore e morì nel 1907.

2 Voce dei preti

«Ahi giorno sovra gli altri infame e tristo,
quando vessil di servitù la Croce
e campion di tiranni apparve Cristo!»

(G. Carducci, *Voce dei preti*, in *Juvenilia*, 1860)

Il peso del dominio austriaco nel Lombardo-Veneto, soprattutto dopo il Congresso di Vienna, si faceva indubbiamente sempre più oneroso, specialmente a fronte dell'affermarsi di una coscienza nazionale che contrastava con la

Una cultura laica irridente e aggressiva

▶ (Vignetta satirica sulla Questione romana durante la terza guerra d'indipendenza)
La cultura del Risorgimento italiano fa largo uso di vignette più o meno irridenti, per esprimere passioni e linee politiche e culturali. Il carattere fortemente anticlericale di tale cultura si vede anche nelle numerosissime vignette satiriche che tentano di affermare un "immaginario anticlericale" carico di ridicolo. In questo caso un papa reso incapace di vedere, anche a motivo del peso di una corona troppo "ingombrante", si trova a camminare su un terreno instabile, sostenuto da Napoleone III e da gruppi di briganti.

sprezzante affermazione del Cancelliere di Stato austriaco Metternich, per cui l'Italia era solo una «espressione geografica».

In tale contesto presero forma anche diversi **progetti di unificazione nazionale**, che andavano dal progetto laico e repubblicano di **Mazzini**, al federalismo cristiano di **Gioberti**, il quale – tra le cause della divisione politica dell'Italia – elenca anche le scissioni e le divisioni sul piano culturale. Prevalse nei fatti la soluzione di un'unificazione per progressiva annessione dei territori della penisola al Regno di Sardegna, sotto la guida di casa Savoia e con la progressiva estensione a tali territori delle **leggi separatiste**, di cui abbiamo parlato sopra. Epilogo di tale processo fu la cosiddetta **Questione romana**.

(documento 40.4)

Questione romana

Espressione con cui si designa uno dei nodi problematici del Risorgimento italiano, e cioè la controversia relativa al ruolo di Roma, che era a un tempo capitale della cristianità cattolica, sede del potere papale, e la si voleva come capitale del Regno d'Italia. L'apertura ufficiale della "questione" è del 17 marzo 1861, quando il parlamento del neonato Regno d'Italia, mentre Roma era ancora sotto la sovranità pontificia, la proclama – su iniziativa di Cavour – capitale del nuovo Regno.

Giuseppe Mazzini

(1805-1872)
Dopo gli studi di giurisprudenza si distinse per la sua attività di intellettuale e di cospiratore rivoluzionario, animato da profonda ispirazione libertaria e repubblicana. Nel 1831 fondò la Giovine Italia. Rifugiatosi in Svizzera fondò la Giovine Europa (1834); partecipò all'esperienza della Repubblica Romana (1848) e vide sorgere lo Stato italiano mentre era in esilio a Londra. Rientrato in Italia sotto falso nome, morì a Pisa nel 1872.

Vincenzo Gioberti

(1801-1852)
Nato da famiglia di modeste condizioni economiche, si laureò in teologia e fu ordinato sacerdote. Arrestato ed esiliato dalle autorità piemontesi, visse a Parigi e Bruxelles dal 1834 al 1845, dove pubblicò (nel 1843) *Del primato morale e civile degli italiani*, in cui formulava la sua ipotesi federalista, sotto l'egida del papa. Rientrato in Italia fu coinvolto nell'attività politica dello Stato sabaudo, ma si ritirò ben presto a vita privata. Nel 1851 diede alle stampe *Del rinnovamento civile dell'Italia*, in cui perorava la causa dell'unità nazionale, affidandola alla monarchia sabauda.

Pio IX

(1792-1878)
Persona di spiccata spiritualità, amante della gente semplice, svolse il proprio ministero sacerdotale tra artigiani e falegnami, finché Pio VII non lo integrò nel corpo diplomatico. Fu vescovo di Spoleto e poi di Imola; creato cardinale nel 1840, divenne papa nel 1846. Nel 1854 proclamò il dogma dell'*Immacolata concezione*. Ritiratosi in Vaticano dopo la presa di Roma, rifiutò di riconoscere il nuovo Stato e si dichiarò prigioniero politico. Morì nel 1878. Nel 1881 fu organizzata la traslazione della sua salma nella Basilica di San Lorenzo al Verano; la cerimonia fu interrotta da un gruppo di facinorosi anticlericali, che tentarono di impadronirsi del feretro e gettarlo nel fiume.

Con l'elezione al soglio pontificio di Giovanni Mastai Ferretti, **Pio IX**, si creò dapprima l'illusione del "papa liberale", poi il mito del "tradimento" degli stessi valori. Con lo scoppio della rivolta romana (1848), il papa dovette fuggire a Gaeta, mentre a Roma si formava la Repubblica romana, che fu rovesciata l'anno successivo con l'intervento delle truppe francesi.

La graduale erosione dei territori pontifici a opera del Regno di Sardegna si accompagnava alla proposta di Cavour di cedere la sovranità temporale, in modo da consentire l'unificazione nazionale ed esercitare solo il potere spirituale. La progressiva estensione delle leggi separatiste ai territori annessi può essere considerata la principale tra le ragioni del rifiuto della proposta. Roma fu conquistata nel 1870 dalle truppe regolari dell'esercito piemontese.

Entusiasmo politico per un papa "liberale"

▲ A. Malchiodi, *Ciceruacchio annuncia al popolo che Pio IX ha concesso lo Statuto*, 1877. Roma, Museo di Roma)
Appena un mese dopo l'elezione al soglio pontificio, nel luglio 1846, Pio IX concesse l'amnistia per i reati politici, l'anno successivo istituì la Consulta di Stato, concesse libertà agli ebrei, libertà di stampa e moderò la censura preventiva. Il 14 marzo 1848 concesse lo "Statuto Fondamentale pel Governo Temporale degli Stati della Chiesa", che prevedeva due Camere legislative e apriva ai laici le istituzioni legislative ed esecutive. L'insieme di questi provvedimenti fece pensare a un "papa liberale", in cui vi fu chi volle addirittura vedere una sorta di "leader" del movimento di riscossa nazionale in funzione antiaustriaca.

Il dialogo con le tendenze culturali del tempo si faceva sempre più difficile, come si può cogliere dall'enciclica *Quanta cura* (1864) e più ancora dal *Sillabo*: una raccolta di ottanta proposizioni in cui il papa condannava gli errori della modernità. Nel **1869** si aprirono i lavori del **Concilio Vaticano I**, che dovettero essere sospesi l'anno successivo con la caduta di Roma; furono però approvati i decreti sulla divina rivelazione e anche quello sull'infallibilità del magistero pontificio.

(documento 40.5)

Si conclude così – dopo circa un millennio – la storia dello Stato pontificio. La **fine del potere temporale della Chiesa** fu salutata al tempo come una immane sciagura, ma i fatti degli anni successivi portarono a rivedere tale giudizio, fino ad arrivare all'affermazione di Paolo VI, che cento anni dopo rilegge la perdita del potere temporale come un evento legato a momenti di tensione (tristi e dolorosi), che trovano il loro "provvido e felice" epilogo nei rapporti che si instaureranno successivamente.

(documento 40.6)

Un concilio per la Chiesa universale

◀ (Pio IX apre i lavori del Concilio Vaticano I)
Il Concilio Vaticano I fu aperto l'8 dicembre 1869 e fu sospeso (aggiornato *sine die*) il 20 ottobre 1870, dieci giorni dopo la presa di Porta Pia. La decisione si colloca in un progetto unitario, cioè quello di difendere l'ordine soprannaturale dagli attacchi della cultura del tempo.
In questo progetto si possono collocare anche la proclamazione del dogma dell'Immacolata concezione (8 dicembre 1854) e la pubblicazione del *Sillabo* (8 dicembre 1864).
Si noti il ricorrere della data dell'8 dicembre, che può essere vista come un affidamento a Maria di tale progetto.

La questione sociale e le nuove ideologie

Tra gli strascichi di tensione lasciati dalla conclusione conflittuale della *Questione romana* vi fu la proibizione per i cattolici di partecipare alla vita politica del neonato Stato italiano, con il famoso ***non expedit*** del 1868, poi reiterato nel 1874 e nel 1886. Tale proibizione contribuì ulteriormente al prevalere delle tendenze laiciste nel parlamento e nel governo italiano, anche se alcuni cattolici di fatto vi presero parte e – progressivamente – il divieto si andò attenuando nella prassi, fino a essere formalmente revocato all'inizio del XX secolo. L'**impegno sociale dei cattolici** si concentrò dunque su altre forme di partecipazione, tra cui giova ricordare la nascita nel 1867 della **Società della Gioventù Cattolica Italiana** (l'attuale Azione Cattolica) e dell'**Opera dei Congressi e dei comitati cattolici** (1874), che fu sempre molto attenta a cogliere le emergenze sociali del tempo e sollecitò la fondazione di casse rurali, società di mutuo soccorso e cooperative.

Non expedit

Espressione latina (letteralmente "non conviene") che corrisponde alle prime parole della disposizione della Santa Sede, che vietava ai cattolici la partecipazione attiva alla vita politica nel Regno d'Italia.

Rerum novarum

Enciclica promulgata il 15 maggio 1891. Si tratta della prima enciclica sociale; si occupa delle questioni sollevate dal movimento operaio e inaugura la moderna dottrina sociale cristiana.

Emergevano infatti nuove sfide, che provenivano dai profondi mutamenti sociali, a cui i movimenti socialisti e comunisti offrivano una risposta di tipo rivoluzionario, in uno scenario culturale esplicitamente ateo, mentre la Chiesa (ormai libera dal potere temporale) poteva misurarsi in modo più coraggioso con tali sfide, come fece papa **Leone XIII** con l'enciclica ***Rerum novarum***. Essa propone una sorta di "via media" tra capitalismo e socialismo, affermando la necessità di una conciliazione sociale, che superi sia l'atteggiamento di sfruttamento quasi schiavistico da parte dei capitalisti, sia le spinte rivoluzionarie che prendevano forma nella classe operaia. Una cura particolare è prevista per i più poveri, le lavoratrici donne e i fanciulli, che spesso erano i più sfruttati. Tra le sue numerose encicliche è da ricordare anche l'*Aeterni patris* (1879), in cui si nega che vi sia un conflitto tra scienza e fede, indicando – per superare i limiti delle dottrine del tempo – la via maestra costituita dall'insegnamento di san Tommaso d'Aquino. In questa, come in altre encicliche, si afferma con forza il ruolo della Chiesa come guida spirituale dell'umanità.

(documento 40.7)

Aperti al nuovo, nel solco della tradizione

▶ (Papa Leone XIII incide su un disco la sua benedizione apostolica)
Leone XIII mostra una grande curiosità per i nuovi mezzi di comunicazione, come faranno anche i suoi successori. Il venir meno del potere temporale rende i pontefici più concentrati sul loro ruolo di guide spirituali che si rivolgono a tutta l'umanità.

A partire dal magistero di Leone XIII in avanti i temi della **dottrina sociale della Chiesa** (**3**) sono stati oggetto di attenzione sempre crescente, fino ad arrivare ai giorni nostri, come si può vedere nelle Unità 47 e 48.

Leone XIII

(1810-1903) Vincenzo Gioacchino Raffaele Luigi Pecci dovette raccogliere la difficile successione di Pio IX, quando – nel 1878 – fu eletto papa. Uomo di grande cultura, fu un appassionato dantista e scrisse 86 encicliche, in cui si occupò delle questioni emergenti del proprio tempo, rilanciando il ruolo della Chiesa come guida spirituale dell'umanità. Morì nel 1903, dopo lunga malattia.

3 La dottrina sociale della Chiesa

Con la fine del potere temporale, lo sguardo della Chiesa sull'uomo e sulla società si fa più ampio, fino ad abbracciare tutte le questioni più significative e spingersi agli estremi confini della terra. La *dottrina sociale* riguarda il complesso di principi, insegnamenti e direttive della Chiesa cattolica, intesi ad affrontare i problemi sociali, politici ed economici secondo lo spirito del Vangelo. Punto di riferimento costante è l'enciclica *Rerum novarum* (1891), tanto che molti dei documenti del magistero sociale dei successivi pontefici sono usciti in occasione di qualche ricorrenza decennale dell'enciclica di cui sopra. Citiamo ad esempio la *Quadragesimo anno* (1931) di Pio XI, la *Mater et magistra* (1961) di Giovanni XXIII, la *Octogesima Adveniens* (1971) di Paolo VI e la *Centesimus annus* (1991) di Giovanni Paolo II.

Scheda di lavoro — Analizza e confronta

La "questione sociale"

Riportiamo due testi, tratti rispettivamente dal *Manifesto del partito comunista* e dalla *Rerum novarum*. I testi affrontano la medesima "questione sociale", ovvero le ingiuste modalità con cui il nascente mondo industriale sfrutta il lavoro operario.

Dal *Manifesto del partito comunista* (1848)

«La storia di ogni società sinora esistita è storia di lotte di classi. Liberi e schiavi, patrizi e plebei, baroni e servi della gleba, membri delle corporazioni e garzoni, in una parola oppressori e oppressi sono sempre stati in contrasto fra di loro, hanno sostenuto una lotta ininterrotta, a volte nascosta, a volte palese: una lotta che finì sempre o con una trasformazione rivoluzionaria di tutta la società o con la rovina delle classi in lotta. (...) La moderna società borghese, sorta dalla rovina della società feudale, non ha eliminato i contrasti fra le classi. Essa ha soltanto posto nuove classi, nuove condizioni di oppressione, nuove forme di lotta in luogo delle antiche. (...)

In una parola, i comunisti appoggiano dappertutto ogni moto rivoluzionario contro le condizioni sociali e politiche esistenti. In tutti questi moti essi mettono avanti sempre la questione della proprietà, abbia essa raggiunto una forma più o meno sviluppata, come la questione fondamentale del movimento. (...) Essi dichiarano apertamente che i loro scopi non possono essere raggiunti che con l'abbattimento violento di ogni ordinamento sociale esistente».

K. Marx, F. Enels, *Manifesto del partito comunista*, tr. it. di P. Togliatti, Editori Riuniti, 1953

Dalla *Rerum Novarum* (1891)

«1. L'ardente brama di novità che da gran tempo ha cominciato ad agitare i popoli, doveva naturalmente dall'ordine politico passare nell'ordine simile dell'economia sociale. E difatti i portentosi progressi delle arti e i nuovi metodi dell'industria; le mutate relazioni tra padroni ed operai; l'essersi accumulata la ricchezza in poche mani e largamente estesa la povertà; il sentimento delle proprie forze divenuto nelle classi lavoratrici più vivo, e l'unione tra loro più intima; questo insieme di cose, con l'aggiunta dei peggiorati costumi, hanno fatto scoppiare il conflitto. (...) 2. Comunque sia, è chiaro, ed in ciò si accordano tutti, come sia di estrema necessità venir in aiuto senza indugio e con opportuni provvedimenti ai proletari, che per la maggior parte si trovano in assai misere condizioni, indegne dell'uomo. (...) Accrebbe il male un'usura divoratrice che, sebbene condannata tante volte dalla Chiesa, continua lo stesso, sotto altro colore, a causa di ingordi speculatori. Si aggiunga il monopolio della produzione e del commercio, tanto che un piccolissimo numero di straricchi hanno imposto all'infinita moltitudine dei proletari un giogo poco meno che servile. 3. A rimedio di questi disordini, i socialisti, attizzando nei poveri l'odio ai ricchi, pretendono si debba abolire la proprietà, e far di tutti i particolari patrimoni un patrimonio comune, da amministrarsi per mezzo del municipio e dello Stato. Con questa trasformazione della proprietà da personale in collettiva, e con l'eguale distribuzione degli utili e degli agi tra i cittadini, credono che il male sia radicalmente riparato. Ma questa via, non che risolvere le contese, non fa che danneggiare gli stessi operai, ed è inoltre ingiusta per molti motivi, giacché manomette i diritti dei legittimi proprietari, altera le competenze degli uffici dello Stato, e scompiglia tutto l'ordine sociale. (...)12. Ed oltre l'ingiustizia, troppo chiaro appare quale confusione e scompiglio ne seguirebbe in tutti gli ordini della cittadinanza, e quale dura e odiosa schiavitù nei cittadini. Si aprirebbe la via agli asti, alle recriminazioni, alle discordie: le fonti stesse della ricchezza, inaridirebbero, tolto ogni stimolo all'ingegno e all'industria individuale: e la sognata uguaglianza non sarebbe di fatto che una condizione universale di abiezione e di miseria. (...)15. Nella presente questione, lo scandalo maggiore è questo: supporre una classe sociale nemica naturalmente dell'altra; quasi che la natura abbia fatto i ricchi e i proletari per battagliare tra loro un duello implacabile; cosa tanto contraria alla ragione e alla verità».

Leone XIII, *Rerum novarum*, tr. it. dal sito ufficiale della Santa Sede

- Leggi i due testi (ne trovi una versione più ampia nel **documento 40.8**), analizzandone il contenuto ed evidenziando in ciascuno di essi le "parole chiave". Distingui le parti che analizzano la situazione del tempo (le ingiuste condizioni in cui si trovano gli operai), da quelle in cui si fanno delle proposte di tipo sociale e politico.
- Evidenzia le frasi del primo testo (che è cronologicamente antecedente) a cui secondo te si riferiscono alcuni passaggi del secondo testo, e metti in luce quale chiave di lettura ne offrono.

41. La Chiesa e il mondo contemporaneo

la posta in gioco

Il XX secolo segna l'ingresso nel mondo contemporaneo ed è nel corso di questo secolo che anche la Chiesa cattolica assume la configurazione organizzativa e pastorale attuale. Sul piano storico è interessante notare come molti dei passi che sono stati compiuti hanno avuto come sfondo vicende drammatiche che l'umanità si è trovata a vivere: due conflitti mondiali, persecuzioni e stermini di inaudita ferocia, il sorgere di nuove divisioni e conflittualità. In tale scenario matura in modo sempre più chiaro il senso della missione universale della Chiesa e il suo carattere spirituale, ma non "disincarnato", cioè tale da immergersi pienamente nelle gioie e nelle speranze, nelle tristezze e nelle angosce degli uomini d'oggi, come afferma il Concilio Vaticano II.

Qual è stato l'atteggiamento della Chiesa nei confronti delle guerre mondiali e dei grandi totalitarismi? Perché si dice che il Concilio Vaticano II ha un valore epocale? Riesci a individuare, oggi, alcuni frutti del Vaticano II? E qualcosa che ancora non si è pienamente realizzato?

La Chiesa di fronte ai nazionalismi e ai totalitarismi

Tra la fine del XIX secolo e l'inizio del XX si diffuse in Europa un modo diverso e più radicale di percepire il senso di appartenenza alla propria nazione, a cui si è soliti dare il nome di **nazionalismo**. Esso assume forme diverse nei diversi Paesi, con un'accelerazione generalizzata del fenomeno del **colonialismo**, che in questo periodo si consuma soprattutto ai danni del continente africano.

Il crescente nazionalismo è certamente tra le ragioni dello scoppio del **primo conflitto mondiale (1914-1918)**. Il pontefice che dovette misurarsi con la sfida della Grande Guerra fu **Benedetto XV**, eletto nel settembre del 1914, pochi mesi dopo lo scoppio del conflitto. Fin dalla sua prima enciclica (*Ad beatissimi apostolorum principis*, 1914) offrì un'analisi molto lucida di un'Europa devastata dalla guerra e con ancora maggiore energia si rivolse con una lettera indirizzata «ai capi dei popoli belligeranti» del 1 agosto 1917 (**1**), in cui – oltre agli **appelli alla cessazione del conflitto** – si facevano proposte concrete sugli assetti internazionali.

Nazionalismo

Termine con cui si indicano le derive esagerate del senso di appartenenza a una nazione, fino ad arrivare a una sorta di "culto" della patria. Conseguenza del nazionalismo così inteso è un approccio potenzialmente conflittuale nei rapporti con le altre nazioni, in cui si acuiscono pericolosamente rivendicazioni più o meno fondate e questioni di prestigio.

(documento 41.1)

1 Lettera ai capi dei popoli belligeranti (1917)

«Sul tramontare del primo anno di guerra Noi, rivolgendo ad Essi le più vive esortazioni, indicammo anche la via da seguire per giungere ad una pace stabile e dignitosa per tutti. Purtroppo, l'appello Nostro non fu ascoltato: la guerra proseguì accanita per altri due anni con tutti i suoi orrori: si inasprì e si estese anzi per terra, per mare, e perfino nell'aria; donde sulle città inermi, sui quieti villaggi, sui loro abitatori innocenti scesero la desolazione e la morte. Ed ora nessuno può immaginare quanto si moltiplicherebbero e quanto si aggraverebbero i comuni mali, se altri mesi ancora, o peggio se altri anni si aggiungessero al triennio sanguinoso. Il mondo civile dovrà dunque ridursi a un campo di morte? E l'Europa, così gloriosa e fiorente, correrà, quasi travolta da una follia universale, all'abisso, incontro ad un vero e proprio suicidio? (...) Sono queste le precipue basi sulle quali crediamo debba posare il futuro assetto dei popoli. Esse sono tali da rendere impossibile il ripetersi di simili conflitti e preparano la soluzione della questione economica, così importante per l'avvenire e pel benessere materiale di tutti gli stati belligeranti. Nel presentarle pertanto a Voi, che reggete in questa tragica ora le sorti dei popoli belligeranti, siamo animati dalla cara e soave speranza di vederle accettate e di giungere così quanto prima alla cessazione di questa lotta tremenda, la quale, ogni giorno più, apparisce inutile strage».

(documento 41.2)

Benedetto XV

(1854-1922)
Al secolo Giacomo Paolo Giovanni Battista della Chiesa, studiò a Roma al collegio Capranica e alla Gregoriana, quindi entrò – dopo l'ordinazione presbiterale – nel corpo diplomatico della Santa Sede. Nel 1907 fu nominato arcivescovo di Bologna.
Fu eletto papa nel 1914. Tentò in ogni modo di far cessare il conflitto e dette grande impulso all'attività missionaria della Chiesa in tutto il mondo. Abolì formalmente il *non expedit*, incoraggiò la nascita del Partito Popolare e decretò la fondazione dell'Università Cattolica del Sacro Cuore a Milano. Morì nel 1922.

Le condizioni internazionali che seguirono alla fine della prima guerra mondiale non furono tali da assicurare quella "pace duratura" che da molte parti veniva auspicata. Il periodo tra le due guerre mondiali vede consumarsi la **grande crisi economica del 1929** e l'affermarsi dei tre **totalitarismi** che presero il potere in Russia, Italia e Germania: comunismo sovietico, fascismo, nazismo.

Totalitarismo

Termine utilizzato dagli storici per definire alcuni regimi politici, tipici del XX secolo, caratterizzati dal tentativo di controllare in modo capillare tutti gli ambiti della società e della vita delle persone, in nome di un'ideologia che prende forma concreta in un soggetto politico (in genere un partito, che si identifica con lo Stato e vorrebbe identificarsi con l'intera società).

Il dramma della disoccupazione

(*Corteo di disoccupati*, copertina della «Domenica del Corriere», 1929)
La copertina ritrae un corteo di disoccupati che, con la terribile crisi del 1929, si trovano senza lavoro. Il magistero del pontefice Pio XI si è fatto carico a più riprese del problema, con interventi di grande chiarezza: «la libera concorrenza cioè si è da se stessa distrutta; alla libertà del mercato è sottentrata la egemonia economica; alla bramosia del lucro è seguita la sfrenata cupidigia del predominio; e tutta l'economia è così divenuta orribilmente dura, inesorabile, crudele» (*Quadragesimo anno*, n. 109).

In questi anni difficili si svolge il pontificato di **Pio XI**, caratterizzato da grande energia propositiva, sia sul piano dottrinale, sia sul piano politico. Particolarmente importante è la risoluzione della **Questione romana**, con la firma dei **Patti Lateranensi** l'11 febbraio 1929, con il capo del governo italiano (**Benito Mussolini**). Tali accordi, che comportavano il reciproco riconoscimento dello Stato italiano e dello Stato vaticano, sono stati confermati dalla Costituzione repubblicana (art. 7) e rivisti nel 1984.

Pio XI

(1857-1939) Al secolo Ambrogio Damiano Achille Ratti, fu uomo di vasta cultura e formazione: conseguì tre lauree e coltivò con passione gli studi letterari. Fu anche un appassionato alpinista, scalò la parete orientale del Rosa e il Cervino. Ordinato sacerdote, ebbe diversi incarichi in Vaticano, fu visitatore apostolico in Polonia e Lituania e arcivescovo di Milano nel 1921. Fu eletto papa l'anno successivo. Guidò la Chiesa nel difficile periodo tra le due guerre e tentò di opporsi ai totalitarismi. Morì nel 1939, prima dello scoppio del secondo conflitto mondiale.

Benito Mussolini

(1883-1945) Già esponente del Partito Socialista Italiano e direttore dell'«Avanti», è noto come fondatore del fascismo. Fu Presidente del Consiglio nel Regno d'Italia dal 1922 al 1943. Nel 1925 assunse di fatto i pieni poteri. Nel 1940 fece entrare l'Italia nella seconda guerra mondiale, al fianco della Germania. Fu arrestato nel 1943; liberato dai tedeschi, instaurò – nell'Italia settentrionale – la Repubblica Sociale Italiana (Repubblica di Salò). A fronte dell'evidente sconfitta delle forze italo-tedesche tentò la fuga, ma fu catturato dai partigiani a Dongo e fucilato.

I Patti Lateranensi e la fine della "Questione romana"

▶ (Firma dei Patti Lateranensi, 1929) L'11 febbraio 1929, presso il palazzo di San Giovanni in Laterano, il Card. Pietro Gasparri (Segretario di Stato della Santa Sede) e Benito Mussolino (primo ministro del Regno d'Italia) firmano il primo concordato tra Stato italiano e Santa Sede. Con tale concordato vengono affrontati e sciolti d'intesa (e non per un atto unilaterale come la *Legge delle Guarentigie* del 1871) alcuni nodi importanti che erano rimasti aperti fin dal 1870.

Il fatto che la Chiesa abbia firmato un concordato con l'Italia guidata da Mussolini (e nel 1933 anche con la Germania in cui si era affermato il regime nazista), è stato oggetto di accese discussioni anche tra i contemporanei, oltre che tra gli storici successivi. Tra i cattolici particolarmente critici ricordiamo **don Sturzo**, fondatore del Partito Popolare, che si trovava in esilio proprio perché inviso al regime fascista. Il fatto che entrambi i concordati siano sopravvissuti alla fine dei regimi che li avevano siglati mostra alcune delle ragioni che motivarono la Santa Sede, oltre al tentativo di salvare il salvabile in un tempo in cui si profilavano severe persecuzioni. Al di là degli accordi di cui sopra, infatti, il rapporto con il fascismo fu decisamente dialettico, come attesta l'enciclica *Non abbiamo bisogno* (1931), redatta direttamente in lingua italiana, in cui si reagisce con decisione al decreto del maggio 1931, con cui Mussolini scioglieva l'Azione Cattolica. Nel mese di marzo del 1937 escono due encicliche di ferma condanna dei regimi totalitari. Con l'enciclica *Mit Brennender sorge* ("Con viva preoccupazione"), pubblicata direttamente in lingua tedesca il 14 marzo 1937, si confortano i cristiani tedeschi nell'ora della persecuzione e **si denuncia con chiarezza il carattere anticristiano dell'ideologia nazista** (**2**). Il 19 marzo dello stesso anno è pubblicata l'enciclica *Divini redemptoris*, che condanna con grande fermezza l'ideologia comunista e i crimini dello stalinismo.

(documento 41.3)

(documento 41.4)

2 Dall'enciclica *Mit brennender sorge* (1937)

«Non si può considerare come credente in Dio colui che usa il nome di Dio retoricamente, ma solo colui che unisce a questa venerata parola una vera e degna nozione di Dio. Chi, con indeterminatezza panteistica, identifica Dio con l'universo, materializzando Dio nel mondo e deificando il mondo in Dio, non appartiene ai veri credenti. Né è tale chi, seguendo una sedicente concezione precristiana dell'antico germanesimo, pone in luogo del Dio personale il fato tetro e impersonale, rinnegando la sapienza divina e la sua provvidenza (...). Un simile uomo non può pretendere di essere annoverato fra i veri credenti. (...) Rivolgete, Venerabili Fratelli, l'attenzione all'abuso crescente, che si manifesta in parole e per iscritto, di adoperare il tre volte santo nome di Dio quale etichetta vuota di senso per un prodotto più o meno arbitrario di ricerca o aspirazione umana, e adoperatevi che tale aberrazione incontri tra i vostri fedeli la vigile ripulsa che merita. Il nostro Dio è il Dio personale, trascendente, onnipotente, infinitamente perfetto, uno nella trinità delle persone e trino nell'unità della essenza divina, creatore dell'universo, signore, re e ultimo fine della storia del mondo, il quale non ammette né può ammettere altre divinità accanto a sé. (...) Quando si cerca di profanare il tabernacolo dell'anima del fanciullo, santificata dal battesimo, con un'educazione anticristiana, quando viene strappata da questo vivo tempio di Dio la fiaccola della fede e viene posta in suo luogo la falsa luce di un succedaneo della fede, che non ha più nulla in comune con la fede della Croce, allora la profanazione spirituale del tempio è vicina ed è dovere di ogni credente di scindere chiaramente la sua responsabilità da quella della parte contraria e la sua coscienza da qualsiasi peccaminosa collaborazione a tale nefasta distruzione. E quanto più i nemici si sforzano di negare od orpellare i loro tetri disegni, tanto più necessaria è una diffidenza oculata e una vigilanza diffidente, stimolata da un'amara esperienza».

(trad. it. dal sito ufficiale della Santa Sede)

Il documento colpì di sorpresa il governo nazista, che in una violenta campagna di stampa lo definì un tentativo criminoso di colpire lo Stato nazionalsocialista e il popolo tedesco. Pio XI morì nel febbraio del 1939, quando già si addensavano sull'Europa – e non solo – le nere nubi della guerra, ma toccò al suo successore, **Pio XII**, affrontare lo scoppio del conflitto. In un celebre discorso che evocava i tentativi fatti da Benedetto XV si trova un **appello per la pace** che può essere considerato un emblema del suo pontificato (**3**).

3 Radiomessaggio di Pio XII ai governanti e ai popoli nell'imminente pericolo della guerra (24 agosto 1939)

«Un'ora grave suona nuovamente per la grande famiglia umana; ora di tremende deliberazioni, delle quali non può disinteressarsi il Nostro cuore, non deve disinteressarsi la Nostra Autorità spirituale, che da Dio Ci viene, per condurre gli animi sulle vie della giustizia e della pace. (...) È con la forza della ragione, non con quella delle armi, che la Giustizia si fa strada. E gl'imperi non fondati sulla Giustizia non sono benedetti da Dio. La politica emancipata dalla morale tradisce quelli stessi che così la vogliono. (...) Nulla è perduto con la pace. Tutto può esserlo con la guerra. Ritornino gli uomini a comprendersi. Riprendano a trattare. Trattando con buona volontà e con rispetto dei reciproci diritti si accorgeranno che ai sinceri e fattivi negoziati non è mai precluso un onorevole successo».

(dal sito ufficiale della Santa Sede)

(documento 41.5)

Luigi Sturzo

(1871 - 1959)
Di nobile famiglia siciliana, studiò alla Gregoriana e alla Sapienza. Ordinato sacerdote, nel 1894 fondò l'Associazione dei Giovani Ecclesiastici. Insegnò filosofia, sociologia, diritto canonico, italiano e canto sacro. A Caltagirone fondò una cassa rurale, una mutua cooperativa e il giornale «La croce di Costantino», particolarmente attento ai temi politico-sociali. Partecipò all'Opera dei Congressi e ricoprì incarichi importanti in Azione Cattolica. Nel 1919 fondò il Partito Popolare Italiano, di cui fu segretario politico fino al 1923, lanciando il famoso «Appello ai Liberi e Forti» che ne costituisce il manifesto istitutivo. Entrato in urto con il fascismo fu costretto – nel 1923 – a dimettersi da tutti gli incarichi di partito e a prendere la via dell'esilio. Tornò in Italia dopo il referendum che sancì la vittoria della Repubblica e, pur riprendendo la vita politica attiva, non aderì formalmente alla Democrazia Cristiana. Ricoprì prestigiosi incarichi, come Giudice dell'Alta Corte, e fu nominato senatore a vita nel 1952. Morì nel 1959.

Pio XII

(1876 - 1958)
Al secolo Eugenio Maria Pacelli, studiò al Collegio Capranica e alla Gregoriana, laureandosi sia in teologia sia in diritto. Fu nunzio apostolico in Baviera e in Prussia, poi per l'intera Germania, dove rimase dodici anni. Creato cardinale nel 1929, divenne segretario di Stato l'anno successivo. Eletto papa nel 1939 dovette affrontare gli anni della seconda guerra mondiale e della ricostruzione post-bellica. Morì nel 1958.

Un papa in mezzo alla gente ferita

▶ (*Papa Pio XI prega sulle rovine di San Lorenzo fuori le mura*, stampa d'epoca) Il 19 luglio 1943, dopo il violento bombardamento a cui fu sottoposta la città di Roma, papa Pio XII uscì – eccezionalmente – dal Vaticano per recarsi nel quartiere di San Lorenzo, tra i più devastati. Durante tale visita egli recitò, in mezzo alla gente, il *De profundis* (Salmo 129). Dopo l'8 settembre e la fuga dei Savoia da Roma, papa Pacelli si trovò a far fronte all'occupazione nazista; rimase in città, nonostante il rischio di essere fatto prigioniero dai tedeschi. Dopo la liberazione – il 4 giugno 1944 – ricevette i generali alleati in Vaticano, in quanto unica autorità morale e politica, rimasta nella capitale in quel grave momento.

I messaggi a favore della pace si susseguirono per tutto il tempo della guerra, mentre è oggetto di critica il **tema dei silenzi e delle reticenze di Pio XII nel condannare le responsabilità del nazismo** nello scoppio della guerra e nello sterminio degli ebrei. Il dibattito tra gli storici è acceso, ma è a livello di consapevolezza ecclesiale che si fa significativa la domanda sul senso che avrebbe potuto avere una testimonianza coraggiosa, che avrebbe aperto la strada del martirio per molti fedeli, o un atteggiamento più prudente che consentisse di operare in altro modo, anche per salvare concretamente le persone perseguitate.

(documento 41.6)

Il Concilio Vaticano II e le sfide della contemporaneità

Alla morte di Pio XII venne eletto un cardinale molto anziano, forse con l'idea che sarebbe stato un papa "di transizione", che prese il nome di **Giovanni XXIII**. In realtà egli compì fin da subito numerosi gesti, dall'alto valore simbolico, che volevano sottolineare la **maggiore vicinanza al popolo di Dio**: spezzò le rigide consuetudini del protocollo vaticano, visitò orfanotrofi e ospedali, trascorse ore con i detenuti del carcere di *Regina coeli*. Dopo averne dato un primo annuncio nel 1959, **convocò il Concilio Ecumenico Vaticano II**, che si riunì l'11 ottobre **1962**.

Fu chiarito fin da subito che il Concilio doveva avere un **carattere pastorale**, non di definizione di dogmi o condanna di errori, ma di **aggiornamento** della Chiesa perché la sua missione potesse "aprirsi" al mondo intero, con particolare attenzione ai cristiani delle altre confessioni, che da allora vennero considerati *fratelli separati*. Il **disegno di universalità e la logica di partecipazione** che presiedeva a questo Concilio – che fu davvero **ecumenico** da più punti di vista – sono testimoniati dal numero altissimo di vescovi e padri conciliari (circa duemilacinquecento, in media, nelle diverse sessioni), con l'invito di laici ed esponenti delle altre confessioni cristiane in qualità di osservatori.

I temi sul tappeto erano davvero tanti: dal rinnovamento della liturgia, per renderla più vicina alla sensibilità della gente, alla riflessione sulle fonti della

Giovanni XXIII

(1881 - 1963) Angelo Giuseppe Roncalli nacque da una povera famiglia di contadini. Sentì ben presto la vocazione al sacerdozio e fu ordinato nel 1904. Fu soldato durante la Grande Guerra, cappellano d'ospedale, delegato apostolico in Oriente per vent'anni. Nel 1944 fu nominato nunzio di Parigi e nel 1953 patriarca di Venezia, finché non ascese al soglio pontificio nel 1958. Indisse e aprì il Concilio Vaticano II. Morì nel 1963.

Rivelazione, il dialogo ecumenico, l'apostolato dei laici, la libertà religiosa, le grandi sfide del mondo contemporaneo.

Ciò che traspare in tutti i documenti è il **senso di apertura coraggiosa** che viene dalla serena certezza che è frutto della fede: compito della Chiesa è annunciare il Vangelo a tutte le genti, cercando di avvicinarsi a loro, a imitazione di Gesù che si è incarnato, e non cercando di "difendersi" dalle genti e dalle culture. Di qui il senso peculiare dato all'espressione evangelica circa la capacità di «leggere i segni dei tempi», intesa non tanto come capacità di cogliere oscuri presagi, ma come capacità di cogliere – in ogni tempo e in ogni luogo – le "luci" e le "ombre" nella prospettiva del Vangelo. Tutto questo sempre con la fiducia che Cristo ha redento il mondo e può aiutare a portare luce dove vi sono le ombre.

Giovanni XXIII morì il lunedì di Pentecoste del 1963 e gli successe **Paolo VI**, che si trovò di fronte al difficile compito di continuare la sua eredità, a partire dal Concilio i cui lavori erano appena iniziati e che egli proseguì secondo il calendario previsto, mediando con grande intelligenza tra l'ala tradizionalista e quella innovatrice. Il Concilio chiuse i suoi lavori, con una grande festa in San Pietro, l'8 dicembre 1965, con un bilancio molto ricco di **sedici documenti** approvati. Li proponiamo in un ordine che ne mostra la **struttura teologica complessiva**, distinguendo i documenti secondo il loro grado di autorevolezza.

Un Concilio per rinnovare la Chiesa

▲ (Papa Giovanni XXIII durante il Concilio Vaticano II)
Lo sguardo profetico di Giovanni XXIII si è espresso con l'indizione e l'apertura del Concilio Ecumenico Vaticano II, avviatosi in un clima di grandi tensioni internazionali (la guerra fredda) e con i sintomi di una secolarizzazione crescente. In tale clima la Chiesa – che già con Pio XII aveva svolto il ruolo di punto di riferimento spirituale e morale – era chiamata a confrontarsi in modo dinamico e propositivo con tutto il mondo, credenti e non credenti. Per far questo doveva, prima di tutto, "aggiornarsi" nella continuità.

Il Concilio Vaticano II

▲ (I padri conciliari riuniti in assemblea nella Basilica di san Pietro)
Il Concilio Vaticano II fu anche un'esperienza intensa di vita comunitaria: le testimonianze di quanti vi hanno preso parte sono unanimi nell'attestare il clima di fede, di preghiera e di fratellanza, pur nella franchezza del confronto dialettico. Percezione comune era che si stesse vivendo un momento epocale che realizzava qualcosa di grande per la vita della Chiesa.

Concilio ecumenico

Il termine deriva dal greco e vuol dire "universale", tanto è vero che i concili vengono definiti "ecumenici" quando riguardano tutta la Chiesa (ovvero sono convocati tutti i vescovi e i prelati, a differenza, ad esempio, dei sinodi o concili diocesani o territoriali).

Paolo VI

(1897-1978)
Al secolo Giovanni Battista Montini, fu ordinato sacerdote nel 1920. Assistente ecclesiastico nazionale della FUCI, entrò giovanissimo nella Segreteria di Stato vaticana, finché – nel 1954 – fu nominato arcivescovo di Milano e nel 1958 cardinale. Eletto papa nel 1963, proseguì e concluse i lavori del Vaticano II. Morì a Roma nel 1978.

I documenti più solenni sono le **Costituzioni** (**4**), che in qualche misura rappresentano le colonne e i fondamenti.

Vi sono **due costituzioni dogmatiche** (che ripropongono e approfondiscono alcuni elementi centrali della fede cristiana) e **due costituzioni pastorali** (che si concentrano su che cosa fare e come, per vivere e annunciare il Vangelo oggi).

4 | I documenti del Concilio Vaticano II - Le Costituzioni

Costituzione dogmatica sulla divina rivelazione *Dei Verbum* (La Parola di Dio)	Sottolinea come in Cristo si abbia la pienezza della rivelazione del disegno d'amore e di salvezza di Dio per gli uomini. Nella Scrittura e nella divina Tradizione si trova fedelmente trasmessa la Parola rivelata di cui la Chiesa è custode.
Costituzione dogmatica sulla Chiesa *Lumen Gentium* (La luce delle genti)	Parla del mistero della Chiesa che si configura come segno e strumento dell'unione di Dio con gli uomini e dell'unità degli uomini in Cristo. Riprende il primato del papa, la collegialità dei vescovi, si approfondisce il ruolo attivo del popolo di Dio e la chiamata universale alla santità.
Costituzione pastorale sulla liturgia *Sacrosanctum Concilium* (Il santo Concilio)	La liturgia è "fonte e culmine" della vita della Chiesa, in cui essa rivive in diversi modi il mistero della salvezza e fa sì che ogni fedele si possa "innestare" in esso cogliendone i frutti di grazia. Vi sono le linee essenziali di una riforma liturgica epocale, a partire dalla celebrazione dei sacramenti nelle lingue "volgari" di tutto il mondo (e non più in latino).
Costituzione pastorale sulla Chiesa nel mondo contemporaneo *Gaudium et spes* (Gioia e speranza)	La prima parte affronta i temi fondativi, come la dignità della persona umana e il senso ultimo della sua attività (anche a livello sociale e politico), mentre nella seconda parte si affrontano temi specifici: la famiglia, la cultura, l'economia, la vita sociale, cercando di coglierne "luci" e "ombre".

Sulle Costituzioni di cui sopra si fondano i **nove Decreti conciliari** (**5**): i primi otto precisano alcuni aspetti che si radicano nella Costituzione dogmatica sulla Chiesa, mentre quello sui mezzi di comunicazione di massa si ricollega alla *Gaudium et spes*.

5 | I documenti del Concilio Vaticano II - I Decreti

Decreto sull'ufficio pastorale dei vescovi *Christus Dominus* (Cristo Signore)	Spiega le applicazioni pratiche della collegialità episcopale nel rapporto tra i vescovi e la Chiesa universale e il ruolo del vescovo nella sua diocesi.
Decreto sul ministero e la vita sacerdotale *Presbyterorum Ordinis* (Dell'ordine dei presbiteri)	Tratta della vita e dei compiti dei sacerdoti nella Chiesa cattolica, ne delinea la spiritualità, riafferma la regola del celibato e sottolinea l'unità della loro missione.
Decreto sulla formazione dei sacerdoti *Optatam totius* (L'auspicato [rinnovamento] di tutta [la Chiesa])	Insiste sulla necessità di favorire le vocazioni al sacerdozio, offre indicazioni sulla formazione di coloro che a esso si preparano: ordinamento dei seminari maggiori, revisione degli studi ecclesiastici, norme per la formazione propriamente pastorale.

Decreto sul rinnovamento della vita religiosa *Perfectae caritatis* (Della perfetta carità)	Mette in luce il significato della vita consacrata a Dio, sottolineando il valore dei tre voti propri dei religiosi (povertà, castità, obbedienza). Offre indicazioni per il rinnovamento della vita religiosa.
Decreto sull'apostolato dei laici *Apostolicam actuositatem* (L'attività apostolica)	Riconosce il ruolo e l'importanza del laicato, come parte del popolo di Dio e per la realizzazione della missione della Chiesa. I laici non sono semplici "esecutori", ma membri attivi e corresponsabili dell'attività apostolica, nella vita della Chiesa, nell'evangelizzazione e nella santificazione delle realtà temporali.
Decreto sull'attività missionaria della Chiesa *Ad gentes* (Verso le genti)	Ribadisce il carattere essenzialmente missionario della Chiesa ed esorta i missionari a una sempre maggiore inculturazione, invitandoli a vivere in sintonia con i popoli a cui vogliono annunciare il Vangelo.
Decreto sulle Chiese orientali *Orientalium ecclesiarum* (Delle Chiese orientali)	Riguarda le Chiese cattoliche d'Oriente, che legittimamente conservano i loro riti, che costituiscono un patrimonio prezioso per tutta la Chiesa cattolica.
Decreto sull'Ecumenismo *Unitatis redintegratio* (La ricostituzione dell'unità)	Premesso che uno solo è Cristo e che l'aspirazione all'unità deve animare l'azione e la preghiera di tutti i cristiani, si pongono le basi per relazioni positive con i «fratelli separati» e si danno indicazioni per la formazione di una mentalità ecumenica tra i cattolici, indicando anche forme possibili di unione e conoscenza, oggi.
Decreto sui mezzi di comunicazione sociale *Inter mirifica* (Tra le meraviglie)	Spiega come la Chiesa si possa servire di tali mezzi, che offrono straordinarie opportunità, soprattutto in prospettiva pastorale. Si precisano i doveri che competono sia a chi ne è attore, sia a chi ne usufruisce.

Troviamo infine le **tre Dichiarazioni conciliari** (**6**), che affrontano temi di grande respiro e di grandissima attualità, in gran parte collegati al modo in cui la Chiesa si confronta con il mondo contemporaneo (*Gaudium et spes*).

6 I documenti del Concilio Vaticano II - Le dichiarazioni

Dichiarazione sull'educazione *Gravissimum educationis* (L'estrema importanza dell'educazione)	Si apre affermando il diritto di ogni persona all'educazione e l'importanza di una buona educazione cristiana. Primi educatori sono i genitori. La Chiesa è attenta al mondo dell'educazione nella sua totalità, con particolare riguardo alle scuole cattoliche che svolgono un ruolo prezioso.
Dichiarazione sul dialogo interreligioso *Nostra aetate* (Nel nostro tempo)	Partendo dall'affermazione che la Chiesa nulla rigetta di quanto vi è di buono e giusto in tutte le altre tradizioni religiose, si sottolinea come tutto il genere umano abbia origine da Dio e sia coinvolto nel suo disegno di salvezza. Si invitano i cattolici a un dialogo costruttivo con le altre religioni, soprattutto sui temi relativi a giustizia e pace.
Dichiarazione sulla libertà religiosa *Dignitatis humanae* (Della dignità umana)	Il concetto tradizionale di "libertà della Chiesa", cioè la libertà che la Chiesa rivendica per svolgere la propria missione, si allarga a tutti, a partire dall'affermazione che la dignità della persona umana è il fondamento della libertà religiosa, che non può essere mai negata a nessuno.

Una sintesi complessiva dei documenti del Concilio è stata offerta dallo stesso Paolo VI, in occasione della chiusura del Concilio.

(documento 41.7)

Dopo il Vaticano II, verso il XXI secolo

Giovanni Paolo I

(1912-1978) Albino Luciani, ordinato sacerdote nel 1935, fu insegnante di religione, oltre che nel seminario di Belluno. Nel 1958 divenne vescovo di Vittorio Veneto. Partecipò attivamente ai lavori del Vaticano II, fu nominato patriarca di Venezia nel 1969 e creato cardinale nel 1973. Asceso al soglio pontificio il 26 agosto 1978, morì 33 giorni dopo.

Alla morte di Paolo VI, fu eletto il cardinale Albino Luciani, che prese il nome di **Giovanni Paolo I**, il quale subito conquistò le simpatie della gente per il suo temperamento mite e sorridente (fu chiamato "il papa del sorriso"), ma morì dopo soli 33 giorni di pontificato.

Suo successore fu il cardinal Wojtyla, **Giovanni Paolo II**, primo papa non italiano dopo 455 anni e primo papa polacco e slavo della storia. Il suo lunghissimo pontificato ha lasciato un segno indelebile nella storia della Chiesa, anche per la personalità straordinaria del pontefice, di cui restano memorabili già le prime parole pronunciate: «non so se potrei bene spiegarmi nella vostra... nostra lingua italiana, se mi sbaglio, mi corigerete».

La sua instancabile attività si rivolse sia alle **relazioni internazionali** e alle visite pastorali in tutto il mondo (è in assoluto il pontefice che ha percorso più chilometri in tutta la storia della Chiesa), sia al **magistero** sempre molto netto e chiaro, anche su questioni scottanti, sia alla **riorganizzazione della curia**, la promulgazione del nuovo Codice di diritto canonico (nel 1983), il nuovo **Catechismo della Chiesa Cattolica** (1992). A partire dal 1985 – anno che l'ONU aveva dedicato ai giovani – istituì le **Giornate Mondiali della Gioventù** (GMG), che radunarono folle straordinarie di giovani desiderosi di incontrare il papa: a Manila (nel 1995) si radunarono quattro milioni di persone.

Un papa venuto dall'Est

◀ (Giovanni Paolo II celebra la messa a Manila, 1995) La figura di Giovanni Paolo II ha sempre colpito tutti coloro che lo hanno incontrato, anche solo attraverso i media. Inizialmente impressionava questa figura possente, di un papa giovane, forte e temprato dall'avere superato con coraggio le persecuzioni del regime comunista. Per tutto il tempo del pontificato ha colpito il suo instancabile "pellegrinaggio" fino ai confini della terra, dove sempre è stato accolto da moltitudini in festa, come accadde a Manila (a cui si riferisce la foto). Nell'ultima parte della sua vita ha colpito la forza con cui ha affrontato la sofferenza.

I messaggi sono sempre stati caratterizzati da un forte **appello alla speranza** fondata su Cristo, con l'esortazione a non avere paura di aprirgli, anzi «spalancargli» le porte, che rappresenta la cifra del suo pontificato. Memorabili – solo per sceglierne alcune a titolo d'esempio – le parole (**7**) pronunziate in occasione della GMG del 2002, durante l'omelia.

7 Omelia della domenica delle Palme - XVII Giornata Mondiale della Gioventù - Toronto

«Cari giovani, *non perdete il vostro sapore* di cristiani, il sapore del Vangelo! Mantenetelo vivo, *meditando costantemente il mistero pasquale*: la Croce sia la vostra *scuola di sapienza*. Di nient'altro vantatevi, se non di questa sublime cattedra di verità e di amore. La liturgia ci invita a salire verso Gerusalemme con Gesù acclamato dai giovani ebrei (...) Sta qui il segreto della *gioia pasquale, che nasce dal travaglio della Passione*. A questa gioia auguro che prenda parte ognuno di voi, cari giovani amici. *Colui che avete scelto come Maestro* non è un mercante d'illusioni, non è un potente di questo mondo, né un astuto e abile ragionatore. Voi sapete chi avete scelto di seguire: *è il Crocifisso risorto!* Cristo morto per voi, Cristo risorto per voi. E io vi assicuro che non rimarrete delusi. Nessun'altro, al di fuori di Lui, vi può infatti dare quell'amore, quella pace e quella vita eterna a cui anela profondamente il vostro cuore. Beati voi, giovani, se sarete fedeli discepoli di Cristo! Beati voi se, in ogni circostanza, sarete disposti a testimoniare che *veramente quest'uomo è Figlio di Dio!*».

(Giovanni Paolo II, *Omelia della domenica delle Palme e della Passione del Signore*, Toronto, 24 marzo 2002)

Più in generale si riconosce un **ruolo storico importantissimo** a questo pontificato, che ha visto il crollo del muro di Berlino (1989) e la caduta del "comunismo reale" di quei Paesi dell'Est europeo da cui lo stesso pontefice proveniva e in cui aveva agito energicamente per contrastarne i crimini. Il suo magistero ha toccato con grande chiarezza temi scottanti, come quello della vita (pensiamo all'enciclica *Evangelium vitae*, 1995), il rapporto tra fede e ragione (*Fides et ratio*, 1998), i fondamenti della morale (*Veritatis splendor*, 1993), i grandi temi sociali (*Laborem exercens*, 1981, *Sollicitudo Rei socialis*, 1987, *Centesimus annus*, 1991), per citarne solo alcuni. Gli ultimi anni del suo pontificato e della sua vita furono una straordinaria testimonianza di fede e di dignità della persona sofferente.

Giovanni Paolo II

(1920-2005)
Karol Józef Wojtyla studiò lettere a Cracovia, si dedicò all'attività teatrale e allo studio delle lingue (ne imparò 11 in età giovanile). Nel 1939 la Polonia fu invasa dai nazisti, poi dai sovietici. Nel 1940 Karol iniziò a lavorare nelle cave di pietra della Solvay e intanto collaborava con le forze di resistenza. Entrato nel seminario clandestino di Cracovia nel 1942, fu ordinato sacerdote nel 1946 e si trasferì a Roma per proseguire gli studi. Tornato in Polonia, insegnò etica all'università di Cracovia e a quella di Lublino. Nel 1958 fu nominato vescovo ausiliare di Cracovia e nel 1963 arcivescovo della stessa città. Partecipò ai lavori del Vaticano II e divenne cardinale nel 1967; si distinse per la sua lotta per i diritti umani e la libertà religiosa contro il regime comunista. Eletto papa nel 1978, fu oggetto di un attentato quasi mortale il 13 maggio 1981, per mano di un terrorista turco (Ali Ağca) che gli sparò in Piazza San Pietro. Col passare del tempo, la sua fortissima fibra iniziò a cedere: gli fu rimosso un tumore al colon, si ruppe il femore, si ammalò di Parkinson. Morì nel 2005. È stato proclamato beato nel 2011, santo nel 2013.

Giovanni Paolo II nella "sua" Polonia

◀ (Papa Giovanni Paolo II visita Danzica, 1987)
La visita ai cantieri di Danzica, oltre a rappresentare un "pellegrinaggio della memoria" per un papa che era stato lavoratore, ebbe un grande significato politico e spirituale: non è nel marxismo, ma nel cristianesimo che il lavoro trova la sua piena valorizzazione (si pensi all'enciclica *Laborem exercens*, 1981) e il lavoratore la sua dignità.

Alla sua morte, nel 2005, fu eletto papa il cardinal Ratzinger, già prefetto della Congregazione per la dottrina della fede, che prese il nome di **Benedetto XVI**. Il suo pontificato è stato caratterizzato dall'atteggiamento umile e dimesso che è emerso fin dal primo discorso pronunciato, in cui ha affermato che «dopo il grande papa Giovanni Paolo II, i signori cardinali hanno eletto me, un semplice e umile lavoratore nella vigna del Signore». In realtà il suo magistero – particolarmente profondo – ha saputo unire la **dottrina** del fine teologo, con l'**attenzione affettuosa del pastore**.

Di portata storica la sua **rinuncia al ministero petrino**, pronunciata l'11 febbraio 2013, con decorrenza 28 febbraio. La notizia è stata comunicata, in latino, durante il concistoro per la canonizzazione dei martiri di Otranto. Si tratta delle prime "dimissioni volontarie" dopo quelle di Celestino V (1294) e quelle di Gregorio XII (1415), durante le convulse vicende del Grande scisma d'Occidente. Da allora Benedetto XVI ha assunto il titolo di *Papa emerito*.

Rinuncia al ministero petrino

L'espressione indica un istituto giuridico, previsto dal Codice di diritto canonico, che regola le modalità con cui un papa può cessare dal proprio ufficio per dimissioni volontarie e costituisce l'unica altra causa di cessazione di tale ufficio, oltre alla morte. L'espressione è quindi "tecnica" ed è da preferire ad altre più popolari, come "abdicazione" o "dimissioni".

Il successore di Benedetto XVI è Jorge Mario Bergoglio, primo papa latinoamericano e primo papa gesuita della storia. Egli ha preso il nome di **Francesco I**, con un riferimento esplicito al grande santo di Assisi, dando fin da subito chiari segnali di volere una **Chiesa povera e vicina alla gente**.

Fin dai primi discorsi appare evidente come la fermezza dottrinale si accompagni a una prorompente carica di umanità e al profondo desiderio di rinnovamento della Chiesa. Evocative in tal senso si possono considerare alcune parole pronunciate durante l'incontro con gli studenti delle scuole dei gesuiti (8), in cui il papa si rivolgeva agli educatori.

8 Discorso agli studenti delle scuole gestite dai gesuiti

«Non scoraggiatevi di fronte alle difficoltà che la sfida educativa presenta! Educare non è un mestiere, ma un atteggiamento, un modo di essere; per educare bisogna uscire da se stessi e stare in mezzo ai giovani, accompagnarli nelle tappe della loro crescita mettendosi al loro fianco. Donate loro speranza, ottimismo per il loro cammino nel mondo. Insegnate a vedere la bellezza e la bontà della creazione e dell'uomo, che conserva sempre l'impronta del Creatore. Ma soprattutto siate testimoni con la vostra vita di quello che comunicate. Un educatore – gesuita, insegnante, operatore, genitore – trasmette conoscenze, valori con le sue parole, ma sarà incisivo sui ragazzi se accompagnerà le parole con la sua testimonianza, con la sua coerenza di vita. Senza coerenza non è possibile educare!».

(Francesco I, *Discorso del Santo Padre agli studenti delle scuole gestite dai gesuiti in Italia*, Città del Vaticano, 7 giugno 2013)

Benedetto XVI

(1927) Di famiglia cattolica della bassa Baviera, Joseph Aloisius Ratzinger conobbe da vicino gli orrori del nazismo, tanto che nel 1941 un suo cugino con sindrome di Down fu ucciso nella famigerata azione di soppressione dei disabili. Nel 1946 iniziò gli studi a Frisinga e li concluse a Monaco di Baviera, dove fu ordinato sacerdote nel 1951. Insegnò teologia fondamentale e dogmatica a Frisinga, Bonn e Münster; partecipò ai lavori del Vaticano II come consulente teologico del vescovo di Colonia. Nel 1966 ebbe la cattedra di dogmatica nell'università di Tubinga; fu poi chiamato a Ratisbona. Nel 1972, insieme a von Balthasar, fondò la rivista «Communio». Nel 1977 divenne arcivescovo di Monaco e Frisinga e fu creato cardinale; nel 1981 divenne prefetto della Congregazione per la dottrina della fede. Fu eletto papa nel 2005; si dimise nel 2013.

Francesco I

(1936) Jorge Mario Bergoglio, nato in Argentina in una famiglia di origini italiane e diplomatosi come perito chimico, ha svolto vari lavori, prima di entrare nella Compagnia di Gesù, all'interno della quale si laurea in filosofia e viene ordinato sacerdote. Diviene superiore provinciale della Compagnia per l'Argentina. Si reca in Germania per perfezionare i suoi studi. Nel 1992 viene nominato vescovo ausiliare di Buenos Aires e nel 1998 arcivescovo della stessa diocesi e primate d'Argentina. È stato eletto papa nel 2013.

Scheda di lavoro — Lavora in gruppo

Alla scoperta del Concilio Vaticano II

Dividetevi in quattro gruppi, ciascuno dei quali si occuperà di una delle quattro Costituzioni conciliari.
In primo luogo il gruppo effettua una "istruttoria" di quelle che – secondo i membri del gruppo stesso – sono le "luci" e le "ombre", nella vita della Chiesa, sul tema trattato dal testo che gli è stato affidato. Riportiamo a titolo esemplificativo alcune ipotesi di "schede di lavoro" che ogni classe potrà adattare alle proprie esigenze anche utilizzando la **scheda di lavoro 41.8**.

Costituzione dogmatica sulla divina rivelazione (*Dei Verbum*)	
Luci	Pensi che vi siano dei "motivi di credibilità" di ciò che il cristiano crede? Trovi una coerenza nel messaggio? Quali sono gli elementi che ritieni più "convincenti" nella fede cristiana?
Ombre	Vi sono delle "verità difficili" nella fede cristiana? Che cosa ti riesce difficile credere o concepire come credibile da parte di chi crede?
Secondo voi, quali sono le "fonti" della fede del credente? Perché le persone "credono"? Che cosa significa "credere"?	

Costituzione dogmatica sulla Chiesa (*Lumen Gentium*)	
Luci	Riporta alcuni ricordi positivi del tuo contatto con i sacerdoti, i catechisti, i vescovi, altre persone che hai potuto incontrare.
Ombre	Riporta alcuni ricordi negativi del tuo contatto con i sacerdoti, i catechisti, i vescovi, altre persone che hai potuto incontrare.
Secondo voi, qual è la struttura della Chiesa? Qual è il ruolo della "gerarchia"? Qual è l'immagine della Chiesa che vorreste?	

Costituzione sulla sacra liturgia (*Sacrosanctum Concilium*)	
Luci	Avete dei ricordi di momenti liturgici particolarmente coinvolgenti? Qualcuno vi ha raccontato qualche esperienza di preghiera, collegata a un'azione liturgica, che vi è sembrata affascinante?
Ombre	Ci sono dei momenti in cui il modo in cui è stata gestita la liturgia vi è sembrato "pesante", lontano dalla vostra sensibilità? Quando incontrate persone che si sono allontanate dalla pratica religiosa, che ricordo hanno delle celebrazioni liturgiche?
Secondo voi, quale dovrebbe essere la funzione della liturgia e come dovrebbe svolgersi?	

Costituzione pastorale sulla Chiesa nel mondo contemporaneo (*Gaudium et spes*)	
Luci	Ci sono temi e argomenti su cui pensi che la Chiesa stia stimolando il mondo contemporaneo e sollecitandolo a migliorare?
Ombre	Ci sono temi e argomenti su cui ritieni che la Chiesa non sia "al passo con i tempi" e che dovrebbe aggiornarsi?
Secondo te, qual è o quale potrebbe essere il ruolo della Chiesa, oggi, rispetto alla cultura contemporanea?	

A questo punto ogni gruppo analizza un documento, cercando sia di produrne una sintesi, sia di vedere se alcuni degli interrogativi o dei nodi cruciali elaborati in fase istruttoria non abbia trovato qualche risposta o spunti di riflessione già dalla lettura del documento conciliare.

"**Decidersi**": il tempo delle **scelte**

“Decidersi”: il tempo delle **scelte**

Ogni persona è chiamata quotidianamente a fare delle scelte, a dare un senso alle azioni che compie, sia a titolo individuale, sia a livello sociale. Per prendere tali decisioni e riflettere con altri sulle decisioni da prendere per il bene comune sono necessari dei punti di riferimento. La legge morale naturale e la sua articolazione nella ricca dottrina sociale della Chiesa offrono punti di riferimento per la persona e per la società.

dentro l'immagine

La *Vocazione dei primi apostoli* (1481-1482, Roma, Cappella Sistina, Palazzi Vaticani) fa parte delle opere commissionate al Ghirlandaio (Firenze, 1449 - Firenze, 1494) per gli affreschi della Cappella Sistina.
Nel quadro (qui sotto ne vedi un particolare) viene raffigurato in primo piano il momento in cui Gesù invita Pietro e Andrea a diventare suoi discepoli, trasformandoli in pescatori di uomini. I due si trovano al centro del dipinto in atteggiamento di ascolto e accoglienza. L'incontro con Gesù porta infatti alla trasformazione della propria vita, operando scelte importanti, che coinvolgono tutti gli ambiti, dalla famiglia al lavoro, al tempo libero.
La rappresentazione è corale, a indicare che Gesù rivolge la sua chiamata a tutti e che i discepoli non vengono strappati al mondo, ma sono chiamati a rimanervi nella novità della vita che hanno deciso di intraprendere.

A sinistra troviamo raffigurato, come in una sorta di *flash-back*, il momento della chiamata da parte di Gesù. In questi dipinti viene sempre ricordata la storia dei personaggi coinvolti, perché le immagini devono illustrare quanto la scrittura racconta.

Dalla riva opposta, Cristo sta chiamando a sé Giacomo e Giovanni, intenti a rammendare le reti sulla barca del padre Zebedeo. Gesù vuole costituire una comunità di persone capaci di testimoniare prima di tutto con l'esempio della vita la novità dell'essere discepoli.

Alla scena è presente una moltitudine di personaggi. Molti di loro sono ritratti di amici e collaboratori del Ghirlandaio. Simbolicamente rappresentano i molti pareri, spesso contrastanti, che si accompagnano sempre alla scelta radicale di diventare discepoli di Cristo.

Pietro e Andrea sono rappresentati con abiti dai colori che tradizionalmente vengono associati ai due apostoli: il giallo del mantello di Pietro è segno della dignità della funzione che per volontà di Gesù ha ricoperto, il verde del mantello di Andrea è segno di speranza e di nuova vita.

La cappella sistina

42. I fondamenti della morale

la posta in gioco

Viene, nella vita di ogni persona, il tempo delle scelte. Talvolta si tratta di piccole scelte quotidiane, che hanno a che fare con questioni di poco conto, talvolta si tratta di scelte più importanti, che ci chiamano in causa in modo più profondo. Prendere delle decisioni significa assumersi delle responsabilità, ovvero fare qualcosa di cui si può essere chiamati a "rispondere", non solo nel caso in cui si debba rispondere alla giustizia, ma in un senso molto più ampio.

Ritieni che la libertà consista, principalmente, nel fare quello che ci pare? Hai una percezione complessiva delle dottrine morali della Chiesa, o hai in mente soprattutto alcuni divieti? Qual è la tua idea di "responsabilità"?

Libertà e responsabilità

Che cosa è la libertà? Che cosa significa essere liberi? I più risponderebbero che significa poter fare quello che ci pare, il che in parte è vero (se non fossimo liberi le nostre azioni sarebbero tutte istintive, "automatiche"), ma non è tutto qui. Essere liberi significa **essere "padroni" delle proprie azioni** o almeno di alcune di esse. Si distinguono, infatti, nell'uomo quelli che con terminologia classica venivano chiamati **atti umani**, dai cosiddetti **atti dell'uomo**. Solo i primi, che comportano una scelta libera, ovvero la piena consapevolezza di ciò che si sta facendo (so quello che faccio) e il deliberato consenso della volontà, sono moralmente significativi.

Atti umani / Atti dell'uomo

Gli **atti umani** sono quelli che procedono da volontà deliberata, cioè comportano una scelta libera. Gli **atti dell'uomo** sono quelli che hanno un uomo come soggetto (nel senso che è un essere umano a compierli), ma si realizzano in modo istintivo o irriflesso.

Siamo responsabili, di fronte a noi e di fronte agli altri, di ciò che facciamo con piena consapevolezza e lucida scelta. Se decido di fare un regalo a un amico, oppure di derubarlo di qualcosa che è suo sarò responsabile di questi atti... e l'amico avrà buoni motivi per ringraziarmi o per prendersela con me. Se invece pesto inavvertitamente un piede a un'altra persona, magari in un luogo molto affollato (ad esempio un autobus), in realtà non ne sono responsabile. Anche il linguaggio che correttamente si collega alle differenti situazioni sottolinea la differenza concettuale tra i due tipi di azioni. Se ho derubato un amico e decido di riconciliarmi con lui (restituendo il maltolto), dovrei dire una frase del tipo: «ti chiedo scusa se ho preso ciò che era tuo, ecco, te lo restituisco, ti prego di perdonarmi». Se invece ho pestato un piede senza volerlo dirò una frase del tipo: «scusa, non l'ho fatto apposta!». Non tragga in inganno l'uso della stessa parola (*scusa*), perché nel primo caso si tratta davvero di un chiedere scusa, nel secondo caso potremmo dire che

(documento 42.1)

esprime il dispiacere per avere causato un fastidio, ma – in fondo – noi non stiamo chiedendo scusa, ma piuttosto chiedendo che sia riconosciuta la nostra buona fede, la nostra "innocenza".

In entrambi gli esempi si coglie il **collegamento tra libertà e responsabilità**: siamo responsabili di ciò che facciamo liberamente, perché abbiamo voluto farlo. Ciò significa che gli atti liberi sono più profondamente "nostri" (e quindi umani), tanto che possiamo essere chiamati a renderne conto, di fronte a noi stessi, di fronte agli uomini come di fronte a Dio. Anche da un punto di vista psicologico si afferma che ciascuno di noi ha bisogno di dare un significato alla propria esistenza ed è a tale orizzonte di significato che si riconducono gli atti liberi e responsabili.

(documento 42.2)

L'immagine profonda dell'uomo

◀ (R. Magritte, *La risposta imprevista*, 1933. Bruxelles, Museo Reale di Belle Arti)
L'opera di Magritte è un invito alla riflessione sull'immagine umana, sul mistero di un'interiorità per cui è necessario trovare una "porta" di accesso. L'accesso al mondo interiore dell'uomo passa attraverso di noi, ma apre un mondo oscuro, non sempre illuminato, nei recessi del quale si trova il segreto della nostra libertà. Talvolta la verità profonda su noi stessi può essere ragione di inquietudine, ma è un'inquietudine positiva che è importante attraversare.

La legge morale

Se la nostra vita può essere paragonata a un cammino, le scelte moralmente rilevanti a dei bivi, in cui bisogna decidere quale direzione prendere, la legge morale può essere paragonata ai cartelli segnaletici o a una mappa più o meno dettagliata che dice dove potrebbero portarci le diverse strade e i diversi sentieri. Ma da dove salta fuori questa "legge" e a che titolo il "legislatore" ce la propone?

Fin dai tempi più antichi si è colto **un collegamento tra le meraviglie dell'ordine cosmico e il desiderio di una legge morale**. Chi ha avuto la sapienza di "progettare" un affresco così grandioso, come quello di un universo ordinato e armonioso, avrà anche pensato a delle "istruzioni per l'uso" per quella piccola particella di universo – gli esseri umani – che non sono semplicemente sottoposti alle leggi naturali e fisiche, ma che in qualche modo sono capaci di dare un indirizzo a una parte dei loro atti, cioè quelli che abbiamo chiamato **atti umani**. Il fatto che in tutte le religioni le divinità abbiano anche delle "richieste" nei confronti dell'uomo e dei suoi comportamenti rientra in questa logica, ma più ancora vi rientrano le dottrine filosofiche, che – in genere – legano i principi della legge morale alla loro riflessione complessiva sull'universo o sulle potenzialità della nostra conoscenza. Rimanendo ancora nell'ambito della sapienza antica pensiamo – ad esempio – agli stoici, per cui vi è una ragione inflessibile (un *logos*) che governa tanto il cielo e la natura, come i comportamenti degli uomini che a essa sono sottoposti. Il filosofo tedesco **Kant**, a molti secoli di distanza, pronuncerà una frase giustamente famosa: «due cose riempiono l'animo di ammirazione e venerazione sempre nuova e crescente, quanto più spesso e più a lungo la riflessione si occupa di esse: il cielo stellato sopra di me, e la legge morale in me», che si può apprezzare meglio leggendola nel suo contesto.

(documento 42.3)

(documento 42.4)

Le regole oltre il gioco

(M. Duchamp, *I giocatori di scacchi*, 1911. Parigi, Musée National d'Art Moderne, Centre Georges Pompidou)
Nei giochi inventati dall'uomo – come gli scacchi – è possibile giocare solo se si rispettano le regole, sennò il gioco naufraga inesorabilmente. La posta in gioco è la riuscita del gioco stesso. Nel "gioco della vita" le regole in questione sono quelle pensate dall'Autore della vita... e la posta in gioco è la riuscita della vita, la sua felicità.

Immanuel Kant

(1724-1804) Immanuel Kant fu tra i più importanti esponenti dell'illuminismo tedesco. Pensatore rigoroso e sistematico, è noto per il superamento di quello che chiamava "pensiero dogmatico", che per lui coincideva con la metafisica. Importante il suo contributo nel campo della morale (*Critica della ragion pratica*), in cui individua la famosissima formulazione dell'*imperativo categorico*: «tratta l'umanità che è in te, come in ogni altro uomo, sempre anche come fine e mai meramente come mezzo». La sua vita fu interamente dedicata allo studio. Non lasciò mai la sua città natale, Königsberg.

Nella **tradizione cristiana** tale concezione della legge si arricchisce di un riferimento diretto a Dio creatore, tanto è vero che possiamo distinguere **quattro tipi di legge**, con una profonda connessione tra di loro.

1. La **legge eterna** di Dio, ovvero la ragione di Dio provvidente, che ordina efficacemente ogni cosa al suo fine.
2. La **legge naturale**, cioè il modo in cui la legge eterna guida la creatura razionale, che non viene "diretta" al suo fine da un'azione esterna, ma può dirigersi liberamente al fine che Dio ha pensato per lei.
3. La **legge rivelata**, che si distingue in **antica** e **nuova**, che svela il progetto di Dio sull'uomo e la strada per arrivare a Lui secondo tale disegno.

4. Le **leggi umane** (o **civili**), che sono le leggi che gli uomini promulgano e che dovrebbero – a loro volta – non porsi in contrasto con la legge naturale o rivelata.

Un'articolata esposizione di tale concezione si trova nell'enciclica *Veritatis splendor*, di Giovanni Paolo II, mentre possiamo riportarne una presentazione sintetica dall'ultimo *Catechismo* (**1**).

(documento 42.5)

Il dono della Legge

◀ (*Mosè legislatore*, particolare di mosaico del VI secolo. Ravenna, Chiesa di San Vitale)
Mosè riceve in dono la Legge di Dio, qui rappresentata sotto forma di "rotolo" (sarà poi lui stesso a scolpirla su pietra). La legge divina non è una legge per uomini "schiavi", ma per uomini liberi, che Dio stesso (tramite la guida di Mosè) sta liberando dalla schiavitù e per questo li ritiene (e li costituisce) degni di fare un'alleanza. La Legge è il segno di questo legame, di questo patto, in cui Dio per primo si impegna con gli uomini: a renderli liberi e a donare loro una patria (la terra promessa). Ora tocca all'uomo fare la propria parte.

1 La legge morale nella visione cattolica

«La legge morale è opera della Sapienza divina. La si può definire, in senso biblico, come un insegnamento paterno, una pedagogia di Dio. Prescrive all'uomo le vie, le norme di condotta che conducono alla beatitudine promessa; vieta le strade del male, che allontanano da Dio e dal suo amore. Essa è a un tempo severa nei suoi precetti e soave nelle sue promesse. La legge è una regola di comportamento emanata dall'autorità competente in vista del bene comune. La legge morale suppone l'ordine razionale stabilito tra le creature, per il loro bene e in vista del loro fine, dalla potenza, dalla sapienza, dalla bontà del Creatore. Ogni legge trova nella legge eterna la sua prima e ultima verità. (...) L'uomo è il solo tra tutti gli esseri animati che possa gloriarsi d'essere stato degno di ricevere una legge da Dio; animale dotato di ragione, capace di comprendere e di discernere, egli regolerà la propria condotta valendosi della sua libertà e della sua ragione, nella docile obbedienza a colui che tutto gli ha affidato. Le espressioni della legge morale sono diverse, e sono tutte coordinate tra loro: la legge eterna, fonte, in Dio, di tutte le leggi; la legge naturale; la legge rivelata, che comprende la Legge antica e la Legge nuova o evangelica; infine le leggi civili ed ecclesiastiche. La legge morale trova in Cristo la sua pienezza e la sua unità. Gesù Cristo in persona è la via della perfezione. È il termine della Legge, perché egli solo insegna e dà la giustizia di Dio».

(*Catechismo della Chiesa Cattolica*, nn. 1951-1953).

La coscienza

La coscienza, anche a livello di sentire comune, viene identificata con quel **luogo in cui si svolge il dialogo più intimo con se stessi**, una sorta di "sacrario" che è anche il luogo in cui maturano le decisioni e le scelte di ciascuna persona. Vi è più di un autore che ne parla come di una specie di voce interiore, con cui è necessario trovare un dialogo armonioso (**2**).

2 La "voce interiore"

«Anche se sono uno solo, io non sono uno solo, ho un io e sono sempre in rapporto con il mio proprio io. Quest'io non è affatto un'illusione; si fa sentire parlandomi – io parlo a me stesso, non sono soltanto cosciente di me stesso. E in tal senso, benché io sia uno solo, io sono anche due-in-uno. E può esserci armonia o disarmonia con l'io. Se non sono d'accordo con altra gente, posso alzare i tacchi e svignarmela; ma non posso svignarmela da me stesso, e perciò cerco sempre di essere d'accordo con me stesso prima di prendere in considerazione tutti gli altri. Ecco allora perché è meglio patire il male che farlo: perché se facessi il male sarei condannato a vivere assieme a un malfattore per il resto dei miei giorni, senza un attimo di tregua».

(H. Arendt, *Alcune questioni di filosofia morale*, 1965, tr. it. Einaudi, 2006).

B. Shahn, *1943 A.D.*, 1943 (New York, Syracuse University Art Collection).

Hannah Arendt

(1906 - 1975)
Nata a Linden, Hannah Arendt crebbe nella città di Königsberg (la città di Kant). Fu poi allieva di Heidegger all'università di Marburgo ed ebbe con lui una relazione segreta. Fu seguita, per la sua tesi, da Karl Jaspers; la pubblicò, ma non poté mai insegnare nelle università tedesche a motivo delle sue origini ebraiche. Si rifugiò prima a Parigi per poi emigrare negli Stati Uniti, dove ottenne la cittadinanza americana. Le sue opere indagano la natura del potere, dell'autorità e il totalitarismo.

(documento 42.6)

Parlando in termini più specifici, **quello della coscienza è un giudizio** e precisamente un *giudizio della* **ragione pratica**, **grazie al quale la persona valuta le proprie azioni** (sia quelle compiute, sia quelle da compiere) **in rapporto alla legge morale** e quindi le giudica come *buone* o *cattive* (moralmente parlando). Per questo si è soliti dire che, parlando di azioni da compiere, la coscienza *incita* (a compiere quelle buone) o *frena* (dal compiere quelle cattive), mentre se parliamo di azioni che sono già state compiute si dice che essa *accusa*, *scusa* o *rimorde*. Quanto più la coscienza viene "illuminata" dalla conoscenza e dall'adesione alla legge morale (nella Bibbia Dio chiede di «amare i suoi precetti»), tanto più essa potrà esprimere giudizi lucidi, nelle di-

Ragione pratica

È la ragione umana, in quanto progetta le azioni, stabilendone i fini, ma anche le procedure necessarie perché l'azione giunga a buon fine. Risponde alle domande: che cosa devo fare? Perché lo devo fare? Come lo devo fare?

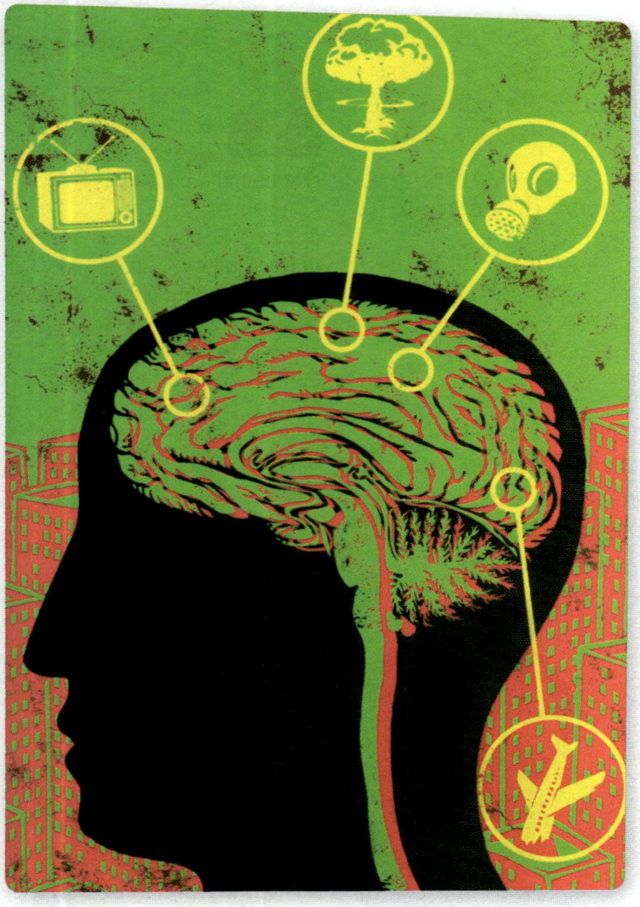

versissime situazioni in cui la vita metterà alla prova la nostra capacità di "vedere" il bene da fare e il male da evitare. Naturalmente non basta vedere il bene... e poi non farlo: dopo un retto giudizio di coscienza è necessario che seguano scelte coerenti e azioni efficaci nel senso delle scelte.

Le immagini che ci distraggono

◀ (W. Heise, *Disegno della mente*. Alberta, Canada)
Quali e quanti sono i pensieri e le immagini che distraggono la nostra mente, talora proponendo beni desiderabili, talaltra suggerendo incubi e paure. Il rischio è di ritrovarci soli, con i nostri pensieri, a rincorrere i desideri e fuggire le paure, senza avere in mano la "regia" delle nostre decisioni. Nel fondo della coscienza si trovano i criteri per recuperare il dominio di sé sul piano morale.

Le fonti della moralità

Fonti della moralità

Poiché il giudizio di coscienza deve valutare le azioni (compiute e da compiere) da tutti i punti di vista per verificare se siano buone o cattive, sono stati individuati dei criteri sulla base dei quali la coscienza si interroga per emettere il proprio giudizio. Tali criteri, che sono anche delle "domande-guida", prendono il nome di "fonti della moralità".

Il compito della coscienza è molto delicato, perché per valutare moralmente un'azione bisogna considerarne tutti gli aspetti, senza dimenticare nulla. Servono dunque dei criteri, delle domande fondamentali che ciascuno si deve sempre fare, prima di considerare un'azione come buona o cattiva.

Le **fonti della moralità** sono tre:

1. l'**oggetto**, il contenuto effettivo dell'azione, che corrisponde alla domanda: *che cosa fai?*
2. l'**intenzione**, il fine che si prefigge colui che agisce, che corrisponde alla domanda: *perché lo fai?*
3. le **circostanze**, i vari aspetti che riguardano la collocazione specifica di ogni azione nelle condizioni di spazio, tempo, cultura, ambiente, che dipendono dalla sua concretezza, che corrisponde alla domanda: *come lo fai?*

(documento 42.7)

Rispondendo "in coscienza" alle tre domande di cui sopra, ogni persona può interrogarsi per capire se una determinata azione è moralmente retta, oppure no. Stiamo in questo caso parlando della **moralità oggettiva** dell'azione, perché in ogni modo il giudizio di coscienza (soprattutto sulle azioni compiute), si estende anche alla **responsabilità soggettiva** delle azioni stesse. Il criterio fondamentale, quello che stabilisce in prima battuta la qualità morale di un'azione è il primo (l'oggetto), in forza del quale si traccia la linea di demarcazione più netta tra le azioni buone e quelle cattive: un furto sarà sempre tale (e chi lo compie, se ne ha la responsabilità soggettiva, non potrà non essere ladro), quali che siano le intenzioni per cui uno ha rubato o le circostanze (con scasso, armati o disarmati, ecc.).

Più in generale, si tende a dire che il giudizio sulla moralità oggettiva di un'azione è **di segno positivo** (cioè l'azione è buona) se tutti e tre gli indicatori sono di segno positivo (cioè se è buona l'azione in se stessa, buono il fine, buone le circostanze). Di contro un'azione è moralmente cattiva se anche uno solo degli indicatori è di segno negativo: se un'azione in sé sarebbe moralmente buona (es. dire la verità), è sufficiente l'intenzione cattiva (es. dire a un amico una verità "dolorosa" con l'intento di ferirlo e farlo soffrire) a rendere moralmente cattiva tutta l'azione. Così, per riprendere un'espressione attribuita a **Machiavelli**, non è vero che «il fine giustifica i mezzi», mentre è vero che «i mezzi possono rovinare il fine».

Niccolò Machiavelli

(1469 - 1527)
Fu uno storico, scrittore e drammaturgo, ma soprattutto pensatore politico del Rinascimento italiano. Tra le sue opere più famose *Il principe*, ispirato alla figura spregiudicata di Cesare Borgia, figlio di papa Alessandro VI.

Scheda di lavoro

Analizza e confronta

Un "caso di coscienza"

La tradizione cristiana è ricca di riflessioni e insegnamenti per cui le persone sono invitate a "guardarsi dentro" e ad avviare un dialogo con se stessi. Questo è lo scopo dell'attività che ti proponiamo.

Fase 1: individua un "caso di coscienza" che per te è stato significativo

Cerca di ricordare un momento particolarmente significativo, in cui hai dovuto prendere una decisione importante, o ti sei sentito fortemente incerto su quello che volevi fare. Raccogli le idee e cerca di ricostruire il "caso" di cui sopra, anche attraverso una breve memoria scritta.

Fase 2: analizza il caso dal punto di vista morale, a mente fredda

Ora che non devi prendere nessuna decisione e puoi ragionare "a mente fredda", prova ad applicare a quel caso di coscienza gli indicatori che abbiamo incontrato parlando delle fonti della moralità.

1. **Intenzione**: quali erano i tuoi obiettivi? Perché pensavi bene agire in un modo piuttosto che in un altro?
2. **Oggetto**: che cosa hai fatto? Quali erano le caratteristiche morali dell'atto che hai compiuto? Riguardava solo te o anche qualcun altro?
3. **Circostanze**: ci sono state delle conseguenze della tua azione? Qualcuno ti ha detto o fatto notare qualcosa? Tu stesso hai capito meglio gli effetti imprevisti della tua azione dopo che si sono verificati? Si trattava di conseguenze davvero imprevedibili, oppure non ci avevi pensato a sufficienza?

Fase 3: rifletti sul valore morale dell'azione compiuta

Alla luce degli elementi che hai raccolto, prova a chiederti se rifaresti esattamente ciò che hai fatto, oppure se preferiresti cambiare qualcosa del tuo comportamento. Per quali ragioni? Ci sono ragioni di tipo etico per cui rifaresti o non rifaresti esattamente ciò che hai fatto? Sei contento di te stesso e di come "ti sei visto" nel caso di coscienza di cui stiamo parlando?

Consigli di lettura

G. Grandi, *Decidersi. Scegliere e decidere di sé secondo una prospettiva antropologica cristiana*, Meudon, Portogruaro (VE) 2009.

43. La legge morale naturale

la posta in gioco

«Che male c'è?». Quante volte abbiamo sentito risuonare questa domanda o l'abbiamo posta noi stessi, ma in realtà essa si configura – per lo più – come una non-domanda, perché chi la formula ha già la risposta: «nessuno!». La tradizione dell'umanità, però, ci parla di leggi non scritte che in qualche modo sono presenti dentro di noi e ci spingono a fare scelte anche controcorrente. Lo stesso san Paolo, nella Lettera ai Romani, parla di una legge «scritta nei cuori».
Non è facile tenere insieme tutto questo, specialmente se ci si lascia condizionare dal relativismo tipico della cultura contemporanea, ma è necessario, proprio perché si tratta di un'esigenza profonda dell'uomo, indispensabile per "illuminare" la nostra coscienza. Senza punti di riferimento per un giudizio di coscienza noi, in ultima analisi, non saremmo pienamente liberi.

Che cosa significano, per te, espressioni come "secondo natura" o "contro natura"? Ritieni che sia possibile trovare un "denominatore comune" morale che accomuni credenti e non credenti?

Abbiamo visto quanto sia complesso affrontare – con serietà e responsabilità – le questioni morali che la vita ci pone davanti. Tra le varie difficoltà ve n'è una in particolare che ci sembra importante approfondire, sia perché riguarda un nodo nevralgico, sia perché al giorno d'oggi viene spesso messa in discussione. Di fronte a comportamenti che un tempo venivano considerati unanimemente immorali oggi è sempre più frequente sentire risuonare interrogativi polemici: «ma chi lo dice?», «ma che male c'è?». Certamente il credente può fare riferimento alla *Legge divina*, autorevolmente resa presente dal magistero della Chiesa, che spesso si esprime sulle grandi questioni morali del nostro tempo. Ma la neces-

Oltre la "solitudine morale"

◀ (M. Kostabi, *Newton's Second Thoughts*, 2005)
Il relativismo etico oggi imperante, per cui sembrerebbe di non poter fare riferimento a norme morali a vocazione universale, genera nell'uomo contemporaneo un senso di "solitudine morale", che assume diversi volti. Talvolta essa si esprime nella forma apparentemente esaltante di una libertà che è norma a se stessa (faccio quello che mi pare!), altre volte si esprime nello smarrimento o nella disperazione di non saper dove volgere lo sguardo per rimettere insieme i "cocci" della vita.

sità di intrecciare un dialogo profondo con una cultura sempre più "laica" e secolarizzata pone tutti – credenti e non credenti – nella **necessità di cercare un terreno di dialogo** che possa essere condiviso. Anzi, la cultura contemporanea sembra decisamente refrattaria a considerare come significative o anche solo suggestive indicazioni morali che provengano da un'autorità religiosa. Spesso questa difficoltà è vissuta come tale anche dagli stessi credenti, disponibili ad ascoltare il magistero su altre questioni, ma sempre pronti a supporre che debba "aggiornarsi" proprio sulle questioni etiche... magari con particolare riguardo per quelle in cui capita di "scivolare" più spesso.

Una legge "non scritta" che impegna più di quelle scritte

Il fatto che gli uomini si diano delle leggi e che si impegnino per farle rispettare, rappresenta una delle caratteristiche della società umana, che la rende diversa da un branco di animali. Dall'altro lato, però, è consolidata la consapevolezza che **le stesse leggi umane debbano sottomettersi a una legge più alta**, che precede e fonda tutte le leggi scritte.

Per capire che forma assume questa consapevolezza, proviamo a seguire per sommi capi una famosissima tragedia greca, l'*Antigone* di **Sofocle**, in cui si narra precisamente di un dissidio di coscienza tra una legge scritta (ingiusta) e una legge non scritta che risulta più "alta" e più impegnativa per la coscienza. La tragedia si apre sul sorgere dell'alba, all'indomani del giorno in cui Eteocle e Polinice (figli di Edipo) si erano uccisi l'un l'altro, nel combattere per il trono di Tebe. Il nuovo re di Tebe, Creonte, stabilisce che al corpo di Eteocle siano resi gli onori funebri, mentre quello di Polinice sia lasciato insepolto, preda degli uccelli e dei cani. Sono interessanti le parole con cui Antigone motiva alla sorella Ismene l'intenzione di trasgredire l'ingiusto decreto del tiranno, in nome di un dovere superiore (1).

Sofocle

(496 a.C.-406 a.C) Drammaturgo ateniese, è considerato – insieme a Eschilo ed Euripide – uno dei maggiori poeti tragici della Grecia antica.

1 Antigone dichiara la propria intenzione di fare ciò che piace ai Numi e non agli uomini

«Sepolcro io gli darò; bella, se l'opera
avrò compiuta, mi parrà la morte.
E cara giacerò presso a lui caro,
d'un pio misfatto rea: poiché piacere
più lungo tempo a quelli di laggiù
debbo, che a quelli che qui sono. Là
giacer debbo in eterno. E tu, se credi,
disprezza pure ciò che i Numi pregiano».

(Sofocle, *Antigone*, Prologo)

N. Lytras, *Antigone davanti al cadavere di Polinice*, 1865 (Galleria Nazionale della Grecia, Museo Alexandros Soutzos).

Ancora più chiaro è il passaggio in cui Antigone, al cospetto di Creonte, motiva allo stesso re di Tebe le ragioni per cui ha trasgredito il suo decreto. Qui si fa esplicito riferimento a una legge non scritta che impegna in coscienza più della legge scritta (**2**).

2 | Antigone rispetterà le leggi non scritte

«Non Giove a me lanciò simile bando,
né la Giustizia, che dimora insieme
coi Dèmoni d'Averno, onde altre leggi
furono imposte agli uomini; e i tuoi bandi
io non credei che tanta forza avessero
da far sì che le leggi dei Celesti,
non scritte, ed incrollabili, potesse
soverchiare un mortal: ché non adesso
furon sancite, o ieri: eterne vivono
esse; e niuno conosce il dì che nacquero.
E vïolarle e renderne ragione
ai Numi, non potevo io, per timore
d'alcun superbo. Ch'io morir dovessi,
ben lo sapevo, e come no?, pur senza
l'annuncio tuo. Ma se prima del tempo
morrò, guadagno questo io lo considero:
per chi vive, com'io vivo, fra tante
pene, un guadagno non sarà la morte?
Per me, dunque, affrontar tale destino,
doglia è da nulla. Ma se l'uomo nato
dalla mia madre abbandonato avessi,
salma insepolta, allor sì, mi sarei
accorata: del resto non m'accoro».

(Sofocle, *Antigone*)

In entrambi i testi si fa riferimento alla morte, mettendo in luce due punti di vista. Da un lato potremmo dire che è la sorte che attende l'eroe tragico, in questo caso Antigone, disposta a lasciarsi giustiziare piuttosto che trasgredire quella legge non scritta che è sacra agli dei e non cambierà idea nemmeno al momento di entrare nella cella che diventerà la sua tomba. Dall'altro lato è interessante il fatto che (soprattutto nel primo testo) si faccia riferimento anche al destino ultraterreno, non tanto per alludere a un premio o un castigo, ma perché in qualche modo ci si interroga sulla "buona opinione" di noi che potrebbero avere i morti, preferibile a quella dei vivi. Oltre a sostenere che è meglio procurarsi buona opinione presso i morti, dove si dovrà stare più a lungo di quanto non si stia tra i vivi, è interessante notare come si dia per acquisito che i morti abbiano una maggiore lucidità di giudizio. In altri termini è come dire che i morti "vedono" quella legge non scritta da cui spesso i vivi, come il tiranno Creonte, distolgono lo sguardo.

(documento 43.1)

Una legge "scritta nel cuore" dell'uomo

Di questa legge suprema parla anche Paolo, nella *Lettera ai Romani*, mettendola a confronto con la legge di Dio che è stata data al popolo ebraico (la Torah): le esigenze fondamentali della legge biblica sono state da Dio stesso **«scritte nei cuori» degli uomini**; per questo anche i pagani – pur non conoscendo la legge di Mosè – possono agire in modo conforme a essa (**3**).

3 La legge «scritta nei cuori» degli uomini

«Quando i pagani, che non hanno la Legge, per natura agiscono secondo la Legge, essi, pur non avendo Legge, sono legge a se stessi. Essi dimostrano che quanto la Legge esige è scritto nei loro cuori, come risulta dalla testimonianza della loro coscienza e dai loro stessi ragionamenti, che ora li accusano ora li difendono. Così avverrà nel giorno in cui Dio giudicherà i segreti degli uomini, secondo il mio Vangelo, per mezzo di Cristo Gesù».

(Rm 2,14-16)

Anonimo, *Giudizio finale*, 1485-1487 (Saragozza, Museo Provincial de Bellas Artes).

Il testo paolino introduce un'interessante **interpretazione del concetto di legge**, per cui alla *legge* scritta sulla pietra (le tavole dettate a Mosè, i *dieci comandamenti*) corrisponderebbe una legge che Dio stesso ha scritto nel cuore di tutti gli uomini, compresi i pagani, che quindi possono vivere «secondo la legge» (ossia rispettare i comandamenti), anche se non sono nati sotto la legge (di Mosè).

Una legge per illuminare le azioni

▶ (C. Gross, *I dieci comandamenti*, 1970-1971. New York, Haim Gross Foundation)
Il giudizio di coscienza resterebbe "cieco" se non avesse punti di riferimento, se non vi fosse una legge a cui riferire la bontà o meno delle azioni compiute e da compiere. Essa non solo deve esistere, ma deve essere anche "leggibile", per gli occhi interiori.

(documento 43.2)

Il magistero della Chiesa ha tradizionalmente letto questo testo pensando alla dottrina della **legge morale naturale**, che in qualche modo è "scolpita" nel cuore dell'uomo e gli consente (se la interroga con onestà) di distinguere il bene dal male, la verità dalla menzogna in ordine alle azioni morali.

Leggere nel cuore

▲ (*Rappresentazione della coscienza*, incisione del 1618) La coscienza è chiamata a "leggere il cuore", in due sensi, strettamente connessi. Da un lato deve leggere quella legge morale naturale "iscritta nel cuore" dell'uomo. Dall'altro lato deve leggere le reali intenzioni, finalità e ragioni profonde per cui compiamo le nostre azioni. Dice Gesù nel Vangelo: «sono le cose che escono dall'uomo a contaminarlo» (Mc 7,15).

Ciascuno di noi ha delle convinzioni, cioè pensa che alcune azioni siano giuste o sbagliate, lecite o illecite e – di solito – cerca di agire di conseguenza. Ma tali convinzioni potrebbero essere semplicemente frutto delle consuetudini a cui la nostra cultura ci ha abituato, anche se – consultando le nostre consapevolezze più intime – abbiamo talvolta la sensazione che non tutto dipenda dalla cultura di cui siamo figli o dalle leggi a cui siamo sottoposti. Quando ci giunge notizia di un crimine efferato (pensiamo ai campi di sterminio, agli stupri etnici, ecc.) l'indignazione che spontaneamente proviamo ha ragioni profonde; ci rifiuteremmo di pensare che essa dipende semplicemente dal fatto che siamo nati e cresciuti in una cultura in cui ci hanno abituati a pensare che "non si usa", "non è bello" costruire un campo di sterminio o effettuare uno stupro etnico. Così come quando vediamo un gesto nobile, eroico, come un pompiere che mette a rischio la sua vita per cercare di salvare chi ha bisogno, abbiamo un moto di approvazione per la qualità morale di quell'azione che va oltre la percezione del fatto che da noi "si usa" fare così. In questi momenti scatta nel nostro cuore qualcosa di simile al moto dello spirito che Sofocle ha descritto per Antigone.

Si tratterà ora di comprendere quale possa essere la funzione di questa legge così profondamente iscritta nell'intimo dell'uomo... e anche di come si possa tentare di "leggerla" senza troppi errori.

Una legge che funge da regola suprema per il giudizio di coscienza

Nell'Unità 42 abbiamo visto come il momento cruciale in cui si assumono le decisioni rilevanti è il **giudizio di coscienza**, ovvero quel giudizio in cui si valuta la conformità di un'azione compiuta o da compiere, in rapporto alle nostre convinzioni morali esplicite.

Il problema è il **valore che attribuiamo a tali convinzioni morali**. Se le consideriamo una sorta di "etica provvisoria", desunta dagli usi e costumi della nostra cultura e valida "fino a nuovo ordine", cioè finché non ci saremo formati opinioni diverse, allora anche i nostri giudizi di coscienza saranno sempre malfermi e vacillanti.

Tommaso d'Aquino ci presenta la legge morale naturale come l'insieme dei principi supremi della ragion pratica, a partire dal principio primo della ragion pratica stessa, che è il **principio di sinderesi**. L'uomo sa che le azioni possono essere buone, cattive o indifferenti e, quando compie una scelta, desidera fare il bene, o almeno sa che vi sarebbe un bene da compiere, anche se lui avrà sempre la libertà di scegliere diversamente. Ma anche quando si sceglie di non compiere il bene... si sa che non lo si sta compiendo. Tale principio, però, rischia di rimanere "vuoto", cioè puramente formale, se non lo si specifica con la consapevolezza di che cosa sia bene o male, ed è per questo che anche il recente magistero della Chiesa (ci riferiamo all'enciclica *Veritatis splendor* di Giovanni Paolo II) ha ribadito l'importanza dell'insegnamento sulla legge morale naturale.

(documento 43.3)

Principio di sinderesi

Con l'espressione *sinderesi* (che deriva dal greco e – letteralmente – significa "vedere insieme") si allude al principio supremo della ragion pratica. La sua formulazione classica (Aristotele - Tommaso) è «il bene è da fare, il male è da evitare», ma potrebbe essere implicito nell'interrogativo di Kant: «che cosa devo fare?» (sottinteso: «per agire bene»).

Prima di arrivare alle consapevolezze morali esplicite, culturalmente determinate ed espresse anche in un lessico che dipende dalla nostra cultura di riferimento, vi sono però delle convinzioni profonde, che in qualche modo rappresentano la prima esplicitazione della volontà di orientarsi verso il bene. In altri termini potremmo dire che la legge morale naturale è quell'**orientamento profondo verso un "bene umano" in forza del quale noi possiamo valorizzare l'umanità che è in noi**. In fondo anche **Pico della Mirandola**, nella sua orazione sulla dignità dell'uomo, affermava che è proprio attraverso i nostri comportamenti, le nostre scelte, che possiamo innalzarci al livello degli angeli o abbassarci a quello delle bestie.

Più semplicemente possiamo dire che per fare il bene ed evitare il male è necessario – come disse Kant – **rispettare l'umanità che è in noi e in qualsiasi altro uomo** (trattandolo sempre come un «fine» e mai esclusivamente come un «mezzo»). È chiaro dunque che se vogliamo rispettare l'umanità dell'uomo sarebbe importante non uccidere, non rubare, non mentire, ecc.

Giovanni Pico della Mirandola

(1463-1494) Filosofo e uno tra i più famosi umanisti del nostro Rinascimento, si costruì in tempi brevi un'amplissima cultura di carattere enciclopedico, anche grazie alla sua prodigiosa memoria, che rimase proverbiale. Morì a Firenze nel 1494.

Le seduzioni del male

▶ (G. de Feure, *La voce del male*, 1895. Collezione privata) Quando si parla di seduzioni del male si pensa soprattutto a quelle che nascono dentro di noi: pensieri impuri, desideri disordinati, brama di possesso, desiderio di realizzare un'immagine di noi stessi che ci attrae, anche se si allontana dalla legge morale. Se lo sguardo si abbandona, distratto e sognante, a tali seduzioni, si corre il rischio di un allentamento dell'attenzione vigile della nostra coscienza. Molte azioni, di cui poi giustamente ci si pente, iniziano cedendo a tali seduzioni.

Legge eterna

È l'ordine che Dio pone in tutte le cose, in quanto le crea, le governa e le orienta al debito fine.

(documento 43.4)

Jacques Maritain

(1882-1973)
Filosofo francese, fu allievo del filosofo Bergson e aderì, in età giovanile, al marxismo. Convertitosi al cattolicesimo, si accostò al pensiero di Tommaso d'Aquino e divenne uno dei massimi esponenti del neotomismo del XX secolo. Assieme alla moglie (di origini ebraiche) dovette fuggire dalla Francia invasa dai nazisti e si trasferì negli Stati Uniti. Alla chiusura del Concilio Vaticano II Paolo VI consegnò a lui il messaggio conciliare destinato agli uomini di scienza e di cultura.

Una legge universale e immutabile, non sempre percepita con chiarezza

Se la legge morale naturale è il riflesso della **legge eterna** di Dio, impressa nel cuore dell'uomo, essa rappresenta quella che **Maritain** definiva la «normalità di funzionamento della natura umana», il nostro "dover essere" di uomini in quanto uomini e per questo è **universale e immutabile**. Questo dal punto di vista del versante "ontologico" della legge naturale. Ma vi è anche un versante "gnoseologico", ovvero la stessa legge naturale in quanto è da noi conoscibile. Tale conoscenza avviene innanzitutto **per inclinazione**, nel senso che sono insite in ogni uomo delle inclinazioni profonde, *schemi dinamici fondamentali*, presenti in forma embrionale e non come idee chiare e distinte (**4**).

4 La conoscibilità della legge naturale

«Per quanto riguarda l'elemento gnoseologico che la legge naturale implica per poter avere forma di legge, possiamo dire che la legge naturale, la cui conoscenza è incorporata nell'eredità più generale e antica dell'umanità, riguarda solo il campo delle regole etiche di cui gli uomini hanno acquistato coscienza in virtù della conoscenza per inclinazione e che sono i principi fondamentali assolutamente primi della vita morale, riconosciuti progressivamente dai più comuni sino a quelli sempre più specifici».

(J. Maritain, *Nove lezioni sulla legge naturale*, tr. it. Jaca Book, 1985)

Possiamo dunque parlare non tanto di un "progresso della legge naturale", quasi che essa – dai tempi delle caverne a oggi – sia progredita perché (questa sarebbe la conseguenza) è cambiata la natura umana, ma piuttosto parleremo di un **progresso della nostra conoscenza** della legge naturale. Si può pensare a schemi dinamici, in cui prendono forma alcuni imperativi, che potrebbero essere formulati in modo vago e pre-concettuale. Per esempio, anche in tempi molto antichi, si aveva consapevolezza che uccidere un uomo non fosse la stessa cosa che recidere un albero o uccidere un animale. Con tutto questo l'uccisione di un altro uomo era consentita, a determinate condizioni. Possiamo quindi immaginare uno schema etico fondamentale, molto vago, che ci dice qualcosa del tipo: "guarda che è la vita di un uomo", che – con la crescita della consapevolezza morale – diviene progressivamente più simile al comandamento "non uccidere".

Una legge scolpita nella roccia

◀ (Stele col codice di Hammurabi, basalto. Parigi, Museo del Louvre)
Il Codice di Hammurabi è una raccolta di 282 sentenze del sovrano, scolpite su una stele in diorite (una roccia molto resistente): si riferisce alle principali situazioni conflittuali che si possono generare nella civile convivenza del tempo, dai rapporti familiari a quelli economici, passando attraverso l'amministrazione della cosa pubblica e l'esercizio della giustizia. La stele era esposta nella capitale, perché tutti potessero avere accesso alle leggi. Il re si considerò un rappresentante del dio Marduk, ritenuto fondamento del suo potere sovrano e quindi del suo diritto di legiferare.

Si tratta di consapevolezze che si strutturano – in ogni epoca – in formule culturalmente determinate. Sono tali formule che dipendono dal tempo e dalla cultura e che, evidentemente, si possono evolvere con l'evolversi della cultura umana. Il fatto che la schiavitù, per esempio, sia contraria alla dignità della persona umana fa parte della legge morale naturale e – se riflettiamo con mente aperta – non possiamo non cogliere una contraddizione tra le prerogative dell'identità e dignità della persona e la condizione di chi – schiavo – viene totalmente privato della propria libertà e viene trattato come una "cosa". Tale fatto non viene contraddetto da un dato culturale, cioè che per molti secoli gli uomini non hanno colto tale incompatibilità e pensatori di grande sensibilità e ingegno non si sono levati contro la prassi dello schiavismo. Pensiamo a esempio ad Aristotele, che si occupa degli schiavi nel suo trattato sull'*Economia*, ma anche a san Paolo, che nel richiamare i padroni a una maggiore umanità nei confronti degli schiavi non denuncia l'assoluta incompatibilità di questa prassi con quella stessa legge «scritta nei cuori» di cui pure egli aveva parlato. Quando ci si è resi conto del fatto che la schiavitù è contraria ai diritti umani ci si è attivati per abolirla: non era cambiata la legge naturale, ma il nostro modo di conoscerla.

(documento 43.5)

Gli uomini considerati come "cose"

▲ (*Schiavi al lavoro per riordinare una cucina*, II secolo d.C. Roma, Museo della civiltà romana)
Nel mondo antico gli schiavi erano trattati come delle "cose": venivano comprati e venduti, adibiti ai lavori più umili, privati della loro libertà. Il messaggio cristiano è "liberante" in radice (e lo stesso Paolo sottolinea come non vi siano più giudei e greci, liberi e schiavi), ma passeranno secoli prima che la coscienza etico-civica comune si ribelli all'idea stessa della schiavitù, proclamandone l'incompatibilità con la dignità della persona umana.

Scheda di lavoro — Ricerca e rifletti

Diritti umani e dieci comandamenti

Divisi in gruppi, cercate e raccogliete le principali *Dichiarazioni dei diritti umani* (comprese quelle dei diritti dei fanciulli, dei disabili, ecc.). Per ciascuna di esse ogni gruppo preparerà una breve scheda di presentazione (in cui precisa il periodo storico in cui è stata formulata, il contesto culturale, ecc.) e la metterà a confronto con i dieci comandamenti, cercando di cogliere analogie e differenze.

A questo punto chiedetevi se alcune delle formule che avete trovato si sono evolute nel tempo e come.

Consigli di lettura

J. Maritain, *Nove lezioni sulla legge naturale*, Jaca Book, Milano 1985.

44. La dignità della persona e il valore della vita umana

la posta in gioco

Tutti parlano volentieri di diritti umani, spesso usando questa espressione come un'arma da rivolgere contro chi li nega (o sembra negarli), ma non sempre ci si sofferma a riflettere sui fondamenti dei diritti stessi. Fondamento dei diritti umani è il riconoscimento della dignità della persona, in forza di quello che è (per il solo fatto di esistere come persona) e non in forza di quello che ha o che fa. Purtroppo capita spesso che di fronte a pressioni sociali di vario genere si dimentichi questo fondamento, specialmente di fronte alle vite più piccole o indifese.

A che cosa pensi quando senti espressioni come "dignità della persona"? Quali sono, per te, i diritti umani più importanti e fondamentali? Ritieni che vi siano, oggi, delle difficoltà specifiche nell'affermare il diritto alla vita?

(documento 44.1)

Il preambolo della *Dichiarazione universale dei diritti dell'uomo*, approvata dall'assemblea delle Nazioni Unite il 10 dicembre 1948, significativamente si apre con queste parole: «considerando che il riconoscimento della dignità inerente a tutti i membri della famiglia umana e dei loro diritti eguali e inalienabili costituisce il fondamento della libertà, della pace e della giustizia nel mondo (...)». La dignità è inerente alla persona umana in quanto tale ed è questo il fondamento di quei diritti umani che – per tale ragione – vengono *riconosciuti* e non *attribuiti* a tutti i membri dell'umana famiglia.

(documento 44.2)

Si tratta di una consapevolezza originaria, alla luce della quale leggere tutte le affermazioni sui diritti umani, sia che si tratti di affermazioni di carattere generale – come nel caso dell'art. 2 della nostra Costituzione – sia che si tratti di singoli diritti, come quello alla salute, all'istruzione, a un giusto processo... e primo fra tutti il diritto alla vita. I diritti non sono degli "assiomi", delle regole che si possono liberamente affermare (con il rischio che altrettanto liberamente vengano negati o stravolti), ma sono delle **conseguenze del riconoscimento della dignità della persona e – per questo – risultano inalienabili**.

Cosmo

La parola greca significa di per sé "ordine", ma nel linguaggio filosofico sta a indicare la totalità delle cose in quanto dotata di un ordine che dipende da una ragione. Tale ragione a sua volta si riallaccia a un'origine (*arché*) da cui – secondo i primi filosofi greci – tutto deriva e a cui tutto si ricollega.

Breve storia dell'idea di *persona*

I grandi filosofi del mondo antico avevano intuito che l'essere umano avesse qualcosa di "speciale" e che, pur essendo pienamente inserito all'interno del **cosmo**, non poteva essere totalmente ridotto ai soli elementi che spiegano dinamismi della natura.

Con questo non si arriva ad affermare fin da subito la spiritualità dell'anima e la sua immortalità (come farà Platone), ma prende forma ben presto l'idea, almeno a livello intuitivo, che vi sia nell'uomo una **dimensione di mistero**, di insondabilità. Abbiamo già visto come il filosofo Eraclito, ad esempio, affermi che di questa dimensione profonda non è facile trovare i confini (cfr. pag. 101).

La lingua greca non ha l'equivalente del nostro termine "persona", anche perché il vocabolo corrispondente (*prosòpon*) indica propriamente ciò che sta davanti agli occhi, quindi prima di tutto il *volto* e di riflesso – nel linguaggio teatrale – la *maschera* che si pone davanti al viso e quindi il *personaggio* che l'attore rappresenta. Con tale significato il termine passa nel latino classico, in cui con *persona* si indica la maschera teatrale e ancora il personaggio. Più interessante potrebbe essere il riferimento al vocabolo etrusco *Phersu*, che indica uno strano soggetto, raffigurato nelle tombe di Tarquinia, con il volto mascherato e

L'uomo nell'armonia del cosmo

▲ (P. Signac, *Al tempo dell'armonia*, particolare, 1894. Montreuil, Municipio)
L'armonia della natura è senz'altro fonte di grande meraviglia, ma ancor più mirabile è la ricchezza del modo di essere della persona umana, specialmente se a sua volta vive in armonia con il mondo, con gli altri, con Dio. Questa armonia rappresenta anche un bene prezioso che non va distrutto e quindi delinea un "dover essere" che non può venire infranto.

Ciò che si offre allo sguardo

▶ (*Attore e maschera tragica*, I secolo d.C., affresco di Pompei. Napoli, Museo Archeologico Nazionale)
La maschera è ciò che sta davanti al volto, nel senso che lo copre, ma è anche ciò che si offre allo sguardo altrui e, nel teatro, è ciò che indica il personaggio che viene rappresentato. Chi sta in scena non è l'attore, che offre solo un corpo e una voce, ma il personaggio che viene rappresentato. Nella vita reale chi sta in scena non è solo la nostra fisicità corporea, ma tutta la persona, ovvero il nostro essere più profondo, che non sempre si offre agli occhi della vista, ma si offre nel suo splendore agli occhi della mente.

con un ruolo variabile nel mondo dei morti. I glottologi, cioè gli studiosi di linguistica, ritengono che la parola etrusca significhi appunto "maschera" e da essa derivi o a essa si ricolleghi il termine latino *persona*, nel significato sopra indicato.

(documento 44.3)

È nel linguaggio cristiano che il termine *persona* assume un altro significato, introdotto nel contesto del dibattito cristologico e trinitario, per indicare alcune complesse questioni concettuali, necessarie per visitare con l'intelligenza tali misteri fondamentali della fede. Per far questo è necessario provare a distinguere tra *natura* e *persona*. Parlare di Gesù Cristo, come di una persona con due nature (umana e divina, vero Dio e vero uomo) o della Trinità, come di un Dio solo in tre persone, richiede la predisposizione di strumenti concettuali particolarmente raffinati, come chiarisce **Robert Spaemann** (**1**).

1 Origine cristiana dell'idea di persona

«La storia del concetto di persona è la storia di un lungo cammino che, se richiamato alla mente, ci porta per un momento nel cuore della teologia cristiana. Senza la teologia cristiana, ciò che noi oggi chiamiamo "persona" sarebbe rimasto qualcosa di non definibile e il fatto che le persone non sono avvenimenti semplicemente naturali non sarebbe stato riconosciuto. Questo non significa che il suo impiego sia significativo soltanto a partire da determinati presupposti teologici, per quanto sia ipotizzabile che la scomparsa della dimensione teologica alla lunga potrebbe implicare anche la scomparsa del concetto di persona».

(R. Spaemann, *Persone. Sulla differenza tra "qualcosa" e "qualcuno"*, tr. it. Laterza, 2005)

Si arriva quindi a una definizione dello stesso termine **persona** che – riprendendo la formulazione classica di **Severino Boezio** – la identifica come «una **sostanza individuale di natura razionale**». Tale espressione, che sarà ulteriormente precisata e approfondita nel corso dei secoli, si può applicare agli uomini (persone umane), agli angeli, a Dio stesso.

Persona è un termine che esprime una speciale dignità

Tommaso d'Aquino è tra gli autori che riprendono e approfondiscono la definizione di Boezio, utilizzando un'espressione più precisa, per cui si indica con il termine *persona* «ciò che di più perfetto esista in tutta la realtà, ovvero il sussistente di natura spirituale» (*Summa Theologiae*, I, q. 29, art. 3, c.). La ragione di tale dignità speciale sta in una prerogativa che è propria degli esseri di natura spirituale, ovvero il fatto che non solo sono in grado di agire, ma che agiscono con modalità che indicano una piena "padronanza" dei propri atti, da cui deriva anche la **responsabilità** in ordine a ciò che si è compiuto e la **capacità di un amore totalmente gratuito** (**2**).

Robert Spaemann

(1927)
Dopo gli studi di filosofia, storia e teologia all'università di Münster, Monaco e Friburgo, ha insegnato filosofia e pedagogia a Stoccarda e Heidelberg. Ora è professore emerito di filosofia presso la Ludwig-Maximilians-Universität di Monaco di Baviera. Si è occupato principalmente di tematiche antropologiche, recuperando elementi importanti della tradizione filosofica occidentale, a partire dal pensiero di Tommaso d'Aquino.

Severino Boezio

(475-525)
Ancio Manlio Torquato Severino Boezio apparteneva a una nobile famiglia romana. Il padre ebbe diverse cariche pubbliche. Dopo la morte di questi, fu educato da Simmaco, nobile letterato romano, e studiò alla scuola di Atene. Iniziò verso il 502 la sua intensa attività pubblicistica, partecipando ai dibattiti teologici del tempo. Fu poi chiamato alla corte di Teodorico, dove fu – nel 522 – *magister officiorum*. Arrestato sulla base di false accuse, fu imprigionato a Pavia nel 524.
In carcere iniziò la composizione del *De consolatione philosophiae* (La consolazione della filosofia). Condannato a morte, fu giustiziato a Pavia nel 525.

2 La «sovraesistenza spirituale» della persona

«Un centro, in certo modo inesauribile, di esistenza, di bontà e di azione, capace di dare e di darsi, – e capace di ricevere non solo questo o quel dono fatto da un altro, ma un altro se stesso come dono, un altro se stesso come donantesi. Eccoci introdotti dalla considerazione della legge propria dell'amore nel problema metafisico della persona. L'amore non va a qualità, né a nature e ad essenze, ma a *persone*. (...) Per potere darsi, bisogna prima esistere, e non solo come un suono che passa nell'aria o un'idea che mi passa nella mente, ma come una realtà che sussiste e che esercita da se stessa l'esistenza; e non bisogna solamente esistere come le altre cose, bisogna esistere in modo eminente, possedendoci noi stessi, tenendoci noi stessi in mano e disponendo di noi stessi, vale a dire che bisogna esistere di un'esistenza spirituale, capace di afferrarsi essa stessa per mezzo dell'intelligenza e della libertà di sovraesistere in conoscenza e in amore».

(J. Maritain, *La persona e il bene comune*, 1948, tr. it. Morcelliana, 1995)

Un essere sulla linea di orizzonte tra tempo ed eternità

▲ (F. Traini, *Apoteosi di san Tommaso*, prima metà del XIV secolo. Pisa, Chiesa di Santa Caterina) San Tommaso definisce la persona come un essere che sta sulla linea di orizzonte e di confine tra le sostanze corporee e incorporee, tra il tempo e l'eternità. In questa immagine viene a sua volta rappresentato come punto di incontro dei tesori dell'umana sapienza (i filosofi, i Padri e i Dottori) e dell'ispirazione della parola di Dio (profeti ed evangelisti). Sotto di lui, sconfitto dalle sue argomentazioni, sta Averroé, le cui dottrine vennero considerate eretiche.

La capacità di agire in modo libero e responsabile, di amare in modo gratuito, di tendere consapevolmente alla propria perfezione, di aspirare alla felicità, sono tutte proprie di un essere di natura spirituale, ma dobbiamo stare attenti a precisare che tali prerogative sono semplicemente **manifestative** della dignità della persona e non **costitutive** della medesima. Cerchiamo di chiarire meglio questo importante concetto. Abbiamo detto che una delle prerogative della persona come tale è quella di amare in modo gratuito, di volere bene ad altre persone come ad altri "se stessi". Sappiamo però che la persona umana, proprio perché libera di agire bene o male, non sempre esercita la propria capacità di amare, anzi talvolta agisce in senso contrario e deliberatamente compie azioni che non solo non si qualificano come atti d'amore, ma che sono totalmente prive del rispetto che si deve a ogni persona umana in quanto tale. Gli esempi purtroppo non mancano. Ma quando la persona si comporta "male" non cessa di esistere come persona e – nonostante il suo comportamento – deve comunque essere rispettata come tale. Il fatto che la società metta in atto dei meccanismi atti a "difendere" la convivenza civile da comportamenti aggressivi di singole persone (e per questo esse potrebbero essere private della libertà, incarcerate) non vuol dire che cessi di considerarle come persone. **La dignità** che è propria della persona umana **le compete dunque in forza di quello che *è*** (cioè del fatto che esercita l'atto di essere come soggetto di natura spirituale) **e non di quello che *fa*.**

Ovviamente un conto è dire che la dignità ontologica (cioè costitutiva) di una persona è fuori discussione, un conto è dire che – agendo in modo "indegno" di essa – una persona abbia persino il potere di "deturpare" la bellezza e la dignità che le competono per natura. In fondo è questo il significato della famosa *orazione sulla dignità dell'uomo* di Giovanni Pico della Mirandola, in cui si sottolinea come l'uomo abbia in qualche misura il "potere" di innalzarsi al livello degli angeli, ma anche quello di abbassarsi al livello delle bestie. Le stesse creature spirituali che la cultura biblica identifica come *angeli* e *demoni* si distinguono non per le prerogative metafisiche (si tratta sempre di "puri spiriti" che rientrano tra gli esseri denominati *persone*), ma per le **conseguenze delle loro scelte morali**. Gli angeli si caratterizzano per la loro amicizia con Dio e benevolenza nei confronti degli uomini, mentre i demoni sono divisi da Dio (*Satana* è termine biblico che significa "l'avversario") e ostili agli uomini.

(documento 44.4)

L'inferno è sapersi lontani da Dio

▶ (M.A. Vrubel, *Demone seduto*, 1890. Galleria Tretjakov, Mosca) Lo sguardo smarrito, il volto a un tempo triste e accigliato, prostrato e contratto, rappresentano in modo plastico la condizione dei demoni. Allontanatisi da Dio per un atto di libera scelta, che loro stessi vivono come irrevocabile, patiscono la pena interiore di essere separati da Lui, di capire che erano stati creati per Lui, ma essere consapevoli di volerlo ancora rifiutare. Il peccato deturpa lo splendore della dignità della persona.

Il rispetto della dignità della persona umana come fonte dei diritti

Possiamo ora tornare al punto da cui eravamo partiti, ovvero **il riconoscimento e il rispetto della dignità della persona come fondamento dei diritti umani**. Il riferimento al termine "diritto" già ci pone un primo interrogativo, che vogliamo formulare prendendo a prestito un'antica espressione tipica del diritto: i diritti umani hanno valore in se stessi (*jus quia iustum*) e quindi si possono definire "inderogabili", oppure sono il frutto di un libero accordo, di una convenzione (*jus quia iussum*) e quindi valgono finché sono stabiliti, ma possono essere liberamente revocati o modificati se vi è un accordo adeguato?

La prospettiva che abbiamo fin qui tenuto si colloca con decisione sul primo dei due versanti sopra indicati e richiama la posizione del **giusnaturalismo**, per cui vi è un diritto naturale che dipende dalla legge morale naturale. La dottrina sociale della Chiesa riceve dal patrimonio della Rivelazione, l'idea che l'uomo è creato a immagine di Dio. Tale consapevolezza si arricchisce della convinzione profonda circa la dignità della persona umana e le conseguenze che essa dovrebbe generare a livello sociale (3).

Giusnaturalismo

Deriva dall'espressione latina *ius naturale* (diritto naturale o "diritto di natura"): si tratta di un termine che racchiude – in senso generale – una pluralità di posizioni filosofico-giuridiche che affermano l'esistenza di un diritto naturale su cui fondare il diritto civile. Ricordiamo, fra gli altri, l'olandese Ugo Grozio (1583-1645), che considera originari e insopprimibili, per tutti gli uomini, il diritto alla vita, alla dignità e alla proprietà. La posizione opposta (*positivismo giuridico*) afferma che il fondamento di tutte le norme civili è convenzionale (*jus quia iussum*) e soggetto al mutare delle vicende storiche.

3 La dignità della persona nella dottrina sociale della Chiesa

«*Nel cuore della persona umana si intrecciano indissolubilmente la relazione con Dio, riconosciuto come Creatore e Padre, fonte e compimento della vita e della salvezza, e l'apertura all'amore concreto verso l'uomo, che deve essere trattato come un altro se stesso, anche se è un nemico* (cfr. Mt 5,43-44). Nella dimensione interiore dell'uomo si radica, in definitiva, l'impegno per la giustizia e la solidarietà, per l'edificazione di una vita sociale, economica e politica conforme al disegno di Dio».

(Pontificio Consiglio della Giustizia e della Pace, *Compendio della dottrina sociale della Chiesa*, Città del Vaticano 2004, n. 40)

Il collegamento tra dignità della persona e diritti umani ha per il cristiano un fondamento molto solido. Ovviamente siamo consapevoli del fatto che nel mondo contemporaneo sia difficile creare un ponte tra i diritti umani e la legge naturale, visto che quest'ultima viene spesso messa in discussione, anche se raramente si traggono le conseguenze logiche di tale posizione, ovvero la crescente variabilità e fragilità degli stessi diritti umani.

Il fatto stesso di parlare con insistenza di "nuovi diritti" è sintomo di questo indebolimento dell'idea di diritti umani. Se è sufficiente una pressione di tipo politico-culturale per far sorgere (o inventarsi) i cosiddetti nuovi diritti, ci si espone al rischio di un caos di desideri soggettivi che – per il fatto di essere condivisi da un certo numero di persone – pretendono di configurarsi come diritti, senza nessun riferimento a una giustizia reale e oggettiva. In tale babele non è difficile immaginare il moltiplicarsi di conflitti sempre più gravi tra sedicenti diritti di segno opposto. Proviamo a immaginare due gruppi di persone, che sostengano il primo che la schiavitù lede gravemente un diritto umano (il diritto alla libertà

Desiderio di libertà

▶ (N. Jarosenko, *Dappertutto la vita*, 1988. Mosca, Galleria Tret'jakov) L'immagine mostra un gruppo di persone, probabilmente detenuti, che attraverso le sbarre della prigione guardano i piccioni che mangiano le briciole di pane. Il bambino, detenuto senza colpa, affidato alla madre, trova in questo spettacolo la ragione per un sorriso. Ogni persona ha diritto a desiderare la libertà; la società può decidere – secondo le leggi e durante un processo – di privarla temporaneamente dell'esercizio della libertà, ma non può togliere il diritto di desiderarla.

personale), il secondo il "diritto ad avere degli schiavi" o, peggio ancora, il "diritto a essere volontariamente ridotti in schiavitù"... a questo punto, quale sarebbe il diritto umano effettivo? Dipende dalla consistenza dei gruppi o dal loro potere di aggregare consensi?

L'esempio che abbiamo portato può sembrare fantasioso, ma in realtà vi sono già conflitti come quello che abbiamo prefigurato, su altre questioni non meno importanti. Basti pensare, per esempio, al **diritto alla vita** (di ogni persona, nessuno escluso) e quello che viene oggi presentato (talora rivendicato) come "diritto all'aborto" (cioè alla libera decisione di sopprimere una vita). Il conflitto è evidente e non è difficile capire in quale direzione propenda la cultura dominante.

Il diritto alla vita

Il riconoscimento della dignità della persona umana comporta **il suo pieno rispetto, da tutti i punti di vista**. In quanto la persona è un essere spirituale che aspira a conoscere il vero ha diritto a non essere ingannata, in quanto ha una tendenza a vivere in società ha diritto alla giustizia e all'equità nelle relazioni sociali, nei rapporti interpersonali, nei rapporti economici. In quanto è un essere vivente... ha diritto a essere rispettata nella sua vita fisica, anche quando questa si trovi in condizioni di particolare fragilità e quali che siano i "benefici" che possano derivare ad altri dalla sua eventuale soppressione. La *Dichiarazione universale dei diritti dell'uomo* (ONU, 1948) afferma sia che «ogni individuo ha diritto alla vita, alla libertà e alla sicurezza della sua persona» (art. 3), sia che tale diritto ha valore «senza alcuna distinzione di razza, di colore, di sesso, di lingua, di religione, d'opinione politica e di qualsiasi altra opinione, d'origine nazionale o sociale, che derivi da fortuna, nascita o da qualsiasi altra situazione» (art. 2).

Un campo in cui si fa particolarmente urgente la necessità di mettere a fuoco tutte le conseguenze dell'affermazione del diritto alla vita è quello della **ricerca biomedica** (**4**), in cui si collocano le numerose questioni di cui si occupa la bioetica (vedi *Dossier* a pag. 464).

4 Il diritto alla vita

«Ad ogni essere umano, dal concepimento alla morte naturale, va riconosciuta la dignità di persona. Questo principio fondamentale, che esprime *un grande "sì" alla vita umana*, deve essere posto al centro della riflessione etica sulla ricerca biomedica, che riveste un'importanza sempre maggiore nel mondo di oggi».

(Congregazione per la dottrina della fede, Istruzione *Dignitas personae su alcune questioni di bioetica*, Città del Vaticano 2008, n. 1)

G. de La Tour, *Natività*, 1645 circa (Rennes, Musée des Beaux-Arts).

(documento 44.5)

In forza di tale convinzione diversi documenti del magistero della Chiesa dedicati al rispetto della vita fanno riferimento al fronteggiarsi, nella nostra società, di una **cultura della vita** e di una **cultura della morte**.

La **cultura della vita** si caratterizza per il fatto di cogliere il collegamento profondo tra la vita di una persona umana e il fatto di esistere come persona) che costituisce ciò che di più "degno" vi sia in tutto l'universo. Per questo la vita della persona umana è considerata come un bene non disponibile non solo dalla Chiesa, ma anche da tutti coloro che in forza di ragioni filosofiche riconoscono tale dignità grandissima della persona e la applicano a ogni persona, senza distinzioni di sesso, di razza, di età... o di condizioni di sviluppo o di salute.

La **cultura della morte** si caratterizza per una visione "condizionata" del valore della vita umana, nel senso che la vita umana viene considerata di valore "a condizione" che essa conservi anche (o abbia raggiunto già) una certa "qualità"... il che significa che tutte le persone umane la cui vita non abbia ancora o non abbia più una certa qualità vengono considerate prive di valore e dunque si apre la strada per la loro soppressione.

(documento 44.6)

Scheda di lavoro

Lavora in gruppo

Analizziamo un caso

Fase 1: alla ricerca di un "caso da discutere"

Dividetevi in gruppi e identificate un'area dell'esperienza umana in cui pensate che entri in gioco in modo importante la considerazione della dignità della persona: potete prendere quella del diritto alla vita, alla salute, all'istruzione, a un'equa distribuzione dei beni, o qualsiasi altra, con piena libertà. In quell'area il gruppo identifica un "caso", magari desunto dai media o ricostruito da qualcuno di voi, sulla base dell'esperienza personale (in tale ipotesi sarebbe importante che chi ha avuto l'esperienza redigesse una memoria scritta, simile a un articolo di giornale, in cui riferisce i fatti e le decisioni che sono state prese).

Fase 2: analisi etica del caso in riferimento alla dignità della persona

Divisi nei gruppi, discutete il caso, cercando di identificare le questioni etiche che entrano in gioco e – soprattutto – in che modo può essere tutelata o offesa la dignità delle persone coinvolte.

Fase 3: riferite in classe

In classe i diversi gruppi relazionano sul loro lavoro, cercando di mettere anche gli altri compagni in condizione di capire da quale problematica sono partiti e perché ne hanno proposto una determinata lettura.

Consigli di lettura

Giovanni Paolo II, Lettera enciclica *Evangelium vitae*, Roma 1995.
J. Maritain, *La persona e il bene comune*, tr. it. Morcelliana, Brescia 2009.
A. Porcarelli, *Educazione e politica. Paradigmi pedagogici a confronto*, Franco Angeli, Milano 2012.

45. Il dono di sé all’altro: sessualità, matrimonio, famiglia

la posta in gioco

Spesso si identifica l’amore esclusivamente con i sentimenti forti che esso suscita, cioè con la passione. Ciò che invece intendiamo fare in questa Unità è mettere in luce il fatto che, oltre alla sfera emotiva, l’amore fa riferimento alla sfera delle comunicazioni. Esso è infatti prima di tutto una modalità di comunicare, di vivere la relazione con l’altro. Per dirla con le parole del filosofo Jürgen Habermas, l’amore è un tipo di azione che può essere strumentale o comunicativa.

Ma la Bibbia e la tradizione ebraica e cristiana non sono sessuofobiche? Che visione propongono della sessualità umana?

(documento 45.1)

Comunicare se stessi

Jürgen Habermas distingue le azioni dell’uomo rivolte verso l’altro in due grandi categorie: un **agire strumentale**, in cui gli altri sono usati funzionalmente ai propri scopi, e un **agire comunicativo**, in cui chi se ne serve intende comunicare qualcosa di sé al destinatario della comunicazione.

Ora, l’agire comunicativo può essere, a sua volta, di due forme. L’**agire comunicativo funzionale**, in cui si desidera che l’altro possa giungere a condividere un determinato aspetto di sé come un progetto, un

La passione non basta

◀ (P. Picasso, *Gli amanti*, 1923. Washington National Gallery of Art, Chester Dale Collection)
Picasso raffigura i due amanti mentre si avvicinano l’uno all’altra con gesti di grande tenerezza ed espressioni da cui traspare l’intensità della passione. L’intensità delle emozioni è certamente uno stimolo importante, ma da sola non basta per creare un rapporto di reciproca stima, fiducia, di comunicazione profonda che possa affrontare e superare anche gli ostacoli. La sola passione, nelle inevitabili difficoltà della vita, rischia di sciogliersi come neve al sole.

ideale, un valore o una scelta, e l'**agire comunicativo personale**, in cui il soggetto intende essenzialmente comunicare se stesso piuttosto che una sua "parte". Nel primo caso, l'altro condividerà elementi anche molto importanti del soggetto comunicante, come i suoi valori, ma non lui stesso. Nel secondo tipo di comunicazione invece il soggetto si identifica talmente con la sua azione che in essa egli si *espone* completamente. Egli decide cioè di esporsi a un rischio radicale, poiché comprende la sua azione comunicativa all'insegna del dono. Colui poi che si espone in questo modo provoca l'altro ad assumere un atteggiamento di accoglienza totale del dono e non solo di alcune sue funzioni. Quando avviene questa reciprocità, allora la relazione tra i due è veramente personale e il suo tratto distintivo è la **comunione** che si viene a creare tra i partecipanti all'azione comunicativa. Non si tratta della solidarietà che si può avere tra i membri di un'associazione o di un club, ma dell'**aver effettivamente assunto l'uno il destino dell'altro**. In questo esporsi all'altro consiste l'amore, che viene così a qualificare tutto il modo di essere e di comunicare degli amanti.

(documento 45.2)

Jürgen Habermas

(1929)
Filosofo e sociologo tedesco, è stato docente all'università di Heidelberg e poi di Francoforte. Si è occupato in particolare dell'analisi dello sviluppo delle società e della funzione sociale ed etica della comunicazione. Tra le sue opere principali, *Teoria dell'agire comunicativo* (1981).

La vocazione all'amore

La **scoperta della vita affettiva** e le **prime esperienze di coppia** contraddistinguono l'età adolescenziale, proiettata a trovare all'esterno della propria famiglia di origine il punto di riferimento e di equilibrio della propria vita di relazione. Dalle prime esperienze affettive con l'altro sesso, la "cotta", lo "stare insieme" (basate sullo stupore della scoperta dell'altro e sul mettere alla prova le proprie capacità di "conquista"), si passa gradualmente alla **ricerca di una relazione più stabile** con un partner. Questo livello di maturazione del proprio desiderio di vivere in coppia avviene per ogni giovane con tempi diversi, anche a seconda delle diverse e più o meno soddisfacenti esperienze affettive vissute.

Nello stesso tempo il giovane sviluppa uno sguardo via via più attento e critico verso il **modello di relazione** di coppia presente all'interno della propria famiglia, maturando desideri e aspettative diversi in relazione a una propria ipotizzabile famiglia futura.

La ricerca di un partner "adeguato" ("all'altezza") è comunque l'evoluzione naturale di queste prime esperienze affettive, tanto è vero che ci si "lascia" non appena il ragazzo/la ragazza prescelta non soddisfa più i propri desideri.

La Chiesa ritiene molto importante questa fase di **maturazione degli affetti**, il cui punto di arrivo sarà la scelta stabile di un partner con cui condividere la propria vita. In questa Unità vediamo dunque come l'amore tra due giovani può divenire la base per costruire insieme un **progetto di vita adulto**.

L'uomo tende al progetto amoroso

Cambiano i linguaggi, l'immagine, il videoclip, la pubblicità si affermano in modo prepotente, ma il tema di cui si tratta di più è sempre quello: l'amore, la conquista, la passione, la desolazione dell'assenza, la perdita, la ricerca per

colmare il vuoto. Perché il problema è sempre lo stesso: a partire dall'adolescenza, il maschio e la femmina, biologicamente sviluppati e programmati per completarsi l'uno con l'altro, cominciano a provare attrazione reciproca e a sviluppare interesse verso l'altro sesso, che nel periodo precedente, detto di latenza, non ne suscitava affatto. Perciò vengono messe in atto strategie volte alla "conquista", alla "seduzione" dell'altro, volte a sperimentare sia le proprie **abilità relazionali**, sia il proprio **livello di gradimento** alle persone del sesso opposto.

Le prime esperienze amorose, le "cotte", suscitano sentimenti molto intensi ancorché prima sconosciuti, mentre le esperienze di rifiuto e di abbandono risultano assai dolorose per chi le vive. In assenza di amore si sperimenta un doloroso senso di vuoto, di privazione, che pur fornendo pretesto a romantici testi di canzoni è una delle esperienze più sofferte sperimentate dall'animo umano.

Un sogno d'amore

▲ (D.G. Rossetti, *Il sogno*, 1968. Oxford, Ashmolean Museum)
Tutti sognano un amore pieno, bello, senza ombre: nessuno si augura di essere deluso, tradito, ingannato. Però molti si accontentano di un amore di altro tipo, giudicato interessante, intrigante, seducente. Così fece anche il pittore Rossetti (1828-1882), che per molti anni rimase legato alla sua prima modella, che divenne sua moglie, Elizabeth, per poi legarsi (alla morte di lei) alla nuova modella – Janey, moglie di un suo caro amico – di cui si innamorò appassionatamente... ovviamente il rapporto con l'amico (e socio) si ruppe.

Ma io più tu, siamo una coppia?

Questa domanda comincia a porsi quando, superate le prime esperienze di innamoramento, si individua un ragazzo o una ragazza con cui diviene chiaro il desiderio di vivere una situazione più stabile, di coppia, manifesta all'esterno e designata dai due partner con la fatidica frase "stiamo insieme". Lo stare insieme è una grande risorsa, ma è anche lo spalancarsi di un mondo del tutto nuovo: ora non si può più ragionare solo per se stessi, occorre tener conto delle idee e delle esigenze dell'altro, scegliere in due, rinunciare ad alcune cose per l'altro, e questa è anche una grande palestra per uscire da se stessi e **abituarsi a condividere**.

Questa fase di sviluppo della vita affettiva è molto importante, come pure è delicata la **scelta del partner** "giusto": alcuni ragazzi e ragazze passano da una storia all'altra frementi di sperimentare relazioni e rischiando a volte di "bruciarsi" in esperienze condotte con la persona sbagliata, esperienze che lasciano delle ferite interiori e sono guidate dall'ansia di mettersi alla prova. Altri aspettano di individuare una persona che davvero li "infiammi" prima di sperimentarsi in una nuova relazione amorosa. In questa fase la figura di un adulto che sia punto di riferimento per il giovane può essere molto importante per aiutarlo a scegliere la persona giusta per lui.

Quanto più l'innamoramento procede, tanto più la coppia diviene un insieme stabile, consolidato, collaudato, che prima o poi arriverà a porsi la domanda su che evoluzione dare al proprio cammino.

Esiste l'anima gemella?

Uno degli obiettivi riconosciuti della nostra società è quello di trovare "l'anima gemella", intesa come colei o colui che soddisfa tutti i miei bisogni ed è perfettamente in accordo con me. Ma se pensiamo bene a ciò di cui stiamo parlando, ci rendiamo conto che si insegue un'illusione: il gemello è colui che mi è perfettamente identico, al punto che si può fare confusione tra me e l'altro (questa è la sensazione che ci possono dare alcune coppie in cui ognuno parla sempre per l'altro). Invece la **diversità** tra l'uomo e la donna è un dato di fatto innegabile, non solo dal punto di vista fisico: molti studi scientifici hanno dimostrato come vi sia un diverso utilizzo delle differenti parti del cervello, per cui ad esempio la donna utilizza di più l'emisfero destro associato alle emozioni e l'uomo quello sinistro associato alla razionalità.

Guardando in faccia la realtà, la coppia è l'**unione di due diversità**, che per molti aspetti sono complementari tra di loro, ma non potranno mai essere uguali. Essere diversi comporta la fatica di uscire da se stessi per **cercare di comprendere l'altro**, le sue richieste, le sue esigenze e cercare di conciliarle con le proprie, in un dono d'amore reciproco.

Per i cristiani, il giovane e la giovane non esprimono la propria vocazione all'amore trovando l'anima "gemella", bensì trovando colui o colei che con la sua diversità li completa perché insieme facciano una cosa sola.

Fatti l'uno per l'altra

▲ (O. Muller, *Innamorati gitani*, 1914. Amburgo, Collezione privata)
Gli innamorati gitani rappresentano, nella loro giovanile freschezza (e nella cornice naturale di un bosco), la passione spontanea, intensa, in cui è forte la percezione di essere fatti l'uno per l'altra. Il pittore Muller era figlio di un ufficiale tedesco e di una donna di etnia sinti e ha sempre sentito l'attrazione per il mondo caldo e appassionato della madre. Al di là dell'intensità emotiva, resta una domanda più profonda: per essere fatti l'uno per l'altra è importante solo star bene insieme o soprattutto condividere un progetto?

Il *Cantico dei Cantici*

Nella Bibbia c'è un testo molto bello che parla in modo unico dell'amore e della sessualità umana: il *Cantico dei Cantici*.

Il *Cantico* è stato uno dei libri più letti e commentati nella storia dell'esegesi ebraica e cristiana. Ancora oggi il pio israelita ogni settimana è invitato e rileggerlo.

Fin dall'antichità è stato considerato il vertice della Rivelazione veterotestamentaria, come ricorda una delle maggiori figure della spiritualità giudaica, **Rabbi Akiva**, il quale afferma che se tutta la Scrittura può essere paragonata al tempio ove Dio ha posto la sua dimora, il *Cantico dei Cantici* rappresenta il Santo dei santi, ovvero il luogo più importante al centro del tempio di Gerusalemme, dove era custodita l'arca dell'alleanza.

Akiva ben Joseph

(40 d.C.-37)
Noto come Rabbi Akiva, è stato un rabbino e teologo israeliano. Tra i principali autori della Mishnah e del Midrash Halakha, fu ucciso dai romani perché si rifiutò di abbandonare la religione ebraica. Il Talmud lo descrive come "Rosh la-Chakhamim" (capo di tutti i saggi), in quanto è uno dei fondatori dell'ebraismo rabbinico.

La storia dell'interpretazione del testo tradisce comunque anche una certa difficoltà che si è avuta e che si ha tuttora nei suoi confronti (1).

1 L'interpretazione del *Cantico*

Il biblista Rossi de Gasperis nota che il *Cantico* è poco presente nei testi della liturgia latina. Le due scuole che si sono confrontate nella sua lettura sono da un lato quella allegorica, nettamente prevalente sia nell'ambito ebraico sia in quello cristiano, e dall'altro quella che **Ravasi** nel suo monumentale commentario ha definito «l'école voluptueuse» (G. Ravasi, *Il Cantico dei Cantici*, EDB, 1992).

La prima legge il *Cantico* come una grande allegoria di significati che vanno oltre il dato fornito dal testo. In esso si parla sì dell'amore di una donna per il suo uomo, ma in realtà, secondo questa scuola, solo come pretesto, o meglio, come trampolino di lancio per parlare del rapporto tra Israele e il Signore prima dell'esilio (nell'ebraismo) o della relazione tra l'anima e il suo creatore, di Cristo e della Chiesa, di Maria e dello Spirito Santo nella tradizione cattolica.

S. Martini, *Annunciazione* (Firenze, Galleria degli Uffizi).

All'opposto, la cosiddetta *école voluptueuse* vede nel *Cantico* l'esclusiva esaltazione dell'amore sessuale erotico tra l'uomo e la donna senza nessun significato ulteriore, giungendo poi alle estreme considerazioni di un autore come Voltaire, che afferma che il *Cantico* è entrato per una sorta di svista all'interno del canone scritturistico.

Rossi de Gasperis, invece, sulla scia di Ravasi e più profondamente in consonanza con la lettura proposta da Giovanni Paolo II, legge il *Cantico* in chiave simbolica. La particolarità di questa lettura che integra e, in un certo senso, supera radicalmente le due precedenti, consiste nel leggere il *Cantico* a partire dalla sua realtà, che è appunto l'amore dell'uomo per la donna in tutte le sue dimensioni, per approfondirlo e per trovare così al suo interno, senza mai "saltarli" come fa la lettura allegorica, quei significati che vanno al di là della sua sola lettera.

Gianfranco Ravasi

(1942) Ordinato sacerdote nella diocesi di Milano, è stato prefetto della Biblioteca-Pinacoteca Ambrosiana. Biblista di fama internazionale, è divenuto cardinale e presiede il Pontificio Consiglio per la Cultura.

Avviene per l'amore umano quanto avviene per i sacramenti cristiani, che hanno un loro elemento materiale (il pane e il vino per l'eucaristia, l'acqua per il battesimo ecc.) che, pur mantenendo la sua piena realtà (non si può celebrare un'autentica eucaristia con un pane o un vino che non siano tali), offre la possibilità di attingere nello Spirito a tutta una serie di **ulteriori significati** che vengono però indissolubilmente legati a esso e non ad altro. Così è anche per l'amore umano, che deve essere considerato quindi in tutta la sua realtà proprio per poter essere veicolo, o meglio simbolo, dell'amore divino.

Un testo al femminile

Il protagonista principale del *Cantico* è **la donna**, che più dell'uomo parla e canta le bellezze del suo amato. Secondo Rossi de Gasperis, il *Cantico* deve essere considerato in relazione al grido di stupore con cui il primo uomo accoglie la prima donna creata dal suo costato (Gen 2,23). Entrambi si stupiscono per la gioia che l'uno è per l'altro e per la reciproca vocazione che Dio assegna loro: essere sua immagine e somiglianza (Gen 1,27). Solo facendo unità a partire dalla loro diversità strutturale, l'uomo e la donna possono rendere visibile l'unità misteriosa di Dio.

Il *Cantico* è dunque una **celebrazione poetica della bellezza dell'amore**, la risposta della donna al grido di meraviglia dell'uomo. Il linguaggio è quello degli innamorati, in cui l'uno diviene re o regina del cuore dell'altro (Ct 3,6-11). È un linguaggio che ha il suo alfabeto nella topografia corporea, descritta in tutti i suoi aspetti. Tutto il creato viene convocato per cantare la bellezza del corpo dell'amato e le gioie dell'unione dei cuori e dei corpi (**2**).

2 La celebrazione del corpo dell'amata

«Quanto sei bella, amata mia, quanto sei bella!
Gli occhi tuoi sono colombe,
dietro il tuo velo.
Le tue chiome sono come un gregge di capre,
che scendono dal monte Gàlaad.
I tuoi denti come un gregge di pecore tosate,
che risalgono dal bagno;
tutte hanno gemelli,
nessuna di loro è senza figli.
Come nastro di porpora le tue labbra,
la tua bocca è piena di fascino;
come spicchio di melagrana è la tua tempia
dietro il tuo velo.
Il tuo collo è come la torre di Davide,
costruita a strati.
Mille scudi vi sono appesi,
tutte armature di eroi.
I tuoi seni sono come due cerbiatti,
gemelli di una gazzella,
che pascolano tra i gigli.
Prima che spiri la brezza del giorno
e si allunghino le ombre,
me ne andrò sul monte della mirra
e sul colle dell'incenso.
Tutta bella tu sei, amata mia,
e in te non vi è difetto.
Vieni dal Libano, o sposa,
vieni dal Libano, vieni!
Scendi dalla vetta dell'Amana,
dalla cima del Senìr e dell'Ermon,
dalle spelonche dei leoni,
dai monti dei leopardi.
Tu mi hai rapito il cuore,
sorella mia, mia sposa,
tu mi hai rapito il cuore
con un solo tuo sguardo,
con una perla sola della tua collana!
Quanto è soave il tuo amore,
sorella mia, mia sposa,
quanto più inebriante del vino è il tuo amore

S. Köder, *Incontro all'amato.*

e il profumo dei tuoi unguenti, più di ogni balsamo.
Le tue labbra stillano nettare, o sposa,
c'è miele e latte sotto la tua lingua
e il profumo delle tue vesti è come quello del Libano.
Giardino chiuso tu sei,
sorella mia, mia sposa,
sorgente chiusa, fontana sigillata.
I tuoi germogli sono un paradiso di melagrane,
con i frutti più squisiti,
alberi di cipro e nardo,
nardo e zafferano, cannella e cinnamòmo
con ogni specie di alberi di incenso,
mirra e aloe,
con tutti gli aromi migliori.
Fontana che irrora i giardini,
pozzo d'acque vive
che sgorgano dal Libano».

(Ct 4,1-15)

È comunque un linguaggio che si accosta con grande discrezione al mistero dell'altro, soprattutto quando parla dell'unione sessuale. Tipica ripresa di un tema della Genesi è la sottolineatura della nudità dei corpi che qualifica, oltre all'attrazione erotica tra i sessi, il senso di **fiducia reciproca di cui si nutre l'amore puro**.

(documento 45.3)

Non vengono taciute le difficoltà che la realizzazione dell'amore comporta. Così compare il tema della ricerca dell'amato (**3**) o la presenza delle volpi che insidiano la vigna (Ct 2,15), ma su tutto prevale la forza dell'unione «forte come la morte (...) tenace come il regno dei morti» (Ct 8,6).

Il *Cantico dei Cantici* indica quindi per ogni uomo e donna l'imprescindibilità del confronto con l'altro a partire dalla sua realtà corporea.

3 Le difficoltà dell'amore

«Sul mio letto, lungo la notte, ho cercato
l'amore dell'anima mia;
l'ho cercato, ma non l'ho trovato.
Mi alzerò e farò il giro della città
per le strade e per le piazze;
voglio cercare l'amore dell'anima mia.
L'ho cercato, ma non l'ho trovato.
Mi hanno incontrata le guardie che fanno la ronda in città:
"Avete visto l'amore dell'anima mia?".
Da poco le avevo oltrepassate,
quando trovai l'amore dell'anima mia.
Lo strinsi forte e non lo lascerò,
finché non l'abbia condotto nella casa di mia madre,
nella stanza di colei che mi ha concepito».

(Ct 3,1-4)

Il significato della sessualità

Per intendere il significato della sessualità non la si può isolare da una determinata **visione dell'uomo**. L'uomo, nella tradizione cristiana, è persona, «immagine e somiglianza» del Padre. La sua caratteristica fondamentale è quella di essere costitutivamente in relazione con l'altro e con Dio. Il nome di questa relazione è amore.

L'uomo è quindi chiamato a **realizzare anima e corpo il dono totale di sé all'altro**, così come ha fatto Dio con lui. Il significato pieno della sessualità può essere colto solo all'interno di questo orizzonte, considerando anche il fatto che esso va scoperto e non imposto. Nel mondo in cui viviamo, segnato dal relativismo, molti pensano di poter attribuire a proprio piacimento dei significati alla sessualità che così assume i più diversi sensi (il ricordo di una vacanza, un'espressione di amicizia, un modo per conoscersi, una risposta compensativa a un malessere, una competizione tra maschio e femmina per decidere chi ha maggior potere di seduzione sull'altro ecc.).

(documento 45.4)

La sessualità aggressiva come "possesso dell'altro"

▶ (Balthus, *La Rue*, particolare, 1933. New York, Museum of Modern Arts)
Nel dipinto surrealista Balthus immortala, nella strada parigina di rue Bourbon-le-Chateau, delle figure come "congelate" nei loro movimenti, comprese quelle che rappresentano un'aggressione a sfondo sessuale. La violenza o la molestia sessuale sono figlie di due matrici: una sessualità egoistica, che mira a possedere l'altro, e l'incapacità di rispettarne la volontà (il consenso o meno). Se eliminiamo il secondo elemento, mantenendo il primo, non ci sarà più una violenza sessuale in senso stretto, ma ci saranno due egoismi consenzienti che mireranno a "possedersi" reciprocamente.

Per l'antropologia cristiana, occorre mettersi in ascolto della realtà per scoprire gli **autentici significati della sessualità**. In primo luogo essa è una molla che spinge a uscire da se stessi per aprirsi all'altro. È il rimedio, o meglio la proposta, con cui il creatore invita ciascuno a superare la diffidenza verso la diversità dell'altro (della donna per l'uomo e viceversa). Il suo significato pieno, sia dal punto di vista antropologico sia da quello teologico, essa lo raggiunge solo all'interno del matrimonio.

Vediamo allora di chiarire che cosa sia il matrimonio e il ruolo che in esso ricopre la sessualità.

Matrimonio e sessualità

Il matrimonio è un sacramento (vedi Unità 34), ovvero una realtà concreta, sensibile, attraverso la quale **Dio comunica se stesso all'uomo**. I sacramenti introducono nel cuore della Rivelazione cristiana: la morte e risurrezione di Gesù. Così anche il matrimonio, che è per i cattolici segno dell'amore che Cristo ha per la sua sposa, la Chiesa (Ef 5,21ss).

Affinché gli sposi siano segno di questo amore, occorre che la loro dedizione reciproca abbia i **caratteri dell'amore con cui Dio ama l'uomo**. Essi sono l'**indissolubilità**, poiché Dio resta sempre in relazione con l'uomo inglobando anche il male che questi compie, l'**unicità**, poiché Dio non ama in modo generico ma unico per ciascuno, e la **fecondità**, poiché attraverso l'amore Dio crea. È poi un amore che si diffonde e che quindi ha una sua precisa dimensione sociale e comunitaria.

Il sacerdote, nella preparazione e nella celebrazione del sacramento, deve riconoscere la qualità dell'amore dei due che intendono sposarsi, ovvero se il cammino che essi hanno fatto è segno della presenza in loro, come singoli e come coppia, dell'amore di Dio. All'interno di questo contesto trova il suo spazio naturale l'unione fisica completa dell'uomo e della donna, che viene a evidenziare nella carne la scelta pubblica e libera totale che i due hanno sancito nella celebrazione del sacramento. La manifestazione dell'amore reciproco è stata infatti segnata da gesti corrispondenti. E così come ciascuno avverte la stonatura antropologica di un gesto che non corrisponde a una scelta fatta – è questo il motivo per cui non baciamo o abbracciamo tutte le persone che incontriamo o conosciamo – altrettanto si avverte come **la consegna piena del proprio corpo all'altro implichi la decisione di consegnare completamente e liberamente la propria vita**, altrimenti diventa una sorta di menzogna: si dice, infatti, con il linguaggio coinvolgente del corpo ciò che di fatto non si è scelto nella vita quotidiana, generando così pericolosi fraintendimenti.

Per vivere in pienezza la consegna di sé all'altro nel matrimonio, per la Chiesa, occorre prepararsi con un periodo di allenamento alla relazione reciproca che tradizionalmente è il fidanzamento.

L'amore autentico consente di volare lontano

▲ (M. Chagall, *Gli sposi della torre Eiffel*, 1938-1939. Parigi, Musée National d'Art Moderne, Centre Georges Pompidou). Gli sposi di Chagall rappresentano figure quasi mistiche, dolcemente abbracciate, che volano serene appoggiate su un gallo che, simbolicamente, con il suo canto proclama il giorno che vincerà il buio. Un sole fiammeggiante trasmette luce e colore, mentre una viola esprime la sinfonia di una vita in cui la nota dominante siano la fedeltà e l'amore reciproco. Il bambino che compare accanto a loro, con in mano un piccolo violino, è il frutto vivente di quell'amore e di quella stessa sinfonia. Tutta la società (rappresentata dal villaggio che appare all'orizzonte) viene illuminata da questo amore, che forse dovrà scalare delle vette faticose (la torre), ma potrà farlo con la leggerezza di chi ha ali per volare.

(documento 45.5)

Scheda di lavoro

Alcuni testi sull'amore

Prova a riconoscere a quale tipo di azione comunicativa appartengono le relazioni "d'amore" raccontate nei seguenti brani.

Narciso

«C'era una volta un giovane bellissimo di nome Narciso. Di lui si innamorò perdutamente Eco, una ninfa dei boschi, pure lei bellissima.
Ma il maschio non sa esprimere l'amore che in modo goffo e limitato.
In questo caso invece era la donna. Forse troppo innamorata, non sapeva fare altro che ripetere le ultime parole dell'amato.
Per questo Narciso non la ritenne degna di sé, e la disprezzò.
E lei si consumò e morì d'amore per lui.
Allora gli dèi lo punirono, facendolo invaghire della propria immagine.
Sempre desideroso di vedere il proprio volto, finì affogato in un pozzo che lo rispecchiava. Gli dèi, rattristati, lo trasformarono in un fiore.
È il Narciso, che a primavera rallegra i nostri boschi.
E pure nei boschi, in ogni stagione, ancora adesso, Eco ripete le ultime parole di ogni passante, come fossero del suo Narciso.
Morale della favola: cos'è uno specchio che specchia se stesso?
Dal narciso già gli antichi ricavavano il narcotico, che permette di negare la realtà».

G. Boltraffio, *Narciso al fonte*, 1500-1510 (Firenze, Galleria degli Uffizi).

(S. Fausti, *Elogio del nostro tempo*, Piemme, 1996)

Don Giovanni

«DON GIOVANNI - Ebbene, ti do licenza di parlar chiaro e di dirmi quello che pensi.
SGANARELLO - Quand'è così, padrone, vi dirò francamente che i vostri metodi non li approvo un bel niente e che mi par molto brutto avere un amore a tutti i cantoni come fate voi.
DON GIOVANNI - Ah, tu allora pretendi che uno si leghi subito alla prima che l'innamora e facendo per lei rinuncia al mondo non abbia occhi per nessun'altra? Bella mania impuntarsi sul falso onore della fedeltà, seppellirsi per sempre in una passione e restar morto in piena gioventù a tutte le altre bellezze che ci attraggono l'occhio. No, no: la costanza non va bene che per i tangheri; tutte le belle hanno il diritto di farci innamorare; e il privilegio di esser stata incontrata prima non deve togliere alle altre le giuste pretese al nostro amore, che sono un diritto di tutte. Per me la bellezza, ovunque la si trovi, mi prende; e cedo sempre volentieri alla dolce violenza con cui ci attrae. Posso avere cento impegni, l'amore che sento per una bella donna non impegna l'anima mia a usare ingiustizia alle altre; conservo buona vista per scorgere i meriti di tutte; e porgo a ognuna gli omaggi e i tributi che sono d'obbligo naturale. Comunque io non posso rifiutare il mio cuore a una nobile apparenza, e appena me lo chiede un bel viso, io, di cuori ne avessi diecimila, tutti li darei. Il nascere di una simpatia ha un arcano fascino, e tutto il gusto dell'amore sta nel mutamento. Si prova un piacere ineffabile, a vincere con mille galanterie il cuore di una giovane beltà; a constatare di giorno in giorno i progressi che si fanno, a ridurre, a forza di ardore, di lacrime e di sospiri l'ingenua pudicizia d'un anima che stenta a cedere le armi; ad abbattere a oncia a oncia i piccoli ostacoli che ci oppone, a vincere gli scrupoli che sono un suo punto d'onore, a condurla piano piano dove abbiamo voglia di farla arrivare. Ma una volta conquistata, non c'è più nulla da dire né da desiderare; tutto il bello della passione è finito, e ci addormentiamo nella tranquillità di un tale amore, se qualche nuova occasione non viene a ridestarci il desiderio e a riproporre al nostro cuore l'affascinante attrattiva di una nuova conquista. Insomma, non c'è soddisfazione più grande che il trionfo sulla resistenza d'una bella creatura, e io in questo, sento l'ambizione dei conquistatori, che volano senza tregua di vittoria in vittoria e non possono risolversi a limitare i loro propositi. Non c'è nulla che riesca a frenare in me l'impeto del desiderio: mi sento un cuore da contenere tutta la terra e, come Alessandro, vorrei che esistessero altri mondi per arrivare a estendervi le mie conquiste d'amore».

(Molière, *Don Giovanni*, Atto I, Scena II)

Leggi e confronta

Identikit dell'amore per von Balthasar

«Un amore che non restasse vivo, aperto al di più e all'ulteriore, non sarebbe affatto amore. Esso può respirare solo nell'infinità dell'amato e nel possibile superamento di se stesso... L'intima vita dell'amore non è affatto pensabile senza il ritmo del crescendo, della sempre nuova apertura e vivacità. Mai esso si è donato a sufficienza, mai è alla fine della sua forza d'inventiva per preparare nuovi piaceri all'amato, mai è soddisfatto di sé e delle sue azioni al punto da non ricercare nuove prove d'amore, mai ha riconosciuto pienamente l'essenza dell'amato al punto da non essere bramoso di nuove esperienze e scoperte e sorprese. E anche se per coloro che osservano dall'esterno le quotidiane testimonianze d'amore degli amanti possono sembrare uguali tra loro, per essi stessi sono invece sempre nuove e sempre diverse, fintantoché il loro amore rimane vivo.
Per questo c'è una cosa che il puro amore non conosce: il dovere. O meglio il suo dovere è sempre un potere. La necessità che esso avverte di amare, la sente come la più alta e perfetta libertà, che non sacrificherebbe mai per nessun bene al mondo...
Chi vive nel nucleo dell'amore non sceglie; la sua scelta è già dietro le sue spalle; egli ha scelto da sempre, da quando ha conosciuto l'amore, e se egli rafforza a ogni momento della sua vita questo aver già scelto, non lo fa mai nel senso di aprire una nuova riflessione. L'amante come tale non sta mai nel punto dell'indifferenza tra amare e non amare, non incorre mai nella tentazione di collocarsi su questo punto. Egli sentirebbe come un'infedeltà nei confronti dell'amato il porsi mentalmente di fronte un secondo oggetto di possibile scelta estraneo, al fine di dare poi la preferenza al primo a partire da una sorta di calcolo mentale. Una tale indifferenza di scelta può essere una situazione d'avvio che conduce all'amore; ma all'interno dell'amore stesso questo atteggiamento non è più possibile. L'amore è così deciso che non ritorna mai nell'indifferenza antecedente alla decisione. Esso rinuncia a questa libertà di scelta in favore della libertà dell'amore. Solo l'amore che si è raffreddato torna ad avvicinarsi di nuovo alla zona della libertà indifferente».

(H.U. von Balthasar, *Gli stati di vita del cristiano*, Jaca Book, 1985)

Dopo aver letto i testi, completa la seguente tabella, mettendo delle crocette per indicare quale tipo di relazione comunicativa viene descritta nei brani presentati. Al termine ti proponiamo anche di inserire in uno "spazio aperto" le libere considerazioni che sono state generate dalla lettura dei testi.

Tipi di comunicazione	Narciso	Don Giovanni	L'amore per Balthasar
Agire strumentale			
Agire comunicativo funzionale			
Agire comunicativo personale			

Tue considerazioni: ....

....

....

Consigli di lettura

O. Clement, *Teologia e poesia del corpo*, Piemme, Milano 1998.
C.S. Lewis, *I quattro amori. Affetto, Amicizia, Eros, Carità*, Jaca Book, Milano 1982.
D. de Rugemont, *L'amore e l'Occidente*, Rizzoli, Milano 1977.

Indicazioni cinematografiche

"Casomai", di Alessandro D'Alatri, Italia 2002.

46. Il rapporto tra fede e ragione

la posta in gioco

«I cieli narrano la gloria di Dio, l'opera delle sue mani annuncia il firmamento» (Sal 19,2). La cultura biblica esprime in modo spontaneo un'alleanza profonda tra fede e ragione, che invece una parte della cultura moderna e contemporanea mette in discussione. Esplorare le ragioni con cui – nel corso dei secoli e nel magistero recente – sono stati espressi i termini dell'alleanza tra fede e ragione, può aiutare a effettuare una valutazione critica di alcuni luoghi comuni della cultura diffusa.

Come ti sembra che i media parlino del rapporto tra fede e ragione? Sei d'accordo con tale posizione? Per quanto riguarda te stesso, quale che sia la tua posizione nei confronti di una fede, vedi un rapporto tra quello che pensi, quello che credi, quello che speri?

(documento 46.1)

Il salmista esprime con parole di grande poesia la consapevolezza di un'alleanza profonda tra fede e ragione. Si può affermare che i cieli *narrano* la gloria di Dio, a patto che vi siano "orecchie" (in questo caso orecchie della mente) capaci di ascoltare quel canto.

Questa immagine si ritrova in un brano molto suggestivo di **Clemente Alessandrino**, che recupera sensibilità proprie della cultura greca – possiamo leggere in controluce l'immagine pitagorica del cosmo come "armonia perfetta" – semplicemente affermando l'identità del *Logos ordinatore*, di cui parlavano i filosofi, del Dio creatore di cui parla la Bibbia (il *Logos* che era "in principio") e del Dio salvatore di cui il Vangelo ci annuncia la buona novella (**1**).

La vita tra amore e mistero

(G. Segantini, *L'amore alle fonti della vita*, 1896. Milano, Galleria d'Arte Moderna)
Lo stesso Segantini commentò questo dipinto in una lettera, in cui scriveva: «esso rappresenta l'amore giocondo e spensierato della femmina, e l'amore pensoso del maschio (...). Amore eterno dicono i rossi rododendri, eterna speranza rispondono i zembri sempre verdi. Un angiolo, un mistico angiolo sospettoso, stende la grande ala sulla misteriosa fonte della vita. L'acqua scaturisce dalla viva roccia, entrambi simboli dell'eternità». Le fonti della vita e del cosmo stanno tra amore e mistero e rimandano a una dimensione di eternità.

1 L'armonia cosmica e il *Logos* ordinatore

«[Il Logos] ordinò armoniosamente il tutto e sottomise la dissonanza degli elementi a una disciplina di consonanza, affinché con essa tutto il mondo divenisse un'armonia; e lasciò libero il mare, ma gli impedì di espandersi sulla terra e la vagante terra rese, al contrario, ferma, fissandola come confine del mare. Proprio lui calmò, con l'aria, l'impeto del fuoco come se temperasse l'armonia dorica con quella lidia; e, mescolandosi il fuoco, mitigò il crudo freddo dell'aria, fondendo armonicamente queste estreme note dell'universo.
E questo canto puro, sostegno del tutto e armonia del cosmo, essendosi esteso dal centro fino alle estremità e dalle estremità fino al centro, armonizzò questo tutto (...) secondo il paterno volere di Dio, che David emulò. E questo discendente di David – che, tuttavia, prima di David esisteva: il Logos di Dio – avendo disprezzata la lira e la cetra, strumenti senz'anima, e avendo reso armonioso, mediante lo Spirito Santo, questo mondo e, specialmente, l'anima e il corpo di quel piccolo mondo che è l'uomo, proprio con questo polifonico strumento celebra Dio e con questo strumento canta: "tu, infatti, sei per me cetra e flauto e tempio", cetra per l'armonia, flauto per lo spirito, tempio per il tuo Logos, affinché l'una risuoni, l'altro spiri e questo comprenda il Signore».

(Clemente Alessandrino, *Protrettico*, I, 5; tr. it. in M. F. Sciacca (a cura di), *Con Dio e contro Dio*, Marzorati, 1985)

M. Chagall, *Re David*, 1951 (Nizza, Musée National Message Biblique Marc Chagall).

La stessa consapevolezza si ritrova in modo costante nei santi Padri, come Agostino, e nei santi Dottori, così come si trovano fin dai tempi antichi polemisti "laici", che la mettevano in discussione.

(documento 46.2)

(documento 46.3)

Tutti gli uomini desiderano sapere

Il testo della *Metafisica* di Aristotele si apre con un'affermazione perentoria, «tutti gli uomini desiderano sapere» e l'oggetto proprio di questo desiderio è **la verità**, come possiamo – del resto – sperimentare nella vita quotidiana, in cui siamo portati a cercare di andare oltre i luoghi comuni, oltre il "sentito dire" per scoprire "come stanno veramente le cose".

Lo stesso si può dire nell'ambito pratico: da un lato si cerca di capire come fare ciò che ci sta a cuore, ovvero cerchiamo di conoscere le giuste procedure, le tecniche, per realizzare con successo i nostri progetti, ma dall'altro lato cerchiamo anche di capire che cosa sia bene per la persona, per noi.

Clemente Alessandrino

(150 circa - 215 circa)
Tito Flavio Clemente, meglio conosciuto come Clemente Alessandrino, nacque ad Atene intorno al 150. Fu un grande teologo, apologeta e filosofo cristiano di lingua greca. Sul finire del II secolo fu direttore della scuola di Alessandria.

In questo cammino alla ricerca della verità, se il desiderio che ci spinge è forte e autentico, saremo disposti a scrutare tutti i "segni" che possano aiutarci a camminare in modo meno incerto e ad accogliere tutti gli aiuti che potranno rendere più agevole e spedito il nostro percorso (2).

(documento 46.4)

2 Il desiderio di conoscere la verità

«Io domando a tutti quanti se preferiscono godere della verità o della menzogna: e tutti sono pronti a rispondere che preferiscono la verità, quanto sono pronti a dire che cercano la felicità (...). Orbene, io ho conosciuto molti pronti a ingannare, nessuno mai che fosse contento di essere ingannato».

(Agostino di Ippona, *Le confessioni*, libro x, 23, tr. it. Rizzoli, 1958, vii ed. BUR, 1981)

R. Sanzio, *Leone X con i cardinali Giulio de' Medici e Luigi de' Rossi*, particolare, 1518 (Firenze, Galleria degli Uffizi).

L'enciclica ***Fides et ratio*** paragona questo cammino a un "volo", in cui la fede e la ragione rappresentano le due ali, che possono aiutare a volare solo se si muovono insieme (3).

Fides et ratio

Espressione latina che significa "fede e ragione". Si tratta delle prime due parole, che danno il titolo all'enciclica sul rapporto tra fede e ragione pubblicata da Giovanni Paolo II nel 1998.

3 In volo verso la verità

«La fede e la ragione sono come le due ali con le quali lo spirito umano s'innalza verso la contemplazione della verità. È Dio ad aver posto nel cuore dell'uomo il desiderio di conoscere la verità e, in definitiva, di conoscere Lui perché, conoscendolo e amandolo, possa giungere anche alla piena verità su se stesso».

(Giovanni Paolo II, Lettera enciclica *Fides et ratio*, Roma 1998, prologo)

Credere per capire, capire per credere

L'espressione «credo ut intelligam» (credo per comprendere) si trova nel prologo di un'opera di sant'Anselmo d'Aosta, il *Proslogion*, in cui egli arriverà a esporre gli argomenti razionali che consentono di innalzare il pensiero verso Dio che – con una semplificazione manualistica – vengono chiamati **prove dell'esistenza di Dio**. L'espressione, come la sua speculare («intelligo ut credam», capisco per credere), risale a sant'Agostino, che discute ampiamente la tematica nella *Lettera 120*, in cui è chiaro che ci si sta riferendo alle verità rivelate, nelle quali il credere precede il comprendere (4).

Chi crede che Dio si è rivelato – e lo crede per fede – è orientato a **visitare con l'intelligenza i misteri della fede**, proprio per poterli comprendere meglio, per quanto è dato di fare entro i limiti di un'intelligenza creata. Ciò comporta, come bene osserva Agostino, una grandissima fiducia nella ragione umana, ritenuta "degna" di svolgere questo compito, perché a sua volta dotata di una luce interiore che le consente di procedere nel cammino alla ricerca della verità. Del resto, nella vita di ogni uomo si intrecciano verità apprese per evidenza diretta e verità mediate dalla conoscenza di altre persone, a cui "crediamo" perché supponiamo che sappiano ciò che dicono e dicano ciò che sanno. Questo fa parte della naturale socialità dell'uomo, che lo rende incline a condividere le conoscenze. Lo stesso progresso nella conoscenza dipende dal fatto che l'umanità non "riparte da zero" a ogni generazione, ma è in grado di accogliere e verificare i progressi compiuti da chi ci ha preceduto.

(documento 46.5)

J. Vermeer, *Cristo in casa di Marta e Maria* (particolare), 1655 circa (Edimburgo, National Gallery of Scotland).

4 Credere e capire

«Se dunque esigi ragionevolmente da me o da qualsiasi altro maestro tale spiegazione razionale per comprendere le verità della fede che tu credi, correggi la tua convinzione; non si tratta di rigettare la fede, ma di percepire con la luce della ragione le verità che già credi con la ferma fede.
Lontano da noi il pensiero che Dio abbia in odio la facoltà della ragione, in virtù della quale ci ha creati superiori agli altri esseri animati. Lontano da noi il credere che la fede ci impedisca di trovare o cercare la spiegazione razionale di quanto crediamo, dal momento che non potremmo neppure credere, se non avessimo un'anima razionale. Quando perciò si tratta di verità concernenti la dottrina della salvezza, che non possiamo ancora comprendere con la ragione (ma lo potremo un giorno), alla ragione deve precedere la fede; essa purifica la mente e la rende capace di percepire e sostenere la luce della suprema ragione divina: anche ciò è un'esigenza della ragione! Ecco perché proprio con coerenza razionale il profeta afferma: *Se non credete, non comprenderete* (Is 7,9). In questa frase il profeta distingue senza dubbio le due facoltà, consigliandoci anzitutto a credere per poter poi comprendere ciò che crediamo. È quindi un precetto ragionevole che la fede preceda la ragione. Se infatti questo precetto non fosse conforme alla ragione, sarebbe irragionevole, il che non può essere assolutamente. Se dunque è conforme alla ragione che, quando si tratta di supreme verità, le quali non possono conoscersi, la fede preceda la ragione, qualunque sia il ragionamento che ci convince di ciò, anch'esso deve senza dubbio condurre alla fede».

(Agostino di Ippona, *Lettera 120*, n. 1.2-1.3)

Il rapporto tra credere e comprendere trova dunque un duplice punto di incontro, sia che percorriamo la via in senso "ascendente", sia che la percorriamo in senso "discendente". In **senso ascendente** il punto di partenza è la **naturale ricerca della verità da parte dell'uomo**, il desiderio di conoscere, che porta gli uomini a cimentarsi in prima persona con l'impresa della conoscenza, cercando in questo cammino l'aiuto e l'alleanza di altre persone (con cui potranno condividere i frutti delle rispettive conoscenze), aprendosi alla ricerca di una sapienza più alta, a cui si potrebbe attingere, se essa si potesse svelare. Il **cammino discendente** parte dalla **consapevolezza della fede**, vissuta come un rapporto di intimità con Dio che si rivela e, come è proprio di ogni rapporto intimo, in cui si cerca di penetrare sempre più a fondo in tale intimità, visitando con l'intelligenza i misteri della fede. Fede e ragione si incontrano ancora, al termine di entrambi i cammini (**5**).

5 Intima alleanza tra fede e ragione

«L'uomo si trova in un cammino di ricerca, umanamente interminabile: ricerca di verità e ricerca di una persona a cui affidarsi. La fede cristiana gli viene incontro offrendogli la possibilità concreta di vedere realizzato lo scopo di questa ricerca. Superando lo stadio della semplice credenza, infatti, essa immette l'uomo in quell'ordine di grazia che gli consente di partecipare al mistero di Cristo, nel quale gli è offerta la conoscenza vera e coerente del Dio Uno e Trino. Così in Gesù Cristo, che è la Verità, la fede riconosce l'ultimo appello che viene rivolto all'umanità, perché possa dare compimento a ciò che sperimenta come desiderio e nostalgia».

(Giovanni Paolo II, Lettera enciclica *Fides et ratio*, Roma 1998, n. 33)

W.H. Hunt, *Cristo luce del mondo* (particolare), 1851-1853 (Oxford, Keble College).

Simone Weil

(1909-1943) Filosofa e mistica francese, proveniente da una ricca e colta famiglia ebraica, si formò in una cultura filosofica ispirata all'anarchismo e al marxismo eterodosso. Si accostò alla sensibilità cristiana, da cui si lascerà permeare in modo profondo, pur non arrivando mai a chiedere il battesimo se non – forse – in punto di morte.

Una suggestione tratta da Simone Weil

Una pista di lavoro interessante sarebbe andare a cercare, nel corso dei secoli, i momenti più fecondi del rapporto tra fede e ragione, tenendo conto del fatto che la stessa idea di verità si è confrontata nel tempo con sensibilità differenti.

L'enciclica *Fides et ratio* propone un'analisi sintetica delle principali "tappe" dell'incontro tra fede e ragione (nn. 36-48), ma qui ci limitiamo a cogliere una tra molte suggestioni proposte da pensatori e pensatrici nel corso dei secoli, rifacendoci a una filosofa francese del XX secolo, **Simone Weil**. Ella rilegge l'intera cultura greca come una parabola a partire da un'intuizione, che vede nell'*Iliade* il "poema della forza", pensando alla forza cieca che tutto sovrasta e tutti opprime, e che troverebbe nel Vangelo – ultima opera del genio greco – il suo "inveramento", attraverso l'idea di un Dio (espressione suprema della forza), che dopo avere creato il mondo per amore si fa uomo, assumendo su di sé il massimo della debolezza (**6**).

6 Il Vangelo: ultima opera del genio greco

«Il Vangelo è l'ultima meravigliosa espressione del genio greco, come l'Iliade è la prima; lo spirito della Grecia vi traspare non soltanto nel fatto che esso comanda di ricercare, ad esclusione di ogni altro bene, "il regno e la giustizia del nostro Padre celeste", ma anche perché vi è esposta la miseria umana, e questo in un essere divino al tempo stesso che umano».

(S. Weil, *La Grecia e le intuizioni precristiane*, tr. it. Borla, 1999)

Ritroviamo in Simone Weil, a distanza di diciotto secoli, un percorso molto simile a quello che Clemente Alessandrino aveva compiuto nel II secolo, ma con una sensibilità particolarmente moderna e tenendo conto dell'esperienza di umanità che si è arricchita nel frattempo. L'idea che il pensiero greco sia profondamente intriso di intuizioni precristiane accompagna la riflessione della Weil in modo significativo, nella convinzione che **lo spirito umano da sempre cerchi di elevarsi al di sopra di sé**, per aprirsi al trascendente e per poi accoglierne con umiltà il dono, se questo si vorrà manifestare (**7**).

7 Il metodo della filosofia e l'apertura al trascendente

«Il metodo proprio della filosofia consiste nel concepire in modo chiaro i problemi insolubili nella loro insolubilità, instancabilmente, per anni, senza nessuna speranza, nell'attesa. Se ci atteniamo a questo criterio, ci sono pochi filosofi. Pochi è dire già tanto. Il passaggio al trascendente avviene quando le facoltà umane – intelligenza, volontà, amore umano – cozzano contro un limite, e l'essere umano resta sulla soglia, al di là della quale non può fare un passo, e questo senza lasciarsene distogliere, senza sapere ciò che desidera e teso nell'attesa. È uno stato di estrema umiliazione. Impossibile a chi non è capace di accettare l'umiliazione».

(S. Weil, *Quaderni*, vol. IV, tr. it. Adelphi, 1993)

La virtù trionfa sul peccato

▶ (Il filosofo stoico Crisippo, III secolo a.C., copia romana di statua greca) Il cuore del messaggio stoico, a cui Crisippo seppe dare forma organica e sistematica, sta nella sua visione etica, in cui l'elemento razionale, portato nel cuore delle scelte quotidiane della vita, genera una virtù ferrea che rende capaci di rifiutare l'attrattiva e le seduzioni del male. Pur con significative differenze (come ad esempio la concezione del peccato e del perdono), si possono cogliere notevoli sintonie tra alcuni elementi dell'etica stoica e di quella cristiana.

Scheda di lavoro — Leggi e confronta

Fede e ragione: un rapporto controverso

Il lavoro che viene qui proposto può essere svolto con due modalità distinte, secondo il tipo di scuola che frequenti o la propensione della tua classe agli studi filosofici. Proponiamo dunque due ipotesi di lavoro.

Ipotesi A (per indirizzi scolastici che prevedano lo studio della filosofia)

Leggete con attenzione le parti dell'enciclica *Fides et ratio* dedicate al pensiero di Tommaso d'Aquino **(documento 46.6)**.

Confrontate anche la presentazione generale dello stesso autore in alcuni manuali di storia della filosofia, a partire da quello in adozione, ma cercando di vederne anche altri, possibilmente di diversa impostazione.

Confrontate le diverse "letture" di questo autore, discutendone in classe.

Ipotesi B (per indirizzi scolastici che non prevedano lo studio della filosofia)

Cercate in rete o su giornali cartacei articoli o editoriali che tocchino in modo polemico o critico il tema del rapporto tra fede e ragione. A titolo esemplificativo ne suggeriamo uno **(documento 46.7)**, ma potete procedere con la ricerca, singolarmente o in gruppo, e scegliere i testi che vi sembreranno più significativi.

Leggete con attenzione i capitoli conclusivi dell'enciclica *Fides et ratio* **(documento 46.8)**.

Confrontate le differenti prospettive e sensibilità che emergono, attraverso una discussione in classe.

B. Gozzoli, *Trionfo di san Tommaso d'Aquino*, 1470-1475 (Parigi, Museo del Louvre).

Consigli di lettura

J. Habermas, Benedetto XVI, *Ragione e fede in dialogo*, Marsilio, Venezia 2005.

A. Porcarelli, *Sui sentieri della meraviglia. Lezioni di introduzione alla filosofia alla luce della riflessione di Tommaso d'Aquino*, Il giardino dei Pensieri, Bologna 2012.

47. La dottrina sociale della Chiesa e i rapporti economici

la posta in gioco

Spesso siamo molto disponibili a esprimere giudizi severi sull'operato dei potenti della terra, o dei governanti del nostro Paese; ma quali sono le ragioni o i criteri in forza dei quali ci formiamo i nostri giudizi?
L'analisi dei principi fondamentali della dottrina sociale della Chiesa, a partire dal riconoscimento della dignità di ogni persona umana, può aiutarci a maturare una maggiore consapevolezza della nostra visione sociale e politica.

Che senso ha, per noi, la ricerca del bene comune? Quali sono le più clamorose ingiustizie che la Chiesa segnala? E quali, secondo noi? Nel nostro piccolo, quando siamo chiamati a prendere delle decisioni o ad assumerci le nostre responsabilità, siamo in grado di agire secondo giustizia?

L'espressione **"dottrina sociale della Chiesa"** è abbastanza recente, precisamente risale a Pio XI, nell'enciclica *Quadragesimo anno* (del 1931). Con tale espressione si intendono indicare in modo complessivo gli insegnamenti che – a partire dall'enciclica *Rerum novarum*, del 1891 – la Chiesa ha espresso in modo sempre più organico, riguardo alla comunità degli uomini, alla giustizia sociale, allo sviluppo, alle relazioni tra i popoli, alla pace.

Identità della dottrina sociale della Chiesa

La dottrina sociale della Chiesa è parte integrante della sua **opera di evangelizzazione**, che non può non tener conto delle condizioni concrete in cui le persone e i popoli vivono la loro esistenza (1).

Andare incontro all'altro

◀ (*I nobili e il vescovo distribuiscono la carità ai poveri*, miniatura medievale) Il dovere di farsi carico delle sofferenze degli ultimi non è solo un obbligo morale per "pulirsi la coscienza", ma è soprattutto un grave dovere di giustizia sociale, che riguarda coloro che più hanno avuto e hanno delle responsabilità. Per gli uomini di Chiesa, farsi carico dei bisogni dell'uomo è condizione necessaria per essere credibili nell'annunciare il Vangelo.

1 | Le sorgenti della dottrina sociale della Chiesa

«*Tale dottrina ha una sua profonda unità, che sgorga dalla Fede in una salvezza integrale, dalla Speranza in una giustizia piena, dalla Carità che rende tutti gli uomini veramente fratelli in Cristo*: è un'espressione dell'amore di Dio per il mondo che Egli ha tanto amato "da dare il suo Figlio unigenito" (Gv 3,16). (...) *Scoprendosi amato da Dio, l'uomo comprende la propria trascendente dignità, impara a non accontentarsi di sé e ad incontrare l'altro in una rete di relazioni sempre più autenticamente umane*. Uomini resi nuovi dall'amore di Dio sono in grado di cambiare le regole e la qualità delle relazioni e anche le strutture sociali: sono persone capaci di portare pace dove ci sono conflitti, di costruire e coltivare rapporti fraterni dove c'è odio, di cercare la giustizia dove domina lo sfruttamento dell'uomo sull'uomo».

(Pontificio Consiglio della Giustizia e della Pace, *Compendio della dottrina sociale della Chiesa*, Città del Vaticano 2004, nn. 3-4)

V. van Gogh, *Il buon samaritano*, 1890 (Otterlo, Kröller-Müller Museum).

Suggestive in tal senso sono le parole con cui si apre la *Gaudium et spes*:

> "Le gioie e le speranze, le tristezze e le angosce degli uomini d'oggi, dei poveri soprattutto e di tutti coloro che soffrono, sono pure le gioie e le speranze, le tristezze e le angosce dei discepoli di Cristo, e nulla vi è di genuinamente umano che non trovi eco nel loro cuore. La loro comunità, infatti, è composta di uomini i quali, riuniti insieme nel Cristo, sono guidati dallo Spirito Santo nel loro pellegrinaggio verso il regno del Padre, ed hanno ricevuto un messaggio di salvezza da proporre a tutti. Perciò la comunità dei cristiani si sente realmente e intimamente solidale con il genere umano e con la sua storia".
>
> (*Gaudium et spes*, n. 1)

Dal collegamento intimo tra la missione di evangelizzare gli uomini e il desiderio di farsi carico in modo solidale e fraterno delle loro gioie e speranze, tristezze e angosce, si sviluppa una **riflessione sulla vita sociale**, che trova il suo fondamento ultimo nella **speranza in una giustizia piena**. Il fatto che tale giustizia si realizzerà in pienezza solo alla fine dei tempi, non dispensa i cristiani dal cercare di migliorare il più possibile le relazioni umane.

Dal punto di vista della collocazione teologica, tale dottrina appartiene al campo della **teologia morale**, perché riguarda la condotta delle persone e si configura precisamente come

> "l'accurata formulazione dei risultati di un'attenta riflessione sulle complesse realtà dell'esistenza dell'uomo, nella società e nel contesto internazionale, alla luce della fede e della tradizione ecclesiale. Suo scopo principale è di interpretare tali realtà, esaminandone la conformità o difformità con le linee dell'insegnamento del Vangelo sull'uomo e sulla sua vocazione terrena e insieme trascendente; per orientare, quindi, il comportamento cristiano".
>
> (Giovanni Paolo II, Lettera enciclica *Sollicitudo rei socialis*, n. 41)

Si tratta di una riflessione che si colloca costantemente tra fede e ragione, nel senso che cerca di "leggere" le esigenze profonde della natura umana (e della socialità della persona umana) alla luce di quella Rivelazione che riconduce l'uomo al progetto divino espresso nella creazione e si pone in continuità con la naturale aspirazione a costruire comunità sempre più "umane".

(documento 47.1)

I principi della dottrina sociale della Chiesa

I principi su cui si fonda la dottrina sociale della Chiesa sono quattro, profondamente interconnessi tra loro, e rappresentano nel loro insieme i pilastri su cui si fonda tutto l'edificio di una società ben costruita:

1) il rispetto della **dignità della persona umana** (sempre e senza eccezioni);
2) l'orientamento **al bene comune**;
3) la **sussidiarietà**;
4) la **solidarietà**.

Del primo di questi principi abbiamo già trattato nell'Unità 44, per cui ci soffermiamo ora sugli altri tre.

L'idea che la società umana si fondi su un bene comune (**2**) è chiara fin dai tempi antichi: sia Platone sia Aristotele elaborarono una riflessione sul bene comune molto alta e articolata, fondata sull'idea che la comunità degli uomini non si possa ridurre a una pura somma di interessi individuali, con alcuni obiettivi comuni, ma serva un fondamento più profondo.

2 Il bene comune

«Secondo una prima e vasta accezione, per *bene comune* s'intende "l'insieme di quelle condizioni della vita sociale che permettono sia alle collettività sia ai singoli membri, di raggiungere la propria perfezione più pienamente e più celermente". *Il bene comune non consiste nella semplice somma dei beni particolari di ciascun soggetto del corpo sociale. Essendo di tutti e di ciascuno è e rimane comune, perché indivisibile e perché soltanto insieme è possibile raggiungerlo, accrescerlo e custodirlo, anche in vista del futuro.* Come l'agire morale del singolo si realizza nel compiere il bene, così l'agire sociale giunge a pienezza realizzando il bene comune. Il bene comune, infatti, può essere inteso come la dimensione sociale e comunitaria del bene morale».

(Pontificio Consiglio della Giustizia e della Pace, *Compendio della dottrina sociale della Chiesa*, Città del Vaticano 2004, n. 164)

A. Lorenzetti, *Allegoria del Buon Governo in città*, 1340 circa (Siena, Palazzo Pubblico, Sala della Pace).

Sistemi di *welfare*

Il termine inglese *welfare* significa "benessere" ed è stato a lungo congiunto al termine *state* (*welfare state*), per indicare tra i compiti dello Stato quello di garantire un certo benessere in senso ampio (sanità, servizi sociali, istruzione ecc.). Con la crisi del modello centralistico di *welfare state*, si è dato spazio a una visione più articolata dei cosiddetti sistemi di *welfare*, che si allargano a tutta la società (*welfare society*) e/o a comunità di riferimento (*welfare community*).

Tradizionalmente si ritiene che il bene comune si articoli in **tre tipologie di beni**:

1) che il popolo sia costituito nella **pace**,
2) che ciascuno abbia **di che vivere**,
3) che ciascuno sia **condotto ad agire bene**.

I primi due elementi si sono progressivamente arricchiti di numerosi elementi (non è sufficiente "sopravvivere"), che hanno progressivamente caratterizzato i nostri **sistemi di *welfare***, ma non è affatto irrilevante sottolineare l'ultima dimensione, ovvero la **dimensione morale del bene comune**.

Il filosofo francese Jacques Maritain sostiene che l'uomo è naturalmente socievole non solo in forza della sua *indigenza* (sul piano fisico e materiale), ma soprattutto in forza della sua naturale tendenza a *sovrabbondare*, cioè alla sua *generosità radicale*, sul piano spirituale. Per questa ragione vi è un "capitale morale" di stima, fiducia, rispetto, capacità di rispettare i patti e le promesse, che rappresenta un elemento essenziale del bene comune, senza il quale anche gli altri beni (il benessere interno e la difesa dai nemici) sarebbero messi in pericolo.

(documento 47.2)

La pace è un bene per tutti

▲ (P. Picasso, *La pace*, 1952. Vallauris, Musée National Picasso La Guerre et la Paix)
Picasso dipinse nel 1952 due opere di grandi dimensioni, destinandole alle volte della cappella romanica del castello di Vallauris, quasi a voler dare un valore sacro e universale al suo tempio della pace. Qui riprodotto è il quadro dedicato alla pace, presentata in termini idilliaci e dai toni quasi bucolici: due donne danzano gioiose al suono di un flauto, un bambino spinge agevolmente un aratro trainato da un cavallo alato e sul prato famiglie sorridenti fanno colazione sull'erba, il tutto illuminato e fecondato da un grande sole-occhio con raggi di spighe. Nell'altra metà della volta della cappella è rappresentata la guerra, in cui evidentemente lo scenario è del tutto opposto. All'uomo la libertà di scegliere di quale parte della volta vuole farsi costruttore.

Il terzo pilastro della vita sociale è il **principio di sussidiarietà**, inteso non solo in senso "difensivo" (rispetto alle ingerenze indebite dei poteri forti o degli enti sociali sovraordinati), ma anche in senso "promozionale", cioè come **spinta alla partecipazione attiva nella costruzione di reti sociali** (**3**).

3 La sussidiarietà

«*La sussidiarietà è tra le più costanti e caratteristiche direttive della dottrina sociale della Chiesa* (...). È impossibile promuovere la dignità della persona se non prendendosi cura della famiglia, dei gruppi, delle associazioni, delle realtà territoriali locali, in breve, di quelle espressioni aggregative di tipo economico, sociale, culturale, sportivo, ricreativo, professionale, politico, alle quali le persone danno spontaneamente vita e che rendono loro possibile una effettiva crescita sociale. È questo l'ambito della *società civile*, intesa come l'insieme dei rapporti tra individui e tra società intermedie, che si realizzano in forma originaria e grazie alla "soggettività creativa del cittadino". La rete di questi rapporti innerva il tessuto sociale e costituisce la base di una vera comunità di persone, rendendo possibile il riconoscimento di forme più elevate di socialità».

(Pontificio Consiglio della Giustizia e della Pace, *Compendio della dottrina sociale della Chiesa*, Città del Vaticano 2004, n. 185)

Un fondamento solido per la famiglia

▼ (H. Moore, *Gruppo famigliare*, 1948-1949. New York, Museum of Modern Art)
Il padre e la madre siedono accanto, sorreggendo entrambi un bambino. La madre ha i tratti e in parte la postura di certe madonne rinascimentali.
La ricerca di modelli scultorei in cui le forme arrotondate riflettono la luce ed esaltano le qualità della materia (il bronzo) si accompagna al senso di solidità del gruppo (solidità della famiglia), che poggia sulla base di una robusta panca rettangolare (un solido fondamento).

Mettere la persona al centro della dottrina sociale non significa costruire reti di servizi a maglie talmente strette da intercettare ogni individuo, ma favorire la libera creatività delle persone anche nel costruire reti sociali, rispetto alle quali lo Stato, le Regioni, ecc. dovrebbero avere una funzione di tipo promozionale, incoraggiando e portando aiuto, ma senza sostituirsi a esse (come invece avviene negli Stati totalitari). Del resto la prima formulazione articolata del principio di sussidiarietà si ebbe con l'enciclica *Quadragesimo anno*, nel 1931, in piena età fascista. Particolarmente importante, nell'attuazione concreta del principio di sussidiarietà, è il **rispetto dell'autonomia della famiglia** negli ambiti che le sono propri, tra cui soprattutto le scelte che riguardano l'educazione dei figli.

(documento 47.3)

L'ultimo principio-pilastro della dottrina sociale della Chiesa è quello di **solidarietà**, che dipende dal profondo legame di interdipendenza tra gli uomini e i popoli e rappresenta in qualche modo anche il "collante relazionale" per la realizzazione del bene comune. La solidarietà si presenta in tal senso nel duplice aspetto di **principio sociale** e di **virtù morale** (**4**).

(documento 47.4)

4 | La solidarietà

«*La solidarietà deve essere colta, innanzi tutto, nel suo valore di principio sociale ordinatore delle istituzioni, in base al quale le "strutture di peccato"*, che dominano i rapporti tra le persone e i popoli, devono essere superate e trasformate in *strutture di solidarietà*, mediante la creazione o l'opportuna modifica di leggi, regole del mercato, ordinamenti. *La solidarietà è anche una vera e propria virtù morale*, non un "sentimento di vaga compassione o di superficiale intenerimento per i mali di tante persone, vicine o lontane. Al contrario, è la *determinazione ferma e perseverante* di impegnarsi per il *bene comune*: ossia per il bene di tutti e di ciascuno, perché *tutti* siamo veramente responsabili *di tutti*". La solidarietà assurge al rango di *virtù sociale* fondamentale poiché si colloca nella dimensione della giustizia, virtù orientata per eccellenza al *bene comune*, e nell'"impegno per il bene del prossimo con la disponibilità, in senso evangelico, a 'perdersi' a favore dell'altro invece di sfruttarlo, e a 'servirlo' invece di opprimerlo per il proprio tornaconto" (cf. Mt 10,40-42; 20,25; Mc 10,42-45; Lc 22,25-27)».

(Pontificio Consiglio della Giustizia e della Pace, *Compendio della dottrina sociale della Chiesa*, Città del Vaticano 2004, n. 193)

Ai principi fondativi si legano i valori che guidano la vita sociale e che dovrebbero animare l'impegno dei cristiani attenti alla vita politica e desiderosi di promuovere il bene comune. Si tratta di valori che ruotano attorno ai quattro pilastri sopra indicati, dipendono principalmente dal riconoscimento della dignità della persona umana, si potrebbero a loro volta riassumere attorno a quattro "valori-guida": verità, libertà, giustizia e amore. In tempi più recenti ha preso forma la categoria dei **valori non negoziabili**, di cui si parla in modo esplicito in un documento della *Congregazione per la dottrina della fede* del 2002 (**5**), facendo riferimento al comportamento di san **Tommaso Moro**, patrono dei governanti e dei politici. Il contesto culturale odierno è caratterizzato da una concezione relativista in cui diventa difficile riconoscere le dimensioni etiche del bene comune, o anche solo trovare un accordo sulle conseguenze del riconoscimento della dignità della persona umana.

(documento 47.5)

Tommaso Moro

(1478-1535) Thomas More (italianizzato in Tommaso Moro) fu uomo di grande cultura (umanista e scrittore), ma anche uomo politico e – in particolare – ricoprì la carica di Lord Cancelliere d'Inghilterra tra il 1529 e il 1532, sotto il re Enrico VIII. Fedele alla propria identità cattolica, Tommaso Moro rifiutò di accettare l'*Atto di supremazia* del re sulla Chiesa d'Inghilterra e di disconoscere il primato del papa: per questo fu rimosso dai suoi incarichi politici e condannato alla pena capitale. Canonizzato da Pio XI nel 1935, fu proclamato – nel 2000 – patrono dei governanti e dei politici.

5 | Valori "non negoziabili"

«Se il cristiano è tenuto ad "ammettere la legittima molteplicità e diversità delle opzioni temporali", egli è ugualmente chiamato a dissentire da una concezione del pluralismo in chiave di relativismo morale, nociva per la stessa vita democratica, la quale ha bisogno di fondamenti veri e solidi, vale a dire, di principi etici che per la loro natura e per il loro ruolo di fondamento della vita sociale non sono "negoziabili". (...) La legittima pluralità di opzioni temporali mantiene integra la matrice da cui proviene l'impegno dei cattolici nella politica e questa si richiama direttamente alla dottrina morale e sociale cristiana. È su questo insegnamento che i laici cattolici sono tenuti a confrontarsi sempre per poter avere certezza che la propria partecipazione alla vita politica sia segnata da una coerente responsabilità per le realtà temporali».

(Congregazione per la dottrina della fede, *Nota dottrinale circa alcune questioni riguardanti l'impegno e il comportamento dei cattolici nella vita politica*, Roma 2002, n. 3)

(documento 47.6)

Dimensioni morali della vita economica

Tra i molti temi che si potrebbero prendere in esame, ci soffermiamo su quello che sembra oggi più cruciale e delicato, cioè la **vita economica**. Da che esiste l'uomo si possono osservare momenti di maggiore o minore prosperità economica: guerre, carestie, pestilenze, disastri naturali hanno sempre costellato la storia dell'umanità, generando situazioni difficili e faticose. Le crisi economiche dell'età moderna, però, hanno caratteristiche differenti, perché per lo più dipendono dalle modalità stesse con cui gli uomini gestiscono i dinamismi di natura economica, per cui sono gli stessi comportamenti degli uomini a generare (talvolta al di là delle loro intenzioni) situazioni di dissesto o di crisi.

Il principio di riferimento della vita economica è la **destinazione universale dei beni della terra**, rispetto alla quale ogni strumento di organizzazione dei rapporti economici tra gli uomini (la proprietà privata, il libero scambio delle merci, il fatto di battere moneta ecc.) ha semplicemente valore di mezzo, il cui fine è quello di garantire una giustizia sostanziale nella fruizione dei beni della terra (**6**).

Del pianto del povero sarà chiesto conto

▲ (H. von Herkomer, *Famiglia proletaria*, 1891. Londra, Royal Accademy)
Von Herkomer, che era di umile famiglia, dipinge con estremo realismo le condizioni dei poveri nella società industriale. Colpisce lo sguardo truce del padre, che probabilmente è consapevole di non poter offrire molto ai suoi figli, e il pianto della madre, che si appoggia sulle sue forti spalle. Lo sguardo del padre sembra cercare un "responsabile" della sua situazione. La dottrina sociale della Chiesa è molto chiara su questo: chi realizza un sistema ingiusto, nella vita economica, sta derubando i poveri di ciò che Dio ha destinato anche a loro, i beni della terra.

6 Destinazione universale dei beni della terra

«*I beni, anche se legittimamente posseduti, mantengono sempre una destinazione universale; è immorale ogni forma di indebita accumulazione, perché in aperto contrasto con la destinazione universale assegnata da Dio Creatore a tutti i beni.* La salvezza cristiana, infatti, è una liberazione integrale dell'uomo, liberazione dal bisogno, ma anche rispetto al possesso stesso: "L'attaccamento al denaro infatti è la radice di tutti i mali; per il suo sfrenato desiderio alcuni hanno deviato dalla fede" (1Tm 6,10). (...) *Le ricchezze realizzano la loro funzione di servizio all'uomo quando sono destinate a produrre benefici per gli altri e la società:* «Come potremmo fare del bene al prossimo – si chiede Clemente Alessandrino – se tutti non possedessero nulla?». Nella visione di san Giovanni Crisostomo, le ricchezze appartengono ad alcuni affinché essi possano acquistare merito condividendole con gli altri. Esse sono un bene che viene da Dio: chi lo possiede lo deve usare e far circolare, così che anche i bisognosi possano goderne; il male va visto nell'attaccamento smodato alle ricchezze, nella volontà di accaparrarsele».

(Pontificio Consiglio della Giustizia e della Pace, *Compendio della dottrina sociale della Chiesa*, Città del Vaticano 2004, n. 328-329)

Alla luce di tale principio fondamentale, che regge tutta la vita economica, la visione cristiana vede – a differenza di quanto affermano molti economisti moderni – un **rapporto intrinseco tra etica ed economia**, nel senso che il fine sociale che l'economia è chiamata a realizzare (il suo contributo al bene comune) è la piena realizzazione della persona umana (di ogni persona) in una buona e bene organizzata convivenza civile. La produzione e distribuzione di beni di consumo (beni materiali e servizi) è un *mezzo* che non può mai smarrire la consapevolezza del proprio orientamento al fine di cui sopra.

Scheda di lavoro — Lavora in gruppo

Alla ricerca della solidarietà

Dividetevi in gruppi per studiare diverse situazioni che riteniate esempi concreti di solidarietà ben realizzata. Potete prendere un'associazione di volontariato, una mensa della fraternità, una casa di accoglienza o una casa-famiglia... Guardatevi intorno e chiedetevi quali siano le esperienze più significative nel territorio in cui vivete.
Ogni gruppo prende in esame una realtà specifica, che fungerà da "studio di caso".

Per ciascuna delle realtà prese in esame raccogliete tutta la documentazione utile, a partire dal sito internet in cui c'è la presentazione del soggetto considerato, ma anche andando a visitarlo e parlando con qualcuno dei responsabili. Ti suggeriamo una sintetica scheda di raccolta dei dati, che tiene conto delle categorie prese in esame in questa Unità.

Nome e dati identificativi dell'ente	....
Vi sono motivazioni ideali o religiose che fanno da punto di riferimento?	....
Quale idea di uomo e di società esprimono tali motivazioni ideali?	....
Che cosa viene fatto in concreto?	....
Hai notato qualcosa di particolare sullo "stile" o le modalità con cui chi opera nel soggetto in esame svolge la propria attività?	....
Osservazioni personali	....

Ogni gruppo elabora la scheda di cui sopra in modo condiviso, discutendo su tutti gli elementi, per valorizzare ciò che ciascuno di voi può avere colto. Infine i gruppi espongono in classe il loro "caso di studio", e si discute sull'idea di solidarietà che emerge e le caratteristiche della solidarietà nel vostro territorio.

L'assemblea di classe alla ricerca del bene comune

Se vi capita di organizzare un'assemblea di classe su un tema molto importante e delicato, in cui sia essenziale la partecipazione di tutti, potete provare a seguire le indicazioni della "**Scheda di lavoro 47.7**".

Consigli di lettura

Pontificio Consiglio della Giustizia e della Pace, *Compendio della dottrina sociale della Chiesa*, Libreria Editrice Vaticana, Città del Vaticano, 2005.
B. Sorge, *Introduzione alla dottrina sociale della Chiesa*, Queriniana, Brescia 2006.

48. La dignità del lavoro

la posta in gioco

Comprendere l'insegnamento del magistero della Chiesa in tema di lavoro, significa a un tempo approfondire le ragioni teologiche della sua dignità e identificare i confini morali entro cui tale dignità risulta preservata. Il lavoro è non solo un diritto sociale ed economico, ma soprattutto un modo con cui la persona umana può esprimere se stessa e valorizzare i propri talenti, per il bene di tutti.

Quali sono le violazioni più eclatanti che si verificano nella nostra società nei confronti dei lavoratori? La Chiesa si è espressa esplicitamente al riguardo? Qual è la tua "vocazione professionale", ovvero l'ambito in cui pensi di poter valorizzare al meglio le tue capacità? In che modo gli studi che stai facendo ti aiutano a prepararti a questo?

Il primo articolo della Costituzione italiana afferma che la nostra è una e repubblica «fondata sul lavoro». Particolarmente significativo ci sembra un passaggio del discorso di Saragat durante i lavori dell'Assemblea Costituente:

"mentre la proprietà può isolare, il lavoro unisce ed è da questa nozione dell'attività produttiva e del lavoro, nozione che dev'essere associata al diritto al lavoro, che sorgono tutti gli altri diritti sociali".

(in L. Corradini, A. Porcarelli, *Nella nostra società. Cittadinanza e costituzione*, SEI, 2012)

La cultura biblica e la fede cristiana non sono certo da meno: il lavoro fa parte dell'esperienza umana fin dal momento della creazione e lo stesso Gesù è stato cresciuto in un ambiente operoso e ha condiviso il lavoro del padre, prima di intraprendere la propria missione.

(documento 48.1)

Gesù lavoratore

▶ (J.E. Millais, *Cristo nella casa dei genitori*, 1850. Londra, Tate Gallery) San Giuseppe era un uomo che viveva del proprio lavoro, tutti lo conoscevano come falegname e Gesù ha vissuto per trent'anni in famiglia, con i genitori, condividendo la loro vita e anche il lavoro del padre. Tutto questo si inquadra in un orizzonte di grande dignità del lavoro, di cui si sottolinea il potere umanizzante.

Il lavoro come dimensione dell'esperienza umana

Ora et labora

Letteralmente: "prega e lavora". Esortazione in lingua latina che riassume il cuore della spiritualità espressa nella Regola benedettina.

Il lavoro rappresenta una **dimensione fondamentale dell'esistenza umana**, mediante la quale la persona esprime se stessa e – cristianamente parlando – si inserisce nel mistero della creazione e della redenzione. Si potrebbe dire che l'attività umana di arricchimento e trasformazione dell'universo può far emergere le perfezioni che esso nasconde e che trovano il loro principio increato nel Verbo stesso (**1**).

1 Funzione antropologica del lavoro

«L'uomo, mediante il lavoro, deve procurarsi il pane quotidiano e contribuire al continuo progresso delle scienze e della tecnica, e soprattutto all'incessante elevazione culturale e morale della società, in cui vive in comunità con i propri fratelli. E con la parola "lavoro" viene indicata ogni opera compiuta dall'uomo, indipendentemente dalle sue caratteristiche e dalle circostanze, cioè ogni attività umana che si può e si deve riconoscere come lavoro in mezzo a tutta la ricchezza delle azioni, delle quali l'uomo è capace ed alle quali è predisposto dalla stessa sua natura, in forza della sua umanità».

(Giovanni Paolo II, Lettera enciclica *Laborem exercens*, 1981, introduzione)

Vivere e operare nella città degli uomini

▲ (*Le vie di una città francese con intensa attività artigianale e commerciale*, miniatura. Parigi, Biblioteca dell'Arsenale)
La vita sociale trova nel lavoro, nell'attività artigianale, nel commercio un dinamismo che, attraverso l'impegno di ciascuno, dovrebbe portare al bene comune della città. La raffigurazione di un operoso comune del Medioevo, in cui spesso all'autonomia economica si accompagnava la conquista dell'autonomia politica rispetto ai grandi poteri universalisti, fa capire come il lavoro svolga una funzione di tipo comunitario. Le stesse *corporazioni delle arti e dei mestieri* potevano essere intese come piccole comunità che oggi probabilmente chiameremmo *comunità di pratiche*.

Già i Padri della Chiesa considerano il lavoro come **opera pienamente degna dell'uomo**, mentre la cultura antica tendeva a riservare ai soli schiavi almeno certi tipi di lavori (i più faticosi) e tanto la Scrittura (Cfr. 2Ts 3,6-15, Gc 5,4), come la morale cattolica hanno sempre affermato il dovere di lavorare, vedendo nell'ozio il "padre dei vizi".

L'espressione più esplicita della nobilitazione del lavoro, inteso come una vera e propria forma di preghiera, si ritrova nella **Regola benedettina**, dove – nella sintetica e famosissima esortazione «**ora et labora**» – si sottolinea tanto l'importanza di vincere la tentazione dell'ozio, come il valore intrinseco del lavoro, sia per la vita spirituale del monaco, sia per la costruzione di una comunità bene ordinata, coesa e solidale.

La dignità del lavoro

Se rimaniamo nella prospettiva in cui ci siamo posti, possiamo distinguere due dimensioni del lavoro: quella *soggettiva* e quella *oggettiva*. Il **lavoro in senso oggettivo** è l'insieme di attività, risorse, strumenti e tecniche di cui l'uomo si serve per produrre. Esso costituisce l'aspetto contingente dell'attività dell'uomo, che varia con il mutare delle condizioni tecniche, sociali, culturali e politiche. Il **lavoro in senso soggettivo** è l'agire dell'uomo in quanto essere dinamico, capace di compiere azioni di cui ha piena titolarità (atti umani) e nelle quali esprime se stesso e realizza la propria vocazione. Si tratta della dimensione del lavoro più direttamente ancorata alla natura umana come tale, ed è essa che offre la cifra per coglierne la dignità e il valore in ogni tempo e in ogni luogo. Contrariamente a quanto si afferma nelle culture di tipo materialista o economicista, nel lavoro dovrebbe essere la **dimensione oggettiva in funzione di quella soggettiva** e non viceversa (**2**).

2 Dimensione soggettiva nel lavoro

«*La soggettività conferisce al lavoro la sua peculiare dignità, che impedisce di considerarlo come una semplice merce o un elemento impersonale dell'organizzazione produttiva.* Il lavoro, indipendentemente dal suo minore o maggiore valore oggettivo, è espressione essenziale della persona, è "*actus personae*". Qualsiasi forma di materialismo e di economicismo che tentasse di ridurre il lavoratore a mero strumento di produzione, a semplice forza-lavoro, a valore esclusivamente materiale, finirebbe per snaturare irrimediabilmente l'essenza del lavoro, privandolo della sua finalità più nobile e profondamente umana. *La persona è il metro della dignità del lavoro* (...).
La dimensione soggettiva del lavoro deve avere la preminenza su quella oggettiva, perché è quella dell'uomo stesso che compie il lavoro, determinandone la qualità e il valore più alto. Se manca questa consapevolezza oppure non si vuole riconoscere questa verità, il lavoro perde il suo significato più vero e profondo: in questo caso, purtroppo frequente e diffuso, l'attività lavorativa e le stesse tecniche utilizzate diventano più importanti dell'uomo stesso e, da alleate, si trasformano in nemiche della sua dignità».

(Pontificio Consiglio della Giustizia e della Pace, *Compendio della dottrina sociale della Chiesa*, Città del Vaticano 2004, n. 271)

Le esigenze fondamentali della dignità del lavoro e del lavoratore si potrebbero esprimere parafrasando una nota espressione evangelica: **il lavoro è per l'uomo, non l'uomo per il lavoro**. Ciò vale sia per quanto riguarda i fini utili che il lavoro mira a realizzare, sia per le modalità con cui le persone vengono coinvolte nell'attività lavorativa.

Non l'uomo per il lavoro

▼ (T. Signorini, *L'alzaia*, 1864. Collezione privata)
I braccianti sono intenti a trascinare con delle corde una pesante chiatta lungo l'argine dell'Arno. Si tratta di un sistema di traino che viene chiamato *alaggio* o *alzaia*, diffuso per i trasporti fluviali fino alla prima metà del XX secolo. È un lavoro particolarmente faticoso, come viene evidenziato dall'aspetto esausto e dalla postura affaticata dei braccianti. L'opera di Signorini rappresenta una denuncia dello sfruttamento dei lavoratori.

Tornando alla distinzione che abbiamo già posto tra dimensione oggettiva e dimensione soggettiva del lavoro, ritroviamo anche il tema del **rapporto tra lavoro e capitale**, che è stato oggetto di acute riflessioni nel corso dei secoli. Possiamo rileggere in termini antropologici la famosa dottrina marxiana sul **lavoro estraniato**, che il filosofo tedesco fonda su ragioni di tipo strutturale (economico), ma di cui mostra in modo molto acuto le conseguenze sul piano antropologico e sociale. Tali conseguenze erano state colte in modo molto lucido nell'enciclica *Rerum novarum*, di papa Leone XIII (vedi Unità 40).

(documento 48.2)

(documento 48.3)

Pur con presupposti teorici ben distanti da quelli del marxismo, troviamo nel magistero della Chiesa espressioni molto chiare sul rapporto tra lavoro e capitale, e anche alcune notazioni miranti a mettere in guardia da certi scivolamenti terminologici, come quello per cui si parla delle persone che lavorano in termini di *capitale umano*. Ogni espressione che potrebbe avere – anche solo in modo implicito – l'effetto di una "spersonalizzazione" del lavoratore deve essere criticamente vagliata (**3**).

Lavoro estraniato

Si tratta di una delle più famose dottrine di Marx. L'estraneazione (o alienazione) si realizza a tre livelli:
1) l'operaio è estraniato dal prodotto del suo lavoro (che diventa capitale),
2) è estraniato dalla sua capacità lavorativa,
3) i rapporti umani sono alterati.

3 Capitale e lavoro

«*Il lavoro, per il suo carattere soggettivo o personale, è superiore ad ogni altro fattore di produzione: questo principio vale, in particolare, rispetto al capitale*. Oggi, il termine "capitale" ha diverse accezioni: talvolta indica i mezzi materiali di produzione nell'impresa, talvolta le risorse finanziarie impegnate in un'iniziativa produttiva o anche in operazioni nei mercati borsistici. Si parla anche, in modo non del tutto appropriato, di "*capitale umano*", per significare le risorse umane, cioè gli uomini stessi, in quanto capaci di sforzo lavorativo, di conoscenza, di creatività, di intuizione delle esigenze dei propri simili, di intesa reciproca in quanto membri di un'organizzazione. Ci si riferisce al "*capitale sociale*" quando si vuole indicare la capacità di collaborazione di una collettività, frutto dell'investimento in legami fiduciari reciproci (...)
Il lavoro ha una priorità intrinseca rispetto al capitale: "Questo principio riguarda direttamente il processo stesso di produzione, in rapporto al quale il lavoro è sempre una causa efficiente primaria, mentre il 'capitale' essendo l'insieme dei mezzi di produzione, rimane solo uno strumento o la causa strumentale. Questo principio è verità evidente che risulta da tutta l'esperienza storica dell'uomo" (...) *Tra lavoro e capitale ci deve essere complementarità*: è la stessa logica intrinseca al processo produttivo a dimostrare la necessità della loro reciproca compenetrazione e l'urgenza di dare vita a sistemi economici nei quali l'antinomia tra lavoro e capitale venga superata».

(Pontificio Consiglio della Giustizia e della Pace, *Compendio della dottrina sociale della Chiesa*, Città del Vaticano 2004, n. 276-277)

(documento 48.4)

E. Munch, *Il ritorno dei lavoratori*, 1916 (Oslo, Munch-Museet).

Il diritto al lavoro e i diritti dei lavoratori

La *Dichiarazione universale dei diritti dell'uomo* parla in termini espliciti di alcuni **diritti collegati al lavoro** (la scelta dell'impiego, l'equa retribuzione, ecc.), ma il genere letterario del documento – che tende a esprimere i diritti in forma affermativa, tenendo conto delle possibili violazioni a cui tale affermazione si oppone – non sottolinea tanto il diritto al lavoro, quanto le **condizioni** in cui esso deve essere esercitato (**4**).

4 Diritti umani connessi al lavoro

Articolo 23

1. Ogni individuo ha diritto al lavoro, alla libera scelta dell'impiego, a giuste e soddisfacenti condizioni di lavoro ed alla protezione contro la disoccupazione.
2. Ogni individuo, senza discriminazione, ha diritto ad eguale retribuzione per eguale lavoro.
3. Ogni individuo che lavora ha diritto ad una remunerazione equa e soddisfacente che assicuri a lui stesso e alla sua famiglia una esistenza conforme alla dignità umana ed integrata, se necessario, da altri mezzi di protezione sociale.
4. Ogni individuo ha diritto di fondare dei sindacati e di aderirvi per la difesa dei propri interessi.

Articolo 24

Ogni individuo ha diritto al riposo e allo svago, comprendendo in ciò una ragionevole limitazione delle ore di lavoro e ferie periodiche retribuite».

(ONU, *Dichiarazione Universale dei diritti dell'uomo*, 1948, artt. 23-24)

Alla luce del quadro complessivo che abbiamo delineato, per quanto riguarda il magistero della Chiesa, risulta più semplice e intuitivo parlare di diritto al lavoro, non solo perché ogni persona ha il diritto di procurarsi onestamente i mezzi per il sostentamento proprio e della propria famiglia, ma soprattutto per la **funzione umanizzante** che esso riveste (**5**).

I. Soyer, *Agenzia di collocamento*, 1937 (New York, Whitney Museum).

5 Diritto al lavoro

«*Il lavoro è un diritto fondamentale ed è un bene per l'uomo: un bene utile, degno di lui perché adatto appunto ad esprimere e ad accrescere la dignità umana. La Chiesa insegna il valore del lavoro non solo perché esso è sempre personale, ma anche per il carattere di necessità.* Il lavoro è necessario per formare e mantenere una famiglia, per avere diritto alla proprietà, per contribuire al bene comune della famiglia umana. La considerazione delle implicazioni morali che la questione del lavoro comporta nella vita sociale induce la Chiesa ad additare la disoccupazione come una "vera calamità sociale", soprattutto in relazione alle giovani generazioni. *Il lavoro è un bene di tutti, che deve essere disponibile per tutti coloro che ne sono capaci. La "piena occupazione" è, pertanto, un obiettivo doveroso per ogni ordinamento economico orientato alla giustizia e al bene comune.* Una società in cui il diritto al lavoro sia vanificato o sistematicamente negato e in cui le misure di politica economica non consentano ai lavoratori di raggiungere livelli soddisfacenti di occupazione, "non può conseguire né la sua legittimazione etica né la pace sociale"».

(Pontificio Consiglio della Giustizia e della Pace, *Compendio della dottrina sociale della Chiesa*, Città del Vaticano 2004, nn. 287-288)

Evidentemente, oltre al diritto al lavoro in quanto tale e a un lavoro che consenta di conseguire la propria realizzazione umana, la dottrina della Chiesa precisa anche alcuni **diritti specifici dei lavoratori**, come quello al riposo festivo e a un'equa retribuzione (**6**).

(documento 48.5)

6 Diritto a un'equa retribuzione

«*La remunerazione è lo strumento più importante per realizzare la giustizia nei rapporti di lavoro.* Il "giusto salario è il frutto legittimo del lavoro"; commette grave ingiustizia chi lo rifiuta o non lo dà a tempo debito e in equa proporzione al lavoro svolto (cfr. Lv 19,13; Dt 24,14-15; Gc 5,4). Il salario è lo strumento che permette al lavoratore di accedere ai beni della terra: "il lavoro va ricompensato in misura tale da garantire all'uomo la possibilità di disporre dignitosamente la vita materiale, sociale, culturale e spirituale sua e dei suoi, in relazione ai compiti e al rendimento di ognuno, alle condizioni dell'azienda e al bene comune". (...) *Il benessere economico di un Paese non si misura esclusivamente sulla quantità di beni prodotti, ma anche tenendo conto del modo in cui essi vengono prodotti e del grado di equità nella distribuzione del reddito*, che a tutti dovrebbe consentire di avere a disposizione ciò che serve allo sviluppo e al perfezionamento della propria persona (...)»

(Pontificio Consiglio della Giustizia e della Pace, *Compendio della dottrina sociale della Chiesa*, Città del Vaticano 2004, nn. 302-303)

Interessanti sono alcune precisazioni sul diritto di sciopero, che collocano tale diritto – e la funzione dei sindacati – nell'ottica di una collaborazione solidale e non della "lotta di classe" (**7**).

7 Diritto di sciopero e funzione dei sindacati

«*La dottrina sociale riconosce la legittimità dello sciopero* "quando appare lo strumento inevitabile, o quanto meno necessario, in vista di un vantaggio proporzionato", dopo che si sono rivelate inefficaci tutte le altre modalità di superamento dei conflitti. (...) *La dottrina sociale insegna che i rapporti all'interno del mondo del lavoro vanno improntati alla collaborazione: l'odio e la lotta per eliminare l'altro costituiscono metodi del tutto inaccettabili*, anche perché, in ogni sistema sociale, sono indispensabili al processo di produzione tanto il lavoro quanto il capitale».

(Pontificio Consiglio della Giustizia e della Pace, *Compendio della dottrina sociale della Chiesa*, Città del Vaticano 2004, nn. 304-306)

G. Pelizza da Volpedo, *Il Quarto Stato*, particolare, 1896-1901 (Milano, Galleria d'Arte Moderna).

Globalizzazione

Fenomeno di crescita progressiva delle relazioni e degli scambi a livello mondiale, in diversi ambiti, a partire da quello economico. Alla sempre più forte interdipendenza negli scambi commerciali può far seguito una globalizzazione di stili di vita, consumi e anche modi di pensare.

Al fenomeno della **globalizzazione**, che viene assunto come un dato di realtà, si tratta di accompagnare una sorta di globalizzazione delle tutele e della solidarietà, al fine di evitare che – nel mondo globalizzato – prevalga la logica dello sfruttamento dei più deboli, in vista di un maggiore profitto. I mutamenti in atto non si realizzano in modo "deterministico": se è vero che essi si legano a dinamiche complesse di livello internazionale, è altresì vero che sono sempre gli uomini a "leggere" tali dinamiche e ad assumere le decisioni che possono imprimere loro direzioni differenti.

Scheda di lavoro

Ricerca e rifletti

Interviste ai lavoratori

Alla luce delle riflessioni sulla dignità del lavoro che si trovano in questa unità, elabora con i tuoi compagni una sintetica griglia per interviste focalizzate a persone che svolgono lavori differenti. Puoi decidere di intervistare qualcuno dei tuoi familiari, o persone che conosci e di cui ti interessa approfondire il loro approccio al mondo del lavoro.
Riportiamo di seguito un'ipotesi di griglia con una sequenza strutturata di interrogativi: nella colonna di sinistra indichiamo l'ambito da esplorare, in quella di destra alcuni esempi di domande-stimolo.

Area della realizzazione personale	Sulla base di quali criteri hai scelto il lavoro che svolgi? Vorresti fare un altro lavoro, per cui ti senti più portato? Quale? Ritieni che le tue doti personali e i tuoi talenti siano ben valorizzati nel tuo lavoro? Pensi – mediante il tuo lavoro – di fare qualcosa di utile per la società?
Area della dignità del lavoro e del lavoratore	I ritmi di lavoro sono adeguati? Le relazioni umane, con i colleghi e con il datore di lavoro, sono serene e gratificanti? Il lavoro ti lascia il tempo di curare le relazioni familiari e interpersonali? Hai la possibilità di partecipare ai processi decisionali che riguardano il tuo lavoro e il tuo contributo all'opera complessiva?

Sta a chi conduce l'intervista decidere se fare tutte le domande, in quale ordine, come valorizzare altre indicazioni che provengono dalle prime riflessioni che la persona intervistata mette in campo. Evidentemente, se decidete di mettere a fuoco altri elementi, la griglia di conduzione dell'intervista potrà essere modificata di conseguenza.
Al termine dell'intervista segnatevi gli elementi che più vi hanno colpito e fate una breve sintesi (fatela subito, finché vi ricordate bene) per poter riferire in classe, dove tutto questo servirà da base per una discussione.

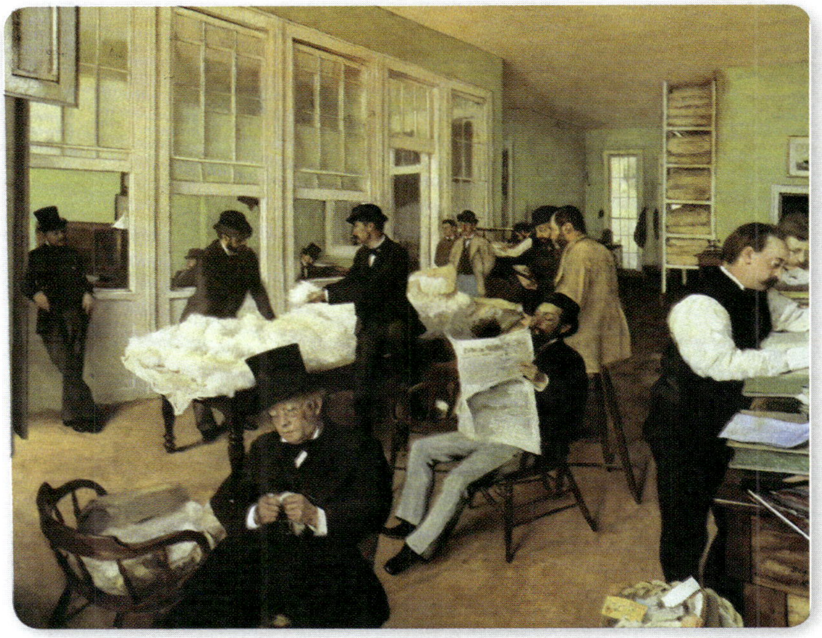

E. Degas, *L'ufficio del cotone a New Orleans*, 1873 (Pau, Musée des Beaux-Arts).

Consigli di lettura

Giovanni Paolo II, *Laborem exercens*, Roma 1981.

Viaggio nella bioetica

Una chiave per leggere la contemporaneità

Che cosa è la bioetica?
Perché nel XX secolo si è sentita la necessità di fondare questa disciplina?
Quali sono i criteri per prendere decisioni corrette sulle questioni che riguardano la vita e la salute?
Qual è il rapporto tra qualità della vita e dignità della persona?

Negli ultimi decenni capita sempre più spesso di imbattersi in questioni bioetiche e non solo agli "addetti ai lavori", ma anche a chi semplicemente cerca di seguire con attenzione i fatti di cronaca. Il dibattito su questioni come la sperimentazione sugli embrioni, l'eutanasia, il testamento biologico, l'accanimento terapeutico, spesso si lega alla presentazione mediatica di alcuni "casi" umani e non di rado cede al rischio di una spettacolarizzazione che suscita emozioni molto forti, ma rende più difficile una riflessione pacata. In più le questioni bioetiche possono essere considerate come un "banco di prova" della nostra visione del mondo, perché ci costringono a misurarci con situazioni che possono anche essere "situazioni limite", ma che proprio per questo esigono una risposta adeguata, in cui far emergere le ragioni e le motivazioni più profonde. In altri termini potremmo dire che esse rappresentano una "cartina di tornasole" della capacità che può avere la nostra cultura nell'interrogarsi su se stessa e adottare risposte convincenti alle sfide della contemporaneità. Per tali ragioni faremo insieme un viaggio articolato nel mondo della bioetica, a partire dalle sue radici storiche più remote, anche per cogliere la continuità di alcune grandi questioni che da sempre interpellano la coscienza dell'uomo.

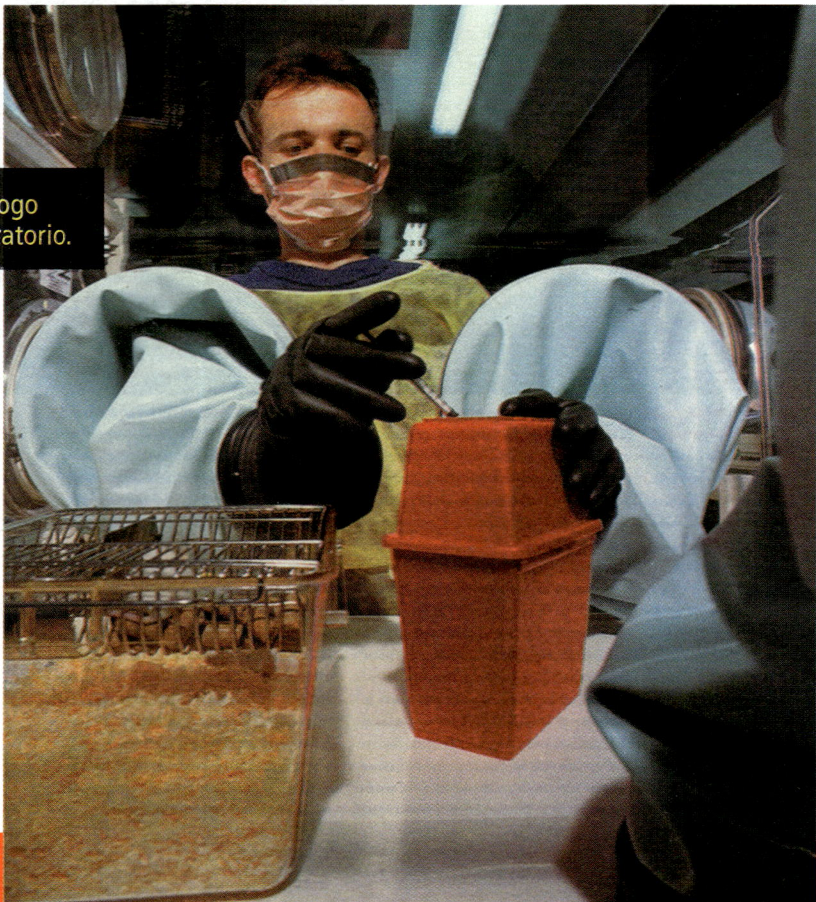

Un biologo in laboratorio.

Una tematica dalle radici lontane

Busto di Ippocrate (Roma, Museo Capitolino).

Le radici greche tra *mythos* e *logos*

Fin dai tempi dei poemi omerici l'intuizione di una natura armoniosa, ordinata e "vitale" fa da sfondo alle vicende degli eroi: gli dei omerici – in pratica – incarnano le forze vitali in forme di sovrumana bellezza e rappresentano idealmente la stessa perfezione della vita (infatti vengono anche detti "gli Immortali").
In un secondo tempo tale intuizione è stata separata da tutti gli elementi mitici che la costituivano, confluendo nell'idea della **physis**. La **nascita della filosofia** è molto legata all'**idea di natura** e possiamo osservare come fin dalle origini della storia di entrambe si possa cogliere uno stretto rapporto tra filosofia e medicina, come risulta da un'analisi attenta dell'opera di **Ippocrate**, "padre" della medicina.

Physis

Termine greco, che deriva dal verbo *phyo* (= generare) e indica la natura di una realtà (ciò che una cosa è), in quanto "principio di operazioni". Ciò per cui un cavallo si comporta da cavallo... e un uomo da uomo. Con l'espressione *filosofi della physis* si indicano i cosiddetti "naturalisti", ovvero coloro che hanno cercato di identificare il principio primo della natura, considerata quasi come un unico essere vivente.

Dal punto di vista teorico, egli osserva come la salute e la malattia dell'uomo debbano essere comprese a partire dall'**analisi dell'ambiente in cui vive**. Egli, infatti, mette in luce l'incidenza sulla salute che hanno le stagioni, i loro mutamenti, i venti, le acque, le abitudini di vita e le istituzioni politiche (che in qualche modo inciderebbero sullo stato di benessere degli uomini); si preoccupa – oltre che della **diagnosi** – anche della **prognosi**, cioè della capacità di fare delle previsioni, necessaria per un pieno esercizio dell'arte medica.
Il contributo più famoso e duraturo che tutti ricordano di Ippocrate è il suo **Giuramento** ▶(documento digitale Viaggio nella bioetica 1), in cui l'esercizio dell'arte medica viene strettamente collegato a esigenze etiche a cui non si può sfuggire e che sarebbe persino "empio" non osservare. In altri termini, troviamo la consapevolezza di un'origine divina di ciò che gli uomini riescono a compiere di più alto e nobile, a partire dalle scienze e dalle arti, ma la dignità di tale origine comporta il dovere di assumere un comportamento che a sua volta esprima dignità e rettitudine.
Potremmo quindi dire che il Giuramento di Ippocrate rappresenta il **primo fondamentale documento di bioetica** che la nostra cultura abbia esplicitamente codificato e il cui testo sia giunto fino a noi. Ciò non significa che la bioetica, intesa come disciplina in senso stretto, sia nata in Grecia nel v secolo a.C., ma semplicemente che in quel clima e in quel contesto il legame tra l'esercizio dell'arte medica e le profonde questioni etiche che essa comporta sia stato visto con molta chiarezza.
Del resto è in quegli stessi anni che – sempre in Grecia – la **riflessione etica** in quanto tale trova a sua volta una fondazione molto robusta.

Ippocrate

(460 a.C.-377 a.C. circa)
Intellettuale greco, appassionato di geografia, scrittore e aforista, è considerato il padre della medicina. Si dedicò infatti allo studio sistematico della medicina clinica, riassumendo e raccogliendo le conoscenze mediche delle scuole preesistenti, ma soprattutto osservando e descrivendo pratiche mediche, sintomi, procedure cliniche. Considerò la medicina una professione in senso stretto ed è al carattere professionale di questa scienza e al carattere sacrale della missione del medico che si collega il *Giuramento*.

Contemporaneo di Ippocrate è il filosofo **Socrate**, figura ricca e affascinante, di cui vorremmo qui sottolineare solo un aspetto del pensiero, quello per cui egli si definisce **medico delle anime**, utilizzando un'immagine che rende evidente il suo legame con il nostro tema. La scoperta filosofica più significativa del grande filosofo ateniese è proprio quella dell'anima, considerata il centro dell'identità umana a livello individuale e sociale, da cui deriva la missione vera e propria di Socrate come filosofo. Alla scoperta dell'anima si collega la sensibilità di Socrate al tema della virtù che l'uomo è chiamato a risvegliare nell'intimità più profonda del proprio essere. In altri termini, la nascente medicina si scopre intrinsecamente dotata di una valenza etica ineludibile e la filosofia trova feconda l'immagine dell'agire del medico per descrivere il senso profondo della propria missione. Resta la differenza che il medico si occupa dei corpi, senza dimenticare l'uomo tutto intero, il filosofo si occupa dell'anima... senza dimenticare il corpo.

Socrate discute con i suoi discepoli, miniatura da manoscritto selgiudiche, XIII secolo (Istanbul, Biblioteca Topkapi Saray).

Il medico è anche filosofo

Un interessante punto di incontro che offre un collegamento più esplicito tra filosofia e medicina si può individuare in alcune riflessioni del medico romano **Claudio Galeno**, vissuto nel II secolo d.C., che – in linea con la tradizione ippocratica – produsse non solo un corpo di opere di carattere medico che fece scuola per molti secoli, ma anche alcune riflessioni sugli **atteggiamenti e i comportamenti del medico**, di cui vale la pena di riportare qualche passaggio **1**. Non è questa la sede per seguire l'evoluzione della storia della medicina, della filosofia morale e delle riflessioni etico-filosofiche sull'agire del medico, ma è importante tenere presente

Galeno
(129 d.C.-216 d.C.)
Nato a Pergamo, sede della famosissima biblioteca, da una famiglia di architetti, fu un intellettuale eclettico. Si interessò di agricoltura, astronomia, astrologia e filosofia. All'età di 16 anni divenne *therapeutes* (addetto) presso il tempio del dio Asclepio (protettore delle pratiche mediche), studiò medicina e lavorò come medico alla scuola per gladiatori di Pergamo. Trasferitosi a Roma nel 162, continuò a operare come medico (anche presso la corte imperiale) e fu autore di numerose opere, in cui raccolse le conoscenze mediche del mondo antico, che influenzarono in modo molto significativo tutta la cultura ellenistica e medievale.

1 | L'atteggiamento del medico secondo Galeno

«Il medico non deve apparire odioso al malato, ma neppure spregevole; bisogna che sia umano, morigerato, piacevole nel tratto e che sappia conservare la sua dignità. Se il malato non ammira il medico quasi come un dio, non accetterà le sue prescrizioni. (...)
Bisogna portare la sapienza alla medicina e la medicina alla sapienza, poiché il medico filosofo è simile a un dio, in quanto fra la medicina e la sapienza non esiste grande differenza. Infatti nella medicina sono presenti tutti quegli elementi che sono propri della sapienza: disinteresse, modestia, amor proprio, prestigio, saggezza, calma, capacità di replica, integrità, linguaggio sentenzioso, conoscenza di ciò che è utile e necessario per la vita, rifiuto dell'impurità e di ogni superstizione, eccellenza divina. Sono qualità che si contrappongono all'intemperanza, alla volgarità, alla cupidigia, alla bramosia, alla violenza, all'impudenza. (...)
Fa' tutto ciò [diagnosi e terapia del malato] con calma e con ordine, nascondendo al malato, durante il tuo intervento, la maggior parte delle cose. Da' gli ordini opportuni con gentilezza e dolcezza, distrai la sua attenzione; a volte lo rimprovererai in modo conciso e severo, a volte gli farai coraggio con premura e abilità, senza comunicargli nulla di ciò che gli potrà succedere o del suo stato attuale».

(Stralci di varie opere di Galeno, cit. da M. Doldi - M. Picozzi, *Introduzione alla Bioetica*, Elle Di Ci, 2000)

Ippocrate (a destra) e Galeno (a sinistra), i due medici più celebri del mondo antico, affresco del XIII secolo (Frosinone, Cattedrale di Anagni).

questa matrice comune, che per molti secoli ha visto la riflessione etica collocarsi semplicemente all'interno dell'orizzonte complessivo della cultura personale di coloro che esercitavano la professione e l'arte del medico. Con la progressiva specializzazione delle discipline e il distacco che la cultura positivista ha reso più marcato tra le discipline di area empirico-scientifica e quelle di area etico-filosofica, si è assistito a una **sempre più radicale separazione tra questi due ambiti**, fino ai giorni nostri.

Origini della bioetica contemporanea

Lo scenario culturale attorno alla metà del XX secolo

Il contesto storico-culturale prossimo in cui si collocano le origini della bioetica contemporanea può essere sinteticamente delineato indicando perlomeno tre grandi scenari che si possono collegare tra loro e, nel loro insieme, contribuiscono a tratteggiare lo sfondo in cui prende forma la bioetica propriamente detta:

1) i crimini contro l'umanità della prima metà del XX secolo, con il conseguente sorgere della riflessione sui diritti umani;

2) alcune "**sperimentazioni selvagge**" che hanno sollevato notevoli interrogativi – soprattutto negli Stati Uniti, nei primi decenni del secondo dopoguerra;

3) lo **sviluppo delle biotecnologie** e le diverse modalità con cui si configurano i problemi etici legati alla loro applicazione.

Il primo scenario è costituito dall'esperienza tragica dei **crimini contro l'umanità**, che toccano punte di particolare ferocia, tali da risvegliare una coscienza diffusa, soprattutto nel XX secolo, durante la stagione dei grandi totalitarismi (i regimi di Hitler, Mussolini e Stalin) e sfociano in una sorta di presa di coscienza "epocale" al termine del secondo conflitto mondiale, con il **Processo di Norimberga**.
Tra i criminali nazisti giudicati in quel processo ve ne furono alcuni che erano scienziati, medici, che avevano messo la loro scienza al servizio della macchina da sterminio nazista, mettendo in atto sperimentazioni criminali che si prestavano a una duplice condanna: quella che riguardava tutte le atrocità commesse, in quanto violazione di quei diritti umani, la cui "carta" venne promulgata dall'ONU nel 1948, e quella a opera della comunità scientifica, in quanto consapevole di una specifica destinazione della scienza al servizio dell'umanità. In tale contesto fu redatto il **Codice di Norimberga** ▶(documento digitale Viaggio nella bioetica 2), che può essere considerato il progenitore dei moderni codici **deontologici**, che vengono periodicamente rivisti dagli Ordini dei Medici dei diversi Paesi.

Al Codice di Norimberga hanno fatto seguito la **Dichiarazione di Ginevra**, del 1948, che costituisce una rivisitazione del Giuramento di Ippocrate espresso in termini moderni da parte dell'Associazione Medica Mondiale, e il **Codice Internazionale di Etica Medica** (1949), un vero e proprio codice deontologico.

Deontologia

Il termine deriva dal greco *deon*, che significa "dovere". In ambito filosofico è stato utilizzato per distinguere un'etica deontologica (basata sul senso del dovere, in quanto tale) da un'etica teleologica (basata sul riconoscimento di un fine da raggiungere) o consequenzialista (basata sulle differenze che producono i risultati delle azioni).
In ambito professionale si parla di **deontologia professionale** (e quindi di codici deontologici) per indicare l'insieme dei doveri connessi all'esercizio di una determinata professione. Spesso questo comporta la creazione di un albo professionale (si pensi ai medici o ai giornalisti), da cui si potrebbe essere esclusi ("radiati") se non si rispettano i doveri riportati nel codice deontologico.

Il processo di Norimberga, novembre 1945 - ottobre 1946.

Questioni etiche nelle sperimentazioni in medicina

Studi sulla sifilide a Tuskegee (Atlanta, Archivio Nazionale).

In realtà tali codici non sono bastati, tanto è vero che sono successivamente emersi alcuni **clamorosi casi di "sperimentazioni selvagge"**, che hanno incrinato non poco l'immagine della medicina e della ricerca scientifica.
Il primo si riferisce a una scuola per bambini gravemente ritardati di New York City, la **Willowbrook State School**, dove – tra il 1956 e il 1970 –, vennero infettati con ceppi di virus dell'epatite oltre 700 bambini, al fine di verificare l'efficacia della profilassi contro tale malattia. Il consenso dei genitori era stato capziosamente ottenuto attraverso un modulo da cui si intuiva il velato ricatto per cui i loro figli non sarebbero stati ammessi a quel centro specializzato in caso di rifiuto a essere inseriti nel suddetto programma di ricerca.
Un secondo caso prende il nome dalla città dove si svolse uno studio sulla sifilide, ovvero la cittadina di **Tuskegee**, dove per 40 anni (dal 1932 al 1972) diverse centinaia di poveri braccianti di pelle nera vennero sottoposti a uno studio federale, il cui scopo era quello di determinare gli effetti del corso naturale della sifilide, quando questa non venisse curata: un gruppo di 399 uomini, affetti da sifilide, non venne curato e non fu informato della natura della propria malattia, mentre altri 201 (che non avevano la sifilide) parteciparono all'esperimento come gruppo di controllo.
Lo studio fu fermato nel 1973 grazie all'intervento di una commissione federale, a seguito delle denunce della stampa.
Un terzo caso risale al 1964 e si verificò al **Jewish Chronic Disease Hospital** di New York, dove – a loro insaputa – vennero iniettate a ventidue anziani cellule vive di cancro.
Si potrebbe osservare come le categorie di persone su cui sono stati effettuati tali esperimenti non risultino scelte a caso: bambini handicappati, braccianti di pelle nera, anziani gravemente malati. Si possono certamente vedere in tali scelte gli effetti di lungo periodo di un "**darwinismo sociale**" che si era sviluppato alla fine del XIX secolo, anche a partire da pseudo-teorie scientifiche sulle differenze razziali, che veniva esteso ad altri parametri (salute, efficienza, qualità della vita).
Proprio in quegli anni, tra il 1962 e il 1964, si definisce il testo della **Dichiarazione di Helsinki**, in cui l'Associazione Medica Mondiale fissa le norme e i criteri di tipo deontologico per le sperimentazioni sulle persone umane. I principi da essa fissati divennero norma vincolante per la maggior parte delle riviste scientifiche più qualificate, le quali rifiutano di pubblicare articoli in cui siano contenuti resoconti di esperimenti non condotti in piena conformità con quanto stabilito da tale dichiarazione.

Darwinismo sociale
Espressione utilizzata in sociologia, per identificare una visione della società basata sulla "lotta per la vita e per la morte". Il riferimento a Darwin evoca l'idea della "selezione naturale", che il biologo inglese utilizza come dispositivo concettuale per spiegare l'evoluzione della specie.

Restano comunque aperti problemi concettuali che i codici deontologici non bastano a risolvere: quanto scritto nella dichiarazione di Helsinki, per esempio, risulta chiaro e vincolante in rapporto a situazioni che in qualche modo rientrino tra quelle su cui si abbiano già conoscenze scientifiche significative, ma i progressi delle scienze sperimentali in genere e della biomedicina in particolare, generano continuamente situazioni nuove, in cui il confine tra ciò che può essere detto alla luce delle conoscenze precedenti e ciò che deve essere scoperto attraverso la ricerca stessa tende a spostarsi sempre di più.
Tra gli elementi di cui tenere conto vi è lo **sviluppo delle biotecnologie**, che comporta un salto qualitativo per gli interventi sempre più radicali che si rendono progressivamente possibili: la capacità di incidere sui meccanismi riproduttivi, la capacità di modificare il Dna producendo realtà biologiche diverse da quelle esistenti in natura o modificando quelle esistenti.
Un altro problema che pone questioni eticamente rilevanti è legato agli **sviluppi della biomedicina** che da un lato rendono possibili cure sempre più raffinate e costose, dall'altro lato – visto che le risorse disponibili sono comunque limitate – pongono il problema della "scelta" delle persone a cui applicare tali cure e di quelle a cui non applicarle. Da questo insieme di elementi è possibile cogliere le motivazioni del sorgere di una nuova disciplina che prenderà il nome di **bioetica**.

La nascita della bioetica

Il termine **bioetica** viene utilizzato con il significato odierno, per la prima volta, negli anni '70; in particolare si è soliti prendere come punto di riferimento un articolo di **Van Rensselaer Potter**, *Bioethics: the science of survival* (in "Perspectives in Biology and Medicine", 1970), a cui ha fatto seguito l'anno successivo un libro: *Bioethics. A Bridge to the Future* (1971). L'idea fondamentale di Van Potter, che il titolo del libro ("Bioetica: un ponte verso il futuro") indica in modo molto perentorio, è quella di creare una nuova disciplina che possa finalmente gettare un "ponte" tra l'universo delle scienze e i bisogni di **realizzare una vita umana in pienezza**, condizione per la stessa sopravvivenza del genere umano.

Bioetica
Traduzione italiana del neologismo inglese *bioethics*, composto di due parole greche: *bios* (= vita) ed *ethica* (= scienza morale). Letteralmente significa dunque: "etica della vita", ovvero etica di quegli interventi che hanno a che fare con la vita umana.

Van Rensselaer Potter (1911-2001)
Famoso biochimico americano, professore di oncologia, ha insegnato all'università del Wisconsin - Madison. Nel 1970 coniò il termine *bioetica*, utilizzandolo in un articolo dal titolo: "*Bioethics: The science of survival*" (*bioetica: la scienza della sopravvivenza*). L'anno successivo pubblicò il libro *Bioetica, un ponte verso il futuro* e nel 1988 *Bioetica globale*.

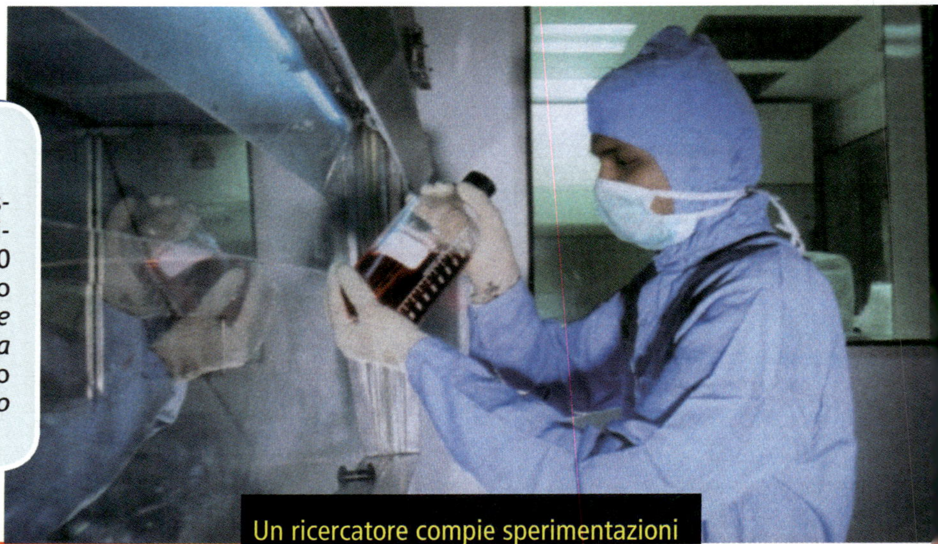
Un ricercatore compie sperimentazioni scientifiche di manipolazione del Dna.

"L'umanità ha urgentemente bisogno di una nuova saggezza che dia «la conoscenza di come usare la conoscenza» per la sopravvivenza dell'uomo e per il miglioramento della qualità della vita. Questo concetto di saggezza come guida per l'azione – la conoscenza di come usare la conoscenza per il bene sociale – potrebbe essere chiamato Scienza della sopravvivenza (...). Sono dell'idea che la scienza della sopravvivenza debba essere fondata sulla scienza della biologia ed allargata oltre i tradizionali limiti per includere gli elementi più essenziali delle scienze sociali ed umanistiche con enfasi sulla filosofia in senso stretto, intesa come "amore per la saggezza". Una scienza della sopravvivenza deve essere più che una sola scienza, ed io pertanto propongo il termine *bioetica* per enfatizzare i due elementi più importanti per conquistare la nuova saggezza, di cui abbiamo tanto disperato bisogno: la conoscenza biologica ed i valori umani".

(V.R. Potter, *Bioetica. Ponte verso il futuro*, 1971, tr. it. ed. Sicania, 2000)

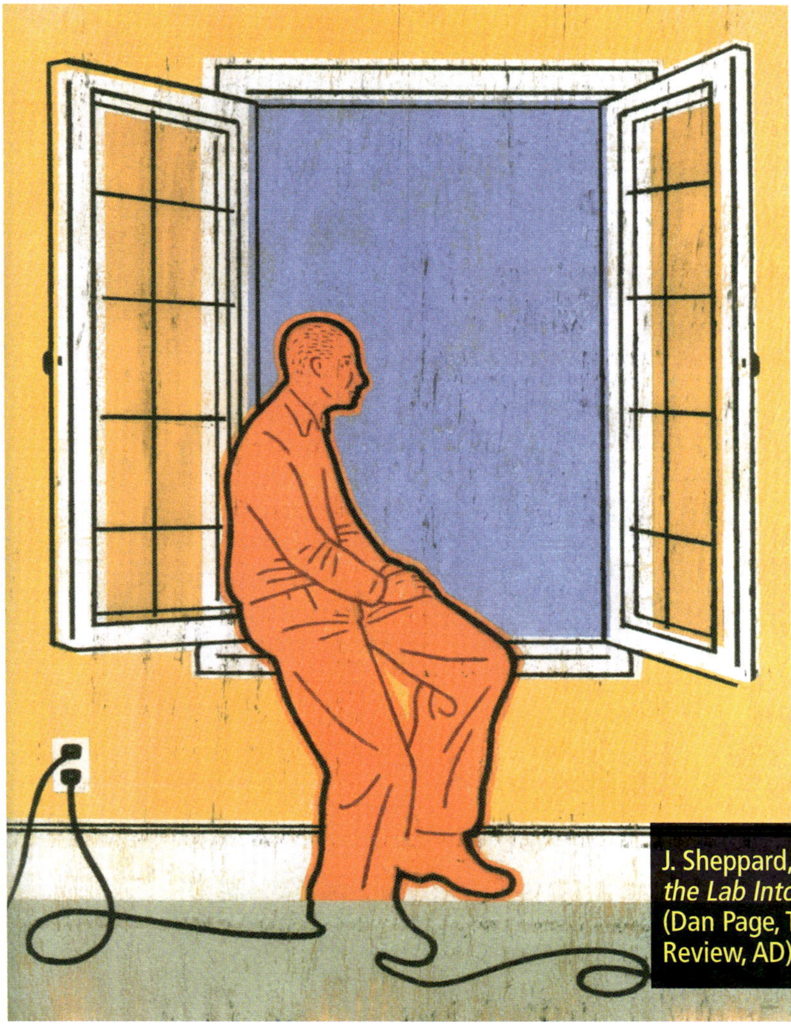

J. Sheppard, *Out of the Lab Into The World* (Dan Page, Technology Review, AD).

Già da tale primissima formulazione emergono i **due elementi fondamentali della bioetica**, pur nella differenza dei significati e delle impostazioni teoriche che caratterizza tale disciplina:

a) l'idea di una "**sapienza pratica**", interdisciplinare, con la capacità di riferirsi in modo diretto alle questioni biologiche e biomediche;

b) alcuni **principi di riferimento**.

La stessa definizione del termine bioetica ha ben presto evidenziato dei margini di problematicità, di cui possiamo schematicamente rendere conto presentando le due definizioni **2** del termine che si ritrovano nella *Encyclopedia of Bioethics*, pubblicata dal Kennedy Institute, nelle edizioni del 1978 e del 1995.

2 Definizioni di "bioetica" a confronto

Encyclopedia of Bioethics **- ed. 1978**

«Lo studio sistematico della condotta umana nell'ambito delle scienze della vita e della salute esaminata alla luce di valori e di principi morali».

Encyclopedia of Bioethics **- ed. 1995**

«Lo studio sistematico delle dimensioni morali – comprendenti la visione morale, le decisioni, la condotta, le politiche – delle scienze della vita e della cura della salute, attraverso una varietà di metodologie etiche in un contesto interdisciplinare».

Diverse prospettive bioetiche a confronto

Quale etica per la bioetica?

In una società pluralista come quella in cui viviamo è abbastanza normale che tematiche delicatissime, come quelle oggetto del dibattito bioetico, vengano **affrontate alla luce di principi e prospettive differenti**; per chi vuole addentrarsi all'interno di tali questioni con spirito acuto è essenziale cogliere le "**matrici teoriche**" a cui esse si ispirano.
Per darne una sintetica chiave di lettura, abbiamo pensato di proporre uno schema ▶**(documento digitale Viaggio nella bioetica 3)** in cui sono riportati i capisaldi teorici su cui ciascuna di esse si fonda, in modo che ciascuno possa poi riconoscere – nel dibattito mutevole sulle questioni che di giorno in giorno divengono attuali – la "matrice" delle diverse posizioni che vengono sostenute.

A. Goicolea, *Bell jar*, 2003.

Diverse prospettive bioetiche

Le diverse modalità con cui i paradigmi etici di riferimento evidenziati nel documento digitale che ti abbiamo poposto si intrecciano nelle differenti prospettive bioetiche di fatto sostenute dagli studiosi contemporanei, non ci consentono di realizzare una tabella in cui far corrispondere a ciascuno di essi una "scuola" bioetica ben determinata.
Per dare un'idea quanto più significativa possibile del variegato panorama bioetico contemporaneo ci limiteremo quindi a indicare – in forma schematica – **alcune delle posizioni bioetiche più significative**, organizzandole attorno ad alcune "parole-chiave" che fungono da **principi direttivi**, a volte propriamente fondanti, altre volte semplicemente indicativi di una prospettiva.
La difficoltà, nella presentazione schematica che segue **3**, deriva dal fatto che ben difficilmente quella che è "parola-chiave" di una specifica prospettiva bioetica viene esplicitamente esclusa da altre, il che significa che vi sono alcuni valori che sono riconosciuti come tali da tutti, semmai è diverso il posto che occupano in un'ipotetica loro "gerarchia".

3 Paradigmi bioetici

Bioetica della "sacralità della vita" (paradigma teologico)	Può essere definita tale in senso stretto un'eventuale prospettiva bioetica che abbia come "fondamento unico" l'affermazione assoluta della **sacralità della vita**, basandosi su criteri di tipo teologico ed escludendo ogni forma di discorso fondativo di tipo razionale a supporto delle certezze di fede. Intesa in questo senso proprio si potrebbe parlare di bioetica della sacralità della vita probabilmente solo per certi gruppi fondamentalisti nordamericani da cui derivano alcuni dei "pro-life" americani più accesi. Intesa **in un senso più largo, può dirsi bioetica della sacralità della vita qualsiasi bioetica teologica che si ispiri a tale idea** (è il caso di tutte le grandi religioni), anche se in alcuni casi (è il caso ad esempio della Chiesa cattolica), si afferma che i temi dell'etica della vita rientrano propriamente nel campo della "**legge morale naturale**" e quindi è a partire da un riferimento di tipo razionale e filosofico che si dovrà argomentare (anche in teologia).
Bioetica della "qualità della vita" (paradigma utilitaristico)	La dicitura nasce con intenti dichiaratamente polemici nei confronti della formula precedente, soprattutto se intesa nel primo senso (proprio e restrittivo). Al principio della sacralità della vita viene esplicitamente sostituito **il principio della qualità della vita**, intesa come **"massimizzazione del benessere" e "minimizzazione del malessere (dolore)"**, nel **rispetto dell'autonomia decisionale di ciascuno** (propriamente di ciascun agente morale capace di intendere e di volere) e tenendo conto delle **esigenze di utilità sociale**.
Il paradigma principialista	Si tratta forse del modello più diffuso e si basa sull'assunzione di alcuni principi normativi nell'ambito della bioetica, tratti dalla prassi biomedica corrente: 1) rispetto per l'**autonomia** (che ha come condizione il consenso informato e si configura come accettazione delle volontà espresse dal paziente), 2) **beneficialità** (cercare di giovare quanto più possibile alla vita e alla salute della persona), 3) **non-maleficenza** (cercare di arrecare il minor danno possibile), 4) **giustizia** (essendo le risorse limitate, avere riguardo a una corretta distribuzione del loro impiego in rapporto a tutti coloro che ne hanno diritto). La loro applicazione ai casi concreti passa attraverso il **"bilanciamento" dei diversi doveri** che conseguono a tali principi, per cogliere – nella singola situazione – il "principio emergente".
Il paradigma dell'esperienza	In reazione alla prospettiva principialista è stato elaborato un **paradigma strutturato sulla base dell'esperienza**, nel senso che non si parte dalla domanda "Qual è il nostro dovere?", ma piuttosto "Che cosa sta succedendo intorno a me?", secondo un **percorso di tipo induttivo e non deduttivo**. Per prima cosa si osservano le percezioni, i giudizi e i comportamenti morali, considerando **compito della bioetica l'operarne un'interpretazione**, con largo spazio all'intuizione, ancorché con il desiderio di evitare un eccessivo soggettivismo ponendosi nella prospettiva (sopra descritta) dell'etica comunicativa. Essenziale in questa prospettiva è lo **studio dei "casi bioetici"**, intendendo la casistica come l'arte di raggiungere una soluzione pratica per particolari dilemmi morali, senza appoggiarsi alle grandi tradizioni dei principi morali.

Il paradigma personalista (personalismo ontologicamente fondato)	Si tratta del paradigma bioetico che riprende in modo esplicito la **posizione del realismo ontologico** che abbiamo sopra descritto. Valore fondante di tale prospettiva bioetica è il **riconoscimento del valore assoluto della persona**, in forza della dignità oggettiva che le compete per natura, da cui deriva la seguente gerarchia di valori in ambito bioetico: 1) Principio di **difesa della vita fisica** (in quanto "valore fondante" gli altri valori dell'orizzonte fisico e in quanto strutturalmente connessa all'atto di essere di una persona la cui dignità fonda ogni ulteriore considerazione; 2) Principio di **libertà-responsabilità**, nel senso che escluso il bene che non è disponibile (la vita), per ogni altro bene vale il principio di autonomia e rispetto della libertà della persona; 3) Principio di **totalità o principio terapeutico** (l'integrità fisica di una persona può essere menomata solo in vista di un bene più alto, cioè la tutela della vita); 4) Principio di **socialità-sussidiarietà** per quanto concerne la distribuzione delle risorse e il riconoscimento dell'azione di chi liberamente si mette a disposizione della vita e della salute altrui.
Il paradigma basato sulle virtù	Si tratta di un modello, recentemente ripreso a partire dalle suggestioni di alcuni filosofi di area anglosassone, che – in etica medica – risale allo stesso Ippocrate. La domanda centrale che ci si pone è la seguente: "Che tipo di persona dovrei essere? Come dovrei comportarmi per agire bene nella mia professione (di medico, infermiere, ecc.)?". Del resto è comune che – nella professione medica – il malato riponga (o non riponga) la propria fiducia nel professionista, non attraverso il controllo dei suoi asserti in ambito scientifico (che è impossibile per il non specialista), ma nella fiducia che gli ispira la persona che questi è. Il medico virtuoso è colui che è **"abitualmente disposto" ad agire per il bene del paziente**.

La questione del "soggetto": chi è meritevole di tutela?

"Chi" ha diritto ai diritti dell'uomo?

La scelta di un paradigma teorico piuttosto che un altro non è un puro fatto accademico, ma **comporta delle conseguenze molto rilevanti** rispetto alle scelte concrete che possono derivare in rapporto alle singole questioni che la bioetica pone. Proviamo, a titolo esemplificativo, a porre uno dei problemi che possono essere cruciali in bioetica, cioè quello del "**soggetto**" che dovrebbe beneficiare di quelli che – nelle diverse prospettive – vengono individuati come doveri in campo biomedico.
Si tratta di una questione apparentemente astratta, ma che pone interrogativi molto concreti. La più classica delle domande sul soggetto dei diritti umani (in campo bioetico) riguarda la dignità riconosciuta all'embrione umano, a partire dalla problematica dell'aborto.
Di riflesso si pone lo stesso interrogativo per gli embrioni che si possono ottenere attraverso le tecniche di fecondazione in vitro: con l'unione dell'ovulo e dello spermatozoo abbiamo un nuovo soggetto umano, che – da quel momento – inizia una propria esistenza

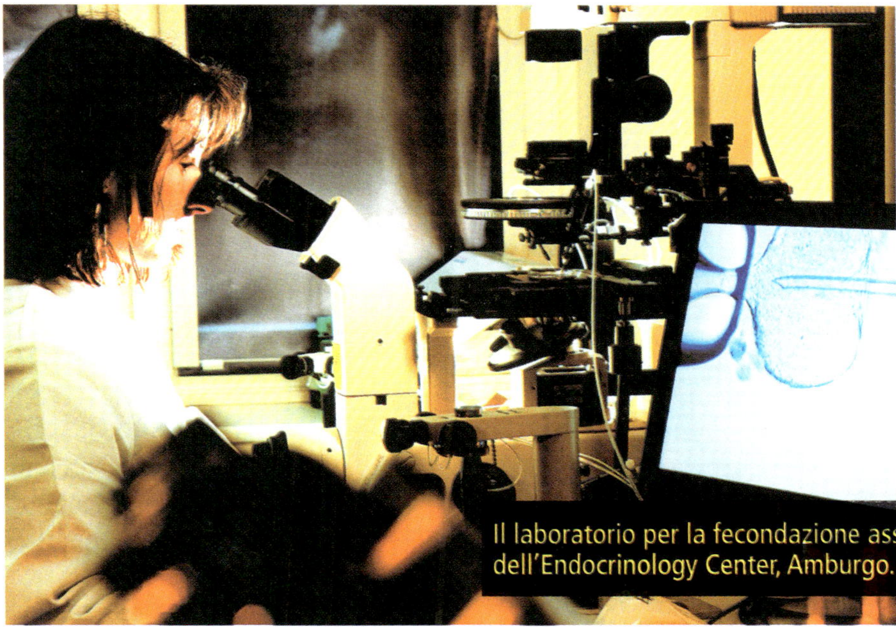
Il laboratorio per la fecondazione assistita dell'Endocrinology Center, Amburgo.

autonoma, anche se tutto questo avviene durante un processo che viene presentato come una terapia per la "cura dell'infertilità". Ancora più scottante è la questione della sorte da riservare agli embrioni "soprannumerari" eventualmente rimasti dopo la fecondazione artificiale: che fine fanno? Chi ne ha la responsabilità giuridica (o la tutela genitoriale)? Interrogativi analoghi si pongono se ci spostiamo sull'altro capo della vita, quando parliamo – ad esempio – di persone in coma più o meno profondo: alcune delle espressioni che si usano talvolta per indicare la loro condizione (es. stato vegetativo), sembrano proprio utilizzare deliberatamente dei termini che evocano una condizione non-umana (quella dei vegetali?).
Potremmo continuare a lungo con gli esempi e gli interrogativi, ma qui ci preme invece fare un'altra operazione: interrogarci sui criteri alla luce dei quali le diverse prospettive bioetiche rispondono all'interrogativo di fondo, "chi ha diritto ai diritti dell'uomo"? Chi è meritevole di tutela? Per semplificare la nostra presentazione prendiamo come punto di riferimento due sole prospettive, distanti e distinte tra loro, chiamando in causa due "testimoni" significativi scelti tra i massimi esponenti del dibattito bioetico contemporaneo e cerchiamo nei loro testi la risposta alla domanda: chi ha diritto a essere trattato secondo i principi di beneficialità, autonomia, rispetto, ecc.? Anche in questo caso ci affideremo a una schematica comparazione di due testi di differente prospettiva **4**. Essi pongono implicitamente due ordini di problematiche: la prima di tipo eminentemente filosofico, riguardante la nostra possibilità di definire o perlomeno di escludere con assolta certezza che a determinati **esseri umani** competa anche la qualifica di **persone**; la seconda di tipo etico, per cui si istituisce un certo rapporto tra il valore della vita e la valutazione della sua qualità.

E. Munch, *Morte nella camera della malata*, 1895 (Oslo, Nasjonalgalleriet).

4 Il "soggetto" dei diritti in campo biomedico

Prospettiva personalista
(Realismo ontologicamente fondato)

«Il primo dato inoppugnabile, messo in chiaro dalla genetica, è il seguente: al momento della fertilizzazione, cioè della penetrazione dello spermatozoo nella cellula uovo, i due gameti dei genitori formano *una nuova entità* biologica, lo zigote, che porta in sé un nuovo *progetto-programma individualizzato*, una nuova vita individuale. (...)
Il fatto che deve essere notato maggiormente è che questo nuovo programma non è inerte, né "eseguito" ad opera di organi fisiologici materni che si servono del programma alla maniera con cui un architetto si serve del progetto come uno schema passivo, ma è un nuovo progetto che costruisce se stesso ed è di sé l'attore principale. (...)
Poiché lo sviluppo biologico è ininterrotto, e si attua senza intrinseca mutazione qualitativa, senza che sia necessario ulteriore intervento causativo, si deve dire che la nuova entità costituisce un nuovo individuo umano che dall'istante del concepimento prosegue il suo ciclo o meglio la sua curva vitale. L'autogenesi dell'embrione avviene in maniera tale che la fase successiva non elimina la precedente, ma l'assorbe e la sviluppa secondo una legge biologica individualizzata e attivamente controllata. Anche quando non è ancora riconoscibile la figura umana, ci sono centinaia di migliaia di cellule muscolari che fanno già pulsare un cuore primitivo; ci sono decine di milioni di cellule nervose che si assemblano in circuiti e si dispongono a formare il sistema nervoso di una determinata persona. (...)
Quanto abbiamo esposto finora porta a concludere che l'embrione è un soggetto umano in sviluppo e perciò merita il rispetto che si deve ad ogni uomo».

(E. Sgreccia, *Manuale di Bioetica*, Vita e Pensiero, 1999)

Prospettiva utilitarista-contrattualista
(Etica della "qualità della vita")

«Solo le persone hanno problemi e obblighi morali. Il mondo stesso della morale è reso pensabile dalle persone. Il problema è che non tutti gli esseri umani sono persone. Per lo meno, non sono persone nel senso stretto di agenti morali. Gli infanti non sono persone. Gli individui in stato di senilità avanzata e i ritardati mentali molto gravi non sono persone in questa accezione importantissima e centrale. Né lo sono coloro che hanno subito delle gravi lesioni cerebrali. (...)
L'inizio della vita umana biologica non è immediatamente seguito dall'inizio della vita di una persona. Al contrario, nell'ontogenesi umana, trascorrono mesi di vita biologica prima che vi sia la prova evidente della vita di una mente, e passano anni prima che vi sia la prova della vita di una persona. Di conseguenza lo status morale di zigoti, embrioni, feti e persino infanti è problematico. (...)
Qualunque tipo di vita mentale possa esistere per i feti e gli infanti, essa è comunque minima, cosicché lo status morale dei mammiferi adulti, *ceteris paribus*, sarebbe superiore a quello dei feti o degli infanti umani. Nonostante questo stato di cose, molte pratiche consolidate nella cultura occidentale scoraggiano l'uccisione di feti e neonati umani più dell'uccisione di grandi scimmie adulte. Dal punto di vista avvantaggiato di argomenti sostenibili in termini laici generali, queste pratiche possono essere intese, al più, come attribuzione di certi diritti delle persone a queste forme di vita umana biologica, fatta in vista della sua utilità (...)
queste pratiche implicano che si trattino degli esempi di vita umana biologica attribuendo loro un senso sociale di persona».

(H.T. Enghelhardt jr., *Manuale di bioetica*, New York, 1986, tr. it. Il Saggiatore, 1991)

Esseri umani o persone?

Sulla prima delle due questioni il problema potrebbe essere formulato in questi termini: ammesso (e non facilmente concesso) che si possa tracciare una linea di demarcazione che distingue eventuali *esseri umani* che non sarebbero *persone*, da altri esseri umani (più fortunati) che sarebbero da considerare tali, compete a chi vuole collocare tale linea l'onere di argomentare "dove" e "perché" la collocherebbe, al di là di ogni ragionevole dubbio.
Diciamo questo perché, se permanesse anche solo un minimo dubbio, dovrebbe prevalere il cosiddetto principio di cautela, per cui se non siamo sicuri che una nostra azione possa avere effetti nocivi su di una persona umana (si pensi all'esempio del cacciatore che vede muoversi un cespuglio, senza distinguere se dietro vi sia un uomo o una lepre) è nostro preciso dovere **astenerci dai comportamenti potenzialmente nocivi**.
La difficoltà di collocare in termini concettualmente credibili la linea di demarcazione di cui si è detto è aggravata dal fatto che in diversi contesti essa è stata già collocata in posizioni diverse: la normativa italiana sull'aborto, per esempio, consente la soppressione del nascituro entro il terzo mese dal concepimento (in condizioni ordinarie) e fino al quinto mese (in condizioni più particolari); nei Paesi dove è ammessa la sperimentazione sugli embrioni soprannumerari prodotti tramite la fivet (come l'Inghilterra) si è convenuto di consentire la sperimentazione solo entro le prime due settimane di vita (14° giorno). Raramente le argomentazioni addotte risultano convincenti o tali da porsi "al di là di ogni ragionevole dubbio" e – in ogni caso – se viene stabilita una linea di demarcazione (poniamo quella del 14° giorno) dovrebbe valere per ogni tipo di pratica, aborto incluso e ci sembra difficile riuscire a diagnosticare una gravidanza e realizzare un aborto entro il 14° giorno dal concepimento. L'argomento di Enghelhardt è più radicale e pone la linea di demarcazione con l'acquisizione della capacità di intendere e di volere e sulla stessa linea si colloca un altro autorevole rappresentante del pensiero di matrice utilitarista, che in questo caso si collega a un approccio di quella che si propone come bioetica animalista, ovvero l'australiano Peter Singer, il quale afferma che non tutti i membri della specie *Homo sapiens* sono persone, e non tutte le persone sono membri della specie *Homo sapiens*:

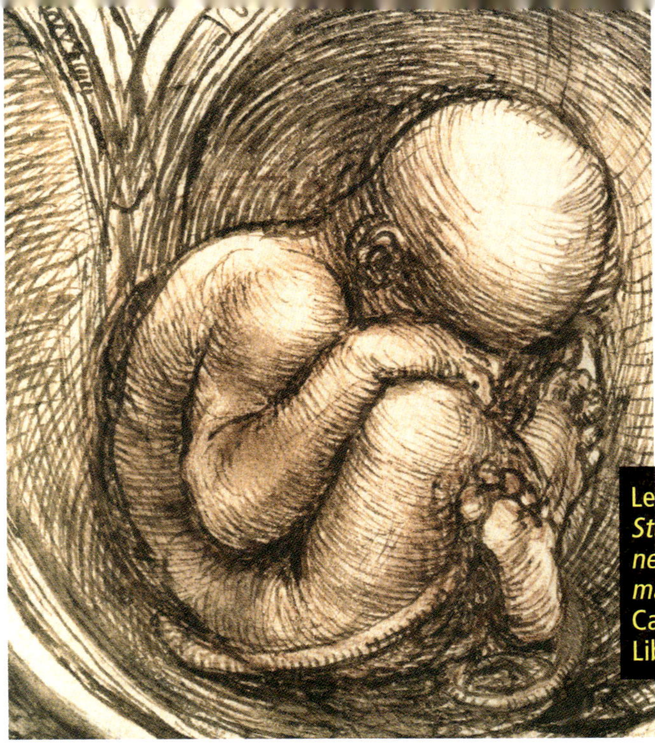

Leonardo da Vinci, *Studi sul feto nel grembo materno* (Windsor Castle, Royal Library).

> "Un bambino di una settimana non è un essere razionale e autocosciente, e vi sono molti animali non umani la cui razionalità, autocoscienza, consapevolezza, capacità di sentire e così via, è superiore a quella di un bambino umano di una settimana, o anche di un anno. Se il feto non ha la stessa pretesa alla vita di una persona, sembra che non l'abbia neanche il neonato, e che la vita di un neonato abbia meno valore della vita di un maiale, un cane o uno scimpanzé".
>
> (P. Singer, *Etica pratica*, tr. it. Liguori, 1989)

Valore della vita o "valutazione" della sua qualità?

La seconda questione pone un ulteriore problema, ovvero che anche per coloro a cui si riconosce lo status e la dignità di persone, il **valore della vita** viene diversamente considerato nella prospettiva personalista e in quella utilitarista. Nella prospettiva personalista la vita di una persona umana "partecipa" della dignità ontologica che caratterizza la persona stessa e si configura – pertanto – come un **bene indisponibile**, su cui si fondano tutti gli altri doveri, tra cui quello di cercare di garantire alla persona una **qualità della vita** quanto migliore possibile.
La prospettiva utilitarista, invece, ribalta totalmente l'affermazione sostenendo che il valore della vita dipende dalla valutazione della sua qualità **5**.

5 | Il valore della vita e la valutazione della sua qualità

Prospettiva personalista
(Realismo ontologicamente fondato)

«Abbiamo già considerato come la vita corporea, fisica, dell'uomo non rappresenti qualcosa di estrinseco alla persona, ma rappresenti il valore fondamentale della persona stessa. Diciamo valore "fondamentale", perché si deve intendere che la vita corporea non esaurisce tutta la ricchezza della persona che è anche, e anzitutto, spirito e perciò, come tale, trascende il corpo stesso e la temporalità. Tuttavia rispetto alla persona il corpo è coessenziale, ne è l'incarnazione prima, il fondamento unico nel quale e per mezzo del quale la persona si realizza ed entra nel tempo e nello spazio, si esprime e si manifesta, costituisce ed esprime gli altri valori, compresa la libertà, la socialità e compreso il proprio progetto futuro. (...) Emerge quindi l'importanza di questo principio in ordine alla valutazione dei vari tipi di soppressione della vita umana: l'omicidio, il suicidio, l'aborto, l'eutanasia, il genocidio, la guerra (...). Il diritto alla difesa della vita fisica viene prima rispetto al diritto di libertà; in altre parole, la libertà deve farsi carico responsabile anzitutto della vita propria e di quella altrui. Questa affermazione si giustifica con il fatto che, per essere liberi, bisogna essere vivi, e perciò la vita è condizione, per tutti indispensabile, per l'esercizio della libertà (...) Non si ha diritto a disporre, in nome della libertà di scelta, della soppressione della vita».

(E. Sgreccia, *Manuale di Bioetica*, cit.)

Prospettiva utilitarista-contrattualista
(Etica della "qualità della vita")

«Primo comandamento antico: tratta tutte le vite umane come dotate di ugual valore. (...) Primo comandamento nuovo: riconosci che il valore della vita umana varia. (...) Il miglior argomento a sostegno del comandamento nuovo è rappresentato dalla vera e propria assurdità di quello vecchio. Prendere sul serio l'idea che ogni vita umana è ugualmente degna di cura e sostegno indipendentemente dalla sua capacità di coscienza vorrebbe dire escludere dalla medicina non solo i giudizi espliciti sulla qualità della vita, ma anche quelli impliciti e mascherati. E allora ci toccherebbe fare sempre del nostro meglio per prolungare indefinitamente la vita di bambini anencefalici o affetti da morte corticale e quella di pazienti in stato vegetativo persistente. (...) Al contrario accettare il primo comandamento nuovo vuol dire porsi in condizione di superare tutti i problemi a cui va incontro l'etica della sacralità della vita quando occorre prendere decisioni su anencefalici, bambini in stato di morte corticale, pazienti in stato vegetativo persistente e persone che, secondo i criteri medici correnti, sono considerate in stato di morte cerebrale. (...) Quando lo respingeremo ci concentreremo invece su caratteristiche eticamente rilevanti come la capacità di esperienze gradevoli e di interazione con gli altri, e il fatto di avere delle preferenze a favore della continuazione della vita».

(P. Singer, *Ripensare la vita. Tecnologia e bioetica: una nuova morale per il mondo moderno*, 1994, tr. it. Il Saggiatore, 2000)

L'identità della persona e il valore della sua vita fisica rappresentano dunque la pietra d'inciampo su cui si misurano le diverse concezioni bioetiche e il nodo fondamentale che consente – in ultima analisi – di affrontare e sciogliere sia i nodi della bioetica "di frontiera" sia quelli della bioetica "quotidiana". Una cifra per leggere la mentalità diffusa nei confronti della vita si trova sinteticamente espressa nel **Manifesto di bioetica laica**, in cui è molto esplicita la riduzione del valore della vita alla valutazione della sua **qualità**, materialisticamente intesa:

"Il terzo princìpio è quello di garantire agli individui una qualità della vita quanto più alta possibile, di contro al principio che fa della mera durata della vita il criterio dominante della terapia medica. Se vi è un senso nella espressione "rispetto della vita" questo non può risiedere nel separare un concetto astratto di "vita" dagli individui concreti, che hanno il diritto a vivere e morire con il minimo di sofferenza possibile".

(C. Flamigni, A. Massarenti, M. Mori, A. Petroni, *Manifesto di bioetica laica*, in "Il sole 24 ore", 9 giugno 1996)

Particolarmente significativo ci sembra il passaggio in cui si afferma che «se vi è un senso nell'espressione *rispetto della vita*» (come a dire che tale espressione potrebbe o dovrebbe essere considerata priva di senso), esso *non può* prescindere dalla valutazione della sua qualità. Affermare che ha valore (e merita tutela) solo l'esistenza di chi la può vivere con una certa "qualità" significa minare in radice le ragioni della dignità della persona a cui abbiamo fatto riferimento sopra. Un documento dei vescovi italiani offre una diagnosi lucida e penetrante di tale posizione da un punto di vista culturale e pastorale:

"La cultura dominante considera la «qualità della vita» come valore primo e assoluto e la interpreta prevalentemente o esclusivamente in termini di efficienza economica, di godibilità consumistica, di bellezza e vivibilità della vita fisica, separata dalle dimensioni relazionali, spirituali, religiose dell'esistenza. Una simile cultura conduce, come a suo esito ultimo, alla eliminazione di tutte le vite umane che appaiono insopportabili, perché prive di quella pretesa qualità della vita. (...) Così si sopprime la vita perché la si pretende perfetta!".

(Conferenza Episcopale Italiana, Documento pastorale *Evangelizzazione e cultura della vita umana*, Roma, 1989, n. 6)

P. Picasso, *La vita*, 1903 (Cleveland, Museum of Art).

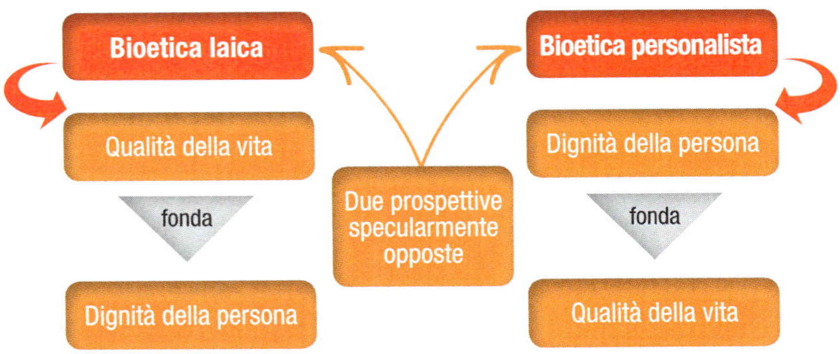

La "bioetica cattolica" come espediente polemico della cultura laica

Bioetica "cattolica" e bioetica "laica"

Una delle peculiarità del dibattito bioetico in Italia è rappresentata dalle modalità con cui i diversi autori si confrontano, per lo più in termini dialettici, con il magistero della Chiesa cattolica, esprimendo in questo un malcelato fastidio, che si traduce in un argomento talmente ricorrente da assumere quasi il carattere di un assioma: le questioni bioetiche possono essere affrontate da un punto di vista "confessionale" (cattolico) o da un punto di vista "razionale" (laico), come scrive – tra gli altri – Giovanni Fornero, il quale ritiene che

> "si possano individuare due grandi modelli teorici, i quali si ispirano a due concezioni generali del mondo e a due distinte filosofie: una di matrice *religiosa* e l'altra di matrice *laica*. Il primo modello è rappresentato dalla *bioetica cattolica della sacralità della vita* (...). Il secondo modello è rappresentato dalla *bioetica laica della qualità della vita*".
>
> (G. Fornero, *Bioetica cattolica e bioetica laica*, Bruno Mondadori, 2005)

Tale distinzione non ha semplicemente una funzione descrittiva, ma risponde a uno scopo ben preciso. Se è pur vero, infatti, che non si può negare ai singoli di professare nella dimensione privata le convinzioni soggettive (anche religiose) che ritengono più opportune, si afferma altresì la necessità che uno "stato laico" non prenda nemmeno in considerazione – ad esempio quando si ragiona di una legge – le posizioni di natura confessionale. L'argomento appare certamente insidioso, spesso confortato dal "coro" dei mezzi di comunicazione, ma – se ne studiamo con attenzione i presupposti – dimostra tutta la sua debolezza.

Il magistero della Chiesa e l'appello alla legge morale naturale

Certamente il magistero della Chiesa cattolica si esprime su temi che hanno a che fare con la tutela della vita e con alcune questioni che materialmente rientrano nel dibattito bioetico, ma tali espressioni non si configurano come una bioetica strutturata, bensì come un **richiamo alla coscienza dei fedeli** in ordine all'incomparabile dignità della persona umana, da cui deriva – come necessaria conseguenza (e non come principio fondativo) – la sacralità della sua vita, dall'inizio al termine naturale, come si legge fin dalle prime righe dell'*Istruzione Dignitas personae su alcune questioni di bioetica*, a cui abbiamo già fatto riferimento a pag. 430 e che ti riproponiamo:

> "Ad ogni essere umano, dal concepimento alla morte naturale, va riconosciuta la dignità di persona. Questo principio fondamentale, che esprime un grande "sì" alla vita umana, deve essere posto al centro della riflessione etica sulla ricerca biomedica, che riveste un'importanza sempre maggiore nel mondo di oggi".
>
> (*Dignitas personae su alcune questioni di bioetica*, 2008, n. 1)

Il fondamento di tale riflessione ha certamente una **base teologica**, che dipende dalla destinazione soprannaturale a cui l'uomo è chiamato, come si legge nell'enciclica *Evangelium vitae*, di Giovanni Paolo II (1995):

> "l'uomo è chiamato ad una pienezza di vita che va ben oltre le dimensioni della sua esistenza terrena, poiché consiste nella partecipazione alla vita stessa di Dio. L'altezza di questa vocazione soprannaturale rivela la grandezza e la preziosità della vita umana, anche nella sua fase temporale".
>
> (Giovanni Paolo II, Lettera enciclica *Evangelium vitae*, 1995, n. 2)

Le consapevolezze teologiche, però, non costituiscono l'unica base per il ragionamento bioetico da parte di chi si muove all'interno di un orizzonte culturale cristiano e legge con interesse i documenti del magistero cattolico, anzi sono gli stessi documenti ad affermare che tali consapevolezze trovano riscontro nella **capacità della ragione umana** – se non si auto-limita in tal senso – di cogliere i confini della legge morale naturale, come si legge nella stessa *Evangelium vitae*:

"Pur tra difficoltà e incertezze, ogni uomo sinceramente aperto alla verità e al bene, con la luce della ragione e non senza il segreto influsso della grazia, può arrivare a riconoscere nella legge naturale scritta nel cuore (cf. Rm 2,14-15) il valore sacro della vita umana dal primo inizio fino al suo termine, e ad affermare il diritto di ogni essere umano a vedere sommamente rispettato questo suo bene primario. Sul riconoscimento di tale diritto si fonda l'umana convivenza e la stessa comunità politica.

Agli educatori, insegnanti (...) spetta il compito di mettere in risalto le ragioni antropologiche che fondano e sostengono il rispetto di ogni vita umana. In tal modo, mentre faremo risplendere l'originale novità del Vangelo della vita, potremo aiutare tutti a scoprire, anche alla luce della ragione e dell'esperienza, come il messaggio cristiano illumini pienamente l'uomo e il significato del suo essere ed esistere: troveranno preziosi spunti di incontro e di dialogo anche con i non credenti, tutti insieme impegnati a far sorgere una nuova cultura della vita".

(Giovanni Paolo II, Lettera enciclica *Evangelium vitae*, 1995, nn. 2 e 82)

M. Chagall, *Maternità*, 1912-1913 (Amsterdam, Stedelijk Museum).

Se volessimo dunque parlare di una **bioetica cattolica** in senso stretto, dovremmo farlo alla luce dei testi che abbiamo citato, il che significa che essa si presenterebbe come una **bioetica dialogica**, che cerca di fondare le proprie affermazioni su principi di ordine razionale di cui il credente vede la sintonia e la contiguità con la visione dell'uomo fondata sul Vangelo. Rispetto a tale sintonia, però, lo stesso credente è chiamato a non utilizzarla in modo improprio per sostituire gli argomenti razionali che è sollecitato a trovare in modo giustificato e coerente: su *tali argomenti* andrà dunque valutata la tenuta concettuale degli impianti teorici che ne scaturiranno, non sulla soggettiva e personale ricerca di una sintonia tra tali argomenti e le consapevolezze di fede.
La contrapposizione appare dunque capziosa e costruita ad

arte per tentare di screditare a priori quanti tentassero, in un clima culturale come quello in cui viviamo, di argomentare a partire da una concezione alta della dignità della persona, andando in controtendenza rispetto a una cultura dominante che, una volta conquistato lo spazio del dibattito pubblico, tenta di delegittimare gli interlocutori che ancora si configurano come portatori di tali istanze. Del resto, il già citato *Manifesto di bioetica laica* (che auto-definisce la propria identità in termini chiaramente contrappositivi) esprime in modo esplicito un "programma" in tal senso:

> "La società nella quale viviamo è una società complessa. È una società nella quale convivono visioni diverse dell'uomo, visioni diverse della società, visioni diverse della morale. Per questo è impossibile pensare che in un campo come quello della bioetica, che tocca le concezioni e i sentimenti più profondi dell'uomo, possa esistere un canone morale a vocazione universale".
>
> (C. Flamigni, A. Massarenti, M. Mori, A. Petroni, *Manifesto di bioetica laica*, in "Il sole 24 ore", 9 giugno 1996)

Ritenendo impossibile anche solo pensare che «in un campo come quello della bioetica (...) possa esistere un canone morale a vocazione universale», si opera attivamente per emarginare culturalmente coloro che lo pensano. In tale modo, l'accusa di "confessionalismo", che di per sé non sarebbe denigratoria, visto che ogni credente è chiamato a confessare convintamente la propria fede, viene in questo caso utilizzata con il preciso scopo di escludere le posizioni personaliste dal dibattito pubblico.

Gli ambiti della bioetica

I territori della bioetica: un mondo in espansione

I principi e i fondamenti delle varie prospettive bioetiche sono – in un certo senso – i riflettori mediante i quali è possibile illuminare le diverse situazioni in cui si pongono le singole questioni bioetiche, ciascuna delle quali può essere riferita a un ambito problematico generale in cui trova la propria collocazione. In questa sede non possiamo certo affrontare dei casi singoli, anche se si è detto che la casistica ha un suo valore in bioetica, ma ci limiteremo ad analizzare le **linee generali dei diversi ambiti**, in modo da cogliere – con uno sguardo panoramico – l'ampiezza di orizzonti della bioetica. Anche storicamente, infatti, abbiamo assistito a un sempre maggiore ampliamento di tali orizzonti, in due direzioni: in "larghezza" e in "profondità".
Parliamo di **allargamento di prospettive** in larghezza se ragioniamo per **aggiunta di ambiti disciplinari**: si è passati infatti dall'ambito della bioetica clinica, a quello giuridico, a quello inerente le modalità della ricerca scientifica, a quello ecologico e ambientale.
Parliamo altresì di ampliamento di prospettive nel **senso della "profondità"** se, all'interno di uno stesso ambito, i progressi delle scienze pongono **nuovi problemi e nuove questioni**. Prendiamo ad esempio la scoperta della possibilità di servirsi di quelle che vengono denominate **cellule staminali** in prospettiva terapeutica. Tali cellule sembrano aprire prospettive importanti per la cura di malattie degenerative, il che non pone certo problemi di tipo etico, mentre pone questioni più serie il problema del loro reperimento: è possibile, infatti, reperirle in alcuni organismi e tessuti di individui adulti, si possono trovare nel liquido amniotico o nel cordone ombelicale, ma sono anche le cellule che caratterizzano gli embrioni umani, specialmente nelle primissime fasi del loro sviluppo. Gli scenari etici

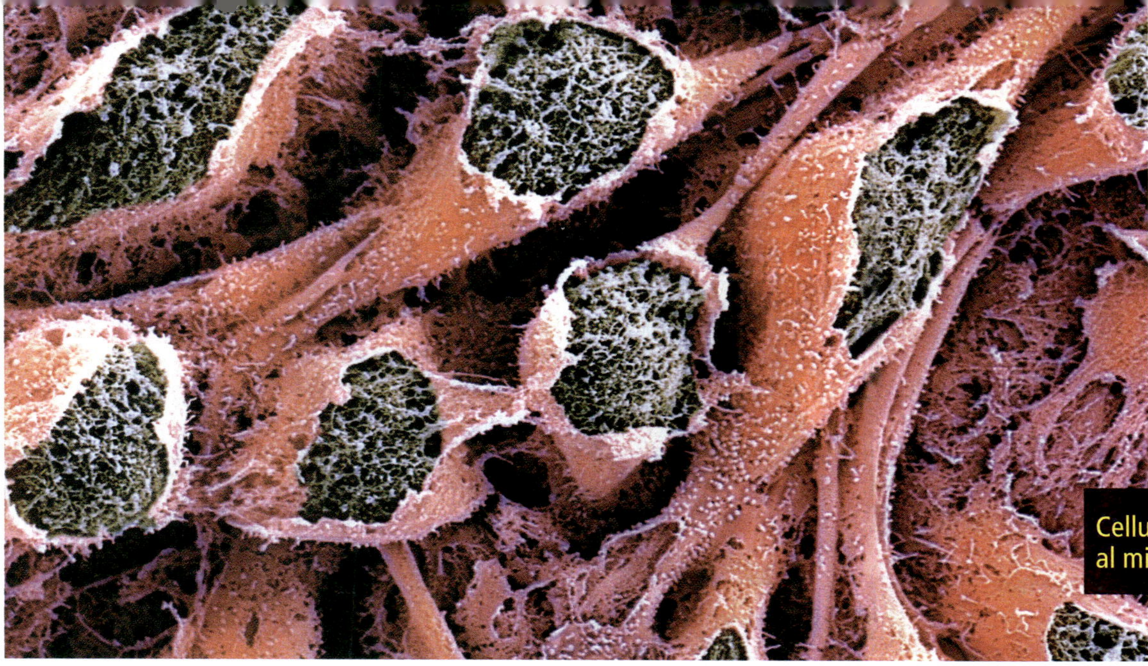

Cellule staminali al microscopio.

che si aprono sono articolati e complessi ▶**(documento digitale Viaggio nella bioetica 4)**, ma è chiaro che non è la stessa cosa conservare il cordone ombelicale o uccidere un embrione per utilizzarne le cellule, o addirittura produrre embrioni (per clonazione), al fine di disporre delle loro cellule.
Più in generale è interessante notare come uno dei "pionieri" della bioetica, quello stesso Van Potter di cui abbiamo parlato per attribuirgli l'origine del nome, abbia pubblicato – nel 1988 – un testo dal titolo *Global Bioethics*, in cui propone ▶**(documento digitale Viaggio nella bioetica 5)** l'attenzione all'ambiente come un necessario ampliamento di orizzonte.
Se accanto alle riflessioni di Van Potter poniamo anche la ormai nota nozione di "salute" diffusa dall'Organizzazione Mondiale della Sanità, per cui essa si configurerebbe come un completo stato di benessere psico-fisico, non senza la disponibilità dei mezzi materiali per conservare tale stato per sé e per la propria famiglia, allora il campo della bioetica si estenderebbe immediatamente a tutti gli aspetti della vita individuale e sociale dell'uomo, per non parlare del suo rapporto con l'ambiente.
È quindi opportuno cercare di mettere ordine nella definizione dei vari ambiti della bioetica, a partire da alcune precisazioni.

Natura interdisciplinare della bioetica

In primo luogo dobbiamo cercare di approfondire la **natura disciplinare-interdisciplinare della bioetica**. Da un lato possiamo dire che essa è una disciplina, o meglio che ha il suo "baricentro" in un ambito disciplinare ben preciso che è quello della **filosofia morale**: quali che siano gli orizzonti filosofici a cui si fa riferimento e quali che siano le conclusioni a cui giungono i diversi autori sui singoli problemi, un "discorso sulle questioni etiche legate all'azione dell'uomo sulla vita di un altro uomo" rientra all'interno della riflessione morale.
Dall'altro lato, però, le competenze di tipo filosofico – seppur necessarie – non sono sufficienti per svolgere una riflessione bioetica, perché la "materia" a cui esse si applicano (le azioni di tipo

Cellule staminali
Si tratta di cellule in grado di differenziarsi in altri tipi di cellule; vi è chi le chiama, per semplificare, "cellule bambine", che – crescendo – possono formare diversi tipi di tessuti. Il loro utilizzo apre importanti frontiere nell'ambito della medicina rigenerativa.

biomedico) ha una complessità tale da essere assolutamente indecifrabile per chiunque non abbia competenza specifica nell'ambito biomedico a cui appartiene l'azione su cui ci si deve pronunciare.
Un secondo livello di confronto interdisciplinare sulle tematiche bioetiche riguarda quello delle **conseguenze da trarre** rispetto alle valutazioni morali delle diverse tipologie di interventi: se il contesto è – ad esempio – il comitato etico di un ospedale, allora la conseguenza diretta della delibera del comitato è la scelta della procedura da mettere in atto e della sua esecuzione. Vi può essere un livello più ampio di riflessione che coinvolge gli esperti di diritto e pone il problema del rapporto tra riflessione bioetica e norme giuridiche: una procedura sanitaria bioeticamente inaccettabile dovrebbe essere vietata per legge, come hanno stabilito diverse risoluzioni – a livello europeo – in materia di clonazione. Se invece una determinata pratica viene giudicata lecita o doverosa, allora bisognerà disporre quanto necessario – a livello di allocazione delle risorse – per renderne l'uso accessibile a quanti dovessero averne bisogno.
Un terzo livello di confronto interdisciplinare riguarda le **modalità** con cui le diverse tematiche si prestano a un allargamento di orizzonte, come si è accennato sopra: il modo in cui, per esempio, la salute di ogni singolo individuo, la tutela della salute dell'umanità (presente e futura) e la tutela dell'ambiente si intrecciano tra loro esige certamente il concorso di un numero maggiore di studiosi, ma anche la capacità di cogliere i "punti di incontro", onde evitare un'eccessiva confusione generata dalla pura e semplice giustapposizione delle diverse istanze.
Possiamo a questo punto tentare di dare una **mappa sintetica dei diversi ambiti della bioetica** ▶(documento digitale Viaggio nella bioetica 6), che tenga conto delle indicazioni che abbiamo appena espresso; in particolare distinguiamo cinque ambiti in ragione delle diverse modalità con cui – in ciascuno di essi – si pongono le "domande" bioetiche in rapporto alle discipline coinvolte:
1) bioetica e ricerca scientifica;
2) bioetica clinica;
3) bioetica e diritto;
4) bioetica e comportamenti quotidiani (inclusa l'educazione alla salute);
5) bioetica e ambiente.

Ciascuno di questi ambiti della bioetica si presta a una molteplicità di approfondimenti, sia in rapporto alle singole questioni che i fatti di cronaca o le esperienze dirette di vita

R. Magritte, *Golconde*, 1953 (Houston, Collezione Menil).

possono stimolare, sia se considerati in rapporto ai fondamenti delle riflessioni che possono collocarsi alla base di ognuno di essi.
Tra l'altro si potrebbe notare come ciascuno degli ambiti può essere – alternativamente – preso come chiave di lettura degli altri; prendendo – ad esempio – il tema "bioetica e ambiente" come chiave di lettura, dopo avere esaminato direttamente le questioni più cruciali in materia di tutela dell'ambiente, ci si può chiedere in qual modo la ricerca scientifica (in ambito biomedico, ma non solo) può incidere sull'ambiente, in che modo lo possa fare la prassi medica quotidiana (si pensi al problema dello smaltimento dei rifiuti "speciali"), quali siano le norme che a livello nazionale e internazionale tutelano l'ambiente, come nella vita quotidiana di ciascuno si può fare in modo di proteggere la "salute del pianeta".

La tutela dell'ambiente è una delle emergenze della società contemporanea.

Scheda di lavoro

Ricerca e rifletti

Webquest: la bioetica "nella rete"

Se digitiamo il lemma "bioetica" su qualsiasi motore di ricerca, ci imbattiamo in oltre un milione di siti possibili, un mare talmente vasto da rendere la navigazione particolarmente dispersiva. Proponiamo pertanto una "navigazione guidata" che consenta di ottenere risultati più proficui e di acquisire un metodo di lavoro, grazie al quale procedere in futuro con maggiore lucidità e scioltezza.

Fase 1: individuare un tema

Il primo passo è quello di individuare un ambito tematico di proprio interesse, magari tra quelli più dibattuti al momento (eutanasia, clonazione terapeutica, testamento biologico, ecc.) cercando di farsene una prima idea, a partire dalle fonti giornalistiche, facilmente consultabili con un buon motore di ricerca. Possono bastare 3-4 articoli, l'unica cosa importante è che sarebbe bene che fossero di diverso orientamento culturale ed etico.

Fase 2: esplorare alcuni siti aventi diversa prospettiva ideale ed elaborare una sintesi critica

I diversi articoli reperiti avranno una loro ispirazione ideale, che potrebbe essere identificata alla luce dei quadri schematici che abbiamo presentato in questo testo, ma può essere approfondita anche andando a cercare comunicati o materiali di approfondimento nei siti gestiti da gruppi di bioetica di diverso orientamento (puoi chiedere al tuo insegnante di aiutarti a individuare la prospettiva ideale dei siti che hai trovato).
A questo punto puoi "catalogare" gli articoli che hai trovato e le tesi che sostengono, in riferimento alle "scuole di pensiero" che ti sono sembrate utili per comprenderli, esprimere un tuo parere e discutere il tutto con i compagni.

Indice delle biografie